Literatur – Kultur – Geschlecht

Studien zur Literatur- und
Kulturgeschichte

In Verbindung mit
Jost Hermand, Gert Mattenklott,
Klaus R. Scherpe und Lutz Winckler

herausgegeben von
Inge Stephan und Sigrid Weigel

Große Reihe
Band 32

Cordula Seger

Grand Hotel

Schauplatz der Literatur

2005

BÖHLAU VERLAG KÖLN WEIMAR WIEN

Publiziert mit Unterstützung des Schweizerischen Nationalfonds
zur Förderung der wissenschaftlichen Forschung

Bibliografische Information der Deutschen Bibliothek:
Die Deutsche Bibliothek verzeichnet diese Publikation in der
Deutschen Nationalbibliografie; detaillierte bibliografische Daten
sind im Internet über http://dnb.ddb.de abrufbar.

Umschlagabbildung:
Kofferzettel des Grand Hotel St. Moritz, Schweiz, um 1913

Dissertation, TU Berlin (D83)

© 2005 by Böhlau Verlag GmbH & Cie, Köln
Ursulaplatz 1, D-50668 Köln
Tel. (0221) 913 90-0, Fax (0221) 913 90-11
info@boehlau.de
Druck und Bindung: MVR Druck GmbH, Brühl
Gedruckt auf chlor- und säurefreiem Papier.
Printed in Germany
ISBN 3-412-13004-4

An dieser Stelle möchte ich allen herzlich danken, die meine Arbeit gefördert und mitgetragen haben.

Erarbeitet wurde die Dissertation im Fachgebiet Deutsche Philologie / Allgemeine und Vergleichende Literaturwissenschaft an der Universität Berlin. Prof. Dr. Sigrid Weigel hat sie betreut. Ihre Unterstützung, die sie mir bereits in Zürich zugesichert hatte, bedeutete mir sehr viel, ihre konstruktive Kritik war mir beständiger Antrieb. Prof. Dr. Stanislaus von Moos bot Gelegenheit, erste Ergebnisse zur Diskussion zu stellen, ihm auch verdankt sich der intensive Blick auf die Architekturgeschichte. Prof. Dr. Norbert Miller und Prof. Dr. Roland Posner haben nicht nur den Abschluss der Arbeit begleitet, sondern durch ihre Lektüre auch entscheidende Impulse zur Verbesserung gegeben.

Die intensive und konzentrierte Beschäftigung mit dem Thema war allein durch die Stipendien der Janggen-Pöhn-Stiftung möglich. Bei der Recherche im Engadin konnte ich auf die Hilfe von Corina Huber, Dora Lardelli und Giuliano Pedretti zählen, dabei waren die Dokumentationsbibliothek St. Moritz und das Kulturarchiv Oberengadin anregende Arbeits- wie auch Fundorte.

Keiner meiner Freunde blieb unbehelligt; sie alle nahmen sich Zeit zuzuhören und haben zur Weiterarbeit ermutigt. Hervorheben möchte ich Tilmann Warnecke, Karin Senn und Johannes Keller. Mein innigster Dank aber gehört meinen Eltern, die meine Freude an der Forschung unterstützt haben und selbstverständlich ermöglichten, was in keiner Weise selbstverständlich ist. Christoph Sauter war mein verschworener Mitdenker und Kritiker – ohne ihn würde es dieses Buch nicht geben.

für Christoph

Inhalt

Prolog 3

Erster Teil: Alpines Grand Hotel 13

1. Die Alpen als literarische Topographie 15
   Im Schatten der Berge 16
   Von der Natur zur Landschaft 19
   Beschwörung des Idylls 22
   Der ästhetische Blick 27
   Ein einziges Panorama-Kasino 29

2. Die Erfindung des Kurorts 37
   Landschaft und Herberge 38
   St. Moritz existiert nicht 55

3. Im Schnittpunkt der Diskurse 60
   Jakob Christoph Heer: Idyll und Realität 62
   Camill Hoffmann: Eine Predigt der Werbung 70
   Elizabeth Main: Kodex der idealen Touristin 76
   Johannes Badrutt: Professionelle Gastlichkeit 82
   Peter Robert Berry: Gesundheit unter der Höhensonne 89
   Karl Koller: Wie es euch gefällt 95

4. Literarisierung des Grand Hotels 107
   Zeitpunkt 109
   Verortung 114

5. Der kollektive Raum 119
   Identifikation 119
   Das Andere und sein Gegenüber 125
   Playground 139
   Kritik an der Schilderung des Kollektivs 151

6. Ende der Saison 158
   Im Außerhalb 161
   Die parodierte Hotelgesellschaft 164
   Baustopp 167
   Postkartengrüße aus dem Engadin 174

Intermezzo: Grand Hotel bei Thomas Mann 181

1. Zwischen Zeit und Raum 183
   Erster Weltkrieg als Zäsur 184
   Erzähl- und Schreibweise 188
   Plazierung 193

2. Die Reise dazwischen 202
   Vorher wie nachher 203
   Aufgeschobene Ankunft 208

3. Subjekt und Gesellschaftsraum 216
   Isolation und Sichtbarkeit 217
   Porös und hermetisch 222
   Spielraum 229

4. Schreibraum 235
   Die Welt im Haus – Grand Hotel und Sanatorium als
   Topographie der Bildung 235
   Der Hochstapler im Intertext 242
   Wo sich die Zeit einschreibt 249

Zweiter Teil: Imaginäres Grand Hotel 257

1. Konstruktionen 259
   Die Lücke der architektonischen Moderne 264
   Grand Hotel ohne Ort 268
   Raum und leibliches Selbst 273
   Raum und Literatur 278
   Das imaginäre Grand Hotel 281

2. Drehtür – Verdichtung zum Symbol 286
   Zwischen innen und außen 286
   Schicksalsrad 289
   Übergangslose Vereinnahmung 294
   Pars pro toto 298

3. Halle – Gemeinplatz 304
   Kracauer beim Wort genommen 307
   Theatralität 315
   Exkurs ins Illegale 320
   Täter, Hochstapler und Außenseiter 327

4. Gesellschaftsräume – Atmosphären 332
   Musik und Tanz 332
   Raum greifen 334
   Jazz: Einbruch des Fremden 341
   Verstummt 347

5. Lift und Treppe – Desorientierung 358
   Treppenweg 359
   Aufsturz der vertikalen Ordnung 364
   Lift 368
   Der Heimat entgegen 370
   Raum ohne Gewähr 378

6. Gastzimmer – Leibraum 384
   Zimmer ohne Aussicht 386
   Raumnahme 389
   Rausch des Klischees 393
   Spiegel 398
   Doppeltüren und Fenster 401

7. Dachboden und Keller – Allegorie 409
   Auf leibliche Kosten der Angestellten 410
   Sozialer Querschnitt 415
   Der mediale Raum 419

8. Heimsuchung 425
   Spuk 426
   Brand 429
   Verlust des Kollektivs 435
   Wiederkunft 438

Epilog: Grand Hotel Memoria 445

1. Grand Hotel Abgrund 449
   1933, kein Ort mehr 450
   Am Abgrund 454
   Berlin Hotel 460

2. Grand Hotel als Schauplatz des Gedächtnisses 464
   Erinnerung als Hotel 465
   Gedächtnis der Form 468
   Erinnerung im Hotel 473
   Materialisierter Erinnerungsort 476

3. Las Vegas – einverleibte Geschichte 485
   In der Wüste 485
   Die Raummaschine 487

Bibliographie 493

Prolog

Hotel Chantarella im Sommer, St. Moritz, um 1950
Fotografie: J. Allan Cash, London
(Abbildungsnachweis: Dokumentationsbibliothek St. Moritz)

Prolog

1

Im Engadin, hoch über St. Moritz, lag ein großes, durch Giebel, Risalite und Erker gegliedertes Haus. In der horizontalen Schichtung verankerte ein behäbiger Sockel das Bauwerk auf der Geländeterrasse. Das Grand Hotel Chantarella stand jenseits der Dächer des Kurorts und wandte seine Schaufront nach Licht und Luft zur Seenplatte und zum Gipfel der Margna hin. Von weitem erschien das Haus imposant, ein ländliches Schloss – oder doch ein überdimensioniertes Bauernhaus? Hier hatte der Heimatschutz[1] mit seiner Rückbesinnung auf die regionale Bautradition gewirkt, wie die eingetrichterten Fenster, die Sgraffiti und Schnitzereien bezeugten. Die einzelnen Versatzstücke ließen sich als Annäherung an das Engadiner Bauernhaus lesen und erschienen nahezu demokratisch unprätentiös; erst im Bilden eines Volumens setzten sie sich zu einem beeindruckenden Ganzen zusammen. Das wirkte in seiner schieren Größe palastartig.

Entsprach das Hotel Chantarella von außen dem verspielten Geschmack seiner Zeitgenossen, war seine Konstruktionsweise schon ganz dem neuen Bauen verpflichtet. Ein Betonskelett trug das Gebäude, während eine Schaufront aus Gips und Putz ornamental das Funktionelle verhüllte. Das Chantarella war eine späte Blüte des Oberengadiner Hotelbaus. Der Luzerner Architekt Emil Vogt hatte das Bauwerk 1911 bis 1912 als Erholungs- und diätetische Höhen-Kuranstalt erstellt, während es später als reiner Hotelbetrieb genutzt wurde. Das Chantarella erlebte nur eine kurze Zeit der Sorglosigkeit, dann brach der Erste Weltkrieg aus. Entsprechend blieb der geplante Ostflügel, der die Symmetrie hätte herstellen sollen, unvollendet.

---

1 Der Schweizer Heimatschutz wurde 1905 gegründet. Er wehrte sich gegen die unkontrollierte Erschließung der Berge durch Bahnen und warb für die Verwendung regionaler Formen bei neuen Bauaufgaben, zu denen gerade auch Grand Hotels gehörten.

Wer sich vor wenigen Jahren dem Grand Hotel Chantarella näherte, sah die Risse im Mauerwerk, und wer davor stand, glaubte das Glas der großen Schaufenster der Beletage splittern zu hören, spürte das Rieseln des Kalks und folgte den Spuren des Regens, die über die Fassade lange Spitzbärte malten und die Löcher im Dach verrieten. Die Bausubstanz war dem Zerfall, dem Spiel der Natur überlassen. Je näher der Blick an die Mauer heranrückte, desto mehr trat die Form hinter die Materie zurück. Die Fassade löste sich auf in bröselnden Putz, blätternde Farbe, splitternde Mauerkanten. Hoch über dem Dorf stand eine Ruine. Die Vertreter der Gemeinde sprachen von einem Schandfleck. Private Spekulation und offizielles Desinteresse hatten das Haus dem Zerfall preisgegeben. Das Grand Hotel hatte man ausgeweidet, seine prachtvolle Innenausstattung abgestuckt, die Jugendstillampen und kunstvollen Kaminfassungen, die geschnitzten Geländer, Tapeten, Malereien waren abgeschlagen. Darunter lugten die Schilfmatten hervor.

Der Blick auf die Ruine zeigt unverhüllt den anderen Ort: Das verlassene Grand Hotel tritt stärker als exklusive Einheit innerhalb einer kargen Landschaft hervor als die neu übermalten und immer wieder um ein Hallenbad, einen Fitnessbereich oder Garagenplätze erweiterten Fünfsternehotels – zeitgeistig aufgerüstete Erben einer vergangenen Epoche. Die Hotelruine weist auf ihren Anfang zurück, lässt die Monstrosität und Selbstbezogenheit eines in alpiner Umgebung gestrandeten Luxusdampfers aufblitzen. Zugleich wird im Verfall des Bauwerks seine Abhängigkeit von der Natur[2] deutlich, die das Hotel nicht mehr als gebändigter Landschaftsgarten umgibt, sondern seiner physischen Präsenz gewaltsam zu Leibe rückt: die Mauern sprengt, das Dach zum Einsturz bringt, die Fensterläden aus den Angeln hebt und das Unkraut zwischen den Steinplatten hervortreibt.

Die Ruine im Allgemeinen ist klassischer Gedächtnisort und Gegenstand romantischer Faszination am ästhetischen Reiz des Verfallenden; die Hotelruine im Besonderen, die nicht in den Kanon großer kultureller Leistungen vergangener Generationen aufgenommen und entsprechend konserviert und aufbereitet wird, legt darüber hinaus den Verlust der innewohnenden Gesellschaft schmerzhaft offen.

---

2   Vgl. Simmel 1993, Bd. 8, 124–125: «(…), denn jetzt erscheint der Verfall als die Rache der Natur für die Vergewaltigung, die der Geist ihr durch die Formung nach seinem Bilde angetan hat.»

«Sondern dass das Leben mit seinem Reichtum und seinen Wechseln hier [am Ort der Ruine; C.S.] einmal gewohnt hat, das ist unmittelbar anschauliche Gegenwart. Die Ruine schafft die gegenwärtige Form eines vergangenen Lebens, nicht nach seinen Inhalten oder Resten, sondern nach seiner Vergangenheit als solcher. (...) Die Vergangenheit mit ihren Schicksalen und Wandlungen ist in den Punkt ästhetisch anschaulicher Gegenwart gesammelt.»[3]

Das Chantarella ist heute unter einem künstlichen Geländesprung, der den Schutt des Hauses in die Topographie eingehen lässt, verschwunden. Die Ruine als «Gegenwartsform der Vergangenheit»[4] wurde – dem Vergessen vorarbeitend – geschleift. Der Blick auf die Bergflanke ähnelt nun jenem des Archäologen, der die Landschaft auf das Verborgene hin betrachtet.

2

Sind die Grand Hotels von einst durch Spekulation und Desinteresse, durch ideologisch wie ästhetisch motivierte Kritik als auch durch historische Ereignisse dem Zerfall preisgegeben oder mutwillig zerstört worden, so haben sich die *Wunschbilder* erhalten. Hotels wie das Berliner Adlon am Pariser Platz, das dem Vorgängerbau von 1907 nachempfunden, 1997 wieder eröffnet wurde, legitimieren sich über ihre Geschichte und spekulieren mit ihrem Ruf. Das Adlon von heute ist ein revitalisierter Erinnerungsort, der sich der Ökonomie des Symbolischen verdankt und die Bilder in den Köpfen erneut herzustellen sucht.

Das Adlon erzeugt über das hohe Kupferdach, den bossierten Sockel und die Rundbogen im Erdgeschoss ein summarisches Bild des Ehemaligen, ohne sich bei Proportion und Ornamentierung lange aufzuhalten. In der Vertikalen stehen die Fenster eng zusammengerückt. Es ist ablesbar, dass die Stockwerkhöhen allein den Gesetzen der Gewinnmaximierung gehorchen. Diese Gebäudehülle, gemäß Kriterien einer oberflächlichen Ähnlichkeit gebaut, stellt die Kulisse eines Grand Hotels nach.

---

3   Simmel 1993, Bd. 8, 129.
4   Simmel 1993, Bd. 8, 129.

Die Gesellschaft von einst, die das Grand Hotel als vitalen Mittelpunkt kulturellen Lebens bewohnte, existiert nicht mehr. Weil die Hotels den alten Glanz heute nur noch simulieren können, kompensieren sie das Fehlende über die Literatur. Es erstaunt deshalb nicht, dass zur Eröffnung des Adlon eine Vielzahl von Publikationen erschienen ist. Dazu gehören historische, mit Anekdoten angereicherte Würdigungen ebenso wie belletristische Reinszenierungen und freie Nacherfindungen einer vergangenen Zeit. Die Literatur füllt gleichsam die Lücke dessen, was nicht mehr erlebt werden kann. Allein an diesem Beispiel zeichnet sich eine doppelte Dominanz des Imaginären ab: einmal als Impuls materieller Rekonstruktion, dann als Surrogat, um eine leere Hülle mit Geschichte und Geschichten zu füllen.

3

Literarisierung und symbolische Besetzung des architektonischen Gemeinplatzes Grand Hotel stehen im Mittelpunkt dieses Buchs. Gemeinplatz bezeichnet hier über den standardisierten Bautyp hinaus den durch Konventionen und Hierarchien gesellschaftlich regulierten Ort. Indem es dem Grand Hotel gelingt, Gesellschaft zu lokalisieren und ihren Bedürfnissen unter einem Dach nachzukommen, kann es als eigentlicher Mikrokosmos begriffen werden. Menschen verschiedener sozialer Zugehörigkeit und unterschiedlicher nationaler Herkunft bilden über Wochen, zur Sattelzeit des Grand Hotels um 1900 gar über Monate, eine Gemeinschaft auf Zeit.

Als Leitthese geht die vorliegende Publikation in ihrer Beschäftigung mit der Genese des imaginären Raums Grand Hotel von einer Interdependenz zwischen Literarisierung, architektonischer Entwicklung und sozialer Besetzung aus. Dabei geht es nicht um ein Verhältnis von Text und Kontext, sondern um ein sich Durchdringen des Materiellen und Diskursiven dahingehend, dass das Grand Hotel als *Schauplatz* politischer, sozialer und kultureller Entwicklungen fassbar wird. So wird das Konstituieren von Raum einerseits als diskursive Leistung begriffen, andererseits ist der materielle Raum selbst eine Art Text, dessen Zeichen oder Spuren zu entziffern sind.

4

Um die Genese des Imaginären in ihrer Verknüpfung mit der Geschichte des Gebauten herauszuarbeiten, zeichne ich die Entwicklung des Grand Hotels von der Entstehung bis zum Niedergang nach. Drei Zeitschnitte werden als besonders relevante ausführlich diskutiert: Zuerst rückt das Grand Hotel zu seiner Sattelzeit vor 1914 in den Blickpunkt, als es als Inbegriff europäischer Zivilisation gefeiert wird. Dann steht das Grand Hotel der Zwanzigerjahre im Fokus, als es über seine ubiquitäre Rolle in Literatur und Film zu einem schillernden Sinnbild der Zeit avanciert und schließlich wird das Grand Hotel nach 1933 wichtig, als es, ideologisch diskreditiert, seine gesellschaftliche Relevanz einbüßt. Dazwischen, entlang der Bruchstelle, die der Erste Weltkrieg aufgerissen hat, steht das Intermezzo, das sich mit Texten von Thomas Mann beschäftigt. Tragweite und inhaltliche Konzeption dieser Zeitschnitte werden an dieser Stelle kurz ausgeführt. Dabei soll deutlich werden, wie die Zeit die Art der Verräumlichung des Grand Hotels prägt und wie umgekehrt über den Raum Phänomene als historisch signierte zu entziffern sind.

Zu Beginn konzentrieren sich die Ausführungen geographisch auf die Schweizer Alpen, insbesondere auf das Oberengadin. Anhand vielfältigen Materials, das von Romanen und belletristischen Reiseschilderungen über Werbebroschüren und Feuilletons bis hin zu Plakaten und Gemälden reicht, wird aufgezeigt, wie sich die kollektive Vorstellung der Alpen von einem Ort der Öde und des Exils hin zu einer Topographie der Sehnsucht wandelt. Dabei stiftet die Literatur, indem sie die Landschaft als begehrenswert ausweist, gleichsam das Fundament des alpinen Grand Hotels. Die Wahl eines geographischen Kristallisationspunkts, wo das Ineinandergreifen von Fiktion und Wirklichkeit plastisch zu Tage tritt, ist für die frühe, mit dem alpinen Grand Hotel befasste Literatur prägend. Dabei geht die Gebundenheit so weit, dass Produktions-, Handlungs- und Rezeptionsort des Erzählten zusammenfallen und in dieser Verdichtung ein höchstes Maß an Selbstbezüglichkeit generieren. So finden an einem bestimmten Ort, zu einer bestimmten Zeit, Landschaft, alpines Grand Hotel, Gesellschaft und Literarisierung zu einer Bestandesaufnahme mondänen Lebens zusammen. Entsprechend erheben die frühen Hotelromane nicht den Anspruch, originär zu sein, vielmehr sind sie gerade darum bemüht, standardisierten Luxus und Stereotype kollektiver Wünsche darzustellen.

‹Die Sonne von St. Moritz› auf den Titel zu heben, wie dies der Berliner Autor Paul Oskar Höcker bei seinem Roman von 1910 getan hat, ist in diesem Sinn eine sprechende Geste. Über den emblematischen Charakter des genannten Kurorts hinaus wird deutlich, dass das alpine Grand Hotel einen *anderen Ort* – im Sinn eines Wunschraums – darstellt, der jedoch real ist und tatsächlich geortet werden kann. Das Grand Hotel, das für Müßiggang, Körperlichkeit, freies Rollenspiel und expressives Handeln steht, bezieht dabei innerhalb einer *symbolischen* Topographie den Gegenort zum alltäglichen Domizil.

Als sich am 4. August 1914 die Redaktion der Touristenzeitung ‹Engadin Express & Alpine Post› von ihren Lesern verabschiedete, beklagte sie mit dem abrupten Ende der Saison den «Zusammenbruch der vielgerühmten Zivilisation des alten Europas». Dieses Ineinssetzen von Saison und Zivilisation macht das Grand Hotel zur *Chiffre* eines liberalen Europas, das der Krieg mit seinem nationalistischen Anspruch bedroht. Der Erste Weltkrieg stellt für das reale wie das imaginäre Grand Hotel eine Zäsur dar. Wie sehr die Literarisierung des Grand Hotels von historischen Brüchen geprägt ist, wird im Intermezzo exemplarisch anhand dreier Texte von Thomas Mann aufgezeigt. In ‹Der Tod in Venedig›, ‹Der Zauberberg› und ‹Bekenntnisse des Hochstaplers Felix Krull› spielt die Herberge, gemeint sind Grand Hotel und Sanatorium, als Ort des Übergangs eine prägende Rolle. Dabei gilt es die Zwischenräume zu ermessen: den Raum, der sich zwischen einem alltäglich erfahrenen Daheim und dem außergewöhnlichen und fremden Reiseziel auftut, aber auch der soziale und historische Raum, der sich in den Schreibprozess einlagert, da sich zwischen Projektbeginn und seiner fragmentarischen Vollendung, wie im ‹Felix Krull› geschehen, Jahrzehnte eröffnen. Entsprechend lassen sich bei Thomas Mann Verschiebungen in der Literarisierung des Grand Hotels, die sonst nur in der Gegenüberstellung verschiedener Texte zu beobachten sind, innerhalb eines Textraums herausarbeiten.

Die Literatur der Zwanzigerjahre dann verortet das Grand Hotel nicht mehr außerhalb des Alltags und über den Dingen des Flachlands, sondern beschreibt es, unabhängig davon, ob es in der Stadt oder auf dem Land angesiedelt ist, als Schauplatz urbanen Daseins.

Die Vorstellung, dass das Hotel wie das Leben sei, bringt eine strukturelle Überlagerung zwischen Hotel und polythematischer Großstadterfahrung zum Ausdruck, weshalb es nicht länger relevant ist, sich auf einen spezifisch geographischen Ort zu beziehen. Vielmehr greift die Literatur das Grand Hotel als Topos auf und verwendet es als Matrix, um die Widersprüche einer modernen Lebenswelt zu bündeln. Im Blickpunkt steht nun die *innere* Ordnung, und ihre Kraft, scheinbar Unvereinbares an einem Ort zusammenzufassen.

So vermag die literarische Konstruktion des Grand Hotels als schöpferisch relevante Entwicklung die architektonische abzulösen, ohne die Vorbehalte der Architekturtheorie zu übersehen. Das Grand Hotel, das konstruktive Funktionalität hinter aufwändigem Bauschmuck und opulenten Oberflächen verbirgt, wird von der architektonischen Avantgarde der Zwanzigerjahre als formalistisch und verlogen empfunden. Die Konstruktion des neuen Milieus als Voraussetzung eines neuen Menschen vollzieht sich unter Vermeidung der Festung des Publikumsgeschmacks – des Stein gewordenen «Bürgertraums vom Adelsschloss»[5] – wo sich das kollektive Wunschdenken so erfolgreich verschanzt. Gerade dieses Wissen um die überkommene Form eröffnet der Literatur die Möglichkeit einer Verrückung und damit einer Dekonstruktion des Grand Hotels innerhalb seiner sozialgeschichtlich befrachteten Mauern. Die neue Zeit sickert in Form der Inflation und des Jazz' in die ehemals exklusive Welt ein. Hinzu kommt die zentrale Figur des Außenseiters, die in ihrer Stellung ungefestigt, haltlos auf ihre Umgebung reagiert und gleichzeitig das sorgsam ausgeschlossene Fremde verkörpert. So ist der von Widersprüchen besetzte Raum in der Grand-Hotel-Literatur jener Zeit ein entscheidendes Moment, das den Text inhaltlich wie formal organisiert.

1933 findet eine doppelte Diskreditierung des Grand Hotels aus entgegengesetzten politischen Lagern statt. Georg Lukács verortet die bürgerlichen Intellektuellen im ‹Grand Hotel Abgrund›. Er fasst damit die für ihn ins Auge springende Unvereinbarkeit zwischen revolutionärem Denken und der Selbstverortung des Denkenden ins Bild, der sich leiblich und aktiv handelnd nicht aus dem Komfort des Hergebrachten herauswagt. Gottfried Benn verknüpft darüber hinaus den Verdacht hinsichtlich des symbolischen Orts Grand Hotel

---

5   Diese Wendung ist dem Buchtitel von Richter / Zänker 1988 entlehnt.

mit dem realen. Fasziniert vom neuen Regime, greift er in seiner öffentlichen ‹Antwort an die literarischen Emigranten› jene an, die in den Grand Hotels der Riviera sitzend, den nationalsozialistischen Staat kritisieren. Indem er explizit auf die Hotels als angeblich frei gewählten Standort hinweist, konstruiert er eine konkrete wie moralische Exterritorialität der Emigranten und benimmt den Angesprochenen so das Recht, sich zum Geschehen in Deutschland zu äußern.

Schließlich verrückt insbesondere die leibliche Erfahrung vieler Autoren, für die das Hotel nach 1933 zum Synonym für Exil und Heimatverlust geworden ist, die Plazierung des Grand Hotels innerhalb einer kulturhistorischen Topographie nachhaltig. Das reale Grand Hotel schließlich, von der Kulturkritik als «Vergnügungskaserne» und «Komfortfabrik»[6] bezichtigt und seiner gesellschaftlichen Bedeutung beraubt, wird von der Literatur nach 1945 allein als Erinnerungsort aufgegriffen. Mit Hermann Lenz' Erzählung ‹Hotel memoria› von 1952 tritt das Grand Hotel literarisch in den Gedächtnisraum ein.

5

Methodisch gehe ich nicht von einer Vorstellung von Raum als Behältnis aus, sondern beziehe mich auf ein relationales Raummodell, wonach Raum die Anordnung kultureller Güter darstellt und in Abhängigkeit des historischen Prozesses konstituiert wird. So besteht der gesellschaftliche Raum des Grand Hotels aus einer Vielzahl sich überlappender und überlagernder Räume, die ihrerseits sowohl diskursiv[7], im Sinne kommunikativen und symbolischen Handelns, als auch normativ und physisch-materiell konstituiert sind. Raum ist über das unmittelbar Gegebene und Wahrnehmbare hinaus, als Resultat einer situationsbedingten, menschlichen Syntheseleistung[8] zu verstehen.

---

6 Gerhard Nebel: ‹Unter Kreuzrittern und Partisanen›, Stuttgart 1950. Zitiert nach Enzensberger 1962, 183.
7 Das Wort zu führen, bedeutet nach Foucault auch, die Macht in Händen zu haben, Räume im übertragenen wie konkreten Sinn aufzustoßen oder anderen vorzuenthalten. (Vgl. Foucault 2001).
8 Dass sowohl die Konzeption des Behälter-Raums, die auf Newton zurückgeht, wie auch das Verständnis des Raums als relationale Ordnung körperlicher Objekte

Entsprechend wird im ersten Teil des Buchs das alpine Grand Hotel als vielschichtige Verräumlichung zentraler Diskurse dargestellt. Der heroische Diskurs einer hymnischen Alpenliteratur, der werbende Diskurs im literarischen Kleid, der Sport-Diskurs einer sich vor der Langeweile fürchtenden Gästeschar und der medizinische Diskurs mit seiner Forderung nach Hygiene und körperlicher Ertüchtigung, sie alle verdichten sich letztlich zu einem Bauplan und finden im idealen Hotelbau eine steinerne Einlösung.

Der Begriff des imaginären Grand Hotels, wie er im zweiten Teil wichtig wird, geht über die Verschiebung von einer architektonischen Realität hin zu literarischer Fiktionalität hinaus. Die Architektur des Grand Hotels ist in der Literatur der Zwanzigerjahre nicht in erster Linie Dargestelltes, vielmehr sind Methode und Fragestellung, mit der die Texte konfrontiert werden, architektonisch geprägt. So wird aus zentralen Texten der Zwanzigerjahre ein fiktives Grand Hotel konstruiert, wobei sich die Argumentation entlang der für diesen Gesellschaftsort signifikanten Topographie organisiert: Drehtür, Halle, Gesellschaftsräume, Lift und Treppe, Gastzimmer, Dachboden und Keller sind die verbindenden Räume der Lektüre, die ihrerseits gemäß topologischen Gesichtspunkten wie oben/unten, öffentlich/intim, innen/aussen, differenziert werden.

Bei diesem Rundgang werden die verschiedenen Weisen literarischer Inszenierung und Funktionalisierung von Raum, die räumliche Verankerung einer Handlung innerhalb einer Erzählung sowie die Lagerungsbeziehung verschiedener Texte untereinander herausgearbeitet. Dabei sind es erstaunliche Parallelen und Wiederholungen, die jenseits einer qualitativen Wertung der Texte, Spuren zeittypischer symbolischer Zuschreibungen sichtbar machen und damit eine Semantisierung topographischer Zuordnungen möglich erscheinen lassen. Über die durchgehende Präsenz des Raums gelingt es, ein notwendig heterogenes Textkorpus – es reicht von Vicki Baums ‹Menschen im Hotel› bis zu Kafkas ‹Verschollenem› – in einem Haus zusammenzuführen und die Lücken der Diskontinuität nicht zuzuschütten, sondern für die Analyse fruchtbar zu machen. In diesem Sinn wird ein

---

menschliche Konstrukte darstellen und nicht als objektive Naturgesetze gelten können, führt Albert Einstein in Erinnerung: «Beide Raumbegriffe sind freie Schöpfungen der menschlichen Phantasie, Mittel, ersonnen zum leichteren Verstehen unserer sinnlichen Erlebnisse.» (Zitiert nach Läpple 1992, 190).

topographisches Ordnungsmodell als Lektürepraktik vorgestellt, die über das Konstituieren des Schauplatzes eine Analyse des Gleichzeitigen ermöglicht.

Erster Teil

Alpines Grand Hotel

Werbung Grand Hotel St. Moritz, um 1906
(Abbildungsnachweis: Dokumentationsbibliothek St. Moritz)

1. Die Alpen als literarische Topographie

Die folgenden Betrachtungen sind als Reise angelegt, als eine Reise ins alpine Grand Hotel. Das Grand Hotel in den Bergen hat seine Daseinsberechtigung erst erfinden müssen. Es verdankt sich dem Überschreiben der Alpen von einem Ort des Schreckens hin zu einem Territorium der Sehnsucht. Die Wissenslücken, die mit den weißen Flecken auf der Landkarte korrespondierten, mussten über Vermessung und Narration erst ausgefüllt werden. Die wachsende Vertrautheit und zunehmende Neugier gegenüber den Alpen lassen sich als Stationen einer Mentalitätsgeschichte[1] darstellen; hier als Aussichtspunkte arrangiert, von denen sich dem Leser ein Rundblick auf den Horizont der literarischen Topographie eröffnet.

Der Begriff Topographie trägt mehrere Bedeutungen: Zum Einen ist damit die reale *Konfiguration einer Oberfläche* im Relief, mit ihren Gipfeln, Gletschern und Quellen gemeint, zum Anderen wird dieses Wissen in eine *Landkarte* übertragen, die die Orte bezeichenbar macht und den Unkundigen den Weg weist. Schließlich tritt mit den Reiseberichten und Alpenhymnen die wörtliche Bedeutung des Begriffs im Sinn von Orte (topos) schreiben (graphein) hervor. Auf

---

1 Der Mentalitätsbegriff zielt auf die affektiven Dispositionen der Gesellschaft und kennzeichnet ein oft unbewusstes Verhalten, das das Wie des Sprechens, Schreibens und Nachdenkens über ein Thema prägt. Der Begriff bestimmt die Disposition zu einem gewissen Verhalten hin, ohne dieses Verhalten kausal zu motivieren. Die Bedeutung des Einzelnen als Träger einer Mentalität, wie sie im Kapitel ‹Im Schnittpunkt der Diskurse› wichtig wird, formuliert Angelika Linke in ihrem Buch ‹Sprachkultur und Bürgertum. Zur Mentalitätsgeschichte des 19. Jahrhunderts› folgendermaßen: «Sie [die Mentalität; C.S.] verweist auf den Schritt, durch den *kollektive* Momente im einzelnen Menschen wirksam werden, auf den *unbewussten Konformitätsdruck*, dem die Mitglieder einer bestimmten sozialen Gruppierung unterliegen und der gleichzeitig zum Maß der Zugehörigkeit zu dieser Gruppe wird.» (Linke 1996, 26. Hervorhebungen im Original). Siegfried Kracauer entziffert die Räume des Alltags als Speicher ungeschönter, weil unbewusst sich manifestierender sozialer Befindlichkeit und damit als Gradmesser einer Mentalität. Wie im letzten Abschnitt dieses ersten Teils zu zeigen sein wird, tritt die Mentalitätslage einer Epoche erst ins Bewusstsein, wenn die Umgebung negativ darauf reagiert und sich Kritik formt.

diese ursprüngliche Bedeutung zielend, mag die Wendung der *literarischen Topographie* gleichsam tautologisch anmuten. Es geht jedoch darum, eine weitgehend abhanden gekommene Verwendung des Worts explizit zu machen und im eigenen Schreibprozess wieder aufzudecken.

Im Schatten der Berge

Die Entwicklung des Hotels in den Alpen ist an den Berg und sein publizistisches Echo gebunden[2]. So war Chamonix seit den ersten Versuchen in den 1760er Jahren, den Mont Blanc zu besteigen, zum Zentrum verschiedener Forschungsreisen und Ausgangspunkt für Bergfahrten geworden[3]. Es ist bemerkenswert, dass die Geschichtsschreibung die Wegfindung auf den Gipfel des Mont Blanc als ökonomisch motiviertes Ereignis überliefert[4]. Der Geologe Horace Bénédict Saussure (1740–1799), durch Heirat zu einem der wohlhabendsten Genfer Bürger geworden, soll demjenigen, der fähig war, eine gangbare Route auf den Gipfel zu finden, eine ansehnliche Belohnung ausgesetzt haben. Die Einheimischen Michel Gabriel Paccard und Jacques Balmat erreichten am 8. August 1786 den Gipfel, und im Sommer 1787 gelang es Saussure, die Besteigung zu wiederholen.

Die Berge zu erforschen und zu ersteigen, war lange Zeit mit einem beträchtlichen finanziellen Aufwand verbunden, den sich nur wenige gut Situierte leisten konnten. Dies veränderte die betroffenen Bergdörfer nachhaltig: Aus Gemsjägern und Strahlern wurden Bergführer, aus Bauern Pensionsbesitzer. Bereits in den 1820er Jahren verlor Interlaken seinen bäuerlichen Charakter und wandelte sich

---

2   Diese Abhängigkeit drückt sich auch in den Namen der Hotels aus: «Die ersten Hotels in Zermatt und in der Aletschregion trugen Namen von Bergen (Mont Cervin, Monte Rosa, Jungfrau-Eggishorn) und von Aussichtspunkten, an denen sie standen (Riffelberg, Riffelalp, Schwarzsee, Riederalp, Riederfurka). Oder ihr Name war Garant für den Panoramablick (Bellevue, Belvédère).» (Antonietti 2000, 28).
3   Um 1800 hielten sich in der Region um Chamonix bereits jährlich gegen 1500 Fremde auf, was zu dieser Zeit als eigentlicher Besucherstrom zu gelten hatte. (Vgl. Flückiger-Seiler 2001, 154).
4   Vgl. Seitz 1987, 104.

zur mondänen Reisestation wohlhabender Engländer[5]; Zermatt entwickelte sich im Schatten des Matterhorns zu einer großen Herberge[6].

Als der Zoologe und Mediziner Louis Agassiz zum Zweck wissenschaftlicher Untersuchungen auf dem Aaregletscher eine improvisierte Forschungsstation einrichtete, nannten die Männer ihre karge Behausung mit vergnügter Ironie ‹Hôtel des Neuchâtelois›. Ihr ‹hôtel› wurde zum Wallfahrtsort für Gelehrte des In- und Auslands, zog aber auch neugierige Schweizreisende an. Dass der Name ‹hôtel›[7] in den Köpfen der Reisenden bereits in den 1840er Jahren klar besetzt war und mit einer Reihe von Annehmlichkeiten verknüpft wurde, zeigt die folgende Anekdote Edouard Desors, der zur Forschergruppe auf dem Aaregletscher gehörte.

> «Andererseits lockte der epigrammatische Name *Hôtel*, den unsere Hütte trug, uns einige unbeliebte Gäste herzu, die sich einbildeten, sie fänden da alles Nötige, Zimmer und Betten. Zybach schwor umsonst, es sei nur eine kleine Hütte, die kaum Raum für uns habe; man glaubte ihm nicht, sondern nahm an, er wolle die Reisenden einen Tag länger auf der Grimsel halten. Grausame Enttäuschung, die oben der Ungläubigen harrte! Mehrere Male mußten diese späten Gäste, die wir aus Mangel an Platz nicht aufnehmen konnten, in der Nacht zurückkehren oder in der Hütte der Führer übernachten.»[8]

Reiseziele wurden im wahrsten Sinn konstruiert, der schönste Blick festgelegt und in den Kanon der hymnisch beschriebenen Knotenpunkte jeder Schweizerreise aufgenommen. Die Rigischwärmerei[9] beurteilte Eduard Guyer in seinem Buch über ‹Das Hotelwesen der Gegenwart› von 1874 als Modeerscheinung und führte aus, dass man

---

5 1834 notierte ein Reisebuchautor: «Interlaken a depuis quelques années changé de physionomie et d'aspect; ce n'est plus un village suisse, mais un village à la manière anglaise.» (Zitiert nach Flückiger-Seiler 2001, 120).

6 Vgl. Antonietti 2000, 50ff.

7 Der Begriff ‹hôtel› wird im französischen Sprachgebrauch neben der älteren Bedeutung für Gasthaus auch für den schmucken Adelssitz oder das kleine Privatschloss verwendet.

8 Zitiert nach Seitz 1987, 99.

9 Zwei der wenigen, begehbaren Schweizer Rundgemälde zeigten Ansichten vom Gipfel des Rigi. Das erste hatte Rudolf Huber um 1830 gemalt, das zweite stammte von Georg Meyer und war um 1868 in Zürich zu sehen. (Vgl. Comment 2000, 54).

den Berg noch vor fünfzig Jahren kaum dem Namen nach gekannt habe. Einmal als ultimativer Aussichtsberg etabliert, zog der Rigi Reisende und Dichter an, die in einer Flut empfindsamer Beschreibungen den angenehmen Aufstieg und den wunderbaren Weitblick lobten und damit weitere Bergfahrer anlockten. 1816 schon stand den Wanderern auf dem Gipfel das erste Schweizer Berggasthaus zur Einkehr bereit. Hatte dieser frühe Bau nur dank der Unterstützung eines Komitees einflussreicher Persönlichkeiten und verschiedener Spenden finanziert werden können, war dem Gasthaus ein solcher Erfolg beschieden, dass gewitzte Financiers schon wenig später glaubten, aus der Bergbegeisterung ein Geschäft machen zu können. Heinrich Zschokke berichtete 1836 von den Plänen eines Gipfelkasinos[10]. 1848 ließ es der Berg mit dem Hôtel Rigi-Kulm, dem ersten eigentlichen Hotel auf dem Gipfel, nicht an Bequemlichkeit fehlen, und die Gäste vermochten dem viel gerühmten Sonnenaufgang am Fenster ihres Hotelzimmers beizuwohnen. Ab 1873 führte eine Zahnradbahn die Reisenden auf den Gipfel, so konnte der Programmpunkt Sonnenaufgang noch müheloser abgehakt werden.

Schließlich waren es nicht nur die Berge, sondern die Herbergen selbst, welche die Reisenden anzogen. Hospize galten nicht länger als Durchgangsstationen und unausweichliche Orte eines notgedrungenen Aufenthalts, sondern wurden um der romantischen Erfahrung willen besucht. Auf dem Großen St. Bernhard etwa genoss das alte von Mönchen geführte Haus wegen der guten Küche, der schrecklichen Sammlung Erfrorener[11], die neben der Unterkunft zu besichti-

---

10 Heinrich Zschokke (1771–1848): ‹Maria zum Schnee auf dem Rigi›: «An schönen Tagen werden von Karavanen der Auf- und Niedersteigenden die Hauptwege des Berges belebt. Die sonst einsamen Alpen gleichen dann einem weiten Lustgarten in der Nähe irgend einer großen Hauptstadt. (…) Dies bunte Getümmel, der hier entfaltete Luxus, das fröhliche Umhertreiben reicher Familien der verschiedensten Nationen, machte vor einigen Jahren sogar einen Franzosen gelustig, ich glaube er hieß Lafitte, auf dem Rigi, während der Sommerzeit ein Spielhaus zu halten, und sein Pharao, Roulette, Rouge et Noir immitten der Alpen anzulegen. Er trat sogar schon mit der Regierung von Schwytz in Unterhandlung. Aber in der Eidgenossenschaft erhob sich die Stimme des tiefsten Unwilles dagegen, wie gegen eine Entweihung des Heiligthums.» (Zschokke 1978 (1836), 83).
11 Charles Dickens in seinem Roman ‹Klein Dorrit› zur Versammlung der Schweigsamen: «Während all dieses Gelärm und Gehetze unter den lebenden Reisenden umlief, befanden sich, schweigsam versammelt in einem vergitterten Haus, ein halbes Dutzend Schritte entfernt, eingehüllt von demselben Wolkendunst und angeweht von denselben Schneeflocken, die toten Reisenden, die auf dem Berg

gen war, und den Bernhardiner Hunden, die mit ihrem Fässlein um den Hals Menschen in Not beistanden, zu Beginn des 19. Jahrhunderts einen viel versprechenden Ruf. So bemerkt in Charles Dickens ‹Klein Dorrit› eine ältliche, akkurat gekleidete Dame im Salon des Hospiz auf dem Großen St. Bernhard, an eine Mitreisende gewandt, über ihren Aufenthalt in diesem Haus: «Aber wie andere unbequeme Orte (...) muß man ihn sehen. Als einen Ort, von dem viel gesprochen wird, muß man ihn notwendig sehen.»[12] Entsprechend wandelten sich die Herbergen nach und nach vom transitorischen Dach über dem Kopf zur touristischen Attraktion. Als eigentliche Reiseziele können sie als – wenn auch noch unbequeme – Vorläufer der Grand Hotels beschrieben werden.

Von der Natur zur Landschaft

Bevor das alpine Grand Hotel gebaut werden konnte, mussten die Bergtäler als touristisch attraktiv ausgewiesen werden. Die Literatur initiierte, unterhielt und begleitete die Entwicklung der Alpen vom Ort des Schreckens zur blühenden Heimat eines idealen Alpenvolks bis hin zum arrangierten Idyll für industriegeplagte Städter: Sie bot den Palastbauten vielfachen Grund, sich in den Bergen festzusetzen und zu entfalten. In einer ersten Phase begründeten wissenschaftlich motivierte Texte den gottgewollten Bauplan der Alpen, bannten Furcht und Aberglauben und verhalfen der Freude über die Berge zum Ausdruck. In einer zweiten Phase sprachen Dichtungen ihr Publikum auf emotionaler Ebene an und schürten die Neugier, die wilden Höhen und ihre aufrechten Bewohner mit eigenen Augen zu sehen. Albrecht Haller gelang es im ersten Drittel des 18. Jahrhunderts vielleicht als Erstem, in seinem umfangreichen Gedicht ‹Die Alpen› Wissenschaft und Poesie zu verknüpfen. Der Titel steht programmatisch für die Entdeckung der Alpen als Landschaft. Land-

---

gefunden worden waren. (...) Ein finsteres Geschick, wenn jene Mutter es hätte voraussehen können: Umgeben von so vielen und solchen Gefährten, die ich nie sah und nie sehen werde, werden ich und mein Kind unzertrennlich auf dem Großen St. Bernhard wohnen, Geschlechter überdauernd, die uns zu sehen kommen und nie unseren Namen noch ein Wort unserer Lebensgeschichte bis auf das Ende erfahren werden.» (Dickens 1961 (1855/1857), 529–530).
12 Dickens 1961, 534.

schaft meint hier im Besonderen die vom Betrachter ästhetisch wahrgenommene, somit bereits interpretierte und auf das eigene Wissen zurückgebundene Natur.

Bis zum 16. Jahrhundert stellten die Alpen für Pilger und Händler kaum mehr als ein schwieriges und gefürchtetes Hindernis zwischen Süd und Nord dar. Unfassbar waren die Berge in ihren Dimensionen. Die Kenntnislücken besetzten Phantasmen: Drachen[13], Dämonen und riesige Schneebälle, die Lawinen verbildlichten, gehörten zum alpinen Inventar. Zwar fand der Zürcher Gelehrte Conrad Gessner (1516–1565) bereits Mitte des 16. Jahrhunderts einen wissenschaftlichen Zugang zum Gebirge, doch sein Werk blieb eine Ausnahme. Als passionierter Botaniker studierte Gessner auf seinen zahlreichen Bergreisen die alpine Flora. Er bestieg 1555 mit behördlicher Erlaubnis den Pilatus und publizierte im Anschluss eine ausführliche Beschreibung seiner Bergfahrt mit dem Titel ‹Descriptio Montis Fracti, sive Montis Pilati›. Mit seiner Schilderung versuchte er den abergläubischen Bann[14], der diesen Berg als Topographie eines realen Schreckens kennzeichnete, zu durchbrechen: «Ich für mich glaube, dass Pilatus niemals an diesen Orten war und, wenn er dahin gekommen sein würde, dass ihm niemals irgendeine Möglichkeit, den Menschen nach seinem Tode Gutes oder Böses anzutun, gewährt

---

13 Johann Jakob Scheuchzer (1672–1733), Stadtarzt von Zürich, legte 1716 sein Werk ‹Naturgeschichte der schweizerischen Gebirge› vor. Doch noch bei diesem ernst zu nehmenden Naturforscher bewohnten Untiere die Berge, Monstren, die er nach den Schilderungen von ‹Gewährsleuten› anschaulich beschrieb. Scheuchzer war einer der Ersten, die mit physikalischen Instrumenten ausgerüstet die Berge bestiegen. Er unternahm barometrische Höhenmessungen und entwickelte diese zu einer praktischen Wissenschaft. Sein Hauptwerk ist die ‹Naturgeschichte des Schweizerlandes›, eine Publikation, die sich an ein möglichst breites Publikum wenden wollte und deshalb auf Deutsch erschien. Noch Friedrich Schiller benutzte die ‹Naturgeschichte des Schweizerlandes› für seinen ‹Wilhelm Tell› als unentbehrliches Nachschlagewerk.

14 Michael Caviezel referierte 1896 diesen Aberglauben folgendermaßen: «So ging, um ein Beispiel anzuführen, die Sage, dass der Landpfleger Pontius Pilatus nach der Verurteilung des Heilandes keine Ruhe mehr fand und aus dem Lande floh. Auf seiner langen Flucht kam er bis in die Alpen, wo er sich am Fuße eines Berges in einen kleinen See stürzte und ertrank. Von da an wurde jener Berg Pilatus geheißen und herrschte daselbst arger Geisterspuck, weil die arme Seele nicht zur Ruhe kommen konnte. Jegliche Annäherung an das Seelein und Trübung des Wassers hatte ein schreckliches Ungewitter zur Folge, während dessen feurige Dämpfe aus den Wellen aufstiegen und großes Unheil anrichteten.» (Caviezel 1896, 228f.).

worden sein würde.»[15] Mit diesem Standpunkt ebnete Gessner den Weg für eine aufgeklärte Betrachtung und stellte die Freude an der Alpenwelt in den Mittelpunkt seines Textes.

Die Bemühungen Gessners und einiger Zeitgenossen sind im geistigen Umfeld der Reformation zu sehen, als Ulrich Zwingli und Johannes Calvin in der Schweiz ein der Naturforschung zugewandtes Klima schufen und der Humanist Erasmus von Rotterdam als Professor in Basel eine offene Geisteshaltung vertrat. Durch die veränderte Einschätzung des Diesseits angeregt, zielte ihr Wissenschaftsverständnis auf die Natur als autonome Einheit[16]. Damit waren die Voraussetzungen gegeben, die eine eigentliche Entdeckung und Eroberung der Alpen denkbar erscheinen ließen, nämlich «die Empfindung für die Schönheit der Berge, ein erstes Verständnis für den Wert der körperlichen Leistung, die Sehnsucht nach tieferer Kenntnis und Erkenntnis, die technische Vorbildung und erstes topographisches[17] Wissen»[18]. Diese frühen Bestrebungen fanden im 17. Jahrhundert jedoch kaum eine Fortsetzung. Die Gründe dafür mochten im immer noch starken Aberglauben, den politischen Wirren der Gegenreformation, den Bauernaufständen und dem Dreißigjährigen Krieg liegen. Auch stand das humanistische Erbe unter wachsendem Druck religiöser Orthodoxie. Die Reisetätigkeit selbst brach nicht ab, jedoch führten die Reisen nur zwangsläufig durch die Alpen.

Erst im letzten Jahrzehnt des 17. Jahrhunderts publizierten Adlige und Gelehrte wieder enthusiastische Berichte ihrer Schweizreise. Im Zeitalter des Absolutismus etablierte sich in England die Grand Tour[19], womit die Reise des jugendlichen Stammhalters alteingesessener und Grund besitzender Adelsgeschlechter bezeichnet war. Die Kavalierstour beschloss die adelige Erziehung und galt als Einführung in die Welt der europäischen Aristokratie. Das Ziel war meist

---

15 Conrad Gessner, zitiert nach Oppenheim 1974, 33.
16 Vgl. Seitz 1987, 79.
17 Die 1538 von Aegidius Tschudi, Schüler Gessners, erstellte Karte bot eine erste Übersicht über die damalige Eidgenossenschaft. (Vgl. Flückiger-Seiler 2001, 15).
18 Oppenheim 1974, 35.
19 Begrifflich wird die aufkommende Lust – nicht von zweckdienlichen Erwägungen getrieben – zu verreisen, als Bedingung für den Tourismus auf das englische beziehungsweise französische Wort ‹tour› zurückgeführt, das in den Wörterbüchern erstmals im Jahr 1811 auftaucht und auf die ‹Grand Tour› verweist. (Vgl. Enzensberger 1962, 182).

Italien mit seinen Kunstschätzen sowie politisch motivierte Stationen, wo Kontakte und Allianzen geknüpft wurden. Die Alpen stellten anfangs keine eigentlichen Reiseziele, galten später jedoch innerhalb eines bürgerlichen Erziehungsprogramms, das sich von der Grand Tour ableitete, als Fundus unentbehrlicher Naturerlebnisse.

Beschwörung des Idylls

Nachdem die Drachen wissenschaftlich gebannt und die Berge zum Untersuchungsfeld geworden waren, entdeckten die Literaten in den Alpen das verlorene Paradies. Im Folgenden werden exemplarisch zwei Texte diskutiert, die in außerordentlicher Weise die Alpenbegeisterung beschworen und gleichzeitig Motive einführten, die für den Antagonismus Zivilisation-Alpen bestimmend werden sollten. Es handelt sich um das bereits erwähnte, 1729 von Albrecht Haller verfasste Gedicht ‹Die Alpen› und um Jean-Jacques Rousseaus ‹Nouvelle Héloïse› von 1761.

Albrecht Haller popularisierte das Gebirge und vermittelte den Zeitgenossen einen nachhaltigen Eindruck der Bergwelt. Auf botanischen Reisen durch das Wallis hatte Haller sein Naturvolk[20] entdeckt. Mit kultur- und zivilisationskritischem Impetus betont er in ‹Die Alpen›, gefasst in zehnzeilige Alexandriner, die natürliche Verbundenheit der Alpenbewohner mit ihren Bergen und schildert sie als tugendhafte Menschen. Im kargen Bergtal erkennt Haller das Goldene Zeitalter, das er nicht als fabelhaftes Dichterreich versteht, sondern im Zufriedensein mit dem wenigen Gegebenen ausmacht. Dabei nimmt er eine eigentliche Verortung seiner Utopie vom glücklichen Leben vor. Die Berge deutet Haller von einem störenden Hindernis zu einem schützenden Wall um: «Sie [die Natur; C.S.] warf die Alpen auf, dich von der Welt zu zäunen»[21]. Haller bemüht die rhetorische Figur des Oxymoron, um den Widerspruch zwischen Stadt und Alpen wachzuhalten: Mit «glückseliger Verlust von schadenvollen Gütern!»[22] bringt er die natürlich auferlegte und so begrü-

---

20 Es war auch die Zeit, als Daniel Defoe seinen ‹Robinson Crusoe› schrieb (1719–20) und seinen Protagonisten der Einsamkeit und Unverdorbenheit einer fernen Insel aussetzte.
21 Haller 1998, 5 / 53.
22 Haller 1998, 5 / 61.

ßenswerte Bescheidenheit zum Ausdruck und setzt ihr mit «Ihr werdet arm im Glück, im Reichtum elend bleiben!»[23] den beklagenswerten städtischen Materialismus entgegen. Auch die wichtige Aufgabe der Aufklärung, die Unfruchtbarkeit der Alpen in einen vernünftigen und folgerichtigen Schöpfungsplan einzuordnen, leistet Haller. Die Weiden der Voralpen, «wo nichts, was nötig, fehlt, und nur was nutzet blüht», kommen dem Menschen noch freundlich entgegen. Haller steigt aber auch zu den öden Gipfeln empor: «Der Berge wachsend Eis, der Felsen steile Wände sind selbst zum Nutzen da und tränken das Gelände.» Und in einer Fußnote notiert er: «Die meisten und größten Flüsse entspringen aus Eisgebürgen, als der Rhein, der Rhodan, die Aare»[24]. Den Gletscher als Quelle festzuhalten, bezeichnet über die aufklärende Beweisführung hinaus metaphorisch den unbefleckten Ort eines Lebens vor dem Sündenfall. So stützt die wissenschaftliche Erklärung die moralische Betrachtung und verbindet sich mit dieser zu einer Topographie des Ursprungs.

Neben Hallers ‹Alpen› bildet die ‹Nouvelle Héloïse› die zweite Stiftungsurkunde des Reisens in die Schweizer Berge. Jean-Jacques Rousseau greift die Hallersche Begeisterung und Schilderung von Landschaft und Naturvolk auf, seine Alpen aber sind nicht unbestritten glücklicher Gegenort zur Stadt, sondern ambivalenter Schauplatz starker Gefühle. Schönes und Schreckliches liegen eng beieinander.

«Dieser einsame Ort bildete eine wilde, öde Klause, aber voll von solchen Schönheiten, wie sie bloß empfindsamen Seelen gefallen, andern aber schrecklich vorkommen. Ein aus geschmolzenem Schnee gespeister Sturz-

---

23 Haller 1998, Vers 1–10.
24 (Haller 1998, 15). Dreißig Jahre später widmete Gottlieb Sigmund Gruner der Betrachtung der Gletscher ein dreibändiges Werk: ‹Die Eisgebirge des Schweizerlandes› (1760). Neben den ausführlichen topographischen Beschreibungen ist es ihm ein besonderes Anliegen, die Eisgebirge als gottgewollt und nützlich darzustellen. So schreibt Gottlieb Sigmund Gruner: «Betrachten wir die Eisgebirge überhaupt und in Absicht auf ihre Schneedecken allein, so ist die Klage über ihr Dasein höchst ungerecht und ganz gewiß, daß diese beschneiten Firsten dem Lande ungleich nützlicher sind, als sie sein würden, wenn sie hingegen mit den fettesten Weiden bekleidet wären. Nicht nur reinigen sie uns die Luft, nicht nur unterhalten sie den Lauf der Flüsse und spenden uns durch dieselben so unzählige Wohltaten aus, sondern sie schützen uns zugleich vor vielem Verderben, dem wir sonst gewiß und sehr oft ausgesetzt sein würden.» (Zitiert nach Seitz 1987, 94.)

bach wälzte zwanzig Schritte von uns sein schlammiges Wasser bergab, unter Getöse Lehm, Sand und Steine mit sich führend. Hinter uns trennte eine Kette unzugänglicher Felsen den freien Platz, auf dem wir standen, von jenem Teile der Alpen, den man die Gletscherberge nennt, weil ganz ungeheure Gipfel aus Eis, die unaufhörlich wachsen, sie seit dem Anbeginn der Welt bedecken.»[25]

Im Gegensatz zu Haller, der die Schönheit der Alpen in der Ursprünglichkeit erkennt, ihre Nützlichkeit gegenüber jedem wissenschaftlich interessierten Leser zu begründen weiß und über den unermüdlich herausgearbeiteten Kontrast zwischen Stadt und Berg unmittelbar zu überzeugen sucht, verlangt Rousseau eine «empfindsame Seele». An seinem Helden St. Preux führt er das Erziehungsprogramm vor, das zu einem für die außergewöhnlichen Schönheiten der Alpen empfänglichen Leben leitet. Der erste Teil des 23. Briefs spricht von einem jungen Helden mit einem offenen und liebenden Blick für alles Einfache, der ein lobendes und freudiges Gemälde der Walliser Berge und ihrer Bewohner zeichnet. Später, als St. Preux mit der großen Welt in Kontakt tritt und von der französischen Dekadenz schreibt, wird sich Julie mit Wehmut an die ungekünstelten Schilderungen der Bergler erinnern und sie beständig mit den Pariser Briefen vergleichen, deren Stil die berichteten Ausschweifungen und Zynismen nur allzu offensichtlich spiegelt. St. Preux muss erst die Welt umsegeln, bevor er den Anblick seiner Heimat gültig loben kann und seine Seele nicht nur jugendlich empfänglich, sondern empfindsam geworden ist.

«Der Anblick meines Vaterlandes, dieses so geliebten Landes, wo Ströme der Freude mein Herz überflutet hatten; die so reine, so wohltätige Luft der Alpen[26]; die süße Luft des Vaterlandes, lieblicher als die Wohlgerüche des Orients; dieser reiche, fruchtbare Boden; diese einzigartige Landschaft, die schönste, die jemals das menschliche Auge rührte; dieser reizende Ort, dem nichts gleichkommt, was ich bei meiner Reise um die Welt hatte; der Anblick eines freien, glücklichen Volkes, die Milde der Jahreszeit, die Heiterkeit der Witterung, (…).»[27]

---

25 Rousseau 1988, Vierter Teil, 17. Brief, 540–541.
26 Rousseau lobt in der ‹Neuen Héloïse› das «glückliche Klima» der Walliser Berge, und der Protagonist wundert sich, dass «Bäder in der heilsamen, wohltätigen Luft der Gebirge keines von den großen Hilfsmitteln der Arzneikunst und Sittenlehre sind». (Rousseau 1988, Erster Teil, 23. Brief, 78).
27 Rousseau 1988, Vierter Teil, 6. Brief, 438–439.

Nach der langen Reise wirkt der stille Ort Clarens am Fuß der Berge und am nahen Genfersee gelegen heilend und beruhigend auf den überempfindlichen St. Preux. Die Landschaft wird für ihn über die Schwärmerei hinaus zum Ort der Selbstfindung und Genesung.

Viele Reisende machten sich mit Rousseaus Buch in der Hand auf den Weg nach den Höhen, die St. Preux' Liebe umgeben, um sich unter kundiger Anleitung selbst zur Empfindsamkeit zu erziehen. Es waren Angehörige der besten Gesellschaft, die sich solche Vergnügungs- und Gefühlsreisen leisten konnten. Der russische Schriftsteller Nikolaj Michailowitsch Karamsin wandelte 1789 auf den Spuren seines Lieblingsbuches[28], und auch Goethe blickte 1779 andächtig und unter Tränen auf die Szenerie einer ungekünstelten Liebe[29]. Bis zur Jahrhundertwende folgten Tausende, insbesondere Engländer besuchten ‹die heiligen Örter der Héloïse›. Zu diesem Zweck hielten sich die Fremden über Wochen am Genfersee auf, um von hier aus die entsprechenden Ausflüge unternehmen zu können[30].

William Coxe nahm die ‹Héloïse› 1779 von Lausanne aus einer Leihbibliothek mit und verglich die Natur mit ihrer Beschreibung: «Denn ob man schon in der Gegend hier keine Spuren einer Geschichte hat, die der Julie ähnlich sieht, so ist doch das Lokale genau angegeben; und mir ist es sehr lieb, dass jeder Fleck, dessen in den Briefen gedacht wird, wirklich in diesem romantischen Lande existiert.»[31] Dass die Reisenden nicht die Alpen an sich, sondern die von den Protagonisten *empfundene* und durch ihre Liebe *gestimmte*

---

28 «Da es Euch bekannt ist, meine Freunde, wie ich Rousseau liebe und mit welchem Entzücken ich seine ‹Héloise› mit Euch las, könnt ihr Euch vorstellen, mit welchen Empfindungen ich alle diese Gegenstände betrachtete. (...) Die Schönheit der hiesigen Gegenden muß die lebhaftesten Eindrücke auf Rousseaus Seele gemacht haben; denn wie lebendig und wahr malt er sie nicht! Mir schien es, als sähe ich den Felsen, der soviel Anziehendes für St. Preux hatte und wo er an Julie schrieb.» (Karamsin 1966 (1799–1801), 210).
29 Vgl. Seitz 1987, 134.
30 Dass die Einheimischen die Begeisterung der Fremden zu ihren Gunsten zu nutzen wussten, legt der folgende Ausschnitt aus Karamsins Brief nahe: «Viele Einwohner von Clarens kennen die ‹Neue Héloïse› und brüsten sich nicht wenig damit, daß der große Rousseau ihren Geburtsort zum Schauplatz seines Romans machte und ihm dadurch einen unsterblichen Ruhm verschaffte. Ein arbeitender Bauer, der einen neugierigen Fremden bemerkt, nähert sich ihm wohl und sagt schmunzelnd: ‹Der Herr hat gewiß die ‹Neue Héloïse› gelesen?›» (Karamsin 1966, 211).
31 Zitiert nach Seitz 1987, 138f.

Landschaft suchten, beweist die Hartnäckigkeit, mit der sie nach Spuren dieser Liebesgeschichte fahndeten. In ihrer Wortgläubigkeit waren sie gekommen, um in der Natur die Bilder zu finden, die sie als Lesende im Kopf entworfen hatten[32].

Wie entscheidend die Schriftsteller die Wahrnehmung der Alpen beeinflussten[33] und für ihre Akzeptanz und Faszination sorgten, darf nicht unterschätzt werden. Die Literatur macht das Unheimliche über das miterlittene Schicksal liebgewordener Protagonisten, das mit den einzelnen Schauplätzen eng verknüpft ist, vertraut. In dieser von Liebe und Leid gestimmten Landschaft ist nichts zufällig, jeder Stein, jeder Gießbach erhält eine tiefere Bedeutung. Maurice Halbwachs verweist auf diese symbolische Besetzung: «Man hat nachgewiesen, (…) daß die Leser Rousseaus nur darum ohne Widerwillen, Betrübtheit oder Langeweile, sondern mit Sympathie, Rührung und Enthusiasmus Bilder von Gebirgen, Wäldern, wilden und einsamen Seen betrachten konnten, weil ihre Einbildung sie mit Persönlichkeiten anfüllte, die der Verfasser des Buches geschaffen hatte, und weil sie sich daran gewöhnten, gleich ihm Beziehungen zwischen den Aspek-

---

32 Dass gerade belletristische Werke eine solche Sehnsucht nach der beschriebenen Landschaft entfachen konnten, mochte an der suggestiven Kraft komponierter Schilderungen liegen. Dazu Jean Paul: «Aus den Landschaften der Reisebeschreiber kann der Dichter lernen, was er in den seinigen – auszulassen habe; wie wenig das chaotische Ausschütten von Bergen, Flüssen, Dörfern und die Vermessungen der einzelnen Beete und Gewächse, kurz, der dunkle Schutthaufe übereinanderliegender Farben sich von selber in *ein* leichtes Gemälde ausbreite. Hier allein gilt Simonides' Gleichsetzen der Poesie und der Malerei; eine dichterische Landschaft muss ein malerisches Ganzes machen; die fremde Phantasie muss nicht erst mühsam, wie auf einer Bühne, Felsen und Baumwände aneinanderzuschieben brauchen, um dann einige Schritte davon die Stellung anzuschauen: sondern ihr muss unwillkürlich die Landschaft, wie von einem Berge bei aufgehendem Morgenlicht, sich mit Höhen und Tiefen entwickeln.» (Paul 1963, 289. Hervorhebung im Original).

33 Vergleiche hierzu das gesteigerte Interesse des Ich-Erzählers an den literarischen Landschaften in Prousts ‹Recherche›: «Durch die Auswahl, die der Schriftsteller traf, durch die Gläubigkeit, mit der ich sie als Offenbarung hinnahm, schienen sie [die Landschaften; C.S.] mir – und niemals hatte ich in einer Region in der ich mich aufhielt, diesen Eindruck gehabt, vor allem nicht in unserem Garten, dem trivialen Erzeugnis der gradlinigen Phantasie des Gärtners, dem die Nichtachtung meiner Großmutter galt – ein wirklicher Teil der echten Natur zu sein, der es sehr wohl verdiente, eingehend betrachtet und erforscht zu werden.» (Proust 1981, 118–119).

ten der materiellen Natur und den menschlichen Gefühlen oder Situationen zu finden.»[34]

Der ästhetische Blick

Haller, der im Hinblick auf die Mentalitätsgeschichte mit ‹Die Alpen› eine grundlegende Wendung einleitete, unterließ es, das Dilemma seiner poetischen Betrachtung zu reflektieren. Während der Autor die Naturverbundenheit der Alpenbewohner lobt, ist gerade der Bruch zwischen Mensch und Natur Voraussetzung für seine Dichtung: «Der Blick auf die Landschaft ist ein bewusster geistiger Vorgang, der die Entzweiung von Mensch und Natur zur Voraussetzung hat und die Landschaft zum Sinnbild einer Sehnsucht macht, die das Ganze der Natur fassen will.»[35] Erst der von außen Kommende vermag, den Gegensatz zwischen Stadt und Alpenwelt zu erkennen und die Kargheit bedenkenlos zu idealisieren[36]. Haller schafft ein sozialutopisches Paradoxon: Ästhetisch überhöht, moralisch idealisiert und dadurch gesellschaftlich gebändigt werden die Alpen zum Inbegriff freier Natur und so zum perfekten Gegensatz menschlicher Gestaltung stilisiert.

Wie Kant in seiner ‹Kritik der Urteilskraft› ausführt, ist Kultur notwendig, um die Berge und deren Bewohner überhaupt in ihrer ästhetischen und mithin moralischen Dimension erkennen zu können. Und Kant verweist auch auf die Tücken der Kultur, wenn Neugier und Gelehrsamkeit Selbstzweck und Eitelkeit weichen.

«In der Tat wird ohne Entwicklung sittlicher Ideen das, was wir, durch Kultur vorbereitet, erhaben nennen, dem rohen Menschen bloß abschreckend vorkommen. Er wird an den Beweistümern der Gewalt der Natur in ihrer

---

34 Halbwachs 1966, 62.
35 Vidal 1994, 146. Vgl. auch Simmel 2001.
36 Haller marginalisierte die oft bedrohlichen und harten Lebensbedingungen der Bergbewohner, die nicht wenige zum Verlassen der Heimat zwangen. So wanderten gerade im 18. Jahrhundert viele Engadiner ins Ausland, um ein Auskommen als Zuckerbäcker, Kaffeeröster und Seidenhändler zu suchen. Mit dem während Generationen im Ausland ersparten Kapital ließen sie große Steinhäuser in ihrem Hochtal erstellen, nicht selten von italienischen Handwerkern in einem südlichen Stil erbaut. Schließlich stammte auch das Startkapital für einige Hotelbauten aus dem Vermögen der Zuckerbäcker. (Vgl. Kaiser 1988.)

> Zerstörung und dem großen Maßstabe ihrer Macht, wogegen die seinige in
> nichts verschwindet, lauter Mühseligkeit, Gefahr und Not sehen, die den
> Menschen umgeben würden, der dahin gebannt wäre. So nannte der gute,
> übrigens verständige savoyische Bauer (wie Hr. v. Saussure erzählt) alle
> Liebhaber der Eisgebirge ohne Bedenken Narren. Wer weiß auch, ob er so
> ganz Unrecht gehabt hätte, wenn jener Beobachter die Gefahren, denen er
> sich hier aussetzte, bloß, wie die meisten Reisenden pflegen, aus Liebhaberei,
> oder um dereinst pathetische Beschreibungen davon geben zu können, übernommen hätte? So aber war seine Absicht Belehrung des Menschen; und die
> seelenerhebende Empfindung hatte und gab der vortreffliche Mann den Lesern seiner Reisen in ihren Kauf oben ein.»[37]

Doch die Liebhaberei, ob närrisch zu nennen oder nicht, nahm beständig zu, pathetische Reiseberichte überschwemmten den Markt und zogen immer mehr Eiferer nach sich, während sich die Belehrung auf die Gemeinplätze der Reiseführer beschränkte. Albert Smith etwa wusste seine Besteigung des Mont Blanc von 1851 wie kaum ein zweiter zu vermarkten: In der Londoner ‹Egyptian Hall› am Picadilly trug er in der malerischen Kulisse eines Schweizer Chalets, in das die als Dioramen ausgeführten Bergbilder montiert waren, seine alpinen Erlebnisse vor und vermochte sein Publikum zu fesseln[38]. Seine Show lief über Jahre, und selbst Königin Victoria gehörte zu den begeisterten Zuhörerinnen.

Die Gefahr, die mit dem Erhabenen verbunden war, wurde schließlich soweit säkularisiert, dass es nicht mehr darum ging, das Eismeer als sinnfälligen Teil der Schöpfung nachzuweisen, vielmehr stand das sportliche Ereignis im Vordergrund. Und im Gefolge der Sportlichen und Wagemutigen waren jene, die sich gerne mit dem Blick durch das Fernrohr zufrieden gaben, um mit den Augen die Anhöhen zu erklimmen[39]. Sie waren die Gäste der «Panorama-

---

37 Kant 1996, 190.
38 Die ‹Illustrated London News› vom 25. 12. 1851 zeigte eine Abbildung von Albert Smith's ‹Ersteigung des Mont Blanc› in der ‹Egyptian Hall›. (Siehe Oettermann 1980, 101).
39 Mark Twain hat die Reise mit den Augen wörtlich genommen und in einer wunderbar komischen Szene geschildert: «Plötzlich kam mir eine vortreffliche Idee. Ich wollte mit einer Klettergesellschaft auf dem Gipfel des Montblanc stehen, nur um hinterher sagen zu können, daß ich oben gewesen sei, und ich nahm an, daß das Fernrohr mich zwei Meter von dem obersten Mann entfernt absetzen konnte. Der Fernrohrwärter versicherte mir, daß es das könne. (…) Ich beschloß auf der Stelle, den Aufstieg bis ganz oben zu unternehmen. Aber zunächst erkundigte ich mich, ob irgendeine Gefahr bestehe. Er sagte nein – nicht mit dem Fernrohr; er

Kasinos»[40], für sie wurden die gastlichen Paläste in die Alpen gebaut. Ihre Reise führte ins Grand Hotel.

Ein einziges Panorama-Kasino

Wo Haller auf wissenschaftliche Beweiskraft und Rousseau auf Empfindsamkeit setzen, versucht es Schiller mit Bühnenwirksamkeit. Schiller ist sich der theatralischen Kraft der Gletscher und ihrer Verheißung von Reinheit, Unschuld und Frische bewusst und nutzt die Berge als eine die Andacht verstärkende Kulisse. Schillers ‹Wilhelm Tell›, 1803/1804 verfasst, nimmt das heroische Bild der Schweizer Bergbevölkerung auf, einer Bevölkerung, die brüderlich für ihre Rechte kämpft, und setzt den Alpen als Reich der Freiheit ein Denkmal.

«Indem sie zu drei verschiedenen Seiten in größter Ruhe abgehen, fällt das Orchester mit einem prachtvollen Schwung ein, die leere Szene bleibt noch eine Zeitlang offen und zeigt das Schauspiel der aufgehenden Sonne über den Eisgebirgen.»[41]

Mit dieser Regieanweisung endet die Rütli-Schwur-Szene in ‹Wilhelm Tell›. Gezielt bezieht Schiller den Naturvorgang symbolisch auf die Eroberung der physisch-persönlichen und moralischen Freiheit. Deutung und Effekt verschmelzen. Die Alpen sind bühnen- und damit publikumstauglich geworden.

Der Wunsch nach einem längeren Aufenthalt in ursprünglicher Einsamkeit der Natur, von der Literatur auf das beredteste gefördert – Lord Byrons ‹The Prisoner of Chillon›[42] von 1816 ist eine weitere Ikone –, legte der einsetzenden Erfüllungsmaschinerie dieser kühnen

---

    habe schon zahllose Gesellschaften zum Gipfel geführt, und nicht ein einziger sei dabei umgekommen.» (Twain 1967, 384).
40 Vgl. Daudet 1969, 186.
41 Schiller 1979, Regieanweisung nach Vers 1465.
42 Der Kerker des Schlosses von Chillon, wo Byrons berühmter Gefangener gelitten hatte, gehörte zum Programm der Sehenswürdigkeiten. Twains Ich-Erzähler besucht den Ort der traurigen Gefangenschaft (Twain 1967, 369–370) und berichtet von «Reiseleitern und Touristen – jeden Tag ganze Schwärme davon». Auch Tartarin aus Tarascon (Daudet 1969, 273ff.) findet sich im Verlauf seiner Reise durch die Alpen im Schloss ein, wenn auch nicht ganz freiwillig.

Träume ideologisch und wirtschaftlich ein tragfähiges Fundament. Den abenteuerlustigen Bergpionieren, begeisternden Dichtern und Naturschwärmern folgten immer mehr Reisende nach. Als wichtigste touristische Regionen entwickelten sich die literarisch am nachhaltigsten[43] beschriebenen: Rousseaus und Byrons Ufer des Genfersees, der Vierwaldstättersee als Tellsche Kulisse und das zentrale Berner Oberland mit dem Thuner- und Brienzersee, wo die schönen Schifferinnen Mittelpunkt begeisterter Schilderungen waren[44]. Hier konnte man jeweils auf engem Raum Eisgebirge, Gletscher, Wasserfälle, hübsche Seeufer, Alphütten und Hirtenszenen besehen.

Die ersten Vergnügungsreisenden fanden beim deutschen Arzt und Naturforscher Johann Gottfried Ebel in seinem 1793 herausgegebenen Buch eine ‹Anleitung, auf die nützlichste und genussvollste Art, die Schweiz zu bereisen›. Nach William Coxe dreibändigen ‹Travels in Switzerland› von 1789 war dies einer der ersten Reiseführer im heutigen Sinn. Ebel vermittelte neben Wissenswertem auch praktische Ratschläge zu Ausrüstung, Reiserouten, Transportmitteln, Kosten[45] und Zeitbedarf. Ab 1844 konnte sich die stetig wachsende Masse der Reisenden auf die praktischen Ratschläge eines Baedekers[46] stützen, der die Naturschwärmerei auf ausgezeichnete Aussichts-

---

43 Die Wirksamkeit literarischer Beschreibung macht sich dann besonders bemerkbar, wenn das Vorbild eines literarischen Helden aufgerufen wird, um der eigenen Beschreibung mehr Dramatik zu verleihen: «Wir ruhten einige Augenblicke in einer Art von Grotte aus, ehe wir es wagten, über einen Teil des Thuner Sees, der von unzugänglichen Felsen eingefaßt ist, zu setzen. An solcher Stelle war's, wo Wilhelm Tell den Schlünden trotzte und sich an Klippen festklammerte, um seinen Tyrannen zu entfliehen.» (De Staël 1985, 129).
44 Als Bewunderer der jungen Ruderinnen nennt Wyler den Philosophen C.G. Carus, Prinz Friedrich von Sachsen, Ludwig Uhland ebenso wie Lord Byron. (Vgl. Wyler 2000, 52ff.).
45 Je mehr Reisende in die Schweiz pilgerten und sich das Reisen zu einem Geschäft entwickelte, desto dringender galt es, sich mit den Gegebenheiten vertraut zu machen. Bereits 1819 sah sich der Rat der Stadt und Republik Bern dazu gezwungen, die Träger- und Führerlöhne für Reisen über den Gemmipass zu reglementieren, um Übervorteilungen entgegenzuwirken.
46 Wie etwa der Ich-Erzähler bei Mark Twain, der mit einem Blick in sein Reisebuch schnell einmal weiß, was wichtig und sehenswert ist: «Beim Überdenken meiner Reisepläne stellte ich fest, daß ich den Furka-Paß, den Rhonegletscher, das Finsteraarhorn, das Wetterhorn usw. nicht berücksichtigt hatte. Ich schlug sofort im Reiseführer nach, ob sie wichtig seien, und fand heraus, daß sie es waren; (...).» (Twain 1967, 234).

punkte hin bündelte und diese zu ‹Sehenswürdigkeiten›[47] deklarierte. Auch bot der Engländer Thomas Cook seit 1863 organisierte Touren[48] durch die Schweiz an und sorgte für Effizienz beim Reisen. All diese Reisenden à la mode[49], die das Lehrsame einer Alpenfahrt längst hinter das Vergnügen stellten, ersehnten sich eine heile, von den viel beschriebenen Nachteilen der industriellen Kolonisation ferne Welt, ohne jedoch Bequemlichkeiten zu entsagen. Das wachsende Fernweh, das die Reisewilligen quälte, wurde in Überschwang und Luxus eines Lebens wie im Schloss aufgewogen. Die Reisenden[50] mussten nicht mehr, wie noch zu Ebels Zeiten «reine Opfer» erbringen, um die Naturidylle zu schauen. Sie konnten sich nun an die Fenster der Grand Hotels setzen und genießen. Die Begründer der Grand Hotels, Pensionsbesitzer und Financiers, Spekulanten und Kaufleute hatten Kants Randbemerkung, dass sich der Mensch leiblich sicher fühlen müsse, damit er die Bergwelt ästhetisch genießen könne[51], in ein Hauptargument verwandelt.

---

47 Wie Roland Flückiger-Seiler ausführt, geht der Begriff ‹Sehenswürdigkeit› auf den Engländer John Murray zurück, der ihn 1836 in seinem ‹Handbook for Travellers on the Continent› einführte. (Vgl. Flückiger-Seiler 2001, 19).

48 Alphonse Daudets Held Tartarin begegnet auf seiner Reise in den Schweizer Alpen immer wieder einer Cookschen Reisegruppe, deren Mitglieder, insbesondere zwei in wissenschaftlichem Streit liegende Professoren, während der Reisezeit gewissermaßen aneinander gekettet sind und sich das Leben durch Besserwisserei schwer machen.

49 Das Warum des Reisens hält Mark Twain, beziehungsweise sein literarisches Ich, folgendermaßen fest: «Ich habe Dutzende von Leuten getroffen, Leute mit Phantasie und Leute ohne Phantasie, Gebildete und Ungebildete, die aus fernen Ländern heranreisten und Jahr um Jahr die Schweizer Alpen durchstreiften – sie konnten nicht erklären, warum. Zum erstenmal, sagten sie, seien sie aus schierer Neugierde gekommen, da alle Welt darüber redete; seither jedoch kamen sie, weil sie einfach nicht anders konnten, und aus demselben Grund würden sie immer wieder kommen, solange sie lebten.» (Twain 1967, 266).

50 «Welch ein Wandel doch in der Schweiz und auch im übrigen Europa im Laufe dieses Jahrhunderts stattgefunden hat. Vor siebzig oder achtzig Jahren war Napoleon der einzige in Europa, den man wirklich einen Reisenden nennen konnte; er war der einzige, der dem Reisen Aufmerksamkeit widmete und kräftiges Interesse daran nahm, der einzige, der viel reiste. Nun jedoch fährt jeder überall hin, und die Schweiz und viele andere Gebiete, die vor hundert Jahren unbesuchte und unbekannte Abgelegenheiten waren, sind heutzutage in jedem Sommer ein summender Bienenstock voll rastloser Fremder.» (Twain 1967, 258).

51 Hierzu Lobsien: «Erst die dauerhafte Entlastung von der physischen Bedrohung durch die Natur verwandelt diese in ein Ensemble von auf Distanz gehaltenen Gegenständen und Formen. Die Natur wird so gleichsam zu einem überdimensionierten Ornament.» (Lobsien 1981, 6).

Die Schweizreise war zu einem festgeschriebenen Parcours an Sehenswürdigkeiten geworden. Die Reisebücher vervielfachten die Bilder der immer gleichen Aussichten, jeder schöne Platz mit Panoramablick schien bereits von einem Grand Hotel besetzt, das Alpenglühen war aus Theater und Oper[52] nicht mehr wegzudenken, da durchbrechen um 1880 Alphonse Daudet und Mark Twain den Reigen der Schönrednerei und parodieren lustvoll die Mechanismen des perfekten Bühnenbilds, das sich Schweizer Alpen nennt.

Daudets Tartarin von Tarascon ist der naive Held, der in seinem südfranzösischen Städtchen nur wenig über die großen technischen Neuerungen und gesellschaftlichen Umwälzungen erfährt und über die künstliche Welt der feinen Herbergen mitten in den Alpen staunt:

«Einen Augenblick lang betrachtete er das Hotel und die Nebengebäude, verblüfft, in zweitausend Meter Höhe über dem Meer ein Gebäude dieses Ausmaßes zu finden, mit Glasveranden, Kolonnaden, sieben Fensterreihen übereinander, ein Gebäude, dessen breite Freitreppe sich zwischen zwei Reihen von Leuchtkörpern erhob, die dieser Berghöhe den Anblick eines Opernplatzes bei winterlicher Abenddämmerung verliehen.»[53]

Tartarin erkennt sogleich das Opernhafte dieser drapierten Welt, ist von der Verfügbarkeit der Berge überrascht und hält die Bahn auf den Rigi[54] für einen Witz. Später aber, als sich die Indizien einer künstlich geschaffenen Landschaft verdichtet haben und auch Tell als imaginärer und allein literarisch konstruierter Held entlarvt ist, glaubt Tartarin seinem erfahrenen Landsmann Bompard, der ihn über die wirklichen Verhältnisse der Schweiz aufklärt: «Merken Sie sich, es gibt gar keine Schweiz!»[55]

«Die Schweiz, Herr Tartarin, ist gegenwärtig nichts als ein riesiger Kursaal, der von Juni bis September geöffnet ist, ein Panorama-Kasino, in das man aus der ganzen Welt kommt, um sich zu zerstreuen, und das von einer äußerst vermögenden Gesellschaft mit Hunderten von Millionen Kapital be-

---

52 Die Affinität zwischen Oper und den freien Alpenhelden bestätigen Bühnenerfolge wie Gioacchino Rossinis Oper ‹Guglielmo Tell› von 1829 oder Byrons grosses Drama ‹Manfred›, das Tschaikowsky frei symphonisch nachdichtete.
53 Daudet 1969, 124.
54 Seit 1871 führte die erste auf dem Kontinent gebaute Zahnradbahn auf den Rigi.
55 Daudet 1969, 186.

trieben wird, die ihren Sitz in Genf und in London hat. Sie können sich vorstellen, was man an Geld braucht, um das ganze Gebiet zu verpachten, sauberzuhalten und herauszustaffieren, Seen, Wälder, Berge und Wasserfälle, ein ganzes Volk von Angestellten und Komparsen zu unterhalten und auf den höchsten Gipfeln phantastische Hotels mit Gas, Telegraf und Telefon zu installieren! (...)
Stoßen Sie ein bisschen tiefer in das Land vor, Sie werden keinen Winkel finden, der nicht zurechtgemacht und mechanisiert ist wie das Bühnenhaus der Oper; beleuchtete Wasserfälle, Drehtüren an den Eingängen zu den Gletschern und für Bergtouren Massen von hydraulischen oder Drahtseilbahnen. Dennoch denkt die Gesellschaft an ihre englischen und amerikanischen Bergsteiger-Kunden und lässt einigen berühmten Bergen, der Jungfrau, dem Mönch, dem Finsteraarhorn, ihr gefährliches, wildes Aussehen, obwohl sie in Wirklichkeit auch nicht riskanter sind als die anderen.»[56]

Im Anschluss unternimmt Tartarin seine Besteigung der Jungfrau völlig furchtlos, auch als er in eine Gletscherspalte fällt, verliert er seinen Humor nicht und trällert munter weiter. Er ist sich sicher, dass die Gefahr nur vorgetäuscht ist und zur allumfassenden Inszenierung gehört. Tartarin glaubt an eine von der «Fremdenverkehrsgesellschaft organisierten Schweiz», an die «verpachteten Berge und angeblichen Gletscherspalten». Die Schrecken der Natur sind nach seiner Vorstellung wie in der Geisterbahn aufbereitet. Als er die Drehkreuze am Eingang der Gletscher mit eigenen Augen sieht[57], hat er den «letzten Zweifel an der Künstlichkeit der Schweiz» verloren. Daudet führt hier den Gegensatz zwischen freier Natur und ihrer wachsenden Bezähmung auf die Spitze. Die Reise durch die Alpen besteht aus einer Kette wohl durchdachter Effekte, wie sie der Betrachter im Theater finden kann – auch wird er für beide zur Kasse gebeten.

In Mark Twains Buch ‹Zu Fuss durch Europa›, das seine Reiseerlebnisse von 1878 literarisch fasst, ist die Künstlichkeit der Landschaft ebenfalls Thema. Dies illustriert ein kleiner Streit zwischen

---

56 Daudet 1969, 186–187.
57 Tartarin ist nicht der Einzige, der mit einer kapitalisierten Alpenpoesie Bekanntschaft macht: «Marianne sah auf und erblickte die aufsteigende Eismauer und am Grunde derselben eine rohe Holzthür mit der weithin sichtbaren Inschrift: ‹Entrée cent. 50›. Die Zusammenstellung war von unwiderstehlicher Komik, und fast unwillkürlich rief Marianne aus: ‹O du schöne Poesie der Alpenwelt!›» (Weidenmüller 1898, 52).

dem literarischen Ich, Anführer der Reisegesellschaft, und seinem Reisebegleiter Harris: «Was mit ihm nicht stimmt? Mann Gottes, der ist doch überhaupt in keinem Zustand! Die Gletscher werden hier nicht gepflegt. Die Moräne hat rundum Geröll verschüttet und ihn überall schmutzig gemacht.»[58] Harris verweist dagegen auf den angeblich protestantisch sauberen Rhonegletscher, den die Anwohner bei Bedarf «tünchen».[59]

150 Jahre nach Haller sind die hehren Alpen zur Kulisse und ihre freien Bewohner zu Statisten geworden:

> «Nun ja. Wenn man in der deutschen Schweiz reist, sieht man manchmal in schwindelnder Höhe einen unter freiem Himmel predigenden Pastor aufrecht auf einem Felsen oder auf einer einfachen, aus einem Baumstamm gefertigten Kanzel. Ein paar Hirten und Käsemacher, ihre ledernen Mützen in der Hand, Frauen in der Haartracht und im Kostüm ihres jeweiligen Kantons stehen malerisch um ihn herum; die Landschaft ist anmutig, die Weiden sind grün oder frisch gemäht, Wasserfälle stürzen bis zur Straße hinunter, und Herden mit dicken Glocken bimmeln auf allen Höhen. Und das alles ist nur Aufmachung, ist bloß gestellt. Aber nur die Angestellten der Gesellschaft, Bergführer, Pastoren, Boten, Hoteliers, sind in das Ganze eingeweiht, und in ihrem Interesse liegt es, nichts davon laut werden zu lassen, um die Kundschaft nicht zu verärgern.»[60]

Es sind die festen Bestandteile des alpinen locus amoenus, die Daudet zitiert und die seit Hallers Kanonisierung ihre Authentizität zugunsten einer theatralischen Reproduzierbarkeit und touristischen Vermarktung eingebüßt haben. Dies zeigte sich schon im eigens organisierten Unspunnenfest, das 1805 als erste Touristenveranstaltung stattfand und das schon fast vergessene Alphorn wieder zu Ehren brachte. Dieses Fest griff die körperlichen Ertüchtigungen der Hirten im Schwingen, Steinstoßen und Zielschießen, wie sie Haller in

---

58 Auch in Matilde Seraos Hotelroman ‹Evviva la vita!› von 1908, der später ausführlich diskutiert wird, ist die amerikanische Matrone Milner mit der touristischen Herrichtung der Natur nicht zufrieden, denn angesichts des engen Wegs muss die Besucherin das letzte Stück bis zum Morteratschgletscher zu Fuß zurücklegen: «Molto male organizzato, questo ghiacciaio – mormorò mistress Milner, offesa nelle sue abitudini di pigrizia e nel suo amor proprio d'America.» (Serao 1908, 212).
59 Twain 1967, 302.
60 Daudet 1969, 189.

seinem Gedicht[61] so anschaulich beschrieben hatte, auf und «sollte zur Belebung von schätzbaren Eigentümlichkeiten unseres Alpenvolkes»[62] dienen. Madame de Staël, die dem Älplerfest beiwohnte, lobte «die Anhänglichkeit an die alten Gebräuche». In der Idealisierung des Althergebrachten musste sie das touristisch aufbereitete der Szenerie zwangsläufig übersehen[63]. Ihr Ausruf «Möge dasselbe Fest oft am Fuße derselben Berge wiederholt werden!»[64] zeigt, wie nachhaltig den Organisatoren die Erfindung von Tradition[65] gelungen war.

Zur allgemeinen Inszenierung und Verfügbarkeit der Bergwelt trug auch die Kleinkunst mit der Herstellung malerischer Veduten bei. Der Meister[66] Franz Niklaus König etwa stach die Alpenidylle in Kupfer und kolorierte sie von Hand. Zudem malte er eindrückliche Alpenstimmungen mit von der untergehenden oder aufgehenden Sonne rot glühenden Berggipfeln sowie Älplerszenen auf große Leinwandtransparente. Diese zog er in einem Holzkasten auf, hinterleuchtete sie effektvoll mit Kerzen und erreichte dadurch eine plastische Wirkung[67]. Mit Kasten und Bildern reiste er erstmals 1816 in die Ostschweiz, später weiter in süddeutsche Städte und Fürstenhöfe, wo er Vorträge über die Schönheit der Alpenwelt hielt. 1820 dehnte er seine

---

61 «Hier ringt ein kühnes Paar, vermählt den Ernst dem Spiele, / Umwindet Leib um Leib und schlingt Huft um Huft. / Dort fliegt ein schwerer Stein nach dem gesteckten Ziele, / Von starker Hand beseelt, durch die zertrennte Luft. (…) / Dort eilt ein schnelles Blei in das entfernte Weisse, / Das blitzt und Luft und Ziel im gleichen Jetzt durchbohrt; (…)» (Haller 1998, Verse 105–112).
62 Zeitgenössische Beschreibung zitiert nach Wyler 2000, 63.
63 Der Maler Franz Niklaus König wurde von den Behörden mit der Organisation des Fests betraut.
64 De Staël 1985, 133.
65 Dies bezieht sich auf den von Eric Hobsbawm definierten Begriff der ‹invented tradition›: «‹Invented tradition› is taken to mean a set of practices, normally governed by overtly or tacitly accepted rules and of a ritual or symbolic nature, which seek to inculcate certain values and norms of behaviour by repetition, which automatically implies continuity with the past. In fact, where possible, they normally attempt to establish continuity with a suitable historic past.» (Hobsbawm 2000, 1).
66 Als weitere wichtige Kleinmeister sind Johann Ludwig Alberli, Lory Vater und Sohn, Sigmund Freudenberger und Kaspar Wolf zu nennen.
67 Bernard Comment nennt Franz Niklaus Königs sogenannte ‹Diaphanoramen› als plausible Vorläufer des Dioramas, wie es Louis-Jacques-Mandé Daguerre (1789–1851) bekannt machte. (Vgl. Comment 2000, 61).

Reisen über Basel, Karlsruhe und Frankfurt bis nach Weimar, Leipzig und Dresden aus und besuchte 1829 selbst Paris[68]. Wie verbreitet die Darstellungen der Sehenswürdigkeiten waren und wie hartnäckig die Bilder den Touristen vor Augen gehalten wurden, um anschließend nur noch vor Ort bestätigt zu werden, stellte Mark Twain fest. Dabei verkehren sich das Verhältnis von Original und Abbild[69.]

> «Wir näherten uns Zermatt; folglich näherten wir uns dem bekannten Matterhorn. Noch vor einem Monat war dieser Berg nicht mehr als ein Name für uns gewesen, aber letzthin hatten wir uns durch eine beständig dichter werdende Doppelreihe von Bildern vorwärtsbewegt, die den Berg in Öl, Wasserfarbe, farbigem Steindruck, Holz, Stahl, Kupfer, Buntstift oder fotografisch darstellten, und so hatte er schließlich Gestalt für uns angenommen – und zwar eine sehr deutliche, bestimmte, vertraute Gestalt. Wir waren überzeugt, daß wir diesen Berg erkennen würden, wann immer und wo immer wir ihm auch begegnen sollten.»[70]

---

68 Vgl. Whyler 2000, 66–67.
69 «Diese wunderschöne Miniaturwelt sah genauso aus wie eine dieser Reliefkarten, die die Natur getreulich wiedergeben, indem sie Höhen und Tiefen und andere Einzelzüge auf einen verkleinerten Maßstab abstufen und Felsen, Bäume, Seen und so weiter in ihren natürlichen Farben zeigen.» (Twain 1967, 230.)
70 Twain 1967, 304.

2. Die Erfindung des Kurorts

Das Oberengadin suchten die Alpinisten erst spät auf. Das mochte daran liegen, dass die Berge vom Hochtal aus besehen eher mächtigen Hügeln als unerreichbaren Spitzen glichen und auf den ersten Blick an Imposanz und Poesie zu wünschen übrig ließen. Insbesondere aber lag eine Landkarte, die Natur in Topographie übersetzt, diese definier- und messbar macht und somit ein entscheidendes Medium alpinistischer Entwicklung darstellt, für diese Gegend erst Mitte des 19. Jahrhunderts vor[1]. Neben dem Piz Zupô, der bei präziseren Messungen im ausgehenden 19. Jahrhundert die entscheidenden Meter einbüßte, lockte nur der Bernina[2] als Viertausender. Entsprechend verdankte sich die touristische Entwicklung des Oberengadins in einer frühen Phase nicht dem publizistischen Echo der Berge, sondern dem St. Moritzer Sauerbrunnen, den Funde als älteste gefasste Heilquelle im Alpenraum ausweisen. Im ausgehenden 19. und zu Beginn

---

1 «Gegen Mitte dieses Jahrhunderts war die Dufour'sche Schweizerkarte vollendet worden, in welcher die weiten Gebirgs- und Gletscherreviere zu gehöriger Würdigung gelangten. Herr Geometer Coaz von Scanfs, jetzt eidgenössischer Forstinspektor in Bern, welcher mit der topographischen Aufnahme des hiesigen Gebietes betraut war, bestieg eine grosse Anzahl der höhern Spitzen, bezwang sogar den König der rätischen Alpen, den Piz Bernina [Erstbesteigung des Bernina durch Johann Coaz am 13. September 1850; C.S.], und leitete durch Wort und Schrift die Aufmerksamkeit auf dieses neue Touristengebiet. Eine der ersten Folgen davon war, dass mehrere Mitglieder des englischen Alpenklubs, nebst Gebirgsfreunden aus der Schweiz und andern Ländern, dem Engadin baldigen Besuch abstatteten und dasselbe zum Ziel ihrer Forschungen machten. Ihren Berichten in Zeitschriften und Versammlungen zufolge setzte sich der Touristenzug nach diesem Hochthale in Bewegung.» (Caviezel 1896, 176).
Die Karte macht als Medium geographischer Sicherung die Engadiner Berge erst definier- und vergleichbar und damit für den Alpinismus, interessiert an der Quantifizierbarkeit der Leistung, relevant. Die Karte wandelt den abwesenden Berg zum adressierbaren, so können die berglustigen Engländer mit einer Zeigegeste ihr Ziel definieren und als erstrebenswert festhalten. Denn mit einer Erstbesteigung füllen nicht nur die genau festgestellte Höhe und Lage den weißen Fleck auf der Karte, auch der Name des Bergsteigers schreibt sich ein.
2 Vgl. Anker 1999.

des 20. Jahrhunderts gab der Wintersport, den die englischen Reisenden etablierten, den entscheidenden Impuls. Eng verknüpft mit der touristischen Entwicklung verlief die künstlerische Überschreibung der Natur in schöne Landschaft. Dichter und Denker, Maler und Musiker zählten zu den Engadinbegeisterten. Seither tragen die Steine an den Ufern der Seen die Signatur großer Ideen[3], und jedes Hüttchen kann seine Anekdote vorweisen. So erzählte der alte Hotelier Gian Pepi Saratz[4] aus Pontresina noch fünfzig Jahre später vom Sommer 1947, als er im Gartenpavillon seines Hotels mit Richard Strauss Skat spielte, weil der Musiker auf seine tägliche Partie nicht verzichten wollte.

Nachfolgend geht es darum, den zentralen Strängen historischer Erzählung zu folgen und die Konstruktion der touristischen Landschaft Engadin und insbesondere jene des Kurorts St. Moritz als komplexe und teilweise widersprüchliche Konfiguration ökonomischer, sozialer, kultureller und politischer Komponenten nachzuzeichnen, die zwar ihre jeweils spezifische Entwicklungsdynamik besitzen, zugleich jedoch in einem gegenseitigen Beziehungs- und Spannungsverhältnis stehen.[5]

Landschaft und Herberge

Der Anfang der touristischen Entwicklung des Oberengadins geht auf die St. Moritzer Heilquellen zurück. Bereits Paracelsus lobte 1539 in seinem Werk ‹De Morbis Tartareis›[6] die Qualität des St. Mo-

---

[3] Friedrich Nietzsche inszeniert in ‹Ecce Homo› den Stein seines Gedankenanstoßes: «Die Grundkonzeption des Werks [‹Also sprach Zarathustra›; C.S.] der *Ewige-Wiederkunfts-Gedanke*, diese höchste Formel der Bejahung, die überhaupt erreicht werden kann –, gehört in den August des Jahres 1881: er ist auf ein Blatt hingeworfen, mit der Unterschrift: «6000 Fuß jenseits von Mensch und Zeit.» Ich ging an jenem Tage am See von Silvaplana durch die Wälder; bei einem mächtigen pyramidal aufgetürmten Block unweit Surlei machte ich Halt. Da kam mir dieser Gedanke.» (Nietzsche 1977, 103). Heute erinnert der Nietzsche-Stein auf der Halbinsel Chasté am Silsersee mit einer entsprechenden Inschrift an Nietzsches Denken im Engadin.

[4] Persönliches Gespräch mit Gian Pepi Saratz vom September 2000 in Pontresina.

[5] Vgl. Läpple 1992, 199; dessen Ausführungen zum allgemeinen gesellschaftlichen Raum ich hier auf den touristischen übertragen habe.

[6] «Ich ziehe den Sauerbrunnen allen anderen Sauerbrunnen, die mir in Europa bekannt sind, vor, den ich im Engadin bei St. Mauritzen fand und dessen Quelle im

ritzer Sauerbrunnens. Auch im 17. Jahrhundert berichteten Chronisten, Reiseschriftsteller und Mediziner[7] über die Güte der Quelle[8]. 1740 erneuerte die Gemeinde die Quellfassung, fürchtete aber durch vermehrte Eingriffe die Qualität des Wassers zu beeinträchtigen und sah von weiterem Ausbau ab.

Früh schon zeichneten sich Quellen und Bäder nicht nur als Orte der Heilung und Erholung aus, sondern galten sinnlich ausschweifender Zerstreuung. Durch Konventionen wenig eingeschränkt stellte das Bad einen Gegenort zum geregelten Alltag dar. Hier begegneten sich Frauen und Männer erstaunlich freizügig[9]. So berichtete der Basler Kaufmann Andreas Ryff in seiner ‹Bäderfahrt von 1542›, dass das Bad «mehr zu leiblicher Wollust, denn für Krankheiten» diene, man könne darin besser «zechen, schreien und spielen»[10]. Die Verbindung von Heilung, Erholung und Vergnügen zeichnet vor, welche Erwartungen die Bäder zu erfüllen hatten und welches Potenzial sie für den touristischen Ausbau boten.

Ein wichtiges Dokument der touristischen Entwicklung des Oberengadins ist ein anonym verfasster, offener Brief ‹An die Ehrsame

---

August essigsauer hervorläuft. Der, welcher dieses Wasser als Arznei trinkt, erlangt seine Gesundheit und wird niemals weder Stein noch Sand, weder Podagra noch Gelenksucht verspüren.» (Philipp Theophrastus von Hohenheim im 16. Kapitel des ‹De Morbis Tartareis›; zitiert nach Robertson 1909, 7).

7 Der Zürcher Stadtarzt Johann Jakob Scheuchzer etwa nahm 1703 eine chemische Analyse des St. Moritzer Wassers vor. (Vgl. Margadant / Maier 1993, 140).

8 Vgl. Margadant / Maier 1993, 139.

9 Für das 19. Jahrhundert beschreibt Gabriele Brandstetter die soziokulturelle Stellung des Bads folgendermaßen: «Die Bäder-Reisen im 19. Jahrhundert erfüllten mithin unterschiedliche soziale Funktionen: Sie dienten der Erholung und der Gesundheit, der Unterhaltung und dem Abwechslungsbedürfnis und schließlich auch der Knüpfung von sozialen Kontakten. Auf verschiedenen Ebenen des sozialen Status entfaltete sich eine Politik von Heirat, Ämtern und Geschäften, nicht zuletzt über Rollen-Spiele, die die Normen und Gewohnheiten des Alltags mit den gelockerten Bedingungen des Heil- und Erholungs-Betriebs verbanden. Eine gewisse Unverbindlichkeit der Kontakte erleichterte dabei die sozio-kulturelle Durchmischung der Bade-Gesellschaft unterschiedlicher Schichten. Nicht selten ist deshalb behauptet worden, die Bäder erfüllten in einer zunehmend industrialisierten und pluralisierten Gesellschaft eine Avantgarde-Funktion der Demokratisierung.» (Brandstetter 1995, 140).
Allerdings ist zu beachten, dass sich gegen Ende des 19. Jahrhunderts eine erneute Teilung in exklusive Badeorte, die über die Preispolitik eine klare Selektion der Kurgäste anstrebten, und den allgemein zugänglichen Orten etablierte.

10 (Zitiert nach Seitz 1987, 76). Auch schon mittelalterliche Reiseberichte schildern das Bad als freizügigen Ort. (Vgl. auch Flückiger-Seiler 2001, 14).

Gemeinde St. Mauritz, im Thal Oberengadin› von 1797, der den St. Moritzern vor Augen führt, wie sie die Quellen gewinnbringend nutzen und die Einrichtungen etwa durch bequeme Zufahrtswege und Kutschentransport, durch ein Kaffeehaus und einige «artige Gondeln à la Venetiana» heben könnten. Das Erscheinen dieses Briefs verweist auf ein historisches Datum. Es war das Jahr 1797, als die Engadiner die Untertanengebiete im Veltlin verloren und damit ihre Kornkammer einbüßten. Das hochgelegene Tal aber konnte auf sich gestellt nur sehr eingeschränkt von der Landwirtschaft leben. Die Bevölkerung musste nach neuen Strategien des Lebenserhalts suchen. So wird der Brief, indem er den Tourismus als ökonomisches Versprechen der Zukunft entwirft, zur Chiffre eines Neuanfangs. Die Vorschläge sind auf eine verwöhnte und gut situierte Kundschaft ausgerichtet. Zudem wird festgehalten, dass all die neuen Einrichtungen rund um die Quellen notwendig beworben werden müssten, um lukrativ zu sein: «Mit diesen reizenden neuen Bequemlichkeiten (…) würde es Euch, wenn man sie in Auslands-Journalen kund macht, nie an deutschen, italienischen und französischen Kavaliers und Damen fehlen, und selbst die so verschwenderischen Engländer würden des Sommers ihre Insel verlassen, um sich in Euren Bergen von dem Spleen zu heilen.»[11] Der Autor schlägt sogar vor, von den Gästen Abgaben für Ausbau und Erhalt touristischer Infrastruktur zu verlangen; Abgaben, die man später in Form der Kurtaxen auch wirklich einfordern wird.

Zu ihrer Zeit blieben die guten Ratschläge ungehört. Ein knappes Jahrhundert später erst wurde der Text als Stiftungsurkunde eines organisierten und kapitalisierten Tourismus neu gedruckt. Wenn auch im Engadin der Brief erst zu späten Ehren gelangte, so zeugen seine Anregungen doch davon, dass um 1800 Zeit und Denken für die Konstruktion gastlicher Inseln, wie sie das Grand Hotel darstellt, reif waren. Es erstaunt deshalb nicht, dass im weiteren europäischen Kontext betrachtet der Anfang des Bautyps Grand Hotel in diese Zeit fiel. Der Badische Hof in Baden-Baden, den Friedrich Weinbrenner von 1807 bis 1809 aus einem bestehenden Kloster exemplarisch zu einem der ersten modernen Grand Hotels auf dem Kontinent ausbaute, kann als folgenreiches Vorbild angeführt werden.

---

11 ‹Offener Brief aus dem Jahr 1797›, neu herausgegeben von S. Meißer. (Separatabdruck aus dem ‹Fr. Rhätier›). Chur 1883, 14.

Dieser Bau befriedigte nicht mehr allein die Nachfrage einer wachsenden Gästeschar, sondern schuf mit seiner Vielzahl an Gesellschaftsräumen[12] ein Angebot, das in einem Maß Beachtung fand, dass es sich als gehobener Standard durchzusetzen vermochte.

Im 19. Jahrhundert mussten sich die Engadiner auf die Qualität ihres Sauerbrunnens erst wieder besinnen. 1815 rüttelte, wie der Dichter und Unternehmer Conradin von Flugi in seinen Erinnerungen ‹St. Moritz einst und jetzt› ausführt, eine kleine Revolution die Gemeinde auf. Während die älteren Bürger beim jährlichen Viehmarkt in Tirano weilten, beschlossen die Jungen die Begradigung des Inns, der die nahe Heilquelle bedrohte, und führten die Arbeiten auch gleich aus. So sahen sich die Heimkehrenden vor vollendete Tatsachen gestellt. Spenden machten es 1817 möglich, das baufällige Brunnenhäuschen wieder in Stand zu setzen. 1831 gründeten Mitglieder der einheimischen Familien Andreoscha, Flugi und Lorsa[13] eine Gesellschaft, die mit einer Laufzeit von zwanzig Jahren den Betrieb der Quellen übernahm. Im Auftrag der Unternehmer baute der Baumeister Johann Badrutt aus Samedan 1832 ein Kurhaus, das neben der Trinkhalle sechs getäfelte Badezimmer und ein beheizbares Liegezimmer umfasste. Auch wurden den Kurgästen Getränke und kleine Erfrischungen angeboten. Im zweiten Stock konnten sich die Badenden in ausgemalten Spaziersälen angemessen und geschützt bewegen. Doch das Badehaus fand wenig Gäste. 1840 suchte die Gemeinde mit einem Inserat in der ‹Churer Zeitung› einen Geschäftsmann, der bereit wäre, bei den Quellen ein Wirtschaftsgebäude aufzustellen. Der Boden wurde gratis zur Verfügung gestellt, doch niemand meldete sich. So waren die Badewilligen weiterhin auf

---

12 Hierzu die Aufzählung jener Räume, die der Badische Hof vorweisen konnte: «(...) ‹Vorhallen mit Colonnaden›, large and small salons; ‹especially a very large beautifully decorated ballroom ... with balcony and a movable stage, a large tasteful dining room, surrounded by eighteen columns thirtysix feet high, with four wide galleries, in the form of an Early Christian basilica with lighting from a glazed roof›, library, reading room, many parlours (‹Wohnzimmer›), a bathing establishment, stables and coachhouse.» (Pevsner 1976, 173).
13 Michael Caviezel nennt in seinem Standardwerk ‹Das Engadin in Wort und Bild› 1896 folgende Gründe für den Aufschwung des Fremdenverkehrs während der vergangenen fünf Jahrzehnte: Ausbau und Verbesserung des Bündner Straßennetzes, die Erstellung der Dufourkarte und den «Unternehmungsgeist derjenigen Männer, welche die Nutzbarmachung der Gesundheitsbrunnen unseres Thales zum Wohle der Menschheit sich zum Ziele gesetzt hatten». (Caviezel 1896, 170).

die wenigen einfachen Gasthöfe im entfernten St. Moritz Dorf angewiesen.

1837 schrieb ein unbekannter Schweizer ein Büchlein mit dem Titel ‹Das Engadin und die Engadiner›. Darin erwähnte er die verschiedenen Übernachtungsmöglichkeiten in St. Moritz Dorf und zeigte sich grundsätzlich zufrieden, wobei er jedoch die mangelnde Aussicht beklagte: «Nur ist es zu bedauern, dass man auch hier aus den Zimmerfenstern wie fast in allen Wohnungen des Thals, keine bequeme Aussicht nach den genannten Gegenständen ins Freie geniessen kann; denn die Fenster sind, um wahrscheinlich im Winter der Stube die Wärme nicht zu entziehen, sehr klein, und nur Taglöcher zu nennen (...)».[14] Hier wird bereits der Wunsch nach der Herberge als bequemer Aussichtsplattform formuliert[15]. Dieser Wunsch des Fremden, ungehindert nach draußen schauen zu können, kollidiert jedoch mit den Anliegen der heimischen Bevölkerung und verweist auf deren unterschiedliche Wahrnehmungsmodi. Das Haus als Schutz vor der Unbill der Natur steht im Widerspruch zur Herberge als Balkon in die Landschaft. So wurde in den Jahren nach 1830 die Unvereinbarkeit bäuerlicher Behausung und anspruchsvoller Fremdenunterkunft betont und die Bauaufgabe des alpinen Hotels erstmals aufgeworfen. Eine eigenständige Architektursprache schien zu diesem Zeitpunkt im alpinen Kontext aber noch nicht greifbar[16].

Richard Wagner war ein früher Gast im Engadin[17]. Er reiste in Begleitung des Dichters und Revolutionärs Georg Herwegh vom

---

14 Zitiert nach Robertson 1909, 22.
15 Eine Forderung, welche die Grand Hotels mit ihrer idealen Ausrichtung zur Landschaft hin und den gläsernen Veranden später umfänglich einlösen sollten.
16 Als erste Bauten einer neuen Hotelgeneration in der Schweiz nach 1830 sind die großen und vornehmen Stadthotels an den Seeufern zu nennen. Das Hôtel des Bergues in Genf, 1834 nach einem Architekturwettbewerb von Augustin Miciol aus Lyon in klassizistischem Stil erbaut, setzte für den Schweizer Hotelbau neue Maßstäbe. In seiner ersten Ausgabe von 1844 lobte Baedeker bereits: «Die Schweiz hat unstreitig die besten Gasthöfe der Welt. Das Baur in Zürich, des Bergues und Ecu de Genève in Genf, Belle-Vue in Thun, Gibbon in Lausanne, Trois Couronnes oder Monnet in Vivis [Vevey], drei Könige in Basel oder Falke in Bern sind in ihrer großartigen Einrichtung musterhafte Anstalten.» (Zitiert nach Flückiger-Seiler 2001, 24).
17 Joseph Victor Scheffel hielt 1851 in seinem Bericht ‹Reisebilder aus den rhätischen Alpen› die spärlichen Begegnungen mit anderen Fremden in Pontresina fest: «Hie und da zeigt sich ein versprengter Tourist – oder der unermüdliche Zugvogel durch Gebirg und Ebene, der Heidelberger Student. Der Engländer er-

14. Juli bis zum 10. August 1853 nach St. Moritz zur Badekur[18]. Für ihn stand nicht die Aussicht, sondern die Bequemlichkeit im Vordergrund. Über Aufenthalt und Unterbringung notierte er zu einem späteren Zeitpunkt: «Das jetzige bequeme Kurhaus bestand noch nicht, und wir hatten mit dem wildesten Unterkommen vorlieb zu nehmen, was besonders im Hinblick auf Herwegh für mich peinlich wurde, da dieser mit diesem Aufenthalte durchaus keinen Kurzweck, sondern bloss den der Vergnügung verband.»[19] Wagners Klage hatten einige tatkräftige Männer[20] schon 1853 erhört. Sie gründeten die ‹Heilquellen-Gesellschaft von St. Moritz› und beschlossen den Bau eines Kurhauses. Der Ingenieur Ulysses von Gugelberg führte den Neubau nach Entwürfen des St. Galler Architekten Felix Wilhelm Kubly aus und das Haus nahm 1856 den Betrieb auf. Es bot sechzig Gästezimmer und verfügte über zwei komfortable Speisesäle, Damen- und Lesesalon, Kaffee- und Billardzimmer und kam damit den Forderungen nach Muße und Bequemlichkeit nach[21]. Der Erfolg des Hauses rief nur wenige Jahre später nach einer Erweiterung. 1864 wurde das ‹Neue Kurhaus›, ebenfalls von Gugelberg und Kubly realisiert, eröffnet. Mit seinem imposanten, quer zum Tal gestellten Baukörper und einer Kapazität von 129 Gästezimmern vervollständigte der Bau die luxuriösen Erholungseinrichtungen rund um die Quellen.

Die Entwicklung des Kurhauses zu einem der ersten Grand Hotels des Oberengadins folgte einer allgemeinen Tendenz. Es ist zu beobachten, dass die ersten Hotels im Sinne des luxuriösen Gasthofs in freier Landschaft vornehmlich in Kurorten im Zusammenhang mit den sich umfassend wandelnden medizinischen Therapie- und Erho-

---

scheint sehr spärlich; auch dass ein germanischer Käfer- und Pflanzensammler hieher vorgedrungen, melden die Blätter.» (Zitiert nach Camenisch 1910, 39).
18 Wagner lebte zu dieser Zeit bereits seit einigen Jahren im Schweizer Exil.
19 Wagner; zitiert nach Wanner 1993, 238.
20 Conradin von Flugi, J. B. Bavier aus Chur, Rudolf von Planta aus Samedan, Dr. G. Brügger, Joh. Lorsa und Hans Joos.
21 Allerdings ist alles noch bescheiden genug gehalten, um nicht von der Kur selbst abzulenken. So schreibt zumindest Dr. Jakob Papon in ‹Engadin. Zeichnungen aus der Natur und dem Volksleben eines unbekannten Alpenlandes› von 1857: «St. Moritz ist kein Kurort wie Baden-Baden und so viele andere, wo der Vergnügungssucht der modernen Welt, die ihre Genüsse in allem Andern sucht als in dem reinen Umgange mit einer Leib und Seele kräftigenden Natur, Hütten gebaut werden.» (Papon 1857, 138–139).

lungsgepflogenheiten[22] entstanden. Dabei bildeten diese frühen Bauten mit ihren sparsamen Baukörpern die Gestalt des französischen Stadtpalais aus dem 17. und 18. Jahrhundert[23] oder die Idee des italienischen Renaissancepalasts nach. Dies führte dazu, dass der Schweizer Hotelbau zwischen 1830 bis 1870 von einer sich stark an die erwähnten Vorbilder anlehnenden, klassizistischen Tradition gekennzeichnet war. So auch die Bauten des St. Moritzer Kurhauskomplexes, dessen Flügel ein weites Geviert umspannen und die Hauptfront[24] zum Park einer klaren Geometrie folgt.

Richard Wagner verknüpfte mit der Beanstandung der schlechten Herbergen die Klage über die öde Natur. An seine Gattin schrieb er in jenem Sommer 1853 aus St. Moritz: «Wirklich eine unfreundliche Öde, mit grösster Unbequemlichkeit in allen Einrichtungen und sehr eintönig»[25]. Auch Clara Schumann, die im Sommer 1868 zusammen mit ihrer Tochter Elise zur Kur in St. Moritz weilte, äußerte in einem Brief an Johannes Brahms ihr Unbehagen angesichts einer abweisenden Natur: «Die Gegend des ganzen Engadin ist wunderbar grossartig, jedoch oft so steril, dass man sich erst hineinleben muss, nicht wie im Berner Oberland erquickt wird durch den schönen Verein des Lieblichen mit dem Grandiosen. Was man im Oberland findet, Erheiterung, diese muss man im Engadin nicht suchen, die ganze Natur stimmt mehr ernst.»[26] Diese Briefstellen zeugen von einer Irritation der Schreibenden gegenüber ihrer Umgebung. Besonders deutlich wird dies bei Clara Schumann, die einen unmittelbaren Vergleich zieht: Die Engadiner Landschaft schien noch nicht so weit durch gestiftete Bilder gezähmt zu sein wie jene des Berner Oberlands, das zu dieser Zeit auf eine wesentlich längere touristische Tradition und eine entsprechend gereifte Propaganda zurückblicken konnte.

---

22 Vgl. Brandstetter 1995, 123–155.
23 Die bauhistorische Anlehnung an den Adelssitz wird im Begriff ‹hôtel› wachgehalten.
24 Die Bauten wurden im Winter 2002/2003 nach Jahren des Niedergangs von der Kempinski-Gruppe wieder zu einem Luxushotel ausgebaut.
25 Zitiert nach Wanner 1993, 238.
26 Zitiert nach Wanner 1993, 243.

Der Blick für die Naturschönheiten wollte erst gelernt sein. Das Verwandeln einer kargen Umgebung in Landschaft[27] setzt eine ästhetische Erfahrung voraus, die sich erst im Lauf eines historischen Prozesses entwickelt. Jahrzehnte später sollte Richard Wagner in seiner Autobiographie ‹Mein Leben› von 1880 die Engadiner Landschaft unter veränderten Vorzeichen beschreiben: Die «unfreundliche Öde» hatte sich in der Rückschau zum «erhabenen Eindruck der Heiligkeit der Öde»[28] geläutert.

Das zeigt, dass Landschaft kein Ensemble einzelner Naturgegenstände und keine topographische Addition von Seen, Gletschern, Wiesen und Wäldern ist, sondern vielmehr über das wahrnehmende Subjekt als Bild eines Ganzen konstituiert wird und somit eine produktive Leistung darstellt. Dieser produktiven Leistung des Einzelnen wird in Literatur und Kunst vorgearbeitet. Schließlich weicht der schöpferische Prozess der Landschaftsbetrachtung immer mehr einer sprachlichen Überformung, die noch vor dem eigentlichen Schauen produziert, den Blick bestätigen lässt, was schon feststeht. Zwischen dem Subjekt und der Welt wird gleichsam die gesamte Summe eines Diskurses eingefügt, die das Visuelle konstituiert und dieses kulturelle Konstrukt von der reinen Sehkraft unterscheidet.

Das Engadin wurde erst gegen Ende des 19. Jahrhunderts nachhaltig literarisiert und zu einer künstlichen Landschaft erhoben. Nun waren die Seen tiefblau, der Himmel wölbte sich wolkenlos, und die kühle Bergluft prickelte wie Champagner – diese Formeln des Schönen wiederholten die zahlreichen belletristischen Reisebilder, die Bäderalmanache und Werbebroschüren. Hotelromane und Postkartengrüße popularisierten sie. Die Festschreibungen gingen so weit, dass sich nach dem Ersten Weltkrieg der Wunsch nach einer Sprache

---

27 «Eine Landschaft ist evidentermaßen mehr als eine bloße Ansammlung von Naturgegenständen, topographischen Formationen und Farbwirkungen. Sie ist ein Naturausschnitt, der in einer besonderen Weise wahrgenommen werden muß, soll er als Landschaft erfahren werden. Wir betrachten eine Bergkette als Landschaft nicht unter technologischen, meteorologischen oder mineralogischen Aspekten; wir wenden uns dieser Naturszenerie in einer Weise zu, daß die Gestalt des Wahrnehmungsgegenstandes, nicht jedoch seine praktische Verrechenbarkeit unsere Aufmerksamkeit beschäftigt.» (Lobsien 1981, 2).
28 Zitiert nach Wanner 1993, 240.

regte, welche die Worthülsen durchbrechen und den Dingen wieder auf den Grund spüren sollte[29].

Eine visuelle Codierung und Normierung der Landschaft leisteten die von Künstlern und bei wachsender Spezialisierung zunehmend von Grafikern[30] gestalteten Werbeplakate. Die ersten Plakate dokumentierten in den 1870er Jahren den Zustand der Verkehrswege und das Angebot an Transportmitteln. Zudem schürte der Konkurrenzkampf unter den einzelnen Kurorten den Ehrgeiz, ein eigenes ‹image› zu entwerfen. In großer Anzahl wurden Plakate nach 1880 gedruckt. Diese Lithographien stellten Collagen verschiedenster Motive dar: Panoramen, Berglandschaften, Naturattraktionen, Hotels und Verkehrsmittel waren mit Fahrplantabellen und geographischen Schemata kombiniert, die über Aussichtspunkte und Reisestunden-Distanzen informierten. Dies alles war dicht und unübersichtlich ineinander montiert, durch Ornamentik zusammengehalten oder in französischer Manier von einer jungen Dame präsentiert – oft als freizügige Allegorie auf die Verlockungen der Ferne ins Bild gesetzt. Eine solche Informationsfülle verlangte ein genaues Studieren der Affichen und stand noch im Widerspruch zum affektiven Werbemittel Plakat.

Nachdem die Straßen immer besser ausgebaut und die Bahnverbindungen in Planung waren, traten die technischen Errungenschaften in den Hintergrund. Die Gäste mussten der Zugänglichkeit der Kurorte nicht länger versichert werden, stattdessen schmückten die Plakate stilisierte Ansichten der Bergschönheiten mit im Halb- oder Rückenprofil angelegten Betrachtern, die sich zur Identifikation und Projektion anboten. Während die frühen Plakate noch informieren wollten, setzten die späteren Affichen auf das klare, emotional aufgeladene Bild. Als sich Hotelierverbände und Verschönerungsvereine zusammenschlossen, um für ihre Region zu werben, mussten Motive

---

29 Über den Umgang mit bildlichen und sprachlichen Stereotypen folgen im Kapitel ‹Ende der Saison› weitere Ausführungen.

30 Technisch wandelte sich die anfänglich herkömmliche Landschaftsmalerei immer mehr zu einem eigentlichen Plakatstil. Beeinflusst von Jugendstil und Expressionismus trat anstelle naturalistischer Wiedergabe der farblich freie und flächige Auftrag, wobei die Möglichkeiten der Lithographie als Reproduktionsmittel ausgenutzt wurden.

gefunden werden, die das Kollektiv sinnfällig repräsentierten[31]. Für St. Moritz wurde die lachende Sonne im züngelnden Strahlenkranz kreiert, ein Motiv, das Emotionen weckt und einen klaren symbolischen Charakter mit Wiedererkennungseffekt vereint. Die Literatur hatte die Strahlkraft[32] dieses Emblems schon früh erkannt.

Die Engadiner Landschaft ist in zweifacher Weise artifiziell, einerseits wird sie über die Kunst inszeniert, andererseits handwerklich aufbereitet[33]: Aufgeschüttete Hügel rahmen die Golflinks, der Hang weicht Tennisplätzen, Straßen und Wege ebnen den Ausflüglern und Spaziergängern Wald und Wiese. Die Natur ist Verkaufsargument und Ware zugleich. Sie ist das Kapital, auf das die Fremdenindustrie baut und gilt doch als unveräußerbar. Der sprechende Begriff der Fremdenindustrie, der die materialistische Sicht ins Wort fasst, tritt um 1900 mit Nachdruck auf und ist zu dieser Zeit durchaus positiv besetzt. Stolz über die technischen Errungenschaften[34]

---

31 «Der Kurort wirbt für Hotels und Transportunternehmungen verschiedenster Art (...). Seine Propaganda muss den einzelnen Interessenten gegenüber neutral sein. Er braucht Symbole, die das Charakteristische seiner Lage, die Qualität seiner Gastlichkeit, die Mannigfaltigkeit seiner gesellschaftlichen und sportlichen Annehmlichkeiten, seine klimatischen Vorzüge und seine landschaftliche Schönheit überzeugend zur Darstellung bringen.» (Ausstellungskatalog ‹Graubünden im Plakat› 1983, 12).

32 Paul Oskar Höcker hob sie auf den Titel seines Hotelromans ‹Die Sonne von St. Moritz›, Berlin 1910.

33 Hierzu: «Quell' aspra campagna alpigiana, che dovette un giorno essere irta di rocce e cupa di boschi orrendi e scrosciante di torrentacci impetuosi, si piega gentilmente alle grazie di un parco inglese. Le vie sono ben levigate, gli argini del lago sparsi di fiori che la falce dei fienaroli rispetta religiosamente, le barriere ben piallate e sempre nuovissime, la spiaggia sparsa di ciottoli rotondi e ordinati fra cui le acque rispettose non osano accumulare quei rifiuti che sono propri di tutte le spiaggie: e in mezzo a queste cose per bene, passano al trotto di cavallucci impennacchiati, le carrozze lucide di vernici nuove, dove si sdraiano languidamente le belle e le brutte signore che l'ozio di una vita troppo ricca ha trascinato fin qua ...» (A St. Moritz, la città di tutte le eleganze. Impressioni di St. Moritz, 21 Agosto 1907, Diego Angeli, Giorn. d'Italia. Abgedruckt in ‹Engadin Express & Alpine Post›, Samaden, Dienstag, 3. September 1907).

34 Hotels und Dienstleistungsbetriebe brachten den neuesten technischen Fortschritt ins Tal: «Maloja, der ganze Kurort St. Moritz, Pontresina, Celerina, Hotel Bernina in Samaden, das Kurhaus Tarasp-Schuls und Vulpera haben elektrisches Licht; kostspielige Wasserleitungen zur Versorgung mit dem frischesten und gesundesten Quellwasser und Einrichtung von Hydranten hat fast jede Gemeinde erstellt; selbst die hölzernen Tränkbrunnen sind fast allgemein zierlichen Cementbrunnen gewichen. Die nächste Umgebung einzelner Dörfer, besonders der

sowie Genugtuung über die Standardisierung des Luxus sind ihm eingeschrieben. So spricht Carl Camenisch 1904 von der «grossartigen Fremdenindustrie»[35], die er als florierenden Wirkungskreis der Engadiner lobt.

Allerdings zeichnet sich früh auch schon das Dilemma der Fremdenindustrie ab: Der Diskurs, den der Kurverein vertritt und die lokale Zeitung reproduziert, versucht Landschaftsschutz mit wirtschaftlichen Interessen zu verknüpfen und zeigt, in welch verpflichtender ökonomischer Abhängigkeit Tourismus und Natur zueinander stehen. In der ‹Engadiner Post› vom 5. Oktober 1899 wird die Entwicklung des Kurorts, es geht im besonderen um die Trassierung der Rhätischen Bahn nach St. Moritz, kritisch diskutiert:

> «Dieses traute klare Gottesauge [der St. Moritzer See; C.S.], in dem sich der Himmel spiegelt, soll nun durch Kohlendampf und Qualm getrübt, durch Gezisch und Lärm erschreckt, durch schnurgerade giftige Eisenstangen verletzt werden? Der Naturschönheit des Geländes wegen hat der Mensch seine Millionen gewagt und sie diesem Gelände anvertraut. Nun will man gehen und ihm vor der Nase einen hässlichen Strich durchs ganze setzen. (...) Es hat geheissen, die rätische Bahn könne ganz gut auch neben dem Bahnstrang eine Promenade errichten. Danke schön – die idyllische Annehmlichkeit eines Erholungsweges neben der Eisenbahn passt vielleicht als faute de mieux in eine Stadt mit mehr Fabrikkaminen als Häusern, aber nicht an einen Höhenkurort, der sich auf dem Segen alpiner Schönheit aufgebaut hat.»

Zunächst wird hier die ursprüngliche, von Gott geschaffene Reinheit der Natur einer durch wirtschaftliche Interessen geprägten Landschaft entgegengestellt und damit eine bekannte rhetorische Figur des Hallerschen Alpenlobs zitiert. Aber schon im zweiten Satz wird diese ideelle Haltung gegenüber den schönen Bergen unversehens in eine ökonomische verwandelt. Die alpine Landschaft als *Kapital*, metaphorisch wie wörtlich verstanden, ist durch drastisch geschilderte Übergriffe einer als städtisch assoziierten Industrialisierung bedroht. Das Dilemma liegt in der Notwendigkeit des technischen Fortschritts, der doch zugleich die Gefahr birgt, die Unterschiede zwischen Stadt und Land einzuebnen. An diesem grundlegenden Kon-

---

starkbelebten Verkehrsorte, hat sich in ihrem Aussehen sehr verändert durch Anlegung von Promenaden, Alleen, Blumengärten, Spielplätzen.» (Caviezel 1896, 185).
35 Camenisch 1904, 92.

flikt, der den Diskurs über den touristischen Ausbau der Alpen bis heute prägt, rührten die Tourismusverantwortlichen jedoch ganz pragmatisch immer nur in Verbindung mit konkreten Sachfragen[36]. Letztlich ging es darum, für dieses spezifische Problem eine Lösung zu finden. Die Eisenbahn wurde zwar von einigen beargwöhnt, aber es gab wohl kaum einen Hotelier, der sich davon nicht einen beträchtlichen Zuwachs des Gästestroms versprochen hätte. So fuhr der Zug im Sommer 1904, mit viel Aufwand in den Hang verlegt und deshalb in gehörigem Abstand zum See, in St. Moritz ein.

Noch bevor die Eisenbahn den Zugang zum Tal erleichterte und eine wachsende Flut Reisender ins Engadin brachte, die vormals die Kosten für eine Bergfahrt nicht hätten aufbringen können oder die Strapazen nicht hätten erdulden wollen[37], beabsichtigten die Engadiner Financiers und Hoteliers zusammen mit dem Künstler Giovanni Segantini an der Pariser Weltausstellung[38] von 1900 ein grandioses Panorama[39] zu präsentieren. Sie wollten auf diese Weise die touristischen Errungenschaften des 19. Jahrhunderts überhöhen und sie gleichzeitig einem breiten Publikum vorführen. Dieses Panorama

---

36 So auch bei der Auseinandersetzung um Stauung und Nutzung des Silsersees zur Energiegewinnung. Diese Diskussion wurde erstmals 1904 geführt, später kamen weitere Vorstöße hinzu, die alle im Interesse des Fremdenverkehrs und somit zugunsten einer intakten Natur abgelehnt wurden.

37 Von London bis Chur brauchten die Gäste um 1890 etwa 30 Stunden, in weiteren 12 Stunden reisten sie per Postkutsche über Lenzerheide und Julier ins Engadin.

38 Das ökonomische Wechselverhältnis zwischen Weltausstellung und Grand Hotel zeigte sich auch darin, dass gerade in Paris wichtige Hotelbauten mit der Ausstellungstätigkeit gekoppelt waren. So wurde das Grand-Hôtel du Louvre auf Anregung Napoleon III. zur Weltausstellung von 1855 erbaut, während das Grand-Hôtel an der Oper zu jener von 1862 eröffnet wurde. (Vgl. Gruber 2000, 22).

39 Panoramen waren bei den Weltausstellungen als Mittel der Reklame von 1870 an gebräuchlich. Zur Definition des Panoramas: «*Panorama*: Gebäude mit einem *Panorama* genannten Gemälde, das auf die Innenseite einer Rotunde gemalt ist, welche oben mit einer Kuppel oder einem kegelförmigen Dach abschließt. Diese Gemälde geben die genaue Ansicht eines Ortes aus großer Entfernung wieder und bieten einen Rundumblick. Zu diesem Zweck steht der Besucher auf einer Plattform oder kreisrunden Galerie, die einem Turm nachgebildet ist und sich im Zentrum der Rotunde befindet. Das Licht fällt durch Milchglasscheiben am unteren Teil des Daches auf das Bild. Ein riesiger, von den Dachbalken herabhängender Schirm mit größerem Durchmesser als die Plattform hüllt den Betrachter in Dunkelheit und verbirgt zugleich die Lichtquelle.» (Wörterbuch der Architektur, Bd. III, Paris 1881–82; zitiert nach Comment 2000, 7. Hervorhebungen im Original).

sollte laut Segantini 20 Kilometer Landschaft, Seen, Wälder, Hügel und darin eingebettet die großen Hotelburgen zeigen.

Um 1900, als die Engadiner Hoteliers ihr Projekt vorantrieben, hatte das Panorama als Massenmedium seinen End- und Höhepunkt[40] erreicht. Es vermochte an der genannten Weltausstellung nochmals ein großes und euphorisches Publikum zu finden, aber wirkliche und zukunftsweisende Neuheit beanspruchten das ‹Cineorama› von Raoul Grimoin-Samson und die Filmvorführungen der Société Lumière in der Salle des Machines. Das Panorama stieß im Versuch, auf alle Sinne zu wirken, an seine technischen Grenzen. Hugo d'Alési, ein kundiger Werber und Inszenator, schaffte mit seinem ‹Mareorama› die perfekte Illusion. Die Zuschauerplattform war als Schiffsdeck gestaltet, mechanisch hervorgebrachte Bewegungen ließen das Deck rollen und schwanken. An den Zuschauern zogen auf beiden Seiten 750 Meter lange und 15 Meter hohe Leinwände vorbei, die das Schiff optisch in Fahrt brachten[41]. Durch eine Tangschicht geblasene Luft wehte den Betrachtern als Meerbrise entgegen. Die Vereinnahmung des Betrachters war umfassend, das Erlebnis als Folge eines ausgeklügelten Ineinandergreifens von Kunst und Technologie total.

Der Maler Giovanni Segantini strebte mit seinem Panorama Ähnliches an und sprach in seiner Proklamation, die er den Engadinern im Oktober 1897 vortrug, von neuen technischen Möglichkeiten zur Unterstützung der künstlerischen Mittel. Indem Segantini die perfekte Simulation der Berglandschaft für möglich und erstrebenswert hielt, argumentierte er implizit aus einem mechanistischen Weltbild[42] heraus.

---

40 In kleinbürgerlichem Milieu war das Panorama in adaptierter Form während der Zwanzigerjahre wieder beliebt: «Das Vaterland [Berliner Amüsierlokal; C.S.] umfaßt den ganzen Erdball. Es hängt mit der Monotonie in den Betrieben zusammen, dass die Panoramen des 19. Jahrhunderts in allen diesen Lokalen wieder zu so hohen Ehren kommen. Je mehr die Monotonie den Werktag beherrscht, desto mehr muss der Feierabend aus seiner Nähe entfernen; (...).» (Kracauer 1971 (1929), 97).

41 Die panoramatische Anordnung blieb bestehen, obwohl das Mareorama nicht mehr in einem klassischen Rundbau, sondern der Schiffsform angepasst in einem langgestreckten Volumen untergebracht war. Die klassischen Panoramen, die auf der Weltausstellung 1900 noch zu sehen waren, erregten kaum mehr Aufmerksamkeit.

42 Vgl. hierzu: «Trotz der Mühe, die sich auch die Außenarchitektur, wenn man das so nennen kann, mit Kostümen gegeben hat, mit den romanischen Bahnhöfen und gotischen Postämtern, mit indischen Musikpavillons und maurischen Affen-

«Der Kunst wird die Wissenschaft zu Hilfe kommen, um den gewollten Effekt zu erzielen; wir werden elektrische Ventilatoren haben zur Erzeugung der Frische, verschiedene berechnete Anordnungen von Licht und Schatten, hydraulische Einrichtungen und akustische Werke und alles was am besten dazu dienen kann, die Vorstellung des Besuchers am vollständigsten und lebhaftesten zu machen, als befände er sich wirklich auf unsern Bergen.»[43]

Seit die Kunstwelt Giovanni Segantini, der von 1894 an mit seiner Familie in Maloja lebte, mit Aufsätzen und Ausstellungen würdigte, seine Werke in den ersten Häusern in Berlin, Wien, Hamburg und München, Rom und Mailand, Liverpool und San Francisco vertreten waren, die Wiener Sezession Segantini gar als Propheten und Revolutionär feierte, schien es zwingend, dass sich die Oberengadiner Hoteliers die Strahlkraft des Künstlers zunutze machten. Es erstaunt deshalb nicht, dass sich A. Walther-Denz[44], von 1885 bis 1900 Direktor des Hotels Kursaal Maloja, das später Palace Maloja hieß, «angeregt durch die Verehrung seiner Gäste für den schon gefeierten Meister» bemühte, Giovanni Segantini für die Engadiner Interessen zu gewinnen. Dieser sollte mit seiner Kunst für das Tal werben, natürlich in vornehmster Weise. Inspiriert durch die in der Hotelbibliothek vorhandenen Zeitschriften der Weltausstellung von 1889[45] entwickelten Künstler und Hotelier das Panorama-Projekt. Walther-Denz suchte nach Investoren und stieß beim Begründer der Engadiner Bank und Gemeindepräsidenten von Samedan Gian Töndury-Zehnder auf Interesse. Am 7. Oktober 1897 wurde das Projekt in Samedan im kleinen Kreis besprochen, eine Woche später riefen die Verantwort-

---

häusern. Und da der rohe Mechanismus dieser Zeit sich mit alldem doch nicht zudecken ließ, so bezog er noch, damit er ebenfalls, gleichsam mit einer gigantischen Wohnungseinrichtung, dekoriert werde, ein Reiseandenken ganz großer Art: die *Natur*. Der Genießer des neunzehnten Jahrhunderts sah in ihr die Nachbildung einer an sich trostlosen, doch gut drapierten mechanisch-materialistischen Aussicht, eine Art *Simili-Panorama* aus Kraft und Stoff.» (Bloch, Bd. 5, 1998, 440. Hervorhebungen im Original).

43 ‹Engadiner Post›, St. Moritz, den 20. Oktober 1897.
44 Gottardo Segantini beschreibt in ‹25 Jahre Segantini Museum› A. Walther-Denz als Begründer der Panoramaidee. Auch Camill Hoffmann verweist im Zeitungsartikel vom 20. Oktober 1897 in der ‹Engadiner Post› auf die «schneidige Initiative unseres Malojakursaalwalters».
45 Comment nennt nicht weniger als sieben Panoramen, die an der Weltausstellung 1889 in Paris Erfolg hatten, einige davon wurden von Unternehmen zu Reklamezwecken genutzt. (Comment 2000, 71ff.).

lichen eine allgemeine Interessententagung ein. So erschienen am 14. Oktober im Hotel Bernina über 100 Personen[46]. Es wurde ein Organisationskomitee gewählt, das seinerseits ein Aktionskomitee zusammenstellte. Pfarrer Camill Hoffmann kommentierte in der ‹Engadiner Post› vom 20. Oktober 1897 die große Zusammenkunft: «Nichts charakterisiert den Wandel des herrlichen Hochthales eklatanter als dieses beifällig aufgenommene Riesenprojekt.»[47]

Giovanni Segantini selbst trug den Engadinern sein Panorama-Projekt als groß angelegte Werbemaschinerie vor: «Unser Engadin muss in der Welt mehr geschätzt und bekannt werden, und zu diesem Zwecke wird sich vielleicht niemals eine günstigere Gelegenheit darbieten, als jene, die uns die grosse Ausstellung gibt, die Paris am Ende des Jahrhunderts als Rendez-vous der Intelligenz und des Reichtums bietet.»[48] Das Vorhaben scheiterte letztlich an seiner Unverhältnismäßigkeit und an finanziellen Schwierigkeiten. Der Wunsch der Hoteliers nach künstlerischer Werbung aber blieb bestehen und sie beauftragten Segantini, ein großes Bild von St. Moritz zu malen[49].

---

46 Raffaele Calzini beschreibt in ‹Segantini. Roman der Berge›, einer erdichteten Biographie, die Szene folgendermaßen: «Im Engadin, das nun sein wahres Reich geworden war, genoss Segantini alle möglichen Ehren. So sollte der 14. Oktober 1897 ein denkwürdiges Datum im Leben des Malers und seine Tales werden: Segantini legte einen schwarzen Anzug an, hielt vor einer Hörerschaft einen Vortrag.» (Calzini, o. J., 373.)

47 Die Proklamation wurde in verschiedenen Lokalzeitungen ‹Freier Rätier›, ‹La Bregaglia› und ‹Engadiner Post› vollumfänglich publiziert, da das Organisationskomitee um Aktionäre warb. Das Aktionskomitee arbeitete eifrig, um die notwendigen ersten 20'000 Franken aufzubringen. Es wurden Gründungsaktien gezeichnet und so kamen knapp 17'000 Franken zusammen, die jedoch in den Spesen der Komitees und jenen des Künstlers aufgingen. Auch die Kosten für einen geeigneten Standort an der Weltausstellung – das Panorama fand im Raum, über den die Schweiz in Paris zu Ausstellungszwecken verfügte, keinen Platz – waren enorm und überstiegen die Möglichkeiten der Engadiner. Am 27. Januar 1898 strebte das Komitee die Liquidation des Unternehmens an. Die Überschüsse kamen Giovanni Segantini «als Anerkennung seiner noblen Absichten und Bestrebungen» zu.

48 ‹Engadiner Post›, St. Moritz, 20. Oktober 1897.

49 Rudolf Bavier, Bankier und Eigentümer des Hotel Bavier in St. Moritz (heute Hotel Belvédère) schrieb im gleichen Brief, in dem er dem Künstler die Liquidation der Panoramagesellschaft mitteilte: «Die Idee eines grossen Bildes für St. Moritz scheint mir vorzüglich und ich glaube, es sei auch eine gerechte Idee. Da St. Moritz alles getan hat, was ihm möglich war, um das Panorama zu realisieren, verdient es deshalb mehr als jeder andere Platz des Engadins eine solche Reklame. Und was müssten wir als Gegenleistung tun, wenn Sie dieses grosse Bild malen?

Hieraus resultiert das Triptychon ‹Werden, Sein, Vergehen›[50], das bei Segantinis überraschendem Tod unvollendet blieb und an der Pariser Weltausstellung schließlich, von kommerziellen Absichten geläutert, als geniales Vermächtnis eines der größten zeitgenössischen Künstler gefeiert wurde.

Dieses Panorama-Projekt ist ein Zeugnis dafür, wie eng Kunst und Kommerz um die letzte Jahrhundertwende verwoben waren; das Miteinander war in beider Interesse. Werbung und Technik galten als vitale und originäre Momente und standen noch nicht im Ruch der Kulturindustrie. Während Segantini selbst sein Mittun bei dieser Werbeaktion selbstverständlich und gelassen kommentierte und neben der Reklame für das Engadin auch mit guter Wirkung in eigener Sache rechnete, fühlten sich seine Erben dazu angehalten, zu entschuldigen und umzudeuten. Segantinis Sohn Gottardo kommentierte dreißig Jahre später die Zusammenarbeit des Vaters mit den Hoteliers als Gefahr für dessen künstlerische Integrität: «Ein gütiges Geschick hat es gewollt, dass seine [Giovanni Segantinis; C.S.] Zusammenarbeit mit den Verkehrskreisen des Engadins zum Zwecke einer Verkündung der Schönheit dieses Landes seinem Künstlertum nicht verhängnisvoll geworden ist; ja es ist ihm gelungen, eine ursprünglich dem Werbebedürfnis des Engadins entsprungene Idee zu

---

Sagen Sie mir Ihre Idee genau, damit ich sie den Freunden von hier unterbreiten kann.» (Vgl. Segantini 1933, 22.) Wenige Tage darauf arbeiteten die Geschäftsherren Gian Töndury-Zender, Peter Perini, A. Badrutt, Camill Hoffmann, Rudolf Bavier und Giovanni Segantini einen Vertrag aus, der festlegte, dass der Künstler für die Weltausstellung 1900 in Paris ein Werk ausführen sollte, das, zusammengesetzt aus sieben Bildern in einer Gesamtlänge von 16 Metern, St. Moritz im Sommer und im Winter darzustellen hatte. Beim Tod des Künstlers wollten die Auftraggeber das unvollendete Werk nicht übernehmen. Alberto Grubicy machte seine Rechte als Händler geltend. Er stellte das Werk 1900 im italienischen Pavillon der Weltausstellung aus.

50 Auch wenn sich die Engadiner Hoteliers und Giovanni Segantini bereits im März 1899 getrennt haben sollten und die Geldgeber schon zu diesem frühen Zeitpunkt nicht mehr hätten ausstellen wollen, wie die aktuelle Forschung glaubt nachgewiesen zu haben, was die erhaltenen Briefe (vgl. die Briefkopien im Oberengadiner Kulturarchiv, Samedan) jedoch nicht eindeutig nahelegen und von Gottardo Segantini nicht erwähnt wird, entspricht das vorgelegte Werk in seinem zentralen Stück doch den Absprachen mit den Hoteliers. So ist im Mittelbild die Ansicht vom Schafberg auf das tief im Tal gelagerte St. Moritz gefasst, wo zwar in weiter Ferne, jedoch klar erkennbar die Hotelburgen des Kurorts stehen, während die Sonne von St. Moritz in künstlerischer Überhöhung die Szenerie überstrahlt.

einem von höchsten ethischen und künstlerischen Gedanken getragenen Werke umzugestalten.»[51] Bereits der Sohn verklärte das Scheitern eines touristischen Projektes hin zu einer gelungenen künstlerischen Befreiung. Auch aktuelle Interpreten unterstreichen Segantinis Loslösung von den Hoteliers als Haltung eines Künstlers, der sich auf die Pflicht der Inspiration und schöpferischen Freiheit besann und keine weiteren Konzessionen eingehen wollte. Das ist verständlich, wenn man bedenkt, dass die Vertreter einer klassischen Moderne Segantini bereits vorwarfen, dass sein ‹Ave Maria a trasbordo› im Schlafzimmer jeder Kleinbürgerfamilie hing, ganz zu schweigen von einem kompromittierenden Mittun in der Werbeindustrie![52]

Segantinis Panorama ist nicht nur ein gigantisches Projekt, das im Scheitern die Unangemessenheit der Mittel offenbart. Es steht auch als Chiffre für den Abschluss einer touristischen Inszenierung, die um 1900 klare Konturen erhalten hatte und das für die Weltausstellung konzipierte Panorama nicht mehr medial als Werbeträger beanspruchte, sondern die Verfügbarkeit der Landschaft und den damit verbundenen Glanz der Zerstreuung bereits verinnerlicht hatte. Damit war auch ein Widerspruch aufgehoben, der dem Panorama als Werbeträger eignete: Die Rundgemälde wurden von einem breiten Publikum traditionell als *Reiseersatz*[53] besucht. Sicherlich trugen sie

---

51 Segantini 1933, 13.
52 Im biographischen Roman Raffaele Calzinis, ‹Segantini. Roman der Berge›, der erstmals 1934 in italienischer Sprache erschien, lässt der Autor Segantini aus Geldnot handeln und beschert dem Helden nachts wegen seines Panorama-Projekts künstlerische Gewissensbisse: «In schlaflosen Nächten, dort oben [in einer einfachen Holzhütte auf dem einsamen Berg; C.S.] überdacht, kam einem das ‹Panorama› lächerlich und plump vor. Die Worte Propaganda, Geschäft und Ausstellung schienen gemein und jedes Sinnes bar. Selbst die kühne Jagd auf Panoramen, die Suche nach Aussichtspunkten hatte etwas Jämmerliches. Sobald die fiebernde Hast der täglichen Arbeit vorbei und der begeisterte und gutmütige Zuspruch Giacomettis verstummt war, schämte sich Segantini seines Programms, verleugnete seine in Samaden gehaltene Rede, verfluchte den Tag, an dem er sich in den Kopf gesetzt hatte, ein ‹Geschäft› aufzuzäumen.» (Calzini, o.J., 385).
53 Das Presseorgan ‹L'Artiste› hielt 1843 anlässlich der Wiedereröffnung eines Dioramas in Paris fest, dass die Besucher «alle fünf Kontinente vorbeiziehen lassen konnten, ohne Grenzen überschreiten zu müssen oder Hunger, Durst, Hitze und vor allem Gefahren ausgesetzt zu sein». Und weiter: «Diese Art von Reise ist bei den Pariser Bürgern überaus beliebt. Für den Preis einer Omnibusfahrt konnten sie einen Erdrutsch im Tal der Goldau miterleben, der sie vor Schrecken erzittern liess.» (Zitiert nach Comment 2000, 131).

zur Verbreitung ausgesuchter Ansichten bei, lockten aber nur bedingt ein zahlungskräftiges Publikum an den realen Ort. Letztlich brachten dieselben technisch-mechanischen Errungenschaften, die das Panorama erst ermöglicht hatten, auch jene Transportmittel hervor, die den Menschen die Originalschauplätze in Reichweite rückten und somit das Panorama in seiner Wirkung relativierten und es schließlich verdrängten.

Die alpinen Grand Hotels schufen nach 1900 selbst den Rahmen, in dem der Gebrauchswert – hier die Beherbergung zu einem bestimmten Zweck – zugunsten eines verklärten Tauschwerts[54] zurücktrat. Mit einer Reise ins Oberengadin konnte gesellschaftliche Distinktion ausgedrückt werden, St. Moritz besaß bereits einen solch emblematischen Charakter, dass ein Aufenthalt an diesem Ort zur Steigerung das sozialen Prestiges beitrug. Das Grand Hotel *als* Panorama löste die Bemühungen um das Grand Hotel *im* Panorama ab. Neben dem realen Kurort war auch die Phantasmagorie geschaffen.

St. Moritz existiert nicht

«E a pena uscito si accorge che Saint-Moritz non esiste e che il luccichio di case, di cristalli, di pinnacoli dorati, di bandiere sventolanti veduto da lontano non è altro che una mostruosa agglomerazione di alberghi, di locande, di pensioni, (...).»[55]

St. Moritz entwickelte sich zwischen 1870 und 1910 vom unbedeutenden Bergbauerndorf[56] bis heute zur mondänsten Hotelstadt der

---

54 «Die Weltausstellungen verklären den Tauschwert der Waren. Sie schaffen einen Rahmen, in dem ihr Gebrauchswert zurücktritt. Sie eröffnen eine Phantasmagorie, in die der Mensch eintritt, um sich zerstreuen zu lassen. Die Vergnügungsindustrie erleichtert ihm das, indem sie ihn auf die Höhe der Ware hebt. Er überlässt sich ihren Manipulationen, indem er seine Entfremdung von sich und den andern genießt.» (Benjamin 1982, V.1., 50–51).
55 Diego Angeli: ‹A St. Moritz, la città di tutte le eleganze. Impressioni di St. Moritz›, 21 Agosto 1907, Giorn. d'Italia. Abgedruckt in ‹Engadin Express & Alpine Post›, Samaden, Dienstag, 3. September 1907.
56 «Dass der Übergang von einem auf die Viehwirtschaft ausgerichteten Bauerndorf zu einem Kurort der vornehmeren Art nicht reibungslos vonstatten ging, zeigen wiederholte Klagen über die zahlreichen Miststöcke und Jauchegruben vor den Häusern an der Dorfstrasse, die gegen Ende der 1860er Jahre in der Presse laut wurden. (...) Erst 1879 erliess die Gemeinde ein ‹Gesetz über die Ablagerung von Dünger und anderen Stoffen auf Gemeindegebiet›.» (Margadant / Maier 1993, 64).

Alpen. Dabei verlagerte sich das Interesse zunehmend: Begnügte man sich zunächst mit dem reglementierten Badeleben im engeren Sinn, waren schon bald Spiel und Vergnügen in einer aufbereiteten Landschaft als gesellschaftliches Ereignis gefragt. Die Spekulanten nutzten in St. Moritz immer mehr auch die terrassierte Südlage des Dorfs aus, um den Gästen eine möglichst spektakuläre Aussicht bieten zu können.

> «Warum sollte man St. Moritz nicht ein Städtchen nennen? – Es hat zwar nur etwa siebenhundert[57] ständige Einwohner; aber es besitzt ein Tramway[58], Trottoirs, einen Ueberfluß an elektrischen Bogenlampen[59], ein Kasino, ein Theater, schöne neue Kirchen für alle Bekenntnisse[60], Kaufläden und Bazars jeder Art, eine Menge Spielplätze für Jung und Alt und mehr herrschaftliche Kutschen als manche große Stadt. Alles ist städtisch, am meisten die Bodenpreise. Ein kleines Stück Abhang von St. Moritz ist ein Vermögen wert, ein Quadratmeter Land von St. Moritz-Bad ist gar nicht mehr zu kaufen; der meiste Grund und Boden ist unveräußerlich im Besitz der großen Hoteliers und Hotel-Aktiengesellschaften, die keine Konkurrenzunternehmen wünschen.»[61]

Bis 1905 hatten sich die meisten Hotels in St. Moritz Dorf aus einem alten Kern, oft aus einem bäuerlichen Stammhaus oder einer einfachen Pension heraus entwickelt[62]. Als extremer Einschnitt ins Dorf-

---

57 Hier berief sich Heer offensichtlich auf die Statistik von 1888, die für St. Moritz eine Wohnbevölkerung von 710 angibt, während 1900 schon 1603 feste Einwohner eingetragen sind.
58 Seit 1896 verkehrte zwischen St. Moritz Bad und dem Dorf eine Straßenbahn.
59 1892 brannten nicht nur in Hotels und Privathäusern elektrische Lampen; die Gemeinde betrieb ein eigenes Kraftwerk, das 24 Bogenlampen auf der Hauptstraße speiste.
60 So entstanden im reformierten St. Moritz für die wachsende Zahl der Kurgäste 1871 die ‹English Church of St. John the Evangelist›, 1877 die Französische Kirche ‹Au Bois› und 1889 die katholische Kirche im Basilikastil direkt am See.
61 Heer 1898, 130–131.
62 Für diese schrittweise Entwicklung des Grand Hotels stehen in St. Moritz die folgenden Bauten: das Hotel Albana war 1880 aus einem bäuerlichen Stammhaus zu einer Fremdenpension erweitert und 1907–1908 durch den Architekten Nicolaus Hartmann jun. zum Hotel ausgebaut worden. Das Hotel Eden wurde in drei Etappen vom Bauernhaus zum Hotel umgebaut. Das Hotel Steffani hatte sich seit 1870 aus einer schlichten Villa im Neurenaissancestil zu einem Hotelkonglomerat entwickelt, Aufstockung und Vestibülanbau stammen von 1907. Auch das Kulm Hotel entstand in Etappen aus einem bäuerlichen Haus, wie im nächsten Kapitel ausführlicher behandelt wird. (Vgl. Rucki 1989, 185–212). St. Moritz Bad dage-

bild und Zeichen einer vollständigen Neuausrichtung[63] kann das Hotel Palace gelten, das zwischen 1892–1896 von den renommierten Zürcher Architekten Alfred Chiodera und Theophil Tschudy erbaut wurde. Bereits die Wahl der Architekten machte deutlich, dass man am Puls der Zeit agieren wollte. Wie J.C. Heer auf seinen ‹Streifzügen› bemerkt, sei der Bau eindrücklich, wenn er auch bemängelt, dass das Hotel «die liebliche leichte Silhouette, die St. Moritz-Dorf auf seinem schwellenden grünen Samtkissen vom See aus gewährt, mit breiter schwerer Fronte unterbricht»[64].

Das Palace Hotel ist einem Architektur- und Städtebauverständnis mit einer Tendenz zum Malerischen geschuldet. Die Gegner des Beaux-Arts-Akademismus nahmen kolossale Hotelbauten im Stil des Spätklassizismus oder der Neorenaissance, die hauptsächlich in den 1870er Jahren entstanden waren, als Landschaftsverschandelung wahr. Als Schlüssel für den malerischen Gesamteindruck galten von nun an das Steildach, die unregelmäßige Silhouette und der natürlich gestaltete Park. Flachgedeckte Hotelbauten wurden nach diesem Diktum mit Steil- oder Mansarddächern versehen und durch Türmchen, Giebel und Erker aufgelockert[65]. Die Hotelbauten gebärdeten sich zunehmend wie ungebändigte Designobjekte[66]. Mehr und mehr verlagerte sich das architektonische Gewicht in Richtung gestalterischer Versatzstücke, die als Surrogate einer kaum zu stillenden Sehnsucht figurierten. Diese Sehnsucht umfasste das nostalgische Verlangen des gehobenen Bürgertums[67] nach den repräsentativen Formen einer

---

    gen war vor dem touristischen Ausbau eine unbesiedelte Ebene, hier entstanden in der Nähe der Quelle Hotelpaläste vom Reisbrett nach Vorbild eines städtischen Quartiers.

63 Zu den späten großen Grand-Hotelbauten, die aber alle etwas außerhalb des Dorfs stehen, gehören das Suvrettahaus, 1912 von Karl Koller erbaut, das Hotel Carlton, 1913 vom Architekten Emil Vogt aus Luzern in Zusammenarbeit mit dem Architekturbüro Koch & Seiler in St. Moritz erstellt, sowie die 1912 ebenfalls von Emil Vogt erbaute Erholungs- und diätetische Höhen-Kuranstalt Chantarella, die nach 1920 allein als Hotel genutzt und schließlich, wie im Prolog ausgeführt, nach ruinösen Jahren abgebrochen wurde.

64 Heer 1898, 131.

65 Vgl. Rucki 1989, 106.

66 Bis 1906 verfügte St. Moritz über kein Baugesetz, was der Willkür der Formen wie der Zersiedelung noch Vorschub leistete.

67 Das Bürgertum im 19. Jahrhundert lässt sich über die folgenden Parameter erfassen: Familie als private Sphäre der Geborgenheit, Wertschätzung der Arbeit, Interesse für Literatur, Musik und bildende Kunst, Entlastung der Kinder und oft

vergangenen Epoche, während gleichzeitig die bäuerischen Bauformen völlig überdeckt und abgetragen wurden. So dienten den Architekten Chiodera & Tschudy mittelalterliche Burganlagen als Vorlage für die Gestaltung des Palace Hotels[68]. Die historischen Anleihen zeigen sich am rustizierten Sichtsteinmauerwerk und den gotisierenden Spitzbogen. Um eine Kastenform zu vermeiden und eine malerische Silhouette zu schaffen, gliederten sie das Volumen zur Straße hin in drei weitgehend selbständige Gebäudeteile. Zinnen, Türmchen und der massive Eckturm evozierten die Schlossstimmung, zu welcher auch die aufwändige Innenausstattung beitrug. Das Palace Hotel setzte einen neuen Maßstab in der Umsetzung kollektiver Phantasien. Hier erschienen die adligen Wohnformen[69] bereits so gelassen zitiert, dass ein formales Potenzial freigesetzt wurde, das unverhohlen dem Märchenhaften zustrebte.

Nach 1900[70] war die Komposition des Kurorts St. Moritz und die Dekonstruktion[71] des Dorfs vollendet. Es fand keine eigentliche

---

    auch der Frauen von werktätiger Arbeit durch Hausboten, Hochschätzung der Umgangsformen. Zum bürgerlichen Haushalt gehören Kulturbesitz, eine Bibliothek, ein Flügel und ein repräsentativer Salon. Die Glieder des Bürgertums unterziehen sich einem kulturellen Programm: Konzertbesuche, Theaterabende und Vorträge gehören dazu. Der Körperhaltung, zu der eine jeder Situation angemessene Kleidung wie auch das Wissen um die angebrachten Gesten und Bewegungen gehören, wird Aufmerksamkeit geschenkt. Die gesamte soziale Klasse ist durch Abgrenzungsmechanismen gegenüber dem Kleinbürgertum geprägt.
    Das Grand Hotel als «Bürgertraum vom Adelsschloss» führt den bürgerlichen Wertekanon, der auf ökonomischen Nutzen und Erweiterung der Produktionsmasse angelegt ist, mit den Phantasiebildern gehobenen Wohnens eng.

68 Die Architekten gliederten den Vorgängerbau des Hotels Beaurivage von 1872 dem Neubau an. Der Anbau des Westtrakts mit neuem Speisesaal von 1912–1913 stammt vom St. Moritzer Architekten Nicolaus Hartmann jun.
69 Schon Ludwig II., König von Bayern, hatte sich mit Neuschwanstein (1886) ein eigentliches Luftschloss in der einsamen Gebirgslandschaft errichten lassen und sich damit über die Normen eines traditionellen Repräsentationsbaus hinweggesetzt.
70 1900 kamen auf 1603 Einwohner von St. Moritz 3700 Hotelbetten. (Vgl. Kessler 1997, 16–17).
71 Jahre später schildert Thomas Mann im ‹Zauberberg› (1924), wie das Dorf Davos vom Kurort verschlungen wird: «Von einem Dorf konnte übrigens nicht gut die Rede sein; jedenfalls war nichts davon als der Name übrig. Der Kurort hatte es aufgezehrt, indem er sich immerfort gegen den Taleingang hin ausdehnte, und der Teil der gesamten Siedlung, welcher ‹Dorf› hieß, ging unmerklich und ohne Unterschied in den als ‹Davos Platz› bezeichneten über.» (Mann: ‹Zauberberg›, 99).

Zerstörung, sondern ein Zerlegen und willfähriges Zusammensetzen statt. Alte Bauernstuben wurden ausgebaut und als Spolien einer vergangenen Zeit in die heimeligen Kaminsalons der Hotelpaläste eingefügt. Die alten Gewölbe beherbergten nicht mehr Vieh, sondern Burgunderflaschen, und die autochthonen Engadiner Trichterfenster, als Sonnenfänger bei kleinster Öffnung entwickelt, fanden sich als Zitate in den Elektrizitätszentralen wieder. Es war kaum noch ein Bau zu finden, der auf den bäuerischen Ursprung der Siedlung schließen ließ. Heute steht sichtbar im Dorfkern noch ein Haus, die Chesa Veglia, das mehr als 150 Jahre zählt und als Bar, Club und nobles Speiserestaurant ausgebaut, nostalgische Hülle einer kostspieligen Erlebnisgastronomie darstellt. Wie bereits Tartarin erfahren hatte: «es gibt gar keine Schweiz»[72]; so tritt auch das Dorf St. Moritz hinter das illuminierte Kulissenbild zurück. Das alpine Grand Hotel lebt um 1900 typologisch als Collage lokaler und internationaler, mondäner und rustikaler, überfeinerter und banaler Elemente zum Zweck der Unterhaltung und Zerstreuung einer exklusiven Gesellschaft die Stunde Null.

---

72 Daudet 1969, 186.

3. Im Schnittpunkt der Diskurse

«In diesem Sinne [im Sinn der Lokalität als räumlicher Ausdruck soziologischer Energien einer Gemeinschaft; C.S.] *hat* sie nicht eigentlich das Haus, denn als ökonomischer Wertgegenstand kommt es hier nicht in Betracht, sondern sie *ist* es, das Haus stellt den Gesellschaftsgedanken dar, indem es ihn lokalisiert.»[1]

Die Lokalisierung des Gesellschaftsgedankens im Grand Hotel wird im Folgenden als *Verräumlichung zentraler Diskurse* vorgestellt. Dabei fungiert die Lokalisierung als eigentlicher Fokus, da sie zeigt, dass Verräumlichung durchaus konkret leiblich und nicht abstrakt aufzufassen ist. Was aber nicht dazu verführen darf, Raum auf den konkret gebauten einzuschränken, wie auch das Grand Hotel gedacht nur aus Fassade, Böden, Decken, Wänden und Dach eine unzulässige Verengung darstellt. Die Vorstellung eines Raums als Behälter von Objekten greift zu kurz, ein solcher Dingcharakter widerspricht dem aktiven Wechselverhältnis zwischen Mensch und Raum[2]. Gleichzeitig verweist die Philosophin Elisabeth Ströker darauf, dass die Vorstellung «in einem Raum zu leben», keine Täuschung des natürlichen Bewusstseins ist, sondern «dass jede *faktische* Bewegung je schon *im* Raum stattfindet». Und weiter: «das ist nur der korrespondierende Erlebnisbestand zu jenem Sachverhalt, dass Bewegung immer schon Raum konstituiert hat, ohne dass ein Beginn dieser konstituierenden Leistung irgend fassbar würde.»[3]

Wie lässt sich diesem scheinbaren Widerspruch zwischen dem Verständnis, dass Räume materiell gestaltet sind, und jenem, dass Raum eine menschliche Syntheseleistung darstellt und entsprechend

---

1 Simmel: ‹Über räumliche Projektionen socialer Formen›, 1995, Bd. 7, 210. Hervorhebungen im Original.
2 Dazu: «Die hier obwaltende streng wechselseitige Implikation zwischen Raum und Raumerleben läßt sich leichter in ihrem Ereignischarakter anzeigen als auf fixierte Begriffe bringen. In ihnen erscheint nur allzu leicht als Paradoxie, was in schlichtem Hinschauen auf das Begegnen von Subjekt und Raum unmittelbar faßbar wird.» (Ströker 1977, 51).
3 Ströker 1977, 182. Hervorhebungen im Original.

als ein durch das leibliche Subjekt über Denk- und Wahrnehmungsprozesse konstituierter gedacht wird, begegnen? Den Widerspruch relativierend ließe sich anführen, dass Raum zwar im Konkreten unterschiedlich gegliedert sein kann und dem leiblichen Selbst materielle Grenzen entgegensetzt, dass aber auch konkrete Räume – der Plural steht hier als Korrelat einer empirischen Realität und ist vom Singular zu unterscheiden[4] – nur eine mögliche Ordnung der Dinge im Raum darstellen und deshalb ihrerseits situativ und wandelbar sind. Das Sich-denken-im-Raum muss kein Verkennen der Interdependenz von Mensch und Raum sein, vielmehr stellt es eine notwendige Selbstverortung dar, von der aus erst wahrgenommen werden kann.

Ausgehend von einem relationalen Raummodell, wonach Raum die Anordnung kultureller Güter darstellt und in Abhängigkeit des historischen Prozesses konstituiert wird, formuliere ich die These, dass der gesellschaftliche Raum des Grand Hotels aus einer Vielzahl sich überlappender und überlagernder Räume besteht, die ihrerseits sowohl diskursiv, im Sinne kommunikativen und symbolischen Handelns, als auch normativ und physisch-materiell konstituiert sind. Das materielle Substrat als ortsgebundenes Artefakt ist dabei *eine* der Komponenten des Raums und nicht dessen Voraussetzung. Über das unmittelbar Gegebene und Wahrnehmbare hinaus, ist Raum als Resultat einer situationsbedingten, menschlichen Syntheseleistung zu verstehen.

Notwendig rückt die Gesellschaft, die den Raum durch ihr Handeln konstituiert, in den Mittelpunkt. Exemplarisch werden im Folgenden einzelne Vertreter vorgestellt, die im Rahmen der touristischen Landschaft des Oberengadins zur wachsenden Entfaltung des Fremdenverkehrs beitrugen. Sie sind Repräsentanten eines Typus mit Doppelrolle. Einerseits haben sie über das Hotelleben geschrieben, andererseits sind sie selbst Gegenstand seiner literarischen Inszenierung. Gleichzeitig vertreten sie in ausgezeichneter Weise Diskursarten, die in direkter Abhängigkeit zum Tourismus stehen. Es

---

4 Diesem Widerspruch ist sprachlich durch das Bewusstsein zu begegnen, dass Räume als Plural bereits eine Quantität und damit eine Messbarkeit in sich tragen, während der Raum im Singular dieser Festlegung entgeht. Damit ist der Widerspruch jedoch nicht aufgehoben, vielmehr muss auch die Sprache dessen eingedenk bleiben.

sind der *heroische Diskurs* einer hymnischen Alpenliteratur, der *werbende Diskurs* im literarischen Kleid, der *Sport-Diskurs* einer sich vor der Langeweile fürchtenden Gästeschar und der *medizinische Diskurs* mit seiner Forderung nach Hygiene und körperlicher Ertüchtigung, die sich letztlich zu einem Bauplan verdichten und im idealen Hotelbau eine steinerne Einlösung finden. Das Hotel als *Seismograph gesellschaftlicher Befindlichkeit* lebt davon, dass Hotelier und Architekt die aktuellen Anliegen schnell und hellhörig aufgreifen. Nur so kann das Grand Hotel passendes Futteral jedes mondänen Wunsches sein.

Jakob Christoph Heer: Idyll und Realität

J.C. Heer (1859–1925) ist für das Engadin eine wichtige literarische Erscheinung. Er verkörpert den Typus des geschäftstüchtigen Dichters, der zwischen Alpenidyll und touristischen Interessen vermittelt. Sein Roman ‹Der König der Bernina›, der 1899 mit großem Erfolg als Fortsetzungsgeschichte in der ‹Gartenlaube›[5] und gleich darauf in Buchform erschien, verbuchte mit seiner herzergreifenden Liebesgeschichte zwischen zwei typischen Engadinern in entrückter Alpenwelt einen der bedeutenden deutschen Bucherfolge der ersten Hälfte des 20. Jahrhunderts. Das Buch stieß, nach den Erinnerungen des be-

---

5 Hinter der Entstehung des ‹Königs der Bernina› stand der Verleger Adolf Kröner als treibende Kraft. Nach dem Erscheinen des Buchs ‹An heiligen Wassern› im Cotta Verlag gewann er J.C. Heer für einen Roman in der ‹Gartenlaube›, woraufhin ihm der Autor die Idee eines Alpenbuchs mit dem großen Jäger Gian Marchett Colani (1772–1837) als Hauptfigur vortrug. Adolf Kröner lobte dieses Vorhaben und drängte den Autor zu schneller Niederschrift. Als J.C. Heer von seinem Quellenstudium im Engadin zweifelnd an der Durchführbarkeit des Stoffes nach Zürich kam, setzte ihn Adolf Kröner massiv unter Druck und verlangte nach der bestellten Ware. Physisch und psychisch ermattet schickte J.C. Heer das Manuskript im Mai 1899 an seinen Verleger. Dieser war begeistert und bot Heer einen umfassenden Vertrag als Redaktionsmitglied der ‹Gartenlaube› an. Damit war J.C. Heer finanziell und gesellschaftlich auf komfortable Basis gestellt. Doch mit dem nächsten Roman, ‹Felix Notvest›, in dem Heer ein Schweizer Dorf beschreibt, das sich mit den Problemen der Industrialisierung auseinandersetzen muss, wählte er einen Stoff, der weder Kröner noch, wie dieser glaubte, den Lesern der ‹Gartenlaube› gefallen konnte. Heer löste sich aus dem Vertrag, der seine künstlerische Freiheit stark beeinträchtigte, und kehrte aus Deutschland in die Schweiz zurück.

tagten Hoteliers Gian Pepi Saratz[6], während Jahrzehnten auf großes Interesse in der Bibliothek seines Hotel ‹Saratz› in Pontresina und liegt noch heute in den Buchläden des Engadins auf.

Am Anfang der literarischen Beschäftigung Heers mit dem Bergtal stand eine Ferienreise, die der Autor mit seiner Frau im Frühsommer 1897 unternahm und die ihn zur Niederschrift eines essayistisch abgefassten Reiseführers veranlasste, der ein Jahr später unter dem Titel ‹Streifzüge im Engadin›[7] erschien. Wie nachhaltig es Heer damit gelang, die Engadiner Landschaft zu beschreiben, das heißt einen gültigen Katalog an Motiven und Bildern zu entwickeln, zeigen die Verbreitung des Buchs und die verschiedenen Neuauflagen bis 1913. Dieser Kanon der Naturbeschreibungen findet sich auch im ‹König der Bernina› und bezeichnet das Maß poetischer Verklärung, das von der Belletristik ausstrahlend Winterprospekte wie Bäderalmanache inspirierte:

> «Aus einem frischen See, der ihnen märchenhaft zu Füssen lag, zuckten grüne und blaue Strahlen, und St. Moritz, das Dörfchen, das mit seinem schiefen, schlanken Kirchturm altväterisch lieblich an seinem Berghang stand, spiegelte sich in der anmutigen Wasserfläche. Hinter dem See glänzten smaragdene Wiesen, tiefer noch, von Waldhügeln halb versteckt, schimmerten wieder Wasser im Opalglanze. Über ihnen hoben die Margna ihr schönes, sanftes und der Piz Julier sein stolzes, schroffes Haupt, und wunderbares Schneelicht rann von ihnen in das Sommerbild.»[8]

Im Sommer 1897 lernte J.C. Heer den Pfarrer Camill Hoffmann kennen, und sie unternahmen gemeinsam verschiedene Ausflüge. Der Pfarrer führte Heer in die noble Welt der Grand Hotels ein, die sich dieser zwar nicht leisten konnte, deren Zauber er jedoch staunend begegnete. In Camill Hoffmann fand Heer einen Förderer seiner Bücher im Engadin, denn der Pfarrer war gleichzeitig Kurdirektor von St. Moritz und Redaktor der ‹Engadiner Post›. Der Kurverein betei-

---

6 Persönliches Gespräch mit Gian Pepi Saratz vom September 2000 in Pontresina.
7 Hierzu eine Notiz aus der ‹Engadiner Post› vom 27. Oktober 1897: «Litterarisches: J.C. Heers Schilderungen des Engadins. Herr Heer wird seine Schilderungen in Buchform erscheinen lassen und hat Hrn. Pfr. Hoffmann mit der Korrektur beauftragt. Allfällige Abänderungswünsche aus interessierten Kreisen sind so rasch als möglich an letzteren zu richten.»
8 Heer 1975, 86.

ligte sich später auch finanziell[9] am Druck einiger Bücher J.C. Heers und war an ihrer Übersetzung ins Französische interessiert. Auch veröffentlichte das offizielle Publikationsorgan des Engadiner Verkehrsvereins in der Zeitung ‹Engadin Express & Alpine Post› während Jahren eine Liste mit Literaturempfehlungen; als einziges belletristisches Werk war ‹Der König der Bernina›[10] aufgeführt. Der Grund dafür mochte in den guten Beziehungen J.C. Heers zum Verkehrsverein liegen, der Roman verkörpert aber auch in ausgezeichneter Weise die Verknüpfung zwischen idyllischer Natur und edlem Alpenvolk einerseits und dessen Rettung vor Hunger und Beschäftigungslosigkeit durch den aufkommenden Tourismus andererseits. In diesem Spannungsfeld zwischen Lokalkolorit und internationalem Spielplatz liegt denn auch die Bedeutung des Buchs für das Grand Hotel und die Hotelliteratur. In den ‹Streifzügen› stellt Heer die entscheidende Frage:

«Reist man wegen der Hotels in eine schöne Gegend? Nein, sie sind nur ein notwendiges Übel; (...) Allein in gewissem Sinn erregen die vornehmsten Etablissemente von St. Moritz, das Kurhaus mit seiner gewaltigen Fronte, das prachtvolle, in erhöhter Lage stehende Stahlbad, der Palast des Viktoriahotels, das von Anlagen umgebene du Lac, das kunstgezierte St. Moritz-Kulm

---

9 «Der im letztjährigen Jahres-Bericht erwähnte ‹Führer durch das Engadin› von J. C. Heer ist nunmehr in französischer Sprache, übersetzt von Prof. Dr. A. Rossel, und in einer Auflage von 10.000 Exemplaren erschienen und haben wir eine Anzahl zu Reklamezwecken verwendet, indem wir dieselben gratis an die Schweizerischen Bundesbahnen in Paris, wie auch an die grösseren Reise- und Verkehrsinstitute in Paris sandten; die restierenden Broschüren geben wir zum Preise von Fr. 1.– pro Stück ab. (...) Im Verlag von L. Vincent in Lausanne und ebenfalls von Prof. Dr. A. Rossel übersetzt erschien ‹Le Roi de la Bernina›. An dieses Werk leisteten wir einen Beitrag von Fr. 500.– für Clichés und übernahmen einen festen Posten von 100 Exemplaren, welche wir zum Preise von Fr. 3.50 pro Stück verkaufen.» (‹Engadin Express & Alpine Post›, Samaden, Dienstag, 23. Juni 1908).
10 Das Buch ‹Der König der Bernina› wurde nach der letzten Jahrhundertwende in den Kreisen der Engadinreisenden als allgemein bekannt vorausgesetzt und avancierte immer mehr zum literarischen Stellvertreter der realen Landschaft. So bezieht sich auch C. Camenisch in der Publikation ‹Die Rhätische Bahn mit besonderer Berücksichtigung der Albula-Route›, die in der Reihe ‹Europäische Wanderbilder› 1904 in Zürich erschien, auf J.C. Heer: «Da wir inzwischen das Reich des ‹König der Bernina›, wie J.C. Heer in seinem bekannte Romane die urchige Kraftgestalt des berühmtesten Bündnerjägers nennt, betreten haben, mögen hier einige historische Notizen über ihn und die Jagd im Engadin am Platze sein.» (Camenisch 1904, 90).

und das den See beherrschende Palace-Hotel doch das Interesse eines jeden, der zu reisen pflegt, denn sie sind vielleicht in der ganzen Welt die höchste, letzte Blüte, die das sehr entwickelte Unterkunftswesen erreicht hat, Luxusstätten, die den Königspalästen der grossen Residenzen an Pracht nichts nachgeben.»[11]

Heers *Nein aber* in Bezug auf die Hotelpaläste kann als Leitfaden seines ‹König der Bernina› gelten; darin beschwört er die reine Natur, während sich die Hotels unweigerlich in das traute Bild hineinschieben und als Zukunftsvision den Endpunkt der Geschichte besetzen. Die Engadinbücher, die Heer nachfolgen, haben die Frage für sich entschieden: Die Reise führt ins Grand Hotel. Was Heer von seinen Rezensenten kritisch angelastet worden war, dass sein Engadinroman wie schon seine Reisebilder «lediglich den Eindruck des flüchtig Durchreisenden» vermittelten, «der das Land nur von den Terrassen der Hotels aus sieht»[12], machten die Hotelbücher nach 1905 zum Programm. Der Blick von der Terrasse, der den Gegensatz zwischen einem abweisend majestätischen Bergpanorama und dem Wissen um das gemütlich eingerichtete Hotel im Rücken auskostet, prägt fortan die Perspektive des Erzählers, der das Grand Hotel als Aussichtsplattform verinnerlicht hat.

Der Konflikt zwischen Touristenlandschaft und Bergidyll durchzieht denn auch den ‹König der Bernina› als Riss zwischen historischer Treue und mythischer Ungleichzeitigkeit. Der Roman ist im Engadin um 1800 angesiedelt, kurz nachdem Napoleon der Bevölkerung das Veltlin als Hoheitsgebiet abgesprochen hat. Die Dörfer sind von Auswanderung bedroht, die Jugend findet kein Auskommen mehr im Tal. In diesem Kontext ist die Protagonistin Cilgia Premont, gebildete Waise aus angesehenem Haus, eine der ersten, die angesteckt von den deutschen und französischen Dichtern und Naturforschern die Schönheit der Alpen bewundert[13]. Im jungen und mutigen Büchsenmacher Markus Paltram sieht sie den Retter des Engadins. Ihre Liebe nimmt jedoch eine tragische Wendung. Paltram geht schließlich als großer Jäger und Retter vieler im Schnee Verschütteter in die Geschichte ein, aktiv kann er jedoch nichts zum ökonomischen Aufschwung des Tals beitragen.

---

11 Heer 1898, 147–148.
12 ‹Der freie Rätier›, Chur, Sonntag, 17. Juni 1900.
13 Heer 1975, 15.

Bereits in Heers erstem Roman ‹An heiligen Wassern› von 1898 ist im positiven Zusammenwirken von Natur und technischer Entwicklung ein Motiv angelegt, das den Autor im ‹König der Bernina› weiter beschäftigt. Doch dieses fortschrittsgläubige Moment scheitert an der Urgestalt des Markus Paltram[14]. So changiert der ‹König der Bernina› zwischen Alpennostalgie und Tourismusgeschichte. Die Bergidylle wird im Verlauf des Buchs zunehmend brüchig und lässt sich kaum aufrecht erhalten. Markus Paltram stirbt als unzeitgemäßer Held einer mythischen, von Legenden und Aberglauben beherrschten Vorzeit. Doch vorher noch muss er an einem eidgenössischen Schützenfest teilnehmen, eine Szene, die seinen Nimbus als Jäger auf ein demokratisches Maß reduziert. Zudem ist beschrieben, wie die bürgerlichen Engadinreisenden, angelockt von seinem Ruf, Paltram zum Kalendermotiv verdinglichen und ihn als Touristenattraktion betrachten oder besser besichtigen.

Das Licht vom Bernina zu holen, als mystisches Versprechen zwischen den Liebenden formuliert, erfüllt sich schließlich einige Jahre später als alpinistische Leistung. Als Retter des Engadins tritt Paltram nur mittelbar auf – eine Konstruktion, welche die Rezensenten dem Autor als reichlich fadenscheinig ankreideten –, indem er den Maler Ludwig Georgy[15] aus den Schneemassen am Albulapass rettet[16]. So nebensächlich die Rettung im Roman behandelt ist und so sehr ihre Wirkung im dramatischen Lauf der Geschichte aufgesetzt

---

14 Der Rezensent des ‹Freien Rätier› beschreibt das Scheitern des Helden folgendermaßen: «Aber im Lauf der Erzählung verliert sich dieser Faden [Markus Paltram, der dem Engadin wieder Leben bringen soll; C.S.] ganz und gar; vielleicht ist es dem Dichter schliesslich selbst zu unwahrscheinlich vorgekommen, dass der gewaltige König der Gletscher, als welcher die Hauptperson des Romanes nun doch einmal gedacht war, das Badhaus in St. Moritz bauen und Fremde ins Land ziehen solle.» (‹Der freie Rätier›, Chur, Sonntag, 17. Juni 1900). (Alle im Folgenden zitierten Zeitungsartikel liegen im J.C. Heer-Archiv in der Stadtbibliothek Winterthur).
15 Die Figur Ludwig Georgys ist nach dem historisch belegten Maler Wilhelm Georgy gezeichnet, der 1853 mit dem Auftrag, Friedrich Tschudis ‹Das Thierleben der Alpenwelt› zu illustrieren, ins Engadin reiste. Der Maler beschäftigte sich über diese Aufgabe hinaus mit dem Engadin und fand mit seinen Tierbildern vor alpinem Hintergrund zahlreiche Anhänger.
16 Vgl. Heer 1975, 227ff.

wirkt, desto gültiger ist sie als Chiffre für das Primat des Bildes[17], das die Natur nicht abbildet, sondern die touristische Landschaft erschafft und damit erst den Strom der Gäste anlockt.

Besonders stark in seiner zeitgebundenen Aussage ist der Roman dort, wo er stockt. Heer benutzt die Gebirgswelt als gigantische Naturbühne, auf der seine idealisierten Figuren schicksalsbestimmt agieren. Allerdings öffnen sich dort, wo die Entscheidungen komplexer werden, Schwierigkeiten, und die Darstellung verliert an Kohärenz. Dann wirkt die Natur nicht länger als Schicksalsmacht, sondern ist kalkulierbarer Anstoß zu ökonomischem Handeln und rationaler Planung. So pendelt Heers Naturdarstellung zwischen Kapital und Ideal[18] – ein Dilemma, das um 1900 nicht zeitgemäßer sein könnte und den Roman, der historisierend angelegt ist, aktuell erscheinen lässt. Dies bestätigt die Fülle der Rezensionen: Hoch gelobt und zugleich geschmäht spaltete der Roman die Kritiker.

Während die deutschen Kritiker dem Roman aus der geographischen Distanz heraus mit Gelassenheit und Anerkennung begegneten und ihn als einen idealen Reiseführer anpriesen[19], war den deutschschweizer Rezensenten an einer grundlegenden Wertung und Positionierung innerhalb des literarischen Kanons gelegen. Die meisten Stimmen waren positiv, sie lobten das Werk stilistisch wie inhaltlich und betonten seine vorbildliche Stellung innerhalb der Heimatdichtung. Mancher Rezensent verzichtete in seiner Begeisterung ganz auf Kritik und ließ es mit einem innigen Dank an den Dichter und einer wärmsten Empfehlung gegenüber dem Schweizer Volk[20] bewenden.

---

17 Wie sehr Heer sich dieser Konstruktion bewusst ist, an der er selbst schreibend teilhat, zeigt die folgende Bemerkung aus seinen ‹Streifzügen›: «Eigentlich für die Welt entdeckt hat Pontresina der Maler Georgy aus Leipzig im Jahre 1856. Seine Aquarelle vom Piz Languard und Morteratsch erweckten auf den großen Ausstellungen Aufsehen; die Leute kamen um die Originale zu sehen und waren von der Schönheit der Gegend gefangen.» (Heer 1898, 92).

18 Die Figur des Malers Georgy verdeutlicht, wie nahe Künstler und Werber im 19. Jahrhundert beieinander standen. Es ist deshalb bemerkenswert, dass ein Rezensent in der Figur Georgys «das Denkmal pietätvollen Andenkens» an den jüngst verstorbenen Segantini zu erkennen glaubte und damit implizit auch Segantini als geschäftstüchtigen Werber ansprach.

19 Vgl. ‹Münchener Neueste Nachrichten›, 30. August 1900 oder auch ‹Leipziger Zeitung›, 8. Juni 1900.

20 «(…) und wahrlich unsere eigentliche Volkspresse kann kaum etwas Verdienstlicheres tun, als dem Werk unseres Dichters Bahn zum Herzen unseres Volkes zu bereiten.» (‹Thalweiler Anzeiger›, 14. Juni 1900).

Die Anerkennung zielte auf die traditionelle Erzählweise[21], das scheinbare Ausblenden aller aktuellen Thematik und die gelungene Verknüpfung von Mensch und Natur[22]. Die unbedachtesten Anhänger lobten hymnisch die Rückkehr zur Scholle – «Wie danken wir dir [dem Dichter J.C. Heer; C.S.] für diese ursprüngliche Hoheit der Menschenseele, die du uns in den so herrlich geschilderten Gebirgsdörfern in den verwitterten Heimstätten des Gebirges[23] anstatt in den Salons der Städte zeigst!»[24] – und glätteten jeden Widerspruch, der im Roman angelegt ist. Die maßgebenden Rezensionen, wie jene von J. Viktor Widmann[25] und der Schriftstellerin Isabella Kaiser in der ‹Neuen Zürcher Zeitung›, die verschiedentlich nachgedruckt wurden, bemerkten zwar die Ungereimtheiten, ließen sie hinter dem po-

---

21 Der Heimatroman konserviert neben der Abneigung, *inhaltlich* auf technische Neuerungen einzugehen, auch *formal* Skepsis gegenüber neuen Erzähltechniken. Er beharrt auf traditionellen Erzählformen des 19. Jahrhunderts und lässt innovatorische Ansätze wie innerer Monolog oder erlebte Rede, die eine differenzierte Personenzeichnung erlauben, ungenutzt. Während diese selbstauferlegte Beschränkung des Genres allgemein als Qualität verteidigt wird, sind auch kritische Stimmen zu hören, die anmahnen, dass sich der Heimatroman um wirkungsvolle Möglichkeiten beraube: «Obschon die Heimatkunst eine starke Reaction gegen die Großstadtkunst bedeutet, sie wird von ihrer Feindin die Waffen gebrauchen lernen müssen, die sie ihr abgenommen hat. Sie wird die moderne realistische Technik lernen müssen, wenn sie wirken will. Die alte behäbige Erzähltechnik reicht nicht mehr aus, um die Stoffe der Heimatkunst künstlerisch wirksam zu behandeln.» (Jacobowski: ‹Heimatkunst›; zitiert nach Rossbacher 1975, 213–214).
22 «Das muss ein berufener Dichter sein, dem es wie dem Verfasser gelingt, ein vielverschlungenes Menschenschicksal von Naturbildern so begleiten zu lassen, dass diese selbst wieder zu lebendigen Symbolen werden.» (‹Berliner Tagblatt›, 30. Juni 1900).
23 Das Muster des genügsamen Älplers, der das Wenige gerne teilt, findet schon bei Haller und Rousseau ersten Zuschnitt und wird hier nur wenig variiert: «Der alte, würdige Senne, dieses Urbild des ungezähmten, doch gutmütigen Sohns der Wildnis, litt es nicht anders: der unerwartete Besuch musste in seine Hütte treten und aus flachen Holzschüsseln Milch trinken und einen Bissen Schafkäse kosten.» (Heer 1975, 104).
24 ‹Tages Anzeiger für Stadt und Kanton Zürich›, 13. Juni 1900.
25 J. Viktor Widmann (1842–1911), der ab 1880 lange Jahre als Feuilletonredaktor des Berner ‹Bund› arbeitete, galt als einflussreicher Kritiker und Förderer der Schweizer Literatur. Auch er ließ seine Kritik in ein zweifelhaftes Lob des Simplen, Vorhersehbaren und Überkommenen münden: «Welchen gesunden Gegensatz bildet er zu den seelenzergliedernden Romanen und Novellen aus der modernen Gesellschaft, die uns mit Vorliebe dekadente Grossstadtmenschen und ihre schwülen oder nervösen Gemütszustände nur allzu treu wiedergeben!» (‹Der Bund›, Bern, 20. Mai 1900).

sitiven Gesamteindruck jedoch zurücktreten. Ihre Kritik setzte textimmanent an. So hätte Isabelle Kaiser dem Helden Touristenlob und Kalenderblatt erspart[26] und bemängelte jene Stellen, bei welchen Heer unpopulärer Weise die Kehrseite der Alpenverherrlichung schon mitdenkt und die nahe Zukunft ankündigt: den nicht aufzuhaltenden Einbruch der Salons in die Heimstätten der Bergler.

Andere kritische Stimmen formulierten ihre Bedenken ideologiekritisch und machten auf unlautere Wechselwirkungen zwischen Literatur und Tourismuswerbung aufmerksam: «Es wird uns zur Gewissheit, dass Reklame für das Engadin zu machen ein Hauptzweck des Buches ist. Es ist also natürlich, wenn die Darstellung da und dort in jenen Ton einmündet, den man aus den Prospekten der Badeorte kennt.»[27] Heer sei weniger Schriftsteller als vielmehr «Hofpoet der Verkehrs- und Verschönerungsvereine». Im Weiteren wurde die Frage aufgeworfen, ob ‹Der König der Bernina› ein bestelltes Reklamewerk der Engadiner Hoteliers darstelle. Der Produktionsbedingungen dieses Romans eingedenk war ‹Der König der Bernina› ein Auftragswerk, allerdings folgte das Buch nicht den Wünschen der Hoteliers, sondern den klar reglementierten Rahmenbedingungen, wie sie für Publikationen in der ‹Gartenlaube› galten. Die lokale Zeitung dagegen interessierte sich nicht für künstlerische Integrität, sondern freute sich über die bei vielen Lesern unweigerlich erweckte «Engadinsehnsucht»[28], die man gerne vor Ort stillen wollte[29].

Was die Kritiken, positive und negative, ob auf Inhalt oder Wirkung zielend, letztlich verbindet, ist der indirekte oder explizite Hinweis auf die Interdependenz zwischen Alpenraum und Tourismus, Literatur und Werbung, die dem Buch nicht nur oberflächlich

---

26 «Auch das von Ludwig Georgy gemalte Bild ‹Der König der Bernina und sein Kind›, das in allen Kalendern und Zeitschriften die Runde machte, sowie die Reiseberichte der englischen Referendare und Gäste von St. Moritz über Paltram und Cilgia Premont hätten wir dem auserwählten Paar erspart.» (Isabelle Kaiser, ‹Neue Zürcher Zeitung›, 21. Mai 1900).
27 L. Suter in ‹Schweizerische Rundschau›, Heft 4, 1900, 256–264.
28 ‹Engadiner Post›, St. Moritz, 24. Januar 1900.
29 Der Rezensent der ‹Basler Nachrichten› vom 24. und 25. Mai 1900 gratulierte den Engadinern rundweg zu diesem Stück frei Haus gelieferter Reklame: «Das Engadin darf sich zu dem Roman beglückwünschen, der seinen Ruhm in alle Welt trägt und bald wird kein Kurgast mehr dort oben weilen, der das Buch nicht gelesen, am Ende gar keiner hinkommen, der nicht durch die Lektüre hingelockt worden wäre.»

eignet, sondern die ganze Spanne der Abhängigkeiten umfasst, die mit dem Thema zwangsläufig verbunden sind. Ein Werk um 1900, das dieser Tradition folgend die Bergwelt beschreibt, kann die steinerne Konsequenz der Reiselust in ihren harmlosen Anfängen[30] als Retterin der Bergtäler idealisieren, sie kann den leibhaftigen Einfall des Städtischen jedoch nicht leugnen und verfällt dem kulturhistorisch angelegten Dilemma, dass die Sehnsucht nach einer Gegend vor dem zivilisatorischen Sündenfall, immer auch diese gemiedene Zivilisation mit sich führt. Die Hotelpaläste zeugen davon.

Camill Hoffmann: Eine Predigt der Werbung

«Besieh' dir sie [die großen St. Moritzer Hotels; C.S.] nur einmal abends, wenn alles in tausendfachem elektrischem Lichte strahlt, betritt dann die glänzenden Vestibüls, Wandelgänge und prunkvollen Säle, lasse dich umschmeicheln von der süssen Harmonie der Töne, bezaubernd hervorgebracht von Orchestern, die sich aus ersten italienischen Virtuosen zusammensetzen, lasse dich anlächeln von der scherzenden, kosenden, graziösen, vornehmeleganten Welt, die da ihr Wesen treibt, versenke dich in diese Märchen aus 1001 Nacht und thue dann auch du die Frage, die jedem bei einem ersten Besuch sich unwillkürlich auf die Lippen drängt: – Und das alles am Saum der Gletscher – 6000 Fuss über Meer?!»[31]

So beschreibt der protestantische St. Moritzer Pfarrer Camill Hoffmann (1861–1932)[32] in seinem Büchlein über St. Moritz Bad, das 1895 in der Reihe der ‹Europäischen Wanderbilder› erschien, die Hotels als wichtigste Verlockung des Kurorts und führt den bürgerlichen Traum vom Adelsschloss in die Märchenwelt ein. Er fordert

---

30 «Weitab von den Ereignissen der Welt, oft wochenlang ohne jede Nachricht, was in den Ländern der Tiefe geschah, lebte der kleine Kreis [die wenigen ersten Gäste, die bei Konradin von Flugi im Haus lebten und das neue Badehaus nutzten; C.S.], auf sich selber angewiesen, wie eine einzige Familie, bei Veltlinerwein, luftgedörrtem Fleisch oder dem Gemsbraten, den Markus Paltram, das Pfund um wenige Kreuzer, lieferte.» (Heer 1975, 254).
31 Hoffmann 1987 (1895), 23–24.
32 1861 als Sohn angesehener Kaufleute in Zürich geboren, besuchte er dort Schule und Universität und absolvierte einen Teil seines Theologiestudiums in Berlin. Nach einigen Vikariaten im Kanton Zürich wurde Camill Hoffmann 25jährig nach St. Moritz berufen. Von 1886 bis 1929 war er als Pfarrer der evangelischen Gemeinde in St. Moritz tätig.

den staunenden Besucher auf, die Schwelle zum Innenraum zu übertreten und stellt ihm in Aussicht, dass sich hier das Eigenste des Hotels entfaltet, die perfekte Gegenwelt zur Berglandschaft. Je weiter sich das Interieur von der lokalen Tradition entfernt, maurische Ornamentik etwa den Speisesaal des Hotel Du Lac in ferne Östlichkeit taucht oder das Vestibül des Kulm Hotel an einen ägyptischen Tempel gemahnt[33], desto frappanter wirkt der Gegensatz des Interieurs zur im Fensterrahmen gefassten Landschaft. Damit wird nicht nur die Trennung von innen und außen betont, sondern es wird ein buchstäbliches Nebeneinander verschiedener Welten, einer heimisch alpinen und einer exotischen, inszeniert.

Im Vorwort an die Herren Verleger kokettiert Camill Hoffmann mit dem Diktat der Mode: «Sie wünschen ein pfarrherrliches Elaborat über unser schönes St. Moritz – so etwas Feuilletonstil – leichthin zu lesen.»[34] Diesen Wunsch nach Unterhaltung, Werbung und protestantischer Poesie erfüllt der Pfarrer vorbildlich, indem er den Text als Geplauder zweier Freunde anlegt und somit in den «Zeiten des Interviews» ein Hin und Her von Fragen und Antworten inszeniert. Dabei lässt er zugleich die Frage mitschwingen, welcher Schreibstil wohl angemessen sei, um über die Hotel- und Kurwelt zu schreiben. Hoffmann übersetzt damit die architektonische Frage des ausgehenden Jahrhunderts: In welchem Stil sollen wir bauen?, die sich gerade bezüglich des alpinen Hotelbaus mit Nachdruck stellt, in den literarischen Diskurs. Dass er sie mit einer Textform beantwortet, die ihm besonders zeitgemäß und direkt erscheint, ist für die nachfolgende Diskussion literarischer Texte ein wichtiger Ausgangspunkt.

Nicht nur versucht Hoffmann den Text durch das dialogische Moment möglichst lebendig zu gestalten, sondern er suggeriert damit auch, dass die Informationen aus erster Hand stammen. Der Verfasser führt die Leser über die Figur des Ortsunkundigen möglichst dicht ans Geschehen heran. Dass Camill Hoffmann einen Pfarrer als Gast und Fragenden wählt, mag damit zusammenhängen, dass dieser gegenüber allen Belangen eines weltlichen Hotellebens glaubwürdig unwissend ist. Jene, welche die Herrlichkeiten bereits aus eigener Anschauung kennen, dürfen über das naive Staunen lächeln, es zeigt ihnen wie exklusiv ihr Aufenthalt ist, während sich jene, die St. Mo-

---
33 Vgl. Hoffmann 1987, 29.
34 Hoffmann 1987, 3.

ritz erst kennen lernen sollen, mit dieser Figur, die dank ihrer Profession gelehrt und trotzdem weltfremd sein kann, ohne lächerlich zu wirken, identifizieren können. Der Pfarrer als naiver Betrachter steigert die Attraktivität der Hotelhallen, ohne von seinem sozialen Stand her die gesellschaftlichen Codes der Hotelwelt zu unterwandern.

Auch der englische Autor Victor L. Whitechurch verwendet in seinem erfolgreichen Buch ‹The Canon in Residence›[35] die Figur des Pfarrers, um die Wirkung des Gesellschaftsorts zu potenzieren. Er lässt einen höheren Geistlichen in ziviler Kleidung in das St. Moritzer Gesellschaftsleben eintauchen: Der Pfarrer gibt sich nicht als Geistlicher zu erkennen, sondern tritt als Weltmann auf und gewinnt auf diese Weise überraschende Einblicke in die Verhältnisse des konzentrierten Gesellschaftsplatzes. Seine Umwelt reagiert auf das, was sie sieht und verliert die Zurückhaltung, die sie sonst gegenüber einem Geistlichen gewahrt hätte. Zurück in England, um diese Erfahrung reicher, bewegt der Canon sich weltoffener und gewandter.

Camill Hoffmann selbst, «der geistlichen und weltlichen Sinn sehr hübsch in Einklang zu bringen weiß»[36], kommt die Rolle des Vermittlers zu. Er führte Dichter in Leben und Kultur der Gegend ein, machte sich für Segantinis Panorama stark, kommentierte als Redaktor das Gemeindeleben und sorgte als Vorsteher des Kurvereins für den Ausbau einer künstlichen Landschaft, die den höchsten Ansprüchen genügte. Als Persönlichkeit, die sich mit derselben Gelassenheit zwischen dem europäischen Hochadel und den Mitgliedern seiner Dorfgemeinschaft bewegte, wusste er die Interessen der Gäste mit jenen der Engadiner Geschäftsleute geschickt zu verklammern. Seine Weltgewandtheit, sein repräsentativer Auftritt, Or-

---

35 ‹The Alpine Post & Engadin Express›, Saturday, March 13, 1909. ‹A St. Moritz Story›: «We have received a copy of the fourth impression (53rd thousand) of that popular story ‹The Canon in Residence›, by Victor L. Whitechurch (London: T. Fisher Unwin, 1/-net). We reviewed the book in these pages when it first came out and take this opportunity to express our pleasure that the success we predicted for it has been realised. The opening chapters of the story give a faithful picture of winter life in St. Moritz and if for no other reason than this people interested in Alpine winter sport should obtain a copy and read Mr. Whitechurch's capital description of what goes on.»

36 Heer 1898, 146.

ganisationstalent und seine rhetorische Begabung[37] machten ihn zu einem idealen Präsidenten des Kur- und Verkehrsvereins[38] und ließen ihn die touristische Entwicklung von St. Moritz mittragen. Camill Hoffmann besaß glänzende Kontakte und ließ keine Gelegenheit aus, für das Engadin mit Engagement zu werben[39], so etwa bei der Wintersportausstellung im Sommer 1907 in Berlin, die der deutsche Kronprinz[40], seinerseits ortskundig in St. Moritz, eröffnete.

---

37 Nachruf in der ‹Bündner Zeitung› vom Februar 1932: «Die St. Moritzer waren denn auch stolz auf ihren Pfarrer und sie schickten ihn bald bei ungezählten Anlässen ins Feuer, wo es galt, die Gemeinde zu vertreten und Anerkennung und Ehre für sie einzuheimsen. Dazu gab es immer mehr und mehr Gelegenheit, denn der Winterverkehr nahm stets zu und entwickelte sich für St. Moritz-Dorf allmählich zum ausschlaggebenden wirtschaftlichen Faktor.»
Nekrolog: «Recht bald entdeckte der damalige Verschönerungsverein St. Moritz im nun Dahingegangenen nebst seinen repräsentativen auch vorzügliche organisatorische Eigenschaften und wählte ihn infolgedessen zu seinem Präsidenten, welches Amt er dann auch über die Verschmelzung des damaligen Sommerkurvereins mit dem Winterkurverein hinaus als Vorsitzender des Kur- und Verkehrsvereins vom Jahre 1888–1916 inne hatte. Im Auslande, wo Pfarrer Hoffmann in eben dieser Eigenschaft stets gute Beziehungen im Interesse des Kurortes anzuknüpfen wusste, verfügte er über ausgedehnte Bekanntenkreise, sodass seine Propagandareisen stets guten Erfolg hatten.» (Quelle: Dokumentationsbibliothek St. Moritz).
38 Die Geschichte des Kurvereins spiegelt die Etappen des Kurortausbaus: 1864 gründeten die Behörden eine Kommission, deren Aufgabe aus Vorschlägen zur Verbesserung, Versetzung, Verschönerung und Vergrößerung des Friedhofs und eventuell anderer öffentlicher Bauten und Einrichtungen bestand. Dies war zur Zeit, als das neue Kurhaus fertig gestellt wurde und sich damit das Grand Hotel als Bautyp im Engadin etablierte. 1874 wurde die Kommission offiziell als ‹St. Moritzer Curverein› mit dem Zweck, den Fremdenverkehr zu heben und den Aufenthalt der Gäste angenehm zu gestalten, konstituiert.
39 «An der Spitze des Komitees [Organisation der Pferderennen auf dem St. Moritzer See; C.S.] stand der Ortspfarrer, ein auch auf allen Gebieten des modernen Lebens rühriger und von der Gemeinde in Sportangelegenheiten ebenso wie in Fragen kirchlicher und sozialer Art geschätzter Mann.» (Höcker 1910, 200).
40 In der ‹Münchener Neueste Nachrichten›, im Morgenblatt vom 20. Juli 1911 verweist eine Notiz auf das 25-Jahr-Jubiläum des Pfarrer Hoffmanns in St. Moritz: «Den deutschen Wintergästen speziell ist dieser jugendfrische Pfarrer Camill Hoffmann als Kaisergeburtstags-Festredner seit der Reihe von Jahren bekannt, wo die tausendköpfige Schar deutscher Wintersportler sich am Abend des 27. Januar in dem Riesenfestsaal des Grand Hotels zu dem glanzvollen Kaiserbankett versammelt. Man muss diesen Pfarrer gehört haben, um zu begreifen, dass und warum er sich der speziellen Freundschaft des deutschen Kronprinzen, der Prinzen Heinrich und Adalbert von Preussen, des verstorbenen Grossherzogs Friedrich von Baden und dessen Gemahlin, des Erzherzog-Thronfolgers

> «Damit eine Reklame von Wirkung sei, ist es unbedingt notwendig, dass dieselbe fortwährend wiederholt werde, dass man auf denselben Text, auf dasselbe Bild oder Ortsnamen aufmerksam gemacht wird, bis die Sache zur Suggestion wird und nur auf diese Art wird auch dem hartnäckigsten Feind der Reklame mit der Zeit das eingeprägt, was man eben zu erreichen sucht, nämlich das zur Reklame bestimmte Objekt bleibend bekannt zu machen, bei uns also das Ober- wie Unterengadin.»[41]

In seiner Funktion als Tourismusverantwortlicher setzte Camill Hoffmann die Devise des Engadiner Verkehrsvereins unermüdlich in Worte. Hoffmann ist, wie der Text für die ‹Europäischen Wanderbilder› zeigt, ein bewusster Schreiber. Er beherrscht Vokabular und Rhetorik einer werbenden Sprache, wie sie aus den Prospekten des Kurvereins[42] spricht.

> «(...) – du schauderst bei dem Gedanken an einen Winteraufenthalt in einem solchen Thal. Aber der Alpenbewohner lächelt über deine geringschätzende Unkenntnis und bemitleidet dich von sonniger warmer Höhe herab in deinem winternebeligen Dasein und die Zahl derer wächst, die zum Segen ihrer körperlichen und geistigen Gesundheit die Wand des Vorurteils durchbrechen und einen Blick thun in den Winter des Hochlands, aus dem das Engadin auch zu dieser Zeit wie ein kostbares Schmuckband emporglänzt und als edelstes Kleinod birgt den sonnigen Südhang von St. Moritz.»[43]

Winterurlaub und Wintersport standen 1896 erst am Anfang ihrer Entwicklung[44]. Hoffmann sieht sich in seinen Texten entsprechend genötigt, auf Argumente zurückzugreifen, wie sie aus dem frühen Alpenlob bekannt sind. Der Autor spielt nach bewährter Manier den

---

von Österreich Franz Ferdinand, der ehemaligen Kronprinzessin Stephanie und zahlreicher anderer Mitglieder deutscher und österreichischer Herrscherfamilien erfreuen darf.»

41 Ausschnitt aus dem Jahresbericht des Engadiner Verkehrsvereins in ‹Engadin Express & Alpine Post› vom 23. Juni 1908.
42 Wie Jules Robbi, um 1900 Gemeindearchivar von St. Moritz, vermerkte, wurden die Prospekte von Camill Hoffmann verfasst.
43 Prospekt St. Moritz im Winter 1896, 6 (ohne Angabe des Autors).
44 Der Reklameapparat rollte noch bescheiden. 1909 aber schreibt Hans Robertson: «Der grosse Reklameapparat setzt sich in Bewegung, ohne den die Fremdenindustrie in ihrer heutigen Gestalt nicht mehr denkbar ist, der in Wort und Bild die Unwissenden belehren und die Schwankenden zum Entschluss bringen soll.» (Robertson 1909, 43). Im Sommer 1910 belief sich das Reklamebudget auf 33'000.– Franken.

physisch wie auch in seinem sicheren Vertrauen auf die Natur moralisch überlegenen Bergbewohner gegen den kleinmütigen Städter aus. Das unvermittelte Du weckt die Nähe zum Angesprochenen, der nicht länger zu jenen gezählt werden möchte, die den alten Vorurteilen nachhängen. Erst nachdem sich der Autor des Angesprochenen versichert hat, schiebt er die Naturschönheit als kostbares und damit erstrebenswertes Gut nach. Die Natur mit Edelsteinen zu vergleichen heißt, dass sie dem Leser sowohl außergewöhnlich wie auch selten und kostbar erscheinen soll. Über den Wert der Landschaft wird implizit auch die Exklusivität jener behauptet, die hier wandeln dürfen.

Die Gäste, die angelockt von diesen wiederholten Versprechen anreisen, sehen keine Ödnis mehr, wie dies Richard Wagner noch unbeeindruckt und vorbildlos sagen konnte, sondern die kunstreich beschriebenen Naturschönheiten. Vergleicht man die Textpassage von 1896 mit der folgenden, die Hoffmann vierzehn Jahre später verfasste, ist zu erkennen, dass gewisse Metaphern zur Suggestion geworden sind und der Sprachgestus bei den Adressaten eine wachsende Vertrautheit mit dem beworbenen Inhalt voraussetzt.

> «Es spricht eine einzigartige Reinheit und Keuschheit aus der ins Winterkleid gehüllten Hochgebirgsnatur. Das Aufleuchten des Schnees im Sonnenglanz, die aufflammenden Myriaden von kostbaren Edelsteinen, die der Frost darin verwoben hat, die Reinheit und Frische des Himmelsantlizes, das sich darüber erhebt und auf welches der sonnige Ball im Scheiden ein keusches Erröten zaubert, wunderbar lieblich und schön über dem diamantenbesäten weissen Gewand – das ist Brautschönheit, wenns eine gibt – und nirgends wohl wird diese edler und lieblicher empfunden als im hochgelegenen Engadin zur Winterzeit – im Eldorado des Wintersports: in St. Moritz.»[45]

Wieder steht der Vergleich der Landschaft mit Geschmeide für das Exklusive. Der Eifer, mit dem diese Metaphorik jedoch bemüht und quantifiziert wird – «Myriaden von kostbaren Edelsteinen», «diamantenbesät» –, verrät, dass sie sich im Laufe der Zeit abgenutzt hat und lässt ein Verständnis der Landschaft als Ware durchscheinen. Gegen den kapitalistischen Sündenfall setzt sich das Bild der ‹keuschen Braut› ab, das den Gedanken an Käuflichkeit gleich wieder zu-

---

45 Hoffmann in Furrer 1910, 219.

rückzunehmen sucht. Schließlich mündet der poetische Balanceakt in das «Eldorado[46] des Wintersports» ein, ist im Schlagwort befestigt und setzt dabei auf die Mitwisserschaft der Gäste – denn ein Eldorado kennen alle, müssen alle kennen.

Elizabeth Main: Kodex der idealen Touristin

Elizabeth Main (1861–1934), die erst den Namen Burnaby führte und später Aubrey Le Blond hieß, gehörte zur besten englischen Gesellschaft. Sie verkörpert die Rolle der idealen Touristin[47], die mit ihren Büchern die Art und Weise der gesellschaftlichen Aneignung der alpinen Landschaft mitlenkt und das Hotel in den Bergen zu ihrem Zuhause[48] macht, wie der Buchtitel ‹My home in the Alps›, auf dessen Umschlag das Kulm Hotel zu sehen ist, verdeutlicht. Als Mitglied der kleinen englischen Kolonie[49], die seit Beginn der 1880er Jahre die kalte Jahreszeit von Dezember bis März über im Kulm in St. Moritz Dorf verbrachte, trug Main entscheidend dazu bei, die Winter-

---

46 Die Herkunft dieses Schlagworts aus dem Mythos um den El Dorado scheint darauf hinzuweisen, dass Gold oder nüchterner gesagt das Materielle in diesem Diskurs überwiegt.
47 «Dass sie [die Engländer; C.S.] die Schöpfer des gesamten heutigen Wintersports in St. Moritz sind, wird von jedermann bereitwillig anerkannt. Es ist bezeichnend für die energische Initiative des Engländers in allen Sportdingen, dass das kleine Häufchen von kaum zwei Dutzend Engländern schon 1884 den «St. Moritzer Tobogganing Club» gründete, der seitdem alljährlich auf dem Cresta-Run Rodel-Wettfahrten veranstaltet, die heute zu den Hauptereignissen im winterlichen Sportleben gehören.» (Robertson 1909, 68).
48 Von 1883 bis 1900 lebte Elizabeth Main fast ständig im St. Moritzer Kulm Hotel.
49 Dazu: «Der englische Arzt Dr. J. F. Holland, der schon mehrere Winter mit englischen Patienten Davos aufgesucht hatte, veranlasste im Jahre 1883, als Davos bereits 1000 Wintergäste hatte, eine kleine ausgewählte Gesellschaft der englischen Aristokratie, mit ihm St. Moritz aufzusuchen. (...) Die kleine englische Winterkolonie wohnte dann auch fast vollzählig im ‹Engadiner Kulm›, das für mehrere Jahre das einzige Winterhotel blieb. Um 1885 kamen etwa 1–200, Ende der achtziger Jahre 3–400 Gäste.» (Robertson 1909, 61). Später übte Holland das Amt des englischen Botschafters in St. Moritz aus und gehörte zum engen Freundeskreis Elizabeth Mains. Dem Ehepaar Holland widmete sie die Bücher ‹My home in the Alps› von 1892, das verschiedene Artikel umfasst, die zuerst in der ‹St. Moritz Post› erschienen waren, sowie ‹Hints on snow photography›, das mit dem Aufkommen der entsprechenden Handkameras dem zunehmenden Interesse an Fotografie entsprach.

saison im alpinen Grand Hotel zu einem gültigen Lebensentwurf zu stilisieren.

Die zweite Nummer der frisch gegründeten Touristenzeitung ‹The St. Moritz Post› vom 14. Dezember 1886 macht deutlich, wie sehr der Winteraufenthalt in St. Moritz noch einer Begründung bedurfte. F. de Beauchamp Strickland, der im Kulm Hotel residierte und mit Unterstützung weiterer Kulmgäste – Elizabeth Main trug eine große Anzahl engagierter Artikel bei und half bei der Redaktion[50] – die Zeitung herausgab, betont im Editorial, wie vergnüglich und gesellschaftsfähig ein Winteraufenthalt ablaufe:

> «‹Going to St. Moritz?› ‹What!! in winter!!› ‹What on earth do you do with yourself?› ‹Isn't it frightfully dull?› ‹Don't you long for somebody to talk to?› such are the questions we have frequently been assailed with in England, even by people who have been here in summer; a description of our Tobogganning, skating and races, and our entertainments, music and dances and last, but not least, the beautiful scenery and the delightful sunshine, the clear frost, the picniccing on the lake for skating, or on one of the Passes for Tobogganning discovers to many people a combination of health, occupation and amusement, never thought or even dreamed of.»[51]

Damit steht am Anfang einer publizistischen Tätigkeit in St. Moritz, noch bevor an Werbung im engeren Sinn gedacht werden kann, das Bedürfnis, einen winterlichen Aufenthalt als gesellschaftliches Ereignis zu legitimieren und Vorbehalte auszuräumen. Die Bemühungen zielen darauf ab, einen Ort des Vergnügens zu etablieren, der auch noch – ausgedrückt in «last, but not least» – schöne Natur und ein wohltätiges Klima bieten kann. Die rege Selbstinszenierung der Gäste, wie sie diese frühen Zeitungen[52] spiegeln, zeigen das Verlangen, sich gegenseitig eines sinnvollen und gesellschaftlich relevanten Lebens in der vermeintlichen Abgeschiedenheit zu versichern und dem

---

50 Dazu: «Our thanks are especially due to Mrs. Main who, last season, gave us invaluable help, not only in writing for ‹The Post› but in much of the detailed work involved in editing even such a small Journal as ‹The St. Moritz Post›.» (‹The St. Moritz Post›, 22.10.1887).
51 ‹The St. Moritz Post›, 14.12.1886.
52 Diese Selbstinszenierung der Gäste findet einen ironisierenden Niederschlag in Mains Roman von 1907 ‹The story of an alpine winter›: «The Alpine Post lets us all know who is here, and occasionally emphasises an arrival. (...) You should have seen the masses of copies that went off after the ball here last week.» (Main 1907, 62–63).

Vorwurf der Ödnis, noch bevor er laut werden kann, mit einem Katalog von Beschäftigungen zu begegnen. Obschon diese ersten Reisenden meist aus gesundheitlichen Gründen auf einen längeren Aufenthalt in den Bergen hin verpflichtet sind, versuchen sie, nicht zuletzt um die soziale Ausgrenzung der Krankheit wettzumachen, ihr Exil in ein lebensfrohes Paradies umzudeuten. Sie schreiben ihren gesundheitlich bedingten kollektiven Ausschluss aus der feinen Londoner Gesellschaft zu einer erstrebenswerten Exklusivität um, die letztlich die kollektive Sehnsucht der Daheimgebliebenen zu wecken vermag.

Damit ein vergnügliches Leben unter einem Dach denkbar wird und sich das alpine Grand Hotel als Institution etablieren kann, sind nicht nur gesellschaftliche und sportliche Anlässe notwendig, sondern es müssen kollektive Wertvorstellungen formuliert und entsprechende Verhaltensregeln fixiert werden. Denn «Institutionen sind auf Dauer gestellte Regelmäßigkeiten sozialen Handelns»[53]. Letztlich sind es die gemeinsamen Werte der guten Gesellschaft, die Menschen unterschiedlichster Nationalitäten in einem Haus über Monate friedlich zusammenleben lassen. Das normative Regulationssystem vermittelt zwischen dem materiellen Substrat des Gesellschaftsraums und der gesellschaftlichen Praxis, ermöglicht seine Aneignung und Nutzung[54]. In den Worten eines Zeitgenossen:

> «Das ausgleichende Mittel, das einigende Band aller dieser verschiedenen Reisenden bleibt die gediegene Geistes- und Gemüthsbildung, welche über alle Stammesunterschiede hinwegführt und im Stande ist, eine internationale Gesellschaft im schönen Sinne des Wortes zu gründen.»[55]

In ihrer Autobiographie widmet Main einer Hochstaplerin, die im Kulm Hotel ihre Rolle spielte, einige Aufmerksamkeit. Die folgende Textpassage legt Ordnungs- und Wahrnehmungsmuster eines großbürgerlichen Selbstverständnisses offen. Dabei sind es nicht moralische Bedenken, die die Autorin plagen, sondern sie staunt darüber, dass jemand, der nicht in den besten Kreisen aufgewachsen ist, eine perfekte Täuschung aufrechterhalten kann:

---

53 Löw 2001, 169.
54 Vgl. Läpple 1992, 196–197.
55 Guyer 1874, 13.

«I confess that while from time to time I had doubts with regard to her integrity I had none as to her reputed origin. It was not merely that she avoided the pitfalls of a middle-class upbringing and never referred to a serviette when she meant a table-napkin! It was something far more subtle. Not an inflexion of her voice was wrong. Not a movement of her body was other than dignified as she swept through the hall of the Kulm to dinner. She dressed quietly and not too well. Her clothes were exactly right for the part she played.»[56]

Elizabeth Main tritt hier als scharfe Beobachterin des formellen Verhaltens und aufmerksame Deuterin der symbolischen Pantomime auf, die im Hotel aufgeführt wird. Mode und Sprachgebrauch, aber auch die Stimme als leibliche Dimension der Sprache sowie die Symbolik von Bewegung und Körperhaltung gelten als Parameter der Zugehörigkeit zur höchsten sozialen Klasse. Elizabeth Main beschreibt, indem sie dieser Hochstaplerinnenszene einen wichtigen Platz in ihrer Autobiographie einräumt und damit das Außergewöhnliche betont, den zwischen Öffentlichkeit und Intimität changierenden Raum des Grand Hotels als ihr völlig zugehörig, verfüg- und beurteilbar, und doch scheint sich dieser Raum der sozialen Kontrolle auch zu entziehen und seinerseits Formen anderer Bewohnbarkeit zu ermöglichen. Das Einhalten der Etikette wird von dieser Grand-Hotel-Gesellschaft als so wichtig eingestuft, dass ihr perfektes Erfüllen einen hohen gesellschaftlichen Stellenwert ausdrücken kann. Eine so weitgehende und vom Inhalt, da sie ihn vollständig ersetzt, gleichsam losgelöste Stilisierung der Form, dient der Hochstaplerin als hervorragende Maske, gerade weil die gute Gesellschaft auf die nicht auflösbare Interdependenz zwischen sozialem Stand und Kodex baut.

---

56 (Aubrey le Blond alias Elizabeth Main 1928, 112–113). Der Einstellung, dass Gang und Haltung als Chiffren einer sozialen Hierarchie entziffert werden können, hing auch der Psychologe Richard Müller-Freienfels in seiner wissenschaftlichen Studie an: «Man würde den echten Aristokraten auch im kleinbürgerlichen Gewande sofort an der Art, sich zu halten und die Glieder zu bewegen, erkennen. Und der Parvenü mag sich noch so üppig kleiden, er mag auch seinen Geist vollstopfen mit allerlei Wissen, die ‹Haltung› im Sinne vornehmer Erziehung lernt er niemals. Derartiges läßt sich wohl äußerlich kopieren, aber es bleibt eben Kopie, weil es, solange es äußerlich nachgeahmt wird, unecht bleibt.» (Müller-Freienfels 1920, 129). Allerdings ist hier die Möglichkeit der Kopie bereits bedacht.

So unnachgiebig Elizabeth Main als Hüterin des richtigen Benehmens und guten Geschmacks auftritt, so emanzipiert fasst sie die Grenzen ihres eigenen Aktionsradius und weist den ihr nachfolgenden sportlichen Damen einen weiten Bewegungsraum. Ihre Autobiographie ‹Day in day out› verrät denn auch wenig über Gefühle und intime Beziehungen, sie gleicht vielmehr einer Topographie der physischen Extreme, die sich als Liste erklommener Berge in ihr Leben einschreibt.

Mit achtzehn Jahren heiratete Elizabeth Eduard Burnaby, einen Mann aus der Umgebung des Prinzen von Wales. Als sie einundzwanzig Jahre alt war, starb ihr Mann bei einer Schlacht in Ägypten, und die jugendliche Witwe weilte in der Folge aus gesundheitlichen Gründen vermehrt in den Bergen. Durch ihre Stellung als Witwe weitgehend aus dem symbolischen Raum der ‹gefährdeten Braut›, der mit einer realen Begrenzung des weiblichen Freiraums einherging, entlassen, bewegte sie sich erstaunlich unabhängig. Elizabeth Main unternahm zahlreiche Winterbegehungen rund um Chamonix und im Engadin. 1883[57] schrieb sie ein erstes Buch über das Bergsteigen im Winter. Als eine der großen englischen Pionierinnen des Alpinismus gründete sie 1907 den ‹Ladies' Alpine Club›, dessen Präsidentin sie bis 1913 blieb[58]. Ihre Aktivitäten hielt sie als Publizistin und Fotografin fest. Ihre künstlerisch hochstehenden Fotos[59] waren immer wieder als begehrte Preise bei Wettkämpfen ausgesetzt, Zeitungsinserate warben für ihre Bilder[60], wobei der Erlös dem ‹St. Moritz Aid Fund›

---

57 «‹VERSUCHEN SIE BERGSTEIGEN IM WINTER! Sie werden nicht enttäuscht sein!› steht anno 1883 (!) im Vorwort eines der erstaunlichsten alpinen Bücher, die je geschrieben wurden: ‹The High Alps in Winter or Mountaineering in search of health›, zu deutsch: ‹Die Hochalpen im Winter oder Bergsteigen auf der Suche nach Gesundung› – ein revolutionäres Buch über das Winterbergsteigen, dem 1886, 1892 und 1903 noch drei weitere Bergbücher folgen sollten, alle vier geschrieben von einer ‹wagemutigen Engländerin›, die zwei Jahre vorher, 1881, als Zwanzigjährige in Chamonix erstmals in den Hochalpen weilte.» (Flaig 1962, 192).

58 Ihre Nachfolgerin wurde Lucy Walker.

59 In Anna Weidenmüllers Buch ‹Piz Zupô› von 1898 kauft der junge Wolf von Baumbach seiner Freundin Fotos als kostbares Andenken an die gemeinsam verbrachten Tage in den Bergen. Dabei wird der Kauf als ein großes und wichtiges Geschenk behandelt. (Vgl. Weidenmüller 1898, 166).

60 Inserat in ‹The St. Moritz Post And Davos News›, Wednesday, June 27th, 1888: «Mrs. Mains Photographs of Switzerland, Tyrol & c. These photographs can be

zugute kam. Mit ihren Winterlandschaften und Dorfansichten, Aufnahmen von Wintersportlern und Bergsteigern trug sie wesentlich zur Ikonographie des alpinen Kurorts bei.

Elizabeth Main reizte mit ihrer Unabhängigkeit und ihren sportlichen Leistungen die Grenzen der guten Sitten ihrer eigenen Gesellschaftsschicht aus und nahm sich alle Freiheiten gerade dieser gut situierten Klasse, die sich als maßgebend verstand, heraus. Dass sie dies als Frau tat, ist bemerkenswert, bedeutete allerdings keine Absage an Stand und Erziehung. Sie war eine sozial abgefederte Vorreiterin – wenn sich auch die Tante um den Teint der Nichte sorgte und die in London verbliebene Mutter bat, der jungen Frau die Bergtouren zu verbieten: «Stop her climbing mountains! She is scandalizing all London[61] and looks like a red Indian!»[62] Der Wille, Beschränkungen weiblicher Freiheit zu durchbrechen, begann im Kleinen und Alltäglichen, denn hier gingen die Restriktionen letztlich besonders weit. So beschreibt Main in ihren Erinnerungen die Szene, wie sie sich als junge Frau für ihre Bergtour im Berner Oberland erstmals ihre Schuhe[63] selbst anzieht, als symbolisches Moment neu erlangter Bewegungsfreiheit. «I owe a supreme debt of gratitude to the mountains for knocking from me the shackles of conventionality, but I had to struggle hard for my freedom.»[64] Der alpine Sport, der in der englischen Gesellschaft hohes Ansehen genoss, gab Main als Ausweis unproduktiver Arbeit gerade auch als Frau die Möglichkeit, aktiv zu sein und ihre Tage selbst zu organisieren. Den Rahmen jedoch für eine solche Aktivität bot das alpine Grand Hotel, das einen Gegenort zur städtischen Konvention darstellte.

---

    obtained of Mess.rs Spooner & Co., 379 Strand, London. They are sold for the benefit of the St. Moritz Aid Fund.»
61 Elizabeth Mains alpine Aktivitäten wurden in London viel beachtet und ihrer Person hing bald einmal ein gewisser Entdeckermythos an, der sie zur Erstbesteigerin des Mont Blanc wie auch zur Erfinderin von St. Moritz als Winterkurort stilisierte. Dieser Ruf hielt allen Richtigstellungen zum Trotz stand.
62 Aubrey le Blond alias Main 1928, 90.
63 Ein Umstand, der dem herrschenden Modediktat geschuldet war. Beim Tragen einer ausladenden Krinoline und bei eng geschnürter Taille war es einer Dame schlicht nicht möglich, die notwendige Beweglichkeit an den Tag zu legen. Bergsteigen hieß, dem Modediktat wenigstens auf einige Stunden zu entkommen, wenn auch selbst auf dem Berg von entsprechenden Ratgebern festgeschrieben wurde, wie hoch geschürzt die Dame ihren Rock tragen durfte.
64 Aubrey le Blond alias Main 1928, 90.

Johannes Badrutt: Professionelle Gastlichkeit

«It was suggested to Badrutt, the first proprietor of that hotel [das Kulm Hotel in St. Moritz; C.S.], who knew little of the world beyond St. Moritz, that a second court would be popular. But he turned down the idea with the remark that as he had never seen more than two people playing on each side of the net, while there was room for many more, another court would be quite unnecessary for a long time to come.»[65]

Diese wenig schmeichelhafte Szene widmet Elizabeth Main in ihrer Autobiographie ‹Day in, day out› dem großen Hotelpionier Johannes Badrutt (1819–1889). Der in den Augen seiner St. Moritzer Mitbürger so gewandte und innovative Gründer und Besitzer des Kulm Hotel ist bei der englischen Dame von Welt als Dorftölpel beschrieben. Damit ist auch bereits seine Doppelrolle bezeichnet: Einerseits ist er Geschäftsmann vor Ort, andererseits Gastgeber einer internationalen Gesellschaft. In seiner Person konkretisiert sich die Spannweite zwischen Eigenem und Fremdem, die das Grand Hotel aufzieht. Dass diese Rolle besonders schwer auszufüllen ist, beweist, dass die Personalunion von Hotelier und Hotelbesitzer im Verlauf des Ausbaus der Gastpaläste immer seltener wird. Zusammen mit den einfachen Herbergen, so befindet der Kulturhistoriker Robertson um 1909, sei auch der Wirt verschwunden, «der freundlich grüssend und jedermann nach seinem Befinden fragend von einem zum andern ging und zu dem Gäste und Gesind in einem patriarchalischen Verhältnis standen»[66]. Zum Hotel im englischen Klubstil, dem Palasthotel und dem amerikanischen Riesenhotel mit neuberlinischem Prunk, raffinierter Raumausnützung und allen neuen und neuesten technischen Errungenschaften passt vielmehr der Hotelmanager[67], dessen Berufstitel bereits auf ein ausgeprägt kapitalistisches und stark spezi-

---

65 Aubrey le Blond alias Main 1928, 94.
66 Vgl. Robertson 1909.
67 W. Edgecombe widmet in seiner Sammlung von Spaßgedichten über das Winterleben in St. Moritz dem Hotelmanager unter anderem folgende Zeilen: «Imprimis, he must dress in a manner more or less / Approaching the extreme of current fashion; / His demeanour must be suave, never taciturn or grave, / A cheery soul devoid of sudden passion. / He must learn the art at sight of proving black is white, / Or white is black according to requirement, / And sugar his request to each unruly guest / To vanish p.d.q. into retirement.» (Edgecombe 1925, 7).

alisiertes Unternehmen[68] verweist. In einem Zeitungsartikel von 1908 wird diskutiert, was ein erfolgreicher Hotelmanager alles können muss: Der ideale Leiter eines großen Hauses ist sprachbegabt, hat die ganze Hotelhierarchie durchlaufen und kennt jeden Bereich aus eigener Erfahrung, er ist versiert in Gaumenfreuden, weiß um den passenden Wein und die aufwändigen Speisefolgen mit ihren ausgeklügelten Namen[69], ihm entgeht keine Einzelheit, er nimmt Rückschläge hin; ausgeglichen und zugänglich wie er ist, hat er für die Sorgen der Gäste immer Verständnis und Nachsicht mit deren Marotten; er ist immer besonnen und tut sich dadurch hervor, dass er «all things to all men» sein kann[70]. Zu diesem immer umfassenderen Anforderungsprofil kommt der ständige Innovationsdruck hinzu, dem der Hotelbesitzer ausgesetzt ist und finanziell von einem einzelnen kaum getragen werden kann. Schon in den 1870er Jahren wurden die großen Hotels deshalb verstärkt von Aktiengesellschaften gebaut und verwaltet.

Johannes Badrutt stammte aus einfachen Verhältnissen. Seine Familie war aus dem Schanfigg ins Engadin gezogen, wo sein Vater in Samedan mit geringem Erfolg ein kleines Bauunternehmen[71] führte. Seine Laufbahn als Hotelier begann er 1845 im familieneigenen Betrieb ‹Hôtel et Caffé à la vue du Bernina› in Samedan. Anders als

---

68 «Die zur Befriedigung dieses Reisebedürfnisses neu entstandene Tätigkeit der planmässigen Herbeiziehung und Beherbergung von Gästen, die Sorge für ihre Bequemlichkeit und ihr Wohlergehen und die Herbeiziehung weiter Bevölkerungskreise zu einer mehr oder weniger direkten Anteilnahme an den neuen Erwerbsmöglichkeiten wird heute allgemein unter dem Begriff ‹Fremdenindustrie› zusammengefasst, der umso eher Berechtigung gewinnt, als das Beherbergungsgewerbe mehr und mehr durchaus kapitalistische Formen annimmt.» (Robertson 1909, 1–2).

69 Das ‹Gastronomische Lexikon› von den Fachmännern Carl Scheichelbauer und Franz Giblhauser verfasst, verlangt in seinem Vorwort von einem Hotelier: «Jeder Hotelier, Restaurateur, Küchenchef, Oberkellner etc. muß genaue Kenntnis der Speisen und ihrer Zusammenstellung haben und soll auch wissen, wie die Namen der Speisen in deutscher, französischer und englischer Sprache geschrieben werden.» (Scheichelbauer / Giblhauser, 1908).

70 Der anonyme Verfasser des Artikels, selbst Engländer, lässt sich unterschwellig die Pointe nicht entgehen, dass seine Nation nun einmal nicht servil veranlagt sei, während die Deutschen und Schweizer ideale Manager stellen würden. (‹Cosmopolitan Hotel Managers› in ‹Alpine Post & Engadin Express›, 5. Dezember 1908).

71 Johannes Badrutt d. Ältere erbaute, wie bereits ausgeführt, das erste Kurhaus in St. Moritz.

die nächste Generation Schweizer Hoteliers, Cäsar Ritz allen voran, hatte Badrutt sein Handwerk nicht in den großen Hotels der vornehmen Welt gelernt, sondern war mit seinem Unternehmen gewachsen. Nach zehn Jahren praktischer Erfahrung wagte er den Schritt ins touristisch interessantere St. Moritz. Bevor Johannes Badrutt das Kulm Hotel zu einem wichtigen Markstein in der Entwicklung des Kurorts St. Moritz machte, stand dort das Haus Johannes von Flugi, welches von 1840 an als Pension Faller[72] Fremde beherbergte. Im anonym verfassten Buch ‹Das Engadin und die Engadiner› von 1837 wurde die Qualität des Standorts gelobt: «Der reizenden Aussicht wegen hinab ins Thal, zur fernen Quelle und den grünen See, hat dieses Haus [Haus des Junker Johannes Flugi, C.S.] zugleich wesentliche Vorzüge vor den meisten Gasthäusern des Orts.»[73] Johannes Badrutt, der das Haus 1855 pachtete und nach dem Tod des Besitzers Peter Faller 1858 ersteigerte, erkannte Vorteil und Nutzen dieser schönen Aussicht. In der Folge nannte er die Herberge Zum Engadiner Kulm – ‹Kulm› bezeichnet als sprechender Name den höchsten und aussichtsreichsten Punkt – und machte daraus durch ständiges An- und Ausbauen den wichtigsten Gasthof in St. Moritz Dorf. Dabei öffneten sich immer größere Fenster zur freien Landschaft, bis der Wunsch nach Aussicht in flächig verglasten Veranden seine maximale Veräußerung erfuhr. Badrutt frönte der Lust am Panorama auch in der Gestaltung eines Hotelprospekts, der in den frühen 1880er Jahren entstanden war und sich zu einem Rundumbild aufklappen lässt, in dessen Mittelpunkt das Grand Hotel thront. Auf den weitläufigen Wiesengründen, die sich bis zum Seeufer erstrecken, ist eine Dame zu sehen, die mit ihrem Begleiter auf sehr improvisiert erscheinendem Grund eine Partie Tennis spielt, dieser Court mutet tatsächlich noch äußerst ländlich an.

Wie kaum ein zweites Hotel präsentiert das Kulm mit seinem losen Nebeneinander einzelner Kuben das Nacheinander einer rastlosen Erweiterung. Je weiter sich die Gastlichkeit von ihren Anfängen und damit von einer individuell geführten Beherbergung entfernte und je mehr die Standardisierung zunahm, desto wichtiger erschien es den Tourismusverantwortlichen, einer Entpersönlichung entgegenzuwirken. Nach 1900, als die Generation der Pioniere – Ho-

---

72 In anderer Schreibung auch ‹Valär›.
73 Zitiert nach Robertson 1909, 22.

teliers, Finanzmänner und Politiker der ersten Stunde – gestorben war, wurde es wichtig, sich zu erinnern[74]. Der Kurort war etabliert, nun galt es den Gästen das künstliche Paradies als Meisterstück einiger geistreicher Männer vorzuführen[75]. Auch in dieser Geschichtsschreibung großer Persönlichkeiten ist Johannes Badrutt ein Rollenträger. Er gilt als Vorreiter des Winteraufenthalts und Fortschrittsbringer. Als Erster soll er elektrisches Licht[76] in einem Schweizer Hotel eingeführt haben, jedenfalls erstrahlten im Sommer 1879 in den Gesellschaftsräumen des Kulm die ersten elektrisch betriebenen Lampen. Die Begründung der Wintersaison[77], die dem Kulm zugeschrieben

---

74 Stellvertretend kann N. Guidons mehrseitiger Artikel ‹Zur Geschichte des Fremdenverkehrs im Engadin. Den Pionieren desselben gewidmet› genannt werden, der am 19. Dezember 1908 in ‹Engadin Express & Alpine Post› erschien.

75 Dahinter stehen auch die großen Financiers: «Die vielen und grossartigen Neubauten, wozu noch eine entsprechende Mobiliarbeschaffung kommen musste, haben sehr viel Geld gekostet. Millionen auf Millionen. Hiemit hauptsächlich in den Riss getreten zu sein, ist das grosse Verdienst der Bank Töndury in Samaden. Dieselbe hatte schon einige Jahre vor der grossen Bauzeit in Scanfs als Kommissions- und Inkassogeschäft bestanden. Der plötzliche, durch die sich mehr und mehr entwickelnde Fremdenindustrie hervorgerufene Umschwung im Geschäftsverkehr veranlasste den praktischen Gründer besagten einfachen Geschäftes, Herrn Präsident Joh. Töndury, zu energischem Eingreifen in den Entwicklungsgang der neuen Industrie, weshalb er seinen Geschäftskreis durch Errichtung einer Privatbank erweiterte, die bald die Finanzierung mehrerer der grössten und vieler kleiner Hotelgeschäfte und anderer Unternehmungen pünktlich durchführte. Seit 1888 hat dasselbe seinen Hauptsitz in Samaden und ist zu einer der ersten Privatbanken der Schweiz herangediehen. Dazu kamen noch die Filialen der bündnerischen Kantonalbank und der Bank von Graubünden.» (Caviezel 1896, 186).

76 Anekdote nach Robertson: «Auf der Mailänder Ausstellung des Jahres 1878 war eine kleine 4 PS Wechselstrom-Dynamomaschine, das Werk eines Pariser Feinmechanikers, zu sehen, die einige Jablokowkerzen speiste. Der damalige Besitzer des Kulm-Hotels, Johann Badrutt, kaufte diese Maschine an, liess sie mit einem Aufwande von 18'000 Franken seinem Hotel gegenüber installieren und kann somit den Ruhm für sich in Anspruch nehmen, vermutlich das erste ‹Elektrizitätswerk› in der Schweiz besessen zu haben.» (Robertson 1909, 121).
Dazu in ‹The St. Moritz Post and Davos News›, 21.1.1888: «It is worth mentioning that the Kulm was the first hotel in Europe lighted internally by electricity. That was in 1878. The installation consisted of 6 Jablockoff lights of about 1100 candle power each.»

77 «Den Mittelpunkt des Winterkurlebens bildet bis dato das Hotel Kulm. (...) Es herrscht da ein gemütliches, vertrautes Zusammenleben, da die Gäste in kurzer Zeit sich gegenseitig kennen gelernt haben und lange beisammen wohnen. Für angenehme gesellschaftliche Unterhaltung im Hause ist reichlich gesorgt: Tanz-

und offiziell auf das Jahr 1867 angesetzt wird, haben findige Geschichtenschreiber mit der sportlichen Aura einer Wette verknüpft. Dabei soll ein jovialer Badrutt drei Engländern[78] vorgeschlagen haben, am eigenen Leib zu testen, dass die St. Moritzer Sonne selbst im tiefen Winter in Hemdsärmeln zu genießen sei. Falls dem nicht so wäre, wolle er für ihre Reisekosten aufkommen, behalte er Recht, wünsche er sich eine beredte Mund-zu-Mund-Propaganda für sein Haus als Winterdomizil. Die Anekdote ist mannigfach kolportiert und variiert[79]. Sie figuriert als Legende über die Begründung des Wintersports, dabei scheint das Bedürfnis nach humoristischer Verklärung mit der zeitlichen Distanz zu den beschriebenen Ereignissen zu wachsen[80].

Literarisiert ist Johannes Badrutt auch in James Schwarzenbachs Roman ‹Der Regimentsarzt›. Hier ist er der Mann, der die große Zukunft voraussieht, ein rastloser Macher, der die feinen Zwischentöne des Lebens gerne überhört, aber auch ein Mensch mit Strahlkraft und

---

vergnügungen, Konzerte unter den Gästen und unter Mitwirkung einer ausgezeichneten Kapelle, theatralische Aufführungen von Dilettanten unter den Gästen wechseln mit Vorträgen und mancherlei Spielen, wodurch Tage und Abende in angenehmster Weise zugebracht werden. Alljährlich wird ein kostümierter Ball gehalten, zu welchem jedermann freier Zutritt gestattet ist. Es ist dies der Anlass, den guten Geschmack der Engländer und Engländerinnen für noble Passionen an den Tag zu legen. (...) In diesem Hause sind viele altertümliche Gemälde von grossen Künstlern, alte Mobilien und Schriftstücke zu sehen: besonders beachtenswert ist eine Madonna Raphaels.» (Caviezel 1896, 214).

78 Mr. Walter M. Moore aus Canterbury behauptet als erster englischer Reisende einen Winter, nämlich jenen von 1867/68, im Oberengadin verlebt zu haben. (‹Alpine Post & Engadin Express›, Friday, January 8, 1915).

79 Die Legende der ersten Wintersaison erzählt auch Hermann Roth in seinem Hörbild ‹Johannes Badrutt› von 1956: «Er lud die fünf Engländer zu einem Gratis-Winteraufenthalt im Engadiner Kulm Hotel ein. Sollte der Winter wirklich schaurig sein, würde er, Johannes Badrutt, obendrauf noch die Hin- und Rückreise seiner Gäste vergüten. (...) Das war die Geburtsstunde dessen, was man heute in aller Welt die ‹Wintersaison› nennt. Johannes Badrutt stieg als Sieger aus der Wette, und ehe jene Engländer das Schnuppern der köstlichen Luft und die unbegreifliche Wärme der Sonne so recht auskosten konnten, erstanden auf den verschneiten Plätzen ums Hotel die ersten Eisrinks.» (Roth 1956, 33–34).

80 N. Guidon berichtete 1908 noch nüchtern: «Schon im Jahre 1864 auf 1865 hielten sich im Kulm zwei fremde Gäste während des Winters auf, erholten sich von schwerer Krankheit und zogen dann gestärkt von dannen.» (N. Guidon: ‹Zur Geschichte des Fremdenverkehrs im Engadin›. In: ‹Engadin Express & Alpine Post› vom 19. Dezember 1908).

felsenfestem Vertrauen in den Fortschritt. In der folgenden Szene ermuntert er seinen Schwager, den Arzt Peter Berry, auf die Zukunft zu hoffen:

> «Siehst Du, da unten wächst bald das stolze Kurhaus mit seinen vierhundert Betten, die alle, bis auf des Letzte, besetzt sein werden, und da oben mein Kulm-Hotel. Eine Goldgrube, Peter. Für solche Schönheit wird die Haute-Volée, die Strapazen der beschwerlichen Reise auf sich nehmen und nicht nur im Sommer, sondern – ich sehe es voraus – auch im Winter zu uns heraufkommen. In ganzen Schwärmen werden aus aller Herren Länder angeflogen kommen: Fürsten, Grafen, Barone, Industrielle, Bankiers, Schriftsteller und Gelehrte, Dichter und Philosophen, Kranke und Gesunde. Wir St. Moritzer Hoteliers werden die ungekrönten Könige sein.»[81]

Eine andere Perspektive auf das Leben eines Hotelpioniers wirft Badrutts Testament[82], das teils in der Form einer Familienchronik, teils als Mahnschrift an die Kinder verfasst ist. Der Tod seiner Frau Maria Badrutt-Berry vom 11. September 1877 hatte bei Johannes Badrutt den Wunsch ausgelöst, klare Verhältnisse zu schaffen. Aus den Zeilen spricht nichts vom Hochgefühl des ‹ungekrönten Königs›, vielmehr wird die Angst vor Vereinsamung und Entfremdung thematisiert. Johannes Badrutt hoffte auf eine erfolgreiche Zukunft seines Unternehmens, während die Bedenken überwogen, dass durch Erbteilung und mangelnde geschäftliche Tüchtigkeit der Nachkommen das Haus nicht als Familienunternehmen weitergeführt werden könne. Im Augenblick der eigentlichen Begründung seines Grand Hotels sah sich Badrutt mit einer streitsüchtigen Kinderschar, Missgunst und Widerständen konfrontiert. Im Rückblick auf das Jahr 1879 beschreibt Johannes Badrutt die Entwicklung folgendermaßen:

> «Wir haben den Neubau fertig gemacht. Übererwarten bald füllten sich die Räume, die ersten Zimmer schon am 8. Juli und gegen den 20. Juli sogar der

---

81 Schwarzenbach 1965, 20.
82 Dieses Schriftstück, das nur für den engsten Familienkreis gedacht war, ist hier als ein Dokument zitiert, das auf die gesellschaftliche Rolle verweist und wenn auch nicht die eigentliche Persönlichkeit des Schreibers, so doch sein Selbstbild wiedergibt und etwas von den Schwierigkeiten und Sorgen ahnen lässt, die der Ausbau vom Bauerndorf zu einem der mondänsten Kurorte der Schweiz für den Einzelnen bedeutet haben könnte. (Mit herzlichem Dank an Hans-Jörg Badrutt, Palace Hotel St. Moritz, der mir die Kopie einer Abschrift des Schriftstücks überlassen hat.)

Entresole, wir konnten unsere Verpflichtungen lösen. Das elektrische Licht wurde regelmässig am 15. Juli angewandt. Mein lieber Caspar hat sich besonders bemüht, die Baute und das Möblieren zu vollenden. Mein sorgenvoller Blick klärte sich, bei dem schönen Ball und Concert-Diner und wir hatten die Genugtuung, dass die boshaften Gerüchte und neidischen Profezeihungen zu schaden gegangen sind.»[83]

Badrutt gibt sich als Patriarch mit Familiensinn und glaubt, sich immer wieder für seine Geschäfte und privaten Handlungen verteidigen zu müssen. Dabei pocht er bei allem Geschäftssinn auf sein reines Gewissen. Hier tritt der Leserin ein einfacher, von seinen eigenen Grundsätzen sichtlich gefangener Mann entgegen, der versucht, in den unterschiedlichen sozialen Sphären, mit denen er konfrontiert ist, seine Integrität zu wahren. So rückt das Selbstbild des Pioniers in die Nähe des Eingangs wiedergegebenen Zitats der weltläufigen Beobachterin Elizabeth Main, die Wertung allerdings ist eine andere. Badrutts biederen Sinn verdeutlicht der folgende Aufruf an seine Kinder Ende 1883[84] oder anfangs 1884 geschrieben: «Möge die Arbeit und die arbeitende Klasse stets Euch verwandt bleiben, fliehet die eitle Geburtsaristokratie, lasst Euch weder durch Titel noch Ruhmesstellen ableiten, man kann nur einem Herrn dienen, und dieser sei zunächst Gott und Eure Familie, die Arbeit und Euer Geschäft und dann die Hilfsbedürftigen.»[85] Die Stellung des Hoteliers ist als ein Fremdseins am eigenen Ort beschrieben. Die «Verlegenheit hinsichtlich seiner sexuellen, nationalen, politischen, beruflichen Identi-

---

83 Testament Johannes Badrutt, maschinengeschriebene Abschrift, Nachlass Badrutt, Hotel Palace, St. Moritz.
84 Das Jahr 1883 bezeichnete Badrutt als schwach, dafür lobte er den gelungenen Winter. Es war der Winter, als auch Elizabeth Main und die Familie Holland nachweislich zum ersten Mal in St. Moritz weilten. Im gleichen Jahr verließ der Sohn Caspar Badrutt (1848 – 1904), der neben seinem Vater als leitender Hoteldirektor fungiert hatte, das Familienunternehmen und kaufte am unteren Rand des Dorfs die Pension Bernet an. Der Vater kommentierte diesen Schritt des Sohns folgendermaßen: «Sein Ankauf des Berneth Hotels war eine Provokation an die fernere Existenz des Kulms und meiner Familie der Riss, (...).» Wenig später, 1884, kaufte Caspar Badrutt auch das Hotel Beaurivage, das er nach einigen Jahren zum prächtigsten und kostspieligsten Hotel von St. Moritz, dem Palace, ausbaute. Und während sich das Palace bis zum Ende des 20. Jahrhunderts als reines Familienunternehmen halten konnte, ging das Kulm bereits um die letzte Jahrhundertwende in eine Aktiengesellschaft über.
85 Testament Johannes Badrutt, maschinengeschriebene Abschrift, Nachlass Badrutt, Hotel Palace, St. Moritz.

tät»[86] wird aufgerissen im Schnittpunkt zwischen Heimat und mondänem Mikrokosmos.

Peter Robert Berry: Gesundheit unter der Höhensonne

«Er [der Kurarzt eines Modebades; C.S.] muss sich als famoser Gesellschafter qualifizieren, d.h. muss jassen und skaten, tennisspielen und kegeln, muss, gemütlich zusammenhockend, Sinn für die Freuden der Tafel und des Bechers bekunden, muss Feste arrangieren, in allen Komitees sitzen u.s.w., u.s.w., kurz, er muss überall da sein, wo es gilt, gesehen zu werden und überall da einspringen, wo die ‹hochverehrten Gäste› vor Langweile gähnen, fetiert und amüsiert sein wollen. Auch muss er Reklametraktätlein nur so aus dem Ärmel schütteln und dafür besorgt sein, dass diese von der arktischen bis zur tropischen Zone in den Papierkorb der Ärztewelt wandern. Er sollte jährlich auf der Geschäftsreise die abgedroschene Reklametrommel schlagen – kurz, er sollte so vieles tun, was von gediegenen Ärzten nicht für zweckmässig befunden wird, so vieles, was mit der Würde eines Arztes nachgerade unvereinbar ist.»[87]

Peter Robert Berry (1864–1942)[88], der die Rolle des Kurarztes so schonungslos beschreibt, weiß, wovon er spricht. Er selbst hatte während Jahren das noble Publikum mit seinen Wohlstandsleiden hofiert und medizinische Erkenntnisse in Werbung übersetzt, bis er sich der Malerei zuwandte und den glatten Unterhalter mit dem einsamen Denker und Künstler vertauschte. Auch Berry kannte, wie aus vielen Briefen und Aufzeichnungen seiner Hand zu entnehmen ist,

---

86 Kristeva 1990, 29.
87 (Berry 1902, 16). Das Episodische einer Kurarztexistenz, bei der erotische und soziale Aspekte das Medizinische überlagern, ist dem Zeit- und Raumensemble des Bades eingeschrieben. Die beschränkte Dauer des Aufenthalts wie die räumliche Durchmischung des Intimen mit dem Öffentlichen wirkt beschleunigend und sprunghaft auf die sozialen Beziehungen ein. In Arthur Schnitzlers Erzählung ‹Doktor Gräsler, Badearzt› von 1914 erscheint gerade das Episodische als dramaturgisches Verfahren: Im Rhythmus einer Sommersaison lösen sich Schicksale ab. Beziehungen als eine Folge exzentrischer Launen beschreibt auch Schwarzenbach in ‹Belle Epoque› und greift damit eine ähnliche Konzeption auf.
88 Peter Robert Berry wurde als ältester Sohn des Kurarztes Peter Berry in St. Moritz geboren. Der junge Berry studierte Medizin in Zürich, Bern, Heidelberg und Leipzig und erhielt im Winter 1892/93 eine Anstellung als Arzt im St. Moritzer Kurhaus. Er galt als moderner und engagierter Mediziner, der sich mit den Modekrankheiten seiner Zeit bewusst auseinandersetzte.

angesichts zweier unvereinbar erscheinender gesellschaftlicher Sphären, gleich dem Hotelier Badrutt, die Angst vor Selbstentfremdung.

Peter Robert Berry hat sein Leben konsequent versprachlicht und in Tagebüchern und zahlreichen Briefen die Stationen seiner Biographie festgehalten. Sein literarisch aufgearbeitetes und beständig reflektiertes Leben steht prototypisch für seine Zeit. Es verdeutlicht den Konflikt zwischen der Welt der Gäste und Sommerfrischler und dem Wunsch, sich mit dem Engadin nicht allein als touristisch besetzter Landschaft auseinanderzusetzen, sondern mit Nietzsches Schriften[89] die Natur als Kraftfeld neu zu entdecken. Berry versuchte sich selbst als Dichter, schrieb Briefe an Freunde und Bekannte und nicht zuletzt auch an seine Braut, in denen er seine philosophischen Erkenntnisse zu Papier brachte. Seine besondere Neigung aber galt der Malerei[90], hier eiferte er dem Vorbild Giovanni Segantinis nach, den er persönlich kannte und bewunderte.

Eines seiner Dramen, das jedoch nicht vollendet und nur als Handschrift vorhanden ist, trägt den Titel ‹Roberto›[91] und erzählt die Geschichte des eigenen Lebens als Prozess der Selbstfindung. Dieses Manuskript, Tagebucheintragungen sowie Briefe benutzte James Schwarzenbach als Material für seinen historischen Roman ‹Belle Epoque›, der 1967 erschien und der in seinem dramatischen Aufbau der Projektskizze Berrys folgt: Schwarzenbach flicht immer wieder Zitate aus den überlieferten Briefen in die Romanhandlung ein und verwendet selbst Kinderzeichnungen, die auch heute noch im Nachlass einzusehen sind, als Anhaltspunkt atmosphärischer Beschreibungen. Somit gründet Schwarzenbachs Roman, ungeachtet seiner literarischen Qualität, auf den Zeugnissen eines erdichteten Lebenslaufs und gewinnt durch diese Materialtreue an Relevanz für die atmosphäri-

---

89 Peter Robert Berry hatte schon als Student die Schriften Nietzsches gelesen und maß ihnen für die Entwicklung seines Denkens wie für sein gesamtes Leben großes Gewicht zu. Er glaubte, dass sie ihn auf die Stille und Schönheit des Engadins aufmerksam gemacht hätten, ihnen traute er zu, Auslöser für den Bruch mit seiner Braut, einer amerikanischen Tochter aus sehr begütertem Haus, und mit der gesamten mondänen Welt zu sein.
90 Berry besuchte Kunstakademien in München und Paris. 1914 stellte er an der Biennale von Venedig eines seiner bekanntesten Bilder aus, eine große Berninapasslandschaft mit dem Titel ‹Das grosse, stille Leuchten›. Ein Beleg zeigt, dass er den Wert des Bildes auf 15'000 Franken veranschlagte.
91 Nachlass im Kulturarchiv Oberengadin, Samedan.

sche Schilderung einer Kurortexistenz im ausgehenden 19. Jahrhundert.

Der Arzt, der die neuesten medizinischen Erkenntnisse vertritt, ist als Werber unentbehrlich. Er ist es, der die Werbung mit wissenschaftlichen Argumenten verankert und ihr Gewicht verleiht. Gerade in einer Zeit, als die Bevölkerung durch die Tuberkulose aufgeschreckt, für Pflege und Schutz des Körpers sensibilisiert war, fiel dem medizinischen Diskurs nicht zuletzt als aufklärendes Moment Bedeutung zu. Der Arzt trug mit seinen Schriften in hohem Maß dazu bei, dass sich der Ruf eines Bades verbreitete und Gäste angezogen wurden. Dabei spielten in den medizinischen Abhandlungen neben dem Gehalt der Sauerquellen, wie sie in St. Moritz noch heute zu finden sind, insbesondere der Schnee als Symbol der Keimfreiheit und unbefleckten Reinheit, das Licht und die frische Luft zentrale Rollen. Die Sprache der Mediziner, die die Almanache, Bäderzeitungen und Informationsbücher füllt, mutet beinahe poetisch[92] an. Sie deutet die stereotypen Redewendungen der Landschaftsbeschreibungen zu Garanten einer heilbringenden Hygiene um. Dies kommt besonders sprechend in Publikationen zum Ausdruck, zu denen etwa der 1910 erschienene Titel ‹Winter in der Schweiz› gehört, der literarische mit medizinischen Texten in einem Buch vereint.

Gerade der Wintersport, der sich erst zu etablieren suchte, bedurfte der wissenschaftlichen Unterstützung. Das Schlitteln, Schlittschuhfahren und Skilaufen in der frischen Luft sollte sowohl als köstliches Vergnügen gelten, als auch ausgewiesenermaßen Gesundheit befördern und somit Voraussetzung für ein ertragreiches Arbeitsleben in der Stadt darstellen. Die medizinische Werbung für den Wintersport war gleichzeitig mit grundlegenden Überlegungen gekoppelt, welche Gäste man empfangen und welche Art von Unterbringung man ihnen bieten wollte.

---

92 Vgl. hierzu: «Die Luft ist von einer unvergleichlichen Durchsichtigkeit, Klarheit und Reinheit; sowohl im Sommer als auch besonders im Winter, wenn jedes Eisstückchen, jeder Eiskristall, jede Schneeflocke die Sonnenstrahlen zurückwirft. Ein Glitzern, ein Gluten, ein Leuchten, ein Schimmern, ein Strahlen, kurz, eine ungeheure, mannigfache Fülle von Licht durchdringt und durchwebt dann die Luft, wie das in der Ebene völlig unbekannt ist. Darüber wölbt sich der farbenprächtige, tiefblaue Himmel. Ein Bild, das jedem, der die ungeahnte Pracht und Schönheit der Hochalpen im Winter schauen durfte, unvergesslich bleiben wird, und das von einer wunderbar belebenden und anregenden Wirkung auf Geist und Körper, auf Seele und Gemüt ist.» (Dr. A. Nolda in Furrer 1910, 34).

«Bisher bildeten unsere gefürchteten Bergpässe eine natürliche und sichere Sperre gegen unbeliebte Eindringlinge. Diese Sperre fällt mit der Durchbohrung des Albula weg, was *dann*? Dann sehen wir nicht ein, warum Lungenkranke nicht ebenso gut hieher als nach Davos reisen sollten, zumal, wenn man ihnen als *Reklame* noch spezifische Nester in Form von «Sanatorien» bauen sollte. Hierin liegt die Gefahr für St. Moritz, welche dadurch keineswegs beseitigt wird, dass man vor ihr die Augen zudrückt. Im Gegenteil, der Zeitpunkt ist gekommen, wo man sich über die Tragweite dieser Gefahr Rechenschaft ablegen muss.»[93]

Wie Berrys Schrift ‹Ueber die Zukunft des Kurortes St. Moritz› von 1898 verdeutlicht, wurde Winterkuren im Hochgebirge um 1900 mit der vielversprechenden Therapie der Lungentuberkulose assoziiert, wie sie Dr. Alexander Spengler in Davos entwickelt hatte. Berry vermischte in seiner Argumentation wissenschaftliche Tatsachen mit eigenen Interessen[94]. Seine Frage nach der Ausrichtung des Kurorts war jedoch aktuell und drängend.

Seit der Balneologe und Schriftsteller Dr. Meyer-Ahrens nach einem Besuch bei Spengler im Sommer 1862 dessen Beobachtungen über die heilende Wirkung der Alpenluft auf Tuberkulosenkranke publiziert hatte, hatte sich die Höhentherapie zu einer anerkannten Heilmethode entwickelt. Waren Spenglers Ausführungen zu Beginn auf heftige Ablehnung in Fachkreisen gestoßen, da sie dem medizinischen Dogma, wonach eine kranke Lunge nur mit viel Wärme im Süden auszuheilen sei, widersprachen, hatten sie bei den Kranken neue Hoffnung auf Genesung geweckt. Im Winter 1865/66 war bereits eine größere Anzahl Patienten in Davos eingetroffen. Um die wachsende Gruppe Kranker unterbringen zu können, hatte man 1866[95] mit dem Bau des Davoser Kurhauses begonnen, das bereits über den Luxus einer Zentralheizung verfügte. Schließlich war auch die breite Fachwelt angesichts sprechender Erfolge von der Wirkung von Höhensonne und Alpenluft überzeugt, gerade das Winterklima mit seiner staubfreien, weil verschneiten Landschaft und der großen Trockenheit galt als besonders heilsam.

---

93 Berry 1898. Hervorhebungen im Original.
94 Berry setzte sich besonders für ein «fashionables Winter-Bad» ein, das ihm als Kurarzt auch in der kalten Jahreszeit Kunden beschert hätte.
95 Die ersten Lungenkranken kamen nach den Angaben Dr. A. Noldas im Winter 1866/67 nach St. Moritz.

Ende der 1880er Jahre stellte der Davoser Arzt Karl Turban strenge Grundsätze für eine geschlossene Behandlung im Sanatorium auf. Bis zu diesem Zeitpunkt waren die Kranken in Hotels und Pensionen untergebracht worden. Leiteten sich die ersten Sanatorien aus der Typologie des Grand Hotels ab, so verlangten die Behandlungen doch immer mehr nach eigenen baulichen Maßnahmen wie den luftigen Liegehallen und den nach Süden ausgerichteten, tiefen Balkons, die den Patienten das geschützte Ruhen in der frischen Luft ermöglichten. Auch die Oberflächen mussten den hygienischen Ansprüchen, aber auch dem Bedürfnis nach Dekoration genügen. Das Sanatorium Schatzalp wies als Ornamentik abwaschbare, bunte Kacheln und farbige Glasbilder auf. Angesichts dieser Neuerungen sah sich St. Moritz dazu gedrängt, sein Bild als Kurort zu überdenken.

Als in Davos die geschlossenen Sanatorien zum Standard gehörten, musste auch St. Moritz Stellung beziehen. Noch gab es keine speziell eingerichteten Kliniken, der Umbau bestehender Häuser galt als kostenintensiv. In den 1890er Jahren wurden immer mehr Stimmen gegen eine Aufnahme an Tuberkulose Erkrankter im Winter laut. Für den Sommer hatte St. Moritz-Bad ein entsprechendes Verbot bereits beim Bau des neuen Kurhauses 1864 aufgestellt. Eine medizinische Werbeschrift schließlich – deren Objektivität und unabhängige Meinungsfindung zumindest in Frage gestellt werden darf – bestätigte die ablehnende Haltung der St. Moritzer Entscheidungsträger gegenüber den Lungenkranken, welcher Berry bereits vorgearbeitet hatte. Der berühmte Heidelberger Kliniker Wilhelm Erb verbrachte im Winter 1899/1900 einige Wochen in St. Moritz, um den Einfluss des Gebirgsklimas auf Gesunde und Kranke zu studieren. Dabei fasste er seine Erkenntnisse in einem am 15. Januar 1900 in seiner Klinik gehaltenen Vortrag zusammen und vertrat mit aller Deutlichkeit die Auffassung, dass sich der offene Kurort St. Moritz nicht als Lungenstation eigne. Diese Studie trug dazu bei, das gültige Bild von St. Moritz zu festigen[96]. Die Werbeschriften des Kurvereins

---

96 James Schwarzenbach verdeutlicht in seinem Roman ‹Der Regimentsarzt›, der die Geschichte von Peter Robert Berrys Vater, seinerseits Kurarzt, erzählt, wie wichtig der medizinische Diskurs für die Inszenierung des Kurorts ist. So lässt er Johannes Badrutt zu Peter Berry sagen: «Mein einziges Kapital sind die herrliche Bergluft und die im Winter strahlende St. Moritzersonne. Bis jetzt hat es noch niemand verstanden, aus diesen beiden preiswerten Gegebenheiten Nutzen zu ziehen. Ich werde den St. Moritzern zeigen, wie man aus Gottes Licht und Luft ein Vermögen machen kann.»

verwiesen in ihrer Stellungnahme zu diesem Thema in späteren Jahren immer wieder auf diese entscheidende medizinische Schrift. St. Moritz wollte keine Tuberkulosenstation sein, alle erforderlichen Einrichtungen wurden unterdrückt und gerade ihr Fehlen auch als Argument benutzt, um Kranke[97] abzuweisen. Allerdings versprach Erb, dessen Vortrag gedruckt[98] und in verschiedene Sprachen übersetzt in die ganze Welt verschickt wurde, genügend Heilerfolge für harmlose Gebrechen, auf die das St. Moritzer Gebirgsklima wie das der umliegenden Dörfer besonders positiv wirken sollte. Gerade das Bedürfnis nach einem Ausgleich[99] zum städtischen Alltag konnte hier hervorragend befriedigt werden. Die Ruhe der Alpenwelt sollte kompensierend zur hektischen Geschäftswelt wirken[100]. Unter blauem Himmel bei warmem Sonnenschein konnte sich der von städtischer Feuchtigkeit und Stickigkeit angeschlagene und von Arbeit überbeanspruchte männliche Körper erholen und für Kommendes stärken. Der weibliche Körper dagegen konnte sich, wie zeitgenössische Ratgeber festhielten, gegen Nervosität und Hypochondrie abhärten

---

Und Du musst mir dabei helfen. Hat nicht Bergluft für Lungenkranke eine wunderbare Heilkraft? Stimmt das? Ich will zwar kein Hotel für Lungenkranke. Aber jedermann im Ausland soll wissen, dass Vorbeugen besser ist als Heilen, dass es sich lohnt und bezahlt macht, als Kerngesunder – eben zum Vorbeugen – einen mehrwöchigen Aufenthalt in meinem Hotel zu machen. Es sollte Dir nicht schwer fallen, für mich eine einschlägige Expertise in diesem Sinne auszuarbeiten.» (Schwarzenbach 1965, 270–271).

97 Darauf reflektiert auch der Hotelroman ‹Evviva la vita!› von Matilde Serao, der später ausführlich beschrieben wird. Serao widmet der Stellung des Arztes und der Ausgrenzung der Kranken in dieser mondänen Welt ein eigenes Kapitel.
98 Erb 1900.
99 «(...), so sind im Interesse der Mehrzahl die Veränderungen zu begrüssen, welche das Reisen Jedermann ermöglichen, und dies um so mehr, als die jetzige Lebensweise der meisten Personen das Reisen zu einer Nothwendigkeit, zu einem Bedürfniss macht. Das Ungesunde und Fieberhafte im Haschen und Jagen nach Reichthum und Genuss lässt sich am besten durch eine zeitweilige Entfernung vom Schauplatze der aufreibenden Thätigkeit und durch den wohlthätigen Einfluss der frischen Natur, veränderter Luft und einen Wechsel der Lebensweise ausgleichen.» (Guyer 1874, 8).
100 Das sich allerdings die Hektik und Kapitalisierung in den Bergen fortsetzte und die Gäste nicht mehr wie bei Madame de Staël warteten, bis sie sich genügend gelangweilt hatten, um sich mit neuer Lust ins Stadtleben zu stürzen (vgl. De Staël 1985, 130), hatte zur Folge, dass ein fieberhafter Vergnügungsrausch mit Bällen, Maskeraden, Eisfesten, Konzerten, Teegesellschaften und Picknicks die Zeit der Erholungssuchenden festlegte.

und sich durch die neu erlangte Frische für die Mutterschaft empfehlen. Das alpine Grand Hotel bot den kränkelnden Wohlstandsmenschen die dazu passende naturumkränzte Gesellschaft.

Karl Koller: Wie es euch gefällt

> «Sie [die Gäste des Hotels Waldhaus in Sils Maria; C.S.] sind wie Kinder, die aus ihrer Dorfstube in ein vornehmes Herrenhaus gekommen sind. Und das sind sie auch wirklich. Ihre Salons in Berlin und Frankfurt und New York sind doch Dorfstuben, voll von Geschmacklosigkeiten, gegen das grosse, weite Herrenhaus, das Gott hier aufgebaut hat; (…)»[101]

Es fehlt allein der Architekt, der die kollektiven Wünsche materialisiert, das beschworene Reklamebild bestätigt, das Verlangen nach Exklusivität und das Regelwerk eines internationalen Zuhauses dem Grundriss[102] einzeichnet, die neuesten Erkenntnisse die Hygiene betreffend einplant und der Kapitalisierung der Gastlichkeit Rechnung trägt. Der Baumeister Karl Koller (1873–1946) empfiehlt sich als Hotelbauspezialist, «die internationale Kulturpflanze des Palace-Hotelstils»[103] ist ihm geläufig. Er baut, wie es dem Bauherrn und Publikum[104] gefällt. Das Grand Hotel bietet Lebensart für Geld und garantiert seinen Gästen über ihr teuer bezahltes Zimmer am kanonisierten Geschmack der feinen Gesellschaft teilzuhaben.

Die gut dokumentierte Entstehungsgeschichte des Hotels Waldhaus in Sils Maria zeichnet die Anforderungen an den Architekten nach. Die Zusammenarbeit mit dem Hotelier Josef Giger[105], in Brie-

---

101 Lippert 1929, 142.
102 Die folgende Analyse des Raumprogramms des Hotels Waldhaus stützt sich auf das Planmaterial und die Eckdaten bei Rucki 1989, 115–119.
103 Proust 1995, 366.
104 Steht am Anfang der Grand-Hotel-Entwicklung der Bürgertraum vom Adelsschloss, zieht der realisierte Traum den Adel seinerseits wieder an. Das Grand Hotel beherbergt gekrönte Häupter, die aus Langeweile ihre hochwohlgeborene Abgeschlossenheit fliehen und damit implizit eingestehen, dass die bürgerliche Adaption der vornehmen Lebensart diese nicht nur nachhaltig überformt, sondern auch vitalisiert hat.
105 Josef Giger-Nigg (1847–1921) leitete von 1870 bis 1890 unter Bernhard Simon das Hotel Hof Ragaz in Bad Ragaz und anschließend das Du Lac in St. Moritz. Gemeinsam mit dem Schwager Anton Bon gründete Giger die Kollektivgesellschaft ‹Giger, Bon & Co.›, die als Erstellerin des Hotels Waldhaus und des

fen zwischen Bauherrn, Beratern und Baufachmann festgehalten, kann als ein Stück gelebter Hotelliteratur gelesen werden. Die Schriftstücke[106] geben eine bewegte Diskussion zwischen Praktikern wieder, die pragmatisch argumentieren und ihre Ansichten auf langjährige Erfahrungen stützen. Ihr Reden und Planen nimmt Maß an den Bedürfnissen ihrer Zeit, sie sind nicht innovativ, sondern greifen hellhörig und umsichtig all das auf, was das Geschäft erfordert. Gerade in dieser Abhängigkeit von zeitgenössischen Diskursen begründen sie ein beispielhaftes und folgerichtiges Hotelprojekt. Hier verräumlichen sich die literarisch-werbenden, die hygienisch-sportlichen Bestrebungen und gliedern sich zum ökonomischen Unternehmen, das Grand Hotel heißt. Der konkrete und spezifische Bau setzt den aktuellen Konsens um, ohne dagegen gefeit zu sein, anders als geplant bespielt oder gar neuen Ansprüchen gemäß umgebaut zu werden. Das heißt, dass auch der *gebaute* Raum Handeln und Gebrauch nicht einseitig festlegt, sondern sich abhängig von der Weise, wie er bewohnt wird und welche Wertschätzung man ihm entgegenbringt, entwickelt.

Karl Koller[107] musste nach dem Tod des Vaters seine Architekturausbildung am Technikum Winterthur abbrechen und trat mit siebzehn Jahren bei den Zürcher Architekten Chiodera & Tschudy eine Lehre an und blieb für die Firma während zehn Jahren tätig. 1893 betrauten ihn Chiodera & Tschudy mit der Bauführung der Bäderbauten in Bormio, vier Jahre später leitete er den Bau des Hotels Schweizerhof in St. Moritz Dorf. Nach Fertigstellung dieses Projekts beauftragte ihn der Unterengadiner Hotelier Duri Pinösch mit dem Bau eines Hotels in eigener Regie. 1900 entstand der Schweizerhof in Vulpera. Dieser Bau war für Koller ein wichtiger Leistungsausweis und die Empfehlungen Pinöschs machten auch die Oberengadiner Hotelunternehmer auf den Architekten aufmerksam. Sie vermittelten ihm mit dem so genannten Grand Hotel das bisher größte Hotelprojekt in St. Moritz Dorf. Kollers Grand Hotel wurde von den Anhängern des eben gegründeten Heimatschutzes wegen seiner riesigen,

---

Hotel Bristol in Ragaz auftrat. Die Bauarbeiten am Bristol, ebenfalls unter der Leitung des Architekten Karl Koller, begannen 1904. (Vgl. ‹Neue Zürcher Zeitung›, ‹Tourismus›, Donnerstag, 8. Februar 1979).

106 Ich danke Dora Lardelli, die mir großzügig ihr gesammeltes Material zur Verfügung gestellt hat.

107 Vgl. auch Rucki 1989, 155–156; Flückiger-Seiler 2001, 78.

kastenförmigen Front als internationale Spekulantenarchitektur gescholten. Die Lokalpresse aber feierte den Bau als gelungene Bereicherung der vornehmen Beherbergungsindustrie. In den Augen der einflussreichen Oberengadiner Unternehmer hatte Koller gute Arbeit geleistet, sein Bau war einprägsam, durchorganisiert und erfüllte den Kostenvoranschlag. In der Folge genoss Koller das Vertrauen der lokalen Geschäftsherren.

Nicht zuletzt als Reaktion auf dieses Grand Hotel forderte der Heimatschutz von den Hotelarchitekten, traditionelle Bauformen und regionale Motive aufzunehmen und die großen Häuser besser in die Landschaft einzugliedern. Einen Vorzeigebau dieser neuen Architekturauffassung realisierte Nicolaus Hartmann jun. mit dem Hotel La Margna beim Bahnhof in St. Moritz, bei dem er versuchte, den Typus des Engadinerhauses in großem Maßstab als Hülle für die gastliche Beherbergung zu nutzen[108]. Das Margna, so erwähnte eine Rezension lobend, vermeide alles «Hotelmässige» und fördere den Eindruck des «Daheims». Architektonisch versuchte man so die entfremdete internationale Hotelwelt zumindest an ihrer sichtbaren Oberfläche ins Heimische und Typische zu integrieren.

Durch die harsche Kritik an seinem St. Moritzer Grand Hotel aufgerüttelt und zur heimatschützerischen Architekturauffassung bekehrt, versuchte Karl Koller beim Waldhaus in Sils Maria an traditionelle Bauformen anzuknüpfen und das Volumen in die Landschaft einzubetten. Er wählte die mittelalterliche Burganlage[109], wie sie im Engadin in ähnlich exponierter Lage tatsächlich zu finden ist, als Vorlage und hielt den Baukörper möglichst kompakt, was ihn weniger dominant erscheinen lässt. Nach Meinung eines Rezensenten hat

---

108 Rubrik ‹Neue Hotelbauten im Engadin› in ‹Engadin Express & Alpine Post› vom 30. Juli 1907: «Das Auge des Engadiners wird sein Urteil bald gefällt haben, dasjenige des ‹Heimatschützlers› noch rascher. Man weiss ja, wie der Engadiner trotz seiner Weltgewandtheit, seiner Vielgereistheit und sogar trotz seiner Internationalität immer noch so innig am Alten hängt, immer noch das alte Engadin liebt, obschon er sehen muss, wie Stück für Stück desselben abbröckelt und verschwindet. Man weiss es auch, wie gerade die vergangenen Jahre der gewaltigen Entwicklung des Engadins daran waren, diese Abbröckelung zu beschleunigen und dem neuen Aufschwunge, obschon es ja gar nicht notwendig war, auch seine Individualität, seine Eigenart zu opfern.»
109 Aber auch solche angeblich authentischen Vorbilder sind mit Vorsicht zu bewerten, hatten sich doch schon Chiodera & Tschudy mit ihrem Palace an der Burg oder vielmehr am Phantasieschloss orientiert.

Koller seine Aufgabe gut gelöst. In der Rubrik ‹Neue Hotelbauten im Engadin›[110] betont der Kritiker, dass bei der Bewertung eines aktuellen Hotelbaus die schwierige Lage des Architekten zu bedenken sei, der in der «Zeit der Umwertung aller Werte» unterschiedlichsten Ansprüchen gerecht werden müsse. Der Architekt könne seine künstlerischen Vorstellungen nicht frei umsetzen, sondern sei gezwungen, «vorerst den praktischen Anforderungen eines solchen Bauwerks sich unterzuordnen». Folglich habe der Architekt beim Hotelbau bedeutend weniger Gelegenheit, als Gestalter hervorzutreten, als dies bei anderen Bauaufgaben der Fall sei. Schon der Hotelbauspezialist Eduard Guyer hatte 1874 vom Architekten gefordert, die Wünsche seiner Bauherren genau zu prüfen: «Der Architekt, der berufen wird, den Plan zu einem Hotel zu verfertigen, ist daher von dem Bauherrn, sei es nun ein Privatmann oder eine Aktiengesellschaft, mit allen seinen Ansichten, seinen Erwartungen, seiner Beurtheilung der Verhältnisse vertraut zu machen.»[111] Hier wird deutlich, dass der Architekt um 1900 bei der Erzeugung des kollektiven Raums nicht Schöpfer, sondern Vermittler und Verwalter des Formenvokabulars ist. Eine Anforderung, die Karl Koller gerne zu erfüllen bereit ist und die durchaus dem Selbstverständnis der Architekten des Historismus entspricht.

«Ich kann Ihnen, lieber Herr Koller, nicht genug empfehlen, unsern beschränkten Mitteln und der Rendite Rechnung zu tragen. Es ist dies unerlässlich, der Ruhm und die Ehre des Baumeisters, des Architekten finden in der Rendite eines Bauwerkes die denkbar grösste Nahrung und Vermehrung. Ich will Sie nur an den Architekten vom Schweizerhof in Vulpera, der Mann ist Ihnen ja nicht ganz fremd, erinnern. Land auf, Land ab spricht man von diesem praktischen und doch schönen und so ausserordentlich billigen Bau. Chiodera hat sich durch seine unsinnigen Ausgaben für das Post Hôtel in Thusis und das Palace in St. Moritz im Engadin für immer unmöglich gemacht. Wir wollen in Sils ein schönes Haus, den jetzigen Ansprüchen voll und ganz entsprechend, aber durchaus nichts Pompöses oder Grandioses. In Ragaz musste die Façade Reclame machen, in Sils ist dies durchaus nicht der Fall und auch nicht notwendig. Wenn wir den einfachsten Dividendenkasten hinstellen, wird deshalb kein Mensch weniger kommen. Dies wollen wir aber nicht, sondern Sie sollen auch zu Ihrer Rechnung kommen.»[112]

---

110 ‹Engadin Express & Alpine Post› vom Freitag, den 10. Juli 1908.
111 Guyer 1874, 46.
112 Brief von Josef Giger an Karl Koller, 18. Januar 1905. Archiv Hotel Waldhaus in Sils Maria.

Der Bauherr Josef Giger tritt hier als besorgter Rechner auf, der seine Mittel, in diesem Fall die eigenen und jene enger Familienangehöriger, um jeden Preis wirksam einsetzen will. Deshalb spricht Giger seinem Architekten doppelt ins Gewissen, einerseits indem er den angesehenen Architekten und langjährigen Lehrmeister Kollers, Chiodera, herabsetzt, andererseits indem er Koller schmeichelt und ihn an sein kostengünstiges Vorzeigestück, den Schweizerhof in Vulpera, erinnert. Zudem verweist er ihn in die Schranken eines guten Handwerkers, der nichts mit dem Künstlerarchitekten gemein hat, und widerlegt die Argumente für einen kunstreichen und aufwändigen Bau, noch bevor sie bemüht werden können: Die Architektur muss beim Waldhaus weder Reklame machen, noch Identifikation stiften, dies leisten nach Gigers Meinung Landschaft und Aussicht zur Genüge. Giger zitiert selbst den Dividendenkasten, Inbegriff einer anonymen Dutzendarchitektur, und signalisiert, wie weit man gehen könnte – angeblich ohne einen Gast dadurch abzuschrecken –, wenn man wollte. Doch auch er ist zu Zugeständnissen bereit. Aber richtig verstanden, jedes zusätzliche Ornament bedeute ein Zugeständnis, eine gönnerhafte Geste gegenüber dem Architektenego, und nicht etwa eine Notwendigkeit. Diese Haltung verrät den geschickten Geschäftsmann, der nichts aus der Hand geben will und gerne explizit wird, um seinen Ansichten Gehör zu verschaffen. Sie ist aber auch Ausdruck dafür, dass das Vertrauen in den Ort als Garanten für einen regen Gästezuspruch gediehen ist. Der Ruf der Landschaft und mit ihr der gastlichen Märchenschlösser ist bereits so weit verbreitet, dass die Betten nur vorhanden sein müssen, um gefüllt zu werden. Gleichzeitig wird hier offenherzig zur Sprache gebracht, wie weit die Kapitalisierung des Hotelunternehmens fortgeschritten ist und dass sich der Hotelier vor jeder anderen Rolle als Geschäftsmann profiliert.

«Das Bauen im Engadin ist sehr teuer, die Saison kurz, die Ansprüche der Gäste gross, diese werden allerdings durch gute Preise compensiert. Selbstredend sind in Sils Maria St. Moritzer Preise nicht erhältlich. Wie würden Sie einen Bau in Sils im Allgemeinen halten? Ich denke mir ein Rechteck würde die vorteilhafteste Ausnützung des Gebäudes gewähren & die kleinsten Baukosten verursachen & nebenbei noch manche Vorteile in sich führen. Ein Rechteck hat aber natürlich mehr oder minder zur Folge, dass ein kastenförmiger Bau entsteht & vielleicht die Façadenbildung nicht so herauskommt, wie es der schöne, auf einer Anhöhe mitten im Walde liegende Platz erfordert oder viel mehr wie es der Architekt wünschen wird.»[113]

Versöhnlicher drückt sich Giger gegenüber seinem Kollegen aus, den er nicht einzuschüchtern braucht, sondern offen um Rat fragt. Mit der «Façadenbildung» spricht Giger ein zentrales Gestaltungsmoment des Hotelbaus an. Gliederung und Ornamentierung der Fassade überspielen die Zweckorientierung des Baus. Denn nur allzu oft bringen die hohen Geschosszahlen, in welchen sich der enorme wirtschaftliche Druck auf die Häuser manifestiert, die Gefahr der Maßstabslosigkeit mit sich. Das Ornament ist im luxuriösen Hotelbau ein unentbehrliches Instrument der Bilderzeugung. Es verschleiert einerseits den Gedanken an Rendite und überhöht andererseits den zur Schau gestellten Reichtum, an dem jeder zahlende Gast Teil hat. Karl Koller, des gedrängt rechteckigen Grundrisses eingedenk, unternimmt es, das wuchtige Volumen durch einen Bruchsteinsockel, einen Eckturm mit Zinnenkranz, durch unbehauene Eckquader, verschieden abgesetzte Steildächer und Rundtürmchen aufzulockern und dem Bild einer mittelalterlichen Burg anzunähern. In dieser euphorischen Zeit genügt es den Gästen, wenn die einzelnen Versatzstücke den Eindruck des Märchenschlosses oder der Ritterburg oberflächlich einlösen. Mit vier gleichwertig ausgebildeten Fronten wird Koller der erhöhten Lage auf einem waldigen Hügel, der nach allen Seiten hin großartige Aussicht bietet, gerecht. Geht damit der Verlust einer repräsentativen Fassade[114] einher, gewinnt letztlich der Hotelier, weil es keine ausgeprägte Rückseite und damit auch keine schlechten und im Preis zwangsläufig herabgesetzten Zimmer gibt.

Die Visitenkarte des Hotels Waldhaus ist die Allsicht und damit seine im engsten Sinn des Worts panoramatische Anlage. Das Hotel funktioniert wie die wahrheitsgetreu eingerichtete Plattform eines

---

113 Brief vom Januar 1905, Josef Giger an seinen Freund Hauser in Luzern.
114 Anders bei Kollers letztem wichtigen Hotelprojekt im Engadin, beim Suvretta-House von 1912. Bei diesem Bau setzte er mit der giebelbekrönten Fassade, die sich dem Blick über die Seen zuwendet, ein kraftvolles Zeichen in die Landschaft. Hierfür sprachen ihm auch die Architekturkritiker umfassendes Lob zu. Der Ausbruch des Ersten Weltkriegs und das Hotelbauverbot des Bundesrats, das 1915 in Kraft trat, setzten Kollers Karriere als Hotelarchitekt im Engadin ein Ende. Weitere Hotels realisierte er nun im Ausland, unter anderem in Ägypten.

Rundbilds. Durch seine exklusive Lage schafft es Distanz zum alltäglichen Dorfleben. Der Gast verlässt die reale Landschaft, betritt das Haus über die Rezeption und das dämmrige, weil zentral angelegte Vestibül, um dann als Kontrast und dramaturgischen Höhepunkt die Weitsicht von den großen Fenstern der überdachten Veranda aus genießen zu können. So ist der Blick des Betrachters wie beim Panorama von einem idealen, erhöhten Augpunkt aus arrangiert, der den gehörigen Abstand zu bester Wirkungsentfaltung wahrt[115]. Auch der plastisch gestellte Vordergrund fehlt beim Grand Hotel nicht. Tennisplätze und Eisrinks umgeben das Hotel wie die künstlich angelegten Zäune und dreidimensionalen Objekte, die ins Rundbild hineinragen und geschickt mit diesem verschmelzen. Beim Panorama ist diese Landschaft des Übergangs als ‹Faux Terrain›[116] bezeichnet, auch bei den gepflegten Kurortlandschaften ist kaum mehr zu unterscheiden, wo die Inszenierung und damit verbunden auch die Manipulation aufhört, und wo die Natur beginnt.

> «Da die Gäste, die das Haus bewohnen werden, auf sich allein angewiesen sind, wird für genügende Gesellschaftsräume gesorgt werden müssen & eine grosse, geschlossene Galerie angezeigt sein.»[117]

Der exponierten Lage wie der Exklusivität der Gäste geschuldet, will das Grand Hotel einen in sich geschlossenen und von seiner Umgebung weitgehend unabhängigen Gesellschaftsort[118] schaffen und allen Wünschen in Innenraum und nächster Umgebung entsprechen. Die Bedürfnisse der Gäste nach sozialen Kontakten, Freizeitgestaltung, Unterhaltung und Naturerlebnis werden gewissermaßen intimisiert. Es sind nicht zuletzt die Gesellschaftsräume, die aus der Herberge ein Grand Hotel machen. Das Luxushotel betritt der Gast über ein

---

115 Die illusionistische Wirkung des Panoramas ist an den richtigen Abstand zwischen Betrachter und Rundgemälde und an die Dramaturgie der Lichtführung gebunden.
116 Das sogenannte ‹Faux Terrain› vor der Leinwand geht auf das von Johann Adam Breysig 1800 in Berlin gezeigte Rom-Panorama zurück. (Vgl. Comment 2000, 48).
117 Brief vom Januar 1905, Josef Giger an seinen Freund Hauser in Luzern.
118 «Each of the large hotels here becomes, during the high season, a small foreign colony to itself, and each has its programme of enternainments, so there is really no necessity for the visitors at any of the leading hotels to go further than its own grounds for their amusement.» (Zeitgenössischer Zeitungsartikel)

Entrée, das ihn weiter ins prunkvolle Vestibül, seit 1900 meist zur Halle erweitert, mit einladender Haupttreppe leitet. Hier gehen die intimeren Gesellschaftssalons wie Fumoir, Billardzimmer, Lesesalon und meist noch ein Damensalon ab. Die Enfilade dieser Repräsentationsräume verspricht gepflegten Müßiggang. Ihnen zur Fassade hin vorgelagert ist im Waldhaus eine gedeckte Veranda, die auch bei schlechtem und kühlem Wetter etwas Bewegung erlaubt.

> «Ganz besonders interessiert es mich von Dir zu vernehmen, ob das feine Publikum, das à la carte oder à part isst, seine Mahlzeiten gleichzeitig mit den Table d'hôte Essenden im Speisesaal einnimmt, darüber nicht unzufrieden ist, dass sie nicht ein eigenes Lokal d.h. Restaurant haben. Diese Frage interessiert mich ganz besonders. In St. Moritz sind diese Lokalitäten alle getrennt, was auch seine Schattenseiten hat. Auch habe ich das Gefühl, dass manche Familie ihr Dîner à la carte lieber im Speisesaal nähme als im Restaurant, erstens um gesehen zu werden & zweitens um zu sehen.»[119]

Nach 1900 löst sich die Table d'hôte als gemeinschaftliche lange Tafel, an der alle Gäste Platz finden und zu festen Zeiten ihre Mahlzeiten einnehmen, auf. Als Zeichen der Distinktion und im Zug wachsender Individualisierung wird es Mode, an kleinen Tischen, die jeweils einer geschlossenen Gesellschaft[120] vorbehalten sind, zu speisen. Das Essen à la carte gilt als besonders exklusiv, weil es für Küche und Kellner einen großen Aufwand bedeutet und entsprechend teurer ist. Als aufmerksamer Beobachter der vornehmen Gesellschaft – immerhin kann Giger auf lange Jahre als Hotelier erstrangiger Häuser zurückblicken – weiß er, wie wichtig die blickgeladene Inszenie-

---

[119] Brief vom 18. Januar 1905, Josef Giger an Josef Kienberger, der in Ragaz ein Hotel führte.

[120] Urs Kienberger, Urenkel Josef Gigers beschreibt 1983 in der Hotelchronik das Hotelleben anno 1908 folgendermaßen: «Wenige Gäste kamen allein. Viele kamen mit grossem Familienanhang, mit Freunden und allerlei Gefolge: mit Kinderfrau und Kammerzofe und Diener, gelegentlich auch einem ‹Kurier› (einem privaten Reiseführer). Sie brauchten Schlafzimmer, Wohnzimmer, Badezimmer, Kinderzimmer, Dienerzimmer – manchmal halbe Stockwerke auf einmal. Bei vollem Haus entfielen auf nicht ganz zweihundert ‹eigentliche› Gäste bis fast fünfzig private Bedienstete, in schönstem Hoteldeutsch ‹Domestiques› genannt; dazu kamen natürlich noch die 115 Hotelangestellten, etwa gleich viel wie heute. Für die Bediensteten der Gäste gab es sogar einen eigenen Speisesaal im Parterre, einen Stock tiefer als die Küche; dieser hiess allerdings nicht ‹Domestique-Saal›, wie man erwarten würde, sondern ‹Kuriersaal›. Heute isst dort das Hotelpersonal, aber der Name ist ihm geblieben.» (Kienberger 1983, 36).

rung ist, für welche die Architektur die passende Bühne schafft. Giger und Koller entscheiden sich schließlich für ein separates Restaurant, das die Gäste jedoch über den allgemeinen Speisesaal betreten, wodurch sie Gelegenheit zur Selbstdarstellung haben und an der Zahl der erhobenen Augenpaare ihren Erfolg ablesen können.

> «Alles helle, freundliche Farben, keine schweren dunkeln Farben, helle Tapeten, Türen mit ganz leichter Abtönung in weisser Emailfarbe, viele offene Feuerstellen (Kamine). Vestibül & Corridor Parkett nicht Plättli?? Bei Behandlung der Säle fahre man in der Regel durchaus nicht schlecht, wenn man Weiss und Gold annehme, Farbe in die Sache bringe die Toilette der Damen.»[121]

Die Innenarchitektur als förmlicher Rahmen des Gesellschaftslebens muss zugleich repräsentativ und persuasiv sein, denn das Interieur ist immer auch Kulisse für den Auftritt der Gäste und lebt von der gegenseitigen Bespielung und Inszenierung. Der Rat des hotelkundigen Doktor Holland zielt auf die sinnfällige Interdependenz zwischen Gast und Gastraum. Die Gesellschaftsräume entfalten und bewähren sich erst in der Inbesitznahme durch die Gäste; dessen muss die Architektur in Proportion und Ornamentierung eingedenk sein. Ornament und Farbgebung schaffen einen atmosphärischen Mehrwert und setzen den Charakter des Hauses gegenüber der Konkurrenz ab. Gerade die Gesellschaftsräume sind in ihrer Eleganz und Stimmigkeit ein Gradmesser der zu erwartenden Exklusivität und Garant dafür, dass sich die Gäste gleichzeitig geborgen und angemessen beherbergt fühlen.

Der erstrangigen Rolle des Dekors kommt es zu, auf allen nur erdenklichen Ebenen der Inszenierung das architektonisch Außerordentliche[122] und Bedeutende zu kultivieren, denn darin erkennt der Publikumsgeschmack der Zeit die Wirksamkeit des gepflegten, gesellschaftlichen Auftritts. So erstaunt es wenig, dass die Reichhaltigkeit des Interieurs dem Hotelier dazu dient, die Gemeinschaftsräume als Aushängeschild der Touristenwerbung zu nutzen. Dem gegen-

---

121 Brief des englischen Arztes Dr. Holland, der seit langen Jahren in St. Moritz residierte, an Josef Giger, undatiert.

122 Das Außerordentliche erweist sich innerhalb des Grand Hotels nicht als jenes, das außerhalb der Ordnung steht, sondern beschreibt vielmehr ein Element, das die besondere Ordnung dieses Hauses, die es gegenüber anderen Orten auszeichnet, hervorzuheben vermag.

über messen sowohl die Hotelverantwortlichen als auch die Gäste der Ausgestaltung der einzelnen Gastzimmer eine untergeordnete Rolle bei. Trotzdem beansprucht die Frage nach Hygieneeinrichtungen, die in dieser intimen Sphäre des Hotels untergebracht sind, drängende Aufmerksamkeit.

> «Eine Frage, die mich beschäftigt, ist die Vorzimmer, Appartements mit Bädern, Privat-WC. Würden Sie zu diesen beiden, jetzt nicht selten verlangten Neuerungen raten?»[123]

Das Angebot an Privatgemächern reicht von herkömmlichen Einer- oder Doppelzimmern mit allgemeinem Bad auf ausgedehnten Korridoren bis hin zu Suiten und großzügigen Appartements mit Antichambre, Salon, Schlafzimmer und Privatbad. Trotzdem erwartet der Hotelgast, sensibilisiert durch den allpräsenten medizinischen Diskurs, die neuesten technischen Errungenschaften und hygienischen Standards. Giger beantwortet seine Frage nach den verlangten hygienischen Neuerungen mit dem Einbau von vierzig Privatbädern, was als besonders fortschrittlich gelten kann; die Privatbäder hatten noch wenige Jahre zuvor als englische Spinnerei gegolten.

> «Das Gasthaus muss ihm [dem Gast; C.S.] heute mehr bieten als sein Heim zu Hause, es soll ihn mit dem auserlesensten Luxus, mit der raffiniertesten Bequemlichkeit umgeben, er will mit den Errungenschaften moderner Technik wie ein Schlossherr umgeben sein. Das Problem des neuzeitlichen Hotelbaues, der der monumentale Ausdruck ist des modernen Verkehrswesens, ist, die vollendetsten Errungenschaften der Zeit mit der Baukunst, der Skulptur, Malerei, Dekorationskunst, also Schönheit, Behagen und Zweckmässigkeit zu vereinigen.»[124]

Das Grand Hotel beheimatet in seiner inneren Organisation einen höchst komplexen und äußerst fortschrittlichen Apparat, eine unglaubliche Maschinerie Luxus inszenierender Annehmlichkeiten. So übernehmen vor allem die technischen Innovationen, welche quasi prototypisch im Grand Hotel zum Einsatz kommen, eine nicht unerhebliche Rolle bei der Etablierung und Vermarktung von international sich allmählich durchsetzendem Wohnkomfort. Gigers Haus

---

123 Brief vom Januar 1905, Josef Giger an seinen Freund Hauser in Luzern.
124 ‹Engadin Express & Alpine Post›, Samaden, Dienstag 30. Juli 1907; Rubrik ‹Neue Hotelbauten im Engadin›.

verfügt über elektrisches Licht und Zentralheizung, Klingel- und zentral gesteuerte Uhrenanlage sowie Telefonanschluss. Diese installationsseitige Ausstattung, welche sich hinter den Kulissen in Nebenbauten und Kellern platzraubend ausdehnt, bürgt für den neuesten Stand der Technik. Die technischen Errungenschaften sind in einen historisierenden Luxus eingebettet. Dabei soll die Zweckmäßigkeit nicht vertuscht werden, denn diese ist Garant für uneingeschränkte Bequemlichkeit, sondern sie soll für das Auge in den Hintergrund treten, ohne jedoch das Wissen darum zu irritieren. Auch der aufwändige Dienstleistungsbereich sorgt für beste Versorgung rund um die Uhr. Dazu gehören Küche, Wäscherei, Diensttreppen, Serviceräume, eigene Werkstätten zur Instandhaltung des Mobiliars. Speisesaal und Schlafräume der Angestellten sind in Lagen untergebracht, die man den Gästen nicht zumuten will; sie besetzen Keller und Dachboden.

Schließlich steht das Hotel Waldhaus und wird im Sommer 1908 termingerecht bezogen. Als materielle Erscheinungsform des gesellschaftlichen Raums hat der Bau die prägenden Diskurse seiner Zeit inkorporiert, wird von der Presse als vorbildliche Verräumlichung des kollektiven Wünschens gelobt und findet bei den Gästen, bei Filmemachern, Musikern und Dichtern Anklang[125]. Nur der Bauherr hat noch eine Rechnung offen:

«Werter Herr Koller! Sie wünschen von mir die Punkte zu kennen, die ich beanstanden muss. Ich führe sie nun an. Ihre Pläne waren mit wenigen Ausnahmen von ausserordentlicher Flüchtigkeit, was uns grossen Schaden und Kosten verursachte, und verschiedene waren überhaupt nicht erhältlich von Ihnen. (...) Die Fenster der Courrierzimmer in der vierten Etage hätten mit wenigen Kosten in regelrechte Zimmerfenster umgewandelt werden können und der Wert dieser Zimmer wäre um mindestens Fr. 2.– per Zimmer und Tag gestiegen. Der Ausfall, der dadurch dem Geschäft erwächst, beziffert sich täglich auf Fr. 40.–, also in 40 Tagen auf Fr. 1600 per Saison.
Die Zinne ist vom wirtschaftlichen Standpunkte aus vollständig verfehlt, in derselben hätte mit Leichtigkeit eine Wohnetage d.h. Zimmer für fremde

---

125 Das Hotel Waldhaus ist seit seiner Eröffnung im Familienbesitz geblieben. Dass das Hotel heute noch weitgehend in Takt ist und mit den aktuellen Hoteliers viel Gespür für den Erhalt des Überkommenen erfährt, ist unter anderem dem Umstand zu verdanken, dass zwischen den beiden Weltkriegen und auch nach 1945 wenig Geld da war für größere Eingriffe in die Bausubstanz.

Dienerschaften und eigenes Personal untergebracht werden können, die dem Hause täglich mindestens 50.– Fr. eingebracht hätten.»[126]

Luxus und Rendite, verschwenderische Raumfolgen und rationelle Organisation sind die widersprüchlichen Anforderungen, die beim Grand Hotel in einem kompakten Ganzen zusammenfinden müssen. Das Gleichgewicht zu halten, erscheint als äußerst delikate Aufgabe. Während der Hotelier mit diesem konkreten Bau wirtschaften muss und bereits besorgt in seine Geschäftsbücher schaut, blickt der Architekt auf neue Aufgaben. Zwischen den auserlesenen Wünschen der Gäste und den Ausdrucksmöglichkeiten des architektonischen Formenvokabulars findet ein euphorisch geführter Dialog statt. Die Architektur bemüht sich, diesen sich emporwindenden Anspruch in Gang zu halten und sinnt nach immer raffinierteren Strategien, um dem Verlangen der Gäste auf eine Weise entgegenzutreten, die befriedigt und gleichzeitig die Lust nach neuen Spielarten weckt. Innerhalb des Wechselspiels von Erfüllung und Verlockung erscheint das Grand Hotel als Ort ausgesuchter Künstlichkeit[127]. Als solcher bietet das Grand Hotel den Selbstdarstellern, wie sie die Hotelromane lieben, eine angemessene Bühne.

---

126 Josef Giger nach der Fertigstellung des Hauses an den Architekten Koller, 19. Dezember 1908.
127 Später, im Urteil der architektonischen Moderne, wurde gerade dieses uneingeschränkte Berücksichtigen des Publikumsgeschmacks diskreditiert. Allerdings greift eine Kritik, wie sie der profilierte Architekturhistoriker Peter Meyer in den Vierzigerjahren vornimmt und die sich ganz auf das Ästhetische abstützt, letztlich zu kurz, weil sie die Sehnsucht des Bürgertums nach dem Adelsschloss, die bewusste Suche nach dem Maßlosen und den Wunsch, im Grand Hotel ganz ins Gesellschaftliche einzutauchen, außer Acht lässt: «Alle Stilarten, die sich auch an anderen Bauten finden, wuchern an den Hotelpalästen ins Masslose, denn festlich, auffällig, ungewöhnlich zu sein gehört hier von vornherein zum Bauprogramm. Das Gebäude selbst soll schon eine Attraktion sein und dabei gab man sich gar keine Rechenschaft, wie sehr diese Prunkpaläste gerade die Landschaft verwüsten, welche sie ja ihren Gästen erschliessen wollen.» (Meyer 1942, 182.)

4. Literarisierung des Grand Hotels

Das alpine Grand Hotel in den Mittelpunkt der nachfolgenden Analyse früher Hotelromane zu stellen, heißt, den spezifischen Ort und Schauplatz in seiner architektonischen Ausstrahlung und sozialen Bedeutung als textstrukturierendes Moment hervorzustreichen und zugleich der unterschiedlichen Semantisierung von Raum nachzuspüren. Nachdem das Grand Hotel als Schnittstelle verschiedener Diskurse und entsprechend als Vorzeigestück bürgerlichen Selbstbewusstseins manifest geworden ist und im geographischen Raum seinen konkreten Platz eingenommen hat, zeigt die teilweise parallel laufende, in ihrer Prägnanz und Häufung aber erst nach der Standardisierung des Bautyps einsetzende Literarisierung das Bestreben, die Vitalität des Grand Hotels zu spiegeln.

In der Grand-Hotel-Literatur beginnt der imaginäre Raum den konkreten zu vervielfachen und das massenhafte Interesse jener zu befriedigen, die das Bergtal und sein Gesellschaftsleben nur von Postkartengrüßen[1] und aus Feuilletons[2] kennen. Die Kluft zwischen der medial geschürten Sehnsucht und der Aussichtslosigkeit, jemals in die Alpen zu fahren[3] und die märchenhaften Grand Hotels mit eigenen Augen zu sehen, beschwingt den Hotelliteraturmarkt. Die speziellen Bedingungen des Markts, welche die Hotelliteratur cha-

---

1 Die Postkartengrüße spielen im Kapitel ‹Ende der Saison› eine wichtige Rolle.
2 Wie sehr die Feuilletons bereit sind, die Formeln des Schönen und Außerordentlichen zu wiederholen, hat Dostojewskij in seinem ‹Spieler›, der in der fiktiven deutschen Stadt Roulettenburg zwischen Hotel und Kursaal, Liebe und zerstörerischer Spielleidenschaft taumelt, literarisiert: «Ich hasse diese elenden Liebedienereien in den Feuilletons der ganzen Welt, ganz besonders aber in unseren russischen Zeitungen, in denen unsere Feuilletonisten beinahe jedes Frühjahr von zwei Dingen erzählen: erstens von der ungewöhnlichen Pracht und dem Luxus der Spielsäle in den Spielstädten am Rhein, und zweitens – von den Haufen Gold, die auf den Tischen liegen sollen. Man zahlt ihnen doch nichts dafür; sie schildern das einfach so, aus uneigennütziger Lakaiengesinnung.» (Dostojewskij 1994 (1866), 14).
3 Bereits die Preise für die Bahnkarte von Basel ins Engadin überstiegen die Summe, die ein Arbeiter um 1900 monatlich verdiente.

rakterisieren, sollen hier nicht als negative Einflussfaktoren gesehen werden. Vielmehr möchte ich der These nachgehen, wonach die Literatur gerade durch ihre werbende Haltung den zentralen Beweggrund des Grand Hotels abbildet – die Erfüllung genau aufgerechneter Träume.

Ideologiekritisch betrachtet gehören die Hotelbücher um 1905 nachweislich zu einer affirmativen Kultur. Doch mit einer solchen Kritik rennt man offene Türen ein; erinnert sei an das belletristisch gehaltene Werbebüchlein des Pfarrers Camill Hoffmann, der seine bestätigende Schreibweise in der Einleitung selbst entlarvt, sie gewissermaßen gegen Kritik impft, um sie dann gelassen als Stilmittel einzusetzen[4]. Ähnliches lässt sich auch über Autoren sagen, die wie Paul Oskar Höcker den touristischen Slogan ‹Die Sonne von St. Moritz› aufgreifen und diesen, des Werbeeffekts eingedenk, metaphorisch überhöhen.

Die Faszination des Grand Hotels als Inbegriff des kollektiven Raums liegt für die Literatur des beginnenden 20. Jahrhunderts nicht zuletzt darin, dass das Hotel das kapitalistische System verkörpert wie auch versinnbildlicht. Es ist Knotenpunkt der Fremdenindustrie und zeugt davon, wie die neuen Wirtschaftsformen in die überkommenen Hierarchien eingreifen, den kulturellen Austausch beschleunigen und somit die Grenzen zwischen den sozialen Klassen wie jene zwischen den Nationen durchlässig erscheinen lassen. Die Grand-Hotel-Gäste sind aufgefordert, ihre nationale Identität im Austausch mit Fremden zu reflektieren. Dabei ist das Andere nicht einmal vordergründig das fremde Reiseziel, sondern eben diese Auseinandersetzung mit Menschen unterschiedlicher Herkunft[5] unter einem

---

4 Luzius Keller in ‹Proust im Engadin› – «Wechseln wir aber noch einmal die Brille und betrachten den Text in literaturkritischer Perspektive, so erscheint uns der Kitsch in Prousts poetischer Prosa als pasticheartige Übersteigerung jener schöngeistig schulmeisterlichen beziehungsweise pfarrherrlichen Reiseliteratur, der sich ein Jakob Christoph Heer oder ein Camill Hoffmann befleissigten.» (Keller 1998, 105) – übersieht in seiner geographisch motivierten Engführung zwischen Proust und Hoffmann die ironisch gestimmte Einführung des Letzteren, der sich als wortgewandter Lokalmatador in seinem Büchlein über St. Moritz Bad nicht dem Schöngeistigen widmet, sondern sich einer wirksamen Werbesprache bedient und sich der Funktion seines Textes in jeder Zeile bewusst ist.

5 Eine Theorie des Tourismus hätte sich entsprechend nicht allein mit der Flucht *aus* dem Alltag als perpetuierter Suche und damit einhergehend zwangsläufiger Zerstörung von unberührter Landschaft zu befassen, sondern auch die Flucht *in*

Dach. Da die Gäste um die letzte Jahrhundertwende oft zwei bis drei Monate im Grand Hotel bleiben, bedeutet Gesellschaft nicht nur oberflächliche Berührung, sondern unmittelbares Ausgesetztsein über eine längere Zeitspanne hinweg.

Zeitpunkt

Die Hotelliteratur des Engadins, die im engeren Sinn das Grand Hotel zum Angelpunkt seiner belletristischen Schilderung nimmt, ist mit quantitativer Relevanz erst nach 1905 greifbar. Dass dieser Zeitpunkt als Ausgangspunkt einer Literarisierung betrachtet werden kann, ist umso interessanter, da sich in diesem Moment auf architektonischer und sozialer Ebene Veränderungen einstellen, die Reflexion und Neusetzungen motivieren. Die Literatur zum Grand-Hotel-Leben setzt in einer Phase der Differenzierung ein, aber auch zu einem Zeitpunkt, als die Werbemaschinerie alle Bereiche der Bilderzeugung durchdringt. Nachdem der Kurort etabliert ist, setzt eine Rückbesinnung auf die eigenen Werte ein. Die Infrastruktur ist mit dem Ausbau der Straßen und Bahnen, Bäder und Hotels garantiert, nun wird als Akt kultureller Kompensation und um sich von anderen ähnlich gut hergerichteten Kurorten abzuheben, die Tradition und Kunst bemüht.

Wie bereits ausgeführt, forderte der 1905 gegründete Heimatschutz die Architekten dazu auf, sich auf die lokal verankerten Bauformen zu besinnen. Das Engadiner Museum in St. Moritz, das Nicolaus Hartmann jun. 1905 erbaute, entspricht diesen neuen Vorstellungen. Dieses künstliche Engadinerhaus, das sich der Versatzstücke des Typischen bedient und damit perfekter als jeder originäre Bau das Alte beschwört, ist eine eigenwillige Zitatensammlung. Die Wohnkultur der Vorfahren, von vielen in den umliegenden Bauerndörfer weiterhin gelebt, fand in St. Moritz nur noch in stilisierter und somit ästhetisierter Form Platz. Auch das Idyll des einfachen, aber gutherzigen Bauern, der seine bescheidenen Gaben gerne mit dem Fremden teilt, wie dies Rousseau in seiner ‹Nouvelle Héloïse› als Topos entwickelt hatte, ist Teil der Inszenierung geworden. Die Gäste des Palace Ho-

---

den verdichteten Gesellschaftsort zu untersuchen und damit das Wohin und Wozu stärker zu gewichten.

tels wurden vom Hotelier auf den hoteleigenen Musterbauernhof geführt[6], wo sie frisch gemolkene Kuhmilch in der heimelig hergerichteten Holzstube tranken und auf dem blanken Holztisch authentisch zubereitete Speisen aßen.

Der Bau des Segantini-Museums, den wiederum Nicolaus Hartmann jun. 1907/1908 realisierte, verwies das Werbeprojekt, das die Hoteliers zehn Jahre zuvor mit Giovanni Segantini ausgeheckt hatten, auf die institutionalisierten Mauern des distanzierten Schauens und Bewunderns. Was das zerstreute Publikum der Pariser Weltausstellung hätte ködern sollen, verlangte nun nach einem andächtigen Betrachter. Die Werbung hatte sich zur Kunst[7] geläutert. Die Rede des Arztes O. Bernhard 1908 zur offiziellen Eröffnung des Segantini-Museums gehalten, macht diesen Wandel deutlich und zeigt nach der technischen Leistung einer ungewöhnlichen Luxusentfaltung inmitten der abgelegenen Bergwelt das wachsende Bedürfnis nach zweckfreier Kunst.

> «Was die Grossstädte der alten und neuen Welt an Lebensgenüssen und Luxus bieten, das findet selbst der Verwöhnteste auch in unseren Engadiner Bergen, sowohl im Sommer als im Winter in Eis und Schnee. Ein Kulturvolk wird aber nicht nur mit dem Maassstabe des Materialismus, sondern vielmehr nach dem des Idealismus gemessen. Neben dem Engadiner Museum, das uns heimatliches Kunstgewerbe, die Arbeit unserer Väter, so schön representirt, soll *unsere* Schöpfung, die dem Andenken eines Grossen, eines Künstlers von internationaler Bedeutung gewidmet ist, der ganzen Welt erzählen, dass nicht nur Hotelpaläste bei uns prangen, dass wir nicht nur ein Volk von Erwerbenden sind, sondern dass unsere Herzen auch schlagen für das Schöne, Edle und Gute.»[8]

Um einen kulturellen Mehrwert zu schaffen, wurde nicht nur die Kunst[9] bemüht, sondern auch die bisherige Tourismusgeschichte

---

6 Siehe Zeitungsnotiz im Archiv des Hotel Palace St. Moritz.
7 Der Zeitgenosse Hans Robertson kommentierte 1909 diese Entwicklung folgendermaßen: «Dass sich die Gemeinde auch sonst ihrer mit dem zunehmenden Wohlstande wachsenden kulturellen Verpflichtungen bewusst ist, zeigt die Unterstützung, die sie dem schönen Gedanken eines ‹Segantini-Museums› in St. Moritz angedeihen liess und die Gründung und Förderung des kulturhistorischen ‹Engadiner Museums›.» (Robertson 1909, 124).
8 Die maschinengeschriebene Kopie der Rede befindet sich im Archiv des Segantini-Museums in St. Moritz. (Hervorhebung im Original).
9 Auch die Kunst im Grand Hotel diente der Prestigesteigerung: Der Hotelier des Palace Hotel in St. Moritz, Caspar Badrutt, gab eine aufwändige Publikation mit

aufgearbeitet und deren Pioniere heroisiert, wovon die Geschichten rund um Johannes Badrutt Zeugnis abgeben. Den Wintersport als kulturelles Erbe auszuweisen, unternahm Carl Camenisch in seinem Buch ‹Im Banne der Alpen. Goethe, Scheffel und C.F. Meyer in Graubünden› von 1910. Das Buch beginnt mit der gewagten Überschrift ‹Goethe als Prophet des alpinen Wintersports› und der Autor führt aus, dass er Goethe auf seine Bedeutung für den alpinen Wintersport hin analysieren möchte: «Man erschrecke nicht über die Zusammenstellung der scheinbar heterogenen Begriffe; Goethe nannte es noch nicht Sport, was ihn gerade im Winter in die Berge zog, das Wesen aber war dasselbe; Begeisterung und herzliche Freude an Gottes hehrer Natur, die ihm in ihrem reinen Winterkleide doppelt gross und göttlich erschien (...).»[10] Indem Camenisch das Unangemessene des Vergleichs erläutert, legitimiert er indirekt seinen Kurzschluss. Seine These lautet, es gibt keine intentionale, sondern nur eine zeitliche und damit verbunden eine begriffliche Differenz zwischen Goethes Faszination für das Bewegen in der frischen, winterlichen Luft und seiner institutionalisierten Form, dem Sport. Die entscheidende Differenz liegt jedoch in dieser Begründungsstrategie selbst, die den ökonomischen Aspekt kaschiert. Denn Wintersport ist nicht individuelle Lust an der Bewegung, sondern ein organisierter und florierender Geschäftszweig. Davon hängt die Erweiterung des Hotelbetriebs um eine weitere Saison ab, daraus motiviert sich der Verkauf von Freizeitbekleidung und Sportartikeln und die heimische

---

Golddruck und schönen Reproduktionen heraus, um zu beweisen, dass seine unleugbar hochstehende Kopie der Sixtinischen Madonna das Original sei. Er versuchte einen Kunststreit zu initiieren, indem er den Vergleich mit jener aus Dresden forderte. Während die Kunstgeschichte sich wenig um seine Behauptungen kümmerte, stand für Badrutt letztlich der symbolische Gewinn an entscheidender Stelle. Fand seine Sixtina doch in vielen Reisebeschreibungen beträchtliche Aufmerksamkeit. Hier erfüllt der Hotelier ein Handlungsmuster, wie es Pierre Bourdieu im folgenden festhält: «Weil die Aneignung der Kulturgüter Anlagen und Kompetenzen voraussetzt, die ungleich verteilt sind (obwohl scheinbar angeboren), bilden diese Werke den Gegenstand einer exklusiven (materiellen oder symbolischen) Aneignung, und weil ihnen die Funktion von (objektiviertem oder inkorporiertem) kulturellem Kapital zukommt, sichern sie einen *Gewinn an Distinktion* – im Verhältnis zum Seltenheitsgrad der zu ihrer Aneignung notwendigen Instrumente – und einen *Gewinn an Legitimität, den* Gewinn überhaupt, der darin besteht, sich so, wie man ist, *im Recht, im Rahmen der Norm* zu fühlen.» (Bourdieu 1987, 359. Hervorhebungen im Original.).

10 Camenisch 1910, 4.

Bevölkerung findet im Sport einen Zusatzverdienst als Skilehrer. Der Wintersportprophet Goethe dient aber besonders auch dazu, den Ausbruch des Bürgers aus Kontor und biederem Zuhause bildungsbeflissen zu legitimieren.

Der Wunsch nach Selbstdarstellung und Legitimation, von dem die genannten Traditionskonstrukte zeugen, erfährt seinen Höhepunkt in der karnevalistischen Verdoppelung touristischer Identität. Das Engadinerfest, das der Lesezirkel Hottingen am 5. März 1910 in der Tonhalle in Zürich realisierte, ist gleichsam eine Inszenierung des mondänen Hotellebens auf zweiter Ebene. Jeder Festteilnehmer war aufgefordert, sich eine Rolle zu wählen und sie in der lebendig nachgebauten Engadiner Landschaft[11] passend gekleidet auszufüllen. Im Programm von Anfang Februar 1910 wurden die geplanten Gruppen des Festzugs ausführlich beschrieben[12] und damit das ganze Personal der Alpenkulisse zitiert. Der Festzug sollte das Engadin im Wechsel der Jahreszeiten darstellen. Ein Begleittext malte den Verkleidungs-

---

11 Ein imaginäres Panorama von St. Moritz bis Tarasp schmückte den Festsaal. Im Vestibül war die Bobsleighbahn nachgebaut. Die Kulisse eines Hotels «mit 6000 Betten» stand neben dem originalgetreuen Stationsgebäude der Rhätischen Bahn. Mit «Liebe und Gründlichkeit» hatten die Festkommissäre das Engadin verewigt. «Eine rationellere und erfolgreichere Empfehlung für eine Gegend unseres Landes ist schlechterdings nicht möglich». So kommentierte die ‹Neue Zürcher Zeitung› vom Dienstag, 8. März 1910 unter dem Titel ‹Das Engadinerfest des Lesezirkels Hottingen› das gesellschaftliche Ereignis.

12 «‹Der Sommer›: Der Bergsommer (Allegorische Figur). – Alpaufzug: Älpler, Senne mit Alphorn, Jodler – Bergamaskerhirten und Hüterbuben. – Ein Albula-Idyll aus der guten alten Zeit: Postillon mit Hochzeitspärchen, Fuhrleute, der Wirt, die Wirtin, der Hausknecht. – Fremde in älteren Reisekostümen (Biedermeiertrachten). – Eine Sommersaison in St. Moritz: Das Bahnpersonal der Rhätischen Bahn. – Engländer. – Portiergruppe. – Typen des Hotelpersonals: Der Direktor, der Sekretär, Liftboys, Chasseurs, Zimmermädchen, Wäscherin, Köche, Kellner. – Typen aus dem Kur- und Badeleben: Die Kurkapelle, amerikanischer Milliardär mit Familie und Bedienung, Kommerzienräte von Berlin W, Salontiroler u.s.f. – Damen und Herren in sommerlichen Promenadentoiletten. – Italienische Mandolinisten. – Lokaltypen: Sprudelwärter, Badewäscherin, Eseltreiber, Blumenmädchen, Händler, Rivierakutscher, Gondolieri, Forellenfischer vom Inn, Botaniker, Schmetterlingsjäger. – Sportgruppe: Lawn-tennis- und Golfspieler. – Damen und Herren in sommerlichen Sportkostümen. – Vereine auf einer Alpenrosenfahrt ins Engadin: Der Turnverein, der Töchterchor vom Lande, der «Wandervogel». – Bergführer (Gruppe von Pontresina) mit Hochklubisten. – Damen und Herren in sommerlichen Touristenkostümen. – Heuernte (Tanzgruppe).» (Programm vom Februar 1910; Exemplar im Kulturarchiv Oberengadin, Samedan).

willigen aus, wie einfach es sei, etwas Passendes zum Sujet Engadin zu finden, denn «brauchen wir uns übrigens nicht bloss selbst zu spielen?», und weiter, «gehören wir nicht alle im Sommer und Winter zu den Kurgästen, die auf allen Bergen herumklettern, das fashionable Publikum von Sils, St. Moritz, Pontresina, Schuls-Tarasp-Vulpera bilden, die Eisrinks und den Cresta-Run bevölkern.» Diese rhetorischen Bemerkungen, welche die Mitglieder des Lesezirkels als Angehörige einer wohlhabenden bürgerlichen Schicht ansprechen, verweisen implizit auf die unausgesetzte Maskerade der noblen Kurgäste[13].

Das Festprogramm des Hottinger Lesezirkels zeigt, wie sehr sich das Engadiner Publikum etabliert und in den Köpfen der Beobachter und Beteiligten festgeschrieben hat. Die Figuren des amerikanischen Milliardärs[14], des Kommerzienrats aus BerlinW wie diejenige der Eislaufprinzessin sind eingespielt, kein Maskenball kommt ohne sie aus und keine Reisebeschreibung verzichtet auf das Szenenbild der Engadiner Gästeschar[15]. Der Hotelroman seinerseits ist Ableitung dieser

---

13 J.C. Heer, der den einführenden Text für die Einladung verfasst hatte und dort die Formeln des schönen Berglebens beschwor, dürfte den Mitgliedern des Hottinger Lesezirkels als Autor des ‹König der Bernina› bekannt gewesen sein.

14 «Immer derselbe Tratsch in St. Moritz. Sobald es sich um Amerikanerinnen handelt, fabelt jedermann von Multimilliarden.» (Fabichler 1912, 108).

15 Ein solches Szenenbild gibt Michael Caviezel wieder: «Was Wunder, wenn sich bald fröhliche Jugendscharen zusammenfinden zum gemeinsamen Spaziergang, da Herren, dort Damen. Was gilt's, da fehlt es auf keiner Seite an frivoler Kritik – wir wollen aber niemanden belauschen. Besorgter Mütter beobachtender Blick verfolgt das Treiben der Jugend – doch jene besprechen ja nur Haushaltungsgeschäfte, Moden und Modekrankheiten, Ohnmachten und dergleichen und wenn dann und wann eine Anspielung auf Fräulein Tochter oder Herrn Sohn gemacht wird, so ist das selbstverständlich nur zufällig. Auch die älteren Herren haben sich in Gruppen zusammengefunden: Hier die Politiker, welche die Tagesereignisse, die Politik des Parlaments, die Orientfrage, den Kampf gegen Ultramontanismus und Sozialismus verhandeln, dort die Banquiers, Fabrikanten und Kaufleute in lebhafter Verhandlung über Hausse und Baisse der Börse, mechanische Einrichtungen, Schiffahrt, Handel, und an einem dritten Orte beraten sich die gelehrten Professoren und Doktoren, welche vielleicht die Bekämpfung des Cholerabacillus zum Thema gewählt haben.» (Caviezel 1896, 203).
Oder auch: «(...) als das internationale Getriebe von Gigerln in steirischer Maskerade, von kurzgeschürzten Amazonen, die schwarmweise auf dem Rad durchs Dorf schwirren, von flanellener englischer Jugend, die an allen Ecken und Enden den Criquet- und Croquetball schleudert, von vergoldeten Herren Kommerzienräten, die ihr Bäuchlein spazieren führen, von abgefransten Hochgebirgstouristen, die in die Berge wandern oder von ihnen kommen, von schönen Jüdinnen,

Verfeinerung touristischer Inszenierung. Alles dreht sich nun darum, das Bühnenbild Grand Hotel kunstvoll zu bespielen.

Verortung

Der konkrete geographische Ort steht für die Engadiner Grand-Hotel-Literatur in mehrfachem Sinn im Mittelpunkt. Die topographische Gebundenheit geht so weit, dass Produktions-, Handlungs- und Rezeptionsort[16] zusammenfallen und in dieser Verdichtung ein höchstes Maß an Selbstbezüglichkeit generieren. Die Hotelbücher zu St. Moritz und Umgebung, die zwischen 1905 und dem Ausbruch des Ersten Weltkriegs entstanden, speisen sich aus einem Wechselverhältnis zwischen gelebter Realität und literarischer Konstruktion. Die Literatur, die das alpine Grand Hotel erschreibt und sich mit diesem Ort auf ausgezeichnete Weise beschäftigt, ist breit gestreut. Sie reicht von der belletristischen Reisebeschreibung, die sich von den kanonisierten Aussichtspunkten weg und hin zum Interieur wendet, bis zum Gesellschaftsroman[17] und der mit kriminalistischen Motiven durchsetzten Liebesgeschichte. Dass im Folgenden unter dem Gesichtspunkt des Ortes Texte gebündelt und miteinander verglichen werden, die ansonsten durch die Grenzen der Nationalliteratur und des Genres getrennt blieben, geschieht mit dem Bewusstsein für ihre Differenzen. Ein solch vergleichendes Vorgehen ist aber auch notwendig dem Gedanken geschuldet, das Grand Hotel in seiner Internationalität ernst zu nehmen und als Schauplatz zwischen den Kulturen auszuweisen.

Das Textkorpus setzt sich aus den folgenden Titeln zusammen: aus Henry de Souvolle's Kurgastimpressionen ‹Visions d'Engadine›,

---

    die wundervolle Toiletten tragen, von elegischen Romanleserinnen, die den ganzen Tag in den Chaiselongues der Hotelgärten liegen, und von jenen Hunderten, die im Alpenthal weder die reine Luft, noch die blauen Gletscher, sondern ein Romänchen, eine kleine frivole Herzensgeschichte suchen.» (Heer 1898, 89).

16 Dies gilt auch für die Auswahl der Engadiner Hotelliteratur, die weitgehend Vollständigkeit beansprucht. Ich habe alle Texte in der Dokumentationsbibliothek in St. Moritz, dem Kulturarchiv Oberengadin in Samedan, dem Archiv des Segantini-Museums und in den örtlichen Grand Hotels gefunden; die meisten sind im Quellenbuch des St. Moritzer Archivars Jules Robbi von 1910 nachgewiesen.

17 Im Viktorianischen England als ‹novel of high life› bezeichnet.

Paris 1906; dem Roman ‹The story of an alpine winter›, London 1907[18], von Elizabeth Main; Matilde Seraos, ‹Evviva la vita!›, Rom 1908[19]; Richard Voss' ‹Alpentragödie. Roman aus dem Engadin›, Berlin 1909[20]; Paul Oskar Höckers ‹Die Sonne von St. Moritz›, Berlin

---

18 Zu biographischen Daten vgl. ‹Elizabeth Main: Kodex der idealen Touristin›.

19 Matilde Serao (1857–1927) in Patras geboren, wuchs in Neapel auf, besuchte eine Mädchenschule und arbeitete als junge Frau auf dem Telegrafenamt. Nebenbei schrieb sie Artikel und veröffentlichte 1881 ihren ersten Roman ‹Cuore infermo›. Als erste Frau in Italien erhielt sie eine feste Anstellung als Redaktorin bei der damals wichtigsten römischen Tageszeitung ‹Capitan Fracassa›. Serao heiratete den Journalisten Edoardo Scarfoglio und sie gründeten zusammen die Zeitung ‹Corriere di Roma›, die jedoch bald aus Mangel an finanziellen Mitteln eingestellt werden musste. 1887 übernahm das Paar die Leitung des ‹Corriere di Napoli› und gründete 1892 in Neapel eine eigene Zeitung mit dem Titel ‹Il Mattino›. Als sie sich 1904 trennten und es Serao nahegelegt wurde, die Redaktion zu verlassen, führte sie bis zu ihrem Tod ihre eigene Zeitung ‹Il Giorno›, ein Konkurrenzblatt zu ‹Il Mattino›. Als Mutter von fünf Kindern, literarische und journalistische Vielschreiberin war Matilde Serao in erster Linie eine unermüdliche Arbeiterin, die ihre gesellschaftliche Stellung und den damit verbundenen Eintritt in die mondäne Welt genoss. 1902 berichtete sie für ‹Il Mattino› aus der Engadiner Sommerfrische und erzählte den Daheimgebliebenen von schönen Gräfinnen und ausgelassenen Festen. Matilde Serao, die in kleinbürgerlichen Verhältnissen aufgewachsen war, nährte während ihres ganzen Lebens eine besondere Schwäche für adlige Damen und verfolgte mit Lust den Klatsch der großen Welt. Allerdings entging der scharfen Beobachterin nicht, dass einige vornehme Damen sie allein aus Kuriosität einluden, und sie fühlte sich von ihnen als ‹semplicemente charmante› unterschätzt. Ihrer eigenen Herkunft bewusst, besaß Serao ein feines Gespür für soziale Zugehörigkeit und unsichtbare gesellschaftlich motivierte Grenzen.

20 Richard Voss (1851–1918) wurde am 2. September 1851 in Neugrape bei Pyritz geboren. Als Sohn eines pommerschen Gutsbesitzers verfolgte Voss erst die Ausbildung zum Landwirt, brach sie aber bei Kriegsbeginn 1870 ab. Untauglich zum Dienst mit der Waffe stellte er sich als Krankenpfleger und erfuhr den Krieg als menschliche Tragödie. Seine Kriegserlebnisse schilderte er im Text ‹Nachtgedanken auf dem Schlachtfelde von Sedan›. Später studierte Voss in Jena und München Philosophie, Literatur- und Kunstwissenschaft. In den Achtzigerjahren des 19. Jahrhunderts avancierte Voss zu einem der erfolgreichsten deutschen Dramatiker, bevor er sich in den Neunzigerjahren dem Genre Roman zuwandte. Voss lebte in Wien und Berlin, dann in Berchtesgaden und für mehrere Jahre in Frascati bei Rom (1877–1902). Italien war in der Vosschen Literatur das Land der Sehnsucht, aber auch eines drohenden Untergangs durch die Gefährdung des dämonisch Schönen. Einige seiner Romane sind in den Alpen angesiedelt, wo er den abgründigen Charakteren – seine Figuren sind oft dem schauerlich besessenen Typus des spätromantischen Künstlers verwandt – eine wilde Natur gegenübergestellt. 1884 erhielt er den Ehrentitel eines Bibliothekars auf der Wartburg. Psychisch stark angeschlagen unterzog er sich 1888/89 einer Behandlung. Er starb am 10. Juni 1918 in Berchtesgaden. (Vgl. Killy 1992 sowie Thiergärtner 1936).

1908[21]; Franz X. Fabichlers Theaterstück ‹Die Damen wünschen?›, Linz a.d. Donau 1912 und den Plaudereien von Alexander Dillmann[22] ‹Die verwunschene Alm und andere Sachen›, München 1912. Im weiteren finden sich Hinweise auf den bereits zitierten Roman von Victor L. Whitechurch ‹The canon in residence›, London 1909, Louis Tracy ‹The Silent Barrier›, New York 1908, und das frühe Buch von Anna Weidenmüller ‹Piz Zupô. Eine Geschichte aus dem Touristenleben der vornehmen Welt im obern Engadin›, Hamburg 1898. All diesen Texten – mit Ausnahme von Voss, der die Dekadenz der überfeinerten Gesellschaftsinsel Grand Hotel inmitten der Bergwelt schildert, und Weidenmüller, die im Anklang an pietistische Erbauungsliteratur die Natur als segensreichen Einfluss auf das abgestumpfte Gemüt erhebt – sind die Euphorie für neue technische Er-

---

21 Paul Oskar Höcker (1865–1944) wurde am 7. Dezember 1865 als dritter Sohn des Hofschauspielers und späteren Jugendschriftstellers Oskar Höcker in Meiningen geboren. Mit zwanzig Jahren studierte Höcker Kompositionslehre an der Königlichen Akademischen Hochschule für Musik in Berlin. Am Anfang seiner literarischen Karriere standen verschiedene Kriminalromane. Es war die Ware, welche die Verleger unabhängig vom Klang des Autorennamens wollten und gut bezahlten. 1893 heiratete Höcker die Beamtentochter Margarethe Linke (1866–1950). Höcker und seine Frau reisten gern und viel und überall fertigte er Notizen und Milieustudien für seine Romane an, die er an immer neuen Schauplätzen mit Gespür für das Aktuelle und Wirksame ansiedelte. 1905 trat Höcker in die Berliner Schriftleitung des Verlagshauses ‹Velhagen & Klasing›, Bielefeld-Leipzig, ein und betreute die Unterhaltungszeitschrift ‹Daheim›, später auch ‹Velhagen & Klasings Monatshefte› und etablierte sich als mitzeichnender Herausgeber. Während dreier Jahrzehnte war Höcker dem Verlagshaus verbunden und genoss durch seine Tätigkeit sowohl finanzielle Unabhängigkeit für seine schriftstellerische Arbeit als auch soziales Prestige. Viele seiner Bücher waren Bestseller, deren Erfolg von der Aktualität der Stoffe profitierte. So griff er den mondänen Wintersport in St. Moritz als Romanstoff auf, kurz nachdem Kronprinz Wilhelm erstmals zu Gast in St. Moritz geweilt hatte und das Interesse der deutschen Öffentlichkeit angestachelt war. Bei Ausbruch des Ersten Weltkriegs rückte Höcker als Hauptmann der Landwehr und Kompaniechef ein und nahm in Frankreich an Stellungskämpfen teil. Während dieser Zeit gab er die ‹Liller Kriegszeitung› heraus. In den Nachkriegsjahren publiziert Höcker in schnellem Rhythmus Romane und knüpfte an seine alten Erfolge an. Seine Militärbegeisterung und deutschtümelnde Liebe zum Soldatenstand mündeten in platte Begeisterung für den Nationalsozialismus. Höcker wurde zu Beginn der Dreißigerjahre zum Parteigänger und Frontdichter. Am 6. Mai 1944 starb Höcker in Rastatt. (Vgl. Höcker 1940).
22 Der Münchner Jurist Alexander Dillmann (1878–1951) war ein hervorragender Pianist und trat in den Grand Hotels des Engadins insbesondere mit seinen fürs Klavier adaptierten Wagner-Ouvertüren auf.

rungenschaften und die Sportbegeisterung eingeschrieben; sie spiegeln den Zeitgeist wider. Dabei ist zu beachten, dass alle Autoren auf eigene Hotelerfahrungen vor Ort zurückgreifen, die sie zur Niederschrift inspiriert haben[23]. Alle verbindet ihre bürgerliche Herkunft – mit Ausnahme Elizabeth Mains – und damit wohl auch die staunende Aufmerksamkeit und eigentliche Faszination, die sie schreibend dem Grand Hotel widmen. So erstaunt es nicht, dass Paul Oskar Höcker und Matilde Serao als eifrige Gäste in den Hotellisten der St. Moritzer Zeitungen zu finden[24] sind und ihre Aktivitäten, wie Le-

---

23 Hierzu Höckers Erinnerungen an seinen Winteraufenthalt im Engadin von 1908: «Der Wintersport zählte bei uns in Deutschland vorläufig bloß als Kindervergnügen. Dass sich in St. Moritz jetzt auch erwachsene Menschen in Rodel setzten, ja dass die Schweizer besondere Schlitten hergestellt hatten, auf denen je vier Herren mit einer Dame in gewaltiger Schnelligkeit die steilsten Bergstraßen zu Tal fuhren, das hörte sich fast wie ein Spaß an. Aber es schien Tatsache: Das Grand Hotel dort, das bisher im Herbst immer seine Pforten geschlossen hatte, musste eine richtige Wintersaison einrichten. Es handelte sich auch nicht mehr um den Wintersport der Schweizer Studenten, die sich in bescheidenen Wirtshäusern während der Ferien verpflegen ließen, sondern ‹die große Welt› folgte nun dem nordischen Beispiel: Der Ski schien völkerverbindend zu werden. Skandinavier, Amerikaner, Russen, Engländer füllten die großen Hotels. Neben ehrgeizigen jungen Sportsleuten, die sich zu Meistern im Eislauf, im Skisport, im Bobrennen ausbilden wollten, kamen auch krasse Neulinge wie wir aus der deutschen Heimat herauf. Im Jahre 1908 war die erste große Wintersportsaison im Engadin, von der an das Schweizer Hotelgewerbe einen Goldsieg nach dem andern gewann. (…) Was ich Neues gesehen, auch selbst miterprobt hatte, wollte ich in der Erinnerung zunächst einmal rein sachlich schildern. Wer in Deutschland kannte damals ein Bobrennen? Wer hatte schon auf Skiern gestanden? Wer wußte sich eine Vorstellung zu machen von Eishockey? Es war wohl bekannt, dass der Winteraufenthalt da droben jenseits der Nebelgrenze den Lungenkranken verordnet wurde, die wochenlang, monatelang in stillen Sanatorien auf windgeschützten Terrassen in der Sonne lagen, – aber von dem Lebensjubel dort besaßen die meisten unserer Bekannten doch keine Vorstellung. Indes: beim Überschauen des Darstellungswerten packte mich doch gleich wieder der Fabulierer. Und so entstand der Roman ‹Die Sonne von St. Moritz›, den zuerst die ‹Woche› abdruckte und der nachher als kleines Bändchen in vielen, vielen Auflagen erschien, auch in mehrere fremde Sprachen übersetzt wurde. Alle Welt wollte Kunde haben von diesem damals ganz neuen Wintersport – wollte vor allem auch einen Einblick tun in das gesellschaftliche Bild dieser neuen Winterplätze, die man jetzt im Nu in allen Sommerfrischen und Heilbädern, sofern sie über tausend Meter hoch lagen, eröffnete.» (Höcker 1940, 357–359).
24 Auch wurden Seraos Plaudereien über das Hotelleben, die sie ursprünglich für ihre Neapolitanische Zeitung geschrieben hatte, in der ‹Engadiner Post› zur Zeit ihres Sommeraufenthalts abgedruckt.

sungen und Wohltätigkeitsabende, in den Touristenblättern speziell erwähnt werden. Neben Produktions-[25] und Handlungsort ist auch die Rezeption[26] der Hotelbücher vor Ort gewährleistet, finden sich doch in der lokalen Presse entsprechende Rezensionen und Lektüreempfehlungen. Auch drucken die Zeitungen Fortsetzungsgeschichten, die das Grand Hotel zum Mittelpunkt haben und befriedigen damit das Bedürfnis der Hotelgemeinschaft nach Klatsch und Selbstinszenierung.

Der beständige Verweis auf den konkreten, geographisch bezeichenbaren Ort ist den Büchern Anliegen wie Notwendigkeit. Der Kurort, der in aller Munde ist, und die Hotelliteratur rufen und bedingen sich gegenseitig.

---

25 Am Ende des Romans ‹Evviva la vita!› führt Serao die Orte der Entstehung an: «Saint-Moritz Bad, agosto 1907 – Napoli, giugno 1908».

26 Elizabeth Main im Vorwort zu ‹The story of an alpine winter›, London 1907: «In the following pages an attempt has been made to picture winter life amidst Alpine snows. The writer hopes that to those who have experienced it the book may recall happy days, while others who have never visited the heights of Switzerland in winter may in some slight measure be enabled to unterstand their charm. The scene has been laid at St. Moritz, for it is the oldest of all Alpine winter resorts which sought to attract holiday-makers as well as health-seekers.»

5. Der kollektive Raum

Das Grand Hotel erscheint als Ort kollektiver Erfahrung in mehrfacher Hinsicht: Sozial steht das Grand Hotel für die Emanzipation des Bürgertums, das den adligen Lebensstil öffentlich und massenhaft imitiert[1], in der Beliebigkeit des stilistischen Nebeneinanders letztlich aber auch parodiert. Architektonisch ist es ein Zwitter technischer Perfektion und eklektischer Schwüle, während es historisch Resultat einer fortwährenden Verfeinerung der Gastlichkeit vom bloßen Zweck hin zum eigentlichen Ziel der Reise darstellt. Dass die Literatur ihrerseits den Gesellschaftsort Grand Hotel als Ort kollektiver Erfahrung festschreibt und dabei Gemeinplätze etabliert, die bis zur Formelhaftigkeit wiederholt werden, darf nicht als Eigenschaft der Unterhaltungsliteratur im Sinn einer unreflektierten Reproduktion einst originärer Ansätze abgetan werden. Die Stereotypen korrespondieren viel eher mit der Standardisierung des feinen Lebens, wie sie das gebaute Grand Hotel durch die Festlegung eines gültigen Raumprogramms fördert. Das Grand Hotel ist zu einer eigentlichen Institution geworden, womit der rituelle wie der geschlossene Charakter bezeichnet sind: Regelmäßigkeit und Gleichförmigkeit prägen das Verhalten der Gäste und Gästegruppen untereinander sowie auch jenes der Bedienenden und Dienstleistenden; die sozialen und kulturellen Ordnungs-, Macht- und Sanktionsmechanismen sind im Innerhalb eines absolut intakt scheinenden Weltgefüges gesichert. Damit ist der Gemeinplatz ein Raum allgemeiner Übereinkunft, der sich wissentlich gegen das Originäre verwahrt, denn nur in seiner Absehbarkeit vermag er die etablierte Bürgerlichkeit zu repräsentieren.

Identifikation

Früh schon nennen die Verfasser der illustrierten Reisebücher neben dem Naturinteresse, der Erholung und sportlichen Betätigung, das

---

1 Vgl. Rucki 1989, 29.

Gesellschaftsleben² als einen der gewichtigen Gründe ins Gebirge zu reisen. Das Grand Hotel hat die Paradoxie des Reisens – die Flucht aus dem Alltag der Fabrikschlote führt nicht ins Paradies, sondern in die aufbereiteten Berge, denn die Industrialisierung eilt dem Schritt der Reisenden zwangsläufig voraus³ – verinnerlicht und sie soweit gesteigert, dass sie als eigentliche Lockung wirkt. Die Geschäftigkeit des städtischen Alltags wird durch eine Reihe geselliger Höhepunkte überboten: «Trabrennen, Skikjöring⁴, Eishockey, Maskenbälle auf dem Bandy-Rink⁵, Illuminationen – jeder Tag bot in dieser Woche ein Fest.»⁶ So verkehrt sich die anfängliche Flucht vor der Zivilisation zu einer Suche nach dem hoch verdichteten Gesellschaftsort. Das Grand Hotel bildet ein kapitalistisches Unternehmen, das gerade in seiner Unangemessenheit gegenüber der besetzten Landschaft Macht und Privileg des Geldes demonstriert. Für bare Münze⁷ befriedigt das Grand Hotel den Wunsch eines aufstrebenden Bürgertums nach Luxus und Selbstdarstellung und versinnbildlicht gleichzeitig die Gesinnung des kollektiven Wünschens, indem es als perfekt funktionierende Maschine beweist, dass Geld Geld⁸ generiert. So kehrt die Ge-

---

2 «Bei manchen mag wohl auch die Aussicht, hier Anknüpfungspunkte zu Geschäftsverbindungen mancher Art zu finden, der Hauptbeweggrund ihres Besuches sein. Und wo sollte er das besser treffen, als an so frequentierten Verkehrsorten, wo Geschäftsleute aus allen Ländern zusammentreffen? Wie leicht lässt sich da zu Bekanntschaften gelangen, welche zu den wichtigsten Geschäftsbeziehungen und zu den innigsten Familienverbanden führen?» (Caviezel 1896, 201).

3 Enzensberger bemüht in seiner ‹Theorie des Tourismus› für die Veranschaulichung dieser Dialektik das Märchen vom Wettlauf zwischen Hase und Igel. (Enzensberger 1962, 191).

4 Beim Skikjöring lässt sich ein Skifahrer von einem Pferd ziehen.

5 Gemeint ist ein Eisfeld.

6 Höcker 1910, 301–302.

7 Den geldherrlichen Gleichheitssinn des Grand Hotels parodiert Franz Xaver Fabichler in seinem Lustspiel über das St. Moritzer Hotelleben ‹Die Damen wünschen?›. Er lässt den Hoteldirektor sagen: «Die drei Amerikanerinnen zahlen mit Wonne an Dollar soviel als die allerhöchsten Herrschaften in Franken kaum ausgeben wollen. I' bin a Schwyzer-Republikaner. Was geh'n mi' die allerhöchsten europäischen Herrschaften an?» (Fabichler 1912, 4–5).

8 Elizabeth Main widmet diesem Phänomen in ‹The story of an alpine winter› einen satirischen Kommentar: «What is very expensive, and consequently out of the reach of ordinary mortals, must therefore be desirable, and in itself confer distinction. So it seems probable that if Maloja opened next winter, with an announcement that it was the costliest hotel in the Engadine, Berlin, New York, and even London would hasten to be represented there.» (Main 1907, 49).

sellschaft des ausgehenden 19. und beginnenden 20. Jahrhunderts im Grand Hotel gewissermaßen bei sich selbst ein.

Matilde Serao beschreibt das Grand Hotel als «dem Gotte Snob geweihten Tempel», «der in seinem blendenden Lichterglanz, in dem Reichtum aller Dinge rundum, in dem überwältigenden Luxus der Säle und der Menschen das verheißungsvolle Motto einer fieberhaften und überhitzten Gesellschaft: ‹Es lebe das Leben›»[9] trägt. An anderer Stelle unterstreicht Serao die egoistische und allein auf Äußerlichkeit angelegte Haltung, die sich hinter diesem Wahlspruch verbirgt. Das Motto erscheint ihr jedoch so gültig und aussagekräftig für die Vitalität der Hotelgesellschaft, dass sie es als Romantitel verwendet.

Die literarischen Schilderungen zeigen die Engadinreisenden als Menschen, die sich nach dem Ziel sehnen. Allein die Ankunft zählt[10]. Die Bahnhöfe sind Knotenpunkte auf den Wegen der internationalen Gesellschaft, sie werden nicht als einem spezifischen Ort zugehörig, sondern allein in ihrer Umsteigefunktion wahrgenommen. Sind die Plätze im «gran treno cosmopolita di Engadina»[11] einmal besetzt, ist allen die Gleichgültigkeit gegenüber der Landschaft gemein. Im besten Fall vergleichen sie den Baedeker in der Hand[12] die Aussicht mit der kollektiven Übereinkunft des Sehenswerten. Serao schildert, was die Reisenden *nicht* sehen und woran sie *nicht* denken: dass der bequemen Zugfahrt ein ungeheurer technischer Aufwand vorangeht. Tunnels und Brücken, die das schnelle Hingleiten durch Täler, Berge und Schluchten ermöglichen, mussten dem Fels erst abgetrotzt werden. Allerdings steht bei Serao nicht so sehr die Problematik der Industrialisierung im Vordergrund als vielmehr das menschliche Schicksal jener[13], die den Ausbau der Natur zur verfügbaren Land-

---

9 Serao 1910, 277.
10 Hier ist literarisch erfüllt, was Heinrich Heine bei der Eröffnung zweier neuer Eisenbahnlinien 1843 in Paris als zukünftige Entwicklung formuliert hatte: «Welche Veränderungen müssen jetzt eintreten in unserer Anschauungsweise und in unseren Vorstellungen! Sogar die Elementarbegriffe von Zeit und Raum sind schwankend geworden. Durch die Eisenbahnen wird der Raum getötet, und es bleibt uns nur noch die Zeit übrig.» (Heinrich Heine: ‹Lutezia› (1843). Zitiert nach Läpple 1992, 203).
11 Serao 1908, 30.
12 «Armés du *Baedeker*, ce vade-mecum indispensable du touriste, nous commentons gaiement le paysage pittoresque qui commence à nous séduire.» (Souvolle 1906, 40).
13 «(…) : niuno sapeva o voleva sapere, che cosa fosse stato di tremendo, di mortale, per la mente degli uomini, per le mani degli uomini, per la vita degli uomini,

schaft geleistet haben. Seraos Roman zeigt über den Blick der Sorglosen auch das, wofür diese blind sind, weil sie in St. Moritz nichts als Gesellschaft suchen.

> «(...) alla meta, a Saint-Moritz: incuranti, tutti, di ogni altra cosa che non giungere, colà, ove la loro vita avrebbe dovuto avere il suo gran colpo di frusta, o verso il trionfo della vanità, o verso la vittoria dell' ambizione, o verso la salute riconquistata, o verso il piacere conquistato largamente, o verso la fortuna ignota, presa di assalto.»[14]

Die Reisenden kommen in ‹Evviva la vita!› abends in St. Moritz an und werden von den unzähligen Lichtern der Grand Hotels in ihren Bann geschlagen. Das elektrische Licht überstrahlt die im Mondschein matt leuchtende Schönheit der Natur und bezeichnet symbolisch, gerade nachts[15], wenn der Innenraum mit seinen strahlenden Fenstern die Umgebung besetzt, die Künstlichkeit der Gastpaläste. Dabei zeichnen die Linien der Lichter den architektonischen Auftritt nach und veräußern, für welche Art von Luxus das Haus eintritt, verspielt oder geometrisch, monumental oder bescheiden[16]. Auch die Reisenden bei Souvolle erkennen, dass das Hotel das eigentliche Ziel ist und weit über die Beherbergung hinaus der sozialen Identifikation und Selbst-

---

costruire quella via ferrata di alta montagna e quante esistenze vi si fossero infrante. Ognuno trasaliva d'impazienza, niente altro, avvertendo il rallentarsi del treno, verso le piccole stazioni, tutte di legno, dietro le quali biancheggiava qualche casa, s'innalzava un campanile: ma ognuno era deluso, nella sera piena, oramai, udendo un nome ignoto, un nome di villaggio scononsciuto.» (Serao 1908, 41).

14 Serao 1908, 42.
15 «Wenn abends nach der Dinerstunde märchenhaft schöne Geschmeide auf schimmernden Frauennacken mit dem Glanze strahlender Kronen wetteifern, pikante Demi-mondeinen an der Seite ihrer Saisonkavaliere stoffgewordene Gedichte durch den Saal flirten lassen und die blasierten Stimmen flüsternder, flirtender Snobs und wissender Backfische hineinschwirren in die weichen, singenden Weisen der Zigeuner, dann vergisst man fast die herbe Einsamkeit dieser Gletscherwelt und fühlt sich versetzt in das wogende, genussfrohe Getriebe eines firstklassigen Weltstadtrestaurants.» (Dr. Leo Stern, Berlin in ‹Engadin Express & Alpine Post›, Samaden, Dienstag 21. Juli 1908).
16 «Sul colle era tutto uno scintillìo di lumi, ora fioco, e ora fiammeggiante: in linee capricciose e vezzose ardevano i lumi del Palace Hôtel; in linee diritte ed uniformi, quelli dello Schweizerhof; come un immenso edificio traforato da mille finestre, come un colossale giocattolo di bimbi giganti, traforato da mille vani, fiammeggiava il bianchissimo Grand-Hôtel e in alto, in alto, al culmine, in triplici linee, brillava sul fondo dei monti, l'Hôtel Kulm: (...).» (Serao 1908, 43).

darstellung dient. Mit der Wahl der Unterkunft bringen die Gäste ihre Zugehörigkeit zu einem bestimmten Lebensgefühl zum Ausdruck und machen so das Image des Hotels zu ihrem eigenen[17] – wie auch umgekehrt das Grand Hotel seinen Nimbus von den innewohnenden Gästen bezieht.

> «Nous avons l'habitude en France de ne chercher dans l'hôtel qu'un indispensable accessoire; en Suisse, surtout l'hiver, son importance est tout autre. Il est le moteur et le centre de vos plaisirs. C'est dans les environs un petit drapeau qui est l'emblème d'une caste particulière. Etes-vous descendu au Palace? Vous êtes une manière de Crésus. Avez-vous choisi Kulm? Vos biceps et vos jarrets sont à la hauteur de votre porte-monnaie. Que si vous avez opté pour Badrutt vous êtes un millionnaire raffiné et tranquille. Si vous avez élu Pétersburg, distingué et de bonne société, vous n'agitez pas à tous les vents les grelots de vos faits et gestes.
> Si chaque hôtel est un programme de goûts et de rang social réels ou affectés, chaque peuple dans cette Babel garde sa figure. Rien d'aussi frappant que cette étanchéité nationale.»[18]

Die oberflächliche Einteilung, wie sie Souvolle vornimmt, stützt sich ganz auf die Schaufassade, das emblematische Gesicht des Hauses, und zeichnet damit die Oberfläche als entscheidendes Kriterium einer Beurteilung aus. Es besteht kein Interesse, hinter die Oberfläche zu dringen, über das Grand Hotel spielt sich eine Identifikation ab, die den Schein immer schon mitkalkuliert. Hierin zeigt sich, dass die Architektur der gastlichen Häuser dem Publikumsgeschmack unbedingt verpflichtet ist, wie sich auch diese frühen Hotelerzählungen dem konkreten Haus verpflichtet fühlen und dazu beitragen, im Verweben von Fiktion und Wirklichkeit, Gründung und Abbild, gebauter Literatur und literarisiertem Bau, den Mythos Grand Hotel als Schauplatz hoch verfeinerter Gesellschaftlichkeit zu beschwören. In Elizabeth Mains Roman ist das Kulm Hotel in St. Moritz Wiege des Wintersports und Heim der wahren St. Moritzer, wie sich die Gruppe der Kenner im Ton einer verschworenen Glaubensgemein-

---

17 Die Autorin Matilde Serao kannte das Bestreben, die eigene Persönlichkeit über die Wahl des Hotels zu stilisieren aus eigener Erfahrung. Vor ihrem Besuch in Paris im Frühjahr 1899 schrieb sie ihrem weltgewandten Freund Gégé Primoli treuherzig, dass sie noch nicht wisse, in welchem Pariser Hotel sie absteigen werde, dass es aber sicher eines sei, das als chic gelte und eine Zierde für eine ‹femme de génie› darstellen könne. (Vgl. Banti 1965, 232).
18 Souvolle 1906, 61–62.

schaft nennt. Dabei finden ihre Protagonisten unterstützt von Heizung, elektrischem Licht und heimatlich anmutendem Kaminfeuer[19] im Grand Hotel ein eigentliches Zuhause in der Fremde.

Während Main Figuren zeichnet, die im Grand Hotel ganz bei sich sind und deren wohlgeordneter, nur durch oberflächliche Intrigen tangierter Heiratsmarkt[20] bereits in den Bergen so weitsichtig angelegt ist, dass die Ferienverlobung auch in London Bestand hat, räumt Serao dem Grand Hotel nur eine traumhafte Wirklichkeit ein. Es ist ein utopisch anmutender Ort, der räumlich und zeitlich strikt vom Alltag getrennt im Hier und Jetzt gelebt wird, ohne Auswirkungen auf den angestammten Lebensraum[21] zu zeitigen. Auch stilistisch widerspiegeln sich diese Haltungen: Main schildert aus der Distanz der Beobachterin und Kennerin der Verhältnisse einen sachlichen Raum, wo die Dinge eine messbare Dimension haben und ihre Attribute allgemeine und durchgehende Gültigkeit behaupten. Anders bei Serao, die den gestimmten Raum über das erlebende Subjekt zeichnet; einen Raum, der seine lichte Festlichkeit erst über die weißen Ballroben der jungen Tänzerinnen zum Strahlen bringt oder der, obwohl einladend ausgestattet, von den Nicht-Zugehörigen als feindlich und abweisend empfunden wird. Damit eröffnet Serao ihren Protagonisten im Grand Hotel ein kohärentes Umfeld, aber keine gesicherte Einkehr. Sie lässt ihre Protagonisten mit ihren Sehnsüchten und Ängsten mit einem konzentrierten, stark verdichteten und damit auch überwältigenden Idealraum interagieren. Beide Autorinnen erzählen das Grand Hotel jedoch als vitalen, gesellschaftlich re-

---

19 Vgl. folgende Textstelle: «It certainly was all very cosy and bright. The rooms were kept at any temperature desired, by means of hot pipes, and electric lights were studded about, which in the evening illuminated even the darkest corners. An open fireplace with crackling wood gave an infinitely homelike and cheerful appearance to the sitting-room, where Kitty had stuck up lots of photographs.» (Main 1907, 31–32).

20 Der wohl kalkulierte Markt: «A fascinating girl, a thoroughly nice girl, well born, and with a possible half million! Decidedly Lady Livingstone, as a good sister, was right in providing opportunities.» (Main 1907, 41).

21 Der unverhältnismäßige Markt: «Egli amava sinceramente Mabel Clarks: ma era innegabile che ella fosse un affare magnifico per chi la sposasse, anche se egli fosse molto ricco: ed egli era povero, invece, perfettamente povero. Mabel lo amava con lealtà: ma era la figlia di un commerciante americano ed egli era un erede di un grande nome, un discidente di una grande famiglia. L'amore vi era: ma il mercato, dall'una parte e dall'altra, aveva tutta l'aria di esistere ed esisteva.» (Serao 1908, 397).

levanten und akzeptierten Ort – ein intakter Mikrokosmos. Einmal ist dieser Mikrokosmos verlängerter und leicht kaprizierter Realraum[22] einer wohlsituierten adligen oder zumindest großbürgerlichen Gesellschaft, ein andermal stellt er einen materialisierten Traumraum dar.

Das Andere und sein Gegenüber

Matilde Serao entwirft in ‹Evviva la vita!› das Grand Hotel als Gegenort zum Alltag. Das alpine Grand Hotel ist der Ort, wo die Sanktionen und die strenge Ordnung der Gesellschaft scheinbar ihre Gültigkeit verlieren und romantische Hoffnungen ausgelebt werden können. So glauben ihre Hauptfiguren – ihre Naivität wird durch die weiß verschneiten Gipfel bekräftigt, die in ihrer Reinheit die Möglichkeit eines unschuldigen Orts versinnbildlichen – an die unsterbliche Liebe und die Möglichkeit, dass ein verarmter italienischer Adeliger[23] ungestraft eine amerikanische Millionenerbin aus aufrichtiger Zuneigung heiraten darf[24].

---

22 Mit welch einholender Geste Elizabeth Main – die ja selbst Jahre im Hotel und auf Reisen verbracht hatte – das Grand Hotel als gewöhnlichen und gesicherten Lebensraum schildert und wohl auch selbst so erlebt hat, verdeutlicht gerade die Aufmerksamkeit, die sie in ihrer Autobiographie einer Hochstaplerin widmet, auf die sich der Einbruch des Anderen beschränkt und fassbare Gestalt annimmt.
23 Der Protagonist Vittorio Lante ist Repräsentant der «unechten vornehmen Klasse», wie sie der amerikanische Sozialökonom Thorstein Veblen beschreibt: «Wo immer sich das Gesetz des demonstrativen Müßiggangs ungestört entfalten kann, entsteht daher eine weitere, sozusagen unechte vornehme Klasse, die in tiefster Armut ein fragwürdiges Leben voller Entbehrung und Unannehmlichkeiten fristet, der es jedoch moralisch nicht erlaubt ist, gewinnbringende Arbeit zu leisten (Veblen 1997, 57). Dass das Grand Hotel vor allem für die Mitglieder dieser einst großen, in der beschriebenen Aktualität aber perspektivelosen Familien zum Anziehungspunkt wird, ist insofern naheliegend, als sich an diesem Ort Anonymität und Intimität aussichtsvoll verbinden und der demonstrative Müßiggang – Voraussetzung für jede Annäherung innerhalb der höheren Gesellschaft – durch das Leben im Hotel ausreichend dargelegt ist.
24 Vgl. hierzu auch das folgende Zitat aus dem Theaterstück ‹Die Damen wünschen?›, das eine Unterhaltung wiedergibt zwischen dem hotelkundigen Arzt und einem Advokaten über die Aussicht des jungen Ungarischen Herrenreiters aus guter, aber verarmter Familie, die reiche Amerikanerin tatsächlich zu ehelichen: «...wenn der Schnee hier schmilzt, dann zerfließt der heiße Liebesbund ebenfalls zu Wasser. (...) Sie wissen, das trifft bei Verlobungen in St. Moritz sprichwörtlich zu.» (Fabichler 1912, 139–140).

«Es gibt gleichfalls – und das wohl in jeder Kultur, in jeder Zivilisation – wirkliche Orte, wirksame Orte, die in die Einrichtung der Gesellschaft hineingezeichnet sind, sozusagen Gegenplazierungen oder Widerlager, tatsächlich realisierte Utopien, in denen die wirklichen Plätze innerhalb der Kultur gleichzeitig repräsentiert, bestritten und gewendet sind, gewissermaßen Orte außerhalb aller Orte, wiewohl sie tatsächlich geortet werden können.»[25]

Michel Foucault nennt diese Orte, die ganz *andere* sind, Heterotopien. Das Grand Hotel als Heterotopie zu fassen, nimmt eine Verortung innerhalb einer spezifischen zivilisatorischen Topographie vor und betont die Abhängigkeit vom Gegenüber: hier das transitäre nach Wunschbildern geformte Haus, dort das alltägliche Domizil. Wohnen im Grand Hotel lauter Unbekannte, die sich durch den sozialen Stand und über ihre Konzeption von Muße und Unterhaltung verbunden fühlen, ist der Alltag durch nationale Grenzziehung in heimisch und fremd gegliedert. Rücken im Grand Hotel Öffentlichkeit und Intimität eng zusammen, sind sie im Alltag strikt getrennt. Ist die Möglichkeit neue Menschen kennenzulernen und Bekanntschaften zu schließen im Flachland streng reguliert, leistet das Grand Hotel Annäherungen Vorschub, denn unterwegs kann man sich spontan begegnen. Das Grand Hotel als Heterotopie zu verstehen, erscheint gestützt auf die architektonischen Voraussetzungen und sozialen Aspekte plausibel. Je nach Wahrnehmung variiert jedoch die Relevanz einer solchen Konzeption für die literarische Analyse. Wie bei Elizabeth Main gesehen, kann die Differenz zwischen anderem und gewöhnlichem Ort minimal oder wie bei Serao beherrschend sein.

Serao entwickelt das Grand Hotel als zeitlich begrenzte und geographisch gebundene Gegenwelt. Die Protagonisten stehen *über* ihrem konkreten Alltag, ein Gefühl, das durch die tatsächliche Höhe des Alpentals noch verstärkt wird, und bewegen sich *außerhalb* des Rhythmus einer städtisch distanzierten, bürgerlichen Existenz. Diese Gegenwelt nimmt innerhalb der gesellschaftlichen Ordnung einen Platz scheinbarer Toleranz ein, wird jedoch nur deshalb als Freistelle geduldet, weil auch sie ein abgesprochener Teil des Systems darstellt. Serao lässt ihre Protagonisten in den Raum eintauchen. Während der Zeit, die sie im Grand Hotel verbringen, beziehen sie ihre Identität allein über die Weise, wie sie sich im Raum darzustellen wissen. Jene,

---

25 Foucault 1990, 39.

die diese Sonderstellung vergessen und das alpine Grand Hotel über das Hier und Jetzt hinaus für einen wirksamen Ort halten, werden vom Alltag schmerzhaft eingeholt. Der Mikrokosmos eines freien Rollenspiels funktioniert nur im gelebten Augenblick[26], nach der Abreise verliert er seinen Einfluss. Matilde Serao umspannt das Grand Hotel erzählerisch mit einem Vorher der Anreise und dem Nachher einer Rückkehr in den angestammten Alltag und greift mit dieser Klammer Hotelromanen wie jenem von Stefan Zweig ‹Rausch der Verwandlung›, in den Zwanzigerjahren entstanden, aber erst aus dem Nachlass publiziert, voraus. Damit steht nicht das eingelöste oder zumindest versprochene Happy End am Schluss des Buches, sondern das räumliche Gegenüber. Die Rückkehr in den angestammten Lebensraum lässt das Grand Hotel unwirklich erscheinen.

Im Augenblick als das Grand Hotel als Modell einer kosmopolitischen Gemeinschaft gelebt wird, kommt es einer ‹tatsächlich realisierten Utopie› gleich. Hier kann auf engem, überschaubarem Raum eingelöst werden, was sonst, durch eine Vielzahl von Faktoren beeinflusst, prekär bleiben muss. Im gastlichen Haus unter der neutralen Verwaltung des Schweizer Hoteliers, der als guter Geschäftsmann den Wert des Geldes über jenen von Nationalität und Adel stellt, kommen erstmals Menschen aus verschiedenen Welten mit unterschiedlichem kulturellen Kontext zusammen. Über die spezifische Lebenslage hinaus drückt das Grand Hotel ein verbindliches Lebensgefühl der sozialen Oberschicht aus und lässt persönliche Vorlieben in einen alles vereinnahmenden Hotelstil aufgehen.

Aber auch die Utopie ist zeitpolitisch gefärbt: Der nationalistische Chauvinismus, der aus einigen Hotelschilderungen spricht, führt das Grand Hotel als Bewährungsprobe eines internationalen Zusammenlebens vor. Im direkten Vergleich wird das Eigene gegenüber dem Anderen, einem Abgrenzungsmechanismus gehorchend,

---

26 Die spontane, aber aussichtslose Intimität der Ferienbekanntschaft charakterisiert Georg Simmel als ein der Bewegung im Raum verdanktes Phänomen: «Die Reisebekanntschaft, solange sie wirklich nur eine solche ist und nicht einen von ihrer Anknüpfungsart unabhängigen Charakter annimmt, entwickelt oft eine Intimität und Offenherzigkeit, für die eigentlich kein innerer Grund zu finden ist. Hierzu scheinen mir drei Momente zusammenzuwirken: die Gelöstheit von dem gewohnten Milieu, die Gemeinsamkeit der momentanen Eindrücke und Begegnisse, das Bewusstsein des demnächstigen und definitiven Wiederauseinandergehens.» (Simmel 1995, 171).

besonders scharf formuliert. Nationale Klischees finden sich hier verkörpert, indem sie auf Physiognomie und Charaktereigenschaften der Hotelgäste übertragen werden. Sind bei Henry de Souvolle alle Deutschen vierschrötig und laut bei Tisch[27], so sind bei Fabichler alle Amerikanerinnen ehrgeizig, reich und uniformentoll[28]. Letztlich findet aber auch eine Individualisierung der Beziehungen statt. Der Katalog von Vorurteilen wird durch das Aufeinandertreffen von Menschen durchbrochen, die sich sozial gerade genug nahe stehen, um sich mehr oder weniger sympathisch zu finden.

> «Nos amis d'Allemagne auxquels nous faisons une visite d'adieu, nous disent la bizarrerie et la cruauté de la vie qui réunit des étrangers bientôt devenus sympathiques, pour les séparer quelques jours plus tard par le fossé des distances, des frontières, par ces barrières de l'histoire et de la géographie si difficiles à renverser, quand on est rentré dans son milieu!»[29]

Die Ausweitung des Gesichtskreises ist bei Souvolle mit der Einwirkung des Milieus, der Interdependenz zwischen Mensch und Raum, verknüpft. Kaum ist man der räumlichen Unausweichlichkeit des Grand Hotels und der damit einhergehenden physischen Nähe enteilt, fallen die alten Abgrenzungsmechanismen wieder ins Gewicht.

Ungehalten reagiert die Hotelgesellschaft auf Bedrohungen, die aus dem Innerhalb erwachsen, so auf Krankheit[30], die den physischen Raum bedroht, oder auf soziale Unzulänglichkeit, die die symbolische Ordnung tangiert. Die realisierte Utopie, durch die kostspielige Reise in die Alpen vor Zaungästen geschützt und durch monumentale

---

27 Vgl. Souvolle 1906, 63.
28 So ist die reiche Amerikanerin Miss Cordelia über die Fotografie des ungarischen Adligen in schmucker Uniform hell begeistert: «Sehr dekorativ. Ich erinnere mich auf Bildern ähnliches gesehen zu haben ... ja, ja, ja, hat nicht eine ... nein mehrere Töchter aus vornehmen amerikanischen Familien solche Trachten, wollte sagen, Kavaliere geheiratet?» (Fabichler 1912, 72).
29 Souvolle 1906, 156.
30 «Der Geheimrätin war plötzlich der Appetit auf den trefflichen Salat, den sie vor sich hatte, vergangen; sie begriff die Taktlosigkeit Wolfs nicht, beim Essen von Schwerkranken zu erzählen. Aber sie mußte doch etwas antworten, der Freund gehörte ja einem der ältesten Adelsgeschlechter Preußens an.» (Weidenmüller 1898, 88).

Fassaden gesichert, läuft immer auch Gefahr vom auserwählten Untersichsein ins Eingeschlossensein[31] umzuschlagen.

> «(...) tutta la mattinata, in vettura, egli era andato a fare delle visite, a malati che non potevano escir di casa, per lo più isolati in ville lontane, per lo più isolati nelle dépendances degli alberghi, giacchè nella stagione di estate, sovra tutto, nessun albergatore voleva aver ammalati di tisi, nel proprio albergo, per non far fuggire gli altri viaggiatori che venivano in Engadina, i viaggiatori che ci venivano per amor di gaiezza, di piacere, di lusso, che venivano in alta montagna per un raffinamento dei sensi, volendo unire lo spettacolo della beltà delle cose alla vita ardente e febbrile mondana.»[32]

Matilde Serao wendet ihren Blick, den sie als Journalistin gerade auch am Leid der unteren Schichten, insbesondere am neapolitanischen Proletariat geschult hat, der Kehrseite der heiteren Gesellschaft zu. Sie beschreibt die Praxis des Arztes Karl Eberhard, der selbst als Lungenkranker in die einst noch verlassene Gegend gekommen ist und sich seither um die schwer Erkrankten kümmert. Damit bezeichnet die Autorin innerhalb des internationalen Hotelgetriebes die Orte der Isolation: die Kranken stehen außerhalb der Mauern des Grand Hotels und damit symbolisch bereits außerhalb der sozialen Ordnung, die das Haus befestigt. Für die Menschen, die den Arzt aufsuchen, ist das Bergtal nicht der ephemere und unverbrauchte Raum der Zerstreuung, sondern der anhaltend bedrohliche eines Exils. Während der Bäderarzt die gesellschaftlich geduldeten Kranken, die dem Kurleben erst Berechtigung geben, behandelt, widmet sich Eberhard den Verzweifelten. Diese definieren ihre Existenz noch immer über die mondäne Gesellschaft, ohne deren Raum jedoch länger teilen zu können.

Geht es beim Ausschluss der Kranken, um das Pochen auf sichtbare Grenzen, die konkret nicht mehr überschritten werden dürfen, kennt das Regulationssystem des Grand Hotels auch unsichtbare Beschränkungen, die trotzdem Gültigkeit beanspruchen. Serao zeichnet in der Ballszene im Palace Strategien, den symbolischen Raum mondäner Zugehörigkeit durch Handeln zu befestigen. Sie schildert ein Zusammen von Gästen aus divergierendem sozialem Milieu, die phy-

---

31 «Saint-Moritz s'efforce de dissiper chez ses hôtes l'ennui que pourraient distiller les longues heures d'une claustration forcée.» (Souvolle 1906, 145–146).
32 Serao 1908, 147.

sisch in einer Halle des Grand Hotels beieinander stehen und trotzdem nicht demselben gesellschaftlichen Raum angehören. Das Palace steht dabei für das mondänste der Grand Hotels, den «Olymp»[33] der Reichen, wie dieser Ort bei Serao gleichsam sakralisiert genannt wird.

> «Immancabilmente, sulla soglia dell'*hall* del *Palace*, ogni signora che entrava, in tutto il fulgore della sua *toilette* da ballo, si arrestava un momento, dando un'occhiata a quella sala divisa in due, in tre parti, sala curiosamente divisa e unita, (…).»[34]

Das Eintreten in den Saal beschreibt Serao als *Grenzerfahrung*. Das Verweilen auf der Schwelle markiert einen doppelten Übergang: das konkrete Ereignis leiblicher Bewegung und zugleich die prekäre Erfahrung sozialer Zugehörigkeit. Die Aufteilung des Raums – «seltsam getrennt und vereint» – wird in der Schilderung der Ballszene zum Spiegelbild der anwesenden Gesellschaft. Der Eintritt zum «cotillon de bienfaisance» steht allen zu einer bescheidenen Summe offen. Die Schönen und Reichen wie jene, die von fern bewundernd auf den Reichtum schauen, kommen in der Halle des Palace für dieses eine Fest zusammen. Die exklusive Gesellschaft aber bespielt diesen Raum so, dass sich die Akteure eindeutig von den Statisten absetzen, handelnd etablieren sie die Grenzen mondäner Zugehörigkeit. *Physisch vereint* bleibt die Ballgesellschaft *sozial getrennt*.

> «E come se volessero segnare anche più profondamente la distanza che le separava dalle profane, quelle dame, quelle damigelle, quei gentiluomini di tutte le età, si trattavano con tanta dimestichezza, con attitudini talmente familiari, che pareva fossero tutti parenti strettissimi, amiche intimissime, amici indivisibili.»[35]

---

33 Vgl. etwa Serao 1908, 259.
34 (Serao 1908, 259. Hervorhebungen im Original.) In der deutschen Übersetzung von Maria Gagliardi, in der das Buch unter dem Titel ‹Es lebe das Leben› 1910 im Fischer Verlag Berlin erschienen ist, lautet die Textstelle: «Auf der Schwelle der Halle des ‹Palace› blieb unweigerlich jede eintretende Dame im strahlenden Glanze ihrer Balltoilette einen kurzen Moment stehen, um einen Blick über diesen in zwei oder drei verschiedene Abteilungen zerlegten und doch einheitlichen Raum zu werfen, (…).» (Serao 1910, 274–275).
35 Serao 1908, 264.

Die Differenz zwischen den Zaungästen und den Damen von Welt wirkt, gerade weil die physische Nähe zugelassen ist, besonders verletzend. Denn die Sehnsüchtigen haben getan, was sie tun können. Sie nehmen am gleichen Fest teil, an dem sich auch die große Welt zeigt. Den Unterschied zwischen Anwesendsein und Dazugehören lernen sie als schmerzhafte Lektion. Ihnen fehlen die sozialen Kontakte, der beschwingte Umgang, der selbstsichere Auftritt. Ihr Lächeln ist aufgesetzt, die Gespräche mit ihren Begleitern sind erzwungen. Ihre Kleider, ihr Schmuck sind nicht einzigartig, sondern nachempfunden. Diese in ihren Hoffnungen zurückgesetzten Damen nennt die Autorin die «Profanen»[36] und bezeichnet hiermit sowohl ihre Unerfahrenheit als auch im Gegensatz zum göttlichen Olymp Palace ihre Weltlichkeit[37]. Das Grand Hotel ist betrügerisch, weil es scheinbar objektive Qualitäten des Luxus anträgt, letztlich aber das wahrnehmende Subjekt doch immer auf die eigene Verfasstheit zurückwirft. Das Grand Hotel erweist sich hier als Bildträger kollektiver Wünsche. Es ist ein Wunschbild, das sich jedoch für jene, die zu nahe treten, seine Exklusivität missachtend, als Trugbild offenbart.

Die Wertung dessen, was außerhalb des Grand Hotels liegt, bleibt durch die Zugehörigkeit zu diesem Haus geprägt. Die Landschaft gewinnt an Prestige, wenn sie vom Fenster des Palace aus gesehen wird. Die wahre Landschaft ist jene, die als Verlängerung des Interieurs gesehen werden kann. Der Blick aus dem Hotelzimmer vermittelt das beruhigende Gefühl, der Mensch beherrsche die Natur und diese sei überschaubar. Aus dem unendlichen Zusammenhang wird ein Ausschnitt gewählt und in einer produktiven Leistung vom Teil des Ganzen zum neuen Ganzen[38] erhoben. Die Umformung des Sichtbaren in einen ästhetischen Gegenstand ist deshalb immer sowohl Auswahl als auch Ausgrenzung.

> «Mabel gittò una occhiata verso il larghissimo verone che tagliava, quasi intieramente, una parete di quel salone del Palace e che ora prospiciente sul la-

---

36 Vgl. etwa Serao 1908, 259.
37 Dabei schwingt auch die groteske Sakralisierung des Gesellschaftsraums mit, bei welcher Heiligkeit nichts mehr mit Transzendenz, sondern nur noch mit Luxusentfaltung zu tun hat.
38 Vgl. hierzu: «Unser Bewusstsein muss ein neues Ganzes, Einheitliches haben, über die Elemente hinweg, an ihre Sonderbedeutungen nicht gebunden und aus ihnen nicht mechanisch zusammengesetzt – das erst ist die Landschaft.» (Simmel 2001 (1913), 471).

go: in quella singolare cornice di legno chiaro che formavano le imposte schiuse e che pareva, proprio, la cornice di un vasto quadro, dietro i limpidissimi cristalli, si scorgeva, dirimpetto, ma pur stranamente vicina, una gran massa di un verde profondo, il folto bosco dell' Acla Silva, che niuna casa o casetta deturpa: sul bosco intatto, un lembo di azzurro vivido quasi fremente, che era il cielo: sotto il bosco incolume, un lembo di un azzurro di acciaio, immobile e pure scintillante, il lago: e ognuna di queste cose e tutte, insieme, avvolte e penetrate di luce, nitidissime.»[39]

Das Interieur als Rahmen ist Anleitung, die Natur in den Kunststatus[40] zu erheben. Schließlich ist es aufschlussreich, dass sich im Phänomen des Rahmens ästhetische Inszenierung und Selbstverständnis der Grand-Hotel-Gesellschaft gleichsam überlagern: «Der Rahmen, die in sich zurücklaufende Grenze eines Gebildes, hat für die soziale Gruppe sehr ähnliche Bedeutung wie für ein Kunstwerk. An diesem übt er die beiden Funktionen, die eigentlich nur die zwei Seiten einer einzigen sind: das Kunstwerk gegen die umgebende Welt ab- und in sich zusammenzuschließen; der Rahmen verkündet, dass sich innerhalb seiner eine nur eigenen Normen untertänige Welt befindet, die in die Bestimmtheiten und Bewegungen der umgebenden nicht hineingezogen ist; indem er die selbstgenügsame Einheit des Kunstwerks symbolisiert, verstärkt er zugleich von sich aus deren Wirklichkeit und Eindruck.»[41] Über den Rahmen ist definiert, was oder wer dazugehört.

Das Interesse der Grand-Hotel-Gesellschaft über den begrenzten Rahmen des Grand Hotels und seiner engsten Umgebung hinauszublicken, ist gering. Von den gesellschaftlichen Verpflichtungen vereinnahmt, kommen Natur und heimischer Bevölkerung nur die Aufmerksamkeit zu, die ihren Rollen innerhalb des touristischen Lebens entsprechen. Die Natur ist Lieferantin einer erhabenen Kulisse und bunter Katalog von Ausflugszielen. Die Ortsansässigen treten

---

39 Serao 1908, 88.
40 Vgl. hierzu: «Eben das, was der Künstler tut: dass er aus der chaotischen Strömung und Endlosigkeit der unmittelbar gegebenen Welt ein Stück herausgrenzt, es als eine Einheit fasst und formt, die nun ihren Sinn in sich selbst findet und die weltverbindenden Fäden abgeschnitten und in den eigenen Mittelpunkt zurückgeknüpft hat – eben dies tun wir in niederem, weniger prinzipiellem Maße, in fragmentarischer, grenzunsicherer Art, sobald wir statt einer Wiese und eines Hauses und eines Baches und eines Wolkenzuges nun eine ‹Landschaft› schauen.» (Simmel 2001 (1913), 474).
41 Simmel: ‹Soziologie des Raumes›, 1995, 138.

als Bergführer, Skilehrer und Kutscher auf. Das Grand Hotel, indem es die Interessen seiner Gäste intimisiert und die künstlich hergerichtete Landschaft ins Haus zieht, ist nicht in die Umgebung eingebettet, sondern hält sie besetzt. Was im Fensterblick keinen Platz findet, bleibt außen vor: die ungezähmte Natur, die arbeitstätige ländliche Bevölkerung[42], die historische Wirklichkeit.

> «Le ‹village›, ainsi que nous le vîmes hier, est beau de l'opulence de ses hôtels, très quelconque dans ses autres constructions. Les habitants d'Engadine, en venant se grouper autour des caravansérails ouverts aux touristes, ont eu le tort de dédaigner les délicieux chalets aux senteurs de pins, que jusquelà ils avaient habités.»[43]

Die Einschätzung des Gastes, der die Lebensweise der Einheimischen zu beobachten vorgibt, sind im Wissen um das zu Erwartende befangen. Souvolles Reisender erkennt nicht die historisch gewachsene Eigenart der Engadiner Wohnkultur, sondern bemerkt ihr Abweichen von den eigenen Vorstellungen. Er verlässt den künstlichen Rundblick nicht, um seine touristisch kodierte Perspektive am Außenraum zu überprüfen. So bedauert der Erzähler den Verlust der romantischen Chalets, obschon die Engadiner Bevölkerung seit mehreren hundert Jahren in Steinhäusern lebt. Das Swisschalet als architektonischer Exportschlager[44] und heimeliges Alpenmotiv ist zu erfolgreich, um eine andere Wirklichkeit zuzulassen. Bevor das eigene, angelesene Bild korrigiert wird, weist man die Schuld am vermeintlichen Verlust des Idyllischen der bäuerlichen Ignoranz zu. Die weni-

---

42 Das einzige Buch jener Zeit, welches das Grand Hotel als Arbeitsstätte der Engadiner Bevölkerung zeigt, ist das Kinderbuch ‹Peterli im Lift› von Niklaus Bolt, Zürich 1915. Der Zusammenprall der verschiedenen Lebensräume wird bei Bolt über kleine Szenen gezeigt, wie etwa jener, wo dem Ziegenhirten verboten wird, sein Horn zu blasen: «Kommen lassen hat er mich, um mir's Hörnliblasen am Morgen zu verbieten. Fremde seien hier zur Kur mit Kopfnerven.» (Bolt 1915, 34).
43 Souvolle 1906, 58.
44 Der Typus des Berner Oberländer Chalets wurde und wird noch immer als Idealbild des alpinen Hauses von anderen Regionen übernommen und kopiert. Zu Beginn des 19. Jahrhunderts stellte es einen Eidgenössischen Exportartikel dar, der seinen Weg bis zu den ausländischen Höfen fand: König Wilhelm I. von Württemberg etwa ließ sich 1822 die Kopie eines Berner Bauernhauses erstellen, in den 1830er Jahren wurde auf Wunsch Königin Victorias im Park von Osborne House ein Chalet gebaut. (Vgl. Flückiger-Seiler 2001, 21).

gen Swisschalets, die es im Engadin gibt, sind als Touristenattraktion und -herberge[45] erbaut und zeigen, wie das Vernakuläre in romantischer Überformung zurück in die Alpen findet, selbst dahin, wo es nie gestanden hat, um hier von den Touristen freudig als Original wiedererkannt zu werden.

Richard Voss wechselt in seiner ‹Alpentragödie. Roman aus dem Engadin› von 1909 die Perspektive und beschreibt das Grand Hotel über den Blick des einheimischen Künstlers Sivo Courtien, der jedoch nicht weniger voreingenommen ist. Voss zeichnet nicht zwei Lebensräume an einem Ort, sondern weist allem seinen Platz innerhalb einer symbolischen Topographie des Guten und Dekadenten an. Aus dem unversöhnlichen Gegensatz von Heimischem und Fremdem bezieht der Roman seine Motivation. Dabei vertritt das Hotel alles Feindliche. Es ist Symbol eines kleinmütigen Ausverkaufs der Heimat[46]. Als *Fremdkörper*[47], bei Voss buchstäblich als Körperraum und Ort der Verführung inszeniert, zieht das Grand Hotel über die physische Verfallenheit eine moralische nach sich und steht der Hütte als geistigem Raum wahrer Künstlerschaft entgegen.

---

45 So etwa das Hotel Chalet, das heutige Hotel Schweizerhaus in Maloja, das der belgische Graf Camille de Renesse 1882 nach den Plänen der ‹Chalet-Fabrik im Schweizerstil› A. Kuoni bauen ließ.

46 «Über der kleinen Ortschaft, unweit des Sees, zwischen den Hütten von Cresta und den Felsen des Piz Lunghin, ragte ein neues Haus auf, mächtig und prächtig wie ein Palast. Es war das Malojahotel, eine kühne Unternehmung, die in dem mit eleganten Fremdenherbergen überreich gesegneten Lande ihresgleichen nicht hatte. Ein vornehmer Herr, ein belgischer Graf, war der Gründer, der – Spekulant. Den Luxus europäischer Großstädte hatte der Mann vereinigt und auf den wilden Maloja gebracht. Wie die Burg eines siegreichen Feindes überragte das neue Haus die armseligen Wohnstätten der Malojaleute, deren ‹Krämerseelen› den gefährlichen Gegner hineinließen in ihr freies, von geldgierigen Spekulanten bis dahin noch unberührtes Gebiet.» (Voss 1909, 57).

47 Das Hotel als Fremdkörper ist jedoch Programm, nur die Wertung ist unterschiedlich, einmal der pure Unwille über das augenfällig Unangemessene, dann wie bei Heer das Staunen über den menschlichen Willen und die technische Machbarkeit: «Wie kam dieser Bau, in seiner einfachen, edlen Renaissance, einer der großartigsten Paläste der Schweiz, in diese Höhe, wo er den durch seine Pracht überraschenden Schlußstein des Engadins bildet, das an Wundern nicht aufhört, bis man es ganz durchwandert hat?» (Heer 1898, 168).

«Nein, Sie wüßten nicht, was Sie in einer großen Natur anfangen sollten ... Übrigens wird sie jetzt herrlich hergerichtet, kultiviert, verfeinert[48], gewissermaßen salonfähig gemacht. Man sagte mir: Maloja sollte ein Monte Carlo oder Baden-Baden werden. Das danken wir Ihnen. Ich meine: den feinen Leuten.»[49]

Hierin erfasst der Autor aus der Sicht des Alpenbewohners die Motivation des mondänen Reisens: Die Natur erscheint als größter denkbarer Kontrast zum entfalteten Luxus, was die Lust der Gäste am dargebotenen Raum stimuliert und dessen Frische verbürgt. Dabei gelangt die verwöhnte und gelangweilte Zivilisation in ihrer Vereinnahmung der Natur in immer höhere Regionen, besetzt nicht nur das Ufer des Alpensees, sondern dringt bis an den Fuß des Gletschers vor: «In dieser Gletscherwelt ein mit allem Luxus ausgestatteter Pavillon, darin die Gäste des Palasthotels wie in einem Restaurant an der côte d'azur ihren afternoon-tea nahmen, serviert mit kleinen, noch heißen Kuchen, Sandwichs und Hors d'oeuvres.»[50] Den letzten und entscheidenden Aufstieg der Gräfin, welche die mondäne Gesellschaft schlechthin personifiziert, in die höchsten Gefilde verhindert jedoch eine mutwillig ausgelöste Lawine. So bleibt der Repräsentantin des Grand Hotels die Höhe der Kunst und der wahren Liebe, die unterhalb des Berggipfels[51] verortet ist, vorenthalten.

Die Schauplätze spiegeln bei Voss Physiognomie und Seelenleben ihrer Bewohner. Das alpine Grand Hotel verräumlicht die Charaktereigenschaften der Gräfin: Eine schöne Hülle verdeckt nur dürftig Leere und Überdruss. Die einsame von Schnee und Wind bedrohte Berghütte steht für das Ringen des Künstlers. Schafft Voss in dieser Weise allein Plazierungen und keine Lebensräume, gibt es doch Passagen – selbstverständlich immer mit moralischem Impetus erzählt –, die den Raumkonflikt differenzierter aufzeigen:

---

48 Eine Fotografie Elizabeth Mains zeigt den frisch angelegten Hotelpark im Schatten des Maloja Palace. Die Reihen geometrisch gepflanzter Bäumchen erscheinen inmitten der Steinwüste wie Chiffren einer lächerlich anmutenden Kolonialisierung.
49 Voss 1909, 34.
50 Voss 1909, 85.
51 Wie Rossbacher in seiner Analyse des Heimatromans ausführt, von dem die ‹Alpentragödie› trotz der Künstlerthematik durchaus Anleihen aufweist, stehen die «Höhenmenschen» – hier sowohl ethisch als auch topographisch konkret gemeint – unter beinahe sozialdarwinistischem Druck. (Vgl. Rossbacher 1975, 190).

«Von Süden und von Norden her täglich Eilposten. Sie brachten den Blumenfrühling der Riviera und die Delikatessen aus aller Herren Ländern nach Maloja hinauf. Und das häufig unter Lebensgefahr! Häufig mußten die Posten von den Hilfskolonnen ausgegraben werden; oder sie konnten bei dem Schneesturm nicht weiter gelangen, wollten sie nicht riskieren, in Abgründe zu stürzen. An solchen Tagen gab es im Grand Hotel zum Diner keine frischen Hummern, und die holländischen Nelken für den Tafelschmuck trafen erfroren ein ... »[52]

Voss betont die ideologische Spaltung zwischen Stadt und Land umso drastischer, je mehr die einst geschiedenen Welten räumlich zusammenrücken. Für Voss ist das Grand Hotel Verlängerung des Städtischen und Dekadenten und als solches Gegenentwurf zur Utopie alpiner Erhabenheit.

Während die Plazierung[53] des alpinen Grand Hotels von Entgegen*setzungen* lebt und sich der Ort als bestimmter und identifizierter von anderen unterscheidet, fächert sich dieser Ort auf, sobald eine innewohnende und handelnde Gesellschaft ins Spiel kommt. Das heißt, an einem Ort können über *gesellschaftliches Handeln* verschiedene Räume[54] realisiert werden. Im Kurort überschneiden sich

---

52 Voss 1909, 205.
53 Im Foucaultschen Sinn. Siehe Foucault 1990, 36.
54 Die Unterscheidung zwischen Raum und Ort beruft sich auf Michel de Certeaus Ausführungen in ‹Kunst des Handelns›: «Ein *Ort* ist die Ordnung (egal, welcher Art), nach der Elemente in Koexistenzbeziehungen aufgeteilt werden. Damit wird also die Möglichkeit ausgeschlossen, daß sich zwei Dinge an derselben Stelle befinden. Hier gilt das Gesetz des ‹Eigenen›: die einen Elemente werden *neben* den anderen gesehen, jedes befindet sich in einem ‹eigenen› und abgetrennten Bereich, den es definiert. Ein Ort ist also eine momentane Konstellation von festen Punkten. Er enthält einen Hinweis auf eine mögliche Stabilität.
Ein *Raum* entsteht, wenn man Richtungsvektoren, Geschwindigkeitsgrößen und die Variabilität der Zeit in Verbindung bringt. Der Raum ist ein Geflecht von beweglichen Elementen. Er ist gewissermaßen von der Gesamtheit der Bewegungen erfüllt, die sich in ihm entfalten. Er ist also ein Resultat von Aktivitäten, die ihm eine Richtung geben, ihn verzeitlichen und ihn dahin bringen, als eine mehrdeutige Einheit von Konfliktprogrammen und vertraglichen Übereinkünften zu funktionieren. Im Verhältnis zum Ort wäre der Raum ein Wort, das ausgesprochen wird, das heißt, von der Ambiguität einer Realisierung ergriffen und in einen Ausdruck verwandelt wird, der sich auf viele verschiedene Konventionen bezieht; er wird als Akt einer Präsenz (oder einer Zeit) gesetzt und durch die Transformationen verändert, die sich aus den aufeinanderfolgenden Kontexten ergeben. Im Gegensatz zum Ort gibt es also weder eine Eindeutigkeit noch die Stabilität von etwas ‹Eigenem›.» (Certeau 1988, 218. Hervorhebungen im Original).

der Lebensraum der heimischen Bevölkerung, der Vergnügungs- bzw. Erholungsraum der Gäste, der Arbeitsraum des Hotelpersonals und der ökonomische Raum der Hoteliers und Financiers. Ein Konflikt ist darin angelegt, dass auf einem identischen Territorium Zeitverständnis und Raumauffassung zwischen Kuhdorf und Kurort, Bauer und Gast divergieren. Das Andere ist deshalb eine relationale Größe, die vom spezifischen Standort und dessen Perspektivierung aus gedacht werden muss.

Allerdings erzählt die frühe Grand-Hotel-Literatur fast ausschließlich aus der Sicht der Gäste, ansonsten bleibt sie schematisch wie bei Voss. Im Roman ‹The silent barrier› dient die Überschneidung der Lebenswelten dramatischer Zuspitzung: Ein junges einheimisches Mädchen wird von einem Lebemann verführt und begeht, als sie abgewiesen wird, Selbstmord. Ihr Vater tritt Jahre später, als er in einem Gast den Übeltäter wiedererkennt, als Rächer auf. Letztlich ist aber auch dieser Konflikt nur Folie für die eigentliche Hotelgeschichte. Dagegen versucht Matilde Serao, die sich überlappenden Handlungsräume zu schildern. Sie wertet nicht, dass Raum verschieden beansprucht wird, sondern zeigt, wie Raum durch soziales Handeln entsteht. Dabei ist bezeichnend, dass sie die entsprechende Szene nicht im Grand Hotel ansiedelt – eine solche Verdichtung der Entgegensetzungen im Innerhalb wird erst in der Literatur der Zwanzigerjahre virulent – sondern *außerhalb*, in der Kirche, wenn auch diese katholische Kirche im protestantischen St. Moritz zu den Einrichtungen der Kuranlage gehört und nicht zuletzt als Infrastruktur für die Grand-Hotel-Gesellschaft entstanden ist.

Erst lässt die Autorin Bauern, Straßenarbeiter, Diener und Zofen früh morgens andächtig zur Messe gehen und kontrastiert diese Szene dann mit dem Kirchgang der feinen Gesellschaft, die der Messe wie einem «seltsamen Schauspiel»[55] beiwohnt.

> «Anche tutti questi lavoratori del lusso, del piacere, della ebbrezza di vivere, questi lavoratori umili, ignoti, erano lì, in vesti dimesse, col viso ancora pallido del sonno interrotto, con l'aria ancora stanca del riposo troppo breve: ma ognuno di loro stava al suo posto, in chiesa, senza curarsi del vicino, preso dal bisogno intimo di quello istante di raccoglimento e di libertà dello spirito.»[56]

---

55 Serao 1908, 108.
56 Serao 1908, 94.

> «E tutta la folla [der vornehmen Kirchgänger; C.S.], nella chiesa, è disattenta, distratta, curiosissima, ondeggiante come se lunghi fremiti di curiosità la percorressero: quasi nessuno segue i moti e i gesti del sacerdote, sull'altare.»[57]

So gewinnt Serao einen Ort sozialer Gegenüberstellung, der die Unsichtbarkeit der Dienenden, wie sie im Grand Hotel als oberstes Prinzip durchgehalten wird, durchbricht. Die Kirche ist Ort gleichberechtigter Andacht. Doch bereits der Zeitpunkt, zu dem die Kirche von den verschiedenen Menschen aufgesucht wird, führt die sozialen Grenzen wieder ein. Denn die noble Gesellschaft findet sich erst nach langem Schlaf und ausgedehntem Frühstück gegen elf Uhr ein, während die kleinen Leute längst wieder an der Arbeit sind.

Serao schärft den Blick für das Verhalten der feinen Gesellschaft, gerade weil sie sie nicht in einem erwartbaren Raum wie der Hotelhalle zeigt, sondern die Kirche wählt. Diese wird von der noblen Gesellschaft profanisiert und als zufälliger Versammlungsort besetzt. Die Besucher betreiben dieselben Spielarten des sozialen Einschätzens, wie sie im Grand Hotel-Betrieb die Hotelhalle gewährt. Das heißt, sie benutzen die Kirche als gesellschaftlichen Treffpunkt. Die Leute finden sich aus Neugierde ein, die Spenden sind Zeichen der Verschwendung[58], die Zeremonie ist der Vorwand eines freien Schauens und Gesehenwerdens: «Andacht stockt sich zu erotischem Behagen, das ohne Gegenstand umschweift»[59].

Das Jenseitige ist für den modernen Menschen, hier der sorglose Gast, nur noch als Ortswechsel erfahrbar. Die Antipoden seines Lebens sind das Hier und Dort, nicht das Hier und Jenseits. Serao schildert dies in ihrer Kirchenszene als sozialen Konflikt: Für jene ohne Perspektive im Leben besitzt das Jenseits Gültigkeit als Fluchtpunkt, aber auch als Ort religiöser Machtausübung und Furcht. Die

---

57 Serao 1908, 110.
58 Dass Serao in der Szene beim Sammeln der Spenden für die stark verschuldete Kirche die junge Erzherzogin aus dem Habsburger Haus neben der Dollarmillionärin Mable Clarks auftreten lässt, versinnbildlicht die Gespaltenheit der noblen Gesellschaft in die Ehrfurcht vor den großen, alten Namen und ihr Angewiesensein auf die Finanzspritze durch die dollarstarken Amerikaner.
59 Was Siegfried Kracauer in ‹Der Detektiv-Roman. Ein philosophischer Traktat›, 1922–1925 verfasst, der dekadenten Atmosphäre der Hotelhalle anlastet, dass sie nämlich ein Zerrbild des Gotteshauses abgebe, führt Matilde Serao sozialkritisch nun gerade im Gotteshaus selbst vor. Im Kapitel ‹Halle – Gemeinplatz› wird näher auf Kracauers Argumentation eingegangen.

kleinen Angestellten benutzen die Kirche als *Andachtsraum*. Für die mondänen Gäste ist die Kirche nur ein weiterer *Raum der Zerstreuung*: «Die zivilisierten Menschen, so sei behauptet, finden heute in Reise und Tanz den Ersatz für die Sphäre, die sich ihnen verweigert.»[60] Das Sakrale ist nur noch Hülle, die Menschen bewegen sich darin wie im Grand Hotel. Sie flüstern, klatschen, wenden den Kopf, winken, lächeln, schauen, lassen sich bewundern und verlassen den Raum, wenn ihr Interesse nachläßt. Der Pfarrer ist der Inszenator dieses mondänen Spektakels und erinnert an den Hotelmanager, der alles ordnet, das Protokoll einhält, aber idealer Weise im Hintergrund bleibt.

Playground

Versteht man das Grand Hotel nicht als Gebäude, sondern als *Gesellschaftsraum*, müssen die Sportanlagen berücksichtigt werden, um zu begreifen, wie sehr die Literatur im alpinen Hotel nicht allein den anderen Ort, sondern auch den Schauplatz potenzierter gesellschaftlicher Neuerungen erkennt. Durch die Privatisierung des Vergnügens besetzt das Grand Hotel über die eigenen Mauern hinaus die nähere Umgebung. Tennisplätze, Golfanlagen, Eisrinks, Bobbahnen, Skihügel und Spazierwege prägen den ‹Playground of Europe›, wie die für Sport und Spaß hergerichteten Alpen genannt werden. Jedes distinguierte Haus verfügt über seinen eigenen Spielplatz. Die Erfindung des Wintersports als Gesellschaftsvergnügen ist damit eng an die alpinen Grand Hotels geknüpft. Ein verändertes Körpergefühl hält hier Einzug und strahlt zumindest als Konversationsstoff bis in die städtischen Salons aus.

«Über Tag belebte die lautlose Winterfeierlichkeit des Hochpasses ein Gewimmel fremder Gestalten: Herren und Damen der großen und reichen Welt, welche das Winterleben des Engadin als neuesten Sport, neuesten Nervenreiz, neueste Kulturverfeinerung, als letzten Luxus und ‹dernier cri› der Mode für sich entdeckt hatten (...). Eisbahnen und Eisbelustigungen; Laufen auf norwegischen Schneeschuhen und Schlittenfahrten über die gefrorenen Seen bis weit über Sankt Moritz hinaus; Eisfeste auf dem Cavalocciosee und dem Fornogletscher, der bis zur Fornohütte wegbar gemacht worden war;

---

60 Krakauer 1977, 46.

Maskeraden und Konzerte unter freiem, Tag für Tag glanzvollem Himmel; (...).»[61]

Während im Sommer das Kurleben überwiegt, ist es im Winter der Sport, der das Selbstverständnis der alpinen Hotellerie des Oberengadins prägt. Der passive, weiche und weiße Körper, der unbeweglich in den Sesseln der Hotelhalle versinkt, wandelt sich zu einem aktiven, muskulösen und braun gebrannten, der sich an der frischen Luft ertüchtigt. Whitechurch lässt seinen unkundigen Protagonisten Canon Smith einen Reisegefährte fragen, ob er aus gesundheitlichen Gründen nach St. Moritz fahre. Dessen Antwort ist knapp und prompt: «No; I come out for the fun of the thing.»[62] Der Sport ist ein ausgezeichnetes Kriterium für die müßig verbrachte Zeit und erhöht das Prestige, da insbesondere Sportarten wie Bob oder Tobogganing[63] aufwändige Bahnkonstruktionen und kompliziertes Gerät erfordern, was sich nur wenige leisten können.

Das «Abenteuer der Bewegung als solcher»[64], wie sie Krakauer dem modernen Reisen zuschreibt, wird im Sport gesteigert und verdichtet. Der Sport fördert die Bewegung als gesellschaftliches Ereignis und führt den ehemals kränklichen Körper, der den Kurvorschriften unterstand, in das Regelsystem des Spiels ein, das die neu gewonnene Bewegungsfreiheit auf das Maß sozialer Verträglichkeit hin festlegt. Die Bewegung an sich und für sich, findet im Sport eine tägliche Reinszenierung und Verlängerung. Wie wichtig dieses ständige Bewegtsein für das Wohlbefinden der Gäste ist, verdeutlicht letztlich die Überstürztheit, mit der gegen Ende der Saison, als der Reigen der Veranstaltungen abbricht, alle abreisen wollen[65], um nur

---

61 Voss 1909, 204–205.
62 Whitechurch 1909, 16.
63 Beim Tobogganing rodelt man meist kopfvoran einen speziell angelegten Eiskanal hinunter. Das 19. Jahrhundert vervielfältigt die Sportbegeisterung Englands durch die Übernahme entsprechender Anglizismen in alle europäischen Sprachen.
64 «Das Abenteuer der Bewegung als solcher begeistert, das Hinübergleiten aus den normalen Räumen und Zeiten in die noch nicht durchmessenen erregt die Leidenschaft, die Vagabondage durch die Dimensionen gilt als Ideal. Dieses raumzeitliche Doppelleben könnte aber kaum mit solcher Intensität begehrt werden, wenn es nicht die Verzerrung des wirklichen wäre.» (Kracauer 1977, 43).
65 Hektische Abreise: «(...), non sporgendo neppure più il capo per vedere che cosa mai spariva, a destra, a sinistra, niente, niente, come se l'Alta Engadina fosse, ora-

ja nicht der gesellschaftlichen Verankerung verlustig zu gehen und auf die Monotonie einer kargen Landschaft zurückgeworfen zu werden.

Dass bei der Ankunft im winterlichen Kurort die Orientierung wankt, weiß E.F. Benson in seinem Buch ‹Winter sports in Switzerland› populärwissenschaftlich zu erklären. Der Gast sei mit lauter Abweichungen vom Commonsense konfrontiert: Es gebe mitten im Winter Sonnentage, die man draußen in Hemdsärmeln genießen könne, der Schnee sei nicht feucht und das Eis schmelze nicht an der Sonne. Diese erstaunlichen Phänomene verlangten danach, vorgefasste Meinungen aufzugeben. Der kollektiven Orientierungslosigkeit wird aber auch gleich eine kollektive Rechtfertigung nachgeschoben: «And the intoxication of the high places, an entrancing vintage of oxygen and ice and sun, invaded limb and sinew and brain.»[66] So könne sich auch die gesetzte Dame, die plötzlich Lust habe, einen Schneemann zu bauen[67], ihrer Neigung im Wissen hingeben, dass das auf 1800 Meter über Meer durchaus normal sei. Diese Argumentation verschleiert, wie sehr das Grand-Hotel-Leben als gewollte und organisierte Kompensation zum Alltag angelegt ist. Die Gesellschaft hat sich darauf verständigt, Luft und Sonne als natürliche und deshalb zwingende Faktoren für die Lockerung der Sitten vorzuschieben, womit man sich vorsorglich der Verantwortung entzieht.

Im ‹Engadin Express› ist der Sport als Ersatzhandlung diskutiert: «Je gefahrloser, je polizeibeschützter das gesellschaftliche Leben unserer Tage»[68], desto größer das Bedürfnis, sich mit Schlitten[69] und Skiern in der Natur zu bewegen und die physischen Grenzen in neuen

---

mai, un sogno compiuto, come se fosse un sogno svanito, come se non fosse mai stata nè una realtà, nè un sogno.» (Serao 1908, 338).
66 Benson 1913, 16.
67 In Erich Kästners ‹Drei Männer im Schnee›, 1934 in Zürich erschienen, sind die Protagonisten von Hotelambiente und Alkohol so inspiriert, dass sie nachts den Schneemann Kasimir bauen. (Kästner 2002, 96–98). Kästners Satire greift die Gesellschaftslust dieser frühen Hotelbücher auf.
68 ‹Engadin Express & Alpine Post›, Samstag, 12. Dezember 1908.
69 Dass die neuen Sportarten durchaus Gefahren mit sich brachten, weiß die Daily Mail, Paris den 10. Februar 1914 zu berichten: «The Cresta Run, though the most satisfactorily laid out in the world, is the one on which the toll of death has been greatest, and the accidents the gravest, but still it is only dangerous where undue liberties are taken in order to gain speed.»

Rekorden und unwegsamen Berggipfeln zu messen. Der Sport wird als eine reizvolle und meist dosierbare Gefahrenquelle für das beschauliche und wohl versorgte Leben des Bürgers vorgestellt. Des Weiteren prägen die Feuilletons den Begriff des Musikkrachs, der für das zunehmende musikalische Desinteresse und die leeren Musiksäle steht. Das junge Publikum fährt lieber Ski als still im Konzert zu sitzen. Im Lustspiel ‹Die Damen wünschen?› beneidet die Amerikanerin Cordelia ihre Gesellschafterin Daisy, die den Nachmittag mit Skeletonfahren verbringen durfte: «Und wir haben gegähnt im nachmittägigen Smokingkonzert zu Gunsten der katholischen Mission im Oberengadin (...)».[70] Die ‹Flucht aus den Zimmern› ist der Slogan, der die neue Hinwendung zur Natur nun nicht in der empfindsamen, sondern in der muskelgespannten Vorliebe begleitet.

> «Wintersport – wohl das Schlagwort unserer Zeit! ‹Wie, Sie fahren nicht Ski, Sie können nicht einmal Schlittschuh laufen? Ach, wunderbar, Sie treiben also gar keinen Wintersport? Nee, muss der eine Erziehung genossen haben!› Welcher Kenner der Verhältnisse würde wohl staunen, wenn er an einem unserer Winterkurorte oder in einer fashionablen Soiréegesellschaft moderner grossstädtischer Salons eine solche Unterhaltung zu erlauschen Gelegenheit hätte? Und auch die hämische Bemerkung, jener Anti-Wintersportler sei eigentlich ein wandelnder Anachronismus, ein Hohn auf die moderne Kultur, würde unserm Lauscher keineswegs absurd vorkommen, je nach der gesellschaftlichen Sphäre, in der er sich bewegt. Nun ist aber nicht zu leugnen, dass tatsächlich ein Mangel an Einsicht und Erziehung einer derartigen, ostentativ zur Schau getragenen Missachtung des gesamten Wintersports vorgeworfen werden könnte.»[71]

Wie wichtig es ist, sich ernsthaft auf die körperlichen Herausforderungen vorzubereiten, zeigen die vielen Wintersportbücher, die konkrete Anleitungen zu den neuen Sportarten wie Skifahren, Curling, Hockey und Tobogganing geben und den Kunsteislauf als komplexes Regelwerk festgelegter Figuren[72] empfehlen. Viele dieser frühen Sportbücher[73] sind in Englisch verfasst, wie es auch die Engländer

---

70 Fabichler 1912, 59.
71 ‹Engadin Express & Alpine Post›, 30. November 1907.
72 Elizabeth Main beschreibt in ‹The story of an alpine winter› die Sorgfalt, mit der sich die junge Protagonistin Sybil Brownlowe auf die Eislaufprüfung vorbereitet.
73 Folgende Titel, die teilweise noch heute in den Hotelbibliotheken des Engadins stehen oder sich in der St. Moritzer Dokumentationsbibliothek befinden, lassen erkennen, welchen Stellenwert die neuen Sportarten hatten: Theodore Andrea

waren, die den Sportgeist in die Alpen getragen und die spektakulären Konstruktionen der Runs und später der Bobbahnen angeregt hatten. Die Wintersportbücher dienen aber nicht nur als Leitfaden für die Sportnovizin, sondern auch als Konversationsratgeber[74]. Einige Damen und Herren plagten sich, als die Mode begeisterte Gespräche über den Sport diktierte[75], wohl allein deshalb mit ihren Schlittschuhen und Skiern, um bei den Unterhaltungen mit eigener Erfahrung aufwarten zu können.

«Und worüber sprach man in Berlin W. augenblicklich mehr als über die Beneidenswerten, die dem grauen Winterhimmel und dem Straßenschlick der Großstadt, dem Brodem der überfüllten Premieren und dem ewigen Einerlei der getrüffelten Menüs entflohen waren.»[76]

Die Gespräche der Hotelgäste wie auch jene der Daheimgebliebenen drehen sich um den Wintersport. Die Aufgabe, angemessen und an-

---

Cook verfasste 1894 ein Buch ‹Notes on tobogganing at St. Moritz›. Ein Plan des Cresta Runs und Fotos – unter anderem solche von Elizabeth Main – der einzelnen Sequenzen lassen die Abfahrt im Kopf entstehen. Oder auch: J.M. Heathcote / C.G. Tebbutt / T.Maxwell Witham: ‹Skating, figure-skating, curling etc.› London 1901. (Erste Auflage 1892.) Edgar Syers (member of the british olympic council, the committees of the figure-skating club, the St. Moritz international skating club, and the ski club of Great Britain) / Madge Syers (Lady champion of the international skating union, 1906 and 1907) (Hg.): ‹The book of winter sports›, London 1908. Hermann Rosenow (Hg.): ‹Der Wintersport›, Leipzig (wahrscheinlich) 1912. Dieses Buch ist eines der frühen Wintersportabhandlungen auf Deutsch, allerdings spricht der Herausgeber im Vorwort auch von «zahlreich vorhandenen Spezialwerken».

74 Im Deckel des Buches von T. Maxwell Witham mit dem Titel ‹Figure skating›, das sich im Bibliotheksschrank des Badrutt's Palace in St. Moritz befindet, steht folgender Hinweis an die Gäste: «Visitors are kindly requested not to take this book out of the readingroom». Eine ähnliche Anmerkung konnte in keinem andern Buch der Hotelbibliothek gefunden werden. Es scheint, dass sich viele Gäste in diesen Eislauf-Ratgeber vertiefen wollten, um zumindest theoretisch auf dem Stand der Dinge zu sein.

75 Dass auch die Konversation einem Arbeitsethos unterliegt und jedes gelungene Gespräch die eigene gesellschaftliche Position vorteilhaft beeinflussen kann, formuliert Angelika Linke: «In letzter Konsequenz ist also auch in der gesellschaftlichen Unterhaltung bürgerliches Arbeitsethos gefragt, denn wer in Gesellschaft geht, der muss Selbstbeherrschung besitzen und sich nicht davor scheuen, die Mühe und Arbeit aufzuwenden, die es kostet, das Vergesellschaftspotential von Gesprächen so gut als möglich auszunützen.» (Linke 1996, 211).

76 Höcker 1910, 140.

regend Konversation[77] zu machen und sich des spezifischen Vokabulars geläufig zu bedienen, darf nicht unterschätzt werden. Nicht zuletzt signalisierten die Gesprächsteilnehmer durch die Themenwahl, dass sie mit den neuesten Moden vertraut waren und sich Freizeit leisten konnten.

> «Es ist schwer, in einer knapp gehaltenen Abhandlung noch etwas Neues über ihn [Wintersport in St. Moritz; C.S.] zu sagen, denn den Ruhm von St. Moritz pfeifen alle Spatzen von den Dächern. Jedermann liest in allen Zeitungen von St. Moritz, beschaut in Büchern, Zeitschriften, Lichtbühnen Ausschnitte aus dem St. Moritzer Winterleben, und keine Hütte ist so klein, dass nicht doch hin und wieder eine Kunde oder ein Bild vom Wintersport in St. Moritz hineinkäme.»[78]

Nachdem die medizinischen Debatten viel beachtete Argumente für den Wintersport[79] geliefert hatten, Prinzessinnen und Kronprinzen Ski fuhren und damit Exklusivität und modisches Muss verbürgten, galt in den höheren Kreisen eine Ablehnung als überholt. Die Sportaufgeklärtheit war Maß mondäner Zugehörigkeit. Das St. Moritzer

---

77 Im Grand Hotel ist die Konversation innerhalb der Gesellschaftsräume die einzig zulässige Form der Kommunikation, da erst die Leichtigkeit und Unverbindlichkeit des Gesprächsstoffs ein reibungsloses Miteinander verschiedener nationaler Vertreter zulässt. Dabei ist die Inhaltslosigkeit gesellschaftlichen Gesprächs nicht Defizit, sondern Absicht, Vielfalt von Themen nicht Beliebigkeit, sondern gezielte Strategie. (Vgl. Linke 1998, 193.) Dieses Geselligkeitskonzept beruht auf klaren ästhetischen Normen und entspricht einer Formalisierung des gesellschaftlichen Lebens, wie sie die Salons in ihrer Architektur bereits nahelegen.
Überspitzt formuliert ist eine eigentliche Negation des individuellen Sprachgebrauchs zu konstatieren: «Die Logik eines Gesprächs scheint sich nicht mehr aus seinen Inhalten zu entwickeln, sondern wird durch bestimmte Redemuster *a priori* so vorgegeben, daß die Rollen des sprechenden Subjektes und des Gegenstandes seiner Rede vertauscht sind: Die Bourgeois können sich nicht mehr der Sprache bedienen, sondern werden von ihr wie Marionetten gelenkt.» (Leinen 1990, 65).
78 Artikel von Ernst Victor Tobler im Dezember 1913, ohne Angabe der entsprechenden Zeitung, in der Annoncensammlung 1913–1914 im Archiv Hotel Palace St. Moritz.
79 «Der Wintersport ist als Kurmittel nicht mehr zu entbehren. Auf alle menschlichen Organe wirkt er kräftigend und belebend ein. Besonders auf das Nervensystem, das Herz, das Blut, die Atmungsorgane, den Verdauungstraktus, den Stoffwechsel, die Haut, sowie auf die Muskulatur, auf Knochensystem und Gelenke. Seine Heilwirkung wird noch lange nicht hoch genug eingeschätzt.» (Dr. A. Nolda in Furrer 1910, 35).

Sportleben als der «unerfüllte Wunsch Tausender»[80] und als Traumstoff für alle erdenklichen Weisen der Inszenierung – «Qu'est-ce que le toboggan? Vous le connaissez tous pour en avoir vu l'application dans nos music-hall»[81] – motiviert die Grand-Hotel-Literatur zu ausführlichen Katalogen sportlicher Betätigung. In den wenigen Jahren nach 1900 bis zum Ausbruch des Ersten Weltkriegs wurde das Thema Wintersport gleichsam ausgeschöpft.

Wie Elizabeth Main im Vorwort zu ihrem Roman ‹The story of an alpine winter› ausführt und Paul Oskar Höcker in seinen Erinnerungen zur Entstehung von ‹Die Sonne von St. Moritz› festhält, geht es beiden darum, das Phänomen Wintersport kompetent und unterhaltsam in all seinen Facetten aufzufächern. Als Modeprodukte evozieren die Hotelromane, wovon sie abhängen: Das alpine Grand Hotel wird als Kristallisationspunkt von Sport, Mode und Bewegung erzählt. Im Mittelpunkt steht der bewegte Körper, und das Grand Hotel selbst verkörpert einen Raum des leiblichen Ausgesetztseins. Das Interesse der Hotelromane am Grand Hotel als Topographie bewusster und zur Schau gestellter Körperlichkeit ist darin motiviert, dass hier ein neues Lebensgefühl konzentriert und überzeugend zum Ausdruck kommt. Zudem ermöglichen die Sportausflüge ein ungezwungenes Beisammen der Geschlechter[82], woraus sich Liebe, Leid und Intrigen selbstverständlich ergeben und erzählerisch hinreichend motiviert sind.

---

80 Artikel von Ernst Victor Tobler im Dezember 1913, ohne Angabe der entsprechenden Zeitung, in der Annoncensammlung 1913–1914 im Archiv des Hotel Palace St. Moritz.

81 (Souvolle 1906, 82). Dass die Inszenierung des Sports und mondäner Körperkultur sowohl in die Music-Hall Einzug hält als auch von der Tanz-Avantgarde aufgegriffen wird, weist Gabriele Brandstetter in ihrem Aufsatz ‹Tanz-Avantgarde und Bäder-Kultur› für die Zwanzigerjahre nach. Als Beispiel führt sie ‹Le Train bleu› an, ein Badespektakel, das als ‹Operette dansée› von Bronislawa Nijinska nach Szenen Jean Cocteaus choreographiert im Juni 1924 auf die Pariser Bühne kam. Das Stück spielt an einem mondänen Badeort (Blauer Zug heißt der Luxus-Express, der die vornehme Pariser Gesellschaft in die Badeorte der Côte d'Azur führt), überhöht den Freizeit-Habitus und die entsprechende Körperinszenierung ironisch und lässt diese immer wieder zur Postkarten-Pose gefrieren. (Vgl. Brandstetter 1995, 148–153).

82 Auf dem Tennisplatz: «(...) eran partite di rappresentazione teatrale, fatte da attori, diciamo così, a cui il tennis era un pretesto, era una scusa, per civettare, per parlare in libertà, per isolarsi, per indossare un vestito diverso, per fare una conoscenza, (...)» (Serao 1908, 244).

Ein besonderes Interesse gilt der Frau, die über den Sport an Bewegungsfreiheit gewinnt[83]. Die Entwicklung des Sports spiegelt sich in der Mode, die dem Stand der Zugeständnisse den passenden Schnitt verleiht. Der weibliche Körper schält sich als sportlich aktiver aus den vielfachen Hüllen meterlanger Stoffbahnen heraus. Elizabeth Main deutet in ihrem Roman ‹The story of an alpine winter› die dicken Schleier einiger Damen – «the female portion of that particular ‹click› was recognised by being totally unrecognisable behind its screen of veils»[84] – als Zeichen der Domestizierung und lächerlich gewordener Konvention. Einschränkungen allerdings bleiben bestehen. Denn durch das unbedingte Einlösen der Kleidernorm sind die Frauen vom kompetitiven Sporttreiben weitgehend ausgeschlossen. Die Mode ist weiterhin Hüterin von Vorurteilen und dient der Kontrolle des gesellschaftlich sanktionierten Verhaltenskodex, der die weibliche Passivität[85] nur ungern aufgibt. Bewegung ja, aber mit Maß, und dieses Maß ist bestimmt durch ein immer tadelloses feminines Aussehen. Also kein zerzaustes Haar, keine geröteten und verschwitzten Gesichter, stattdessen ein beständiges Lächeln und korrekte Kleidung als absolute Notwendigkeit. Souvolle beschreibt die geeignete Skimode der Damen, dabei trennen sich die Skifahrerinnen in Anhängerinnen der kurzen Hose[86], wie sie zum Radfahren dient und jene, die den Rock vorziehen. «La culotte a pour elle la commodité, la jupe, la grâce.»[87] Der männliche Kommentator spricht sich für den Rock aus, der die weibliche Linie so viel schöner zum Ausdruck bringe und stoppt damit implizit sportliche Ambition.

---

83 Diese Hinwendung zur sportlich aktiven Frau lässt sich auch von den Plakaten ablesen. Die Frau tritt in Aktion, erhebt sich aus ihrer passiven, meist sitzenden Haltung früherer Darstellungen und saust die Hänge hinab.
84 Main 1907, 147.
85 Um die Jahrhundertwende konnten es sich nur auserwählte Persönlichkeiten wie etwa Sarah Bernhardt ohne Verlust ihres Ansehens leisten, auf Korsett und Tournüre zu verzichten, oder es wie Elizabeth Main hinnehmen, der Welt ein sonnenverbranntes Gesicht zu zeigen.
86 Der Architekt Adolf Loos äußert sich 1898 in einem bemerkenswerten Artikel zur Damenmode und schildert die Hose als emanzipatorisches Kleidungsstück, das eine Zeit ankündigt, wenn die Frau nicht mehr «durch den appell an die sinnlichkeit», sondern «durch arbeit erworbene wirtschaftliche unabhängigkeit» eine Gleichstellung erreicht. Dabei ist das Kleidungsstück nicht so sehr symbolischer Ausdruck der Unabhängigkeit, sondern Mittel konkreter leiblicher Bewegungsfreiheit. (Loos 1981, 132).
87 Souvolle 1906, 80.

Das Problem beim Tobogganing sind die «stürmischen Unterröcke»[88], die sich während einer rasanten Fahrt unstatthaft aufbauschen. Die Damen waren deshalb beim Steuern durch das Zusammenhalten der Röcke behindert und riskierten beständig das Schamgefühl der Zuschauer zu verletzen und sich selbst eines Verstoßes gegen die Wohlanständigkeit schuldig zu machen. Es gab deshalb Sportbücher[89], die diesem Problem eigene Kapitel widmen, etwa unter dem Titel ‹Tobboganing for ladies›. Hier diskutiert eine ‹Lady-tobogganer› die verschiedenen Positionen, die für eine Dame angemessen schienen. So rät sie von der Fahrt auf dem Bauch ab, da dies nicht weiblich und elegant erscheine. Zu sitzen oder seitlich zu liegen werden als angemessen empfohlen. Die Literatur als Ratgeber und Zeitspiegel nimmt sich auch dieser Fragen an. Elizabeth Main verarbeitet dieselbe Frage literarisch, indem sie die Protagonistin auf der Schlittenfahrt von Davos nach Klosters bewundernd die Schlittelstellung der Davoserinnen beobachten lässt[90] und so der interessierten Leserin die Möglichkeiten statthaften Rodelns plastisch vor Augen führt.

Der Sport erneuerte aber nicht nur die Mode, sondern auch die Vorstellungen von Hygiene und Moral. Tugenden wie Selbstdisziplin, Unerschrockenheit und Ausdauer galten als erstrebenswert. Die Frauen fuhren so gekonnt Bob wie sie anstrengende Gletschertouren meisterten. Die sportliche Freizeitgestaltung war rekreativ und utilitarisch legitimiert[91], zudem stand sie im Ruf, den Horizont zu erweitern und den Charakter zu festigen. Allerdings waren die warnenden, die misstrauischen Stimmen und Vorbehalte noch nicht völlig verstummt. Zu sehr klangen die alten Meinungen nach, die latente Kränklichkeit als spezifisch weiblich ästhetisierten und paradoxer

---

88 «The ‹tempestuous petticoat› is, under any circumstances, a difficult factor in this branch of sport; and until costume has changed, or public sentiment has altered, it seems impossible for any lady to take her chances equally; (...).» (Cook 1894, 85).
89 Siehe Gibson 1894.
90 «At St. Moritz they lay flat on their faces, a position doubtless safer on so steep and long an ice-run as the Cresta, and far more elegant than sitting, but less graceful than that adopted by most of the Davos ladies. This was a side-ways recumbent position, similar to the way Canadians ride their long, flat-bottomed machines, the steering being done with one foot.» (Main 1907, 198–199).
91 «English people have recently, in large numbers, discovered that a holiday full of exercise amidst Alpine snows is a far better restorative than a few weeks of idleness and warmth on the Riviera.» (Main 1907, 2).

Weise jedes Abweichen davon mit der Drohung einer so provozierten Krankheit sanktionierten. Die sportliche Emanzipation war von Ängsten begleitet, wie sie Manuela Müller-Windisch für das viktorianische England festhält: «Die unaufhörlichen Warnungen vor körperlicher Überforderung waren stets gekoppelt mit einer traumatischen Angst vor den möglichen Auswirkungen der sportlichen Übungen auf den ‹Reproduktionsapparat› und der bemühten Wahrung der Wohlangepasstheit in Fragen der Etikette.»[92]

Selbst Elizabeth Main, die zu Gunsten ihres sportlichen Ehrgeizes Verstöße gegen ein tadelloses Aussehen wie auch den Vorwurf mangelnder Vornehmheit gelassen in Kauf nahm, ließ als Autorin ihre Protagonistinnen zwar aktiv, aber niemals kompetitiv auftreten. Das mag daran liegen, dass sie ihre Position als persönlich vertretbar, aber nicht als verallgemeinerbar betrachtete. Als Individuum stand Elizabeth Main für einen erstaunlichen Mut und große Unabhängigkeit ein, als Autorin, die gewissermaßen einen belletristischen Ratgeber zum Wintersport verfasste, suchte sie nicht das Außerordentliche, sondern das allgemein Gültige festzuhalten. Während Elizabeth Main eine nächtliche Gesellschaft durchaus mied und dem Ballkleid Seil und Eispickel vorzog, verwandeln sich ihre Protagonistinnen wie auch die sportlichen Damen bei Paul Oskar Höcker abends in vorschriftsmäßige Gesellschaftsdamen. «Das Bild der Speisesäle bot den denkbar stärksten Gegensatz zu dem vom Mittag. Aus den kurzröckigen Sportgirls hatten sich elegante Ladies entpuppt.»[93] Trotzdem erschreiben die Autoren der sportlichen Frau im Grand Hotel einen neuen, durchaus revolutionären Raum, in dem sie sich erstaunlich frei bewegen kann. Die Frauen durchbrechen die Abgeschlossenheit ihres bürgerlichen Zuhauses mit seinem autoritären Verständnis von Ehrbarkeit und der unziemlichen, da nicht kontrollierbaren Öffentlichkeit. Mobil ist nicht nur die einzelne Skifahrerin, sondern mit ihr gerät die soziale Ordnung und die Verortung der Frau in Bewegung. Das alpine Grand Hotel als anderer Ort übernimmt hier eine emanzipatorische Vorreiterrolle. In einem weiteren gesellschaftlichen Kontext etabliert sich die Vorstellung einer sportlichen und trainierten Jugend umfassend erst während der Zwanzigerjahre.

---

92 Müller-Windisch 1995, 36.
93 Höcker 1910, 17.

Die Hotelromane gehen so weit, einen neuen Frauentyp[94] zu propagieren und zu idealisieren[95]. Bei Höcker ist es das ‹Famose Sportsgirl›[96]: «Ihr rötliches Haar, die dunklen Augen, die schlanke, gut trainierte Gestalt, sogar die Sommersprossen, die festen, sportgewöhnten, ziemlich großen Hände – alles war charakteristisch für sie, musste so und konnte nicht anders sein.»[97] Dem französischen Beobachter sind diese unkomplizierten deutschen Frauen und die unternehmungslustigen Engländerinnen und Amerikanerinnen etwas suspekt: «Gentlemen et ladies, en toute liberté, se pressent et se bousculent dans la seule pensée de jouir le plus possible du *winter-sport*.»[98] Frauenbilder bleiben auch an diesem weltoffenen Platz durchaus national geprägt. Souvolles Staunen über die offenkundige Kameraderie unter den Geschlechtern reflektiert aber auch die noch ungefestigte Stellung der sportlichen Frau. Diese changiert zwischen dem süßen Sportgirl und der Amazone, die durch ihre manifeste Eigenständigkeit und kämpferische Haltung zwar als bewundernswert, aber völlig unweiblich gilt und damit aus dem Heiratsgeschäft fällt. Diese männlich

---

94 «Das Ideal einer kraftvollen Gesundheit treibt nunmehr im anderen Extrem alle Welt sorglos in die gleissenden Sonnenstrahlen und hinaus an die frische Luft... So überaus grundlegend hat sich die allgemeine Auffassung gewandelt, dass sich nunmehr, obwohl nicht im geringsten vorhersehbar, der Typus der Sportsfrau, des ‹athletic girl›, als das neue Ideal unserer Zeit etablieren konnte (...).» (M.E. Cahill 1898. Zitiert nach Müller-Windisch 1995, 191).
95 Serao sieht die neue Generation in den jungen robusten Amerikanerinnen, die praktisch denken, sportlich und unkompliziert sind und die Dinge auf den Punkt bringen.
96 Fritz Giese diskutiert in seinem Buch ‹Girlkultur› von 1925 das ‹Girl› als Breitenphänomen des neuen, aus Amerika importierten Frauentyps. Das ‹Girl› wird dabei zur Vertreterin eines schnellen Rhythmus' und Lebensgefühls stilisiert. Dabei ist auffällig, dass Giese seine Analyse an den Tillergirls festmacht, eine erfolgreiche amerikanische Tanztruppe, die als Massenornament auch Siegfried Kracauers Aufmerksamkeit weckte. Das Frauenbild, das bei Höcker erst als Privileg der feinen Gesellschaft anklingt und noch zwischen Damengehabe und Sportsgeist changiert, ist bei Giese schon ganz der Masse verpflichtet: «Nicht im Schlosse lebt sie [die neue Frau; C.S.], nicht gehütet von Zofen und Vertrauten, nicht das Lever ist ihre Aufgabe oder das süße Nichtstun, die Kauserie und das Hinbringen der Tage in Geschwätz. (...) Die Girls sind der Ausdruck jenes echten Sportgeistes der Frau, die in elegantem Sprunge auf die Straßenbahn, vom Automobil herunter, in schneller Reaktion zum Telephon eilt: wie es diese rasche Zeit dauernd erfordert.» (Giese 1925, 97).
97 Höcker 1910, 128.
98 Souvolle 1906, 75.

chauvinistische Haltung kommt überdeutlich im Spottgedicht von E. Bormann zum Ausdruck. Nachdem alle aktiven Qualitäten der Frau[99] aufgezählt worden sind, sie reüssiert in allen aktuellen und fashionablen Sportarten, schließt der Reim: «Doch sonderbar und dämlich / Geht's oftmals im Weltenlauf, / Die Männer alle nämlich / Schau'n schüchtern zu ihr auf, / Sie preisen zu allen Zeiten / Ihr göttliches Sportgenie, / Und jeder lässt fahren und reiten, / Doch jeder auch – schwimmen sie.»[100] Der (männliche) Humor liefert ein potentes Mittel, die sportlichen Frauen zu diskreditieren. Die Frauen können in ihrer Sportbegeisterung nicht mehr gebremst, aber verlacht werden.

Allerdings besteht bei der zunehmenden Sportbegeisterung auch die Gefahr, dass der Sport als Instrument individueller Attraktivitätssteigerung seinerseits als Druckmittel eingesetzt wird. Wer keinen Sport betreibt, wie die Schauspielerin Rosamond Whitchurch in ‹The story of an alpine winter›, der das sonnige und luftige Klima des Oberengadins bezeichnenderweise nicht bekommt, verbindet mit ihrem schwächlichen Körper mangelnde moralische Kraft und Integrität. Sie ist das warnende Gegenbild der vergnügten und frischen jungen Frau Sybil Brownlowe, die in ihrer Bewegungsfreude und Offenheit ihre Gesundheit sowohl physisch als auch moralisch unter Beweis stellt. Während die eine sich als gute Ehefrau und zukünftige Mutter empfiehlt, stirbt die andere einsam und verlassen im abgedunkelten Hotelzimmer[101].

> «‹Now, then – One – two – bob!› He bobbed with a will now. It was getting exciting, this mad rush down through the pine. ‹One – two – bob!› It wanted doing, that bobbing. It took his breath away.»[102]

Die Bobfahrt erscheint als Schlüsselszene des frühen Hotelromans. Mit ihr ist das kollektive Erleben als ephemerer und räumlich vorge-

---

99 Bormann verwendet auch den Terminus der Amazone, der den Verlust der Hilfsbedürftigkeit, die im männlich geprägten Gesellschaftsbild des 19. Jahrhunderts eine der besonderen weiblichen Qualitäten darstellt, impliziert. Bei allzuviel Selbständigkeit wird die männliche Grundpflicht der Protektion – sträflich – missachtet.
100 E. Bormann ‹Die Welt auf Reisen› in ‹Engadin Express & Alpine Post›, 7. März 1908.
101 Vgl. Main 1907, 274.
102 Whitechurch 1909, 26.

zeichneter Rausch beschrieben, der einmal in Fahrt kein Halten kennt. Die Bobbahn ist der exklusive Spielplatz des Grand Hotels in den winterlichen Alpen und beansprucht für sich ein Maximum an Prestige. Der Bobsport[103] fördert die körperliche Intimität der Unbekannten, das haltlose Eintauchen in den Raum und die latente Drohung, dass eine körperliche Unachtsamkeit und somit ein Verstoß gegen die Ideallinie eine leibliche Gefahr mit sich bringen kann. Bevor das Gewicht der Intimität in die Mauern des Hotels verlegt wird und die Jazzmusik in den Zwanzigerjahren eine entfesselte und zunehmend sexualisierte Bewegung freisetzt, findet die Versprachlichung erweckter Körperlichkeit[104] vor dem Ersten Weltkrieg noch außerhalb des eigentlichen Hauses statt. Dass Paul Oskar Höcker seine junge Protagonistin Gertie Selles, die über die Gesetzmäßigkeit der sozialen Ordnung hinaus ihr sexuelles Begehren auslebt, aus dem Bob schleudert und ihr bei diesem Sturz aus der rauschhaften Fahrt hinaus tödliche Verletzungen zufügt, ist bezeichnend für die symbolische Besetzung des Sports. Alles, was in der festen Ordnung des kohärent erlebten Hauses – noch – keinen eigentlichen Platz hat: die Lust an der Bewegung, ein freizügiges Miteinander der Geschlechter, eine neue Körperlichkeit und die damit verknüpfte Sexualisierung findet *draußen* statt, auf den Bobbahnen und Eisrinks, den Golflinks und Tennisplätzen.

Kritik an der Schilderung des Kollektivs

«Sie [Bücher einer panoramatischen Literatur; C.S.] bestehen aus einzelnen Skizzen, deren anekdotische Einkleidung dem plastisch gestellten Vordergrunde der Panoramen, deren informatorischer Fond deren gemaltem Hintergrunde entspricht.»[105]

---

103 Zu einer Bobmannschaft gehörten fünf bis sechs Leute: ein Steuermann, ein Bremser und notwendig eine Frau in einer der drei mittleren Positionen.
104 Wie sehr der Diskurs über den Sport und insbesondere die Diskussion über die sportliche Frau um die letzte Jahrhundertwende sexualisiert ist, zeigen eine Vielzahl medizinischer Schriften und Sittlichkeitspamphlete. (Vgl. Maierhof / Schröder 1992 und Müller-Windisch 1995).
105 Benjamin 1982, 48.

Alle in diesem Kapitel besprochenen Hotelromane sind schon früh einer Wertung[106] unterzogen worden. Während viele der Werke beim Lesepublikum auf breiten Anklang stießen, wie Auflagenzahlen und Nachdrucke belegen[107], fällte die zeitgenössische Kritik bald einmal ihr Urteil und sprach von den Hotelautoren als von «Dichtern zweiten Ranges»[108]. Die Kritikpunkte sind wie folgend an einigen Beispie-

---

106 Im Folgenden sollen mögliche Gründe negativer Wertung aus dem historischen Kontext heraus erschlossen werden. Dabei wird der Ansatz verfolgt, dass eine wissenschaftliche Auseinandersetzung mit literarischer Wertung aufzuzeigen hat, «welche gesellschaftlichen Schichten aufgrund welcher Interessen ihre tradierten Qualitätsvorstellungen von fiktionaler Rede so zu monopolisieren verstand[en], dass ein Teil dieser Rede als gleichsam nicht zu ihr gehörend abgespalten werden konnte.» (Vgl. Andermatt 1987, 14).

107 Paul Oskar Höckers ‹Die Sonne von St. Moritz› wurde zuerst in ‹Die Woche› veröffentlicht, bevor der populäre Ullstein-Verlag das Buch 1910 in hoher Auflage druckte. Weitere Ausgaben folgten 1928 und 1939 bis die Buchgemeinde Berlin das Werk letztmals 1942 auf den Markt brachte. Auch Whitechurchs Geschichte ‹The Canon in residence›, die dem St. Moritzer Gesellschaftsleben und der sportlichen Unbeschwertheit eine außergewöhnliche erzieherische Bedeutung zumisst, erreichte 1909 bereits eine Auflage von 50'000. Richard Voss ‹Alpentragödie› erschien bereits in ihrem Entstehungsjahr 1909 in der 4. Auflage und wurde bis in die Fünfzigerjahre hinein im 77. Tausend aufgelegt.

108 In seiner Dissertation von 1936 definiert Hans Thiergärtner Richard Voss als einen «Dichter zweiten Ranges», dem er jedoch als einem der «erfolgreichsten Schriftsteller des ausgehenden 19. und beginnenden 20. Jahrhunderts» gerecht zu werden versuche. Voss bezieht seine Motive und menschlichen Konflikte aus der Romantik und neigt in seiner Werkkonzeption zum Wunderbaren und Grausigen. Die Wahl zwischen Künstlertum, das mit Entsagung und Einsamkeit verbunden ist, und Weltgenuss, ist ein Motiv, das sich durch viele seiner Romane zieht. In der ‹Alpentragödie› ist in dieser Wahl der Grundkonflikt angelegt, der räumlich den Sphären des Grand Hotels und jener der primitiven Hütte zugeteilt ist. Seine inhaltliche und stilistische Kritik fasst Thiergärtner folgendermaßen zusammen: «Stofflich wie sprachlich bieten die Romane ein Beieinander von Größe und Kleinheit, Dichtung und Kitsch. Die pathetische Sprache wird oft fiebrig, nervös-zitternd; oft soll aus konventioneller Verschwommenheit gewollte und gezierte Feinheit retten, führt aber zur Verniedlichung und wirkt sogar manchmal läppisch.» (Thiergärtner 1936, 42).
Siegfried Kracauer versucht in der Reihe: ‹Wie erklären sich große Bucherfolge?› im Literaturblatt der ‹Frankfurter Zeitung› von 1931 Elemente einer literatursoziologischen Propädeutik anhand einer Inhaltsanalyse herauszuarbeiten, allerdings unter Verzicht jeder empirischen Verifikation. Eines der behandelten Bücher ist Richard Voss' Bestseller ‹Zwei Menschen›. Das Buch, erstmals 1911 erschienen, weist innerhalb von zwanzig Jahren bereits eine Auflage von 660'000 Exemplaren auf. Kracauer konstatiert, dass Voss ohne jeden Umschweif auf die großen Menschheitsthemen lossteuert, er sieht den Erfolg in der naiven

len gezeigt werden soll, vielfältig und betreffen sowohl Stil, wie auch Inhalt und Weltbild. Als Gemeinsamkeit fällt jedoch auf, dass sich die Autoren bereits über die Wahl des Grand-Hotel-Milieus und über das damit verbundene Schildern von Oberflächen verdächtig machen. So kommentiert der im Grunde wohlwollende Kritiker Alfred Leuschke 1911 das literarische Talent Höckers:

> «Aus den Tiefen des nur unterhalten Wollenden arbeitete er sich nach und nach zu einem angesehenen Romanschriftsteller empor. Die Vorliebe für gewisse Äußerlichkeiten, wie die allzu genaue Beschreibung von Damentoiletten, sowie für große Effekte, einen Mord oder einen Unglücksfall, verdrießen den feinfühligen Leser. P.O. Höcker hat einen großen Teil der Welt bereist, der Niederschlag findet sich in seinen Werken. Er gehört aber nicht zu denen, die dem Pulsschlag der Natur lauschen, und das liebevoll Geschaute in Farbe, Licht und Duft vor die Sinne zaubern. Die Natur bildet bei ihm nur Kulissen, zwischen denen seine Personen agieren. Und zwar sind seine Domäne anscheinend die Gesellschaftsschichten, die sich nicht langweilen, bald im Nachtleben der Großstadt, bald auf den Pferderennen, bei dem See- oder Wintersport, dem er selber leidenschaftlich zugetan ist.»[109]

In der seitenlangen Schilderung von Kleidern, Frisur, Schmuck und Putz[110] versichern sich die Autoren der Interdependenz zwischen Innewohnenden und Raum. Die Huldigung der Mode, wie sie diese frühen Hotelbücher vornehmen, ist nicht Oberflächlichkeit als unfähiger Versuch schriftstellerischen Tiefsinns, sondern Oberflächlichkeit als literarische Strategie des Übersetzens von gelebtem Raum in Atmosphäre. Denn im Grand Hotel kommt Gesellschaft an die Oberfläche. Insofern existiert das Grand Hotel als Oberfläche und verblasst jenseits von ihr.

Suggestion der Sprache, der mythischen Zeichnung der Figuren, den Themen von Volkstum, Liebe, Natur und Schicksalsgläubigkeit begründet. Gerade in der Sprache erkennt Kracauer ein großes Identifikationspotenzial, das einen Hinweis auf die anonyme aber doch so breite Leserschaft geben könnte. «(...) die ganze Sprache ist so innig und zugleich so verblasen, dass von der Adelsdame an bis zum Küchenpersonal jeder Beteiligte glauben kann, sie sei die genaue Darbietung der von ihm gehegten Gefühle.» (Kracauer: ‹Aufsätze 1927–1931›, 1990, 292–293).

109 Alfred Leuschke: ‹Familie Höcker›, in: ‹Bühne und Welt›, 13. Jhrg. 1911.
110 Die Vorliebe, die Toilette der Damen mit Akribie zu schildern, ist allen besprochenen Texten eigen, besonders auffällig aber bei Höcker und Serao.

Matilde Serao erschreibt hauptsächlich Atmosphären und setzt den gestimmten Raum als Gestaltungsmittel ein. Sie legt dabei keinen einheitlichen Entwurf der Grand-Hotel-Welt vor, sondern setzt die Vielzahl der Raumeindrücke nebeneinander und schafft damit eine Polyphonie des Gestimmten, der sich relativierenden und überlagernden Wahrnehmungen des Raums. Sie arbeitet mit einer Vielzahl von Perspektivfiguren, das heißt, sie realisiert einen ständigen Wechsel, je nachdem aus der Sicht welcher literarischen Gestalt das Geschehen betrachtet wird. Diese stilistische Eigenart Seraos, jeder Figur, unabhängig ob Statist oder Protagonistin, eine individuelle Gestalt zu geben, Kleidung, Frisur und Schmuck als raumgreifende Ornamente zu beschreiben, scheint den Gesellschaftsort Grand Hotel performativ zu verdoppeln. Mit diesem Verfahren vermag sie die physische Nähe und soziale Unverbindlichkeit des Grand Hotels, wo jeder jede vom Sehen kennt und doch kaum etwas über die persönliche Geschichte weiß, zu erfassen. Das Gruppenbild der Gäste ist nicht abstrakt, sondern vielstimmig. Das Grand Hotel als Ornament der Masse ist noch nicht das komponierte, symbolisch besetzte, sondern das sich beständige neu komponierende des Augenblicks. Diese Gewichtung des Räumlichen, die choralen Beschreibungen, die keine geschlossene Erzählstruktur verfolgen, sondern eine räumliche Dehnung provozieren, finden im Grand Hotel der Jahrhundertwende ihr ideales Gegenüber.

Matilde Serao ist die einzige der genannten Autorinnen, die man heute noch kennt und mit der sich die neuere Literaturwissenschaft noch beschäftigt. Auch jüngere Analysen[111] bestätigen jedoch die Vorbehalte, die schon früh gegen die mondänen Romane Seraos geäußert wurden. Würdigung erfuhr und erfährt die Schriftstellerin für ihre dem Verismus zugeschlagenen Arbeiten zwischen 1880 und 1890, in denen sie sich mit dem Schicksal der Kleinbürger und Mittellosen beschäftigt und durch die schonungslose Darstellung der Lebensumstände implizit Anklage erhebt. Ihre eigene Herkunft aus einfachen Verhältnissen wird dabei gleichsam als Nachweis für die Authentizität des geschilderten Milieus hervorgehoben. Bis 1900 wurden die Veröffentlichungen Matilde Seraos von der Kritik kontrovers, aber intensiv diskutiert. Später verloren die Intellektuellen das Interesse an ihren Texten. Ihre Stellung als Koleiterin des ‹Il

---

111 Vgl. Banti 1965, 29ff. sowie Asiaban 1999, 71ff.

Mattino› und später als Herausgeberin ihrer eigenen Tageszeitung ‹Il Giorno› ermöglichten es ihr, die Verbreitung ihrer Bücher selbst in die Hand zu nehmen und über die Drucklegung als Fortsetzungsgeschichten ein breites Publikum zu erreichen[112]. Hiermit machte sich Matilde Serao für eine ideologisch motivierte Kritik bereits verdächtig, denn die Personalunion von Herausgeberin und Autorin umging die Mechanismen einer angestammten Literaturproduktion, die als minimale Kontrollinstanzen zur Qualitätssicherung galten. Zudem wurden Seraos journalistische Arbeiten, in denen sie gegen jegliche Art feministischer Forderungen Stellung bezieht und den Frauen politisches Interesse und entsprechende Kompetenz abspricht, zum Anlass genommen, ihr Werk einer konservativen und letztlich einlullenden Haltung zu bezichtigen. Insbesondere die Verlagerung ihrer Geschichten aus dem Milieu der Dienstmädchen, kleinen Schneiderinnen und Dorfschullehrerinnen in die mondäne Welt der Salons wird als Abkehr von der Realität hin zu einer beschönigenden Traumfabrikation diskreditiert.

Die Rezension, die die ‹Alpine Post & Engadin Express› am 21. Februar 1908 dem Hotelroman Elizabeth Mains widmet, überführt die Autorin in ihrer Figurenzeichnung der Verwendung von Stereotypen und erkennt in ihren Protagonisten keine Charaktere, sondern nur instrumentalisierte Vermittler. Der Klatsch wird dabei mit leicht ironischer Geste als ausgezeichnetes Mittel der Selbstinszenierung und der Interessenssteigerung zum ersten Attribut jedes Kurorts ernannt, sein Wert für eine literarische Umsetzung jedoch unterschwellig in Frage gestellt. «And if we dare say so the imaginary ones are nothing like as interesting as those that are drawn from life. However, they serve as mediums for a light romance and for the dissemination of the gossip which no self-respecting resort could do without.» Die kurze Rezension verbirgt die Geringschätzung nur oberflächlich. Letztlich empfiehlt der Kritiker, doch lieber zu Mains Sachbüchern zu greifen und untergräbt damit Anspruch und Berechtigung des Hotelromans.

---

112 Seraos ‹Evviva la vita!› erschien zuerst in ihrer neapolitanischen Tageszeitung als Fortsetzungsroman. Auf ihr eigenes Betreiben hin wurde das Buch 1909 ins Französische übersetzt und fand sich 1910 in einer deutschen Übertragung. In den Zwanzigerjahren lancierte sie den Roman erneut als Fortsetzungsgeschichte in ihrer eigenen Tageszeitung.

Während Mains Sachbücher großen Anklang fanden und meist begeistert rezensiert wurden, scheint der Erfolg ihres Engadiner Romans ‹The story of an alpine winter› bescheiden gewesen zu sein[113]. Bezeichnenderweise erwähnt sie ihn in ihrer Autobiographie, in welcher sie ihrem Schreiben ein eigenes Kapitel widmet, mit keinem Wort. Ein Grund für die zurückhaltende Aufnahme des Buchs mag stilistisch in der nur bedingt geglückten Verknüpfung von Liebesgeschichte und Reiseführer liegen. Mains Bemühen, das Erzählte mit dem Realen in Deckung zu bringen, geht soweit, dass sie mit Kommentaren und Fußnoten die Dramaturgie der Geschichte zugunsten einer genauen Information durchbricht und den Vorstellungsraum der Leserin beständig auf das Reale zurückbindet[114]. Inhaltlich bietet die exklusive Schar wohlhabender englischer Gäste, die Main beschreibt, einem breiten Publikum wenig Anlass zur Identifikation. Biographisch liegt das Versinken des Romans wahrscheinlich darin begründet, dass Elizabeth Main als berühmte Alpinistin und Sachbuchautorin wahrgenommen wurde, eine breit angelegte Werbung für die Romanschriftstellerin wäre ihrer Stellung als Mitglied der besten englischen Gesellschaft aber wohl zuwidergelaufen.

Ist die Kritik am Hotelroman immer schon durch die Frage «nach der Technik trivialer Wirklichkeitsdarstellung» als «Frage nach dem Verschweigen und Verschleiern von gesellschaftlichen Widersprüchen»[115] geleitet, misstraut sie in erster Linie dem Grand Hotel selbst. Denn unabhängig davon wie das Grand Hotel versprachlicht wird, verkörpert es in architektonischer wie in sozialer Hinsicht, aber auch mit Blick auf die Ökonomie den sorgenfreien und alles Unpassende ausschließenden Ort. Deshalb erscheint es bei der Beschäftigung mit Grand-Hotel-Romanen wenig sinnvoll, danach zu fragen, was die Autoren kitten und verschleiern, vielmehr interessiert, wie das kollektive Einverständnis behauptet wird.

Die Texte lösen ein, was sie selbst als ihr Anliegen formulieren: Sie verdoppeln den realen und vitalen Gesellschaftsort Grand Ho-

---

113 Der Roman wurde nur in einer Auflage auf den Markt gebracht.
114 Bezeichnenderweise schreibt der St. Moritzer Archivar Jules Robbi im Bibliographie-Band seines ‹Quellenbuch St. Moritz› als Kommentar zur bibliographischen Angabe des Buchs: «Die Verfasserin beschreibt in belletristischer Art das Wintersaisonleben in St. Moritz. Empfehlenswert!» (Robbi 1910, Eintrag 74).
115 Vgl. Klein / Hecker 1977, 19.

tel[116]. Die ablehnende Kritik bestätigt dieses Wechselverhältnis, indem sie es anprangert. Auch wertende Rückschlüsse, welche die Kritiker[117] von den Romanen auf die Zeit ihrer Entstehung vornehmen, verweisen positiv gefasst darauf, dass die Bücher als zeittypisch[118] und repräsentativ verstanden werden. Indem die Literatur den kollektiven Wunsch des Bürgertums im Grand Hotel verortet, macht sie ihn greif- und bezifferbar. Dabei beschönigt sie nicht die Wirklichkeit, sondern schildert die gelebte Utopie. Dass aber auch die Utopie des Bürgers bürgerliche Züge trägt und nur dort spielt, wo sie den geschäftigen Alltag nicht tangiert, ist durchaus realistisch gezeichnet; sind doch schon die Räume des Grand Hotels Ausdruck einer übersetzbaren und damit gezügelten und domestizierten Phantasie. Die frühe Hotelliteratur übertüncht nicht gesellschaftliche Widersprüche, sondern führt in ihrer Distanzlosigkeit dem lesenden Bürgertum die Mittelmäßigkeit seiner Traumenergie vor.

---

116 Provoziert das wachsende Interesse am Grand Hotel dessen Literarisierung, so steht umgekehrt die Quantität der Hotelbücher dafür ein, dass das Hotel als zentraler Schauplatz seiner Zeit wahrgenommen wird.
117 Der Versuch, eine Epoche für ihre Literatur verantwortlich zu machen, führt immer auch zu Verkürzungen. So sieht Thiergärtner die großen Erfolge des Autors Richard Voss in der «Untergangsstimmung» seiner Bücher begründet, die mit dem «übersättigten Volk in der kraftlosen Stimmung des ausgelebten und sterbenden Jahrhunderts» im Gleichklang stehen würden. Hieraus ist nicht nur das zeitgebundene Urteil aus der politischen Perspektive von 1936 zu lesen, sondern auch die Gefahr, von literarischen Texten allzu leicht auf die Befindlichkeit einer Zeit zu schließen und damit eine implizite Wertung durch Verallgemeinerungen zu kaschieren. Auch Herwig interpretiert Voss als unfreiwillig verlogenen Repräsentanten einer Zeit, der nichts fehlt und deshalb zu Überspanntheiten neigt. (Besprechungen der Erinnerungen von Richard Voss ‹Aus einem phantastischen Leben› (1920) durch Herwig, in: Hochland 18. Jg (1920/21), 512).
118 In seiner harschen Kritik an den eklektischen Hotelbauten äußert der Schweizer Kunsthistoriker Peter Meyer 1942: «Alle Romane jener Zeit [der «Parvenü»-Zeit um 1900; C.S.] sind voll von Hotel-Szenen und beweisen damit, wie wichtig dieses Hotel-Erlebnis war, (...).» (Meyer 1942, 182).

6. Ende der Saison

Am 28. Juli 1914 nahm die Touristenzeitung ‹Engadin Express & Alpine Post› erstmals Stellung zum drohenden Ausbruch des Kriegs: «Zur Saison. Ein jähes Ende drohte ihr, die Kriegsfurie, die sie schon seit Jahresfrist hemmt und lähmt, wollte sie diesmal beinahe gänzlich dem Untergange weihen.»[1] Diese Metonymie, die gefährdete Sommersaison für den bedrohten Frieden Europas zu setzen, wirkt euphemistisch. Trotzdem steht die Saison als Übereinkunft der höheren Gesellschaft, sich zu einer bestimmten Zeit an einem bestimmten Ort zu treffen und einem Programm von Veranstaltungen und Lustbarkeiten zu folgen, repräsentativ für einen zivilisatorischen Akt jenseits nationaler Beschränkungen.

Sechs Tage später, am Dienstag, den 4. August 1914, verabschiedete sich die Redaktion von ihren Lesern und beklagte mit dem abrupten Ende der Saison den «Zusammenbruch der vielgerühmten Zivilisation des alten Europas». Diese Ineinssetzung von Saison und Zivilisation macht das Grand Hotel zur Chiffre eines liberalen Europas, das der Krieg mit seinem nationalistischen Anspruch bedroht. Felix Philippi schildert in seinem Roman ‹Hotel Gigantic› von 1916, wie sich das tändelnde Leben eines internationalen Grand Hotels angesichts der politischen Lage hin zu einer Atmosphäre offener Aggression verschiebt. Aus Gentlemen werden Engländer, aus Kokotten russische Nationalistinnen, aus Prinzen flammende Deutsche. Auch Thomas Mann hat den Einbruch eines politisch vergifteten Klimas auf dem ‹Zauberberg› als zunehmende Gehässigkeit und Gewaltbereitschaft unter den Gästen geschildert. Wortgefechte wandeln sich zu Duellen, kleine Handgreiflichkeiten werden zu Staatsbeleidigungen aufgebauscht, aus Langweile und Überdruss erwächst Hass. Der Raum eines friedlichen internationalen Zusammenlebens löst sich auf.

---

1 Die entsprechende Ausgabe ist in der Dokumentationsbibliothek St. Moritz einzusehen.

Ende der Saison

In der Autobiographie von Elizabeth Main hält die Solidarität unter Menschen, die eben noch unverbindlich plaudernd in der Halle den Tee genommen haben, bis zu ihrer Heimkunft an. Doch das Herausstreichen dieser Gegebenheit, die zu Friedenszeiten völlig selbstverständlich gewesen wäre, zeigt die veränderten Vorzeichen an.

> «Still unable to realize that a general European War was now inevitable, I prepared to leave, and next morning a note was brought to me from Herr Stilling to ask if he might share my little einspanner, for he could not obtain a conveyance of any kind and had to be at Bâle that night. Of course I consented with pleasure, and thus started my war-time experiences by assisting an enemy subject to mobilize, while he helped an enemy subject to regain her home!»[2]

Die Hoteliers waren schockiert, der Betrieb aber ging weiter. Das Grand Hotel, der Ökonomie unbedingt verpflichtet, hielt den Atem an und unterwanderte das Prinzip bezahlter Gastlichkeit in der Hoffnung, die hergebrachten Regeln hätten weiter Bestand und seien nur für kurze Zeit außer Kraft gesetzt. So meldete die Zeitung ‹Engadin Express & Alpine Post› am 15. Dezember 1914, dass vielen Gästen, bei Kriegsausbruch plötzlich ohne Zugriff auf Zahlungsmittel verblieben, gegen ihre Unterschrift weiterhin Kost und Logis in den vornehmen Hotels gewährt worden sei[3]. Hier öffnet sich der erste Riss. Noch verbürgt der Name den alten Platz in einer dem Untergang geweihten Epoche, noch besteht Hoffnung, dass Name und Finanzkraft wieder zusammenfinden und die Unterschrift Geld wert ist. Das Selbstverständnis des Grand Hotels aber ist erschüttert.

Der Brief von Mr. Hall Caine vom 6. November 1914 an Hans Badrutt bezeichnet einen doppelten Verlust: «I trust all will go well with you at St. Moritz though I fear that you also will feel the effect of this terrible and most wicked war. It is sad to think that so many faces that were familiar in your beautiful valley will never be seen there again.»[4] Einerseits ist der konkrete Verlust von Menschenleben angesprochen, die der Krieg einfordern würde, andererseits aber auch der Verlust einer angestammten Ordnung, bedingt durch tief-

---

2 Aubrey le Blond alias Main 1928, 180.
3 Das bestätigt auch der Brief eines New Yorker Gastes an die Adresse des Palace Hotel St. Moritz. (Original im Archiv des Hotels Palace St. Moritz).
4 Original im Archiv des Hotels Palace St. Moritz.

greifend politische und soziale Umwälzungen. Das alpine Grand Hotel des Engadins blieb in seiner materiellen Substanz zwar intakt, die innewohnende Gesellschaft aber, die sich mit diesem Ort so ausnehmend zu identifizieren verstanden hatte, war unwiederbringlich verloren. Die vitale Interdependenz zwischen Grand Hotel und Gästen hatte sich aufgelöst. Zurück blieb eine leere Hülle, welche die Hoteliers mit allen Mitteln wieder zum Leben zu erwecken suchten.

> «Freilich, die bange, schwere Zeit verlangt auch davon ihren Tribut, es wird stiller und ernster sein an unsern sonst vom jauchzenden Winterleben erfüllten Kurorten, auch in den Hotels wird in Lustbarkeit und Genuss entsprechende Zurückhaltung Grundsatz sein und als neutraler Schweizerkurort gilt die besondere Aufgabe, Frieden, taktvolles Benehmen und jede Rücksichtnahme unter den verschiedenen Nationalitäten zu wahren, als strikte Selbstverständlichkeit.»[5]

Das Grand Hotel als Ort internationaler Gemeinschaft, der unbeschwerten Genuss verspricht, hatte seinen Glanz verloren, es mussten neue Regeln aufgesetzt und Eingeständnisse gemacht werden. Die Hoteliers suchten «militärfreies»[6] Personal, das gleichzeitig die richtige Nationalität vorzuweisen hatte; man versuchte unliebsame Konfrontationen unter den feindlichen Kriegsparteien zu vermeiden. Gleichzeitig wollte man die Stammgäste[7] davon überzeugen, dass alles beim Alten geblieben war und bleiben würde. Die Hotelbesitzer aber wussten wohl am besten, wie wenig dies den Tatsachen entsprach. Neue Kundschaft suchte man sich nun vor allem in Amerika. Die Amerikaner wurden besonders umworben und wie ein New Yorker Werbefachmann am 30. September 1914 dem Hotelier des Palace brieflich versicherte, schien dieser Einsatz auch Erfolg zu versprechen: «I know Switzerland can be safely reached from America, and the prospects of feeding guests is easily solved. The first war scare having gone, I think American lovers of winter sport might be in-

---

5 Wahrscheinlich ‹Engadine Express› im Winter 1914.
6 Brief des Hoteldirektors Georges Gottlob an den Angestellten A. Peytrignet im Hotel Palace St. Moritz. Original im Archiv des Hotels Palace St. Moritz.
7 Antwortbrief eines Palacegastes an den Hotelier vom Dezember 1914: «I was glad to read your favorable report of conditions in Switzerland, and I trust that under your able management you will have a satisfactory season, notwithstanding the existing, most deplorable war.» (Original im Archiv des Hotels Palace St. Moritz).

duced to go to Switzerland, even when the war is continuing in France and possibly even on German soil.»[8] Eine weitere Strategie zielte darauf, die Schweiz zum Weltsanatorium auszurufen und den höheren Militärs in angenehmer Umgebung Erholung zu versprechen. Als Geste expliziter Gastfreundschaft, die wohl weniger als reales ökonomisches Entgegenkommen denn als symbolische Handlung zu verstehen ist, mussten verwundete Offiziere, unabhängig von ihrer nationalen Herkunft, keine Kurtaxe bezahlen und durften die Eisfelder gratis benutzen.

Im Außerhalb

> «In the glorious sunshine of this enchanted Alpine valley, one almost loses sight of the existence of the *outer* world *below*, with its bustle and noise, and taxicabs and autobuses, and other such nervewracking adjuncts of a big city.»[9]

Angesichts des Krieges erhalten die Adverbien «außen» und «unterhalb» eine andere Bedeutung. Das alpine Grand Hotel, bei welchem sich die horizontale Isolation der Insel[10] mit der vertikalen Erhebung des Bergs verknüpft, wird nicht länger als positiver Gegenpart zur hektischen Flachlandwelt gesehen. Über-den-Dingen-Stehen und der Exklusivität einer gepflegten häuslichen Ordnung nachhängen, wird als scheinheilig gebrandmarkt. Es gilt, Stellung zu beziehen – ganz im Sinne des militärischen Anklangs dieser Sprachwendung.

Eine Werbenotiz in der ‹The New York Herald› vom 23. Juli 1914 unter dem Titel «St. Moritz visitors keep in touch with world by ‹Herald› Bulletin», drückt die zwiespältige Stellung des unbeschwerten Grand-Hotel-Lebens angesichts des drohenden Kriegsausbruchs gleichsam beiläufig und gerade deshalb wohl auch so treffend aus:

---

8 Original im Archiv des Hotels Palace St. Moritz.
9 Notiz Daily-Mail, Sommer 1913. Eintrag in einem Buch mit gesammelten Annoncen aus den Jahren 1913 und 1914 im Archiv des Hotels Palace St. Moritz.
10 «Hier [im St. Moritzer Kulm Hotel; C.S.] merkt man, weiß der Teufel, nichts von ernsten Zeiten. Das scheint ja eine Friedens*insel* zu sein.» (Neustadt 1917, 37. Hervorhebung C.S.).

«The bulletin board on which the Herald's telegram is posted in the Palace Hotel is the first object of the visitors attention daily. When they have perused the paragraph giving the leading features of the day's news and are satisfied that no great catastrophe has happened in the cities in which they reside or to their friends in other cities, they proceed with tranquil minds to their amusements – tennis, golf, walks, etc. – which are the real business of the day.»[11]

Diese Szene, in der den Gästen die Nachrichten nebenbei gereicht werden, damit sie mit beruhigtem Gewissen zur Tagesordnung übergehen können, zieht sich als Schlüsselmoment mondäner Ignoranz[12] durch die Hoteltexte der Kriegsjahre.

«Dann lässt man sich mit dem Lift ein Stockwerk tiefer fahren zur Bar des Hotels. Höchstens zwanzig Schritte zu gehen! Auf dem Wege dorthin blickt man flüchtig auf eine Anschlagtafel im Gange, wo die Ankündigungen des Bobrennklubs und anderer Sportvereine angeschlagen sind, sich eine Maniküre empfiehlt und wo – richtig: so nebenbei, ganz klein mit Schreibmaschine beschrieben, ein Zettel hängt, auf dem die Schweizerische Depeschenagentur in deutscher und französischer Sprache mit wenigen Zeilen einen kurzen, wirklich sehr kurzen Auszug gibt aus den Tagesberichten der feindlichen Länder. Aber auch dieser Auszug wird kaum gelesen. Ich wenigstens habe nur ein einzigesmal jemanden vor dieser Tafel getroffen: Eine Dame blickte im Vorbeigehen auf sie und sagte zur ihrem Galan: ‹Ach, der dumme Krieg ...›»[13]

Die Gesellschaft wird verdächtig, als sie sich von der politischen Aktualität zurückzieht, um den kosmopolitischen Frieden zumindest unter dem Dach des Grand Hotels aufrecht zu halten. Während das angestammte Leben in seiner Kontinuität abbricht und sich ‹zu Hause› zu einem Ort der Not und Zerstörung wandelt, versucht das Grand Hotel, das bisher das Außergewöhnliche für sich in Anspruch

---

11 Notiz aus der Annoncensammlung 1913–1914 im Archiv des Hotels Palace St. Moritz.
12 So etwa auch in der folgenden Szene in Arthur Neustadts Roman ‹Mr. Fips in St. Moritz›: «Er hatte das nur geäußert, weil er kurz zuvor im Lift eine große Anzeige fand, auf der deutlich geschrieben stand: ‹Gäste, die über den Krieg oder über Politik reden, können sich als unerwünscht in diesem Haus betrachten›.» (Neustadt 1917, 41).
13 Alexander Dillmann, Feuilleton während des Ersten Weltkriegs. Zeitungsausschnitt ohne präzise Angaben, einzusehen im Kulturarchiv Oberengadin, Samedan.

genommen hat, Alltag zu statuieren. In den Augen der verbliebenen Gäste wandelt sich der Urlaubsort Grand Hotel zum eigentlichen Ort, dem einzigen, an dem sie ihren gewohnten Lebensstil des Müßiggangs fortführen können.

Der Autor, der weiterhin über das alpine Grand Hotel schreibt, ist gezwungen, seine Stellung zu überdenken. Besonders deutlich lässt sich dieser Bruch mit der angestammten Perspektive an den Essays Alexander Dillmanns nachweisen. Vor dem Ersten Weltkrieg hatte Dillmann seine Erzählerposition ganz im Innerhalb des Grand Hotels angesiedelt. So etwa in der folgenden Passage: «Es hat ohne Zweifel viel für sich, da in einer wundervollen, durchwärmten Hall zu sitzen und sich im Club-chair zu dehnen, während der Sekt im Glase perlt – und dabei draußen, wenige Meter vom Hotel entfernt, den vollen Zauber des Engadins im Hochwinter zu wissen.»[14] Damals war es wichtig zu betonen, dass man als Autor nicht nur im Grand Hotel logierte, sondern auch Zutritt zu den exklusiven Gesellschaftskreisen besaß. Identifikation machte die Texte für den Leser attraktiv. Später berichtet Dillmann über dasselbe Grand Hotel unter den Vorzeichen des Ersten Weltkriegs und erschreibt sich seine Position als Kritiker im Dazwischen. Er verweist dabei auf den Riss zwischen dem sich moralisch verpflichtenden Subjekt – hier der *beobachtende* Autor – und einer Gesellschaft, die immer nur etwas darstellen will, dies aber nicht auf eigene Rechnung, sondern auf Kosten anderer tut. Das Grand Hotel ist nicht länger lebbare Utopie, Märchenwelt für Erwachsene[15], sondern verdächtiger Fluchtpunkt.

Die physische Präsenz des Autors, eben noch Garant für eine authentische Berichterstattung, verlangt nun nach Rechtfertigung. Alexander Dillmann etwa betont, dass ihn ein Geschäft an diesen Ort geführt habe. Stefan Zweig zwingt seine angeschlagene Gesundheit hinauf zu den ‹Sorglosen›[16]. Die Autoren fühlen sich scheinbar gerade

---

14 Dillmann 1912, 70.
15 Vor dem Krieg schrieb Dillmann: «Es [St. Moritz im Winter; C.S.] ist für ein paar Monate eine Welt für sich. Eine Welt des Sports und der Eleganz. Eine Erinnerung aus der Kinderzeit steigt auf, das Märlein vom Eiskönig, von seinem gleißenden Hofstaat inmitten all der schweigenden Winterpracht.» (Dillmann 1912, 70).
16 Tagebucheintrag vom 12. Januar 1918: «Eigentlich widerlich. Diese Sorglosigkeit des Lebens. Man schämt sich dazuzugehören. Ich habe das Alles ja geschrieben in meinem Feuilleton.» Zweig bezieht sich auf den Artikel, der unter dem Titel ‹Bei den Sorglosen› in der ‹Neuen Freien Presse› in Wien erschienen ist. (Zitiert nach Zweig 1996, 322).

wegen ihrer konkreten Anwesenheit im Wolkenkuckucksheim dazu verpflichtet, die Hotelgesellschaft anzuklagen. Um sich keiner Laxheit schuldig zu machen, verzichten sie auf jede künstlerische Brechung der Moral und sehen etwa vom Stilmittel der Satire ab, das ihrer Kritik mehr Schärfe und weniger pflichtschuldige Verurteilung beibringen würde.

> «Täglich erneuert sich ihnen das Wunder einer Natur ohnegleichen. Sie aber sehen nur Menschen, die genau so blind sind, wie sie selber.
> Zu denken, was draußen an den Fronten vorgeht, in der gleichen Stunde, in der sie tanzen, schlemmen, f... und Mummenschanz treiben, in der gleichen Stunde ...
> Sehnsüchtig ziehen die Gedanken fort in unser wolkenumdrohtes Vaterland, in seine Not und Gefahr.
> Nein, Wolkenkuckucksheim, Fata Morgana einer Welt des Friedens, du – du bis nicht das Tal des Glücks!»[17]

Vom teilnehmenden Ich wandelt sich die Perspektive zum außenstehenden Kritiker des Kollektivs. Die unbeschwerten Gäste sind die Anderen: «Aber niemals war dort eine solche Versammlung von maskierten Müßiggängern, Deserteuren, Abenteurern, Aufpassern, Pseudodiplomaten und Kriegsgewinnlern mit ihrem Anhang, wie in diesem Kriegswinter.»[18]

Die parodierte Hotelgesellschaft

Arthur Neustadt, selbst in St. Moritz kundig, verlässt sich auf die Parodie, um das Gesellschaftsleben der Kriegsjahre darzustellen und entzieht sich damit spielerisch einer expliziten Selbstverortung. In seinem Roman ‹Mr. Fips in St. Moritz. Eine Satire des Engadiner Gesellschaftslebens› von 1918 übt er humoristische Überzeichnung. Dabei greift er das Unpassende und Unzulässige einer Hotelgesellschaft, deren Lebensweise während des Ersten Weltkriegs noch viel toller erscheint, sowohl inhaltlich als auch formal auf.

---

17 Dillmann, Feuilleton während des Ersten Weltkriegs; Kulturarchiv Oberengadin, Samedan.
18 Dillmann, Feuilleton während des Ersten Weltkriegs; Kulturarchiv Oberengadin, Samedan.

War es bei Mark Twain und Alphonse Daudet die umfassende Reiseliteratur der ‹Baedeker› und ‹Cooks› mit ihrer besternten Sicht der Welt, die sie als Folie ihrer Parodien verwendet hatten, greift Arthur Neustadt in ‹Mr. Fips in St. Moritz› auf die gängigen Versatzstücke jener Hotelgeschichten zurück, die nur wenige Jahre zuvor euphorisch die Vitalität des alpinen Grand Hotels gefeiert haben. Schon die Quantität der Hotelgeschichten, die vor dem Ersten Weltkrieg erschienen sind, sowie ihre hohen Auflagenzahlen verbürgen, dass sie in Form und Inhalt als bekannt vorausgesetzt werden können. Da die Parodie erst wirksam ist, wenn sie auf ein erfolgreiches Schema zurückgreifen kann, figuriert sie als Indiz formaler Etablierung.

Neustadt führt einen naiven Helden ein, der in einigen Charakterzügen an den gutmütigen Helden Tartarin aus Tarascon erinnert. Mr. Fips, der nur allzu gerne in die vornehme Hotelgesellschaft aufgenommen wird, zieht die Kategorien der gesellschaftlichen Abgrenzung ins Lächerliche. Denn Fips verstößt tölpelhaft und unwissend beständig gegen die guten Sitten, verfügt aber über die wichtigste Voraussetzung der Zugehörigkeit – viel Geld. Das Schmunzeln über den unangemessenen Helden untergräbt letztlich die Hotelgesellschaft selbst. «Parodie ist Karikatur mit den Mitteln des Karikierten.»[19] Die Hotelgesellschaft wird in ihrer eigenen Form überhöht, ihre Vorliebe für den schönen Schein wird aufgenommen und gegen sie selbst gewandt. Fips ist eine Gestalt wie aus dem Schelmenroman, die alles für bare Münze nimmt und – hier wird die pekuniäre Metapher konkret – gerade deshalb reüssiert.

Das Wort innerhalb der Parodie ist aber nicht allein auf den Inhalt, sondern auch auf das andere, vorangegangene Sprechen bezogen, und ist in diesem Sinn zweifach gerichtet. Es imitiert überkommene formale Strategien und bildet gleichzeitig den Gegenstand ab. Darüber hinaus rechnet die Parodie mit der Komplizenschaft des Lesers und kann als stark dialogisch bezeichnet werden, denn das Wissen des Lesers um die Form der Hotelerzählung fließt in ihre Konstruktion mit ein. So spielt Neustadt etwa mit Gemeinplätzen, indem er sie inflationär und an den unpassendsten Stellen einsetzt. Die Erklärung, dass die dünne Luft auf 1800 Meter für übertriebene Fröhlichkeit und Unbedachtheit verantwortlich sei – schon Benson hatte

---

19 R. Neumann zitiert nach Verweyen / Witting 1979, 78.

daraus eine kollektive Rechtfertigung gebastelt –, ist der Refrain, mit dem alle Dummheiten des Helden entschuldigt werden. Neustadt greift aber insbesondere auch die Position des Autors auf, wie gesehen die aktuelle Frage in Zeiten moralischer Stellungnahme. Er parodiert die gewollte Verwischung zwischen der Persönlichkeit des Autors und dem Ort seines Sprechens wie sie die Hotelgeschichten bis 1914 meist unreflektiert praktizierten[20]. Denn die ungeteilte und begeistert ausgedrückte Nähe zur Highsociety galt ihnen als Garant für die Zuverlässigkeit ihrer Schilderungen und diente zugleich dem Prestigezuwachs.

> «Leider war auf dem ‹Lion d'or› kein Platz mehr frei, so daß es mir nicht vergönnt war, die Reise mitzumachen, ich muß mich daher in diesem Falle ganz auf Mr. Fips' eigene Erzählung verlassen. (...) Ich bat, er möchte mir doch Näheres über seine erste Bobfahrt sagen, weil ich für die ‹Gazette internationale des Courses de Bob› einen Bericht schreiben müßte.»[21]

Neustadt verlagert die Erzählperspektive gegen Ende des Romans immer mehr von der Figurensicht des naiven amerikanischen Millionärs Fips zu jener eines Ich-Erzählers, der sich als Gesellschaftsreporter ausgibt und für die Authentizität des Geschriebenen im Sinne journalistischer Berichterstattung bürgt. Damit greift Neustadt die Selbststilisierung vieler Hotelroman-Autoren auf und macht sich über jene lustig, die sich über ihr Schreiben auch der sozialen Zugehörigkeit versichern.

Bemerkenswert ist, dass die teilnehmende Beobachtung, die sich in den Zwanzigerjahren als Paradigma der ‹Neuen Sachlichkeit›[22] etabliert – «das individuelle Erlebnis und die eigene Beteiligung werden als Voraussetzung der Beobachtung sowie als Strategien gewertet, welche die Zuverlässigkeit der Aussagen verbürgen»[23] –, von den frühen Hotelromanen bereits für sich beansprucht[24] wurde und bei

---

20 Indirekt kommentiert er dadurch auch die betont distanzierte Haltung der Autoren nach 1914.
21 Neustadt 1917, 283–284.
22 Der Begriff der ‹Neuen Sachlichkeit› tritt 1922/23 in der literaturhistorischen Debatte auf und versteht sich in diesem Zusammenhang in erster Linie als gegenexpressionistische Bewegung. (Vgl. Becker 1995, 14.)
23 Becker 1995, 12.
24 Hierzu gehören auch die Verwendung dokumentarischen Materials sowie eine einfache und klare Sprache.

Neustadt Anstoß zur Parodie gibt. Allerdings sind inhaltlich klare Unterschiede festzumachen. Der Vorgabe der ‹Neuen Sachlichkeit›, soziale Wirklichkeit ungeschminkt darzustellen[25], steht der voyeuristische Blick gegenüber, der in die Salons und Schlafzimmer der schönen Gesellschaft schaut, um die Neugier der Vielen zu befriedigen. Das führt zu Blochs Unterscheidung einer «unmittelbar kapitalistischen» Sachlichkeit in ihrer Bejahung kulturindustrieller Tendenzen und einer «mittelbaren», «reflexiven», welche die Massenkultur reflektiert, ohne sich ihr unterzuordnen. Diese Teilung ist jedoch einer ideologiekritischen Haltung zuzuordnen, die den frühen Hotelromanen nicht gerecht werden kann. Dem entgegen gilt es, eine formale Innovation zu behaupten, welche die Literarisierung des Grand Hotels auszeichnet.

Baustopp

Als die angestammte Gesellschaft das Grand Hotel verließ und die Literatur diesen Ort anhaltenden Müßiggangs moralisch verdächtigte, brach auch die Entwicklung des Bautyps ab. Mit Ausbruch des Ersten Weltkriegs wurde der Hotelbau in der Schweiz gestoppt. Am 2. November 1915 trat nach einem Bundesratsbeschluss die ‹Verordnung zum Schutz der Hôtelindustrie gegen die Folgen des Krieges› in Kraft. Die dem Hotelgewerbe gewährte Hilfe, die der Bundesrat direkt beschloss, bestand einerseits in einer staatlichen Stundung von Grundpfandschulden, andererseits in einem Hotelbauverbot[26]. Das anfänglich generelle Verbot wurde nach Einsprache der Gewerbeverbände relativiert, wobei die Behörden eine Bedürfnisklausel für Hotel-Neu- und Erweiterungsbauten einführten. Diese Beschränkung sollte nach dem Willen des Schweizerischen Bundesrats bis 1925 in Kraft bleiben. Zum Schutz der bestehenden Betriebe ausge-

---

25 «Demnach erweist sich das Schicksal der Angestellten während der Weltwirtschaftskrise neben der Aufarbeitung des Ersten Weltkriegs (...) sowie der Darstellung der Produktions- und Arbeitswelt (...) als eines der wichtigsten Themen neusachlicher Literatur.» (Becker 1995, 17).
26 «Wenn man von der durch den Krieg herbeigeführten Krisis sich einen Begriff machen will, muss man sich vor Augen halten, dass im August 1913 in Luzern 73'768 Fremde abstiegen, im August 1914 aber nur 8937.» (Ragaz-Pfeiffer 1918, 15).

arbeitet, verhinderte sie aber zugleich vitale, in die Zukunft gerichtete Veränderungen derselben. Im Herausfallen aus der Spirale der Wunscherfüllung seiner Gäste stagnierte der Bautyp Grand Hotel. Nach dem Ersten Weltkrieg fiel es schon schwer genug, die bestehenden Häuser sinnvoll weiterzuführen und den Stand des schnellen Wachstums von einst in mühsamer Kleinarbeit wieder zu erwirtschaften. Die ausgesprochen erfolgreichen Saisons nach 1910 hatten kurz vor dem Ersten Weltkrieg zu eiligen, großen und oft auch sehr spekulativen Bauten geführt[27]. Auch nach dem Krieg hielt die Phase der Stagnation einige Jahre an und es bestand die Gefahr, ins Provinzielle abzugleiten:

> «Im Sommer 1920 gehörte St. Moritz den Schweizern. Man wurde vom Herrn Concierge mit ausgesuchter Freundlichkeit empfangen, und Ober-, Mittel- und Unterkellner, Saaltochter und Femme de chambre gaben sich keine Mühe, ihre Freude ob der ‹arrivée› zu verbergen. Das tat dem helvetischen Ferienknaben wohl, und mit Behagen nahm er Besitz von dem Balkonzimmer, in dem vielleicht vor Jahren ein Kommerzienrat, ein echter Lord oder gar eine koburgische Prinzessin zu schlafen geruht hatte. Vor dem Kriege hatten manche Eidgenossen die Meinung, St. Moritz sei mehr für die Fremden da, für Ladies und Gentlemen, für Frankfurter Bankiers und amerikanische Dollarbarone. Die Engadiner haben das zwar immer bestritten; aber es war mir, unter uns gesagt, im Sommer 1920 in St. Moritz doch eine Nummer behaglicher als im Winter 1911 mit seinem großen internationalen Getue.»[28]

Nachdem die alpinen Grand Hotels im Lauf der Zwanzigerjahre die Gästezahlen der Vorkriegszeit wieder erreicht hatten und erneut Geld in Ausbau und Erweiterung der Hotels investieren konnten, mussten aufgrund der Wirtschaftskrise in den Dreißigerjahren verschiedene Häuser[29] schließen, während sich andere zwar hielten, aber einen dramatischen Rückgang an Logiernächten hinnehmen muss-

---

27 Über das Engadin hinausgeschaut setzte Peter Behrens Projekt für ein Grand Hotel in San Remo, 1914 unmittelbar vor Kriegsbeginn entworfen und unter den gegebenen Umständen nicht ausgeführt, den formalen Schlusspunkt einer Entwicklung. Spätere Hotelbauten folgten einer grundlegend neuen Konzeption von Raum und Gesellschaftlichkeit.
28 Schmid 1924, 34.
29 Nach mehreren Handänderungen seit den Zwanzigerjahren verkauften Privateigentümer das Maloja Palace beispielsweise 1932 an die Kantonalbank Graubünden, 1934 musste der Betrieb eingestellt werden. (Vgl. Ott 1990, 130).

ten[30]. Von 1939–1945 blieb von den luxuriösen St. Moritzer Hotels nur das Palace geöffnet. Und der Zweite Weltkrieg brachte erst den Anfang einer Krise. Aufgrund der Umwälzung aller Werte waren Existenz wie Ausrichtung der Grand Hotels grundlegend in Frage gestellt.

«Die französische Revolution hatte die Gleichheit aller Bürger gebracht – wenigstens theoretisch. Und auch wo sie nicht effektiv durchgedrungen war (…), galt sie doch als Forderung. Der dem Europäer seit Jahrhunderten anerzogene Takt für das jedem einzelnen Stand angemessene Auftreten, zu dem auch die Art seiner Architektur und seiner Möbel gehört, hielt aber immerhin noch etliche Generationen vor – dann, in den Siebzigerjahren [1870; C.S.], war er aufgebraucht. Unterdessen war das Bürgertum durch die sich stürmisch entwickelnde Industrie reich geworden und neue Schichten ohne alte bürgerliche Kultur drängten nach. Mochten die altbürgerlichen Familien ihre altväterisch-gediegenen Traditionen pflegen, die Neureichen hatten keinen Grund, sich Diskretion aufzuerlegen. Man hatte die Mittel, großartig aufzutreten – warum hätte man sie nicht ausnützen sollen? Man tat es geradezu im Gefühl, etwas nachholen zu müssen. Und nun schießen die geheimsten Wunschträume des Kleinbürgers ins Kraut: Einmal in einem richtigen Palast wohnen! Über breite, teppichbelegte Treppen schreiten! Sich in riesigen Spiegeln in schwer goldenen Rahmen sehen! Sich von Kellnern im Frack bedienen lassen – im gleichen Saal wie ein richtiger Graf oder gar ein Millionär – welche Wonne für den Parvenü!»[31]

Der Kunsthistoriker Peter Meyer bringt in seiner ‹Schweizerischen Stilkunde› von 1942 ideologisch motivierte Kritik an den Grand Hotels an und zitiert die Topoi gastlicher Lebensart als Chiffren der Dekadenz. Dabei fällt auf, wie Meyer aus der Sicht der Vierzigerjahre eine ausgesprochen konservativ anmutende Genealogie des Kulturzerfalls nachzeichnet und seine eigene bürgerliche Position zu retten sucht, indem er im 19. Jahrhundert eine Spaltung in traditionsbewusstes Bürgertum und kulturlose Neureiche vornimmt. Waren die Bürger einst mit ihren materialisierten Träumen vom Adelsschloss zufrieden, da sich selbst die gekrönten Häupter in den Grand Hotels wohler fühlten als in ihren kühlen Schlössern, sehen sie diese Träume

---

30 Von 693'162 Logiernächten, die im Rekordjahr 1929 in St. Moritz verzeichnet werden konnten, fiel die Zahl der Übernachtungen 1932 auf 328'943. (Vgl. Kessler 1997, 19).
31 Meyer 1942, 181f.

nun als kleinbürgerlich entlarvt und müssen, durch Klassenbewusstsein gleichsam dazu gezwungen, Abstand nehmen.

«Auf dem Land, als Rahmen für Ferienaufenthalte, wird der innen und außen mit Prunk überladene Hotelpalast heute allgemein als derart deplaciert empfunden, daß es eine verderbliche Illusion wäre, auf eine Wiederkehr der Konjunktur zu warten; denn wer heute in die Berge, oder sonst aufs Land in die Ferien geht, sucht gerade den Anschluß an die Natur; er will eine Umgebung von ländlichem oder sportlichem Charakter – und jedenfalls nicht einen städtischen Prunk, der in den Städten selbst längst überholt ist.»[32]

Meyers Analyse stützt aus kunsthistorischer Sicht, polemisch zugespitzt, Armin Meilis weit angelegte und vom Bundesrat initiierte und finanzierte Studie ‹Bauliche Sanierung von Hotels und Kurorten›. Während des Kriegs verfasst und 1945 in Zürich erschienen, war die Studie durch die Hoffnung auf eine bessere Zukunft motiviert und besaß symbolischen Charakter. Nach dem Hotelbauverbot als Reaktion auf den Ausbruch des Ersten Weltkriegs kam nun die positivistische Haltung des Weiterbauens zum Tragen. Der Fremdenverkehr wurde gerade mit Aussicht auf ein Ende des Zweiten Weltkriegs als wichtig eingestuft. Die Schweiz sollte erneut als Sanatorium Europas fungieren.

Armin Meili beruft sich bei seiner Konzeption baulicher Veränderungen auf die Qualität der frühen klassizistischen Hotelbauten um 1840, die sich durch klare Volumina, eine schlichte Fenstereinteilung und flache Eindeckung auszeichnen. Dabei ist sich Meili des komplexen Zusammenspiels verschiedener Komponenten, die ein Grand Hotel über seine Materialität hinaus konstituieren, durchaus bewusst. Neben der Wichtigkeit des Gastgebers betont er die Notwendigkeit des Atmosphärischen.

«Wenn wir heute über die Bauweise von 1870 bis 1890 zu Gerichte sitzen, werden schonungslose und oft verständnislose Urteile gefällt: geschmacklose Zeit! Parvenu-Epoche! dekorative Überschwenglichkeit! In den Speisesälen aus dieser Zeit befällt uns ein wahrer Alpdruck. An der Landesausstellung 1939 zeigten wir die Makartschwüle eines Hotelzimmers von 1880. Aber auch das andere Extrem der absoluten Sachlichkeit kann leicht, namentlich für Gesellschaftsräume, zu weit getrieben werden.»[33]

---

32 Meyer 1945, 44.
33 Meili 1945, 13.

In die Ablehnung gegenüber dem historistischen Erbe mischt sich Respekt vor der atmosphärischen Kraft, die diese Epoche zu evozieren vermochte. Steht Makartschwüle für Farbigkeit, Geschlossenheit, Schwere aber auch erotische Überhitzung ein, zielt die Sachlichkeit auf Hygiene, Klarheit, helle Farben und Tageslicht[34]. Meili positioniert sich hier, trotz seiner Wertung, wie die Ausrufezeichen nachdrücklich festhalten, als Vermittler. Aus der Distanz zu einer klassischen architektonischen Moderne der Zwanzigerjahre, die das historistische Hotel rigoros verworfen hatte, vermag er, Qualitäten des Überkommenen zumindest anzudeuten.

Meili und seine Planergruppe schlagen vor, den malerischen und repräsentativen Überschwang hin zu geometrischer Klarheit zu bändigen[35]. Noch einmal findet, wenn auch mit Vorbehalten, eine aktive

---

34 Ein bekanntes Hotelprojekt der Moderne, das nach einem Brand trotz des Hotelbauverbots auf den Grundmauern des Vorgängerbaus errichtet werden durfte, sind die zusammengehörenden Bauten des Hotel Alpina und Edelweiss in Mürren. (Vgl. Schaeffer 1929). Eine der Kernaussagen einer zeitgenössischen Publikation zum Thema lautet: «Durch den neu anschwellenden Fremdenstrom sind heute Anbauten und Umbauten an der Tagesordnung und mit dem Erlöschen des Hotelbauverbotes (1930) werden neue Bauten entstehen. Aber bei all diesem Bauen wird man Kosten und Nutzen heute vorsichtiger als je abwägen müssen. Und deshalb wird sich die Standardidee, wie bei der beweglichen Habe, durchsetzen, weil sie die grösste wirtschaftliche Lebenskraft besitzt. Grossväterliche Sentimentalität, die sich auch im Grossen an den trauten Chaletstil klammerte, wird einem zweckgebundenen Heimatschutz weichen müssen.» (Schaeffer 1929, 6).

35 Wolfgang Hildesheimer beschreibt die Hotelbauten von St. Ignaz – alias St. Moritz wie mir sein Schwager A. Dillmann in einem Brief vom 25. Juli 2000 versichert – und führt die unermüdlichen Anpassungen an den jeweiligen Zeitgeschmack noch einmal vor Augen: «Hier hat über das solide, geräumige Gebäude des mittleren neunzehnten Jahrhunderts, welches vielleicht hier und da ein munteres Element, etwa in Form eines farbigen Terrakotta-Auswuchses, aufweist, ein Architekt der flotten Neunzigerjahre ein weiteres Stockwerk mit Holzbalustraden und gotischen – aber nicht zu gotischen – Bögen gesetzt. Da kam ein Baumeister unseres Jahrhunderts daher, sah sich das Bestehende prüfend an und probierte kurzerhand den Pagodenstil darauf aus, und zwar – da hier die kalte Logik des Steinbaus versagte – tat er es mit Beton. Der nächste krönte das Werk mit einem Schweizer Dach und geschnitzten Giebeln, was ihm keiner verübeln wird, denn der Nationalstil will auch zu Worte kommen. Der hieraus entstehende Nachteil, daß der kommende Architekt, welcher vermutlich das, was er zu sagen hat, mit Glas und Stahl sagen wird, zunächst dieses Dach wieder entfernen muß – wie man einen Hut lüpft –, bevor er das nächste Stockwerk dazwischenschiebt, ist unwesentlich, wenn man Aufwand gegen Erfolg abwägt. Denn dieser ist wirklich beträchtlich; das heißt: wenn man als sein Kriterium die Vielfalt verschiedener Stilarten an einem Bauwerk anlegt.» (Hildesheimer 1953, 157–158).

Auseinandersetzung mit den Grand Hotels statt, die zwar als fragwürdiges, aber lebendiges Erbe behandelt werden. Noch einmal setzt ein Diskurs ein, der den Raum des alpinen Grand Hotels zu einem kollektiv relevanten formen will und den ausgezeichneten Ort, hier die konkreten Bauten von St. Moritz, zu verändern sucht. Diese Studie ist vom Bemühen getragen, baulich nachzuzeichnen, was auf sozialer Ebene als Korrektur hin zu einer Demokratisierung der Ferienparadiese begrüßt wird, nämlich der Einzug des modernen, mittelständischen Menschen, der nicht mehr Märchenschloss und Repräsentation sucht, sondern Erholung will.

«Am deutlichsten wurde mir die zerstörende Kraft des Tourismus im oberen Engadin, dieser herrlich gelungenen Verschmelzung des Mediterranen und Polaren, diesem in Lärchen-Zartheit geglückten Ausgleich von Schwermut und Heiterkeit, von heroischem Schwung und stolzer Reinheit. Die Luft wird von der Kloake Sankt-Moritz verpestet, und das Auge wird beleidigt durch die nach Maloja sich ohne Unterbrechung hinziehenden Ketten von Komfort-Fabriken ... (Hier) bricht die europäische Krankheit in einer Kette von Eiterbeulen aus. Ein Land, das touristisch erschlossen wurde, verbirgt sich metaphysisch – es bietet eine Kulisse, aber nicht mehr seine dämonische Kraft dar.»[36]

Während die Kulturkritiker im Schreiben über das Grand Hotel Fabrik und Kaserne[37] als Negativbilder einengender, trister und Macht zentrierter Institution zitieren, wollen die Architekten die verspielten Bauten dem Gedanken des Schlichten anpassen und reproduzieren so bildlich die negativ besetzte Metapher der Kritiker. Gerade im ge-

---

36 Gerhard Nebel: ‹Unter Kreuzrittern und Partisanen›, Stuttgart 1950. Zitiert nach Enzensberger 1962, 183.
37 In seiner Studie ‹Die Angestellten›, 1929 in Fortsetzung in der ‹Frankfurter Zeitung› und 1930 in Buchform erschienen, hat Kracauer die Vergnügungslokale der «Angestelltenheere» (96) bezeichnenderweise «Pläsierkasernen» (95) genannt und überdies zwischen Amüsierlokal und Grand Hotel eine Analogie hergestellt: «Seinen Kern [des Amüsierlokals; C.S.] bildet eine Art von gewaltiger Hotelhalle, über deren Teppiche die Gäste des Adlon schreiten dürften, ohne sich gedemütigt zu fühlen.» (Kracauer 1971, 96).
Walter Benjamin spricht in seiner Rezension zu ‹Die Angestellten› unter dem Titel ‹Politisierung der Intelligenz› vom Traumgehalt der Vergnügungslokale: «Die eigentlichen Symbolzentralen dieser Welt sind die «Pläsierkasernen», der stein-, vielmehr der stuckgewordene Wunschtraum des Angestellten.» (Rezension gedruckt in Kracauer 1971, 121).

planten Abtragen der Dachlandschaften[38] kommt der ökonomische Zwang kastenartig[39] aufeinander gesetzter Stockwerke wieder unverdeckt zur Anschauung. In diesem Sinn findet eine doppelte Diskreditierung des Baus statt: Die Architektur schleift mit den Ornamenten[40] auch die historische Verortung und damit die Erinnerung und reduziert den Bau auf seine repetitive Struktur. Die Kulturkritik schiebt dem Grand Hotel den negativ besetzten Begriff der Kaserne[41] unter und schränkt dadurch zusehends die Möglichkeit kollektiver Identifikation ein. Denn schon Identifikation wird als Unterwerfung unter ein ökonomisch motiviertes Machtgefüge ausgelegt. Dass der Kritiker seinerseits in die Reklamesprache der Werbeprospekte verfällt und den naheliegenden Verdacht, selbst als Tourist zu sprechen, durch Überheblichkeit und das moralische Recht des Anklägers, der das Schöne gegen das Hässliche verteidigt, wettmacht, relativiert zwar die Stellung des Kritikers – Enzensberger liest darin eine Reaktion auf «die Bedrohung oder Vernichtung» der «privilegierten Stellung» durch den «billigen Reisepöbel» – seine Botschaft aber hat sich längst eingeprägt.

Trotz der genannten Bemühungen, das Grand Hotel nach 1945 wieder zu beleben, blieben viele Häuser geschlossen und verfielen.

---

38 «Für das Ortsbild ist die Bereinigung der in den verschiedensten, oft sehr wilden Formen aufgebauten Hoteldächer eine wichtige und dankbare Aufgabe. Die Dachsilhouette ist ausschlaggebend für den Ausdruck des ganzen Baues. In vielen Fällen kann schon durch den Ausbau eines flachgedeckten Attikageschosses über dem Hauptgesims eine befriedigende Lösung erzielt werden. Eine Herabstockung verschiedener Spitzgiebeldächer führt zu einer Aufwertung von Gastzimmergruppen unmittelbar benachbarter Hotels, die mehr Licht und Sicht erhalten. Damit wird die Sanierung der Angestelltenräume in den Dachgeschossen verbunden, welche meist überbelegt sind und zu geringe Fensterfläche haben.» (Meyer 1945).

39 Vor dem «sogenannten Kasernenstyl» warnt Guyer bereits 1874. Er hält den Architekten, «welcher seiner Aufgabe gewachsen ist», dazu an, eine wirkungsvolle Fassadengestaltung mit der Forderung nach gewinnbringender Raumausnutzung zu verbinden. (Vgl. Guyer 1874, 60).

40 Das Ornament als Gedächtnis der Architektur bemüht Siegfried Kracauer in seinem Essay ‹Straße ohne Erinnerung›, der erstmals am 16. Dezember 1932 im Feuilleton der ‹Frankfurter Zeitung› erscheint: «Man hat vielen Häusern [am Kurfürstendamm in Berlin; C.S.] die Ornamente abgeschlagen, die eine Art Brücke zum Gestern bildeten. Jetzt stehen die beraubten Fassaden ohne Halt in der Zeit und sind das Sinnbild des geschichtslosen Wandels, der sich hinter ihnen vollzieht.» (Kracauer 1987, 18).

41 In Berlin auch im bürgerlichen Schreckbild der Mietskasernen gefasst.

Das Grand Hotel wurde gleichsam zwischen dem Anwurf der Kaserne und der gleichzeitigen Ablehnung der unbekümmerten Historismusarchitektur als Zeuge einer diskreditierten Epoche aufgerieben[42].

> «I vecchi alberghi di montagna, quelli che conobbero le prime ansie alpinistiche della felice generazione dei nostri nonni, stanno cedendo il passo all'incalzante dinamismo del secolo e, o si trasformano o decadono inesorabilmente. (...) Addio vecchi alberghi, avventure romantiche a cui i clienti novecentisti non vogliono piu sottomettersi!»[43]

Postkartengrüße aus dem Engadin

In der Postkarte[44] überkreuzen und potenzieren sich bildliche und sprachliche Stereotypen, indem sie das, was auf dem Bild zu sehen ist, wörtlich wiederholen. Als Massenprodukt ist die Postkarte Chiffre des Etablierten und lässt den Konsens des Schönen und Typischen sehen. Sie rechnet mit einer zeitlichen Differenz zwischen Senden und Empfangen. Diese spezifischen Grüße richten sich an die Zwanzigerjahre und darüber hinaus sind sie an den Epilog adressiert, wo der Frage nachgegangen wird, welche gesellschaftliche Relevanz die Hüllen der Grand Hotels einer vergangenen Epoche nach dem Zweiten Weltkrieg für sich beanspruchen können. Die Kartengrüße halten noch einmal Rückschau auf die Engadiner Landschaft und reflektieren, gerade weil sie selbst Zeugnis davon abgeben, deren kunsthandwerkliche Überschreibung. Setzt die «postalische Eigen-

---

42 Als Konsequenz einer Kulturkritik, die das Kollektiv als Vermassung und den Hotelbetrieb als Einschränkung der Individualität brandmarkte, sind nicht zuletzt Ferienhäuschen und Zweitwohnung in aufgeblasenen Chalets entstanden. Hier wurde in seinen eigenen vier Wänden keiner mit Benimm und Modevorschriften belangt. Gesellschaft und Öffentlichkeit wichen einer ‹Tyrannei der Intimität›. (Der Begriff geht auf einen Buchtitel von Richard Sennett zurück; Sennett 1999).
43 Cereghini 1950, 153.
44 Die illustrierte Postkarte wurde um 1870 eingeführt. In Deutschland erhielt die Privatindustrie ab 1885 die Erlaubnis zur Herstellung von Postkarten, anfänglich blieb die Produktion jedoch bescheiden, erst in den letzten Jahren des 19. Jahrhunderts entwickelte sich die Postkarte zum visuellen Massenmedium und fand den Höhepunkt ihrer Beliebtheit zwischen 1895 und dem Ersten Weltkrieg.

schaft den Empfänger in unmittelbaren Kontakt mit dem Ort der Absendung»[45] und schafft damit eine enge emotionale Verbindung, so können die folgenden Postkartengrüße als Tribut an einen liebgewordenen Ort gelesen werden. Im zweiten Teil dieser Arbeit werde ich das Engadin verlassen, da sich das literarische Grand Hotel, einmal festgeschrieben, von der Verknüpfung mit dem konkreten Ort löst und selbst zum Topos wird.

Eine Szene aus Matilde Seraos ‹Evviva la vita!› zeigt exemplarisch die Überschreibung der Natur hin zum Schauplatz vorgefertigter Gefühle, für welche die Postkartengrüße stehen: Lillian Temple, eine der Hauptfiguren des Romans, geht blond und blauäugig in den Gletschertod. In ihrer Liebe, die sie während eines Grand-Hotel-Aufenthalts in St. Moritz gefunden zu haben glaubte, enttäuscht, zurückgewiesen und unverstanden, kehrt die junge Frau nach einigen Monaten in der Heimat ins Engadin zurück, um bei der Isola Persa[46] zu sterben. Doch bevor die ‹verlorene Insel› zur Insel der Verlorenen wird, schickt sie dem Geliebten eine Ansichtskarte und in die weißen Gletscherstreifen eines Bergpanoramas schreibt sie nochmals die Worte ewiger Liebe ein[47]: «A toi, pour la vie, pour la mort ...». In einer Gletscherspalte der Isola Persa sucht sie den Tod, das sichernde Seil hat sie durchschnitten, und ihr toter Körper verdoppelt die Unausweichlichkeit der Schrift: für immer!

«Kaum eben sieht man hier mit anderen Augen als denen von vorgestern. Das Gebirgswasser hat eine verabredete Farbe, sie kommt nicht von sich los. Die Tannen hängen aus dem neunzehnten Jahrhundert herein, aus tausend matten Bildern. Wie entlegen ist das Knistern des Wassers seinen Weg entlang, unaufhörlich, immer dasselbe und in niemandes Ohr. Aber schlechte Ohren hörten ein quasi murmelndes Bächlein aus dem Geknister, und dies banale Wort klingt wie ein Gassenhauer nach, steht wie ein Ladenschild über der gar nicht vorhandenen Tür. (...) Ansichtskarten aus der schlechten Zeit decken eine Landschaft zu, indem sie unausrottbar abbilden. Es ist dieselbe Landschaft aus Wildwasser, steilen Matten, gezackten Alpen, die vor hundert Jahren noch Schrecken erregt hatte und seitdem aus den Kartengrüßen

---

45 ‹Das Blaue Blatt. Internationaler Anzeiger für Philatelie und Ansichtskartenwesen›, 3. Jg. 1901, 1. Zitiert nach Maase / Kaschuba 2001, 56.
46 Dieser suggestive, in der Engadiner Geographie aber verbürgte Name bezeichnet eine Felseninsel inmitten des Gletschermeers des Morteratsch am Fuß des Piz Palü.
47 Signifikanterweise ist diese Verschränkung zwangsläufig der Vorgabe der frühen Postkarten geschuldet, die nur auf der Bildseite beschrieben werden durften.

nicht herauskommt. Ja, sie hat im neunzehnten Jahrhundert gelitten wie kaum eine andere, (...). Und auch seitdem ist diese Landschaft so schwer von der Tünche des Geschwätzes zu befreien; keine zuletzt ist so leicht photographierbar geworden und so schwer zu malen. Obwohl Berg und Tal unberührt hinter dem Loden stehen, der sie zugehängt hat oder dermaßen bodenständig gemacht.»[48]

Ernst Bloch rüttelt am größten Mythos einer alpinen Landschaft, er misstraut der in Wort und Bild beschworenen Natürlichkeit der Natur. Sie erscheint ihm überlagert von einem historischen Diskurs und genormt über eine durch Massenproduktion gefertigte Sehgewohnheit. Interessanterweise erfährt Bloch jedoch gerade das Engadin als weniger abgegriffen als Ostalpen und Berner Oberland und begrüßt, was Clara Schumann 1868 noch irritiert hatte, dass das Engadin etwas Unnahbares behält, nicht zuletzt deshalb, weil es im 19. Jahrhundert später entdeckt und zurückhaltender überschrieben worden war als andere Landstriche[49]. Allgemein aber sieht Bloch die Alpen auf Postkartengrüße reduziert, die hier exemplarisch für eine umfassende mediale Aufbereitung stehen. Auf den Maßstab des Klischees und das «hingestellt Großartige»[50] hin banalisiert, werden sie als Ware veräußert. Die Kultur*industrie*[51] hat sich die Sprachbilder und lohnenden Ansichten einer vergangenen Epoche einverleibt. Damit

---

48 Bloch: ‹Alpen ohne Photographie›, 1985, 489.
49 Vgl. Bloch 1985, 489–490.
50 Bloch 1985, 491.
51 Bloch hält, trotz der Überlagerung durch die Warenwelt, an der Natur als staunenswerter und Betroffenheit auslösender fest und durchbricht den dialektischen Umschlag, wie ihn Horkheimer und Adorno als zwingend beschreiben: «Natur wird dadurch, dass der gesellschaftliche Herrschaftsmechanismus sie als heilsamen Gegensatz zur Gesellschaft erfasst, in die unheilbare gerade hineingezogen und verschachert. Die bildliche Beteuerung, dass die Bäume grün sind, der Himmel blau und die Wolken ziehen, macht sie schon zu Kryptogrammen für Fabrikschornsteine und Gasolinstationen.» (Horkheimer / Adorno 1995, 157). Bloch vertritt die Hoffnung auf ein Zusammen von Kunst und Natur jenseits von Konsum und Weltflucht. Es ist hier nicht der Ort, die Blochsche Hoffnung in die Natur zu kritisieren oder zu diskutieren, inwiefern die Wahrnehmung innerhalb einer Konsumgesellschaft immer schon funktionalisiert und letzthin korrumpiert ist. (Berechtigte Vorbehalte siehe Vidal 1994, 167ff.) Festzuhalten ist jedoch, dass Bloch die Alpenwelt nicht leichtfertig aufgibt, auch differenziert er die Kritik am Touristen als dem Anderen. Er schließt sich in die Bemühungen um ein anderes Sehen und Schreiben über diese Landschaft mit ein.

werden Worte und Bilder[52] in einem doppelten Sinn zu überkommenen: Kartengrüße sind sowohl etabliert als auch veraltet und haben sich über die unermüdliche Abbildung der Abbildung immer weiter vom Abgebildeten gelöst.

> Umsonst ist's, dass ich auf den Genius warte. / Natur ist häufig eine Ansichtkarte
> Der schönste Schnee wird schließlich doch zum Schlamm. / Es ist die Landschaft für ein Epigramm!

Als sich Karl Kraus im August 1916 im Engadin aufhielt, schrieb er an den ‹Letzten Tagen der Menschheit›. Zu dieser Zeit entstand auch das Sidonie Nádherny gewidmete und oben im Ausschnitt zitierte Gedicht ‹Epigramm aufs Hochgebirge›[53]. Darin äußert Kraus Vorbehalte gegenüber einer Landschaft, die nicht zuletzt deshalb als poetisch gilt, weil die Stichwörter des Alpenlobs so präsent sind. Zum Engadin findet Kraus im Bachtinschen Sinn nur vorbehaltliche Worte: «Das vorbehaltliche Wort ist stets ein zweistimmiges Wort. Ein Vorbehalt kommt nur dort zustande, wo es früher ohne Vorbehalte, in vollem Ernst zuging. Die ursprüngliche direkte und vorbehaltlose Bedeutung dient jetzt neuen Zielen, die sich seiner von innen her bemächtigen und ihm einen Vorbehalt mitteilen.»[54] Kraus zitiert Alpenglühen, Höhenrausch und Panorama, um ihre hergebrachten Konnotationen durch eigene Erfahrung zu widerlegen. Die etablier-

---

52 Die Fotografie, die sich ehemals an ein gebildetes und vermögendes Publikum richtete, wurde durch die Verbreitung auf der Postkarte erstmals zu einem billigen und allen zugänglichen Produkt. Retuschen, Montagen und das Einfärben der Schwarz-weiß-Bilder korrigierten die technisch nicht perfekt wiedergegebene Wirklichkeit und etablierten eine eigene Ästhetik. Mit der Fotografie popularisierten sich auch die neuen Bildinhalte. In billigem Druck zeigten die Postkarten die immer gleichen Motive: «Wie stark dieser ästhetische Code – Zauber des Winterschnees, rauhreifüberzogene Bäume und Seen, blumenübersäte Frühlingswiesen, friedlich äsende Schafherden mit ihren Hirten – einem durch die Romantik geprägten Geschmack des Volkes entgegenkam, belegen die vielen damaligen Glückwunsch- und Beleidskarten mit Photos der Bündner Photographen.» (Stutzer 1992, 16). Indem Bloch die Fotografie mit der Postkarte engführt, reduziert er sie auf den Kanon des Malerischen und bleibt damit in Vorurteilen befangen. Die Fotografie wird als mechanische Reproduktion des Gefälligen diskreditiert, während Bloch der Malerei die Dimension des Wahren zuspricht, die die Oberfläche der Dinge durchdringt und Erinnerung miteinschließt.
53 Zitiert nach Wanner 1993, 404–405.
54 Bachtin 1985, 114.

ten Sprachbilder binden jedoch so stark, dass man sie zwar verneinen, sich aber nicht über sie hinwegsetzen kann. Was bleibt ist Spott angesichts der eigenen immer schon kulturell codierten Wahrnehmung.

Kurt Tucholsky spottet 1926 im Gedicht ‹Kartengruß aus dem Engadin›[55] weniger über die Unausweichlichkeit der Stereotpyen als er mit ihrer Abgegriffenheit spielt und die Klischees so weit überzieht, bis sie kippen.

> Du guter Leser – herzliche Postkartengrüße!
> Hier gletschern die Gletscher. Der Fexbach rauscht.
> Die Sonne brennt. Das Zeltdach bauscht
> sich im heißen Mittagswind.
> Ein Kindlein pflückt bunte Blumen lind.
> Da sitzt Theobald und fühlt innerlich:
> Und wer pflückt mich?

Das Wechselverhältnis von literarisch überformter sowie künstlich aufbereiteter Landschaft und Grand Hotel wird in Erich Kästners satirischen Versen ‹Vornehme Leute, 1200 Meter hoch›[56] von 1929 in überspitzter Form herausgehoben. Die Postkarten sind hier das bevorzugte Medium jener Gesellschaft, die in den Grand Hotels Unterhaltung, Bequemlichkeit und freundlich arrangierte Ausblicke erwartet.

> Sie sitzen in den Grandhotels.
> Ringsum sind Eis und Schnee.
> Ringsum sind Berg und Wald und Fels.
> Sie sitzen in den Grandhotels
> und trinken immer Tee.
>
> Sie schwärmen sehr für die Natur
> und heben den Verkehr.
> Sie schwärmen sehr für die Natur
> und kennen die Umgebung nur
> von Ansichtskarten her.

Postkarten erscheinen als Indizien eines kollektiven Verdachts. Verdächtig machen sich sowohl jene, die sie verschicken, wie auch alle, die sie empfangen. Sie sind die Ersatzhandlungen der Spießer, die das hübsche Bild echter Erfahrung vorziehen, so der Tenor postalischer Kulturkritik. In obiger Reihe lyrischer Postkartengrüße aber wird die Kritik gleichsam selbst zum Klischee. Interessant jedoch ist, dass sich im Medium der Postkarte Schrift und Bild, Sender und Empfän-

---

55 Zitiert nach Seitz 1987, 200.
56 Zitiert nach Seitz 1987, 201–202. Sein Gedicht bezieht sich zwar nicht auf das Engadin im Speziellen, aber auf den alpinen Kurort im Allgemeinen.

ger überkreuzen und damit zum Ausdruck kommt, in welch komplexem Wechselverhältnis das alpine Grand Hotel als Mittelpunkt eines regen Schriftverkehrs zu verorten ist. Joseph Beuys[57] immerhin überschreibt[58] eine historische Postkarte, auf der inmitten der kargen Oberengadiner Landschaft die elektrischen Drähte aus dem Nichts des Vordergrundes von Mast zu Mast bis ins Grand Hotel Maloja Palace im Hintergrund laufen, so energisch wie vieldeutig: *La rivoluzione siamo Noi!*

---

57 Beuys Interesse am Engadin ist nicht zuletzt seiner Wahlverwandtschaft zu Segantini zu verdanken. Die in zwei Schüben 1950 und 1971 entstandene Installation ‹Voglio vedere le mie montagne› spielt auf die Bitte Giovanni Segantinis an, noch einmal die Berge sehen zu wollen, die dieser auf dem Totenbett geäußert haben soll. (Vgl. Metken 1990, 42ff.).
58 Das Werk datiert von 1968–70.

Intermezzo

Grand Hotel bei Thomas Mann

Palace Hotel St. Moritz, Glasveranda
(Abbildungsnachweis: Dokumentationsbibliothek St. Moritz)

1. Zwischen Zeit und Raum

Im Folgenden möchte ich *nach* dem Entwurf der Topographie des alpinen Grand Hotels und seiner Festschreibung als Gemeinplatz und *vor* der imaginären Begehung des Grand Hotels als Topos der Zwanzigerjahre-Literatur Raum öffnen für die Verortung des Grand Hotels beziehungsweise des Sanatoriums im Werk von Thomas Mann. Thomas Mann erscheint mir deshalb zentral, weil er den internationalen Schauplatz Grand Hotel / Sanatorium[1] als Topos in der deutschsprachigen Literatur festschreibt. Mann leistet in seinen Texten eine Zuspitzung und Verdichtung zahlreicher Aspekte, wie sie für die Hotelliteratur im Allgemeinen bestimmend sind. Wenn die deutschsprachige Literatur nun ausgehend von Thomas Mann im Mittelpunkt stehen wird, bedeutet das neben der Konzentration auf ein mögliches Textkorpus auch, dass das Grand Hotel als internationaler Ort hinlänglich erschrieben ist und dass sich das Interesse vom Aufeinandertreffen der Nationen auf die Begegnung des Individuums mit der Gesellschaft hin verlagert.

Die Handlungen jener drei Bücher, in denen das Grand Hotel beziehungsweise Sanatorium[2] eine herausragende Rolle spielt – ‹Der Tod in Venedig›[3], ‹Der Zauberberg›[4] und ‹Bekenntnisse des Hochstaplers Felix Krull›[5] –, sind in den Jahren vor dem Ersten Weltkrieg angesiedelt und schließen deshalb besonders eng an den ersten Teil die-

---

1 Die Diskussion der Gemeinsamkeiten und Unterschiede der beiden Bautypen erfolgt im Unterkapitel ‹Plazierung›.
2 Hier ist auch die Erzählung ‹Tristan› von 1903 zu erwähnen, deren Handlung im Sanatorium angesiedelt ist.
3 Die Erzählung spielt 1911.
4 Thomas Mann schrieb am 21. August 1914 an S. Fischer, dass der Roman mit dem Kriegsausbruch enden müsse, «das stand fest von dem Augenblick an, wo es los ging». (Zitiert nach Helbling 1993, V). Da Hans Castorp sieben Jahre im Sanatorium weilt, erstreckt sich die erzählte Zeit von Sommer 1907 bis Sommer 1914.
5 Krull, dessen Geburtsjahr Mann in seinen Notizen erst auf 1871 später auf 1874 festlegt, schreibt seine Bekenntnisse als Vierzigjähriger, das heißt kurz vor dem Ersten Weltkrieg, während die Hotelszenen um 1900 angelegt sind.

ser Untersuchung an. Die Zeit ihrer Entstehung aber umfasst alle Stationen, welche die Literarisierung des Grand Hotels durchläuft: die detailreiche und authentische Schilderung des Gesellschaftslebens vor dem Ersten Weltkrieg, den Einbruch einer verrückten Zeit in den Zwanzigerjahren und die Erinnerung an eine verschwundene Ordnung nach dem Zweiten Weltkrieg. Sind die Bücher inhaltlich eng auf die Gemeinplätze der frühen Hotelliteratur bezogen, greifen sie in ihrer Schreibweise auf Kommendes vor und konfrontieren das Grand Hotel als repräsentativen Schauplatz der Belle Époque mit den Irritationen einer späteren Zeit. So ist die Konstruktion des Grand Hotels bei Thomas Mann auf komplexe Weise gleichzeitig eine Dekonstruktion des Gesellschaftsorts.

Thomas Manns Konzeption des Grand Hotels als Intermezzo zu plazieren, bedeutet für die Komposition dieses Buchs, dass der Zwischenraum sowohl inhaltlich als auch formal von Bedeutung ist. Denn wenn der Raum aus den Beziehungen der Dinge untereinander entsteht, ist der Zwischenraum Teil dieser Beziehung Raum generierender Elemente. So lassen sich bei Thomas Mann Verschiebungen in der Literarisierung des Grand Hotels, die sonst nur in der Gegenüberstellung verschiedener Texte zu beobachten sind, innerhalb eines Textraums herausarbeiten. Entsprechend können Verschiebungen über ihren Ereignischarakter hinaus verstärkt in ihrer Wirksamkeit erfasst werden, was den Blick für Differenzen schärft, die es nicht nur zu bezeichnen, sondern auszuloten gilt. Dass sich das Intermedium dabei verselbständigt, hat Tradition[6].

Erster Weltkrieg als Zäsur

«Denn die Vorstellung, dass jene kosmopolitische Zivilisation, welche gegen Ende der Friedenszeit hauptsächlich die Form einer allgemeinen Tanzwut, eines maniakalischen Kults exotischer Geschlechtstänze angenommen hatte,

---

6 Das Intermezzo wird musikalisch auch als Intermedium verstanden: Es ist «eine im 15. Jahrhundert in Italien aufgekommene szenische, vokalinstrumentale oder rein instrumentale Zwischenaktunterhaltung, die ursprünglich die für den Szenenwechsel notwendigen Pausen zu überbrücken hatte. Das sich inhaltlich mehr und mehr verselbständigende Intermedium und besonders das berühmte Intermezzo ‹La serva padrona› von Pergolesi hatten auf die Entwicklung der Opera buffa entscheidenden Einfluss.» (Meyers Taschenlexikon).

sei durch den Krieg zum Stillstand, zum Erbleichen und spukhaften Verschwinden gebracht worden, – diese Vorstellung war ja Irrtum und Täuschung. Die internationale Zivilisation lebt fort, ja, wie sie vor Anbruch der großen Heimsuchung lebte, so lebt sie auch heute noch alle Tage. Sie trägt in St. Moritz bei ihren Sportbelustigungen die tollen Kostüme der letzten Friedenszeit zur Schau, die papageifarbenen Sweaters der Damen, die seidenen Zipfelkappen der jungen Männer. Wer einen Auslandspass zu erlangen weiß, mag sich überzeugen und an der Lustbarkeit teilhaben. Die neueste jener Tanzunterhaltungen, denen man selbst während der Mahlzeiten, zwischen zwei Gängen sich hingibt, ist der Fox trot; man sagt es mir, und ich nehme an dieser Stelle Notiz davon; nichts weiter. Der Fox trot[7] war nicht bekannt vor dem Kriege, soviel ich weiß. Erst während der Kriegszeit kam er zu Gunsten und Flor in St. Moritz sowie an anderen Zufluchtsorten der internationalen Gesittung; zur Zeit der Somme-Schlacht, kalkuliere ich, wurde er eingeführt.»[8]

Thomas Mann schließt sich in seiner Diskreditierung der Grand-Hotel-Gesellschaft, denn diese ist mit der «kosmopolitischen Zivilisation», die sich vorzugsweise in St. Moritz tummelt, gemeint, dem Standpunkt jener Autoren an, denen das Grand Hotel während des Ersten Weltkriegs verdächtig wird. Er spitzt den Habitus dieser Gesellschaft auf Tanz und Mode zu, zwei Phänomene, die sich als Zeichen des demonstrativen Müßiggangs besonders eignen. Dabei betont er das Unstatthafte, indem er die Tänze sexualisiert und die Sportkostüme vor der Folie einer verdüsterten Zeit besonders grell aufleuchten lässt. Die Gleichzeitigkeit des Unvergleichlichen wird dadurch greifbar, dass er die ungerichtete und selbstgenügsame Bewegung des Tanzes und die zielgerichtete der Schlacht engführt. Im Zusammenrücken dessen, was sonst getrennt ist, macht er den Gegensatz unmittelbar spürbar. Die Argumentation ist so kalkuliert, dass die moralische Entrüstung gleichsam aus direkter Anschauung – Tanz und Schlacht fungieren gegenüber abstrakten Begriffen wie Zivilisation und Krieg als leibliche Bilder – und deshalb besonders lebhaft hervortritt. Mode und Tanz[9] sind aber auch bemerkenswert, weil sie grenzüberschreitend und damit hinsichtlich nationalistischer

---

7 «Sie müssen Walzer, Foxtrott und Onestep lernen, Mr. Fips, sonst sind Sie hier in der Gesellschaft unmöglich.» (Neustadt 1917, 48).
8 Mann: ‹Betrachtungen›, 478–479.
9 Während der Kriegsjahre galt in Deutschland Tanzverbot – man befürchtete die Zersetzung der Kriegsmoral –, das an Silvester 1918 offiziell aufgehoben wurde. (Vgl. Klein 1992, 168).

Befestigungsstrategien subversiv wirken. Sie unterwandern jene Grenzen, die der Krieg gerade befestigen und behaupten will.

Thomas Mann, der als bürgerlicher und vielgereister Schriftsteller gerade diesen Habitus der höheren internationalen Gesellschaft *verkörpert*, fühlt sich dazu genötigt, die *physische* Distanz zu deren Leichtlebigkeit zu betonen. Er verschanzt sich hinter dem Schreibtisch und gibt über das Leben des Grand Hotels nur wieder, was ihm *zugetragen* worden ist. Diese selbst auferlegte räumliche Gebundenheit schreibt er in militärischem Jargon zum «Frontdienst»[10] um. Im Augenblick des Kriegsgeschehens, der all jenen, die Wehrdienst leisten, ihren Platz zuweist, muss gerade jener auf seinen Ort – den geistesgeschichtlichen, aber auch den konkret physischen – bedacht sein, der ihn selber wählen und bestimmten kann[11]. Die leibliche Abgrenzung des Schriftstellers vom Grand Hotel räumt ihm, bestärkt durch nationale Pflichtschuldigkeit, das moralische Recht ein, Kritik am kosmopolitischen Müßiggang zu üben.

Der Erste Weltkrieg markierte nicht nur zeitlich bemessen einen Bruch, sondern verlangte angesichts politischer, sozialer und kultureller Umwertungen ein Überdenken künstlerischer Grundlagen und Positionen[12]. Diese Zäsur bewegte Thomas Mann dazu, seine «künstlerischen Unternehmungen»[13] zugunsten der ‹Betrachtungen eines Unpolitischen›[14], in denen er der politischen Lage Tribut zollte, zu unterbrechen. Zuvor aber arbeitete er auf eine Weise an den einzelnen Texten, die einem Verschlingen der Stoffe gleichkommt, Verschlingen sowohl im Sinn des Verwobenseins als auch des Einverlei-

---

10 ‹Betrachtungen›, 1.
11 Vgl. Helbling 1993, II.
12 Dazu Thomas Mann in der Vorrede der ‹Betrachtungen›: «(...) denn in Wahrheit hätte ein Fortarbeiten an jenen Dingen sich als ganz unmöglich erwiesen und erwies sich, bei wiederholten Versuchen, als ganz unmöglich: dank nämlich den geistigen Zeitumständen, der Bewegtheit alles Ruhenden, der Erschütterung aller kulturellen Grundlagen, kraft eines künstlerisch heillosen Gedankentumultes, der nackten Unmöglichkeit auf Grund eines *Seins* etwas zu *machen*, der Auflösung und Problematisierung dieses Seins selbst durch die Zeit und ihre Krisis, der Notwendigkeit, dies in Frage gestellte, in Not gebrachte und nicht mehr als Kulturgrund fest, selbstverständlich und unbewußt ruhende Sein zu begreifen, klarzustellen und zu *verteidigen*; (...)»(‹Betrachtungen›, 4. Hervorhebungen im Original).
13 ‹Betrachtungen›, 1.
14 Die ‹Betrachtungen› entstanden von Herbst 1915 bis 1918.

bens[15]. Thomas Mann unterbrach die Arbeit am ‹Krull› von Juli 1911 bis Juli 1912 zugunsten der ‹Venedig-Novelle›, arbeitete dann, wie Wysling stichhaltig nachweist, einschließlich Sommer 1913 nochmals am Manuskript der ‹Bekenntnisse›, um es nach der Rozsa-Szene[16] zur Seite zu legen und sich von September 1913 bis September 1915 mit Unterbrechungen dem ‹Zauberberg› zuzuwenden, der ihm zu dieser Zeit noch als ‹Davoser Novelle› galt und ein «humoristische(s) Gegenstück»[17] zum ‹Tod in Venedig› darstellen sollte. Das Ineinandergreifen der drei Bücher, das Aufschieben der einen Geschichte zugunsten der anderen erscheint für die Topographie des gesellschaftlich repräsentativen Hauses bedeutend. Dass Thomas Mann als Autor am Grand Hotel als Schauplatz seiner Erzählungen festhält, obwohl oder gerade weil er sich als Person so ungestüm von ihm distanziert hat, scheint diesem Ort eine Bedeutung einzuräumen, die über die historische Kulisse hinausgeht. Im Schnittpunkt des Grand Hotels lassen sich die Texte als Weiterweben an der weit angelegten Darstellung von Befindlichkeit einer verfallenden und schließlich untergegangenen Epoche lesen.

Das Festhalten aber an dieser Epoche brachte Thomas Mann Kritik ein, die «Patina» der «Vorwelt»[18] erschien vielen anachronistisch. Dabei eröffnet sich ein Dilemma zwischen dem Anspruch des Textes auf aktuelle Gültigkeit und seiner Transposition in die Vergangenheit[19], die eine realistische Wiedergabe des Einstigen einfordert.

---

15 Mit Einverleiben ist gemeint, dass Motive in die Textkorpora eingehen, wie die Hochstaplerexistenz, die sowohl Felix Krull als auch Aschenbach zukommt. In Aschenbachs «erzählte(r) Welt» erblickt man «die liebenswürdige Haltung im leeren und strengen Dienste der Form; das falsche, gefährliche Leben, die rasch entnervende Sehnsucht und Kunst des geborenen Betrügers», letztlich alles Doppelungen seines eigenen formalen Daseins. (Vgl. ‹Venedig›, 16)
16 Das ‹Buch der Kindheit› erscheint 1922 im Rikola-Verlag und endet mit Bankrott und Tod von Krulls Vater. Das frühe *Manuskript* schließt jedoch mit der ‹Rozsa-Episode›; die Musterungsszene also schreibt Mann nicht erst für die Querido-Ausgabe von 1937, sie liegt bereits anfangs 1914 vor. Schließlich greift Mann die Arbeit am ‹Krull› erst 1951 wieder auf. (Vgl. Wysling 1967, 244ff.).
17 Thomas Mann in einem Brief an Ernst Bertram vom 24.7.1913; zitiert nach Elsaghe 2000, 17.
18 Adorno 1998, 678.
19 Vgl. hierzu: «Indessen geht man doch mit solcher Transposition der Jahreszahlen eine Art von Verpflichtung ein, ähnlich wie beim ersten Takt einer Musik, dessen Desiderate man bis zum letzten Ton nicht mehr loswird, der das Gleichgewicht herstellt. Nicht die Verpflichtung äußerlicher Treue zum ‹Zeitkolorit› meine ich,

Erzähl- und Schreibweise

Über den Riss zwischen erzählter Zeit, Erzählzeit und Entstehungszeit hat Thomas Mann im einleitenden ‹Vorsatz› zum ‹Zauberberg› nachgedacht[20]. ‹Vorsatz› setzt bereits ins Wort, dass eine räumliche wie auch eine zeitliche Dimension angesprochen werden. Thomas Mann stellt einige Überlegungen über das Hauptthema des Romans, die Zeiterfahrung, *vor* der Geschichte an und lässt die Reflexion über die Zeit zugleich als Thema anklingen, das es im Verlauf des Romans, in der *Zukunft* der fortlaufenden Geschichte, einzulösen gilt.

> «(...) die hochgradige Verflossenheit unserer Geschichte rührt daher, daß sie vor einer gewissen, Leben und Bewußtsein tief zerklüftenden Wende und Grenze spielt ... Sie spielt, oder, um jedes Präsens geflissentlich zu vermeiden, sie spielte und hat gespielt vormals, ehedem, in den alten Tagen, der Welt vor dem großen Kriege, mit dessen Beginn so vieles begann, was zu beginnen wohl kaum schon aufgehört hat.»[21]

Die historischen Ereignisse und gesellschaftlichen Umbrüche lassen die Konzeption einer homogenen und linearen Zeit fragwürdig erscheinen. Die Geschichte Hans Castorps entwindet sich, sowohl für den Leser, der den Roman Mitte der Zwanzigerjahre in Händen hält, als auch für die Erzählstruktur innerhalb des ‹Zauberbergs› dem herkömmlichen Maß des Chronologischen. Wie Dieter Läpple festhält, nimmt Mann im ‹Zauberberg› ein Zeitverständnis vorweg, das die Geschichtswissenschaft erst viel später als methodische Grundlage einfordert: Das historische Ereignis soll in der Dauer seiner Wirk-

---

wohl aber die, daß die vom Kunstwerk beschworenen Bilder zugleich als geschichtliche Bilder leuchten, eine Verpflichtung freilich, die aus ästhetisch-immanenten Motiven von jener äußerlichen nur schwer sich dispensieren kann.» (Adorno 1998, 679).

20 Entgegen dieser Spaltung, sieht die damalige Kritik nur die eindimensionale Chronik der Dekadenz. So schreibt Wolfgang Schumann 1925: «Das Neueste auf dem ‹Markt der Alten› ist ein Roman, der genauso 1910 wie 1924 hätte erscheinen können, aber eben diesem Jahr vorbehalten blieb: Thomas Manns Zweibänder ‹Der Zauberberg› (S. Fischer, Berlin). Seit langem ist kein Werk so verherrlicht und gepriesen worden wie dieses, und doch ist es zur Gänze Frucht und Symptom des Gestern und zeugt nicht lebendiges Leben, sondern erweckt absterbendes zur flüchtigen Regung.» (Zitiert nach Hans Wisskirchen: ‹Europäische Literaturkritik›, in: Koopmann 1995, 887).

21 ‹Zauberberg›, 7.

samkeit[22] untersucht und nicht allein auf den Zeitpunkt seines Erscheinens mittels einer Jahreszahl festgelegt werden. Thomas Mann bringt dies im Hinblick auf die in den Zwanzigerjahren anhaltende Wirksamkeit des Ersten Weltkriegs auf die einprägsame Formel: «mit dessen Beginn so vieles begann, was zu beginnen wohl kaum schon aufgehört hat»[23].

Thomas Mann spricht von der «Wende» des «Bewußtsein(s)» nach dem Ersten Weltkrieg und schiebt den Begriff der «Grenze» nach. Damit verweist er neben einer zeitlichen Scheidung – in diesem Sinn wird das Wort, das ursprünglich allein auf den Raum bezogen war, seit dem 19. Jahrhundert ebenfalls gebraucht[24] –, auch auf die räumliche Trennung und stellt so neben das Einst und Heute, welche zeitlich noch als Kontinuum verstanden werden können, das unvereinbare Gegenüber von Hier und Dort. Dabei klingt aber auch eine nationale Begrenzung an, die das Kosmopolitische als das Grenzüberschreitende fragwürdig erscheinen lässt. Wer diese vielfache Grenze kennen gelernt hat, wird die Geschichte anders befragen, Texte anders lesen und sie auch notwendig mit anderem Bewusstsein schreiben. Die Distanz zwischen erzählter Zeit und Entstehungszeit des Texts ist nicht quantifizierbar, sie ist nach dem Ersten Weltkrieg qualitativ eine völlig andere geworden. Diese Grenze, so scheint mir, ist bei Thomas Mann in der spezifischen Schilderung des gastlichen Raums, in seiner Verfügbarkeit durch die Hauptfigur und symbolischen Tragfähigkeit reflektiert. Das heißt, die Erzählweise führt über die ungefestigte Perspektive des Einzelnen Anfechtungen in den Gesellschaftsraum von 1910 ein, die erst in den Zwanzigerjahren virulent sind.

Insbesondere dort, wo Thomas Mann die Bruchlosigkeit des Weiterschreibens stilisiert, so wie beim ‹Krull›, den er nach vierzig Jahren wieder aufnimmt, gilt es jenseits expliziter Autorintention diskursanalytisch die Spuren der Zeit in der Schreibweise zu verfolgen. Dies

---

22 Der Historiker Jacques Le Goff formuliert Forderungen an die ‹Neue Geschichtswissenschaft›, 1990: «Was wir brauchen, ist eine wissenschaftliche Chronologie, welche die historischen Phänomene nach der Dauer ihrer Wirksamkeit in der Geschichte datiert statt nach dem Zeitpunkt ihres Auftretens.» (Zitiert nach Läpple 1992, 158).
23 ‹Zauberberg›, 7.
24 Vgl. die ursprünglich allein räumliche Bedeutung des Worts Grenze in ‹Trübners Deutsches Wörterbuch›.

umso mehr, als Mann in bester Hochstaplermanier Kontinuität simuliert, indem er die zeitlichen Risse durch die räumliche Einheit der Schrift zu überbrücken sucht:

> «Den Krull habe ich nach mehr als vierzig Jahren ganz einfach wieder vorgenommen, als ob ich ihn gestern einer dringenderen Arbeit oder auch nur einer beiläufigen Ablenkung zuliebe weggelegt hätte. Ganz äußerlich habe ich sogar auf demselben Papier angeknüpft, einem seltsamerweise karierten, feinen Papier von Prantl, Amadeus Prantl, wo ich vor Zeiten mir in München das Papier zu besorgen liebte, – seltsamerweise, sage ich, weil ich sonst den reinen weißen, ganz und gar jungfräulichen Blättern den Vorzug gebe. Dieses sonderlich einzige Blatt hat mich mit dem ganzen Material zum Krull ein halbes Leben lang begleitet, von München in die Schweiz und dann ins amerikanische Exil, und nun wieder zurück nach Erlenbach und ins liebe Kilchberg. (...) Auf dem besagten Blatt aus des Herrn Prantl Papierhandlung stand oben links noch ein einziges Wort: «gehabt», «gewesen» oder auch nur «hat». Ungesäumt knüpfte ich eben da an (...).» [25]

Seit 1905 geplant und in den Fünfzigerjahren abgeschlossen, rahmen die ‹Bekenntnisse des Hochstaplers Felix Krull› das Werk Thomas Manns ein. Die erste, stille Konzeption des Romans geht auf die Jahre 1906–1909 zurück. Bereits 1906 notierte Thomas Mann die Idee einer Reise, die Felix, auch der Vorname stand schon fest, in der Rolle eines jungen Grafen beginnen sollte. 1909 schrieb Thomas Mann in sein Notizbuch über den Krull: «Ist Kellner bei Baur au lac?»[26]. Damit ist angedeutet, dass er schon früh das Hotel als geeigneten Ort des Austauschs zwischen den sozialen Sphären konzipiert hatte. Während seiner frühen Arbeitsperiode an den ‹Bekenntnissen›, insbesondere aber zwischen 1910 bis 1914 hatte Thomas Mann gesammelt: Artikel über die neueste weibliche Hutmode, Berichte über den Five o'Clock Tea in den noblen Hotels, minutiöse feuilletonistische Analysen der Kleidung eines Dandy[27], Essays über Leben und Kultur

---

25 Thomas Mann in einem Interview der Zürcher ‹Weltwoche› vom 3.12.1954; zitiert nach Wysling 1995, 516.
26 Dokumentation, Notizbuch 9; in Wysling 1995, 391. In die Konzeption des Hochstaplers spielen autobiographische Züge: Im Zürcher Baur au lac hatten Thomas und Katja Mann auf ihrer Hochzeitsreise logiert.
27 Wie Krull weiß (vgl. Mann: ‹Krull›, 288), ist der seidene Schlafanzug für den reisenden Herrn unerlässlich und dieses wichtige Kleidungsstück fehlt auf seiner Zugfahrt nach Lissabon auch nicht. Paul Szezepanski schreibt hierzu – der Artikel gehört zu Thomas Manns Sammlung, die entsprechende Passage ist unterstrichen – am 6. Juli 1912 in seinem Artikel über den modernen Dandy: «Im Schlaf-

ferner Länder und Städte, Buenos Aires, Kairo, Mexiko. Jener Teil seiner Sammlung, der in einer Mappe mit ‹Hôtel, Reise (Dandy. Gartenarbeit) Heimat. Zuchthausaufseher› überschrieben ist, setzt sich zum größten Teil aus Artikeln der Berliner illustrierten Zeitschrift ‹Die Woche› zusammen. Diese Sammlung verfolgte er intensiv nur bis im Frühjahr 1914, der letzte Artikel datiert vom 25. April 1914[28].

Auf einem der Zeitungsausschnitte aus Manns Nachlass ist die letzte Folge von Paul Oskar Höckers Gesellschaftsroman ‹Die Sonne von St. Moritz› abgedruckt. Nicht wegen dieser Fortsetzungsgeschichte hatte Mann den Artikel aufgehoben, sondern wegen des Reiseberichts über Buenos Aires auf den Vorderseiten, wie die Folge der Blätter nahelegt. Trotzdem ist dieser Zufall bemerkenswert, verweist er doch darauf, dass die Sammlung in einer Zeit angelegt wurde, als das Hotelleben zu einer anhaltenden Berichterstattung Anlass bot und kaum eine Ausgabe von Illustrierten ganz ohne Verweis auf diesen außergewöhnlichen Gesellschaftsort auskam. Wie sehr sich Thomas Manns Beschreibungen der Lokalität, aber auch modischer Einzelheiten auf die Vorlage einschlägiger Artikel berufen, ist anhand der umfangreichen Materialmappen im Detail nachvollziehbar. Mann greift die sensationslustige Schreibweise, die minutiöse Schilderung von luxuriösen Oberflächen, Schmuck und Kleidern sowie den begeisterten Duktus, wie sie sowohl die frühen Hotelromane als auch die entsprechenden Feuilletons kennzeichnen, auf. Diese sprachliche Imitation des ehemals Aktuellen und Zeitgemäßen spiegelt sich in der Geste des Eingeweihtseins, wie sie der bekennende Hochstapler Felix Krull so gerne zur Schau trägt. Vermittelt durch den Werbejargon einer hotelvernarrten Unterhaltungsproduktion der Jahre vor 1914[29] schaut der Autor dem Bürgertum in seinem Dilemma zwischen Bildungsanspruch und Vergnügungslust, dem Schwanken

---

wagen, im Hotel, in der Schiffskabine ist das Pyjama unerlässlich. Es könnte eine Weiche falsch gestellt sein, ein Hotelbrand ausbrechen, ein Eisberg das Schiff rammen – der aus dem Schlaf geschreckte und im flatternden Nachthemd aus dem Bett stürzende Dandy wäre eine nicht aller Komik entbehrende Erscheinung. Im indischen Nachtgewand macht er selbst dann noch Figur und kann sich sogar vor Damen sehen lassen.» Der Untergang der ‹Titanic› vom 14. April 1912 hatte sich offensichtlich selbst auf die Pyjamafrage ausgewirkt.

28 (Vgl. Wysling 1967, 242). Die Mappe ist im Thomas-Mann-Archiv in Zürich einzusehen.
29 Wie nahe Hotelromane und feuilletonistische Texte gleichen Inhalts beieinander stehen, ist im Ersten Teil eingehend behandelt worden.

zwischen Pikanterie und Prüderie, auf den Mund und erzielt durch die Überlagerung populärer Schilderungen des mondänen Hotellebens mit einer klassischen Bildungssprache ein Pathos des Trivialen.

> «Nun, diesen Bekenntnissen u. Entwicklungsgemälden [wie die Selbstbiographie ‹Dichtung und Wahrheit› oder autobiographische Bildungs- und Entwicklungsromane wie Kellers ‹Grüner Heinrich›; C.S.] schließen sich jetzt als die Memoiren eines gewissen Herrn Felix Krull an, der ein Hochstapler und Hoteldieb war – oder ist – oder sein wird –: welches tempus man da nun wählen soll.»[30]

In einer Vorrede, die Thomas Mann zur Einführung in eine Lesung aus dem ‹Krull› in München im Herbst 1916 gegeben hatte, stellt er die Frage nach dem Tempus, die dieser Geschichte angemessen sein könnte. Schon nach dem Krieg klafft die Spanne zwischen Erzählzeit und erzählter Zeit immer weiter auseinander. Thomas Mann selbst zeigt sich unsicher, ob der ‹Krull› nach aktuell, gar fortsetzbar ist oder bereits ganz der Vergangenheit angehört. Entsprechend stellt er das Projekt, dessen Kapitel über Jugend und Kindheit des Helden vor die Zeit des Ersten Weltkriegs zurückgehen, zur Disposition. Das Unzeitgemäße der Krullschen Konzeption, von Thomas Mann schon während der Arbeit am ‹Buch der Jugend› als denkbarer Einwand empfunden[31] und der Individualität seiner Hauptfigur angelastet, ist in dieser Tempusfrage aber nicht allein als Mangel angesprochen, sondern als schwebende Offenheit gefasst, die das mimetische Dasein Krulls notwendig unabschließbar macht. Dabei schwingt die Frage mit, was die Figur des Hochstaplers in einer neuen Zeit noch leisten kann, welche gesellschaftliche Relevanz ihr zukommt.

Dem Blick zurück stellen sich die Trümmer einer untergegangenen Epoche in den Weg[32]. Thomas Mann hält bis 1954, als er Krulls

---

30 Mann: ‹Notizbuch› 11, 54–57. Vorrede zu einer Lesung aus dem ‹Krull› in München vom 5.10.1916. Zitiert nach Wysling 1995, 394.

31 Brief Manns vom 21. November 1933 an Félix Bertaux: «Ich weiß nicht, warum ich damals steckengeblieben bin. Vielleicht weil ich den extrem individualistischen, unsozialen Charakter des Buches als unzeitgemäß empfand.» (Zitiert nach Koopmann 1984, 404).

32 «In der Zeit nach dem Ersten Weltkrieg war aber für einen parodistischen Künstlerroman erst recht kein Raum, Raum auch nicht für das Egozentrische einer Existenz, deren Phantastik nichts zu tun hatte mit den neuen Ideen vom Menschen, vom Sozialen und der Humanität, wie Thomas Mann sie im ‹Zauberberg› entworfen hatte.» (Koopmann 1984, 403).

Pariser Aufenthalt im ‹St. James and Albany› schildert, am Grand Hotel als zentralem Handlungsort fest und schreibt im wachsenden Wissen um die Verfallsgeschichte der Institution seit 1914 und mit der Erfahrung der Unbehaustheit während des Exils daran weiter[33]. Der These, dass sich ein solches Wissen über das Intendierte hinaus durch Zitierweisen und Erinnerungsgesten in der Schreibweise niederschlägt, soll im letzten Kapitel des Intermezzos nachgegangen werden.

Plazierung

Die Handlungen der drei Texte spielen zu einem guten Teil im Grand Hotel auf dem Lido Venedigs, dem Hotel ‹St. James and Albany› an der Rue Saint-Honoré in Paris und dem Sanatorium ‹Berghof› in Davos. Das Kreisen um das Ende des 19. Jahrhunderts[34] und den Verfall der bürgerlichen Epoche ist ein thematischer Schwerpunkt, der sich räumlich in der hervorgehobenen Stellung von Grand Hotel und Sanatorium kondensiert. Die Unterscheidung zwischen Sanatorium und Grand Hotel sowie die damit verknüpften literarischen Bezüge im kulturhistorischen Kontext sollen im Folgenden nicht unterschlagen, sondern mit Blick für die Ähnlichkeiten differenziert werden. Im Sinn, wonach «Institutionen» «auf Dauer gestellte Regelmäßigkeiten sozialen Handelns»[35] darstellen, können Grand Hotel wie Sanatorium als Institutionen bezeichnet werden

---

33 Auf das Erscheinen des Romans reagierten die europäischen Kritiker weitgehend positiv. Als besonderes Verdienst des Autors, wurde eingedenk der langen Entstehungsgeschichte gerade die scheinbar völlig bruchlose Weiterführung des Stils hervorgehoben. Martin Beheim-Schwarzenbach schreibt in seiner Rezension von 1954 mit Anerkennung, dass «zwischen den Zeilen des vor einem Menschenalter geschriebenen ersten Fragments und denen des wiederaufgenommenen Spätwerks nicht die leiseste Naht spürbar ist». (Zitiert nach Hans Wisskirchen: Europäische Literaturkritik, in: Koopmann 1995, 917).
34 Wie schon Stefan Zweig in ‹Die Welt von Gestern› festgehalten hat, ist das 19. Jahrhundert «über jedes Datum hinaus mit dem Ereignis des Ersten Weltkriegs» verbunden. (Vgl. Zweig 1992).
35 Löw 2001, 169.

und sind damit strukturell[36] vergleichbar. Als solche werden sie von der westlichen Zivilisation vom Mittelpunkt des werktätigen Lebens ausgehend an die Ränder gesetzt, in ihrer inneren Organisation stellen sie jedoch Abbilder dieses äußeren Lebens dar. In diesem Sinn lassen sie sich sinnstiftend in die Liste der Heterotopien[37] einfügen, die Foucault «eine systematische Inkonsistenz»[38] inszenierend davor schützt, abgeschlossen zu werden. Die suggerierte Offenheit macht sowohl die Etablierung neuer Heterotopien[39] denkbar, als auch das Einbinden spezifisch gesellschaftlicher und historisch verankerter Praktiken in einen Ort vielschichtiger Entgegensetzungen.

Sanatorium und Grand Hotel als Heterotopien zu bezeichnen, unterstreicht die Bedeutung ihrer Verortung innerhalb einer zivilisatorischen Topographie. Sie sollen – ohne diese Deutung zu ignorieren – nicht sogleich als Sinnbilder einer verfallenden Gesellschaft interpretiert werden, wodurch die Lücken zwischen Flachland und ‹Zauberberg› wie auch zwischen Grand-Hotel-Müßiggang und Aschenbach-

---

36 Die Unterschiede und Gemeinsamkeiten von Sanatorium und Grand Hotel werden auch im folgend zitierten Gesuch diskutiert, das den Bundesrat nach dem Hotelbauverbot von 1915 um eine Bauerlaubnis für einen Sanatoriumsbau angeht. Dabei muss beachtet werden, dass es im Interesse des Verfassers liegt, auf die Differenzen zu pochen, damit der gewünschte Sanatoriumsbau nicht unter den entsprechenden Artikel fällt: «Es kann in Frage gezogen werden, ob ein eigentliches Sanatorium unter die Bestimmungen des Art. 22ff. der Verordnung vom 2. November 1915 fällt und nicht eher den Charakter eines Krankenhauses annimmt, zumal, wenn es, wie vorliegend, ganz unter ärztliche Leitung gestellt wird. Immerhin bleibt, solange nicht die Aufnahmebedingungen in bestimmter Weise eingeschränkt sind, ein Sanatorium dem Hôtel am engsten verwandt, insofern als es, wie ein solches, der Beherbergung von Gästen während kürzerer oder längerer Zeit dient und auch sein Betrieb, mit den durch den Heilzweck gebotenen Besonderheiten, demjenigen eines Hôtels gleichkommt.» (Vgl. Ragaz-Pfeiffer 1918, 12). Ein weiteres Abwägen der Unterschiede von Hotel und Sanatorium nimmt Erich Stern in seiner Studie ‹Die Psyche des Lungenkranken. Der Einfluss der Lungentuberkulose und des Sanatoriumslebens auf die Seele des Kranken› von 1925 vor: «Es [das Sanatorium; C.S.] ist eine ausgesprochene Krankenheilanstalt und insofern dem Krankenhaus verwandt, zeigt aber doch auch wieder manche Züge des Hotels. Es ist viel eleganter und verschwenderischer, häufiger mit einer gewissen Üppigkeit und grossem Luxus eingerichtet, der Kranke hat mehr Freiheit, es ist auf längeren Aufenthalt berechnet.» (Zitiert nach Sprecher 1996, 77).
37 Siehe hierzu das Kapitel ‹Der kollektive Raum›.
38 Ritter / Knaller-Vlay 1998, 10.
39 Heute etwa wäre an den Raum der Webcams und der Big-Brother-Reality-Shows zu denken.

scher Alltagszucht eingeebnet würden. Die Reise ins gastliche Haus als Reaktion uneingestandener Krisenmomente, das Ritual des Eintretens, das heißt der Bruch mit der herkömmlichen Zeit, sind Merkmale gesellschaftlicher Plazierungen, die unbedingt beachtet werden sollen.

Die Frage, weshalb das Sanatorium des ‹Zauberbergs› in diese Untersuchung mit einfließen soll, ist auch eine Frage nach der Funktion des Raums für das epische Gefüge. Es ist die Ähnlichkeit der Bauten und ihre außergewöhnliche Stellung für die genannten Werke, die ihre Abweichungen signifikant erscheinen lassen. Das Sanatorium ist Ort eines kollektiven Anderen und stellt neben die transitäre und individuell performativ immer wieder neu herzustellende Heterotopie, die sich wie im Hotel der Hochzeitsreise im Akt der Defloration konstituiert, die reglementierte, überwachte und wissenschaftlich abgesicherte[40] Abweichung. Diese bezeichnet Foucault entsprechend als Abweichungsheterotopie[41].

Beide Häuser sind als weitgehend autonome Welt im Kleinen und Geschützten angelegt. Der Öffentlichkeit der Speisezimmer und Gesellschaftsräume ist die unbedingte Intimität der Gäste- beziehungsweise Krankenzimmer gegenübergestellt. Die vertikale Hierarchie als Abbild der sozialen ist bereits architektonisch über Anordnung, Größe und Ausstattung der Zimmer wie auch ökonomisch über den veranschlagten Preis reguliert. So kann sich Settembrini nur ein kleines Zimmerchen im dritten Stock nach hinten gelegen leisten, bevor er den Berghof ganz verlässt und in die Dachkammer[42] eines einfa-

---

40 Vgl. hierzu wie sich der Ich-Erzähler in Peter Altenbergs Aperçu ‹Abschied› vom Fensterblick seines Hotels in den österreichischen Alpen, das er mit dem Sanatorium zu tauschen gezwungen ist, verabschiedet: «Mein geliebter Pinkenkogel, hart an meinem Fenster aufsteigend, / ich sage dir Adieu! / Ich muss nun wieder ins Exil hinter vier Mauern; die Menschen wollen ‹langsam Sterbende› nicht sehn. Und diese wieder nicht die Menschen! / Dazu sind diese ‹Institute› da, dass nur der weite stark die Klagen höre. / Der ‹Pfleger› sieht die Träne ungerührt. Wo käm' er hin, wenn er sich rühren ließe?» (Altenberg 1913, 106. Abschnitte nach dem Original gekennzeichnet; C.S.).
41 (Foucault 1990, 40). Zu den Abweichungsheterotopien zählt Foucault Erholungsheime, psychiatrische Kliniken, Gefängnisse und Altersheime.
42 Der Umzug ins Dorf und seine Stube unter dem Dach tragen zu einer scharfen Charakterisierung Settembrinis bei, dessen gedankliche Gegenposition zum Jesuiten Naphta eine räumliche Entsprechung findet. Poetologisch wird die topographische Zuordnung der Kontrahenten – Naphta sitzt im Repräsentationsraum, dem fein tapezierten Salon des Hauses, während Settembrini mit den lädierten

chen Hauses im Dorf zieht. Dass beide Häuser «mehrere Plazierungen zusammenlegen, die an sich unvereinbar sind»[43], nämlich die Räume des Privaten und Gesellschaftlichen, führt zu einer Intimität des Blicks, ohne Notwendigkeit, die Beziehung nach sozialen Regeln[44] zu legitimieren, da der Mikrokosmos des Hotels selbst schon einen bindenden Rahmen gewährt. Sowohl Aschenbach als auch Castorp nutzen die «Gebundenheit des Glücks» hin zu einer Ungebundenheit des Blicks.

> «Die Umstände leisteten ihrer Pflege [den Gemütsbewegungen gegenüber Frau Chauchat; C.S.] den wohlwollendsten Vorschub, denn man lebte bei feststehender und jedermann bindender Tagesordnung auf beschränktem Raum beieinander, und wenn auch Frau Chauchat in einem anderen Stockwerk – im ersten – zu Hause war (…), so war doch allein schon durch die fünf Mahlzeiten, aber auch sonst auf Schritt und Tritt, vom Morgen bis zum Abend die Möglichkeit, ja Unumgänglichkeit der Begegnung gegeben.»[45]

Eine weitere räumliche Entgegensetzung, die beiden Häusern zukommt, ist die Unterscheidung in ein Vor- und Hinter-den-Kulissen. Während im ‹Krull› mit Keller und Dachboden die Peripherie des Hauses als den Dienstboten zugewiesene Sphäre räumlich außerhalb des Blickfeldes der Gäste liegt und mit dem getäfelten Lift gar nicht erst erreicht werden kann, sind es im Berghof die Untersuchungsräume, die im Keller untergebracht sind, als ob die vom Grand-Hotel-Grundriss abweichenden und der Krankheit zugedachten Zimmer nur im Verborgenen plazierbar wären. Aber das Hinter-den-Kulissen ist nicht allein eine räumlich festgelegte Dimension, sondern kann auch situativ und entsprechend ephemer Raum konstituieren. So nutzt das Personal des Sanatoriums, Ärzte, Kranken-

---

    Zeugen seiner Lebensgeschichte unter dem Dach haust – als Psychogramm gestaltet. Allerdings formuliert Mann hier zwar ein räumliches Entgegen Salon-Dachboden, aber jeweils keine räumliche Eindeutigkeit. Der Dachboden ist im Freilegen der Konstruktion sowohl Ort der Klarsicht, als auch Flucht aus den gesellschaftlichen Zusammenhängen hin zum Illusionären. (Vgl. zum Motiv des Dachbodens Rothe-Buddensieg 1974).

43 Foucault 1990, 42.

44 Hans Castorp fühlt, «daß gesellschaftliche Beziehungen zu Clawdia Chauchat, gesittete Beziehungen, bei denen man «Sie» sagte und Verbeugungen machte und womöglich Französisch sprach, – nicht nötig, nicht wünschenswert, nicht das Richtige seien …» (‹Zauberberg›, 330).

45 ‹Zauberberg›, 199–200.

schwestern wie auch der zur letzten Ölung gerufene Pfarrer den abwesenden Blick der Gäste innerhalb der zeitlichen Ordnung des Hauses: Die Toten werden weggebracht, während die Patienten beim Essen sitzen.

> «‹Aber sie [die Todesfälle; C.S.] werden diskret behandelt, verstehst du, man erfährt nichts davon oder nur gelegentlich, später, es geht im strengsten Geheimnis vor sich, wenn einer stirbt, mit Rücksicht auf die Patienten und namentlich auch auf die Damen, die sonst leicht Zufälle bekämen. Wenn neben dir jemand stirbt, das merkst du gar nicht. Und der Sarg wird in aller Frühe gebracht, wenn du noch schläfst, und abgeholt wird der Betreffende auch nur zu solchen Zeiten, zum Beispiel während des Essens.› ‹Hm›, sagte Hans Castorp und zeichnete weiter. ‹Hinter den Kulissen also geht so etwas vor sich.›»[46]

Bleiben die Funktionen der Räume im Sanatorium und Grand Hotel vordergründig gleich und dienen dem Schlafen, Essen, Lesen und sich Unterhalten, verraten die Oberflächen etwas über die Schattierungen des Gebrauchs und zielen damit auf den entscheidenden Unterschied des Innewohnens.

> «Joachim hatte das Deckenlicht eingeschaltet, und in seiner zitternden Klarheit zeigte das Zimmer sich heiter und friedlich, mit seinen weißen, praktischen Möbeln, seinen ebenfalls weißen, starken, waschbaren Tapeten, seinem reinlichen Linoleum-Fußbodenbelag und den leinenen Vorhängen, die in modernem Geschmacke einfach und lustig bestickt waren.»[47]

Die Zimmer sind hell und luftig, das Mobiliar funktional. Aber die glatten und so hygienisch konzipierten Oberflächen konnotieren,

---

46 ‹Zauberberg›, 75.
47 (‹Zauberberg›, 19). Diese Schilderung deckt sich weitgehend mit den ‹Normalien für die Erstellung von Heilstätten für Lungenkranke in der Schweiz›, die der Lungenarzt Karl Turban 1893 festhält: «Wände, Decken, Türen und Fenster müssen möglichst glatt sein, unter Vermeidung von Verzierungen, Hohlkehlen usw.; an Stelle der in die Wand einspringenden, rechtwinkligen Kanten und Ecken sind stumpfwinklige oder ausgerundete zu setzen. Überall sollen Wände, Decken und Fussböden mit Ölanstrich oder waschbarem Lack versehen, die Fussböden da, wo genügende Mittel vorhanden sind, mit Linoleum belegt werden, zumal in den Schlafzimmern. Alle Möbel sollen durch Lack oder Ölanstrich waschbar gemacht werden, die wenigen Polstermöbel (...) sollen abnehmbare Polster haben, Vorhänge und Teppiche sind, abgesehen von kleinen Bettvorlagen, zu vermeiden.» (Zitiert nach Kübler 1997, 38).

insbesondere bevor die Moderne[48] in der Architektur das Sanatorium zum Idealfall zeitgemäßer Beherbergung ausruft und in den Sporthotels der Zwanzigerjahre das Ideal eines gesunden und gestählten Körpers über die Glattheit und Schnörkellosigkeit des Mobiliars abbildet[49], die lauernde Gefahr unsichtbarer Krankheitserreger und deren bestmögliche Tilgung. Der Ausräucherung und Bereitstellung des Zimmers für den Neuankömmling Castorp ist der Tod einer Amerikanerin vorausgegangen. «Behrens meinte gleich», wie der Vetter Joachim lakonisch festhält, «daß sie fertig sein würde, bis du kämest, und daß du das Zimmer dann haben könntest»[50]. Krankheit und Tod sind dem Zimmer über Materialität wie Geschichte eingeschrieben und Castorp redet sich kurz vor dem Einschlafen zu, dass sein Bett ein «gewöhnliches Totenbett»[51] sei und verwendet den Begriff seltsam genug, als ob er eine konkrete Funktion bezeichnen und nicht auf die reale Präsenz eines Toten verweisen würde. Mobiliar und Materialien im Gastzimmer des Grand Hotels dagegen lassen die Funktion hinter Glanz und Weichheit der Oberflächen zurücktreten, alles trägt zur Atmosphäre von Luxus und Erotik bei. Das seidenbeschirmte Nachttischlämpchen in Mme. Houpflés Zimmer etwa gibt kein Licht, sondern verbreitet «rötliche(s) Halbdunkel»[52], die purpurne gesteppte Atlasdecke dient mehr einem verführerischen Verhüllen, als dass sie wärmt, und der große Perserteppich ist allein Zeichen der Verschwendung.

Raum konstituiert sich aber nicht allein über «die Beziehung materieller Dinge untereinander»[53], sondern auch über die symbolische Verortung innerhalb der Gesellschaft, wobei eine historische Verschiebung dieser Plazierung immer schon mitgedacht werden muss. Im Grand Hotel wird eine ephemere Irritation der angestammten Ordnung inszeniert, durch eine größere Nähe, einen geförderten gesellschaftlichen Umgang sowie eine Leichtigkeit des Austauschs zwischen Damen und Herren bei Tanz und Sport. Für einzelne Momente mag es erscheinen, als sei diese Ordnung sogar aufgehoben, dies aber

---

48 Hier als Stilbegriff für die Architektur der Zwanzigerjahre verwendet.
49 Vgl. die Publikation zum bereits erwähnten alpinen Sporthotel: Schaeffer 1929.
50 ‹Zauberberg›, 20.
51 ‹Zauberberg›, 28.
52 Vgl. ‹Krull› 181 und 178.
53 «Raum, sagte er [Professor Kuckuck zu Felix Krull; C.S.], sei nichts weiter als die Ordnung oder Beziehung materieller Dinge untereinander.» (‹Krull›, 282).

geschieht allein im Bewusstsein, dass auch dieses Eingeständnis innerhalb der bürgerlichen Ordnung ihren vordefinierten Platz findet. Das Sanatorium hingegen ist in seiner Abgeschlossenheit und in der unbestimmten Dauer, welche die Patienten hier zubringen, nicht länger der äußeren Ordnung des Flachlands verpflichtet. Die Krankheit als Krise und Abweichung legt eine Isolation nahe, die nicht nur aus medizinischen Gründen opportun ist, sondern auch touristische Ziele befördert: die Lebenslust der Hotelgäste soll durch den Anblick kranker Mitbewohner nicht gehemmt werden. Das Sanatorium des ‹Zauberbergs› etabliert ein Konkurrenzsystem zur Lebenseile[54] des Tieflands, ist eine Insel aufgeschobener Lebenstüchtigkeit und es kommen Zweifel auf, ob die Ärzte Heilung und Entlassung ihrer Patienten tatsächlich befördern[55] und ob die Entlassenen ihrerseits die Ordnung[56] des Tieflands noch als richtig und wünschenswert empfinden. An die Stelle des Transitären tritt im Sanatorium die Schwelle als Drohung eines einmaligen Überschreitens. Nicht Ankunft und Abreise, sondern Leben und Tod sind die Pole. Räumlich markiert

---

54 Joachim erklärt seinem Vetter den Übermut der jungen Leute vom ‹Verein Halbe Lunge›: «Ich meine, es sind ja junge Leute, und die Zeit spielt keine Rolle für sie, und dann sterben sie womöglich. Warum sollen sie da ernste Gesichter schneiden. Ich denke manchmal: Krankheit und Sterben sind eigentlich nicht ernst, sie sind mehr so eine Art Bummelei, Ernst gibt es genaugenommen nur im Leben da unten.» (‹Zauberberg›, 73).

55 Die Lästerungen Settembrinis und dessen sarkastisches Lob, Hofrat Behrens sei der «Erfinder der Sommersaison», lassen an der medizinischen Wirksamkeit einige Zweifel aufkommen. (Vgl. ‹Zauberberg›, 88). Auch der Erzähler berichtet von Vorbehalten gegenüber Hofrat Behrens Integrität, denn dieser selbst hatte etwas «abbekommen» und war deshalb in Davos geblieben: «Der kranke Arzt bleibt ein Paradoxon für das einfache Gefühl, eine problematische Erscheinung. Wird nicht vielleicht sein geistiges Wissen um die Krankheit durch das erfahrungsmäßige nicht so sehr bereichert und sittlich gestärkt als getrübt und verwirrt? Er blickt der Krankheit nicht in klarer Gegnerschaft ins Auge, er ist befangen, ist nicht eindeutig als Partei; und mit aller gebotenen Vorsicht muss man fragen, ob ein der Krankheitswelt Zugehöriger an der Heilung oder auch nur Bewahrung anderer eigentlich in dem Sinne interessiert sein kann, wie ein Mann der Gesundheit ...» (‹Zauberberg›, 183).

56 Settembrini erzählt Castorp die Geschichte von einem Ehemann, der trotz seiner physischen Genesung «dem Leben verloren(ging)» (Vgl. ‹Zauberberg›, 274) und sich in die soziale Ordnung des Tieflands nicht mehr einfinden wollte und konnte. Castorp selbst, der nach einem Jahr von Behrens die Erlaubnis erhält zu reisen, kann die Vorstellung, unter den Unwissenden des Tieflands leben zu müssen, nicht ertragen. (Vgl. ‹Zauberberg›, 574).

die «Lücke»[57] den einmaligen Übertritt: Die verlassenen Gesellschaftsräume[58], die leeren Stühle an den Tischen im Speisesaal und die geräumten Zimmer[59] sind Abbilder eines unwiederbringlich Abwesenden.

Die gesellschaftliche Plazierung von Grand Hotel / Sanatorium und die räumlichen Entgegensetzungen im Innern überkreuzt Thomas Mann mit dem subjektiven Erlebnisraum seiner Figuren und schreibt gleichsam in die Heterotopie einen Übergangsort im Sinn von Van Genneps ‹Übergangsriten›[60] (1909) ein[61].

«Ein dritter Punkt schließlich, der mir wichtig erscheint, ist die Gleichsetzung des Übergangs von einer sozialen Position zur anderen mit einem

---

57 «Im Speisesaal, wie wir sagten, fehlte manch einer dank noch bestehender Freizügigkeit; manch einer aber tat es sogar auf eine besonders tiefe und hohle Weise, wie Dr. Blumenkohl, der tot war. (...) Eine Lücke. Frau Stöhr saß neben der Lücke, und sie graute sich vor ihr.» (‹Zauberberg›, 492).

58 Die *Gäste*, nach denen sich der eben angekommene Castorp erkundigt, wandeln sich in Joachims Antwort zu *Kranken*, die der Liegekur nachgehen müssen. (Vgl. ‹Zauberberg›, 18).

59 «Ein ‹verlassenes›, ein frei gewordenes Zimmer, worin bei aufeinandergetürmten Möbeln und offener Doppeltür gestöbert wurde, wie man bemerkte, wenn man auf dem Weg in den Speisesaal oder ins Freie daran vorüberkam, – war ein vielsagender, dabei aber so gewohnter Anblick, daß er einem kaum noch viel sagte, (...)» (‹Zauberberg›, 418).

60 Der französische Ethnologe und Volkskundler Arnold van Gennep stieß 1909 bei Erscheinen seines Hauptwerks ‹Übergangsriten› auf Unverständnis und Ablehnung. In der Folge haben ethnologische Feldstudien die Zweckmäßigkeit seiner Kategorien bestätigt. Van Genneps Dreiphasenstruktur der Ablösung, des eigentlichen Übergangs und der Angliederung beschreibt den Übertritt von einer sozialen Gruppe zur anderen wie auch den Wechsel von einer Lebensphase in die nächste – etwa von der Adoleszenz ins Erwachsenenalter – als Folge ritueller Handlungen.

61 Im Nachwort zu Van Genneps ‹Übergangsriten› fasst Sylvia M. Schomburg-Scherff den Begriff der Übergangsriten nach Gennep folgendermaßen zusammen: «Veränderungen wie ein Raum-, ein Zustands- oder ein Zeitwechsel stellen jedoch eine Gefährdung der statischen Ordnung des Soziallebens dar. Deshalb sind sie in allen Gesellschaften von mehr oder weniger stark ausgestalteten Riten begleitet, deren Funktion es ist, mögliche Störungen der Sozialordnung durch eine Steuerung der Veränderungsprozesse abzuschwächen. (...) Ihre Funktion ist die Kontrolle der Dynamik des sozialen Lebens, ihre Form die Dreiphasenstruktur: Auf die Trennungsphase, die vom frühen Ort bzw. Zustand löst, folgt die Schwellen- bzw. Umwandlungsphase, in der man sich gleichsam zwischen zwei Welten befindet. Den Abschluss bildet die Angliederungsphase, die in den neuen Ort bzw. Zustand integriert.» (Van Gennep 1999, 239).

räumlichen Übergang wie dem Betreten eines Dorfs oder eines Hauses, dem Durchschreiten von Räumen, dem Überqueren von Straßen und Plätzen. Diese Gleichsetzung erklärt, weshalb der Wechsel von einer Gruppe in eine andere rituell sehr oft durch das Hindurchgehen durch ein Tor oder durch das «Öffnen von Türen» zum Ausdruck gebracht wird. Nur selten ist das «symbolisch» gemeint, denn für die Halbzivilisierten stellt ein Übergang immer einen räumlichen Übergang dar.»[62]

Zwar ist Van Genneps Terminologie in ihrer Zeit befangen – so verweist der Begriff der «Halbzivilisierten» auf ein hierarchisches, Darwin verpflichtetes Denken, nach dem Naturvölker auf der untersten Stufe einer sozialen und kulturellen Entwicklung stehen. Implizit aber verweist Gennep auf eine Konzeption des Menschen, die vor der westlich doktrinären cartesianischen Trennung in Geist und Körper steht und stattdessen auf ein leibliches Zur-Welt-Sein hindeutet, wie es eine Phänomenologie des Leibes heute wieder zu versprachlichen sucht. Bernhard Waldenfels[63] hat darauf hingewiesen, dass das scheinbar metaphorische Sprechen vom Übergang durchaus eine leibliche und damit konkrete und physische Präsenz besitzt, die nach wie vor neben symbolischen Aspekten zentral bleibt. In Bezug auf die Literatur im Allgemeinen und Thomas Mann im Besonderen heißt das, dass der Übergang als Leibraum erfasst werden soll, bevor er auf eine Bedeutung hin funktionalisiert wird.

---

62 Van Gennep 1999, 184. Hervorhebungen im Original.
63 Vgl. insbesondere Waldenfels 1999.

2. Die Reise dazwischen

Bevor das imaginäre Haus, Sanatorium oder Grand Hotel, als Ziel der Reise betreten werden kann, ist der Abstand zu erwägen, der zwischen Alltag und fremdem Ort liegt. Allgemein gefasst ist die moderne Reise messbar und zweckgebunden. Einerseits verengt sie sich auf die benötigte Zeit zwischen Abfahrt und Ziel, andererseits soll sie zwischen den Alltag geschoben die Produktivität gewährleisten, wie etwa das Sprachbild *Batterien auftanken* zum Ausdruck bringt. Thomas Mann stellt diese Festlegungen in Frage, indem er Figuren zeichnet, die aus dem gesellschaftlichen Rahmen fallen und diesen gleichzeitig fragwürdig erscheinen lassen. Die Protagonisten reisen nicht nur in einen gesellschaftlich definierten anderen Ort, der von einem gesicherten Vorher und Nachher des Alltags gefasst ist, für sie fällt der Zeitpunkt der Reise mit einem Übergangsmoment innerhalb der eigenen Biographie zusammen. Ein Übergang, der problematisch ist, weil er nicht von einem gefestigten Zustand zum nächsten führt, sondern so viel Raum einnimmt, dass Vorher und Nachher verschwimmen und kaum mehr erstrebenswert scheinen. Die Reise weitet sich zum Zwischenraum eines leiblichen Ausgesetztseins. Entsprechend sind die Reisen Aschenbachs, Krulls und Castorps Wege ohne Rückkehr oder Bewegungen ohne Ankunft.

Grand Hotel und Sanatorium sind Teil dieses Zwischenraums und werden von Mann als Übergangsorte erzählt, die räumlich mit dem liminalen Zustand der Protagonisten korrespondieren. Grand Hotel und Sanatorium sind keine leicht zu durchschreitenden Handlungsräume, die sich auf ein Ziel hin funktionalisieren lassen, sondern labyrinthische Räume, die den Gast oder Kranken mit dem eigenen Selbst konfrontieren und sie nicht mehr loslassen. Die Ankunft erscheint als prekäres Ereignis. Erst über das Ritual einer Angliederung[1], bei Hans Castorp über den Gebrauch des Fieberthermome-

---

1 Van Gennep sieht in ‹Übergangsriten› von 1909 den Übergang einer definierten Situation in die andere von Riten besetzt und nimmt eine Systematisierung derselben vor: «Trennungsriten kennzeichnen die Ablösungsphase, Schwellen- bzw.

ters, bei Gustav von Aschenbach über die gescheiterte Abreise und neuerliche Ankunft vollzogen, ist eine räumliche Zugehörigkeit vollbracht. Doch diese individuelle Perspektive eines geglückten Übergangs ist auf Kosten der gesellschaftlichen inszeniert. Im sozialen Kontext ist nämlich das Hotel selbst nur anderer Ort des Transitären, wo soziale Hierarchie, Autorität und Gehorsam deshalb aufgelöst erscheinen, weil Vorher und Nachher als sichernde Klammer bekannt sind und die Ordnung nur desto umfassender bestätigt wird. Die Adaption der Protagonisten an den Übergangsort verkennt entsprechend, dass ihnen hier kein dauernder Lebensort eingeräumt wird.

Vorher wie nachher

Aschenbach wird von der Lust des Reisens plötzlich und unverhofft ergriffen. Sie überfällt ihn angesichts eines Unbekannten, der seine Aufmerksamkeit durch ein «Gepräge des Fremdländischen»[2] auf sich zieht. Ausgehend von diesem Anblick des Fremden spürt er «ein jugendlich durstiges Verlangen in die Ferne»[3], ein Gefühl, dessen er sich schon lange «entwöhnt»[4] glaubte und das er nach sorgfältiger Prüfung als «Reiselust, nichts weiter» rational fasst. Doch die entfachte Sehnsucht nach der Fremde durchbricht das konventionelle Maß landläufiger Reiselust. Vielmehr wird sie in Aschenbach zur Leidenschaftlichkeit gesteigert und erscheint als «Sinnestäuschung»[5], die sich in einem phantastischen Tagtraum emotional entlädt. Aschenbach imaginiert eine gebärende und verschlingende «Urweltwildnis»[6], dabei blitzt das sinnlich Körperliche zugleich als verführerische Verlockung und immanente Bedrohung auf. Träumend wird das ersehnte Fremde über den «Allerweltsferienplatze im liebenswürdigen Süden»[7] hinaus in einen Raum des Leiblichen gehoben.

Umwandlungsriten die Zwischenphase (die Schwellen- bzw. Umwandlungsphase) und Angliederungsriten die Integrationsphase». (Van Gennep 1999, 21).
2 ‹Venedig›, 8.
3 ‹Venedig›, 9.
4 ‹Venedig›, 9.
5 ‹Venedig›, 10.
6 ‹Venedig›, 10.
7 ‹Venedig›, 12.

Das Phantastische und Ausschweifende, das den Gedanken an eine Reise begleitet, kontrastiert mit Aschenbachs Lebensführung. Er wohnt zurückgezogen in der Stadt, während der Sommermonate sucht er auf einem bescheidenen Landsitz Ruhe. Mit diesen beiden Orten seines Alltags werden größtmögliche Entgegensetzungen zu jener Behausung entworfen, wie sie die ersehnte Reise in Aussicht stellt. Das Grand Hotel auf dem Lido verspricht ein stummes, aber räumlich enges Beisammensein vieler, während Aschenbach sonst mit der Außenwelt nur über Briefe, vom Wort vermittelt, in Kontakt tritt. Aschenbachs Lebensart der mönchischen Zucht mit ihrem unnachgiebigen Tagesrhythmus, der ganz nach den wertvollen Entbehrungen der Arbeitsstunden ausgerichtet ist, steht dem «wohligen Gleichtakt»[8] eines Daseins entgegen, das allein durch die ausgedehnten Mahlzeiten und die Mußestunden am Strand gegliedert ist. Bereits vor seinem Aufbruch nach Venedig bereitet Aschenbach das Notwendige für die Rückkehr vor. Die eingeräumte Zeit, die er sich für die Reise zugesteht, erstreckt sich bemessen und geordnet zwischen der bereits abgeschlossenen und der aufgeschobenen Arbeit. All seine Anordnungen sind darauf ausgerichtet, auch diese Reise «nicht anders denn als eine hygienische Maßregel»[9] zu betrachten.

Ebenso Hans Castorp. Sein Leben ist in ein Vorher des abgeschlossenen Studiums und in ein Nachher des bevorstehenden Berufseintritts wohl geordnet, und die Reise soll nur eine kurze zeitliche Lücke besetzen, die dem Rat des Hausarztes nach Erholung geschuldet ist. Hans Castorp, der keine engen familiären Bindungen besitzt, steht an der Schwelle zu einem selbstverantwortlichen Leben, gekennzeichnet durch seinen bevorstehenden Eintritt in die Berufstätigkeit. Er reist im Augenblick des Übergangs von der Jugend ins Erwachsenenalter, das sich mit satter Regelmäßigkeit vor ihm ausbreitet.

> «Er [Hans Castorp; C.S.] hatte nicht beabsichtigt, diese Reise sonderlich wichtig zu nehmen, sich innerlich auf sie einzulassen. Seine Meinung vielmehr war gewesen, sie rasch abzutun, weil sie abgetan werden mußte, ganz als derselbe zurückzukehren, als der er abgefahren war, und sein Leben ge-

---

8 ‹Venedig›, 50.
9 ‹Venedig›, 10.

nau dort wieder aufzunehmen, wo er es für einen Augenblick hatte liegenlassen müssen.»[10]

Die Romanhandlung setzt ein, als der junge Mann schon auf der Reise ist. Den Bericht über Leben und Herkunft Hans Castorps schiebt der Erzähler zwischen Traum und Erwachen ein, er hält Rückschau während innerhalb der erzählten Zeit der Morgen nach Castorps erster Nacht im Berghof graut. Damit ist textstrukturell die Vergangenheit als Episode im Dazwischen des gegenwärtigen Tagesablaufs verortet. Diese Plazierung deutet an, dass die eigentliche Lebensgeschichte – im wörtlichen wie übertragenen Sinn Castorps Erwachen – nicht der Hamburger Heimat[11] zukommt, sondern sich in der Gegenwart des Sanatoriums vollzieht. Während Castorp von einem dreiwöchigen Aufenthalt spricht, unterwandert die Textstruktur schon zu Beginn diese Aussage. Später wird Castorp sagen, er sei Techniker «gewesen»[12] und den «dazwischengekommen(en)»[13] Aufenthalt vorsichtig zu einem «Lebenswendepunkt»[14] umdeuten. Das angestammte Leben ist somit nicht wie im ‹Tod in Venedig› wach gehaltener Gegenpol[15] zum Grand Hotel, sondern verkehrt sich zu jenem episodischen Zwischenraum, den ursprünglich die Ferienreise hätte einnehmen sollen. Und selbst dieser Zwischenraum wird durch Castorps Teilnahmslosigkeit an allem, was das Flachland betrifft, im Verlauf der Jahre, die er im Sanatorium verbringt, immer mehr zugeschüttet und verschwindet letztlich fast ganz aus seinem Blickfeld.

Für Felix Krull gibt es kein Zurück mehr. Sein Heraustreten aus dem Alltag ist ein bewusster und irreversibler Vorgang. Am Anfang seiner Reise ins Grand Hotel steht der bürgerliche Tod, verursacht durch Falliment und Freitod des Vaters, den sein Pate Schimmelpreester als hoffnungsvollen Neuanfang deutet. Das Enthoben-

---

10 ‹Zauberberg›, 10.
11 Die Verschiebung dessen, was der einzelne als Heimat betrachtet, macht Settembrini in einem Gespräch mit Castorp deutlich: «Sie wissen doch, man nennt dies ‹Heimat›, wenn man einmal hier [im Sanatorium; C.S.] gelebt hat.» (‹Zauberberg›, 274).
12 Anführungszeichen bereits als Hervorhebung im Original. Vgl. ‹Zauberberg›, 403.
13 ‹Zauberberg›, 403.
14 ‹Zauberberg›, 403.
15 Aschenbach gedenkt inmitten seiner Ausschweifungen seiner Vorfahren, die stellvertretend für die Zucht seines ehemaligen Lebens stehen. (Vgl. ‹Venedig›, 66).

sein aus einer schützenden bürgerlichen Ordnung, die Krull längst als Beschränkung seiner persönlichen Freiheit empfunden hatte, entlässt ihn in ein Leben ohne Sicherheiten. Krulls Reise ins Hotel Saint James and Albany ist als intentionales Heraustreten aus der bürgerlichen Ordnung geschildert. Krull ist nicht länger als Sohn seines ausschweifenden Vaters das ausgeschlossene Objekt eines Systems, sondern spielerisch und absichtsvoll zugleich verletzt er die Regeln und wandelt sich zum Subjekt, nicht um sich als Individuum gegen die Gesellschaft zu stellen, sondern um mit ihren Projektionen zu verschmelzen und in der perfekten Erfüllung kollektiver Träume jene zu manipulieren.

Krull sitzt im Abteil dritter Klasse, als ob er die dem Materiellen huldigende Einteilung der Gesellschaft nur als erschwerend stimulierenden Ausgangspunkt seiner Karriere betrachten würde. Die Zollabfertigung inszeniert der Autor als Grenzüberschreitung im eigentlichen wie übertragenen Sinn. Krull imitiert den Klang des Französischen so gut, dass er vom Zollbeamten für einen Landsmann gehalten wird und entwindet sich der Einteilung in Nationalitäten, indem er «a moitié»[16] durchaus als Franzose gelten will. Ebenso fließend ist der Übergang vom mittellosen jungen Mann zum diebisch besitzenden, der die Gunst der Stunde nutzt und sich gerade im «Wohlverhältnis zu den Autoritäten des Landes»[17] – wie der Erzähler ironisch festhält – ermuntert fühlt, unter der Hand ein fremdes Schmuckkästchen in seinen Koffer gleiten zu lassen.

Die erste Wanderung durch das nächtliche Paris ist keine Erfahrung des Fremdseins, gefasst in einer messbaren Distanz zwischen dem Ort der Abreise und jenem der Ankunft, sondern die Konfrontation mit einer sozialen Hierarchie, die den Mittellosen als Außenseiter aus jeder Anteilnahme drängt. Seiner offensichtlichen Armut – ein «Fehlprodukt ihrer Ordnung»[18], wie der Erzähler Krull anmerkt – begegnen die Passanten mit Bestürzung und meiden sie als Beleidigung des Bürgersinns. Dass aber allein Krulls näher ins Auge gefasste Erscheinung die soziale Skala in Bewegung zu versetzen vermag, zeigt die Szene, als er das Hotel betritt.

---

16 ‹Krull›, 129.
17 ‹Krull›, 130.
18 ‹Krull›, 131.

«Dennoch riet Bescheidenheit mir, statt einer der beiden gläsernen Drehtüren, durch welche die Reisenden eintraten, lieber den seitlichen offenen Zugang zu benutzen, dessen die Gepäckschlepper sich bedienten. Diese aber, wofür immer sie mich halten mochten, wiesen mich als *unzugehörig* zurück, so daß mir nichts übrigblieb, als mit meinem Köfferchen in einen jener prächtigen Windfänge zu treten, bei dessen Drehung mir zu meiner Beschämung auch noch ein dort postierter Page in rotem Schniepel-Jäckchen behilflich war.»[19]

Bereits diese Weise des Eintretens bezeichnet den in Aussicht gestellten Seitenpfad. Krull wählt nicht die «Heerstraße» der Hotelkarriere, die ihn durch den Seiteneingang geführt hätte, sondern kürzt den langen Weg ab, indem er sich ins Hotel als seinen künftigen Spielraum wie ein Herr hinein schwingen lässt. «Bescheidenheit» und «Beschämung», die Krull zu empfinden vorgibt, verdeutlichen, dass ihm die Rolle des Herrn trotz seiner augenscheinlichen Zurückhaltung zugewiesen wird und sein Auserwähltsein folgerichtig als von außen bestätigte Tatsache betrachtet werden muss. Krull bleibt auch «unzugehörig», als er durch die Uniform als Angestellter des Hauses kenntlich gemacht, seinen Dienst verrichtet. In diesem Sinn findet keine eigentliche Ankunft statt, sondern ein räumliches Durchlaufen der Möglichkeiten. Krull bleibt ein Unbekannter, der sich davor hütet, etwas von sich Preis zu geben und hinter der immer anpassungsfähigen Form des Daseins sein Außenseitertum verbirgt. Gerade dieses Verschweigen gegenüber den Mitmenschen führt der sich bekennende Krull seinen Lesern besonders beredt aus. Für Krull ist das Leben nur als fortwährender Übergang denkbar, weil jede Festlegung auf eine Rolle seine formale Existenz einschränken würde. Da es für ihn kein Ankommen und damit kein Ausruhen von seinem Spiel gibt, ähnelt sein Dasein in der «genau auszukalkulierenden Knappheit der Bedingungen»[20] jenem der Trapezkünstlerin Adromache, deren Kunst so fasziniert, weil der Absturz beständig drohend vor Augen steht.

---

19 ‹Krull›, 133–134. Hervorhebung C.S.
20 ‹Krull›, 200.

Aufgeschobene Ankunft

«Heimat und Ordnung lagen nicht nur weit zurück, sie lagen hauptsächlich klaftertief unter ihm, und noch immer stieg er darüber hinaus. Schwebend zwischen ihnen und dem Unbekannten fragte er sich, wie es ihm dort oben ergehen werde.»[21]

Hans Castorp erfährt auf seiner Reise eine einschneidende Distanzierung zu seinem Alltag. Der Erzähler deutet das reale Erklimmen des Berges metaphorisch als ein Über-die-Dinge-gehoben-sein – über all das, «was er seine Pflichten, Interessen, Sorgen, Aussichten nannte»[22]. Zwischen dem Ort geographischer Verwurzelung – Hamburg ist als Heimat bezeichnet – und dem Reiseziel erstreckt sich eine Distanz, die der Erzähler mit einer märchenhaften Wendung[23]: «Es geht durch mehrerer Herren Länder»[24] in unbestimmter Weitläufigkeit einführt. Damit ist weniger der geographisch konkrete Raum angesprochen als vielmehr der Raum an sich, der wie die Zeit Vergessen erzeugt und das «desto rascher»[25] tut, weil er den Reisenden ganz umgibt und umfängliche Aufmerksamkeit einfordert. Eine wachsende Desorientierung provozieren die «Kopfstationen»[26], die der Zug in entgegengesetzter Richtung wieder verlassen muss. Auch eröffnen sich Ausblicke, die gleich wieder hinter der nächsten Biegung verschwinden. Kein Überblick befreit vom Gefühl des leiblichen Ausgeliefertseins. Die «heilig-phantasmagorisch sich türmende Gipfelwelt»[27] gehört einer Sphäre an, die Castorps Begriffe naturwissenschaftlichen Ordnungsdenkens sprengt. Das Bekannte ist metonymisch durch Singvögel und Laubwälder gekennzeichnet, während Castorp für das Neue nur die Negation des Gewohnten im Sinne des Aufhörens bereithält.

Der Erzähler schildert Hans Castorps Reise als Erfahrung der Intoxikation, indem der passiv bewegte und bis dahin teilnahmslose Körper auf das Emporgehobenwerden reagiert. Die Fernluft als

---

21 ‹Zauberberg›, 11.
22 ‹Zauberberg›, 10.
23 Zu dieser Ebene des Märchens lassen sich auch die sieben Tische subsumieren, an denen Castorp im Laufe von sieben Jahren gesessen hat.
24 ‹Zauberberg›, 9.
25 ‹Zauberberg›, 10.
26 ‹Zauberberg›, 11.
27 ‹Zauberberg›, 11.

Trank[28], als Lethe zu verstehen, heißt schließlich eine leibliche Aufnahme des Fremden. Dass Castorp in Anbetracht der «dünne(n) und spärliche(n) Lebensbedingungen»[29], denen er sich mit unaufhaltsamem Aufstieg ausgesetzt sieht, Schwindel und Übelkeit befallen, bezeichnet die körperliche Dimension dieser Fremderfahrung. Noch im Klimmen begriffen, glaubt er jede physische und seelische Befremdung dem Reisen selbst anlasten zu können, das daran erinnert, «in welchen unangemessenen Sphären man sich befand»[30]. Diese Beschreibung leiblicher Vereinnahmung des Fremden und die unverhofften Reaktionen darauf erinnern an die Erklärungen des Engländers E.F. Benson[31], die bereits als Versuch zitiert wurden, das Andere im Sinn einer ungehemmten und kindlichen Lebensfreude im Anblick der Schneeberge argumentativ als kollektiven und damit gerechtfertigten Bruch wider den Commonsense erneut in diesen einzufügen. Castorp jedoch muss die Rechtfertigung seiner körperlichen Symptome, die seine Ankunft begleiten, selbst leisten und wird dafür sieben Jahre brauchen.

Auch die Ankunft erscheint als ein willenloses Getragenwerden in einem sich immer weiter ausdehnenden Raum. Denn als der Vetter Joachim Ziemmsen ihn auffordert, auszusteigen, antwortet Castorp: «Ich bin aber noch nicht da»[32]. Das Noch-nicht-Dasein dehnt sich über die ersten Wochen seines Aufenthalts aus, denn sowohl Ärzte und Krankenschwestern lassen den Gast links liegen, wie auch die Tischnachbarn des Speisesaals nur wenig Anteil nehmen. Und in der Formel «bei denen hier oben»[33] hält Castorp seine Ankunft aufgeschoben, spricht und handelt[34] aus der Stellung des flüchtig Anwesenden heraus und damit als Beobachter oder wie ihn Hofrat Behrens anspricht, als «unbeteiligter Zuschauer»[35].

---

28 Vgl. ‹Zauberberg›, 10.
29 ‹Zauberberg›, 11.
30 ‹Zauberberg›, 11.
31 Vgl. das Kapitel zu ‹Playground›.
32 ‹Zauberberg›, 12.
33 ‹Zauberberg›, 114.
34 Castorp benutzt den Hut, «trotzigerweise, denn er war seiner Lebensform und Gesittung allzu gewiß, um sich so leicht und auf bloße drei Wochen fremden und neuen Gebräuchen zu fügen». (‹Zauberberg›, 60).
35 ‹Zauberberg›, 147.

«Und indem er sich probeweise in Herrn Albins Zustand versetzte und sich vergegenwärtigte, wie es sein müsse, wenn man endgültig des Druckes der Ehre ledig war und auf immer die bodenlosen Vorteile der Schande genoß, erschreckte den jungen Mann ein Gefühl von wüster Süßigkeit, das sein Herz vorübergehend zu noch hastigerem Gange erregte.»[36]

Die strengen Rituale der Wohlanständigkeit sind im Sanatorium aufgehoben und machen einer verführerischen Laxheit der Sitten Platz. Zudem ist der Tagesablauf durch den Kurplan festgelegt und enthebt den Einzelnen jeglicher Initiative, ja untersagt sie ihm. Die «Enge, Gunst und Regelmäßigkeit der Umstände» erkennt Castorp für sich als eine «wahrhaft glückliche Lebenslage»[37]. Die Ankunft im Sanatorium und damit auch die Wandlung zu einem ‹Wir-hier-oben›[38] vollzieht sich über die horizontale[39] Initiation. Castorp unternimmt im Gegensatz zu Aschenbach keinen vorgetäuschten Fluchtversuch, um nur desto bereitwilliger wieder zu den Lockungen des Grand Hotels zurückzukehren. Er verlässt sein Zimmer nicht, sondern nimmt es neu in Besitz, indem er, ganz in der Horizontalen die Zeit erliegt. Mann schildert das zweiwöchige Liegen im ‹Zauberberg› gleichsam als rituelle Handlung. Castorp holt während dieser Zeit entsprechende Gesten nach, als zentrale ist die Handhabung des Fieberthermometers zu nennen. So betritt er das Sanatorium nicht nur als konkrete Lokalität, sondern als einen anderen Ort, der, wie er am eigenen Leib erfahren hat, «nicht ohne weiteres zugänglich»[40] ist. Die Wandlung durchzieht auch die Sprache. Bald gebraucht Hans Castorp Worte anders, Wert und Gewicht derselben verschieben sich einer neuen Konvention gehorchend, deren «kleinste Zeiteinheit» «der Monat»[41] ist. «Neulich»[42], so korrigierte er seinen Vetter in den ersten Tagen, sei für ein mehrere Wochen zurückliegendes Gescheh-

---

36 ‹Zauberberg›, 113.
37 ‹Zauberberg›, 227.
38 Castorp spricht während der Unterhaltung mit Settembrini erstmals von «unserem Speisesaal» (‹Zauberberg›, 268.)
39 Joachim erklärt dem Vetter die Lebensweise der Sanatoriumspatienten mit dem «faulen Witz» Settembrinis: «Settembrini sagt immer, wir lebten horizontal, – wir seien Horizontale (…).» (‹Zauberberg›, 103).
40 Foucault 1990, 44.
41 ‹Zauberberg›, 82.
42 Vgl. ‹Zauberberg›, 75.

nis völlig unangebracht. Später spricht Castorp selbst von «neulich», wenn er längst Vergangenes bezeichnet.

Beinahe vorsätzlich widersetzt sich Aschenbach einer schlichten Ankunft an einem freundlichen Ferienort. Das malerisch Fremde «mit farbig zerlumptem, in wildfremden Lauten redendem Landvolk und schön zerrissenen Klippenpartien»[43], das Gustav Aschenbachs erstem Reiseziel eigen ist, befriedigt sein Sehnen nicht. Auch verärgert ihn die «kleinweltliche, geschlossen österreichische Hotelgesellschaft»[44], die dort den Ton angibt. Schließlich erkennt er in der Stadt Venedig den «Ort seiner Bestimmung»[45]. Bereits diese sprachliche Wendung zielt über die bloße Ankunft an einem Reiseziel hinaus nach Identifikation. Die Reise dehnt und weitet sich allmählich zu einem Dazwischen, während dessen Aschenbach das Fremde als ortlos implizite Spannung erfährt. Die Reise verliert den Charakter eines Mittels zum Zweck der Erholung und erhält etwas Eigentätiges, das sich zum ankunftslosen Fortschreiten der Fremderfahrung auswächst.

Beim Anblick des greisen Stutzers auf dem Dampfer wandelt Aschenbach «träumerische Entfremdung»[46] an. Während der Überfahrt zum Lido, die sich Aschenbach in der weich gepolsterten, unweigerlich an einen Sarg gemahnenden Gondel[47] sitzend ohne Ende und entsprechend ohne Ankunft wünscht, wehrt er sich erst noch gegen das eigenmächtige Handeln des Gondoliere, das er mit «Befremdung»[48] wahrnimmt. Schließlich taucht er aber ganz in das Fremde ein – «die Vorstellung, einem Verbrecher in die Hände gefallen zu sein, streift(e) träumerisch Aschenbachs Sinn»[49] – und gibt sich einer Todessehnsucht hin, die der Zucht des auf ein abgerundetes Alterswerk hoffenden Schriftstellers zuwiderläuft. Auf dem Lido ange-

---

43 ‹Venedig›, 21.
44 ‹Venedig›, 21.
45 ‹Venedig›, 21.
46 ‹Venedig›, 23.
47 Die Analogie zwischen Gondel und Sarg wird explizit angesprochen: «Das seltsame Fahrzeug, aus balladesken Zeiten ganz unverändert überkommen und so eigentümlich schwarz, wie sonst unter allen Dingen nur Särge sind, es erinnert an lautlose und verbrecherische Abenteuer in plätschernder Nacht, es erinnert noch mehr an den Tod selbst, an Bahre und düsteres Begängnis und letzte, schweigsame Fahrt.» (‹Venedig›, 27).
48 ‹Venedig›, 27.
49 ‹Venedig›, 29.

kommen betritt Aschenbach das Grand Hotel über die rückwärtige Gartentür, den eigentlichen Hintereingang[50]. Im Zutritt durch die Hintertür löst sich Aschenbachs Todessehnsucht räumlich ein, denn die Hintertür ist symbolisch als Schwelle des Todes[51] besetzt und als solche Topos aller Hotelerzählungen[52]. Damit bezeichnet das Grand Hotel in Aschenbachs Reise den Ort eines irreversiblen Übertritts, obwohl sich Aschenbach weiter gegen eine Ankunft wehrt.

Aschenbach packt seine Koffer «zur Sicherheit nicht völlig aus»[53], da er angesichts des schwülen Wetters fürchtet, unverzüglich wieder abreisen zu müssen. Am Strand, nachdem er beim Frühstück den schönen Tadzio wiedergesehen hat, beschließt er: «Ich will also bleiben»[54]. Doch ein Spaziergang durch die engen Gassen Venedigs, bei dem ihm das Atmen schwer wird, überzeugt ihn, «daß er reisen müsse»[55] und weiteres Ausharren «vernunftwidrig» wäre. Während Aschenbach auf dem Canale Grande dem Bahnhof entgegenfährt, rührt ihn seine «schmählich(e)» «physische Niederlage»[56] gegenüber dieser Stadt,

---

50 Vgl. ‹Venedig›, 30.
51 Mit van Gennep lässt sich dieser Topos in einen historischen Kontext stellen: «Bemerkenswert ist, dass gewöhnlich nur am Haupteingang Eingangs- und Ausgangsriten praktiziert werden – vielleicht deshalb, weil der Haupteingang mit Hilfe eines besonderen Ritus eingeweiht wurde oder weil er in eine bevorzugte Richtung weist. Die anderen Eingänge besitzen nicht in gleicher Weise den Charakter einer Schwelle zwischen familiärer und äußerer Welt. (…); daher auch der Brauch, einen Leichnam durch die Hintertür oder ein Fenster aus dem Haus zu schaffen, (…). Diese Praktiken sollen verhindern, dass ein einmal mit Hilfe besonderer Riten gereinigter Durchgang verunreinigt wird.» (Van Gennep 1999, 32).
52 Die Hintertüre wird innerhalb der Hotelgeschichten immer wieder als letzter Ausgang aus dem Hotel und als Pforte der Toten bestimmt. Dies kommt exemplarisch auch im folgenden Zitat zur Sprache: «Seine Leiche [die Leiche des alten Kellners; C.S.] wird man durch den rückwärtigen Ausgang des Hotels tragen und in ein schwarzes Auto verladen, in dem es keine Fenster geben wird. Denn durch den Haupteingang eines Hotels kann unmöglich eine Leiche getragen werden.» (Roth 1991, 14). Auch in Meinrad Inglins ‹Grand Hotel Excelsior› von 1928 wird dem reichen Amerikaner Baker die Hintertür zur letzten übertretbaren Schwelle. Aus Angst, der Schwerkranke könnte durch sein leidendes Aussehen die Gäste erschrecken oder gar an den Tod gemahnen, verwehrt man ihm den Zutritt über den Haupteingang. Der Ausschluss aus der Gesellschaft geht hier dem realen Tod voraus. (Vgl. Inglin 1988, 174ff.).
53 ‹Venedig›, 35.
54 ‹Venedig›, 38.
55 ‹Venedig›, 43.
56 ‹Venedig›, 46.

die er ja wegen ihres Klimas auch zukünftig meiden müsste, zu Tränen. Aschenbach trägt in diesem Hin und Her einen Konflikt zwischen Vernunft und Körper aus, in dessen Verlauf er die Physis seinen Grundsätzen widersprechend aus der Zucht entlässt und dem Körper gleichsam ungeschützt zumutet, das Gewicht seiner «seelisch(en) Neigung»[57] zu tragen. Mit dem falsch verschickten Gepäck findet Aschenbach einen Grund für sein Bleiben. Die «unglaubliche Heiterkeit», die diese Wendung der Umstände weckt und «von innen fast krampfhaft seine Brust»[58] erschüttert, verweist aber darauf, dass der Schein der Vernunft die leibliche Ergriffenheit nur obenhin verdeckt.

Nachdem Aschenbach seine Abreise mutwillig als ein zu scheiterndes Ereignis inszeniert hat, betritt er das Grand Hotel auf dem Lido rückhaltlos als gültiges Ziel. Bei Aschenbachs neuerlicher Ankunft im Grand Hotel erscheint auffällig, dass sein ehemaliges Zimmer bereits belegt ist, ihm jedoch ein anderes, «das dem vorigen nach Lage und Einrichtung fast vollkommen glich»[59], zur Verfügung gestellt wird. Die erzählerische Absicht verweist somit nicht auf den Aspekt des Neuen, sondern vielmehr auf die räumliche Abweichung, die mit dem Zimmerwechsel einhergeht. Gerade diese geringe Verschiebung, die sachlich keinen Unterschied bedeutet, scheint eine Veränderung hervorzuheben, deren unterschwellige Signifikanz im Umstand liegt, dass sich Aschenbachs Einstellung gegenüber dem Grand Hotel gewandelt hat. Hier wird die Differenz bezeichnet, aufgrund derer er sich, durch das Hauptportal eintretend, als ansässiger Gast empfinden kann, der bereit scheint, darauf einzugehen, was an diesem Ort der Fall ist. So gesteht sich Aschenbach beim Anblick Tadzios, den ihm sein Zimmerfenster auch jetzt gewährt, die Neigung zu diesem Knaben ein; dieser wird nicht länger unter der entfremdenden Abstraktion des allgemein Schönen subsumiert[60], son-

---

57 ‹Venedig›, 46.
58 ‹Venedig›, 47.
59 ‹Venedig›, 49.
60 Diese signifikante Verschiebung scheint auch vor dem Erzählgestus nicht Halt zu machen, welcher zusehends gekennzeichnet ist von einer sich über die Realschicht erhebenden Dominanz des mythisch Symbolischen und die sprachliche Sublimation desto weiter treibt, je physischer das Verlangen nach Tadzio wird.

dern lässt Aschenbach «die Begeisterung seines Blutes»[61] spüren. Damit hat Aschenbach den «Ort seiner Bestimmung» erreicht, der über das Lokalisierbare hinausgeht und in Venedig und der räumlichen Intimität des Grand Hotels einen symbolischen Raum der Verführung und Sinnlichkeit gefunden hat.

Das Einräumen des Zimmers, die Inbesitznahme von Schrank und Schubfächern durch persönliche Gegenstände, verweist auf eine eingerichtete Dauer der Heimsuchung[62], welche gleichermaßen die Verwandlung des gestrengen Einsamen in einen liebevoll Schätzenden bedeutet. Dieses Einräumen kommt einem Übergangsritual gleich, das das Loslösen aus einem zielgerichteten Lebensentwurf hin zu einem «wohlige(n) Gleichtakt»[63] des Daseins markiert. Indem er sich den konkreten Raum aneignet, setzt er sich dem symbolischen Raum des Grand Hotels aus und lässt sich von der «weiche(n) und glänzende(n) Milde dieser Lebensführung»[64] in Bann schlagen. Die Stadt Venedig, von einer unheimlichen Krankheit befallen, und ein seltener Mensch an der letzten, gefährlichsten Wendung seines Erlebens, scheinen einander zu rufen. Das Überkreuzen von Außen- und Innenwelt findet bezeichnenderweise im Grand Hotel[65] statt, das intimes und öffentliches Geschehen auf bedrohliche Weise engführt.

In allen drei Büchern erschreibt Thomas Mann die Reise als Übergangsritual, das jedoch nicht von einer genau definierten Situation in

---

61 (‹Venedig›, 49). Das «Blut» verweist hier auf den Erbteil seiner Mutter – «rascheres, sinnlicheres Blut war der Familie in der vorigen Generation durch die Mutter des Dichters (...) zugekommen» [13] – und läuft der «Zucht» «sein eingeborenes Erbteil von väterlicher Seite» [15] entgegen.
62 Vgl. ‹Venedig›, 47 und 55.
63 ‹Venedig›, 50.
64 ‹Venedig›, 50.
65 Venedig und Grand Hotel sind durch die Entgegensetzung von Sichtbarem und Verborgenem geprägt, die sie mit prachtvollen Schaufronten und der Baufälligkeit beziehungsweise Heimlichkeit der dem Blick abgewandten Teile auf pointierte Weise einlösen. So ist beiden ein theatrales Moment eingeschrieben. Georg Simmel äußert sich über die Theatralität Venedigs folgendermaßen: «Alle Menschen in Venedig gehen wie über die Bühne: in ihrer Geschäftigkeit, mit der nichts geschafft wird, oder mit ihrer leeren Träumerei tauchen sie fortwährend um eine Ecke herum auf und verschwinden sogleich hinter einer andern und haben dabei immer etwas wie Schauspieler, die rechts und links von der Szene nichts sind, das Spiel geht nur dort vor und ist ohne Ursache in der Realität des Vorher, ohne Wirkung in der Realität des Nachher.» (Simmel 1993, 260).

eine andere, ebenso genau definierte führt[66], sondern sich als zielvergessener Übergang ausdehnt und auf den Leib zurückfällt. Geht Krull ganz im formalen Dasein auf und manipuliert seine Umgebung vielmehr, als dass er sich an sie verliert, verfallen Aschenbach und Castorp dem Ungewohnten. Ihre Reise ins Grand Hotel oder Sanatorium kann als Hinwendung ins fremd gewordene eigene Innere beschrieben werden. Denn in ihrer Bereitschaft, sich auf den anderen Ort einzulassen, erfolgt für die Protagonisten ein Eintauchen in ihre verschüttete Jugendzeit, die in ihrer Unbekümmertheit diesem Ort am nächsten kommt. Damit einher geht eine Hinwendung zur Körperlichkeit, die ihrerseits an die Tage der Jugend – bei Castorp an die Schulzeit und seine Faszination für den Knaben Hippe – erinnert, an eine Zeit also, die vor der die Sinne fesselnden Unterdrückung des sexuellen Begehrens liegt. Die Reise ins andere Haus gewährt somit die unverfälschte Lust am Abenteuer, überschwängliche Freude und naive Bereitschaft, sich treiben zu lassen. Regungen die den Protagonisten fremd geworden sind und die nun, je weiter ihnen nachgegeben wird, eine Entfremdung mit dem Bisherigen provozieren.

---

66 Vgl. Van Gennep 1999, 15.

3. Subjekt und Gesellschaftsraum

Differenzierte Unterscheidungen von Grand Hotel und Sanatorium offenbaren sich erst über die Weisen ihres Bewohntwerdens. Als gesellschaftliche Orte sind beide Häuser von kollektiven Handlungsmustern geprägt. Diesen Mustern steht das Individuum, hier die Protagonisten Aschenbach, Castorp und Krull, unterschiedlich gegenüber. Aschenbach ist im Grand Hotel mit einem gefestigten Gesellschaftsraum konfrontiert, der nur den Einsamen, den dieser sinnlichen Öffentlichkeit[1] Entwöhnten, so tief ergreifen und erschüttern kann. Aschenbachs Enthemmung korrespondiert mit «den unsauberen Vorgängen im Innern Venedigs»[2], während das Grand Hotel nur soweit involviert ist, als es «die feierliche Stille, die zum Ehrgeiz der großen Hotels»[3] gehört, gegen ein verräterisch laut werdendes Wort[4] zu schützen sucht. Womit allerdings schon angedeutet ist, dass auch die Stille des Grand Hotels diesem nicht selbstverständlich zukommt, sondern latent gefährdet ist und gerade deshalb sorgfältig geschützt werden muss. Castorp hingegen ist im Sanatorium einem Raum anheimgestellt, der selbst offensichtlich unsicher geworden, die Ausschweifungen der Insassen nur obenhin zu regulieren vermag. Nichts ist gefestigt, alles der Widerrede ausgesetzt und in der Schwebe gehalten. Krull schließlich nimmt den Raum zunehmend als etwas wahr, das ganz seinem Willen gehorcht. Durch sein

---

1 In den ‹Betrachtungen› unterscheidet Thomas Mann die bürgerliche Öffentlichkeit von jener des Künstlers: «Sein [des Künstlers; C.S.] Lebenselement ist eine öffentliche Einsamkeit, eine einsame Öffentlichkeit, die geistiger Art ist, und deren Pathos und Würdebegriff sich von dem der bürgerlichen, sinnlich-gesellschaftlichen Öffentlichkeit vollkommen unterscheidet, obgleich in der Erfahrung beide Öffentlichkeiten gewissermaßen zusammenfallen. Ihre Einheit beruht in der literarischen Publizität, welche geistig und gesellschaftlich zugleich ist (wie das Theater), und in der das Einsamkeitspathos gesellschaftsfähig, bürgerlich möglich, sogar bürgerlich-verdienstlich wird.» (‹Betrachtungen›, 8).
2 ‹Venedig›, 67.
3 ‹Venedig›, 35–36.
4 Der Bänkelsänger wird, nachdem er Aschenbach hatte Auskunft geben müssen, von zwei Hotelangestellten ins Kreuzfeuer genommen. (Vgl. ‹Venedig›, 72).

mimetisches Vermögen lässt er den Realraum mit seinem Phantasieraum verschmelzen und macht sich das schweifend Atmosphärische der Gesellschaftsräume zu Nutze, die das Andeutungsvolle der banalen Realität vorziehen.

Isolation und Sichtbarkeit

Die Halle des Bäder-Hotels auf dem Lido ist für den allein reisenden Aschenbach, den «Einsam-Stummen»[5], ein ausgezeichneter Ort des Schauens. Der Blick braucht sich kaum hinter einer vorgehaltenen Zeitung zu verbergen, da dieser Ort selbst, der einen «duldsam vieles umfassende(n) Horizont»[6] bietet, eigentlicher *Schau*platz[7] ist. Hier beobachtet man und wird beobachtet. Die Vertreter unterschiedlicher Nationen sind durch den «weltgültige(n) Abendanzug, eine Uniform der Gesittung» zu einer «Einheit»[8], Mitglieder einer sozialen Schicht mit verbindlichem Kodex, zusammengefasst. Das Interesse am unbekannten Gegenüber wird hinter «gespielter gegenseitiger Teilnahmslosigkeit»[9] nur oberflächlich verborgen. Die Hotelhalle birgt für Aschenbach den schönen polnischen Knaben Tadzio, den zu betrachten er während des gemeinsamen Wartens auf das Abendessen lange Gelegenheit erhält. Aschenbachs Versunkenheit in den köstlichen Anblick dauert jedoch länger, als ihm die korrekte Anonymität der Versammelten erlauben würde. Denn inzwischen hat sich die Halle geleert. Die Gästeschar sitzt bereits im Speisesaal beim Essen, während die Leere des Raums den ersten Blickkontakt zwischen Tadzio und Aschenbach provoziert.

> «Aus irgend einem Grunde wandte er sich um, bevor er die Schwelle überschritt, und da niemand sonst mehr in der Halle sich aufhielt, begegneten seine eigentümlich dämmergrauen Augen denen Aschenbachs, der, seine Zeitung auf den Knien, in Anschauung versunken, der Gruppe nachblickte.»[10]

---

5 ‹Venedig›, 31.
6 ‹Venedig›, 32.
7 Später heißt es von Aschenbach: «(...), denn um neun Uhr, wenn Tadzio vom *Schauplatz* verschwunden war, schien der Tag ihm beendet.» (‹Venedig›, 57. Hervorhebung C.S.).
8 ‹Venedig›, 32.
9 ‹Venedig›, 32.
10 ‹Venedig›, 34.

Die vereinsamte Halle verliert die Leichtigkeit eines sorglos schweifenden, vermeintlich interessefreien Umschauens. Die Bergung in der allgemeinen Teilnahmslosigkeit ist aufgehoben. Aschenbachs Blick, der jenen des Knaben auf sich zieht, ruft eine Beziehung hervor und schafft sich auf der weiten, verlassenen Bühne eine heroische Hauptfigur, nicht ohne dabei selber mit einem ersten bekennenden Schritt[11] in das eröffnete Geschehen einzutreten. Am nächsten Morgen frühstückt Aschenbach ganz ohne Eile und dehnt seine Mahlzeit so lange aus, bis Tadzio auftritt. Wie nach der ersten Begegnung sublimiert er dessen physische Schönheit zum Kunstwerk und überführt sie abstrahierend ins Geistige. Gerne, räumt Aschenbach ein, «bliebe» er noch länger. «So aber ging er denn», fährt der Text fort, ohne anzugeben, worin dieses Sosein, dieser implizite Grund besteht, ob das Weggehen der eigenen Zucht oder den Hotelkonventionen geschuldet ist. Allerdings scheint das zufällige Beisammensein der Frühstückenden bereits überstrapaziert. Schon am Strand hat Aschenbach jedoch neuerlich Gelegenheit, den Knaben zu beobachten. Erstmals spiegeln sich auf dem Gesicht des Schönen heftige Emotionen, die, was «nur zur Augenweide getaugt hatte», «einer tieferen Teilnahme wert»[12] erscheinen lassen. Hinterlegt Aschenbach diese Anteilnahme auch mit einer «politisch-geschichtliche(n) Folie»[13] und überführt damit das Individuelle ins Allgemeine, so ist hier doch das «Göttlich-Nichtsagende in *menschliche* Beziehung»[14] gesetzt. Im Hotellift schließlich stehen Tadzio und Aschenbach so eng beieinander, dass der Dichter den Knaben erstmals «nicht in bildmäßigem Abstand, sondern genau, mit den Einzelheiten seiner Menschlichkeit»[15] wahrnehmen kann. Über die physische Nähe, die der Aufzug erzwingt, findet eine weitere Individualisierung statt.

Der beschränkte Erlebnisraum und die durch verbindliche Konventionen festgelegte «Lebensordnung»[16] des Grand Hotels mit sei-

---

11 Vgl. hierzu folgendes Zitat: «In dem Blick, der den Andern in sich aufnimmt, offenbart man sich selbst; mit demselben Akt, in dem das Subjekt sein Objekt zu erkennen sucht, gibt es sich hier dem Objekte preis. Man kann nicht durch das Auge nehmen, ohne zugleich zu geben. Das Auge entschleiert dem Andern die Seele, die ihn zu entschleiern sucht.» (Simmel 1992, 724).
12 ‹Venedig›, 39. Hervorhebung C.S.
13 ‹Venedig›, 39.
14 ‹Venedig›, 39.
15 ‹Venedig›, 42.
16 ‹Venedig›, 51.

nem dazugehörigen Strand ermöglichen eine stetige, immer sehnlicher erwünschte und letztlich mutwillig herbeigeführte blickgeleitete Beziehung zwischen Aschenbach und dem schönen Tadzio, innerhalb welcher der Schriftsteller letztlich Opfer seiner eigenen stummen Rollenverteilung wird.

> «Seltsamer, heikler ist nichts als das Verhältnis von Menschen, die sich nur mit den Augen kennen, – die täglich, ja stündlich einander begegnen, beobachten und dabei den Schein gleichgültiger Fremdheit grußlos und wortlos aufrecht zu halten durch Sittenzwang oder eigene Grille genötigt sind. Zwischen ihnen ist Unruhe und überreizte Neugier, die Hysterie eines unbefriedigten, unnatürlich unterdrückten Erkenntnis- und Austauschbedürfnisses und namentlich auch eine Art von gespannter Achtung.»[17]

Dem einsam stummen Aschenbach wird das Grand Hotel zur Gefahr. Die reale Nähe zu seinem Traumbild Tadzio ist eine seine Würde erschütternde Versuchung. Er, der Schriftsteller, der die Sprache nutzt, um das Alltägliche zu sublimieren, ist an diesem Ort als Stummer seinen Sinnen und mit ihnen der Sinnlichkeit verfallen. Er wird zum leiblichen Opfer dieses ungewohnten Gegenorts, der ihn aus seiner formalen Existenz heraus in eine so unmittelbar physische stellt. Die Sichtbarkeit, der Blickaustausch zwischen Subjekt und Objekt, reißt die Erfahrung der Isolation als Abgrund auf. Dass Aschenbach das Wort nicht an Tadzio richtet, um «leichte, heitere Bekanntschaft»[18] zu schließen, wie sie das Leben im Grand Hotel mit sich bringt, scheint der Furcht vor «Ernüchterung»[19] geschuldet. In der Sprache müsste sich die Beziehung den Konventionen beugen, die der Blick längst gesprengt hat. Ein Lächeln[20], das Tadzio dem überrascht schauenden Aschenbach schenkt, erscheint als vieldeutige Bestätigung dieser stummen Vertrautheit und löst bei Aschenbach das Geständnis aus: «Ich liebe dich!»[21]

> «Einsamkeit, Fremde und das Glück eines späten und tiefen Rausches ermutigten und überredeten ihn, sich auch das Befremdlichste ohne Scheu und Erröten durchgehen zu lassen, wie es denn vorgekommen war, daß er, spät

---

17 ‹Venedig›, 59.
18 ‹Venedig›, 56.
19 ‹Venedig›, 56.
20 Vgl. ‹Venedig›, 61.
21 ‹Venedig›, 61.

abends von Venedig heimkehrend, im ersten Stock des Hotels an des Schönen Zimmertür Halt gemacht, seine Stirn in völliger Trunkenheit an die Angel der Tür gelehnt und sich lange von dort nicht zu trennen vermocht hatte, auf die Gefahr, in einer so wahnsinnigen Lage ertappt und betroffen zu werden.»[22]

Die unüberbrückbare Distanz zwischen Aschenbach und dem Jüngling Tadzio verräumlicht sich im Grand Hotel in der Unüberwindbarkeit der Tür, die das Zimmer des Knaben vom Korridor des Grand Hotels trennt. Die Tür verkörpert die Schwelle zwischen dem Raum, der von der Gesellschaft geregelt wird und einer intimen Sphäre, die sich diesen Regeln entzieht und sich möglicherweise auch über sie hinwegsetzt. Der Schritt an die Zimmertür Tadzios wagt bereits einen Übertritt. Durch die sehnsuchtsvolle Geste des Anlehnens wird die Tür mit dem dahinter Wohnenden identifiziert, wird zur bedeutungsgeladenen Begrenzung eines liebgewonnenen Schatzes. Aschenbachs beschämende Berührung verwandelt die Tür zur Projektionsfläche uneinlösbarer Wunschvorstellungen, wodurch ihre verbergende Präsenz eine kompromittierende Eindeutigkeit erhält. Die Tür wird hier sowohl leiblich konkret als auch symbolisch als Schwelle besetzt, die das Grand Hotel als Übergangsort gewissermaßen dupliziert.

Aschenbachs wortlose Liebe zu Tadzio steigert die Bedeutung des Äußeren und provoziert ein sehnsüchtiges Verlangen, ebenfalls wegen seiner körperlichen Erscheinung anerkannt und geliebt zu werden. Immer weiter entfernt sich Aschenbach davon zu akzeptieren, dass er «um seines sicher treffenden und mit Anmut gekrönten Wortes willen»[23] «ehrerbietig» betrachtet wird, wie er dies noch am ersten Abend seines Grand-Hotel-Aufenthalts als gewissenhafter, aber distanzierter Beobachter seiner selbst im Spiegel des Gastzimmers hatte feststellen können. Die Schönheit kommt diesem Gesicht nur über die Verbindung zum Wort zu, da die Anstrengungen des Schöpfungsprozesses dasselbe durchfurchen und so auf das Schöne verweisen, das Aschenbach in vollendeter Form zur Sprache gebracht hat. Der Unwille darüber, an Schönheit und Jugend nur über das Wort zu partizipieren, kulminiert in der Szene beim Friseur, als sich Aschenbach einem Verjüngungsprozedere unterzieht. Nachdem

---

22 ‹Venedig›, 66.
23 ‹Venedig›, 42.

das Haar gefärbt und die Haut geschminkt ist, sieht Aschenbach im Spiegel «hoffnungsvoll erregt» einen «blühenden Jüngling»[24]. Vieldeutig genug entlässt ihn der Friseur mit den Worten: «Nun kann der Herr sich *unbedenklich* verlieben.»[25] Nicht Schminke und Farbe nimmt der Fiebernde wahr, die ihm diese Jugendlichkeit nur angemalt haben, sondern er sieht sein Wunschbild im Spiegel, das begehrte jugendliche Ich, das sich gegenüber dem Geliebten glaubt legitimieren zu können. Einer *bedachten* Prüfung seiner Spiegelerscheinung nicht mehr fähig, flüchtet sich Aschenbach in den bezahlten Schmeichelblick des Friseurs[26], der wiedergibt, was seine Kundschaft sich erhofft, um seinerseits zu gefallen.

Die lastende Maske der strengen Zucht fällt und weicht einer aus verjüngender Schminke. So reiht sich Aschenbach, zu einem lächerlichen Stutzer herausgeputzt und damit zu einem Ebenbild des falschen Jünglings auf dem Schiff nach Venedig verwandelt, selbst zu einer Gestalt der Entfremdung. Zu «geneigter Erinnerung»[27], wie sie ihm der greise Stutzer anempfohlen hatte, ist Aschenbach nicht mehr fähig. Die Dramaturgie der beiden Spiegelszenen bezeugt den Prozess einer Selbstentfremdung bis hin zur Selbstverleugnung. Indem Aschenbach letztlich allein das Bild eines Jünglings wahrzunehmen bereit ist, nimmt er eine Tilgung der eigenen Physiognomie vor, welche die Linienführung seiner Literatur, der Kunst[28] schlechthin, trägt. Über die Ablehnung der Furchen des Gesichts erfolgt auch die Ablehnung seiner schriftstellerischen Arbeit, die dahinter steht. Das vernunftgeleitete Wort wird beglückt verkannt und geleugnet, um

---

[24] ‹Venedig›, 82.
[25] ‹Venedig›, 82. Hervorhebung C.S.
[26] Die Szene beim Friseur ist ein weiterer Topos der Hotelerzählung. Sie findet sich in Stefan Zweigs ‹Rausch der Verwandlung› wie in Vicki Baums ‹Menschen im Hotel›. Bücher, die im Folgenden noch ausführlich besprochen werden. Auf die Ähnlichkeit der Szene sei hier aber schon hingewiesen: «Die Spitzen sind etwas grau; das macht älter. Wenn ich dem Herrn raten dürfte – der Herr würde ohne Schnurrbart zehn Jahre jünger aussehen», flüsterte der Friseur mit dem schmeichlerischen Lächeln aller Friseure im Spiegel. (...) Im Hotel bemerkte man die Sache mit dem Schnurrbart sofort, aber man ignorierte sie. Du lieber Gott, wie war man es gewohnt, dass die seltsamsten Metamorphosen mit den Herrschaften vorgingen, die aus der Provinz kamen und sich kurze Zeit im großen Hotel aufhielten.» (Baum 1960, 213–214).
[27] ‹Venedig›, 26.
[28] Dazu ‹Venedig›, 20: «Sie [die Kunst; C.S.] gräbt in das Antlitz ihres Dieners die Spuren imaginärer und geistiger Abenteuer (...).»

damit auch die Zeit, die diesem gewidmet wurde, spurlos wegzuwischen, als wäre wirkliche Schönheit unbeschreiblich und ohne Dauer, und als hieße, ihr zu verfallen, sich rücksichtslos dem Rausch der Verwandlung[29] hinzugeben. Damit löscht Aschenbach aber seinen Lebensraum, der sich über das Schreiben konstituiert, gleichsam aus und nimmt in dieser Raumzerstörung seinen physischen Tod vorweg.

Porös und hermetisch

Der Anblick des Sanatoriums lässt nicht an die repräsentative Schaufront eines Hotels denken, sondern veranlasst den Erzähler, auf einen Vergleich aus der Tierwelt zurückzugreifen: «die Front südwestlich gewandt, ein langgestrecktes Gebäude mit Kuppelturm, das vor lauter Balkonlogen von weitem löcherig und porös wirkte wie ein Schwamm»[30]. Ich möchte auf den Spuren des Phänomenologen dieses Bild aufgreifen. Dafür ist es notwendig, sich vor Augen zu führen, was ein Schwamm ist: Schwämme kann man sich als «auf dem Untergrund festsitzende, krusten-, strauch-, becher-, sack- oder pilzförmige Tiere von ungewöhnlich einfacher Organisation und ohne echte Gewebe und Organe» vorstellen. «Der Körper der Schwämme besteht aus zahlreichen Zellen, die in eine gallertartige Grundsubstanz eingebettet sind. Diese wird stets durch eine Stützsubstanz aus Kalk, Kieselsäure, oder aus hornartigem Material gestützt, (...) ihre Körperwand ist von zahlreichen Poren durchsetzt»[31]. Damit ist bezeichnenderweise der Sonderfall des auf dem Untergrund festsitzen-

---

29 ‹Rausch der Verwandlung› ist auch der Titel von Stefan Zweigs Hotelroman aus dem Nachlass, der im Zweiten Teil eingehend besprochen wird.
30 (‹Zauberberg›, 15). Das Poröse verweist während der Zwanzigerjahre intertextuell auf die Vorstellungen, wie sie Kracauer und Benjamin in ihren Stadtschilderungen beschwören, wo sie jene Quartiere beschreiben, die durch keine Planung am Reisbrett gebändigt wurden, sondern über die Jahrhunderte gewachsen sind. Benjamin über Neapel: «Porös wie dieses Gestein [der zum Ufer hin mit Höhlen durchsetzte Felsengrund der Stadt Neapel; C.S.] ist die Architektur. Bau und Aktion gehen in Höfen, Arkaden und Treppen ineinander über. In allem wahrt man den Spielraum, der es befähigt, Schauplatz neuer unvorhergesehener Konstellationen zu werden. Man meidet das Definitive, Geprägte.» (Benjamin: ‹Neapel›, 1994, 9.)
31 Meyers großes Taschenlexikon, Mannheim 1990, Band 19, 352.

den Tiers zitiert[32] und dem Transitären des Grand Hotels das Verharren im Sanatorium wie auch das Gefangensein im eigenen kranken Körper entgegengesetzt. Darüber hinaus verweist der animistische Vergleich auf die Verdoppelung, welche die Fassade als Gebäudehaut über die Körperhaut als leibliche Grenze erfährt, und es klingt an, wie im Roman Körperraum und Lebensraum spiegelbildlich ineinander überführt werden.

Auch Bachtin bemüht bezeichnenderweise eine architektonische Metapher, um den grotesken und nicht grotesken Leib voneinander abzugrenzen: «Der nichtgrotesken Gestalt des Leibes liegt die individuelle, streng abgegrenzte Masse des Leibes zugrunde, seine massive und taube Fassade.»[33] Die Porosität des Sanatoriums ist damit auch Verweis auf das Groteske, das sich im Haus in vielen Spielarten verleiblicht. Etwa in der Körperhaut, wie sie in Doktor Behrens Porträt der Frau Chauchat, bei welchem vor allem das Dekolleté fasziniert, entworfen ist: «Er hatte sich des körnigen Charakters der Leinwand bedient, um ihn, namentlich in der Gegend der zart hervortretenden Schlüsselbeine, durch die Ölfarbe hindurch als natürliche Unebenheit der Hautoberfläche wirken zu lassen.»[34] Im Weiteren wird die Vorstellung, dass die äußere Form des Körpers das Körperinnere wie ein undurchlässiges Behältnis umfasst, im widersprüchlichen Bild der hohen Brust Marusias, die innen «wurmstichig» ist, zur Disposition gestellt. Damit wird aber nicht allein der weibliche Körper porös, sondern auch die überkommene Vorstellung Castorps, der die sexuellen Reize bisher über die Notwendigkeit der Fortpflanzung legitimiert hat, während der kranke Körper diese Kausalität auflöst und seltsam haltlos und gefährlich erscheint[35]. Die Durchleuchtung des

---

32 Hier fühlt man sich an Professor Kuckucks Seelilie gemahnt, an die ihn seltsam genug der vermeintliche Graf Venosta erinnert. Die Seelilie sieht aus wie eine Blume und ist doch ein Tier, das bis zu seiner Jugend festgewachsen, sich dann vom Stengel löst und frei durch das Gewässer schwimmt.
33 Bachtin 1985, 20.
34 ‹Zauberberg›, 355.
35 Diese Verunsicherung wird in Hermann Hosters Roman eines Kurortes ‹Genesung in Graubünden› von 1938 wieder aufgehoben, als die lungenkranke, liebende Frau trotz Gefahr für ihr Leben eine Schwangerschaft forciert und sich damit vom Verdacht einer zweckfreien und dadurch allein lustbetonten Sexualität befreit.

Körpers, das Röntgenbild[36] Clawdias, das Castorp als Liebesbeweis erbeten hat, erscheint von außen betrachtet als Stigma, während es im Innern des Sanatoriums als Zeichen einer Gemeinschaft erscheint. Es durchbricht die bürgerliche Körpervorstellung und eine damit verbundene Festlegung der Sexualität auf Reproduktion.

Neben dieser Überlagerung zwischen materiellem und leiblichem Raum interessiert aber nochmals das Verhältnis von innen und außen, wie es die poröse Fassade in Aussicht stellt. Das Schwammartige der Hausfront ist der Dichte der Balkonlogen geschuldet, die keine Wand, sondern eine Zellstruktur vorstellen, statisch ermöglicht durch eine Eisenbetonkonstruktion[37], welche die Fassade erstmals von ihrer tragenden Funktion befreit. Die Balkone bilden eine eigene Raumschicht und müssen deshalb als Loggien[38] bezeichnet werden[39]. Sie sind eine Verlängerung des Intimraums[40] des Patientenzimmers in

---

36 Die Faszination für die Röntgenaufnahmen als technische Durchdringung des Undurchschaubaren ist auch in der Buchreklame für ‹Durchleuchtete Körper› von Dr. Karl Döhmann in der Reihe ‹Schaubücher› erkennbar: «82 Röntgenaufnahmen! Aber durchaus kein Krankheitsbilderbuch! Wir sehen zwar dem Menschen «unter die Haut», aber auch an Tieren, Pflanzen, Bildern und allen möglichen Gegenständen sehen wir, was unsere Augen sonst nicht wahrnehmen können.» (In: Edschmid 1932, Anhang.)

37 (Vgl. hierzu Giedion 1992, 222). Im Kapitel ‹Der Einfluss des Eisenbetons› verweist Giedion auf die zahlreichen Verwendungszwecke des Eisenbetons unter anderem auch im Sanatoriumsbau in Davos. In dieser konstruktiven Neuerung sieht er eine wichtige Vorläuferfunktion für die Moderne Architektur. Die Architekten Pfleghard und Haefeli haben Loggien zum Zweck des privaten Liegens im Sanatorium auf der Schatzalp (1899–1900) exemplarisch realisiert. Heute wird Schatzalp als Hotel genutzt, in den ehemaligen Operationssaal wurde ein Schwimmbecken eingebaut!

38 Das Liminale zwischen innen und außen, das den Loggien zukommt, beschreibt Walter Benjamin im gleichnamigen Kapitel in ‹Berliner Kindheit um neunzehnhundert›: «An ihnen [den Loggien; C.S.] hat die Behausung des Berliners ihre Grenze. Berlin – der Stadtgott selbst – beginnt in ihnen.» (Benjamin: ‹Berliner Kindheit um neunzehnhundert›, 1994, 13).

39 Kasimir Edschmid betont die Besonderheiten der Davoser Architektur: «Die Architektur der Häuser von Davos hat sich nach der Sonne gerichtet und sie gleicht mit ihren wabenhaften Vorbauten von Balkonen einer merkwürdigen, klaren, und reinen Lineatur, die einem anderen Stern angehören könnte.» (Edschmid 1932, 11).

40 Der Balkon ist aber nicht nur Verlängerung des Intimraums, sondern auch Durchgang – «an den Glaswänden vorbei und das Geländer entlang» (Vgl. ‹Zauberberg›, 326) – zwischen den Patientenzimmern für nächtlich heimliche Besuche und verweist in seiner architektonischen Durchlässigkeit auf das Poröse der häus-

den Außenraum. Hier liegen die Kranken, jeder für sich in warme Decken eingehüllt mit dem Komfort des Innenraums ausgestattet, und sind doch Witterung, Geräuschen und Ansichten des Außenraums ausgesetzt. So konstituiert sich Atmosphäre aus den Attributen des Nahen und Fernen: Über die offene Balkontür «gewahrte» man «die Lichter des Tals und vernahm entfernte Tanzmusik»[41]. Die Musik[42], mitunter eine abgeschmackte Operettenmelodie[43], die aus einem Hotel in Davos Platz heraufweht, ist Klang einer anderen Welt. Sie erinnert daran, dass die Gäste nicht überall still in der Liegekur liegen, sondern sich in anderen Häusern vergnügen. Über diesen fernen Klang wird bereits die Distanz zwischen dem beschwingten Hoteldasein und der horizontalen[44] Seinsweise im Sanatorium hingewiesen: Das eine Haus ist der körperlichen Zerstreuung, das andere mit seinem rigiden Tagesplan[45] der körperlichen Sammlung zugedacht. Die Lebensbedingungen verändern den Blick auf das Vorhandene umfassend und konstituieren am selben Ort einen völlig veränderten Raum[46]: «Was aber Hans Castorp betraf, so fühlte er sich zu sehr, in einem zu strengen und intimen Verstande, als Mitglied Derer hier oben, um Sinn und Blick zu haben für das Treiben von Leuten, die in diesem Tale ein Sportgelände sahen.»[47]

---

lichen Sittenordnung, die im Verlauf des Romans wiederum ganz handfest durch das Anbringen von Trennwänden durchgesetzt werden soll.
41 ‹Zauberberg›, 19.
42 «Irgendwo gab es Morgenmusik, wahrscheinlich in demselben Hotel, wo man auch gestern abend Konzert gehabt hatte.» (‹Zauberberg›, 55).
43 Vgl. ‹Zauberberg›, 125.
44 «Settembrini sagt immer, wir lebten horizontal, – wir seien Horizontale, sagt er, das ist so ein fauler Witz von ihm.» (‹Zauberberg›, 103).
45 Begründer und Vertreter der Freiluft-Liegekur wie Dr. Karl Turban oder Dr. Peter Dettweiler waren überzeugt, dass Heilerfolge nur durch das konsequente Unterwerfen der Patienten unter ein strenges Regelwerk, den Tageslauf strukturierend, zu erzielen seien. So formulierte Dettweiler bei Anlass eines Kongresses 1887: «Wo sanfte Gewöhnung nicht hilft, muss der Zwang, der rückhaltlose Tadel, der Ausschluss von der weiteren Behandlung eintreten.» (Zitiert nach Von Moos 1992, 142).
46 Hierzu auch Edschmids Betrachtungen zum Thema: «Die Lebenskreise der Menschen, die aus Tragik oder aus Passion an diesen Ort kommen, berühren sich nicht, aber sie ergänzen sich, sie ergänzen sich wie die Krise des Lebens, das auch immer zugleich aus dem Tiefen und dem Hohen, aus dem Energischen und dem Freudigen, aus dem Zarten und aus dem Heroischen besteht und aus dieser Gemeinsamkeit seine schönste Atmosphäre gewinnt.» (Edschmid 1932, 11).
47 ‹Zauberberg›, 432.

Das Sanatoriumsrestaurant stülpt die Erfahrung des Porösen gewissermaßen nach innen, indem nicht das Sanatorium selbst, sondern die mit diesem anderen Ort in Kontakt tretenden Neuankömmlinge auf die Durchlässigkeit ihres Wertesystems, auf die Oberflächlichkeit der Manieren und die beschränkte Gültigkeit ihrer Normen verwiesen werden. An diesem Übergangsort erscheint, was in der Außenwelt verbindlich ist, unbedeutend. Sachverhalte werden zugunsten der inneren Ordnung umgedeutet.

> «Im Restaurant war es hell, elegant und gemütlich. Es lag gleich rechts an der Halle, den Konversationsräumen gegenüber, und wurde, wie Joachim erklärte, hauptsächlich von neu angekommenen, außer der Zeit speisenden Gästen und von solchen, die Besuch hatten, benutzt. Aber auch Geburtstage und bevorstehende Abreisen wurden dort festlich begangen sowie günstige Ergebnisse von Generaluntersuchungen.»[48]

Hier setzen sich die Ankommenden erstmals der Atmosphäre des Hauses aus, nach Hans Castorp sind es Joachims Mutter, Luise Ziemßen, und Onkel Tienappel, Boten des Tieflands, für die sich Bekanntes und Fremdes die Sinne[49] verwirrend mischen. Der Saal ist freundlich, das Essen gut, die Bedienung geschickt, aber schon die Ansässigen sprechen eine andere verwirrende und anstößige Sprache[50], der Kopf ist trunken und die Wangen brennen. Die unverhoffte Eile, mit der Onkel James Tienappel wieder abreist, ohne seine Mission, den Neffen vom Berghof loszureißen, auszuführen, verweist auf die Gefahr einer verführerischen Verrückung, der sich auch der gesetzte Geschäftsmann ausgeliefert sieht und flieht[51].

---

48 ‹Zauberberg›, 22.
49 Die Körperkontrolle des Besuchers lässt überraschend zu wünschen übrig: «– und plötzlich geschah es dem Konsul, völlig unerwartet für ihn selbst und zu seiner größten Beschämung, dass er herausplatzte. Prustend lachte er los, besann und beherrschte sich freilich sofort mit Schrecken, hustete und suchte das sinnlos Geschehene auf alle Weise zu vertuschen (…).» (‹Zauberberg›, 589–590).»
50 «Aber in Frau Ziemßens Augen malte sich größte Bestürzung; sie verhielt sich nicht anders, als habe Hans Castorp grobe Unanständigkeiten geäußert, und hob nach einer peinlichen Pause die Tafel mit Worten taktvoller Vertuschung auf.» (‹Zauberberg›, 688–689).
51 «Aber als er das ruhig verständnislose Lächeln sah, mit dem der Neffe seinen Scherzen begegnete und worin die ganze geschlossene Selbstgewissheit der Sittensphäre sich malte, da wurde ihm angst, er fürchtete für seine Geschäftsenergie und beschloss hastig, das entscheidende Gespräch mit dem Hofrat in Sachen seines Neffen sofort, baldmöglichst, schon diesen Nachmittag herbeizuführen, so-

Das «außer der Zeit» bezeichnet im obigen Zitat eine bedeutsame Abweichung vom üblichen Lauf der Dinge, das Restaurant verortet diese Abweichung gleichsam. Doch außerhalb welcher Zeit ist diese gemeint? Auf einer ersten Ebene ist das Abweichen von den im Sanatoriumsbetrieb festgelegten Essenszeiten benannt. Aber hier, wo die kleinste Zeiteinheit mit Monaten zählt und die Wochen in der Ununterscheidbarkeit der Jahreszeiten verrinnen, ist «außer der Zeit» der Versuch, sich aus dem Zeitstrom eines abgelebten Raums herauszuziehen und über den außergewöhnlichen Ort die Stunde festzuhalten[52]. Die Feste sind die Haltepunkte jener, die sich an die Zeit jenseits der Sanatoriumsmauern erinnern und behaupten, Teil einer flachländischen Ordnung zu sein und nicht nach dem sozialen Tod allein den physischen zu erdauern. Später, während einer Unterhaltung mit den Vettern zu Ostern vergleicht Settembrini das Sanatorium mit einem Schiff: «Ich erkenne den Geist wieder, in dem man an Bord einer solchen Arche die Feste der terra ferma pietätvoll andeutet. Es ist das Gedenken von Außerweltlichen, empfindsame Erinnerung nach dem Kalender ... Auf dem Festlande wäre heute Ostern, nicht wahr? (...) – und wir tun es auch, so gut wir können, wir sind auch Menschen...»[53]

Den Bildern des Porösen stehen jene eines hermetischen[54] Raums gegenüber. Hermetisch heißt «unzugänglich; luft- und wasserdicht verschlossen (nach dem magischen Siegel des Hermes Trismegistos, mit dem er eine Glasröhre luftdicht verschließen konnte).»[55] Die hermetischen Räume haben keine Zeit[56], weil sie das darin Enthaltene vor jedem Lufthauch, vor jedem Austausch mit der Außenwelt bewahren und es deshalb unmöglich ist, den Ablauf der Zeit «ohne äu-

---

lange er noch Eigengeist, Kräfte von unten zuzusetzen hatte; denn er fühlte, dass diese schwanden, dass der Geist des Ortes mit seiner Wohlerzogenheit einen gefährlichen Feindesbund gegen sie bildete.» (‹Zauberberg›, 593).

52 Joachim beschreibt dem Vetter beim Abendessen im Restaurant die Freude über dessen Ankunft: «Das ist doch einmal eine Abwechslung, – ich meine, es ist ein Einschnitt, eine Gliederung in dem ewigen, grenzenlosen Einerlei ...» (‹Zauberberg›, 24).
53 ‹Zauberberg›, 487.
54 «‹Hermetisch› – das Wort hat mir [Hans Castorp; C.S.] immer gefallen. Es ist ein richtiges Zauberwort mit unbestimmt weitläufigen Assoziationen.» (‹Zauberberg›, 697).
55 Meyers großes Taschenlexikon, Mannheim 1990, Band 9, 295.
56 Vgl. ‹Zauberberg›, 697.

ßeren Anhalt auch nur mit annähernder Zuverlässigkeit zu bestimmen»[57]. Sie halten gefangen und lassen erst über eine gewaltsame Zerstörung frei. Dieses Urbild des Hermetischen scheint im Roman über die «bauchigen Gefäße mit kurzen Hälsen»[58] reproduziert, die reinen Sauerstoff für die Sterbenden enthalten, den die Moribunden jedoch nicht zur Genesung, sondern zur «letzten Anfeuerung und Hinhaltung ihrer Kräfte» schlürfen. Aber auch das Thermometer[59] ist solch ein Gefäß, das Hans Castorp in den hermetischen Raum des Sanatoriums einführt, weil es ihm als Fieberndem seinen rechtmäßigen Platz zuweist. Entsprechend zerbricht Joachim das Thermometer mutwillig, «angeblich, indem er es hatte fallen lassen»[60], bevor er seine wilde Abreise wagt. Diese Zerstörung symbolisiert den Bruch mit einem Kontrollsystem, das die Bewegungsfreiheit des einzelnen von seiner Körpertemperatur abhängig macht. Als weitere Metonymie steht das zerbrochene Thermometer stellvertretend für den Bruch mit dem hermetischen Raum des Sanatoriums. Damit wird aber auch klar, dass porös und hermetisch dem Raum nicht als feste Eigenschaften zukommen, sondern vom Verhältnis des Einzelnen zum Raum abhängen.

> «In den lebendigen Karnevalsgestalten jedoch ist der Tod schwanger, erweist sich der gebärende Mutterschoss als Grab. Eben solche Gestalten sind es, die das schöpferische ambivalente Karnevalslachen hervorrufen, in dem Verspottung und Triumph, Schmähung und Lobpreisung untrennbar verschmolzen sind.»[61]

Entsprechend gibt es Gestalten eines Sowohl-als-auch, bei welchen sich das Hermetische und das Poröse nicht als Gegensätze gegenüberstehen, sondern in einer Kippbewegung oder besser Umstül-

---

57 ‹Zauberberg›, 741.
58 Vgl. ‹Zauberberg›, 147.
59 Walter Benjamin verbindet im Kapitel ‹Das Fieber› innerhalb seiner ‹Berliner Kindheit› das Bild des Hermetischen eng mit dem Nachdenken über das Leibliche: «Behutsam ging sie [die Mutter; C.S.] mit dem Thermometer sodann auf Fenster oder Lampe zu und handhabte das schmale Röhrchen so, als sei mein Leben darin eingeschlossen. Später, als ich heranwuchs, war für mich die Gegenwart des Seelischen im Leib nicht schwieriger zu enträtseln als der Stand des Lebensfadens in der kleinen Röhre, in der er immer meinem Blick entglitt.» (Benjamin: ‹Berliner Kindheit› 1994, 39).
60 Zauberberg, 576.
61 Bachtin 1985, 66.

pung ineinander greifen. Die Travestie des Körpers während des Karnevals ist dafür bezeichnend und damit der Auftritt der Frau Iltis als «Die Stumme Schwester»[62]. Die «Stumme Schwester» steht in ihrer epigrammatischen Verkörperung des Gemeinsamen – der Undurchschaubarkeit des Fieberthermometers und darin ausgedrückt die Abhängigkeit von Krankheit und Sanatorium – für das Hermetische. Als Karnevalsfigur und damit groteske Gestalt verkörpert sie aber auch das Lachen[63], die Ambivalenz an sich und eine ephemere Umwertung der Ordnung. Wie die Kategorien des Porösen und Hermetischen sich in einer seltsamen Dynamik nicht ausschließen, sondern sich bedingend ineinander übergehen, büßen auch weitere räumliche Dimensionen im ‹Zauberberg› ihre Polarität ein, als ob das leibliche Selbst von Röntgenstrahlen durchdrungen nicht mehr als definierbarer und feststehender Ort der Wahrnehmung verstanden werden könnte. Entsprechend ungefestigt ist Castorps Stellung innerhalb dieses Hauses, das der Krankheit solche Freiheit gewährt und wo der Tod von Gelächter begleitet ist.

Spielraum

«Dabei gerät das Vermögen der Verähnlichung selbst ins Zentrum, die Operation des Ähnelns, mit der sich das Selbst seinen Spielraum zwischen Gleichheit und Fremdheit schafft, in denen es gleicherweise abstürzen müßte.»[64]

«Hier [im Grand Hotel Saint James and Albany; C.S.] sind Spielraum und Gunst der Umstände zur Entfaltung seiner Gaben»[65], merkt Pate Schimmelpreester zur Krullschen Zukunftsplanung an. Damit bezeichnet Schimmelpreester den Raum des Grand Hotels als für das Spiel Krulls geeignet. Darüber hinaus konstituiert Krull aber

---

62 (‹Zauberberg›, 449). Die ‹stumme Schwester› bezeichnet ein Fieberthermometer ohne Zahlen, das eingesetzt wird, wenn die Patienten im Verdacht stehen, zu schummeln.
63 Über das Lachen werden auch der ‹Verein Halbe Lunge› (70ff.), Herr Ferge und die «Überfüllte» (419ff.) als groteske Leiber inszeniert. Dabei zeigt sich eine Inkongruenz von lachendem, sich entsprechend veräußerndem Körper und dessen – im Wortsinn – Aufgeblasenheit.
64 Mattenklott 1995, 79.
65 ‹Krull›, 75.

auch Raum durch sein Spiel und reflektiert den sozialen Raum als Spiel mit festem Regelsystem[66].

Im Dachgeschoss sind die Hotelangestellten, die abends ihre Uniformen abstreifen, als Menschen unsichtbar untergebracht. Im Gepäcklift erreicht Krull seinen Dortoir, der an einem dunklen Gang ohne Läufer liegt. Im Schlafraum stehen acht Betten und offene Wandborte, der Waschraum bietet fünf Waschtisch-Gestelle, Spiegel gibt es keine, dafür «allerlei aus Magazinen geschnittene Bilder lockender Frauenzimmer»[67]. Krull aber, der diesen Raum schonungslos mit der Kargheit der Kaserne vergleicht, lässt sich von der trüben Stimmung nicht berühren, sondern behält durch seine Reflexion, wonach «das allgemein Gegebene» «sehr weitgehend der Modifizierung durch das Persönliche»[68] unterliege, Distanz. Krull verweigert sich der Stimmung des Raums, die sich über die Banalität der vorhandenen Dinge und die Absenz des kleinsten Luxus konstituiert. Obwohl dies für die nächsten Wochen und Monate sein Schlafplatz werden soll, bleibt er in seiner lakonischen Musterung des Vorhandenen Beobachter.

Hier schildert der Erzähler eine Haltung, letztlich einen Willensakt des wahrnehmenden Subjekts, die sich der Resonanz des Raums bewusst entzieht. Er betont dabei die Unabhängigkeit des erinnerten Ichs gegenüber der Raumatmosphäre. Theoretisch fasst Gernot Böhme diese Unabhängigkeit bezüglich des Atmosphärischen als Diskrepanzerfahrung: «Damit ist gemeint, dass ich von einer Atmosphäre[69] her eine Anmutung erfahre in Richtung einer Stimmung, die

---

66 Victor Turner baut das von van Gennep entwickelte Konzept der Schwellenphase aus und zieht sie über die mittlere Phase in Übergangsriten hinaus als Erklärung politisch-historischer Umbruchzeiten heran, außerdem stellt er «neben Initianden, die nur vorübergehend Zwischenwesen sind, Figuren wie Trickster, Clowns, Schamanen, Hofnarren, Propheten, Heilige und Künstler, die gleichsam als permanente Grenzgänger ‹betwixt and between›, weder das eine noch das andere sind.» (Schomburg-Scherff 1999, 248).
67 ‹Krull›, 139.
68 ‹Krull›, 139.
69 Das Denken einer Diskrepanz darf nun aber nicht dazu verleiten, Atmosphäre als statisches und objektives Moment eines Raums misszuverstehen. Ich gehe hier auch im Unterschied zu Gernot Böhme davon aus, dass Atmosphäre nicht objektiv, sondern nur intersubjektiv erfahren werden kann, weil auch hier soziale, ethnische und geschlechtsspezifische Wahrnehmungsunterschiede zu berücksichtigen sind. (Weitere Ausführungen folgen im Kapitel ‹Gesellschaftsräume – Atmosphären›).

von meiner – mitgebrachten – Stimmung abweicht.»[70] Bemerkenswert ist jedoch gerade, wie gründlich sich Krull jede eigene Stimmung untersagt, um desto nachdrücklicher als Rollenträger auf das Vorgefundene zu reagieren, wenn es ihm opportun erscheint, oder, wie im obigen Beispiel benannt, der banalen Wirklichkeit den eigenen Vorstellungsraum entgegenzuhalten. Die Diskrepanz ist damit eher der Gefühlskontrolle, das heißt der Unterdrückung jeglicher spontanen Reaktion auf die Außenwelt, als der besonderen Intensität des nicht hintergeh- und wandelbaren eigenen Fühlens verdankt. Krull betritt jeden Raum wie eine Kulisse, die bespielt werden soll. Voraussetzung hierfür ist eine außerordentliche Beobachtungsgabe. Krull versteht es, Atmosphäre über architektonische Details, Oberflächenbeschaffenheit einer Vielzahl kostbarer Güter, Speisen, Klänge, Gespräch, Bewegung und Gesten der Menschen wahrzunehmen und zu beschreiben. Er nutzt das berufsbedingte Abseitsstehen als Liftboy dazu, das Bild der Gesellschaft auf das genaueste zu rezipieren, bevor er selbst ins Handeln eingreift. Er beobachtet, wie jedes Lächeln, jedes Scherzwort diese Atmosphäre mitgestaltet.

> «Ich fühlte mich eingesperrt in meine Ascenseur-Nische und den Schacht, worin ich mein Fahrzeug auf und ab steuerte, ohne dass mir ein Blick oder mehr als ein kurzer Gelegenheitsblick gewährt gewesen wäre auf die kostbaren Gesellschaftsbilder der Halle zur Fünf-Uhr-Teezeit, wenn gedämpfte Musik sie durchschwebte, Rezitatoren und griechisch gewandete Tänzerinnen der schönen Welt Unterhaltung boten, die an ihren gepflegten Tischchen in Korbsesseln lehnte, zum goldenen Tranke Petits fours und erlesene kleine Sandwiches kostete, die Finger danach zum Entkrümeln mit einer Art von leichtem Getriller in der Luft bewegend, und auf dem Läufer der königlichen, zu einer mit Blumenboskett geschmückten Empore führenden Freitreppe, zwischen Palmenwedeln, die aus skulpturierten Vasenkästen stiegen, einander begrüßte, Bekanntschaft machte, mit distinguiertem Mienenspiel und Kopfbewegungen, die auf Geist schließen ließen, Scherzworte tauschte und leichtlebiges Lachen ertönen ließ.»[71]

Das ‹Schwebestübchen› ist der erste Spielraum innerhalb des Grand Hotels, der Felix Krull eingeräumt wird und sich, in der Horizontalen äußerst beschränkt, bezeichnenderweise in der Vertikalen entfaltet. Schon am ersten Tag nach seiner Ankunft, durch den Inhalt des

---

70 Böhme 2001, 47.
71 ‹Krull›, 206.

gestohlenen Saffiankästchens materiell unabhängig, spricht Krull im Privatbüro des Generaldirektors Stürzli vor und durchläuft damit gewissermaßen schwebend – diesmal im schön getäfelten Personenaufzug nach unten geführt – die Hierarchien des Hotelpersonals, in deren Höhe der Direktor ansonsten unerreichbar[72] und allmächtig thront. Damit konstituiert er innerhalb des Hotels sehr schnell seinen eigenen Raum, der nicht mit dem für Angestellte angedachten übereinstimmt.

Der Lift korrespondiert mit Krulls schwebender Existenz und versinnbildlicht im stetigen Auf und Ab die Bewegung seines Lebens[73], das sich über die vertikale Mobilität und hier besonders bestechend über den gleitenden Wechsel zwischen unten und oben auszeichnet. Ein sozialer Aufstieg im Sinne einer gesicherten Existenz würde seinem grenzenlosen Verlangen nach Rollenwechsel entgegenstehen. Durch den «geheimen pekuniären Hintergrund» ist die «kleidsame Livree in der Tat zu einem Kostüm gestempelt»[74], weil ihn keine Notwendigkeit zum schwebenden Dienst zwingt, sondern die Lust an der Form. Der Lift tritt aber auch als Sinnbild einer ungesicherten Existenz auf, deren Auf- und Abschwünge Krull mit einem unausgesetzten Lächeln quittiert und in der gekonnten Handhabung seines Geräts Bereitschaft signalisiert, jede Situation perfekt zu meistern.

Wie weit Krull, ermutigt durch die Anerkennung und Aufmerksamkeit der Gäste, seinen Spielraum selbst bestimmt und bald nach Belieben ausdehnt, zeigt seine eigenmächtige Entscheidung, den Lift im Stich zu lassen, um Madame Houpflé die Pakete aufs Zimmer zu tragen und ihr den Mantel von den Schultern zu streifen. Zu weiterem Entkleiden auf den späteren Abend eingeladen, beginnt Krull über sein uniformiertes Dasein hinaus den Aktionsraum zu konstitu-

---

72 Die Frage des Chasseurs an Krull – «Wie kommt es denn, dass das Rhinozeros [der Generaldirektor Stürzli; C.S.] dich selber sprechen will?» (‹Krull›, 150) – drückt Erstaunen über die ungewöhnliche Gunst aus.

73 Dass der Lift auf die Auf-und Abschwünge seines ganzen Lebens hin gedeutet werden kann, zeigen die folgenden Notizen vor der Zeit der ‹Venedig-Novelle›, wahrscheinlich um 1910: «Felix Krull wird mit 20 Jahren Kellner, lernt mit 21 den jungen Aristokraten kennen, an dessen Statt er reist. Kehrt mit 22 zurück.» Nach diesem frühen Plan sind nur die Teile zur Jugend, Kellner und Reise ausgearbeitet. ‹Hôteldieb, Zuchthaus, Ehe, Der Kleinen Tod. Flucht. Ende.› werden nicht vollendet.

74 ‹Krull›, 193.

Subjekt und Gesellschaftsraum 233

ieren. Behaftet ihn Madame Houpflé auch auf das Genre des Domestiken und degradiert ihn zum Objekt ihrer Vorstellung, wobei sie aus der Unangemessenheit ihres Begehrens doppelte Lust zieht, lernt Krull, dass letztlich nur eine völlige Entindividualisierung zur Vergöttlichung führt. Die Madame-Houpflé-Szene ist auf verschiedenen Ebenen als Initialisierung konzipiert: Wissen um den schöngliedrigen Götterboten Hermes, Erprobung seiner Liebesdienste, Penetration des sozialen Raums über den Liebesakt und physisches Eingreifen in die pekuniäre Hierarchie über den Liebes-Diebstahl.

Weitere Gegenorte zur beschränkten Welt des Lifts, des kahlen Schlafraums und der Kantine sind Krulls Ausflugsziele in Paris. Noch bevor er seinen Dienst antritt, setzt er sich in eines der Cafés auf dem Boulevard des Italiens und besucht anschließend ein Rundgemälde, «das in voller Landschaftsausdehnung, mit brennenden Dörfern und wimmelnd von russischen, österreichischen und französischen Truppen die Schlacht von Austerlitz darstellte: so vorzüglich, dass man kaum vermochte, die Grenze zwischen dem nur Gemalten und den vordergründigen Wirklichkeiten, weggeworfenen Waffen und Tornistern und gefallenen Kriegerpuppen, wahrzunehmen»[75]. Anschließend, seine Aufnahmefähigkeit ist noch nicht erschöpft, besucht Krull ein Panoptikum und ein Varieté-Theater. Auch ein späterer Besuch des Cirkus Stoudebecker, wo ihn insbesondere die Trapezkünstlerin mit ihrem Salto mortale begeistert, ist in diese Reihe einzufügen. In allen Vergnügungsorten ist das Sehen vordergründig. Es sind Orte des Scheins, die Täuschung als Nervenkitzel und ästhetischen Genuss bereithalten. Krull fühlt sich den Künstlern und nicht den Zuschauern angehörig, denn auch er ist vom Fach, «vom Fach der Wirkung, der Menschenbeglückung und -bezauberung»[76]. Krull ist nie der selbstvergessen und genießerisch Schauende, sondern immer Beobachter.

Schließlich wird Krull als Kellner[77] eingesetzt, sein neues Habit findet er ausnehmend hübsch, und avanciert schnell zum Liebling

---

75 ‹Krull›, 172–173.
76 ‹Krull›, 203.
77 Indem Krull seine eigenen Interessen soweit hinter Gefälligkeiten verbirgt, dass er niemals als aktiv treibende Kraft auftritt, verwandelt er seinen Willen zum Wollen seiner Mitmenschen. So wird er gewissermaßen in die Stellung des ersten Kellners gedrängt: «Kein Wunder denn, alles in allem, daß man, wie Hector gesagt hatte, mich «vorschob», das Wohlgefallen ausnutzte, das mir aus der überfütterten

der verwöhnten Gesellschaft. Die ‹Ausweitung seines Daseins›[78] umfasst bald einmal die ganze Enfilade der Gesellschaftsräume: Speisesaal, Halle und Bibliothek. Hier eröffnet sich der Spielraum der von seinem Paten längst angekündigten Seitenpfade. Doch weder das Durchbrennen mit der jungen Eleanor Twentyman, Tochter eines reichen Fabrikanten aus Birmingham, noch der Antrag, intimer Kammerdiener Lord Kilmarnock, Angehöriger des schottischen Hochadels, zu werden, wollen Krull als angemessen erscheinen. Der «präsentierten» Wirklichkeit zieht er «freien Traum und Spiel»[79] vor. Krulls Spiel ergreift über den konkreten auch den sozialen Raum, denn das Hotel macht ihn auf die prekäre Grenze zwischen Dienendem und Bedientem aufmerksam. Je mehr sich sein Aktionsraum auf die Gesellschaftsräume ausdehnt und sich sein Kontakt zur vornehmen Welt vertieft, desto abgegriffener und durchlässiger erscheint ihm die Unterscheidung von Herr und Diener. Denn der Spielraum legt nicht einen Platz fest, sondern steckt den Raum ab, der lose genug ist, um die Bewegung nicht einzuschränken und eng genug, damit eine Zusammengehörigkeit noch nachvollziehbar ist. Der Spielraum erlaubt topographische Ungenauigkeit, ohne von einer Strukturierung abzusehen. Er ist Gegend möglicher Verrückung, nie präzis, sondern hinreichend genau.

Luxusgesellschaft des Hauses entgegenschlug. Man gab mich ihm preis, diesem mich umbrodelnden Wohlgefallen, und ließ es mein Kunststück sein, es sowohl durch schmelzendes Entgegenkommen anzuspornen, als es auch wieder durch sittige Reserve einzudämmen.» (‹Krull›, 213).
78 Vgl. ‹Krull›, 206.
79 ‹Krull›, 229.

4. Schreibraum

Die Welt im Haus – Grand Hotel und Sanatorium als Topographie der Bildung

1913 bezeichnet Mann den ‹Felix Krull› als eine Parodie[1] auf den deutschen Bildungsroman[2]. Später wiederholt er diese Aussage auch in den ‹Betrachtungen eines Unpolitischen›, wo er dem stillen Vorwurf, ein ästhetizistischer Bewahrer des Überkommenen zu sein, kämpferisch entgegnet: «Man hat teil an der intellektualistischen Zersetzung des Deutschtums, wenn man vor dem Krieg auf dem Punkte stand, den deutschen Bildungs- und Entwicklungsroman, die große deutsche Autobiographie als Memoiren eines Hochstaplers zu parodieren ...»[3]. Auch für den ‹Tod in Venedig›, dessen ‹Meisterstil› Mann als seinen persönlichen Anspruch[4] missverstanden sieht, und den ‹Zauberberg›[5] macht er einen parodistischen Ansatz geltend. Dass Thomas Manns Bezüge zur Tradition des deutschen Bildungsromans mannigfaltig sind, hat er selbst in Notizen und Tagebüchern, Interviews und bekennerischen Schriften, die Spuren seiner Lektüre und

---

1 Vgl. ‹Notizbuch 10›, 44ff. in Wysling 1995, 392.
2 Der Begriff der Bildung muss vor dem geistesgeschichtlichen Hintergrund der Entdeckung des Individuums durch die Humanisten gesehen werden und ist damit zeitgeschichtlich bedingt. Der Bildungsroman wird als historische Gattung gefasst und in seiner kernhaften Ausprägung Goethe und seiner Zeit zugeschrieben. Ziel ist es, den Menschen nach seinen Anlagen hin zu fördern und ihn in ein tätiges Leben einzuführen. Den Begriff des Bildungsromans auf Werke des 20. Jahrhunderts zu beziehen, verlangt deshalb nach der Reflexion, was Bildung in einer veränderten Zeit bedeuten kann und wie Individuum und Gesellschaft aufeinander zu beziehen sind. (Vgl. auch Pütz 1983, 13–31).
3 ‹Betrachtungen›, 93.
4 ‹Betrachtungen›, 97.
5 Wie Mann seinen Helden einführt, erinnert an Schillers Kommentar zu Wilhelm Meister in einem vom 28. November 1796 datierenden Brief an Goethe: «Wilhelm Meister ist zwar die notwendigste, aber nicht die wichtigste Person (...). An ihm und um ihn geschieht alles, aber nicht eigentlich seinetwegen.»

den Bezugsrahmen seines Schreibens offenlegend, betont und entsprechende Untersuchungen[6] sind diesen Spuren ausführlich gefolgt.

Interessant ist es dabei, diese Ansätze auf Grand Hotel und Sanatorium zu übertragen und zu sehen, wie Thomas Mann die Welt, die dem Protagonisten des klassischen Bildungsromans in der Fremde begegnet, sowohl im ‹Krull› – zumindest an einer entscheidenden und durchwegs zentralen Stelle seines Wegs – als auch im ‹Zauberberg› ins Haus holt und diesem eine Topographie der Erfahrungserweiterung einschreibt. Dabei ist entscheidend, dass das Prinzip einer zielorientierten Entwicklung, wie sie dem Bildungsroman im traditionellen Sinn immanent ist, aufgegeben wird zugunsten der Begegnung mit einer Vielzahl räumlicher und in Abhängigkeit dazu auch gesellschaftlicher Entgegensetzungen, die einander im Grand Hotel so beziehungsreich nahe rücken, dass sie nicht als ausschließend, sondern relativierend empfunden werden. Damit ist aber auch die lineare Entwicklung des epischen Personals hin zu Selbsterkenntnis und zu einer Sinn stiftenden Position als Mitglied der Gesellschaft in Frage gestellt.

Hinsichtlich eines Bildungsanspruchs kann die räumliche Kontraktion als Reaktion auf die Erfahrung einer neuen Zeit gelesen werden, als die berufliche Karriere eine humanitäre und ästhetische Bildung im Sinn einer wachen Neugier für das Fremde verdrängt hat. Die Gesellschaft, für deren Darstellung Goethe in seinen ‹Lehrjahren› noch exemplarische und voneinander geschiedene Orte mit einer klaren Identität erschreiben konnte[7], ist im ‹Zauberberg› auf engstem Raum zusammengefasst. Das Andere tritt nicht gestaffelt im räumlich getrennten Hintereinander auf, sondern als verfängliches Netz des Gleichzeitigen. Bildung im Sinn eines ganz Sich-Ausbildens scheint nur noch im Heraustreten aus der sozialen Ordnung möglich.

---

6 Vgl. Scharfschwerdt 1967 und Wysling 1995.
7 Goethes Wilhelm Meister besucht während der Lehrjahre drei Schlösser, die der Kohärenz seiner Entwicklung folgend verschiedene Stationen markieren. Als Meister mit seiner Theatertruppe ins gräfliche Schloss einzieht, um in einem angemessenen Rahmen die Würde des Theatralischen zu erproben, lernt er die Wichtigkeit von Putz und Schmuck als Schein des Aristokratischen kennen. Im «unregelmäßigen Schloss» Lotharios begegnet er einem Haus, das Wirtschaftlichkeit und Zweckdienlichkeit über die Repräsentation stellt. Das Gut des Oheims schließlich ist als ein Ort ästhetischer Harmonie, Kontemplation und Würde geschildert.

Castorp findet im Sanatorium den Raum, zweckfreier Neugier und natürlicher Neigung zu folgen und geistig im Gespräch mit Settembrini und Naphta zu experimentieren. Von einer Schulung hin zu einem lebensbejahenden Handeln kann jedoch nicht die Rede sein. Vielmehr wirkt dieses beständige Sowohl-als-auch lähmend auf den Protagonisten.

Kurz bevor Hans Castorp ein Jahr bei denen hier oben weilt, hat er sich den beschränkten Raum des Sanatoriums angeeignet und die letzte Tür geöffnet. Sein Vetter fühlt sich verraten, als er beobachtet, wie Castorp «im Halbdunkel von Dr. Krokowskis analytischer Grube»[8] verschwindet. Castorp ist im Souterrain des Hauses, dort wo das organische Durchleuchtungskabinett das Gerippe sichtbar macht und im Fleisch des Körpers auf den Tod verweist, noch eine Stufe weiter nach unten ins psychische Kabinett gestiegen und hat damit bildlich die Ebene des naturwissenschaftlich Fassbaren sowie die Grenzen der protestantisch sachlichen Lebenswelt des Vetters unterwandert. Hans Castorp ist nun ganz in die andere Ordnung derer hier oben eingetreten, die über das willige Einhalten der Liegekur und der Mußestunden hinaus eine von offizieller Seite geförderte Neugier gegenüber Psyche und Sexualität sowie eine Laxheit in moralischen Dingen umfasst. Mit diesem räumlichen wie auch symbolischen Übertritt ist Castorp dem Flachland abhanden gekommen, noch bevor er angesichts der wilden Abreise seines Vetters die Unmöglichkeit einer Rückkehr erkennt. Die Mehrdeutigkeit dieser Ordnung ist räumlich in der Ununterscheidbarkeit von Keller und Erdgeschoss, von dem, was über und unter der Erde liegt, gefasst[9]. Die Polarität von oben und unten erscheint aufgehoben in einem Sowohl-als-auch.

> «Wir sprechen von einem Kellergeschoss, weil die steinerne Treppe, die vom Erdgeschoss dorthin führte, in der Tat die Vorstellung erweckte, dass man sich in einen Keller begebe, – was aber beinahe ganz auf Täuschung beruhte. Denn erstens war das Erdgeschoss ziemlich hoch gelegen, das Berghofgebäude aber zweitens, im ganzen, auf abschüssigem Grunde, am Berge errich-

---

8 ‹Zauberberg›, 503.
9 Wie Reidel-Schrewe vorführt, kann das beinahe Kellergeschoss aber auch als räumliche Konkretisierung der Ambiguität des Behrens'schen Charakters gelesen werden, wie er kurz vor der Beschreibung des Kellergeschosses im Roman eingeführt wird.

tet, und jene ‹Keller›-Räumlichkeiten schauten nach vorn, gegen den Garten und das Tal: Umstände, durch die Wirkung und Sinn der Treppe gewissermaßen durchkreuzt und aufgehoben wurden.»[10]

Zu Dr. Krokowskis Empfangszimmer führen nochmals zwei Stufen hinab, die Tür ist in das klinische Weiß der anderen Räumlichkeiten getaucht, doch dahinter erspäht Castorp verhülltes Halblicht und tiefe Dämmerung[11]. Das metaphorische Sprechen vom «unterirdischen und katakombenhaften Charakter»[12] der Forschungen Krokowskis findet hier eine konkret räumliche Übersetzung. Die symbolische Überlagerung von Unbewusstem und dem scheinbar unterirdisch Angelegten, das jedoch nicht klar zu verorten ist, wird hier explizit gemacht. Die Wissenssuche trifft auf das Andere im Sinn des Es[13] und findet damit ihre letzte bezeichnende Tür, die es in diesem Haus noch aufzustoßen gibt.

«Die Zeit, die sich für den einzelnen mit dem Raum hier oben»[14] verbindet, zu messen, ist nur für die «Kurzfristigen und Anfänger»[15] angebracht. Die Messbarkeit der Zeit verschiebt sich mit zunehmender Dauer des Aufenthalts hin zu einem individuellen Zeit*empfinden*, das vom Grad der Vertrautheit mit dem hermetischen Ort abhängt. Je umfassender der Raum des Sanatoriums erschlossen ist, desto weniger Widerstand setzt er dem Fluss der Zeit entgegen. Nach einem Jahr mit dem symbolischen Aufstoßen der letzten Tür – zum Blaubartzimmer so könnte man sagen, wenn man die hier angesiedelte Geistbeschwörung Joachim Ziemßens mitbedenkt – ist die Neugewöhnung abgeschlossen und der Kreis zu den ersten Tagen des Castorpschen Aufenthalts geschlossen:

> «Wir wissen wohl, dass die Einschaltung von Um- und Neugewöhnungen das einzige Mittel ist, unser Leben zu halten, unseren Zeitsinn aufzufrischen, eine Verjüngung, Verstärkung, Verlangsamung unseres Zeiterlebnisses und

---

10 ‹Zauberberg›, 184.
11 Erst am Ende des Kapitels ‹Fragwürdigstes›, nach der Geistbeschwörung seines Vetters, die er als unzulässig erkannt hat, wird Hans Castorp «mit knappem Handgriff das Weisslicht» (‹Zauberberg›, 934.) einschalten und sich als Handelnder der Atmosphäre des Raums entgegenstellen.
12 ‹Zauberberg›, 895.
13 Siehe Freud: ‹Das Ich und das Es› (1923), 1997.
14 ‹Zauberberg›, 563.
15 ‹Zauberberg›, 564.

damit die Erneuerung unseres Lebensgefühls überhaupt zu erzielen. Dies ist der Zweck des Orts- und Luftwechsels, der Badereise, die Erholsamkeit der Abwechslung und der Episode.»[16]

Der Erzähler reagiert auf die Erschließung des Raums durch eine begründete Beschleunigung der Erzählzeit. Während sich die Hälfte des Romans mit der Schilderung der Abfolge eines Jahres aufhält, werden später zeitlich voneinander getrennte Ereignisse synchron erzählt. Im Maße, wie dem Protagonisten die Zeit abhanden kommt – längst gibt es nichts mehr Neues im Haus zu entdecken, er verzichtet auf Uhr und Kalender und kann sein eigenes Alter nicht angeben –, wird der diachronische Ablauf von Ereignissen diskursiv synchronisiert und das Nacheinander im Sinne einer kohärenten Entwicklung ausgesetzt. Mit dem Durchlaufen der verschiedenen Raumstationen scheinen die Möglichkeiten, Neues zu erfahren, erschöpft. Bezeichnenderweise tritt nun mit Naphta die personifizierte Widerrede auf und damit die Relativierung dessen, was Castorp innerhalb dieses Jahres von den Lehren Settembrinis angeregt erfahren hat.

Einen anderen Aspekt der Bildungsthematik sieht Reidel-Schrewe mit Schiller gesprochen in der ‹ästhetischen Erziehung des Menschen›, den sie im Bereich des Unbewussten, genauer in den sechs Traum- und Trancezuständen[17] Castorps, lokalisiert[18]. Womit der Traumraum gleichsam an die letzte Tür anknüpft. Dieser Ansatz erscheint mir insofern fruchtbar, als er die Plazierung der Träume berücksichtigt. Insbesondere Castorps Schneetraum, der von vielen Interpreten als Bildungsmoment gesehen wird, ohne dessen Verortung innerhalb der Sequenz der verschiedenen Träume sowie innerhalb der spezifischen Szene zu reflektieren, verlangt nach einer räumlich differenzierten Analyse. Es ist bezeichnend, dass Jürgen Scharfschwerdt in seinem Buch ‹Thomas Mann und der deutsche Bildungsroman› gerade den sechsten Traum unterschlägt und seine Ausführungen mit dem Schneetraum beendet. Den Schneetraum an den

---

16 ‹Zauberberg›, 145.
17 Gemeint sind der Traum der ersten Nacht (29), der Traum der zweiten Nacht (126ff.), der Hippe-Traum am Wildbach (165ff.), die Traumbilder zur Frage «Was war das Leben?» (377ff.) auf dem Balkon seines Gastzimmers, der Schneetraum (668ff.) und der Traum während des Musikhörens (885ff.) innerhalb des «Hauptgesellschaftsraumes» (871).
18 Vgl. Reidel-Schrewe 1992, 102.

Schluss der Untersuchung zu setzen, unterstützt jedoch eine Lesart, die in dieser Szene ein Bildungsideal eingelöst sieht. So verfällt Scharfschwerdt, obschon er schlüssig nachweist, dass dieser Traum eine vergangene Idylle beschwört und als ironisch gebrochene Wunschvorstellung keine Synthese ethisch moralischer Bestrebungen darstellen kann, in den Gestus vieler früherer Interpreten[19], die das letzte Drittel des Romans ihrer These zuliebe gleichsam überlesen.

Die Plazierung der Träume zu überdenken, scheint mir gerade für das Erfassen ihrer Bedeutung für das *ganze* epische Gefüge und für die Verschiebung von einer konkreten Bildungstopographie zu einer vom Traum entstellten wichtig. Hans Castorps Ausflug mit Skiern stellt den einzigen expliziten Verstoß gegen die Ordnung des ‹Zauberbergs› dar. Diese Unternehmung führt Castorp über die Grenzen des Sanatoriums hinaus, er bewegt sich nicht allein außerhalb der Institutionsmauern, sondern verlässt auch den durch ausgehobene Spazierwege im tiefen Schnee reglementierten und überwachten Außenraum. Hier nun ist Castorp einem Raum von Sturm und Kälte ausgesetzt, wo oben und unten, fern und nah in einer ungegliederten Weise zusammenfallen, wie auch die gefühlte Länge eines Tages im Blick auf die Uhr auf wenige Sekundenschläge zusammenschmilzt. Der Schneesturm wird als immanent leibliche Erfahrung geschildert, die den Körper aus seiner Fixierung, krank und schonungsbedürftig zu sein, löst und eine Wandlung des Leibs von einem *Gegenstand der Beobachtung* zu einem *Ort der Wahrnehmung* provoziert. Traum und Wachen überlagern den liminalen Zustand von Leben und Tod, wie auch der konkrete Ort des Traums eine Schwelle besetzt: Castorp träumt unter dem Vordach einer Hütte, ohne diese Hütte jedoch als Behausung beanspruchen zu können. Er träumt gewissermaßen *vor* der schützenden Tür der Zivilisation.

Der Weg aus dem unstrukturierten Schneeraum führt geistig zu einmaliger, aber traumhaft entstellter Einsicht, physisch führt er in die angestammte Passivität bis hin zur Verwahrlosung des Äußeren, sozial aber weist er zurück ins Sanatorium. Die geistige Einsicht besitzt keinen soziokulturellen Raum, sie leuchtet nur in der Grenzüberschreitung, im Mythischen und Ununterscheidbaren auf, ist aber keinem konkreten und damit lebbaren Ort zuzuordnen. Dass sich Castorps Lebensgefühl gerade im Schnee und bedrohlichen Sturm

---

19 Vgl. Scharfschwerdt 1967, 142 ff.

zumindest ephemer erneuert, als er dem Erfrierungstod nahe ist, scheint der räumlichen Konfiguration jenseits des Sanatoriums, aber auch jenseits einer flachländisch organisierten gesellschaftlichen Ordnung verdankt.

Hans Castorp kehrt erst ins Tiefland zurück, als auch dort die angestammte Ordnung aufgehoben ist und der Krieg alles Hergebrachte in Frage stellt. Castorp tritt nicht als selbständig und aktiv Handelnder ins Leben, sein Dienst wird ihm auch im Flachland *zugewiesen*. So wie das Sanatorium enthebt auch die Kriegsmaschinerie Castorp aus der Selbstverantwortung. Nach der hermetischen, ganz der Krankheit verschriebenen Ordnung des ‹Zauberbergs›, wo die Zeit widerstandslos verrinnt, bricht Castorp in die räumliche Auflösung jeder Zeitlichkeit auf, denn in der Distanzlosigkeit des Schlachtfelds geht es nicht um ein Morgen, sondern allein um den Boden unter den Füßen[20], den es zu verteidigen gilt. Damit führt Hans Castorps Bejahung des Lebens groteskerweise vom geschlossenen Raum des Sanatoriums in den leeren Raum des Schlachtfelds. Den Lebensmüden vermag erst der Zusammenbruch der äußeren Ordnung zum ‹Heldentod› aufzuwecken und räumt ihm, der den Tod so genau studiert hat, im drohenden Untergang wieder einen Platz ein.

Sanatorium und Grand Hotel sind Orte einer prekären Bildung und entwickeln vielleicht gerade darin ihr Potenzial, dass sie die Helden nicht mit einem kohärenten Weltbild konfrontieren, sondern Widersprüche und Versuchungen bergend auf eine unsicher gewordene Zeit vorbereiten. Krull, der in seinen Bekenntnissen den huma-

---

20 «Deine Aussichten sind schlecht; das arge Tanzvergnügen, worein du *gerissen* bist, dauert noch manches Sündenjährchen, und wir möchten nicht hoch wetten, dass du davonkommst.» (‹Zauberberg›, 980. Hervorhebung C.S.) Neben einem passivischen Ausgeliefertsein, das in diesem Zitat über das «gerissen» zur Sprache kommt, interessiert, dass der Erzähler den Krieg als «Tanzvergnügen» schildert und damit analog setzt, wie Raum tanzend beziehungsweise auf dem Schlachtfeld kämpfend konstituiert wird. In beiden Situationen wird Raum in der leiblichen Bewegung besetzt, wobei bei Stillstand oder Zurückweichen des Leibs Raum auch wieder verloren geht. (Ausführlicher zu Raum und Tanz im Kapitel ‹Gesellschaftsräume – Atmosphären›). Hatte Mann in den ‹Betrachtungen› (siehe Zitat im Unterkapitel ‹Erster Weltkrieg als Zäsur›) die Schlacht noch als extremen Kontrast zum Tanzvergnügen herausgestellt, fallen die beiden Bewegungen nun aus dem Blick der Nachkriegszeit in ihrer Ziellosigkeit zusammen.

nistischen Bildungsanspruch zitiert[21], verabschiedet sich schon früh aus der gesellschaftlichen Ordnung und verlässt damit den Rahmen, der Bildung im ethisch moralischen Sinn erst bedeutungsvoll erscheinen lässt. Krull ist nicht dazu geboren, im «Schutze der bürgerlichen Ordnung»[22] sicher zu leben. So akzeptiert er den sozialen Tod, um desto freier die Gesellschaft als etwas zu Handhabendes zu betrachten. Erst im Außerhalb kann er die soziale Hierarchie ganz zum Objekt und damit zum Spielball machen. Das Grand Hotel mit seiner Anonymität, dem transitären Charakter, der Weltläufigkeit, der Möglichkeit zur Beobachtung und seiner latenten sexuellen Stimulanz bei gleichzeitiger Beziehungslosigkeit ist für Krull der ideale Bildungsort, wobei jede neue Erfahrung auf den Schein zielt. Zudem schiebt Thomas Mann die Verbindlichkeit für eine umfassende Wirklichkeitsdeutung, die im traditionellen Bildungsroman der auktoriale Erzähler übernimmt, seinem Erzähler Krull in den Mund, einer schwebenden Existenz, welche die Wirklichkeit als Schöpfung ihrer Phantasie[23] schildert. Damit ist die Entwicklung des Protagonisten keine durch eine vertrauenswürdige Instanz bestätigte Tatsache, sondern Ermessenssache eines Hochstaplers – gewissermaßen Fiktion der Fiktion.

Der Hochstapler im Intertext

Das Motiv des Hochstaplers war, wie Wysling in ‹Narzissmus und illusionäre Existenzform› nachweist, in der Literatur der Jahrhundertwende weit verbreitet. Einige Werke gehörten während der Konzeption am ‹Krull› zu Thomas Manns Lektüre und haben auf die ‹Bekenntnisse› gewirkt. Im Folgenden geht es aber nicht darum, diese Bezüge offenzulegen, sondern zu untersuchen, was Mann an diesen *Vorbildern*[24] interessiert und was er weggelassen, überformt oder überhöht hat. Es werden also die Spuren einer inhaltlichen Bezugnahme hin zu einer formalen Umgestaltung verfolgt.

---

21 Hierzu Wilhelm Meister: «Mich selbst, ganz wie ich da bin, auszubilden, das war dunkel von Jugend auf mein Wunsch und meine Absicht.» (Vgl. Goethe 1980, 627).
22 ‹Krull›, 58.
23 Vgl. ‹Krull›, 43.
24 Vgl. Wysling 1995, 34–55.

Dem Protagonisten Krull und seinen Vorbildern sind ihre einfache Herkunft sowie die Herausgehobenheit des Glückskinds und die Hingezogenheit zur haute vie gemein. Dass das Grand Hotel als Kulisse einer bürgerlichen Wunschwelt und Demonstrationsobjekt des Luxus oft den bevorzugten Ort des täuschenden Maskenspiels darstellt, verdankt sich der darin angelegten Nähe zwischen Dienenden und Bedienten, die wie Thomas Mann notiert, nur der Zufall[25] voneinander unterscheidet. Hermann Bangs Novelle ‹Franz Pander›, auf deutsch erstmals 1905 erschienen und zur Lektüre von Thomas Mann gehörig, legt die soziale Wirklichkeit offen und zeigt, dass dieser Zufall, trotz oder gerade wegen seiner scheinbar offenen Rollenverteilung, unerbittlich und nicht hintergehbar ist.

Franz Pander hebt sich als wohlgestaltetes und feingliedriges Kind aus seiner armseligen Umgebung hervor. Wie später Krull steht er stundenlang vor den großen Schaufenstern der Galanteriegeschäfte. Ohne schauspielerisches Talent ausgestattet ist er jedoch ein Träumer, der auf das Glück wartet und keiner, der das Glück zu formen oder gar zu zwingen weiß. Hermann Bang führt die Miss-Ellinor-Episode im Grand Hotel als Schlüsselszene ein, die Thomas Mann unter umgekehrten Vorzeichen auch für den Krull entwickelt. Bei Bang wie bei Mann ist Ellinor oder Eleanor[26] die Tochter reicher Engländer, die für längere Zeit in der Stadt weilen. Sie bedenkt den schönen Kellner in beiden Fällen mit besonderer Aufmerksamkeit. Auf Franz Panders Frage, weshalb Miss Ellinor abreisen wolle, antwortet sie: «Haben Sie geglaubt, ich würde hier bleiben?»[27] und lacht

---

25 Unter eine Reklamepostkarte für natürliches Mineralwasser mit der Abbildung einer belebten Hotelhalle schreibt Thomas Mann: «Hôtel-Halle. Moderne ‹Aristokratie›. Der Kellner könnte ebenso gut ‹Herrschaft› sein und jemand von der Herrschaft Kellner. Es ist der reine Zufall, dass es umgekehrt ist.» (Vgl. Wysling 1995, 475). In den ‹Betrachtungen eines Unpolitischen› begründet Mann die Vertauschbarkeit über das Abhandenkommen der wirklichen Herren, «denen zu dienen mit gutem aristokratischem Gewissen möglich ist». Und weiter: «Wo die Rangordnung etwas durchaus Willkürliches, Momentanes und Unbegründetes ist, kommt der Instinkt des Dienenwollens nicht mehr auf seine Kosten; und so steht es ja heute mit der Rangordnung allerdings. Dass der Aufwärter, der in einer modernen Hotelhalle dem im Ledersessel sich lümmelnden swell den Tee serviert, nicht seinerseits in dem Sessel sitzt und von dem swell bedient wird, ist nichts als der reinste Zufall; niemandem würde etwas auffallen, wenn sie binnen einer Viertelstunde die Plätze wechselten.» (‹Betrachtungen›, 476).
26 So ist der Name im ‹Krull› geschrieben.
27 Bang 1921 (1904), 55.

dazu. Sie deckt dabei die räumliche und zeitliche Beschränktheit des Hotelflirts auf, der im Wissen um seine Konsequenzlosigkeit und dank seiner Wirkung, die soziale Kluft gerade durch ein spielerisches Infragestellen derselben zu zementieren, erst provoziert wird. In der Einseitigkeit dieses Wissens wird Pander zum hübschen Spielzeug instrumentalisiert – ein Accessoire des Hauses. Miss Eleanor dagegen verliebt sich abgründig und unzulässig in den Kellner Krull, und dieser versucht ihr mit rührend gespielter Anteilnahme die Ungehörigkeit ihrer Gefühle vor Augen zu führen. Er verweist die junge Dame – bezeichnenderweise eine neureiche junge Dame – desto selbstgefälliger auf die natürlichen Grenzen sozialer Rollenverteilung, je sicherer er sich seiner Künstlerschaft ist, die jede Ordnung mühelos[28] zu durchschreiten und so die Zufälligkeit sozialer Hierarchie zu beweisen vermag.

Krull durchschaut bereits bei seiner Ankunft, als er sich beim Réceptionisten in der weiten Halle vorstellt, um Weisungen und Unterkunft zu erhalten, die Mechanismen der Entpersönlichung der Angestellten. Er beobachtet und reflektiert die Reaktion des Rezeptionisten: «Und dabei überschwebte eine leichte Röte seine Zimmerfarbe, und unruhig blickte er um sich, gerade als bereite das Erscheinen eines neuen, noch nicht eingekleideten Angestellten, das Sichtbarwerden eines solchen als menschliche Person vor dem Publikum ihm größte Verlegenheit.»[29] Auch die Namensgebung[30] – als Liftboy heißt man eben Armand – ist Teil der Uniformierung des Hotelpersonals. Der Instrumentalisierung[31] seiner Person setzt Krull jedoch seine

---

28 Aber selbst die Mühelosigkeit ist nur Schein einer ernsthaften Planung, wie Krull im Hinblick auf den Rollentausch dem Marquis gegenüber ausführt: «Leichtlebigkeit ist nicht meine Sache, gerade im Spaß nicht, denn es gibt Späße, die sehr ernst genommen werden wollen, oder es ist nichts damit. Ein guter Spaß kommt nur zustande, wenn man all seinen Ernst an ihn setzt.» (‹Krull›, 256).
29 ‹Krull›, 135.
30 «Das passt mir auch nicht. Felix – Felix, das hat etwas zu Privates und Anspruchvolles. Sie werden Armand genannt werden ...» «Es macht mir die größte Freude, Herr Generaldirektor, meinen Namen zu wechseln.» «Freude oder nicht. Armand hieß der Liftboy, der zufällig heute abend den Dienst quittiert. Sie können morgen statt seiner eintreten. Wir wollen einen Versuch als Liftboy mit Ihnen machen.» (‹Krull›, 157).
31 Auch historisch ist die Umbenennung des Dienstpersonals bezeugt: «Ein erstaunlicher Vorschlag: ein neuer Name, nur weil eine Verwechslung mit der Köchin der Nachbarsfrau vermieden werden sollte? Gaben die Dienstboten der Belle-Epoque zusammen mit ihren Führungszeugnissen auch die eigene Identität ab?

eigene Deutung des Namenswechsels entgegen. Die Köstlichkeit eines anderen Namens, den er sich schon bei der Verlobung der Schwester so eifersüchtig gewünscht hatte, liegt in der Zuweisung einer neuen Rolle und damit in der willkommenen Herausforderung an sein mimetisches Vermögen. Krull weiß sich selbst die Festlegung auf das Genre[32] des jungenhaften Angestellten zunutze zu machen. Er zitiert sie[33] als geläufige Weisheit, um aufdringliche Liebhaber stilvoll abzuwehren.

Pander dagegen, der das Spiel und seine Regeln nicht beherrscht und nicht beherrschen kann, ist als Allegorie auf den Traum des kleinen Mannes konzipiert, der an der sozialen Wirklichkeit bricht. Die leibliche Nähe zu seiner Wunschwelt wird dem Träumer zum Verhängnis. Seine Hoffnungslosigkeit ist in ein Raumbild gefasst. Über die Hintertreppe schleicht sich Pander nachts ins Hotelrestaurant: «– die Stühle waren auf die Tische gestellt, die angeschmutzten Tischtücher lagen darüber gebreitet, – die künstlichen Palmen prangten tot in ihren Majolikatöpfen»[34]. Der unbelebte Prachtraum ist keine Verheißung, sondern das Gespenst seines Dienerlebens. Auch als Toter – er hat sich an der Hintertüre aufgeknüpft – liegt er nichts mehr als eine Sache zwischen Koffern, Reisetaschen und Hutschachteln im Gepäckzimmer aufgebahrt.

Thomas Mann setzt sich über seine literarischen Vorbilder und hochstapelnden Zeitgenossen schon in den ersten Büchern des ‹Krull› hinweg. Der Kellner Franz Pander scheitert an der Unvereinbarkeit von Wunsch und Realität. Der Traum eines angenehmen Lebens, der ihm im großen Hotel täglich vor Augen steht, kollidiert mit

---

Tatsächlich zeigte Minna noch Zartgefühl, indem sie nach einem möglichen «anderen Namen» fragte.» (Treichler 2001, 277). Die Dienstboten erhielten je nach ihrer Funktion die gleichen Rufnamen. Die Köchin, wer immer sie war, hieß Emma, der Hausdiener kurzweg Jean. (Vgl. auch Tanner 1995).

32 Vgl. hierzu: «Aus der Zeit meiner Kindheit fallen mir blondzöpfige, freundliche Kindermädchengesichter ein, wie Kälbchen dreinblickende, fünfzehn- oder sechzehnjährige slowakische Mädchen aus den Dörfern der Umgebung, die in Tuchstiefeln, die ärmeren in Riemenschuhen den Dienst antraten, über der Schulter ein kärgliches Bündel mit Wäsche zum Wechseln, Gebetbuch und Heiligenbildern darin, so kamen sie, und so gingen sie, namenlos, gleichsam unpersönlich, als wären sie allesamt Zwillingsschwestern aus derselben großen Familie.» (Márai 2001, 47–48).

33 Krull macht Lord Kolmanrock darauf aufmerksam, dass er nicht das Individuum, sondern das Genre liebe.

34 Bang 1921 (1904), 63–64.

seinem unausweichlichen Alltag des Dienens und Verdienens und treibt ihn schließlich in den Selbstmord. Hier setzt die Welt dem individuellen Wollen Grenzen, während bei Krull der Wille schon die Welt bedeutet. Der rumänische Hochstapler und Hoteldieb Georges Manolescu[35], dessen Memoiren Thomas Mann zu Krulls Laufbahn inspiriert hatten, spricht in seiner Autobiographie vom Zorn der Unterdrückten und erträumt sich als Wohltäter seiner Nation[36]. Seine Lust am Rollenspiel ist zielgebunden, er will etwas erreichen, Geld, Liebe, Einfluss, während Thomas Manns Hochstapler sein Hochstaplertum über die Zwecklosigkeit[37] zur Künstlerschaft erhebt. Krull trägt beständig eine Maske, unabhängig davon, ob es sich um jene des devoten Kellners oder des eleganten Lebemanns handelt, ob er im armseligen Domestikenschlafraum oder im gediegenen Speisesaal agiert – dahinter befindet sich keine Persönlichkeit, sondern nur ein weiteres Abziehbild der Umstände. Damit gibt es in Krulls Kosmos keine Grenzlinie und entsprechend keine Grenzüberschreitung, es gibt nur Stufen der Imitation, einer ständigen Verfeinerung verpflichtet.

Thomas Mann interessiert das an der sozialen Ordnung wund gestoßene Subjekt nicht. Seine Kritik, wenn man sie auf die Gesellschaft beziehen will, zielt auf die banalen Mechanismen des Kollektivs. Er versucht die Traumbilder des Bürgertums zu entziffern und schafft mit Krull eine Figur, welche dies mit perfekter Oberflächlichkeit vermag und es desto schonungsloser tut, je stärker der Autor selbst über die Dehnung des Schreibprozesses die bürgerliche Gesell-

---

35 (Vgl. Wysling 1995, 153ff.). Die deutsche Übersetzung seiner Memoiren erschien 1905 unter dem Titel ‹Ein Fürst der Diebe›. Im gleichen Jahr folgte der zweite Band ‹Gescheitert. Aus dem Seelenleben eines Verbrechers›.
36 Vgl. Manolescu 1905.
37 Dass Krull die Rollen des Herrn wie des Dieners gleich wert sind, zeigt das folgende Zitat: «Es lief dies, wie man sieht, auf eine Art von Doppelleben hinaus, dessen Anmutigkeit darin bestand, dass es ungewiss blieb, in welcher Gestalt ich eigentlich ich selbst und in welcher ich nur verkleidet war: wenn ich als livrierter Commis de salle den Gästen des Saint James and Albany schmeichlerisch aufwartete, oder wenn ich als unbekannter Herr von Distinktion, der den Eindruck machte, sich ein Reitpferd zu halten, und gewiss, wenn er sein Diner eingenommen, noch mehrere exklusive Salons besuchen würde, mich bei Tisch von Kellnern bedienen ließ, deren keiner, wie ich fand, mir in dieser meiner anderen Eigenschaft gleichkam. Verkleidet also war ich in jedem Fall, und die unmaskierte Wirklichkeit zwischen den beiden Erscheinungsformen, das Ich-selber-Sein, war nicht bestimmbar, weil tatsächlich nicht vorhanden.» (‹Krull›, 238).

schaft nicht mehr als gelebte Einheit schildern kann, sondern als Vergangenes aus den Fragmenten des Alltags rekonstruiert. Krulls Wille ist angestachelt, dem Außerbürgerlichen die Gestalt des Bürgerlichen aufzudrücken, seine Identität zum makellosen Spiegel zu glätten und als leere Fläche die Traumbilder der Gesellschaft zurückzuwerfen. Krull demaskiert die bürgerliche Gesellschaft[38], indem er ihre Masken[39] trägt.

Als ideale Bühne für das Rollenspiel inszeniert Thomas Mann das Grand Hotel, weil es, wie bereits gezeigt, nicht auf den konkreten Alltag, sondern auf den Bürgertraum vom Adelsschloss zurückgreift. Felix Krull verdoppelt die Illusion des Grand Hotels durch die Scheinhaftigkeit seiner eigenen Existenz. Die Maskenlust der Hotelgäste ist in Krulls Erscheinung vervollkommnet. Dabei ist seine Herkunft aus bürgerlichen Verhältnissen eine wichtige Grundlage. Ihm ist der Traumstoff seiner Mitmenschen bekannt und seine Reflexion auf die Sektflaschen aus der väterlichen Lorley-Produktion mit ihrer ausschweifenden «Coiffure»[40], lässt keinen Zweifel, dass Felix die Lektion des Scheins gelernt hat.

Das Leben verlangt, um erträglich zu sein, nach dem Schein. «Mundus vult decipi»[41]. Als idealer Schauspieler des öffentlichen Lebens[42] ist Krull durch Konvention getragen. Er lebt davon, als Fremder auftreten zu können, den man aufgrund seiner Kleidung, Gestik und Sprechweise ohne nationalistische Ressentiments taxiert. Er ist

---

38 Über die gelungene Gesellschaftskritik und die «rücksichtslose Demaskierung» bürgerlichen Gehabes sind sich schon die positiven wie auch die negativen Rezensionen von 1954 einig, hier sehen viele Kritiker, insbesondere Ostdeutsche, die Moral der Geschichte. Josef Mühlberger in der Esslinger Zeitung von 1954 bedauert jedoch das Fehlen einer moralischen oder religiösen Instanz: «Aber nach Satire und Ironie müsste ein Rest bleiben, der nicht antastbar und zerstörbar ist. Er ist nicht vorhanden. Und das macht das brillant gemachte Buch in einem hintergründigen Sinne trostlos.» (Zitiert nach Hans Wisskirchen: ‹Europäische Literaturkritik›, in: Koopmann 1995, 918).
39 «Man denke an die Masken, die sich das Selbst in Form von Anstandsregeln und Höflichkeitsritualen geschaffen hat.» (Sennett 1999, 30).
40 ‹Krull›, 9.
41 Diesen Ausspruch übernimmt Thomas Mann in seinen Notizen aus den Memoiren Manolescus II, 112–115 und versieht ihn mit einem Ausrufezeichen. (Vgl. Wysling 1995, 117).
42 «Die Schauspielerei in Gestalt von Umgangsformen, Konventionen und rituellen Gesten ist der Stoff, aus dem öffentliche Beziehungen geformt werden und ihre emotionale Bedeutung gewinnen.» (Sennett 1999, 58).

den Menschen, die er trifft, zwar nicht bekannt, seine äußeren Merkmale empfehlen ihn jedoch als Angehörigen einer hoch gestellten sozialen Klasse. Die Imitation setzt ein gesellschaftliches Leben voraus, das sich nicht in der Paradoxie von Sichtbarkeit und Isolation[43] erschöpft, sondern expressives Handeln praktiziert und dem Unbekannten jederzeit seinen Auftritt einräumt. Das mimetische Vermögen Krulls ist abhängig von einem soliden Bürgertum[44] und der Selbstverständlichkeit seiner Institutionen, denn nur so lange die Regeln unhinterfragt und fest gefügt sind[45], kann Krull sie zu den seinen machen und entsprechend manipulieren. Thomas Manns Hochstaplerfigur, gerade weil sie sich mühelos ins bürgerliche Gefüge einschieben und davon profitieren kann, entlarvt dieses Gefüge als klischiert. Das Klischee ist aber nicht als pejorative Wertung zu verstehen, sondern als etablierte und allgemein bekannte Formel, der man sich zu bedienen weiß und lässt sich in diesem Sinn durch den neutralen Begriff des Habitus[46] vertreten.

‹Felix Krull› allein als Gesellschaftskritik im Sinn einer Anklage dekadenten Bürgertums zu lesen, missachtet die Interdependenz von Wunsch, Schein und Wirklichkeit als Funken sprühende Illusionsmaschinerie, die Öffentlichkeit, verstanden als expressiver Austausch von Rollenträgern, erst möglich macht. Krulls Glaubhaftigkeit beruht auf dem Schein. Der Schein ist hier aber nicht allein das Täu-

---

43 Vgl. Sennett 1999, 46ff.
44 «Das Cliché des Dekadenten ist komplementär zu dem des Bürgers, so wie es ja, wie bekannt, Bohème nur so lange gab wie solides Bürgertum.» (Adorno 1998, 343).
45 Wie sehr die Verhaltensmaßregeln des Hochstaplers zeitgebunden sind, zeigt das folgende Zitat Anton Kuhs, das dem 1928 im ‹Prager Tagblatt› erschienenen Artikel ‹Bar-Amerika› entstammt: «Frühere Zeiten hochstapelten nach oben; zum Hereinlegen der Umwelt empfahl sich die Haltung eines Marquis, die Dreß eines Chevalier d'Orsay, die Gebärde eines Großherzogs. Das wären heute sichere Wege, als schlechtgenährter Ex-Offizier oder gutgenährter Eintänzer erkannt zu werden. Für die Gegenwart taugt das umgekehrte Verfahren; man hochstapelt ertragreicher nach unten. Je hausknechtischer deine Allüre – desto größer dein Dollarnimbus.» (Kuh 1983, 137).
46 Nach Bourdieu definiert: «Der Habitus bewirkt, dass die Gesamtheit der Praxisformen eines Akteurs (oder einer Gruppe von aus ähnlichen Soziallagen hervorgegangenen Akteuren) als Produkt der Anwendung identischer (oder wechselseitig austauschbarer) Schemata zugleich systematischen Charakter tragen und systematisch unterschieden sind von den konstitutiven Praxisformen eines anderen Lebensstils.» (Bourdieu 1987, 277).

schende, sondern die Voraussetzung eines öffentlichen Zusammenlebens⁴⁷ und erhält eine wichtige soziale Komponente. Damit ist Thomas Manns Kritik, gerade in diesem ereignisreichen Nachhinein, im Benjaminschen Sinne als rettend zu verstehen. Nämlich als Versuch, «das historisch und begrifflich Verschwindende und das Verschwinden darzustellen, ihm in der Schrift und ihren Denkfiguren einen Ort einzuräumen»⁴⁸.

Wo sich die Zeit einschreibt

Thomas Manns Verwurzelung innerhalb aller drei hier diskutierten Bücher in einer Zeit verfallender Bürgerlichkeit zeigt neben der Anhänglichkeit an die einmal gefasste Konzeption das Interesse, die Zeitzeugenschaft im Detail genauer Beobachtung auf ein Zusammenhängendes hin zu erproben, wie auch rückblickend im fortschreitenden Wissen um die Geschichte aus den Zeichen des Alltags eine Befindlichkeit zu rekonstruieren. All das, was geschehen ist, legt sich über die unmittelbaren Eindrücke, das Miterleben, die erste Konzeption und führt das Moment der Erinnerung ein. Dieser unverwandte Blick auf die bürgerliche Gesellschaft vor dem Ersten Weltkrieg erinnert an Benjamins Denkbild des Engels der Geschichte. Unaufhaltsam und stürmisch in die Zukunft getragen, mit dem Rücken zum Kommenden hin gewandt und den Blick auf die Trümmer gerichtet, verändert das Wissen um das Geschehene das Verständnis für das Vergangene und bestärkt das Bewusstsein, dass jede Vertiefung erhellend für die nachkommende Zeit sein muss.

Der von Helmut Koopmann in seinem Aufsatz ‹Narziss im Exil. Zu Thomas Manns «Felix Krull»› unternommene Versuch, die Spuren leiblicher Exilerfahrung des Autors in seinem Werk aufzuspüren,

---

47 «Wenn sie alles Gewicht auf die psychologische Authentizität legen, werden sie im Alltagsleben ‹unkünstlerisch›, weil sie nicht mehr von der für den Schauspieler fundamentalen Kreativität zu zehren vermögen, der Fähigkeit, mit externen Selbstbildern zu spielen und sie mit Gefühlen zu besetzen. So gelangen wir zu der Hypothese, dass Theatralität in einem spezifischen, und zwar feindlichen Verhältnis zur Intimität steht und in einem nicht minder spezifischen, aber freundschaftlichen Verhältnis zu einem entfalteten öffentlichen Leben.» (Sennett 1999, 58).
48 Weigel 1997, 15.

erschöpfen sich in der konkreten Suche nach Übersetzung des Autobiographischen. Das Reisemotiv in seiner Allgemeinheit[49] als eine solche Spur der Exilerfahrung aufzugreifen, mutet in Bezug auf den ‹Krull› verkürzend an. Die Reise gehört bereits zur frühen Grundkonzeption des Buchs und dadurch, dass Professor Kuckuck die Existenz des vermeintlichen Marquis Venosta in das sprechende Bild der vom Stengel gelösten Seelilie, blumenartig und doch den Tieren zugehörig, fasst, ist ein mimetisches Sein[50] ausgedrückt, das über das Transitäre hinausgeht. Caféhaus, Gästestube und Hotelzimmer[51] als Exilchiffren zu lesen, kann plausibel sein, doch aus dem Kontext herausgehoben ist jeder dieser Orte erst einmal eine Lokalität mit mannigfachen Besetzungsmöglichkeiten. Koopmann scheint vom Raum als geschlossenem Behälter auszugehen und legt diesen unabhängig von den unzähligen Facetten, ihn zu bespielen, fest. Nicht die Loka-

---

49 Die Art der Reise lässt sich nur im Kontext des Reisenden bestimmen. Vgl. dazu die Gedanken Ernst Blochs zur ‹Schönen Fremde›, Gedanken, die er im amerikanischen Exil verfasst hat: «Auch Geschäftsreisende, Matrosen, Emigranten sind nicht auf Reise, letztere trotz der möglichen Befreiung nicht. Reise ist bei allen diesen erzwungen oder Beruf, Bann hier, Verbannung dort.» (Bloch 1998, 430).

50 Hier nochmals wörtlich auf die Ausführungen Kuckucks verweisend: «Solche an ihren Ort gebundene Tiere neigen zu blumenhafter Form, will sagen zu einer stern- und blütenartigen Rundsymmetrie.» (‹Krull›, 273).

51 Als Folie dessen, woran Thomas Mann vierzig Jahre später erneut ansetzt, sei hier eine frühe Notiz zum Krull zitiert: «Grand Hôtel. Liftboy mit der Mütze am Oberschenkel. Die noblen Bediensteten dürfen nicht reden, sonst verlieren sie stark. (Blendwerk): Treppen und Korridor mit weißen Marmorböden und Läufern. Bett, Spiegel, Beleuchtung – Luxus. Schlafzimmer: Möbel aus hellgelbem Holz. Tapete graublau, längsgestreift; hellgrauer Teppich durchs ganze Zimmer. Weiß lakierte Doppelthür mit messingnem Griff und Riegel. Stille; leises Gehen. Befehle werden in etwas geneigter Haltung, ernst, mit hochgezogenen Brauen und einem ganz gedämpften ‹Jawohl, Herr Graf› entgegengenommen. Eine kleine Nachmittagserfrischung wird serviert: Auf weiß gedecktem Theebrett ein silberner Henkelkorb mit Früchten, ein Teller mit Biskuits auf einer Papierspitze, eine geschliffene Schale mit Wasser, kleines goldenes Obstbesteck. – Alle Glassachen ganz dünn geschliffen. – Als Anfänger fühlt er sich in den großen Hotels wie im Märchen. Spielt Tischlein deck dich. Experimentiert wie der Schuster als Prinz fortwährend mit Befehlen und ist neugierig, was erfolgen wird.» (Aus ‹Notizbuch 7›, 122. Notizen vor dem ‹Tod in Venedig›. Wysling 1995, 406.) Bezeichnend ist besonders, das Thomas Mann gerade das individuelle Empfinden seines Helden Krull im Weiterschreiben des Romans unterdrückt. Das Tischlein-deckdich-Spiel fällt zugunsten der äußeren Wirkung weg. Der Schauspieler Krull interessiert nur insofern, als er auf andere wirkt.

lität an sich reflektiert die Exilerfahrung, sondern die spezifische Konstruktion des Raums.

Die Weltenbummelei einer Grand-Hotel-Existenz überschneidet sich mit dem Exilantendasein im Transitären und Rastlosen. Doch während der Hotelgast trotz fremder Umgebung in der allgemeinen Konvention des Wohllebens verankert ist, wird der Exilant durch den politischen Zwang des Unterwegsseins zum Außenseiter gegenüber einer ansässigen Mehrheit gestempelt. Hier muss auch die bewusste Einbettung des Grand Hotels als institutionalisiertes Aus-dem-Alltag-treten innerhalb der Gesellschaft der schmerzlichen Erfahrung politischer Verfolgung und damit einer Verbannung aus der angestammten Ordnung entgegengestellt werden. Wenn Krull auf seinen Stationen keinen Kontakt zur einheimischen Bevölkerung sucht, so zeigt das, dass er um der Gesellschaft und nicht um der einmaligen Erfahrung willen reist. Zugleich parodiert der Autor hierüber aber auch die Gleichförmigkeit des Müßiggangs: Tennisspiel und Five-o-clock-tea, das Diner in festlicher Robe und die banale Anekdote[52] sind die Haltepunkte dieser großbürgerlichen Existenz, die Krull zu imitieren sucht. In der damit verbundenen Beschränkung äußert sich nicht die Isolation des Exilanten, sondern gewollte soziale Abgrenzung und die Sorge um das Untersichsein. In Krull einen ‹Idealemigranten›[53] zu sehen, stößt als Lesart an die Grenzen der textimmanenten, aber auch sozialgeschichtlichen Dimension und verkürzt Literatur zum «Surrogat»[54] einer leidenden Existenz. Verwandtschaft mit dem Emigranten kommt nicht der Figur selbst zu, sondern ihrem unzeitgemäßen Erscheinen: «Und man begreift da, was sie [die Emigranten; C.S.] verloren haben: nicht die Heimat, nicht eine Sprachwelt, nicht die Volkszugehörigkeit, sondern die Wirklichkeit; richtiger: die *Zeitzugehörigkeit*.»[55]

---

52 Hier sind auch die Gesetze der bürgerlichen Konversation zu nennen, die jedes Stückchen Wissen zu einem Distinktionsmerkmal funktionalisieren, wie dies die Marquise de Venosta im Brief an ihren vermeintlichen Sohn zum Ausdruck bringt: «Solche Dinge [das Gleichnis von der Seelilie und Anspielungen auf die Naturgeschichte; C.S.] sind ein Schmuck jeder gesellschaftlichen Conversation und werden nie verfehlen, einen jungen Mann, der sie ohne Prätention und mit Geschmack einzuflechten weiß, angenehm zu distinguieren von solchen, denen etwa nur das Vokabular des Sports zur Verfügung steht.» (‹Krull›, 363).
53 Koopmann 1984, 412–413.
54 Vgl. Koopmann 1984, 418.
55 Kuh: ‹Emigranten›, in ‹Prager Tagblatt› vom 16. April 1933. (Kuh 1994, 149).

Die Spuren der Auseinandersetzungen und Erfahrungen eines Autors, der in den vierzig Jahren zwischen Konzeption und Weiterschreiben innerhalb seiner intellektuellen Biographie an einem anderen Punkt steht und der die Relevanz seiner Bücher für Zeit und Gesellschaft beständig reflektiert, müssen nicht in den Motiven, sondern in der Schreibweise gesucht werden. Die Ebenen der Parodie im ‹Krull›, wie dies bereits mit Anspielung auf die Bildungsstationen gezeigt wurde, sind vielschichtig. Die Herausragendste liegt wohl in der Verdoppelung der Erzählerposition in eine schöpfende und eine abstrahierende Instanz, womit Thomas Mann seinen eigenen Stil[56] in einer berückenden Form des Hochstapler-Ichs auf Stereotypen und Pathosformeln, Mythizismen[57] und klischierte Bilder hin befragt. Dass die Distanz zwischen Erzähler-Ich und Autoren-Ich nur schwer zu halten ist und einen erschöpfenden Grad der Selbstbeobachtung verlangt, davon sprechen der langjährige Entstehungsprozess, die vielfach formulierten Selbstzweifel und die stilistischen Unsicherheiten. Die Parodie in diesem weitgehenden und durchdringenden Sinn gewinnt an Brisanz und letztlich auch an Komplexität, nachdem neben den Referenztexten wie Goethes ‹Dichtung und Wahrheit› ein Gesamtwerk als Bezugsgröße vorliegt.

Bereits im Hinblick auf die frühen Fragmente hat Thomas Mann den Roman wiederholt als Künstlertravestie bezeichnet. Als Subjekt imaginiert sich Krull immer schon als Objekt seiner Veröffentlichung, wie er sie im Schreibprozess exemplarisch vorführt. Krull tritt einem als ein mimetisch Vermögender entgegen, der im niemals aufzuhaltenden Prozess des Abbildens wörtlich gesprochen aufgeht. Damit steht Krull für die Leichtigkeit des Schaffens ein, aber auch für den Verlust des Eigenen. Es erscheint deshalb nur folgerichtig, dass das Sprechen im Sinne einer Reihung der Signifikanten immer

---

56 Die «parodistische Künstlichkeit des Stils» nennt Thomas Mann auch als Grund, weshalb er die Arbeit am Krull vor dem Ersten Weltkrieg abgebrochen habe. (Vgl. Koopmann 1984, 403).

57 Wunderbar komisch, wie Krull unter dem Sternenblick Kuckucks verlegen geworden, sich zu folgender, doch recht unpassender – das Gespräch dreht sich um aufrecht gehende Dinosaurier – Bemerkung hinreißen lässt: «‹Nun›, sagte ich mit gemachter Nonchalance, ‹dem Hermes werden diese Herrschaften wenig geglichen haben beim Aufrechtgehen›.» (‹Krull›, 279) Und fast möchte man glauben, dass Thomas Mann hier eine Spitze gegen all jene Literaturwissenschafter richtet, die seine Bücher so fleißig nach dem Hermesmotiv durchforsten, dass der Zusammenhang manchmal ins Hintertreffen gerät.

vordergründiger wird, je stärker die Figur eine reelle Anbindung, wie sie die Schilderung der Jugend und Familie noch suggeriert, einbüßt und damit das Bedeutete, die durch ein soziales Umfeld verbürgte Wirklichkeit, nicht mehr zu erschließen ist. Mit zunehmender Distanz des Autors zur geschilderten Gesellschaft scheinen sich die Ebenen der Imitation zu vervielfachen. Krulls mimetisches Vermögen ist nicht mehr auf der physischen Ebene von Geigenspiel, Fieber oder eines genial vorgetäuschten epileptischen Anfalls angesiedelt, das der Erzähler als Erlebnisbericht fasst und als Hochstapler auf allen Ebenen schönschreibt – es findet ein reizvolles Wechselspiel von Mimikry und Geständnis, von Verhüllung und Enthüllung statt –, sondern wird in den späteren Teilen vom Autor mehrfach überformt, indem er zwischen die Ebenen des Erzählers und des erinnerten Ichs die Rolle des Marquis und hier über den Brief an die Eltern nochmals ein Mittelbares einschiebt. Das Wort vervielfacht sich, kommentiert nicht mehr ein Geschehen, sondern wird selbst Schauplatz der Inszenierung. Initialisiert erscheint diese Verschiebung in der Nachahmung der gräflichen Unterschrift, über die Autorschaft behauptet wird und gleichzeitig fragwürdig erscheint.

In der Verdoppelung der Krullschen Existenz durch die Sprache, wie sie die Ich-Form der Bekenntnisse provoziert, gehen Form und Formel eine satirische Nähe ein. Das Handeln vollzieht sich im Sprechen und das Sprechen erfüllt sich im Schreiben, wie dies die Marquise de Venosta in ihrem Brief an den vermeintlichen Sohn festhält: «Übrigens nehme ich nicht an, dass Du wirklich zu Seiner Majestät König Carl dermaßen rednerisch-elegant gesprochen hast, wie Dein Bericht vorgibt. Das ist gewiss eine briefstellerische Fiktion.»[58] Die Adressatin, die Krull in seinem Brief[59] aufgrund jener Versatzstücke, die ihm der wirkliche Graf de Venosta berichtet hat, als textliche Figur konstruiert, glaubt nun ihrerseits, das Ich des Briefes, hinter dem sie ihren leiblichen Sohn verortet, als Projektion eines Wunschdenkens zu entlarven. Doch auch dieser Antwortbrief der Marquise ist

---

58 ‹Krull›, 360.
59 Jedes Wort Krulls schließt die Replik schon mit ein und ist in diesem Sinn stark dialogisch geprägt. «Die Rücksicht auf die Gegenrede führt zu spezifischen Veränderungen in der Struktur des dialogischen Wortes, macht dieses Wort ereignishaft, gibt dem Gegenstand des Wortes eine neue Beleuchtung, indem sie darin neue Seiten entdeckt, die dem monologischen Wort unzugänglich sind.» (Bachtin 1985, 124).

der Leserin allein über die manipulierende Hand des Hochstaplers überliefert und damit selbst Teil der Konstruktion. Die briefstellerisch inszenierte mise en abîme ist eine irritierende Verkettung fiktionaler Darstellungsebenen, die von keiner Autorität auf eine Wirklichkeit festgelegt und damit zum Stillstand gebracht werden kann.

Einer weiteren Weise, wie sich eine veränderte Zeit in den Raum des Schreibens eingelagert haben könnte, möchte ich anhand einer spezifischen Szene nachgehen. Die Beschreibung der Interieurs, wie sie Krull insbesondere für seine Suite im Savoy Palace von Lissabon wiedergibt, ähnelt einem Inventar bürgerlichen Lebensstils, der den adeligen[60] zu imitieren sucht. Es ist eine Beschreibung, die in der Lächerlichkeit des Details, den Porzellanfigürchen mit entblößten Rundungen etwa, die sexuelle Konnotation des Hotelzimmers aufruft und über die banale Aneinanderreihung der materiellen Güter sprachlich das zusammenhangslose Stilgemisch spiegelt und dabei die einzige Funktion des Mobiliars, um jeden Preis luxuriös zu wirken, in Geschraubtheiten reproduziert. Gerade die Aufzählung, die wie in dieser Szene kaum auf das Erzählgeschehen hin funktionalisiert ist, verwandelt das Bürgertum in ein verinnerlichtes Stück von dessen Mobiliar. Wenn die französischen Fauteuils «in behaglicher Distinktion»[61] das Tischchen umstehen, kollidiert in dieser schrägen Wendung über den Bildungsschnitzer hinaus das bürgerliche Bedürfnis nach Gemütlichkeit – Krulls Elternhaus ist mit Gartenzwergen, «Plüschtischchen» und in vielfarbiger Handarbeit überzogenen Daunenkissen «lauschig wie heiter»[62] eingerichtet – mit dem Bestreben nach sozialer Abgrenzung[63]. Hier schafft es der Autor, die Widersprüche im Selbstbild einer sozialen Klasse in einer einzigen adverbialen Wendung vorzuführen. Die Gesellschaft erscheint gewissermaßen

---

60 Vgl. «Was meinen besonderen Stolz ausmachte, war die Wanddekoration des Salons – diese hohen, in vergoldete Leisten eingefaßten Stukkatur-Felder, die ich immer der bürgerlichen Tapezierung so entschieden vorzog und die, zusammen mit den ebenfalls sehr hohen, weißen und mit Gold ornamentierten, in Nischen gelegenen Türen, dem Gemach ein ausgesprochen schloßmäßiges und fürstliches Ansehen verliehen.» (‹Krull›, 291).
61 ‹Krull›, 293.
62 ‹Krull›, 11.
63 Im Sinn, wonach die exklusive Aneignung materieller Güter – im Grand Hotel partizipiert man als zahlender Gast daran – einen Gewinn an Distinktion verschafft. (Vgl. hierzu Bourdieu 1987, 287).

nicht mehr als handelnde beschreibbar, sondern als ob sie allein über ihre materiellen Spuren rekonstruiert werden könnte.

Nochmals soll das Verhältnis von Nachtrag und Erinnerung, wie es den Schreibprozess dieses Romans über die Jahrzehnte seiner Entstehung prägt, anhand eines exemplarisch verstandenen Denkbilds reflektiert werden. Die banalen Objekte des Alltags scheinen, während die vitale Hotelgesellschaft im Lauf dieser Jahre verblasst und verschwindet, ihrerseits aus dem Gebrauch herauszufallen und sich zu semantischen Objekten der Rekonstruktion zu wandeln.

> «Ja, wollte ich mir auch nur das Aussehen des Schlosses, in dessen Mauern ich aufgewachsen war, genauer vor Augen führen, so war ich genötigt, die Abbildungen englischer Castles auf dem Porzellan zu Hilfe zu nehmen, von dem ich einst, in niedriger Daseinsform, die Speisereste abzustreifen gehabt hatte, – was einem ganz unzulässigen Hineintragen abgelegter Erinnerungen in die mir nun allein zustehenden gleichkam.»[64]

Krulls Versuch, Erinnerung zu konstruieren, bezieht sich nicht auf einen erlebten und selbst wahrgenommenen Sachverhalt, sondern auf ein Abbild. Er, der den Sitz seines vermeintlichen Elternhauses, das vielsagend ‹Monrefuge› heißt, imaginieren will, nimmt Zuflucht zur Reproduktion des Gemeinplatzes[65]. Dieses Abbild seinerseits ist nicht das fotografische eines realen Gegenstands, sondern ein aus Versatzstücken des Typischen zusammengesetztes Emblem. Zugleich sind die Abbildungen englischer Castles auf den Speisetellern des Grand Hotels Zitat einer vornehmen Lebenswelt, die sich die Gäste zahlend zu eigen machen. Wer von diesen Tellern isst, verleibt sich das herrschaftliche Haus gewissermaßen ein. Krull, der als letztes

---

64 ‹Krull›, 268.
65 Dabei ist interessant, dass bereits Flaubert mit seinem besonderen Augenmerk für Gemeinplätze dem Teller in ‹Madame Bovary› eine wichtige Stellung als Sehnsuchts- und Erinnerungsträger eingeräumt hat: «Als sie [Emma Bovary; C.S.] dreizehn Jahre alt war, begleitete ihr Vater selbst sie in die Stadt, um sie in die Klosterschule zu geben. Sie stiegen in einem Gasthof des Quartier Saint-Gervais ab, wo sie das Abendessen auf bemalten Tellern vorgesetzt bekamen, die die Geschichte der Louise de La Vallière darstellten. Die erläuternden Bildunterschriften, die da und dort von Messerschrammen unterbrochen waren, verherrlichten allesamt die Religion, die zarten Regungen des Herzens und den höfischen Prunk.» (Flaubert 2002, 50). Der leere Teller als Bildträger scheint darauf zu verweisen, dass der Hunger nach der großen Welt über die physische Sättigung hinausreicht.

Glied der dienenden Hierarchie die Speisereste abschabt, deckt das Bild als gemeinsame Stiftung auf, indem er es von den Trümmern des Mahls befreit, die auf die Sättigung jener verweisen, die sich mehr leisten, als sie genießen können[66].

---

66 Hier muss an Walter Serners ‹Handbrevier für Hochstapler› erinnert werden: «Iss gelegentlich im Hotel und zeige dich anspruchsvoll. Man wird es dir übelnehmen, aber Achtung vor dir haben. Iss auch niemals alles auf, magst du noch so großen Hunger haben. Sonst hält der Kellner dich schon fast für seinesgleichen.» (Serner 1964, 77).

Zweiter Teil

Imaginäres Grand Hotel

Palace Hotel St. Moritz, Damensalon
(Abbildungsnachweis: Dokumentationsbibliothek St. Moritz)

1. Konstruktionen

«Jeder typische Raum wird durch typische gesellschaftliche Verhältnisse zustande gebracht, die sich ohne die störende Dazwischenkunft des Bewusstseins in ihm ausdrücken. Alles vom Bewusstsein Verleugnete, alles, was sonst geflissentlich übersehen wird, ist an seinem Aufbau beteiligt. Die Raumbilder sind die Träume der Gesellschaft. Wo immer die Hieroglyphe irgendeines Raumbildes entziffert ist, dort bietet sich der Grund der sozialen Wirklichkeit dar.»[1]

Bei Kracauer verweisen Raumbilder als Träume der Gesellschaft auf das Unbewusste, das der Kontrolle durch den Intellekt entgeht und weder ideologisch gefärbt, noch theoretisch überformt ist. In diesem Sinn sind es «Träume ohne Traumarbeit»[2] und das «vom Bewusstsein Verleugnete» ist, schlichter gefasst, das Nicht-Gewusste, das, was keine Beachtung findet. Allerdings müssen auch diese Bilder erst entziffert werden, sollen sie ein Stück Wirklichkeit freigeben. Es geht dabei nicht um Rekonstruktion einer zerfallenen Einheit von Zeichen und Bezeichnetem – das wäre restaurativ gedacht im Sinne einer Wiederherstellung einer einzig gültigen Ordnung –, sondern um die Hartnäckigkeit des Blicks, der keine Spur als unbedeutend unterschlägt.

«Diese Bilder [«in denen das Neue sich mit dem Alten durchdringt»; C.S.] sind Wunschbilder und in ihnen sucht das Kollektiv die Unfertigkeit des gesellschaftlichen Produkts sowie die Mängel der gesellschaftlichen Produktionsordnung sowohl aufzuheben wie zu verklären. Daneben tritt in diesen Wunschbildern das nachdrückliche Streben hervor, sich gegen das Veraltete – das heißt aber: gegen das Jüngstvergangene – abzusetzen. Diese Tendenzen weisen die Bildphantasie, die von dem Neuen ihren Anstoß erhielt, an das Urvergangne zurück. In dem Traum, in dem jeder Epoche die ihr folgende in Bildern vor Augen tritt, erscheint die letztere vermählt mit Elementen der Urgeschichte, das heißt einer klassenlosen Gesellschaft. Deren Erfahrungen, welche im Unbewußten des Kollektivs ihr Depot haben, erzeugen in Durchdringung mit dem Neuen die Utopie, die in tausend Konfigurationen des

---

1 Methodische Vorbemerkungen zu ‹Über Arbeitsnachweise›, Kracauer 1987, 52.
2 Mülder 1985, 88.

Lebens, von den dauernden Bauten bis zu den flüchtigen Moden, ihre Spur hinterlassen hat.»[3]

Adorno bringt in einem Brief an Kracauer vom 25. Juli 1930, der sich auf dessen Text ‹Über Arbeitsnachweise› bezieht, Benjamins Gedanken, die in der oben zitierten Form allerdings erst 1935 niedergeschrieben wurden, auf die «Formel von den Häusern als den Träumen des Kollektivs». Gerade diese Formel sieht er in ‹Arbeitsnachweise› aufgegriffen und angewandt, Kracauer dagegen distanziert sich in seiner Antwort vom 1. August 1930 von einer solchen Betrachtungsweise: «Die Auffassung der Stadt als eines Traumes vom Kollektiv erscheint mir immer noch als romantisch»[4]. Ein Unterschied in Kracauers und Benjamins Ansatz liegt darin, dass Benjamins Wunschbilder stärker auf das Intentionale der Verklärung und auf ein durchaus waches Bedürfnis nach dem Utopischen verweisen, während Kracauer nichts als die «soziale Wirklichkeit» aufdecken will, die er gerade jenseits alles Gewollten verortet. Folgerichtig stehen bei Benjamin die Passagen als gesuchter Ausdruck architektonischer Neuerungen im 19. Jahrhundert im Blickfeld. Kracauer dagegen schaut als Zeitgenosse auf die Arbeitsnachweise, die nicht durch architektonischen Formwillen, sondern vielmehr von formaler Nachlässigkeit geprägt sind. Diese Wahl der Räume zeigt, dass die Interessen unterschiedlich abgesteckt sind: Einmal zielen sie auf das rettende Bewahren des Vergangenen, das andere mal auf das Anprangern aktueller Missstände. Die Ansätze überlagern sich jedoch im Verfahren des Entzifferns von Raum als Seismograph gesellschaftlicher Befindlichkeit. In Bezug auf das Grand Hotel eröffnen sich mit Benjamin und Kracauer gewissermaßen zwei Perspektiven: Hier steht das Grand Hotel als bewusst und aufwändig gestalteter Wunschraum der Belle Époque im Vordergrund, dort, gerade mit Blick auf die dienenden Räume, lassen sich die vernachlässigten Winkel des Hauses als unzensierte Manifestationen sozialer Unterdrückung lesen. Dabei eignet beiden Perspektiven die Aufmerksamkeit gegenüber Oberfläche und Nebensächlichem; sie sind die wahren Fundorte des Traumhaften.

Adorno spricht in Zusammenhang mit Benjamins ‹Einbahnstraße› vom Denken, das sich «Glück und Risiko anheim» gibt, «auf die Er-

---

3 Benjamin 1982, Bd.V.1, 46–47.
4 Die Briefstellen sind nach Mülder 1985, 89, Fußnote 17 zitiert.

1 Die Modenwelt. Illustrierte Zeitung für Toilette und Handarbeiten, VIII Jahrgang, N° 19a, 1. Juli 1873
Der ästhetisch geschulte Blick auf die Landschaft
(Abbildungsnachweis: Berry Museum St. Moritz)

2 Wilhelm Georgy (1819–1887): Bernina-Gruppe mit Gemsen vom Piz Languard aus, 1863, Öl auf Leinwand
Die Ikonographie der Bergidylle wird erfunden.
(Abbildungsnachweis: Fredi Lochau, Foto Flury, Pontresina)

3   Werbeplakat für die Rhätische Bahn, 1890 (Künstler unbekannt):
Kürzester Weg nach dem Engadin
Auf den ersten Plakaten überlagern sich die Informationen.
(Abbildungsnachweis: Plakatsammlung, Museum für Gestaltung, Zürich)

4 Emile Cardinaux (1877–1936): Plakat für die Rhätische Bahn, 1916
Das Plakat wird zunehmend als affektiver Werbeträger verwendet.

5 Albert Steiner (1877–1968): Berninabahn. Mitropa-Speisewagen mit Bergkulisse, Fotomontage
Die Bahnfahrt ist als Ereignis inszeniert.
(Abbildungsnachweis: Bildarchiv Rhätische Bahn, Chur)

6 Hans Conrad Escher von der Linth (1767–1823): Beym Sauerbrunnen in St. Moritz im Obern Engadin, 27. August 1819, aquarellierte Zeichnung
Im Vordergrund ist das erste Badehäuschen von St. Moritz-Bad zu sehen, auf der Hügelkuppe liegt St. Moritz-Dorf.
(Abbildungsnachweis: Zentralbibliothek Zürich, Graphische Sammlung)

7 Eugen Meister (1886–1968): St. Moritz, 1916, Öl auf Karton
Das Bauerndorf ist hinter den mächtigen Hotelfassaden verschwunden.
(Abbildungsnachweis: Kunsthaus Zürich)

8   Skizze des Panoramabaus nach Giovanni Segantini (1858–1899): Glückwunschkarte der Palace Hotels in Maloja und Nizza, 1898
Die Hotelierfamilie Walther-Denz wirbt mit Giovanni Segantinis Panoramaprojekt für die Weltausstellung in Paris 1900.
(Abbildungsnachweis: Segantini Museum, St. Moritz)

9 Menukarte des Maloja Palace vom 15. September 1898
   Opulenz in Design und Speisefolge
   (Abbildungsnachweis: Biblioteca Pubblica, Maloja)

10 Die Engländerin Elizabeth Main am Piz Morteratsch zusammen
mit einem Bergführer, vor 1900
**Die Alpinistin, Fotografin und Autorin Elizabeth Main (1861– 1934) bewegt sich innerhalb
der alpinen Grand-Hotel-Gesellschaft erstaunlich unabhängig.**
(Abbildungsnachweis: Kulturarchiv Oberengadin, Samedan)

11   Peter Robert Berry (1864–1942) beim Start des Cresta-Run um 1899
Nach 1900 wandelt sich Peter Robert Berry vom «fashionablen» Kurarzt zum zurückgezogen lebenden Maler des Julier- und Berninapasses.
(Abbildungsnachweis: Berry Museum St. Moritz)

12 Rodler auf dem Village-Run
Der Sport legt seine eigenen Spielregeln fest.
(Abbildungsnachweis: Dokumentationsbibliothek St. Moritz)

13 Beim Bobrennen in St. Moritz
Bobfahren ist eine der Prestigesportarten des alpinen Playgrounds.
(Abbildungsnachweis: Dokumentationsbibliothek St. Moritz)

14 Fotografie von Elizabeth Main, 1880er Jahre: Der Hotelpark des Maloja Palace
**Zwei Welten treffen aufeinander: der geometrisch angelegte Park
und die ungezähmte Natur.**
(Abbildungsnachweis: Kulturarchiv Oberengadin, Samedan)

15 St. Moritz-Dorf vor der Sanierung (Aufnahme Bestand)
St. Moritz-Dorf nach der Sanierung (Projekt)
In den 1940er Jahren wird die verspielte Silhouette der alpinen Grand Hotels diskreditiert.
(Aus: Armin Meili (Hg.): Bauliche Sanierung von Hotels und Kurorten. Schlussbericht, bearb. u. hrsg. i. Auftrag d. Eidgenössischen Amtes f. Verkehr. Erlenbach-Zürich 1945.)

16 Joseph Beuys (1921–1986): «La rivoluzione siamo Noi!», Multiple, unterlegt mit Ansichtskarte von Maloja, 1968–1970
Postkartengrüße
(Aus: Ausstellungskatalog Kunsthaus Zürich: Giovanni Segantini 1858–1899, Zürich 1990)

fahrung zu setzen und ein Wesentliches zu treffen»[5]. Das heißt, wer entziffert, überträgt den Gehalt einer Währung nicht in eine andere, die einfacher zugänglich ist, sondern muss alles wagen, um *in* seinen Worten Wesentliches aufblitzen zu lassen. Das Wesentliche also lässt sich vom Wort selbst nicht trennen. Die Zeichen sind vieldeutig, nicht arbiträr. Die Entzifferung bringt keine lineare Schrift, keinen zusammenhängenden Text hervor, sondern ein Neben-, Über- und Ineinander von Bedeutungsspuren, die im Jetzt des Schreibens und Lesens erkennbar werden. Auch Kracauer geht Wagnisse ein, um dem Raum ein Stück Wirklichkeit[6] abzutrotzen, und er weiß um die Notwendigkeit der Konstruktion[7] einer solchen Wirklichkeit, damit Erkenntnis möglich wird.

Das Prinzip der Konstruktion darf bei Kracauer nicht als Verallgemeinerung aufgefasst werden. Es ist etwa im Essay ‹Über Arbeitsnachweise›, der im Untertitel bezeichnenderweise ‹Konstruktion eines Raumes› heißt, der Detailbeobachtung verpflichtet. Kracauer sieht in einem mimetischen Verfahren wie der Reportage oder der Fotografie[8] Grenzen, weil sie nur das augenblicklich Sichtbare und

---

5   Adorno 1998, 682.
6   «Weder die verschiedenen Kommentare zur Erwerbslosenstatistik noch die einschlägigen Parlamentsdebatten geben darüber Auskunft. Sie sind ideologisch gefärbt und rücken die Wirklichkeit in dem einen oder anderen Sinne zurecht; während der Raum des Arbeitsnachweises von der Wirklichkeit selber gestellt ist.» (Kracauer: ‹Über Arbeitsnachweise›, 1987, 52.)
7   Dass Kracauer Begriffe wie Konstruktion durchaus auch als Architekt, das heißt im wörtlichen Sinn Raum generierend denkt, zeigen verschiedene Analogien und Denkbilder, die diesen Rückgriff auf die architektonische Praxis (Kracauer arbeitete von 1911 bis 1921 als Architekt) anfänglich sehr deutlich, später stärker verschliffen, durchscheinen lassen. In seinem Aufsatz über Simmel von 1920 tritt dieses Denken explizit hervor: «In genauer Analogie hierzu [im Versuch durch Simmels Philosophie einen Querschnitt zu legen; C.S.] enthüllt nur in den seltensten Fällen der architektonische Querschnitt durch irgendein Gebäude die Struktur des ganzen Hauses, die Lagerung sämtlicher Innenräume. Einige Glieder des Baukörpers bleiben für gewöhnlich unsichtbar; um sie gewahr zu werden, ist man auf den Längsschnitt bzw. auf andere Querschnitte angewiesen. Einer von diesen nimmt aber wohl stets den Vorrang vor den übrigen ein, er versinnlicht uns das Gefüge der Hauptmassen des Bauwerks.» (Kracauer: ‹Das Ornament der Masse›, 1977, 217).
8   Über ‹Die Photographie› (erstmals in ‹Frankfurter Zeitung›, 28. Oktober 1927, dann 1963 in ‹Das Ornament der Masse›) schreibt Kracauer: «Es fröstelt den Betrachter alter Photographien. Denn sie veranschaulichen nicht die Erkenntnis des Originals, sondern die räumliche Konfiguration eines Augenblicks; nicht der Mensch tritt in seiner Photographie heraus, sondern die Summe dessen, was von

damit das Zufällige abbilden. Der Begriff der Konstruktion ist in ‹Die Angestellten› von 1930 dann insbesondere in Abgrenzung zu diesen Medien[9] herausgearbeitet. Erst der Vergleich, das Wägen der Dinge an ihrem Platz, das Ermitteln des Orts im Verhältnis zu anderen Orten, ergibt ein Bild. Entsprechend setzt sich die Konstruktion über die Gegensatzpaare Form und Funktion, bzw. Form und Inhalt hinweg, sie steht für ein Ineinandergreifen von Denk- und Schreibweise oder architektonisch gefasst von konstruktiver und ästhetischer Fügung. Wie die Lesbarkeit im Benjaminschen Verständnis «ein nicht-dauerhaftes Attribut der Bilder»[10] ist, ist die Konstruktion kein dauerhaftes Attribut des Raums.

Benjamin hebt in seiner Rezension zu den ‹Angestellten› Kracauers Auseinandersetzung mit dem und seine Nähe zum Alltag hervor: «Der Wirklichkeit wird so sehr zugesetzt, dass sie Farbe bekennen und Namen nennen muss.»[11] Er fasst es sprichwörtlich und macht gerade in der abgegriffenen Wendung des ‹Farbe bekennen› deutlich, dass die Sprache in der Metapher leiblich wird. Damit spricht Benjamin an, was Kracauer als Herausforderung erkannt und immer wieder reflektiert hat[12]: Deuten, Vergleichen und Überblenden sind

---

    ihm abzuziehen ist. Sie vernichtet ihn, indem sie ihn abbildet, und fiele er mit ihr zusammen, so wäre er nicht vorhanden.» (Kracauer 1977, 32). Vgl. dazu auch Blochs Skepsis gegenüber der Fotografie im bereits zitierten Essay ‹Alpen ohne Photographie›. (Bloch 1985).

9 «Hundert Berichte aus einer Fabrik lassen sich nicht zur Wirklichkeit der Fabrik addieren, sondern bleiben bis in alle Ewigkeit hundert Fabrikansichten. Die Wirklichkeit ist eine Konstruktion. Gewiss muss das Leben beobachtet werden, damit sie erstehe. Keineswegs jedoch ist sie in der mehr oder minder zufälligen Beobachtungsfolge der Reportage enthalten, vielmehr steckt sie einzig und allein in dem Mosaik, das aus den einzelnen Beobachtungen auf Grund der Erkenntnis ihres Gehalts zusammengestiftet wird. Die Reportage photographiert das Leben; ein solches Mosaik wäre sein Bild.» (Kracauer 1971, 16).

10 Weigel 1997, 41.

11 (Benjamin 1972, 221). Dieses Zusetzen der Wirklichkeit geschieht einerseits über eine differenzierte Vielfalt an Materialien, die Kracauer für seine Analyse berücksichtigt – Kinofilme, private Korrespondenz, Zeitschriften, zufällige Gespräche, beobachtende Teilnahme, Interviews, Schilderung von Räumlichkeiten, Gerichtsakten, bis hin zu Inseraten in den Angestelltenzeitungen – andererseits über ein ideologiekritisches und politisches Denken.

12 Kracauers gedankliche Nähe zu Georg Simmel, den er persönlich kannte (vgl. Bundschuh 1980, 4), ist sowohl in der Terminologie (vgl. auch Mülder 1985, 86) herauszulesen als auch durch die Aufnahme seines frühen Aufsatzes über Simmel (1920) im Essayband ‹Ornament der Masse› nahegelegt. Darin schreibt er über

notwendig, um ein Bild zu erhalten und dürfen doch nicht dazu führen, dass die Beobachtung leichtfertig im Allgemeinen aufgelöst wird. Die «Interpretationen im konkreten Material»[13] versuchen zu verhindern, dass die Wirklichkeit im Begriff verschwindet und sind darum bemüht, die Leiblichkeit im Bild, das nie bloßes Beispiel oder Illustration[14] ist, wachzuhalten[15]. Auch dürfen das Außergewöhnliche und Lautstarke die Folge der kleinen Ereignisse nicht verdecken. Denn die wahren Katastrophen, davon ist Kracauer überzeugt, sind die alltäglichen[16], und jeder Wille, der auf Wandel zielt, muss dort ansetzen. Neben den Raumbildern verknüpfen für Kracauer auch die Oberflächenäußerungen[17] das Sichtbare mit dem Nicht-Gewussten;

Simmel, was auch auf seine eigene intellektuelle Biographie zutrifft: «(...) die lebendige Einheit des von ihm Geschaffenen kann zwar einfühlend nacherlebt, jedoch niemals aus einem dem Leben entfremdeten und erstarrten Grundbegriff abgeleitet werden.» (Kracauer 1977, 217). Die methodische Verwandtschaft mit Simmel ist auch in der Bezugnahme auf den Raum augenfällig. So analysiert Simmel in seinem Aufsatz ‹Über räumliche Projektionen socialer Formen› (Simmel 1995, 201f.) «die Einwirkungen, die die räumlichen Bestimmtheiten einer Gruppe durch ihre socialen Gestaltungen und Energien erfahren»; ein Ansatz, den Kracauer in die konkreten Orte des Arbeitsnachweises und Vergnügungslokals überführt.

13 Kracauer: ‹Oktoberrevolution› (1933); zitiert nach Mülder 1985, 106.
14 Vgl. hierzu: «Keine Zweiteilung von Beobachtung und Erkenntnis, Anschauung und Reflexion findet hier statt, sondern eine Übersetzung der einen in die andere. Als Medium dieser Übersetzung dient die Metapher. Sie enthüllt in der Verwandlung des ephemeren Bildes der Erfahrung in den bildhaften Ausdruck des Gedankens das Phänomen als ein historisch signiertes, das Historische als ein phänomenal sich materialisierendes.» (Mülder 1985, 111–112).
15 Wie ein Ausschnitt aus ‹Arbeitsnachweise› zeigt, gelingt es Kracauer in einer verschlungenen Bildkette im Konkreten das Symbolische aufscheinen zu lassen, ohne deshalb die Leiblichkeit des Ausgangspunkts zu verbrauchen: «Von den Fenstern des Metallarbeiter-Nachweises blickt man auf das Erwerbsleben, das sich in den Vorderhäusern abspielt. Sie, die vom Produktions- und Verteilungsprozess ausgefüllt sind, verdecken den ganzen Horizont des Arbeitslosen. Er hat keine eigene Sonne, er hat immer nur den Arbeitgeber vor sich, der ihm höchstens dann nicht im Licht steht, wenn er Arbeit gibt.» (Kracauer 1987, 53).
16 «Man entledige sich doch des Wahns, dass es auch nur in der Hauptsache die großen Geschehnisse seien, die den Menschen bestimmen. Tiefer und dauernder beeinflussen ihn die winzigen Katastrophen, aus denen der Alltag besteht, und gewiss ist sein Schicksal vorwiegend an die Folge dieser Miniaturereignisse geknüpft.» (Kracauer 1971, 56).
17 «Der Ort, den eine Epoche im Geschichtsprozess einnimmt, ist aus der Analyse ihrer unscheinbaren Oberflächenäußerungen schlagender zu bestimmen als aus den Urteilen der Epoche über sich selbst. Diese sind als der Ausdruck von Zeit-

was unter aller Augen liegt, findet keine Beachtung. So ist es kein Zufall, dass das Ornament – eine zentrale Kracauersche Denkfigur[18] – als raumgreifende Arabeske Tiefe und Fläche miteinander verbindet.

Im Folgenden soll das Grand Hotel sowohl in seiner utopischen Vorstellung von einem intakten Mikrokosmos als auch in seiner sozialen Abgründigkeit als vielschichtiges Raumbild analysiert werden. Dabei gilt es zu beachten, wie sich die Wünsche und Träume nach 1914 verändert haben, denn die Raumbilder sind so wandelbar wie die Gesellschaft, die sich darin zeitigt.

Die Lücke der architektonischen Moderne

Wenn die Hotelerzählung[19] der Zwanzigerjahre bei der Konstruktion fiktionaler Wirklichkeit auf die Empirie[20] zurückgreift, ist sie einerseits mit einem abgeschlossenen architektonischen Typus und der gesellschaftlichen Wieder-in-Besitz-Nahme des in den Kriegsjahren verwaisten Hauses konfrontiert, andererseits begegnet sie innerhalb des architektonischen Diskurses einer wachsenden Kritik am Grand Hotel als Sinnbild einer die konstruktive Ehrlichkeit missachtenden formalen Schwüle. Die Forderung nach Licht, Luft, Bewegung und Hygiene ließ den Hotelbau der Zwanzigerjahre – der in den Schwei-

---

tendenzen kein bündiges Zeugnis für die Gesamtverfassung der Zeit. Jene gewähren ihrer Unbewußtheit wegen einen unmittelbaren Zugang zu dem Grundgehalt des Bestehenden. An seine Erkenntnis ist umgekehrt ihre Deutung geknüpft. Der Grundgehalt einer Epoche und ihre unbeachteten Regungen erhellen sich wechselseitig.» (Kracauer 1977, 50).

18 In ‹Strassen in Berlin und anderswo› bindet das Ornament die Häuser am Kudamm in die Jahre ihrer Entstehung zurück, das Abschlagen des Ornaments gibt die Gebäude, gesichtslos geworden, Wandel und ökonomischem Zwang Preis: «Man hat vielen Häusern die Ornamente abgeschlagen, die eine Art Brücke zum Gestern bildeten. Jetzt stehen die beraubten Fassaden ohne Halt in der Zeit und sind das Sinnbild des geschichtslosen Wandels, der sich hinter ihnen vollzieht.» (Kracauer 1987, 18).

19 Hier stellvertretend für alle belletristischen Texte der Zwanzigerjahre gesetzt, bei denen das Grand Hotel zentrales Element zur Strukturierung des Sinnzusammenhangs darstellt.

20 Der Begriff Empirie umfasst hier sowohl den gelebten und den architektonisch konstruierten Raum außerliterarischer Wirklichkeit als auch den Raum als Diskussionsgegenstand innerhalb einer zeitgenössischen Architektur- und Gesellschaftstheorie.

zer Alpen aus vorgenannten Gründen nur sehr zögerlich auftrat[21] – auf das Sanatorium als Urtypus zurückgreifen. Das Sanatorium stellte bereits um 1900 die Funktion – augenfällig bei den nach Süden gewandten, zellenartigen Balkons – über die repräsentative Erscheinung und leistete den medizinischen Ansprüchen nach Abwaschbarkeit und Desinfektion aller Oberflächen Genüge.

Das Grand Hotel aber wird zum eigentlichen Anathema der avantgardistischen Architekturtheorie der Zwanzigerjahre, die den Geist des Neuen Bauens weit entfernt vom Salongeschmack in den Fabrikanlagen und Getreidesilos[22] des 19. Jahrhunderts vorgeprägt sieht und im Handhaben fotografischen Materials jeden Kontext ausblendet, um das Bild – hier wird die technische Reproduzierbarkeit vorzüglich dazu genutzt, das pädagogisch Wertvolle zu isolieren – gänzlich aus dem gesellschaftlichen Zusammenhang herauszulösen und gleichsam als Stiftungsmoment in die imaginäre Genealogie des Neuen aufzunehmen. Die Konstruktion des neuen Milieus als Voraussetzung eines neuen Menschen vollzieht sich unter Vermeidung der Festungen des Publikumsgeschmacks – der Bautyp des Grand Hotels wird dabei weitgehend missachtet. Dies umso mehr, als bei keinem anderen Bau der Zuspruch des Publikums uneingeschränkter über die Wertschätzung und damit letztlich über die Dauer architek-

---

21 Als Gründe dafür wurden bereits das Hotelbauverbot und die erhebliche Überkapazität, die von der spekulativen Bautätigkeit vor dem Ersten Weltkrieg herrührte, genannt. Zum anderen lag diese Zögerlichkeit, wie das folgende Zitat ausführt, aber auch an der eklatanten Differenz zwischen architektonischem Anliegen und Publikumsgeschmack: «Dieser Typus des betont sanatoriumartigen Hotels wurde in der Schweiz in einigen wenigen Beispielen von hohem ästhetischem Rang verwirklicht, doch fand er beim Publikum wenig Anklang. Er war im wesentlichen getragen von einem exklusiven Kreis moderner Architekten, für die die technische Welt den Reiz des Neuen und somit Besondern und Erfrischenden hatte, während sie für die Mehrzahl der Zeitgenossen längst zum alltäglichen Arbeitsmilieu geworden war. Wer aber schon seinen Alltag im technisch durchrationalisierten Milieu eines Bureaus oder einer Fabrik verbringt, hat keine Lust, auch noch seine Ferien in einem, wenn schon ästhetisch stilisierten technischen Milieu zu verbringen – er sehnt sich vielmehr nach dem ausdrücklichen Gegenteil, das ihm gerade das bietet, was er im Alltag vermißt.» (Meyer 1945, 45).
22 Dazu Le Corbusier in ‹Ausblick auf eine Architektur› von 1922: «Man sehe sich die Silos und Fabriken aus Amerika an, prachtvolle Erstgeburten der neuen Zeit.» (Le Corbusier 1982, 40). Interessant ist, dass die Architekten das Neue aus der neuen Welt stürmisch begrüßen, während der Einbruch der Dollarmilliarden im literarischen Grand Hotel als Bedrohung der überkommenen, gut bürgerlichen Ordnung dargestellt wird.

tonischer Mittel entscheidet, was insbesondere die Avantgarde als unzulässige Abhängigkeit vom Ansehen der Vielen diskreditiert.

Die literarische Konstruktion des Grand Hotels löst in den Zwanzigerjahren als schöpferisch relevante Entwicklung die architektonische ab, ohne die Vorbehalte der Architekturtheorie zu übersehen. Aber gerade das Wissen um die überkommene Form eröffnet der Literatur die Möglichkeit einer Verrückung und damit einer Dekonstruktion des gastlichen Hauses innerhalb seiner sozialgeschichtlich befrachteten Mauern, indem sie das Alte neu belebt und die Zeit in Form der Inflation, des Jazz oder personifiziert im Außenseiter oder dem Gesellschaftsfremden, in die ehemals geschlossene Welt einsickern lässt[23].

Während es der Literatur gelingt, den doppelten Verdacht bezüglich des Grand Hotels, architekturhistorisch im Stereotyp des Formalismus und konstruktiver Verlogenheit, moralisch im Vorwurf des selbstgefälligen Wolkenkuckucksheims gefasst, als dialektische Figur des Scheins[24] in ihrer Konzeption aufzunehmen, steht die Architekturtheorie an einem Riss, der sich zwischen Imitation und Negation historischen Formenvokabulars auftut und ein Sowohl-als-auch in postmoderne[25] Ferne rücken lässt. Während die architektonische Moderne nur die Mittel des Niederreißens[26] und Neubauens akzeptiert, anerkennt die literarische Moderne die «semantische Veränderung bei gleichem Umriss»[27]. Die Hotelliteratur plaziert sich inhaltlich im Spannungsverhältnis zwischen versunkener Welt und dem Kosmopolitischen, zwischen Verfall und ausgelassener Modernität, zwischen der Sehnsucht nach Ordnung und der leiblichen Versuchung der Grenzüberschreitung. Das Grand Hotel ist ein vieldeuti-

---

23 Auf die Verdichtung des Innerhalbs wird später noch genauer eingegangen, da die Geschichten sich tatsächlich zunehmend auf den Innenraum des Grand Hotels konzentrieren.

24 Von Thomas Mann auf metaphorischer wie auch allegorischer Ebene virtuos versprachlicht.

25 Die Formulierung des ‹Sowohl-als-auch› geht auf die Diskussion Robert Venturis in seinem Manifest ‹Komplexität und Widerspruch› zurück, das als einer der Stiftungstexte postmoderner Architekturtheorie zu lesen ist. (Vgl. Venturi 1993).

26 So verlangten die Futuristen stellvertretend für jegliche Form architektonischer Romantik den Abriss Venedigs, und Le Corbusier verwandelte in seinem ‹plan voisin de Paris› von 1925 das Zentrum der Stadt in eine Leere zwischen maßstabslosen Hochhäusern.

27 Von Matt 1997, 262.

ges und schillerndes Sinnbild. So ist es Gesellschaftsort und Fremdkörper; Ort eines vergangenen Glanzes und Vertreter eines unaufhaltsamen Fortschritts; Ort einer gemessenen, schweigsamen Eleganz und provokativer Körperlichkeit; Ort eines opulenten Wohlergehens und harter Arbeitsplatz; Ort der Nostalgie und des scharfen Profitdenkens; Idyll und nüchterne Realität; Ort einer befreienden Anonymität und einer fortschreitenden Entwurzelung. Im Grand Hotel konstituieren sich eine Vielzahl von Räumen, die sich überlagern, überschneiden und scheinbar ausschließen.

Der auktoriale Erzähler, der das Haus im Überblick darstellt, die Architektur zum Thema macht und die Beschreibung der Fassade zur Visitenkarte seiner Protagonisten stilisiert, tritt zugunsten des erlebenden Subjekts zurück. Der Erzählgestus ist persönlich, die Räume sind atmosphärisch gefasst, die Wahrnehmenden affektiv betroffen. Jede Verschiebung der Dinge und Menschen im gestimmten Raum betrifft das Ganze, das heißt, dem Zwischenraum selbst kommt Ausdruck zu. In einer atmosphärischen Beschreibung wird der Lücke Rechnung getragen, indem sie die Protagonisten zwingt, die Grand-Hotel-Welt immer wieder neu zu konstituieren. Hatte die Literatur die Topographie des alpinen Grand Hotels gewissermaßen erst erschrieben und begründeten die frühen Hotelromane in regem Austausch mit den sich etablierenden Bauten den Erfolg des Grand Hotels als vitalen Ort des Kollektivs, indem sie architektonische Strategien sprachlich reproduzierten und damit befestigten, so ist auch die literarische Konzeption der Zwanzigerjahre dem konkreten Bau verpflichtet. Allerdings ist ihr Bezugnehmen ein Rückgriff auf den stagnierenden und in diesem Sinn bereits veralteten Bautyp. Auch schiebt sich die frühe Hotelliteratur, die das Grand Hotel als Gemeinplatz festgelegt hat, vermittelnd dazwischen und bietet die Räume gleichsam als symbolisch besetzte Topoi an. Die Autoren der Zwanzigerjahre benutzen die stereotypen Wendungen gerade in ihrer Abgegriffenheit, um die eingeschriebene Leere und damit auch die Lücken wachzurufen.

Grand Hotel ohne Ort

«Man geht, durch eine Drehtüre, ein paar Schritte weiter. Da hat Berlin schon aufgehört. Man sieht mit eigenen Augen das kleine Modell so einer utopistischen Weltstadt, in der für Leute aus aller Herren Länder Speise, Trank, Erotik, Schlaf, Toilette, Arbeitsmöglichkeit, Lektüre und Vergnügen bereitgestellt ist, ohne daß sich auch nur ein einziger von den vielen Verschiedenen dabei ungewohnt fühlte. Da muß es ungefähr gelungen sein, die Durchschnittsform der internationalen Bedürfnisse zu finden oder zu konstruieren. Eine kleine Stadt inmitten der Großstadt, isoliert und selbstständig, ein Haus, das auf kein anderes angewiesen ist und ebensogut allein auf weiter Flur existieren könnte, an der Mont-Blanc-Straße oder auf einer kleinen adriatischen Insel (...).»[28]

Für die Bedeutungsstrukturen des literarischen Grand Hotels ist die Stellung desselben innerhalb einer zivilisatorischen Topographie wichtig. Beschäftigte sich der Erste Teil dieses Buchs mit dem Grand Hotel in den Bergen als programmatischem Austragungsort zwischen Zivilisation und Natur, übertragen auf die räumlichen Bestimmungen des Innen und Außen, wandelt die Literatur der Zwanzigerjahre das Grand Hotel zu einem Schauplatz des modernen Lebens und entlässt es aus der Bindung an einen konkreten Ort. Das Grand Hotel wird, unabhängig davon, ob es in der Stadt oder auf dem Land angesiedelt ist, als bewegter und bewegender Raum beschrieben, wo die Fahrstühle in ihrem ständigen Hoch und Nieder den Rhythmus[29] bestimmen und die Jazzband[30] den Ton angibt. In

---

28 Hans Kafka: ‹Die Stadt und die Welt. Gang durch ein großes Hotel›, aus: ‹Berliner Tageblatt›, 1. Mai 1928; zitiert nach Gruber 1994, 41–42.
29 Vgl. Giese 1925, 28.
30 «Nicht die Erfindung des typisch amerikanischen Saxophons macht sie [die Jazzband; C.S.] allein aus, sondern eben dieses negerhaft-naive Empfinden der unmittelbaren Umwelt, der Großstadt!» (Giese 1925, 32.) Die Gleichsetzung des Schwarzen mit der Entwicklungsstufe des Kindes muss in Gieses Text aus heutiger Sicht als diskriminierend gewertet werden. Seine Analyse ist jedoch durchaus zeittypisch und im Gegensatz zu anderen Betrachtungen ist er darum bemüht, Phänomene der Girlkultur und Jazzmusik als Bestandteil einer Mentalitäts- und Kulturgeschichte zu analysieren und so Pauschalurteile zu vermeiden. Giese hört Erlebnisse des Städtischen, «wie das des Überfahrenwerdens, des elektrischen Schlags, der Briefkastenklappe, des Lokomotivpfiffs, das Rasiermesserwetzens (...) wie das Rollen der Hochbahn, das Funktionieren des Warenautomaten, das Flügeln der Kaffeedrehtür, das Treppauf-treppab-stürzen in der Untergrundbahn, das Rufen der Zeitungsverkäufer, das Pochen der Niethämmer im Hoch-

Analogie zu Simmels Rom-Analyse, in der er die Bedeutung der Stadt als Sitz der katholischen Kirche herausarbeitet, ließe sich auch über das Grand Hotel sagen, dass es «kein einzelner Ort» mehr ist, sondern sich «durch die Weite der in ihm investierten Schicksale und Bedeutsamkeiten in seiner psychisch-soziologischen Wirkung weit über seine lokale Fixierung hinaus»[31] erstreckt. Das Grand Hotel bietet der Literatur nach der Zeit seiner Gründung und Etablierung eine solche Bestimmtheit über die Unverbrüchlichkeit der räumlichen Ordnung im Innerhalb.

Das Grand Hotel ist in der Gesellschaftstopographie nicht mehr außerhalb des Alltags und über den Dingen des Flachlands plaziert, sondern wird, über das anonyme Leben, das es gewährt, zum Sinnbild eines metropolitanen Daseins, das durch die Schnelllebigkeit und Simultaneität des technischen Zeitalters, durch Einsamkeit und Entwurzelung geprägt ist. Dabei wird die Diskrepanz zwischen einem täglichen Leben und jener sinnlichen Öffentlichkeit, die ein Grand-Hotel-Aufenthalt gewährt, aufgehoben. Die Formel ‹das Hotel ist wie das Leben› bringt eine strukturelle Überlagerung zum Ausdruck, die sich zwischen Hotel und urbanem Alltag ereignet. Diese Formel ist desto prägnanter für die Stimmung der Zwanzigerjahre, als sie deren Mehrdeutigkeiten umfasst. Das Grand Hotel ist der ephemere Aufenthaltsort des Weltbürgers[32], der die unterschwellige Anonymität sucht, existenziell braucht und sie findet im jederzeit aufkündbaren Dasein an frei gewähltem Ort und Raum. Für jene aber, die sich diesen Luxus nicht freiwillig leisten, für die Kriegsheimkehrer[33] etwa in Joseph Roths ‹Hotel Savoy›, verweist dieser Ort auf eine beinahe unerträgliche Existenzform der Heimatlosigkeit und Leere.

Das Grand Hotel ist Angelpunkt auch für jene, die vor der Tür bleiben. Der außerordentliche Professor der Philologie Clemens Kestner, der Franz Hessels ‹Heimliches Berlin›[34] bewohnt, versöhnt den Widerspruch zwischen inflationsbedingter Armut und der Lo-

---

    hausbau, das Knirschen von Kränen, Heulen der Fabriksirenen» in der Jazzmusik umgesetzt.
31 Simmel 1995, 153.
32 Für viele Schriftsteller ist das Hotel eine unentbehrliche Einrichtung der Distanzfindung, die sich inspirierend auf das Schreiben auswirkt.
33 Vgl. dazu das Kapitel ‹Lift und Treppe – Desorientierung›.
34 Hessel (1927) 1982.

ckung des Schnellen, Kurzlebigen, Konsumfreudigen durch ein teilhabendes Sehen ohne Besitzanspruch. Die Entzifferung der Stadt ist ihm schon Sättigung. Dabei liest er die Drehtüren der Konsumtempel als Gesellschaftsmotor.

> «Mir genügt das Schauspiel der Aus- und Eingänge. Drehtüren schaufeln mir Diplomaten und Herzoginnen, junge Boxer und Dollartöchter zu. (...) Reklamen an Hinterhauswänden längs der Stadtbahn, in Wartehallen und auf Glasscheiben der Untergrundwagen, Titel, Aufschriften, Gebrauchsanweisungen, Abkürzungen, da hast du ja das ganze Gegenwartsleben, ablesen kannst du es im Vorübergehn, brauchst nichts anzufassen, es zerfiele dir doch nur in den Händen zu grauer Asche der Vergangenheit.»[35]

Die Hotelliteratur aktiviert zwei Spielweisen des Grand Hotels, Sinnbildcharakter zu übernehmen: als ‹Modell einer utopistischen Weltstadt›[36] und als komplexer Mikrokosmos, der die Gesellschaftsordnung innerhalb eines Hauses darstellbar macht. Dadurch schafft sie einen zentralen Schauplatz, der repräsentativ ist für umfassende gesellschaftliche Phänomene. In beiden Spielarten ist das Grand Hotel Spiegel und Kehrbild des Städtischen. Victor Aubertin kommentiert 1928 im ‹Berliner Tagblatt› die Hotelmode der Metropolen mit ironischer Geste: «Die halbe Menschheit wohnt jetzt in Hotels.»[37] Daraus ziehen sozial engagierte Autoren die Konsequenz, dass die andere Hälfte der Menschheit[38] im Hotel *arbeitet*. Damit wird dem Grand

---

35 Hessel 1982, 98–99.
36 Vgl. Hans Kafka in Gruber 1994.
37 Zitiert nach Gruber 1994, 141.
38 Immerhin konnten diejenigen, denen ein Aufenthalt im Grand Hotel zu teuer war, zu einem der Hotelromane, Gedichte und Feuilletons greifen, die während der Zwanzigerjahre fleißig verfasst wurden und die unerreichbare Luxuswelt zumindest literarisch aufschlossen. «Wer des Lesens überdrüssig wurde, ging ins Kino, sah dort etwa Friedrich Wilhelm Murnaus und Carl Meyers einzigartigen Stummfilm ‹Der letzte Mann›, Johannes Guters ‹Grand-Hotel›, Mauritz Stillers ‹Hotel Imperial› oder aber applaudierte Theaterstücken wie Ernst Tollers und Erwin Piscators ‹Hoppla, wir leben!›, dessen epochemachende Bühne aus einem Spielgerüst, einer zum Zuschauerraum geöffneten Fassade eines Grandhotels bestand.» (Gruber 1994, 142). Auch der amerikanische Kinofilm dieser Zeit nährte die Begeisterung für Hotelgeschichten und bediente sich des Motivs des luxuriösen Hotels und insbesondere der Hotelhalle, um ein zufälliges, aber meist folgenschweres Zusammentreffen zwischen Personen aus unterschiedlichsten sozialen Kreisen zu inszenieren. Allerdings war dem Grand Hotel im amerikanischen Film nur eine kurze Leinwandexistenz vergönnt: «In dem Maße, wie die indivi-

Hotel als Zeitallegorie eine schwere Bürde an Bedeutungen zugemutet und es scheint, dass es diese Last nur angesichts seines drohenden Zusammenbruchs tragen kann. Die Komplexität der Zeit sprengt gleichsam die Hüllen.

Wenn das Grand Hotel als Sinnbild, als Mikrokosmos oder Modell verstanden wird, verlagert sich alles Interesse auf den Innenraum, wobei dieser Innenraum auf das Außen, das heißt auf die Gesellschaft bezogen bleibt. Die Hotelliteratur der Zwanzigerjahre schöpft ihre Aussagekraft aus den Entgegensetzungen, die das Innere des Grand Hotels strukturieren. Michel Foucault erkennt im praktischen Leben eine anhaltende Unauflösbarkeit von Gegensätzen[39], die für die Gliederung des Raums und dessen Plazierung im Rahmen der

---

duelle Sehnsucht nach sozialer Besserstellung – ein konstantes Motiv der Hotelfilme – sich auf breiter Ebene zu verwirklichen begann und die Klientel der Hotels auch zunehmend ihre Exklusivität verlor, verloren auch die Hotels ihre Aura.» (Albrecht 1989, 144).

39 In diesem Zusammenhang spricht Foucault davon, dass der «zeitgenössische Raum wohl noch nicht gänzlich entsakralisiert» ist (Foucault 1990, 37), das heißt, weiterhin Entgegensetzungen behauptet, die gültig und beständig sind. Diese noch nicht stattgefundene Entsakralisierung des Raums überschneidet sich mit Cassirers mythischem Raum, dessen Wertigkeiten im alltäglichen Raum wie im Sprechen darüber wach bleiben und gleichfalls von Entgegensetzungen geprägt sind: «Heiligkeit oder Unheiligkeit, Zugänglichkeit oder Unzugänglichkeit, Segen oder Fluch, Vertrautheit oder Fremdheit, Glücksverheißung oder drohende Gefahr – das sind die Merkmale, nach denen der Mythos die Orte im Raume gegeneinander absondert und nach denen er die Richtungen im Raume unterscheidet.» (Cassirer 1985, 103.) Foucault macht gleichsam Cassirers mythische Raumanschauungen für das Verständnis eines aktuellen gelebten Raums fruchtbar. Zum Mythischen analoge Raumstrukturen haben auch für den heutigen Menschen Gültigkeit. Otto Friedrich Bollnow betont das Potenzial der Cassirerschen Analyse für den gelebten Raum bereits in seinem grundlegenden philosophischen Werk ‹Mensch und Raum› von 1963. Bollnow formuliert diesen Gedanken einer anhaltenden Sakralisierung bezüglich der Himmelsrichtungen: «Dass so die Himmelsrichtungen auch heute noch nicht ganz zu rein mathematisch definierbaren Begriffen abgeblasst sind, das konnte uns an dem lebendigeren und farbigeren Bild der ursprünglichen mythischen Raumauffassung deutlich werden.» (Bollnow 1963, 67). Die Entgegensetzungen des gelebten Raums betont bereits Dürckheim: «Der gelebte Raum ist für das Selbst Medium der leibhaftigen Verwirklichung, Gegenform oder Verbreiterung, Bedroher oder Bewahrer, Durchgang oder Bleibe, Fremde oder Heimat, Material, Erfüllungsort und Entfaltungsmöglichkeit, Widerstand und Grenze, Organ und Gegenspieler dieses Selbstes in seiner augenblicklichen Seins- und Lebenswirklichkeit.» (Dürckheim 1932, zitiert nach Bollnow 1963, 20).

Gesellschaft noch immer bindende Gültigkeit besitzt. Er nennt «Entgegensetzungen, die wir als Gegebenheiten akzeptieren: z.B. zwischen dem privaten Raum und dem öffentlichen Raum, zwischen dem Raum der Familie und dem gesellschaftlichen Raum, zwischen dem kulturellen Raum und dem nützlichen Raum, zwischen dem Raum der Freizeit und dem Raum der Arbeit.»[40] Im Grand Hotel sind all diese Entgegensetzungen auf engstem Raum zusammengefasst. Das Engführen des Unvereinbaren konstituiert exemplarisch den widerspenstigen Kern räumlicher Unruhe im Grand Hotel, womit einerseits die Vielschichtigkeit möglicher Lebensumstände und der damit verbundenen Raumentwürfe zum Ausdruck kommt, andererseits die starke Verankerung der Raumwahrnehmung in nach wie vor unausgesprochenen, jedoch alles durchdringenden gesellschaftlichen Übereinkünften.

Die Unvereinbarkeit der Plazierungen[41] führt im Grand Hotel so weit, dass es je nach Gesichtspunkt spezifischer Gesellschaftsgruppen unsichtbare beziehungsweise verbotene Räume gibt. So sind die Räume der Arbeit, die schweißtreibende Domäne des Personals, den Räumen der Freizeit entgegengesetzt, welche alleine den Gästen vorbehalten sind und welche die Angestellten nur uniformiert und im Dienst betreten dürfen; das Personal ist weit davon entfernt, als Individuen in Erscheinung zu treten, es verschwindet hinter der Funktion: Zimmermädchen reinigen die Schlafzimmern, die Kellner servieren im Speisesaal, der Liftboy bedient den Lift. Gleichzeitig herrscht auch in den Gästeräumen eine klare Trennung zwischen dem intimen Raum des Gastzimmers, der als einziger im Grand Hotel ein gesichertes Alleinsein hinter verschlossenen Doppeltüren[42] garantiert, und den öffentlich zugänglichen Gesellschaftsräumen, wo man sich vergnügt. Diese räumlichen Gegensätze verzweigen sich innerhalb der einzelnen Raum- und Personenzusammenhänge weiter und legen ein hochdifferenziertes Netz der zunehmend unterschwelligen, aber äußerst wirksamen Entgegensetzungen, die den Handlungsraum und Schauplatz des feinen Lebens bestimmen.

---

40 Foucault 1990, 37.
41 Vgl. Foucault 1990, 42.
42 Die Doppeltüre als Schwelle wird im Kapitel ‹Gastzimmer – Leibraum› eingehend diskutiert.

Raum und leibliches Selbst

Diese paradigmatischen Entgegensetzungen, die dem Grand Hotel eignen, bündeln die komplexen gesellschaftlichen Plazierungen des Äußeren im Innern. Wenn sich die Perspektive aber von der Plazierung des Raums zu dem mit Qualitäten[43] aufgeladenen Raum hin verlagert, wendet sie sich vom Gesellschaftlichen weg und dem Subjektiven zu. In der Hotelliteratur der Zwanzigerjahre sind beide Blickwinkel, die sich keinesfalls ausschließen, aber eine andere Gewichtung erkennen lassen, von Interesse.

Der «Raum des Innen»[44] ist der klassische Reflexionsbereich der Phänomenologen. Gaston Bachelard folgt in ‹Poetik des Raums›[45] dem Raumträumer, der im glücklichen Innenraum des Hauses Qualitäten der Intimität findet. Bachelard spannt eine eigentliche Topographie des Unbewussten auf. Die Versenkung in den Gefühlsbereich führt bei Bachelard über die Phänomenologie hinaus zu einer weitgehenden Ontologisierung der Bilder. Der Urtypus verdeckt die jeweilige Bedingtheit der Wahrnehmung. Traum und Vorstellung erzeugen losgelöste Inseln des Gefühlten, welche die gesellschaftliche Ordnung auf eine extreme Selbstbezogenheit hin durchbrechen. Bachelards Versuch ist fruchtbar im Bemühen, die Worte der Dichter zum Klingen zu bringen. In der vorliegenden Untersuchung, die um Kontextualisierung bemüht ist, kann er Anstoß sein, nicht allein auf die Mythen des Topographischen, sondern auch auf die Örtlichkeiten des inneren Lebens zu horchen. Darüber hinaus soll im Folgenden jedoch das Hauptgewicht auf den soziokulturellen Konstellationen innerhalb der historischen Zeit liegen, denn im Grand Hotel steht das Subjekt einem fremden und gesellschaftlich stark vorgeprägten Raum gegenüber. So interessiert das Subjekt besonders im Hinblick darauf, wie es auf die gesellschaftlichen Umstände reagiert.

Gerade deshalb aber scheint es wichtig, mit der *Phänomenologie* das Verhältnis zwischen Subjekt und Raum herauszuarbeiten, weil

---

43 «Der Raum unserer ersten Wahrnehmung, der Raum unserer Träume, der Raum unserer Leidenschaften – sie enthalten in sich gleichsam innere Qualitäten; es ist ein leichter, ätherischer, durchsichtiger Raum, oder es ist ein dunkler, steiniger, versperrter Raum; (...)» (Foucault 1990, 37).
44 Foucault 1990, 38.
45 Vgl. Bachelard 1994.

erst das Wissen um die Spielarten dieses Wechselverhältnisses Einsicht darüber ermöglicht, welche Aspekte von der Literatur aufgegriffen und für das epische Ganze fruchtbar gemacht werden. Zuerst möchte ich der Philosophin Elisabeth Ströker in ihrer phänomenologisch angelegten Analyse des *gelebten Raums* in Abhängigkeit des Leibsubjekts folgen. Dabei ist nicht zu unterschlagen, und es zeigt sich gerade für die Beschäftigung mit dem Grand Hotel von großer Wichtigkeit, dass jeder Zugang eines Leibsubjekts zum Raum durch soziale, kulturelle und geschlechtsspezifische Voraussetzungen geprägt ist. In der Konzentration auf Leiblichkeit wird kein präreflexiver Zugang zum Raum unterstellt, sondern es geht erst einmal um die Möglichkeiten, wie der Leib dem Raum begegnen kann, um dieses Wie erst nach begrifflicher Klärung in Abhängigkeit zur Gesellschaft zu reflektieren und entsprechend auf die mögliche Bedeutung für die Literatur hin zu untersuchen.

Ströker[46] nimmt bezüglich des gelebten Raums eine Unterscheidung in drei leibliche Verhaltensweisen vor: einen gestimmten Leib, einen handelnden[47] Leib und den Leib als Zentrum der Wahrnehmung. Bewusstsein verräumlicht sich nicht im Leib, sondern Bewusstsein ist nur, insofern es Bewusstsein eines Leibs[48] ist. Die Einteilung der Verhaltensweisen des Leibkörpers korreliert räumlich mit der Einteilung in gestimmten Raum, Aktionsraum und Anschauungsraum. Durch diese Einteilung gelingt es Ströker, Aspekte eines räumlichen Betroffenseins in Abhängigkeit der gewählten Haltung gegenüber den Dingen herauszuarbeiten, ohne dabei eine Trennung zwischen Stimmung, Handlung und Wahrnehmung zu behaupten. Sie geht dabei methodisch von einer «zwar ungeschiedenen, aber gleichwohl doch deutlich gegliederten Einheit unterschiedlicher Strukturen»[49] aus.

---

46 Zahlreiche Studien, die in den letzten Jahren erschienen sind, verweisen insbesondere auf Strökers wichtige Erkenntnisse zum gestimmten Raum. Vgl. Böhme 2001, Löw 2001, aber auch Bronfen 1986, Reidel-Schrewe 1992 und Hoffmann 1978 in literaturwissenschaftlichen Arbeiten.
47 Auf die Beschränkung des Handlungsbegriffs bei Ströker gehe ich weiter unten ein.
48 Vgl. Ströker 1977, 168ff.
49 Ströker 1977, 157.

Der Aktionsraum zeichnet sich durch Richtungsbestimmtheit aus, hier steht der bewegte Leib zielgerichteter Handlungen[50] im Vordergrund. Dabei ist der Leib Zentrum der Raumkonstitution. Die Horizontale erstreckt sich als Distanz zwischen Hier und Dort, ein Sprechen über das Hier ist nur von einer leiblichen Präsenz her sinnstiftend im Verhältnis eines Dorts der Dinge. Der Leib erscheint dabei als Nullpunkt[51], weil er nicht Ding unter anderen Dingen im Raum ist, sondern konstitutiv. Das Hier ist deshalb nicht relativierbar, aber wählbar. Die vertikale Ausdehnung ist in Oben und Unten getrennt. Vom aufrechten Gang des Menschen aus denkend, ist das Unten Ort des Fallens, auch bleibt diese Bestimmung durch die Schwerkraft stabil, da sie nicht wie die weiteren Gegensatzpaare und Raumachsen links-rechts, vorne-hinten vom Leib mitgenommen und nur durch das Wissen um dessen Ausrichtung verständlich werden. So ist ausgehend vom Hier und der Leiblichkeit des Subjekts rechts von links zu unterscheiden; es eröffnet sich die Relation von vorne und hinten. Was ich nicht ins Auge fassen kann, liegt hinter meinem Rücken. Vorn ist die Richtung, auf die der Mensch zugeht, sich seiner Tätigkeit zuwendet. Im Aktionsraum stehen nicht die Ausdruckscharaktere der Dinge im Vordergrund, vielmehr ihre Dienlichkeit. Das Einzelne wirkt in Lage, Form und Farbe nicht mehr auf den ganzen Raum, es hat nicht einen festen Platz, sondern ist zur Hand oder entzieht sich dem Gebrauch, es passt oder zeigt sich als ungeeignet.

Der Anschauungsraum ist durch das Primat des Sehens gekennzeichnet. Dabei ist der Anschauungsraum orientierter Raum, zentriert durch ein gerichtetes Leibwesen. Der Anschauungsraum ist nicht zu durchwandern, sondern konstituiert sich immer wieder aufs

---

50 Martina Löw kritisiert Strökers intentionalen Handlungsbegriff innerhalb ihrer Analyse des Aktionsraums. Allerdings schränkt Ströker den Handlungsbegriff keinesfalls auf das Intentionale ein, so spricht sie auch von nicht gerichteter Bewegung als Ausdrucksbewegung innerhalb des gestimmten Raums. Handlung ist für sie nicht allgemein und notwendig intentional, sondern die Weise ihrer Untersuchung setzt Schwerpunkte im leiblichen Verhältnis zum Raum. Diese Trennung schärft den Blick für Aspekte, die sonst gemischt auftreten. Strökers Handlungsbegriff ist entsprechend nur zu fassen, wenn Stimmungsraum, Aktionsraum und Anschauungsraum als Spielarten *eines* gelebten Raums zusammen gedacht werden.
51 Der Begriff des Nullpunkts entstammt der Terminologie Edmund Husserls.

Neue vor dem spezifischen Gesichtsfeld. Dabei stellt die Perspektive die Beziehung zwischen Leibsubjekt und den Dingen her. Die Lage eines Dings wird relativ zur Lage der anderen Gegenstände bestimmt, wie auch Größe und Gestalt in Relation gezogen werden. Perspektive[52] meint aber auch, dass sich die Dinge im Schauen verdeckt und verstellt durch andere zeigen. Zudem trifft der Blick das Ding immer nur von einer Seite, das Ding als Ganzes lässt sich nicht fassen, sondern erschließt sich erst über eine synthetische Leistung, die verschiedene Ansichten zu einer Gültigen zusammensetzt. Die Anschauung verlangt damit über die sinnliche Wahrnehmung hinaus, aber allein durch diese gewährleistet, nach Konstruktion. Doch die Konstruktion geht bereits über die leibliche Anwesenheit des Subjekts im Raum hinaus.

Der gestimmte Raum[53] betont die Komponente des Subjektiven, die jedoch in dem zu Grunde liegenden Begriff des gelebten Raums, der immer ein leibliches Zur-Welt-sein umfasst, bereits inhärent ist. Im gestimmten Raum ist besonders herausgehoben, dass er im Erleben des Menschen konstituiert wird und gleichzeitig dessen Voraussetzung ist; das Verhältnis von Mensch und Raum kann deshalb nicht kausal, sondern muss interdependent gedacht werden. Im gestimmten Raum wird davon ausgegangen, dass das Subjekt im Raum ist, allerdings ist nicht die relative Lage, sondern der Leib als affektiv betroffener relevant. Der Begriff des gestimmten Raums führt die Stimmung attributiv dem Raum zu und betont dabei eine Umhaftigkeit[54] gegenüber einer Gerichtetheit, die sich vom Standort des wahrnehmenden Subjekts ausgehend orientiert. Das heißt, die Perspektivität ist im gestimmten Raum nicht zentral, vielmehr tragen die Beziehung der Dinge und Menschen untereinander, die Lautstärke der Musik, die Verteilung von Schatten und Licht zur Stimmung bei, ohne

---

52 Die Grenze des Anschauungsraums ist der Horizont, der die in der Perspektivität erscheinenden Dinge zu einer Einheit zusammenschließt und ihnen gleichsam einen Rahmen gibt.

53 Bollnow, der in seiner philosophischen Analyse ‹Mensch und Raum› von 1963 den Begriff des gestimmten Raums bereits einführt und behandelt – wenn auch nicht als einer der grundlegenden Aspekte wie bei Ströker –, führt die Begrifflichkeit auf Binswanger und dessen Aufsatz ‹Das Raumproblem in der Psychopathologie›, Bern 1955, erschienen in einem Sammelband, zurück.

54 Das Umhaftige wird von Ströker mit dem Atmosphärischen gleichgesetzt (Ströker 1977, 22), der Begriff verdeutlicht aber in diesem Zusammenhang die Zugehörigkeit zu allen Elementen im Raum treffender.

deshalb eine bestimmte Ansicht der Dinge zu favorisieren. Im gestimmten Raum sind die Dinge Ausdrucksträger. Eigenschaften wie Form, Farbe, Größe, Weichheit, Glanz haben expressiven Charakter. Zur Atmosphäre gehören jedoch auch Töne und Klänge, Licht und Schatten, Dunkelheit und Helligkeit und nicht zuletzt, wie dies die Gesellschaftsräume des Grand Hotels bereits im Wort tragen, die Präsenz weiterer Gäste. Aber nicht nur Form und Farbe sind qualitative Charakteristika der Dinge, sondern auch das Dazwischen. Jede Verschiebung des Einzelnen betrifft den ganzen Raum, das Dazwischen trägt somit selbst Ausdruck[55].

Während die meisten[56] der frühen Romane zum alpinen Grand Hotel Raum in erster Linie in Abhängigkeit von Aktion[57] entwerfen und über eine gesicherte Erzählinstanz in Anlehnung an die Reiseführer Raum als Anschauungsobjekt[58] vorführen, konzentriert sich

---

55 «Das Ding als Ausdrucksträger hat ‹seinen› Platz, er gehört ihm ausdrucksbestimmend zu, hebt und betont seine Physiognomie oder verwischt sie. Und nicht nur die seine, sondern die des Raumes im ganzen. Ein Platzwechsel zweier Dinge kann nicht nur ihnen selber ihre eigentümliche Ausdrucksfülle nehmen, er vermag auch zugleich die Atmosphäre des Gesamtraumes empfindlich zu stören.» (Ströker 1977, 33.)
56 Eine wichtige Ausnahme stellt innerhalb der besprochenen Literatur Matilde Seraos ‹Evviva la vita!› dar.
57 Als Beispiel dieser hauptsächlich an die Aktion gebundenen Versprachlichung von Raum kann das folgende Zitat aus Höckers ‹Die Sonne von St. Moritz› von 1910 stehen: «Der Lift, der unermüdlich sämtliche Stockwerke bis zum Hoteleisplatz hinabglitt, brachte noch mit jeder Fahrt ein Dutzend erhitzter Eisläufer herauf. Und schwatzend, lachend, flirtend zogen die Pärchen, die von den Rodelbahnen kamen, durch das von vier Pagen bediente Glasportal des Windfangs. In dem breiten, langen Wandelgang, der in halber Höhe an der Hotelhalle entlang lief, entledigten sich die Ankömmlinge der hohen russischen Überschuhe, der Bergstöcke, der weißwollenen Handschuhe und weißwollenen Sportmützen. In der großen Halle, durch deren mächtige Spiegelscheiben die von der Sonne übergossene Schneelandschaft des Piz Rosatsch hereingrüßte, wurden Verabredungen für den Nachmittagssport getroffen, man studierte noch rasch die neuesten Bekanntmachungen des Bobsleighklubs und des Vergnügungskomitees, man umdrängte den Postschalter.» (Höcker 1910, 1).
58 Vgl. hierzu das Zitat aus Elisabeth Mains ‹The story of an alpine winter›: «From the station by the shore of the lake, now covered with a dense forest of snowcrystals, tier upon tier of great buildings rose against the hill-side. It is little wonder that those who knew St. Moritz long ago lament the cliffs of stone and mortar that cover what was then the countryside. Fourteen stories of grey masonry! Truly the Grand Hotel is as unlovely an object as a modern architect could devise!» (Aubrey le Blond, alias Main 1907, 29).

die Literatur der Zwanzigerjahre auf das erlebende Subjekt innerhalb des gestimmten Raums[59] und schließt die Erzählperspektive ganz eng an die leibgebundene Wahrnehmung an – bis hin zum inneren Monolog, bei dem die Stimme im Hier des leiblichen Selbst der Protagonistin angesiedelt ist und alles auf das eigene Empfinden zurückbindet. Gerade im gestimmten Raum überkreuzen sich die affektive Betroffenheit des Subjekts mit der atmosphärischen Besetzung des Grand Hotels durch die Gesellschaft. Hier reißt der Konflikt des imaginären Grand Hotels auf, das in seinen Mauern die Last gesellschaftlicher Entgegensetzungen tragen muss, die mit den Phantasmen des Raum träumenden Einzelnen kollidieren.

Raum und Literatur

Räume in der Literatur entstehen im Wechselspiel zwischen einem Minimum an konventionellen und allgemein vertrauten Zeichen des semantischen Bereichs alltäglicher Raumempfindung und der Dekodierung, Strukturierung und Ergänzung durch den Leser mit Hilfe seines außertextlichen Raumverständnisses. Für den poetischen Raum ist zudem charakteristisch, dass er nur als Nacheinander einer sukzessiven Dekodierung sprachlicher Zeichenfolgen vom Leser aufgenommen werden kann und dieses Nacheinander die Abhängigkeiten von einer Beobachtung zur nächsten vorstrukturiert.

Die *Wirklichkeit* des erzählten Raums ist eine Wirklichkeit zweiter Instanz, die sich zwar an wirklichen Räumen außerhalb des Textes orientiert, aber auch der realistisch geschilderte Raum ist dem Medium gemäß imaginär. Je umfassender Wissen und Vorstellungen von Gebäuden und Räumen bereits Allgemeingut geworden sind, desto haushälterischer und pointierter können die Beschreibungen im Hinblick auf das Textganze funktionalisiert werden. Entsprechend signalisiert eine ausführliche Schilderung herausragende Bedeutung für den Erzählvorgang und kann etwa betonen, wie fremd oder vertraut ein Protagonist einem bestimmten Raum gegenübersteht.

---

59 Diese Zuweisungen sind nur als allgemeine Tendenz zu begreifen. In jeder literarischen Auseinandersetzung mit Raum lassen sich alle drei Arten, wie der Protagonist zum Raum steht, nachweisen.

In der Beschreibung entsteht Raum über ein *Zusammenspiel einzelner Versatzstücke*. So vermitteln der dicke Teppich, die seidene Tapete, der geschliffene Spiegel, der Stuck durch ihre Zuordnung auf Boden, Wände und Decke einen Eindruck des Dreidimensionalen. Das Detail, das maßstäblich vorstellbare Mobiliar oder ein Ornament stehen stellvertretend für die unübersichtliche Totalität eines architektonischen Ganzen, die sich der schrittweisen Beschreibung entzieht. Die Oberflächenbeschaffenheit der Dinge, den Seh- sowie Tastsinn ansprechend, verdichten sich zusammen mit Geräuschen und Gerüchen zu virtuosen Raumatmosphären. Den einzeln angeregten Sinneseindrücken kommen dabei noch keine unmittelbaren räumlichen Bestimmungen zu. Sie evozieren Raum erst in ihrer gegenseitigen Überlagerung und kompositorischen Zusammensetzung nach den offenen Regeln der Einbildungskraft.

Eine detaillierte Raumschilderung geht über die Notwendigkeit einer Verortung der Handlung hinaus und führt in die räumliche Orientierungsstruktur eine Wertung ein, die auf die Charakterisierung des literarischen Personals zurückwirkt. Die *Interdependenz Mensch-Raum* steht im Vordergrund, weil jeder erzählte Raum als Handlungsraum gelesen wird. Dabei wird Kracauers soziologisches Wissen um die Entzifferung des Raums als Spiegel der Innewohnenden in zweifacher Weise zu einem fundamentalen Bestandteil des poetischen Verfahrens. Einerseits macht sich der Autor dieses Wissen zu Nutze, um durch die Schilderung des Raums eine Deutung der Romanfiguren vorzunehmen, indem er ihre Zugehörigkeit zu einem bestimmten Milieu behauptet und als Habitus vorführt. Darüber hinaus kann ein Interieur der spezifischen Charakterisierung des Protagonisten dienen, indem dessen Eigenarten und Vorlieben ein materielles Korrelat zugeordnet wird. Das heißt, jedes räumliche Detail beansprucht schon deshalb Aufmerksamkeit, weil es eine Setzung ist. Andererseits muss über diese Intentionalität hinaus das von Kracauer und Benjamin angesprochene Traumhafte des Raums berücksichtigt werden. Auch der Autor ist seiner Zeit verhaftet und durch seine Zeit geprägt, womit angedeutet sei, dass die Historie über ein regulierendes Bewusstsein hinaus den Raum des Erzählens konstituiert. Die kollektiven Vorstellungen schreiben *sich* ein.

Bauen die Schilderungen einzelner Räume auf einem außertextlichen Wissen der Rezipienten auf, liegt das zentrale Mittel qualitativer Raumerzeugung, das den fiktionalen Raum strukturiert, in der

Perspektivierung des Erzählens. Gewährleistet ein auktorialer Erzähler eine kohärente Funktionalisierung des Raums, so können in einer Annäherung an ein personales Erzählen verschiedene Stufen der Subjektivierung bis hin zu einer völligen Orientierungslosigkeit im leiblichen Aufgehen im Raum durchlaufen werden. Neben einer bedrohlichen Nähe des Protagonisten zum Raum ist aber auch ein Verschlingen der Erzählperspektiven wie in Kafkas ‹Der Verschollene› denkbar. Das Überkreuzen sich widersprechender Perspektiven[60] richtet sich als poetisches Verfahren der Raumkonstitution gegen die Voraussetzung einer zuweisbaren Wahrnehmung. Die Leserin ist mit verschiedenen Blickpunkten konfrontiert, dabei widerspricht jene des Erzählers, der zwischen einem auktorialen und einem personalen schwankt, derjenigen seiner Hauptfigur und diese wiederum der Wahrnehmung anderer Figuren. Die Konvention einer einheitlichen, auf ein Bewusstsein zurückführbaren Perspektive ist damit gestört. Es entsteht eine Gleichzeitigkeit des Ungleichzeitigen, welche die Bedingtheit jeder Wahrnehmung thematisiert. Perspektivisch ist aber auch angelegt, mit welcher Absicht ein Protagonist einem bestimmten Raum gegenübersteht: Ob der Raum Objekt der Anschauung ist, einem bestimmten Zweck zugeordnet oder als gestimmter wahrgenommen wird, verändert seine Wertigkeit.

Ein weiteres wichtiges Mittel literarischer Raumerzeugung ist die *Plazierung* der Handlung. Dass etwas hier und nicht dort spielt, wird bedeutungsvoll, wenn nicht nur der Ort selbst, sondern seine Lagerung in Bezug auf andere Orte berücksichtigt wird. Ein besonderes Augenmerk kommt dabei den Schnittstellen zu, weil sie in ihrer Liminalität die Möglichkeit einer Konfrontation unterschiedlicher Erfahrungspotenziale bergen. Tür und Fenster verweisen bereits bei bloßer Nennung auf die Präsenz eines Innen- und eines Außenraums, den sie zugleich trennen und verbinden.

---

60 Vgl. die Analyse der Ankunftsszene Rossmanns im Landhaus des Herrn Pollunder bei Andermatt: «Auffallend ist dabei, dass die herkömmliche Verteilung der Rollen zwischen Erzähler als ordnender Instanz und Romanfigur als subjektivirrender Instanz vertauscht scheint. Der Zentrierung der Perspektive durch die Romanfigur Rossmann steht die Verunordnung der Perspektive, ja die Auflösung eines im Sinne einer Figur abgerundeten Erzählers gegenüber.» (Andermatt 1987, 192).

Das imaginäre Grand Hotel

Im Folgenden soll aus verschiedenen Hoteltexten der Zwanzigerjahre, die das Grand Hotel in seiner herausgehobenen Handhabung unvereinbarer, räumlicher Entgegensetzungen zum zentralen Schauplatz haben, ein imaginäres Haus konstruiert werden. Dabei dient die Topographie des Grand Hotels als Matrix für einen möglichen Sinnzusammenhang.

«Der Raum besitzt nicht eine schlechthin gegebene, ein für allemal feststehende Struktur; sondern er gewinnt diese Struktur erst kraft des allgemeinen Sinnzusammenhangs, innerhalb dessen sein Aufbau sich vollzieht.»[61]

Cassirer spricht hier die Raumstruktur an, die sich wandelt, je nachdem, ob der Raum von einer mythischen, ästhetischen oder theoretischen Ordnung aus gedacht wird. Doch kann auch innerhalb einer ästhetischen Ordnung – die zusammen mit der mythischen zum konkreten Lebensraum gehört[62] –, wozu die Analyse poetischer Verfahren der Raumerzeugung zu zählen ist, Raum nicht als feststehend angenommen werden. Seine Betrachtung ist immer von der Konstruktion einer sinnfälligen Ordnung abhängig.

Die topographische Ordnung legt besonderes Gewicht auf die Plazierung. Dabei rücken sowohl das räumliche Nebeneinander der Handlungen innerhalb eines Textes als auch das Lagerungsverhältnis verschiedener Texte in den Blick. Wie Deleuze und Guattari die Raumstruktur der kafkaesken Architekturen beschreiben, wo scheinbar Getrenntes sich über die Hintertür plötzlich als eng nebeneinander liegend zeigt[63], so schließen sich im imaginären Grand Hotel Texte zusammen, die in einer überkommenen Hierarchie getrennt, nun im Abgrund der Höhen[64] zusammenfallen und in der Wiederho-

---

61 Casssirer 1985, 102.
62 Die Entgegensetzungen, die im mythischen Raum den Menschen beherrschen, sind im poetischen Raum Aspekte der Gestaltung, die das im Raum befangene Subjekt ihrerseits thematisieren.
63 «Dies ist die höchst überraschende Topographie bei Kafka, die keineswegs nur «im Geiste» besteht: Zwei diametral entgegengesetzte Punkte erweisen sich, seltsamerweise, als eng benachbart, (...).» (Deleuze / Guattari 1976, 101–102).
64 Vgl. Werfels Erzählung ‹Die Hoteltreppe› von 1927, die im Kapitel ‹Lift und Treppe – Desorientierung› ausführlich diskutiert wird.

lung[65] Spuren zeittypischer symbolischer Zuschreibungen entzifferbar machen. Entsprechend scheint eine Semantisierung topographischer Zuordnungen, welche die Texte in der Überlagerung und im Verweis nahelegen, möglich. Es ist die Beständigkeit der topographischen Ordnung, die neben einer diachronen auch eine vertikale Betrachtung des literarischen Grand Hotels möglich macht. Die vertikale Betrachtung soll, gestützt auf das eine kategoriale Gleichheit voraussetzende räumliche Gefüge, Gesichtspunkte und Kriterien für eine abgestufte immanente Differenzierung eröffnen und die Weisen der Versprachlichung von Raum nicht als Gradmesser des Trivialen, sondern als unterschiedliche Ausdrucksmodi räumlicher Beziehungen erfassen. Die vertikale Analyse erlaubt einen Vergleich über die Grenzen der Nationalliteratur[66] hinaus und eröffnet sowohl den Vergleich verschiedener Genres[67] als auch die Gegenüberstellung von Unterhaltungs- und Standardliteratur[68]. Einen formal heterogenen Textkorpus – er reicht von Vicki Baums ‹Menschen im Hotel› bis zu Kafkas ‹Der Verschollene›[69] – in einem Haus zusammenzuführen, schließt bewusst Kollisionen mit ein. Das gemeinsame Versammeln von Unterschiedlichem an einem Schauplatz verfügt eine Nachbarschaftlichkeit, die erst in ihrer Polyphonie den Gesellschaftsort Grand Hotel stiftet. Im Widerstreit kommt die Kraft der topographischen Ordnung zum Tragen.

Die Texte legen zwei Richtungen nahe, auf die hin der Raum funktionalisiert wird. Steht einmal über die Reflexion des Gemeinplatzes und einer expliziten Allegorisierung der Bezug zur Gesellschaft im Brennpunkt, rückt an anderen Orten, explizit im Gastzimmer, das Subjekt in seiner engen Beziehung zum Raum in den Vordergrund. Damit sind zwei Blickrichtungen angesprochen, die sich gegenseitig bedingen und informieren, da beide von einer unbe-

---

65 Vgl. Karpenstein-Eßbach 1995, 137.
66 Proust steht neben einer weitgehend auf die deutschsprachige Literatur konzentrierten Auswahl.
67 Im imaginären Grand Hotel stoßen Krimis und Gesellschaftsroman, Erzählungen und belletristische Aperçus aufeinander.
68 Ich möchte an dieser Stelle nicht weiter auf die Diskussion einzelner Modelle des Trivialen innerhalb der Literaturforschung eingehen, vielmehr übernehme ich die Unterscheidung in Standard-, Unterhaltungs- und Trivialliteratur als Gemeinplatz.
69 Weshalb dieser Roman, 1912/1913 entstanden, im imaginären Hotel der Zwanzigerjahre seinen Platz findet, wird später eingehend dargelegt.

dingten Interdependenz von Raum und literarischem Personal ausgehen. Die Reflexion auf eine zunehmend problematische Beziehung des Subjekts zur Gesellschaft, die in der Grand-Hotel-Literatur der Zwanzigerjahre zentral wird, verweist darauf, wie sich die historische *Zeit* ins imaginäre Grand Hotel einschreibt. Stand vor 1914 die Vitalität des Kollektivs im Vordergrund, zeigen sich nun Risse im Fundament, die von den Erschütterungen des Ersten Weltkriegs herrühren. Wurde ehemals die soziale Gemeinschaft, die sich im Grand Hotel allein im Eigenen[70] und Bekannten erging, kaum tangiert oder in Frage gestellt, bricht nun das ausgeschlossene Fremde über das Auftauchen des Außenseiters[71] ins Haus ein. Die Hotelliteratur der Zwanzigerjahre betont weniger den anderen Ort; Grand Hotel und Alltag überlagern sich zunehmend, vielmehr ist das Andere, im Sinn der Fremderfahrung, inmitten der Gesellschaft angesiedelt.

Das imaginäre Grand Hotel braucht den gesellschaftlichen Außenseiter zur dramatischen Zuspitzung. In ihm verkörpert sich die Sehnsucht nach dem verlockenden und gleichzeitig bedrohlichen Fremden, welches selbst am Ursprung der Hotelgründung den eigentlichen Anstoß zur bedeutsamen Grenzziehung zwischen einem Innen – im Sinn von dazugehörig – und einem dem Fremdartigen zugeordneten Außen gegeben hat. Die Figur des Außenseiters führt dem Grand Hotel die eigene willfährige Herkunft und differenzierte Legitimation vor Augen und verweist auf ein parasitäres Fremdes, das nicht entfernt werden kann, ohne dadurch die darauf gründende Ordnung selbst zu gefährden. Dabei ist für den Außenseiter seinerseits der Gesellschaftsort des Grand Hotels die Verkörperung des Fremden, dem er sich, angezogen von einer leiblichen Faszination, aussetzt. Da Protokoll und Umgangston dieses Orts den Außenseiter zunehmend in Bann schlagen und eine formale Angleichung uner-

---

70 Der Ich-Erzähler in Prousts Recherche erkennt die Ablehnung des Fremden als aufgezwungene Beschränkung lebensvoller Neugier: «Doch in diesem Hotel handelten offenbar alle nach dem gleichen Prinzip, obschon in verschiedenen Formen, und brachten wenn auch nicht der Eigenliebe, so doch gewissen Erziehungsgrundsätzen oder Denkgewohnheiten das köstliche Beben zum Opfer, das man fühlt, wenn man sich mit der Sphäre eines unbekannten Daseins vermischt.» (Proust 1995, 361).
71 Der sprechende Begriff des Außenseiters steht hier stellvertretend für die Konstellation von Figuren, die in ihrer Stellung ungefestigt, haltlos auf ihre Umgebung reagieren. Dazu gehört die Braut wie der Provokateur, die Mittellose in den Kleidern einer Dame von Welt und der Heimkehrer ohne Heimat.

lässlich machen, verschiebt sich das Fremde, das sich anfänglich als unüberwindbar anmutende Diskrepanz zwischen ihm als Individuum und der Masse der etablierten Gäste aufspannt, in die eigene Innenwelt des Protagonisten. Diese Einverleibung des Fremden führt sich im imaginären Grand Hotel[72] haltlos fort und entfremdet den ihr ausgelieferten Außenseiter zunehmend sich selbst gegenüber, was darin kulminiert, dass der vormalig verführerische Anreiz der Lust einer zerstörerischen Selbstaufgabe weicht.

Das Außerordentliche wird auf Kosten der Ordnung betont, indem das Grand Hotel einzelnes überscharf hervortreten lässt, ohne dasselbe durch eine Einbettung in den Gesamtzusammenhang zu relativieren. Dadurch wird eine Sichtweise auf den Raum eröffnet, die den «Begriff des Raumes als eine Ordnung des möglichen Beisammen»[73], wie ihn Cassirer[74] entwirft, dynamisiert und ihn in der extremen Perspektive des orientierungslosen Subjekts dekonstruiert. Dem Einzelnen gelingt es nicht, die eigene Sicht mit einer intersubjektiven Sicht auf die Dinge in Einklang zu bringen. Aufgrund von Übereinkunft wird bei allen möglichen Ausgangslagen der Wahrnehmung eine bestimmte Ansicht eines Gegenstands als die wirkliche Form bevorzugt, und perspektivische Verzerrungen, die das Bild eines Gegenstands erfährt, werden zur festgelegten Form[75] des Archetyps hin korrigiert. Im Augenblick jedoch, wo diese Korrektur nicht stattfindet, erfolgt eine Irritation und eine Bedrohung des Blicks. Die Art und Weise der Irritation ist auf einer Skala zu verzeichnen, deren Pole Fremdheit und Vertrautheit einnehmen. Auffällig gerade in der Hotelliteratur der Zwanzigerjahre ist die Verortung des wahrnehmenden Subjekts im Extrem des Fremden, das den Raum als bedrohlich und unheimlich empfindet oder als Kompensation mit seinen eigenen Halluzinationen besetzt.

---

72 Im Folgenden ist mit Grand Hotel, wenn nicht anders ausgeführt, das imaginäre Gebäude bezeichnet, das sich aus den wirkungsvollen Räumlichkeiten der zu diskutierenden Hotelgeschichten der Zwanzigerjahre zusammensetzt.
73 Cassirer 1985, 113.
74 Cassirer spricht sowohl die Wertigkeit jedes Raums an, die sich aus dem Zusammenspiel der Konstellation aller Räume eines Hauses untereinander herausschält, wie auch das Verhältnis der innewohnenden Dinge, die selbst als Orte erstehen. Die Mannigfaltigkeit der Ordnungen, die herstellbar sind, fügen sich zum Raumbegriff zusammen.
75 Vgl. Cassirer 1964, S. 181.

Das imaginäre Grand Hotel spielt nun gerade über die vorbehaltlos persönliche Perspektive eines erlebenden oder halluzinierenden Subjekts mit Irritationen und Verzerrungen. Es werden zwar immer wieder konventionalisierte Knotenpunkte zitiert, die die Blicke der Protagonisten dirigieren, dennoch findet ein Verrücken des Allgemeinen statt, indem der Raum mit intimen Qualitäten, die den subjektiven Wahrnehmungsbedingungen zukommen, aufgeladen wird. Dadurch lässt in für das imaginäre Grand Hotel essentieller Weise die diskutierte Erlebnisperspektive das Sinnliche und Stoffliche gegenüber einer analytischen Beschreibung überwiegen, so dass die genaue Lage einzelner Orte und die Beziehung zwischen den beschriebenen Räumen nicht der Logik eines Grundrisses oder Schnitts folgend wiedergegeben werden, sondern sich in ihrer emotionalen Begehbarkeit vor dem eigenen Gesichtsfeld als räumliche Ereignisse auftun.

Die andeutungsvolle Perspektive, die immer nur ein fragmentiertes Bild zu liefern vermag, spiegelt die Befindlichkeit des imaginären Grand Hotels, das sich selbst unsicher geworden ist. Die Verunsicherung des einzelnen ist kein Phänomen, das sich isolieren lässt, sondern die gesamte Hotelgesellschaft ergriffen hat. So wird das Grand Hotel in der Verkehrung der angestammten Ordnung zur Allegorie einer Zeit, in der nichts mehr ist, was es scheint. Darüber hinaus wird aber gerade auch diese allegorische Umstülpung problematisch, denn die Erfahrung des modernen Lebens sprengt die Grenzen gebündelter Darstellbarkeit in einem Haus. So stellt die Literatur der Zwanzigerjahre über das Thematisieren von Brand und Untergang das Grand Hotel als zentralen Schauplatz kollektiver Erfahrung in Frage, und so, von Architektur, Literatur und Gesellschaft verlassen, ist der Verfall nicht mehr aufzuhalten.

2. Drehtür – Verdichtung zum Symbol

Zwischen innen und außen

Im Augenblick, als das Grand Hotel nicht mehr den geographisch definierten anderen Ort zum Alltag besetzt, sich die gesellschaftlichen Entgegensetzungen vielmehr ins Gebäude drängen und sich innerhalb seiner Hülle aufspannen, wird die äußere Umgrenzung strapaziert. Im Haus stößt die Gesellschaft auf das ungefestigte Subjekt und dessen von Irritationen geprägte Beziehung zum Raum, welche die allgemeine Verunsicherung anklingen lässt. Gleichzeitig drängt von außen eine wachsende Schar Menschen ins Grand Hotel, die sich den Luxus einer Übernachtung nicht leisten kann, jedoch einmal im Wintergarten tanzen oder an einem exotischen Drink in der Bar nippen will. Das Grand Hotel versucht Balance zu halten zwischen Exklusivität und Inklusion: Einerseits ist Prestige erst über eine gediegene Auswahl der Gäste gegeben, andererseits ist es nötig, mit der Zeit zu gehen und sich jenen zu öffnen, die weniger distinguiert sind, diesen Mangel aber desto großzügiger hinter demonstrativem Konsum zu verbergen suchen.

> «Im Hotel hing diese Sorte unausgesprochenen Bekanntseins in der Luft; man streifte einander im Lift, man begegnete sich beim Speisen, auf der Toilette und in der Bar, man drehte sich voreinander und hintereinander her durch die Drehtür, immerfort schaufelte diese Drehtür Menschen in das Hotel hinein, aus dem Hotel heraus.»[1]

---

1 (Baum 1960, 220). Die Autorin Vicki Baum, die seit 1926 ausschließlich für den auf kommerzielle Literatur ausgerichteten Ullstein-Verlag arbeitete und gestützt von einer breit angelegten Werbekampagne mit dem Roman ‹Stud. chem. Helene Willfüer› einen ersten großen Erfolg verbuchen konnte, doppelte mit dem Roman ‹Menschen im Hotel›, 1929 geschrieben, nach. Die erste Serie von ‹Menschen im Hotel› wurde in der Ausgabe der ‹Berliner Illustrierten Zeitung› vom 31. März 1929 gedruckt. Bereits 1931 wurde das Buch unter dem Titel ‹Grand Hotel› in den USA verlegt und erreichte auf Anhieb den vierten Platz in den nationalen Bestsellerlisten. Für die Filmgesellschaft Metro-Goldwyn-Mayer arbeitete Baum an einer Filmversion des Romanstoffes. Die Verfilmung erfolgte 1932. (Vgl. Not-

Damit rückt die Drehtüre als verbindendes Element des Innen und Außen in den Brennpunkt. Mit ihrem beständigen Öffnen, das gleichzeitig ein Abschließen ist, verräumlicht die Drehtüre den Widerspruch zwischen einem Ort der Geschlossenheit, der das Leben des Grand Hotels über den Ausschluss des Alltäglichen auszeichnet, und der Notwendigkeit sich dem Neuen gegenüber offen zu zeigen. Die Drehtüre wird von einem livrierten Pagen oder Portier in Schwung gehalten. Jeglicher Stillstand, der auf eine Ermüdung des sprühenden Lebens innerhalb des Hauses verweisen könnte, wird vermieden. Stagnation meint immer auch ein Aufscheinen des Zerfalls, denn die Räume, die im Atmosphärischen erstrahlen, zeigen leergeräumt die Spuren ihrer Abnutzung.

---

telmann 2002, 41). Der Titel der ersten Buchausgabe des Romans ‹Menschen im Hotel› ist durch den Zusatz ‹Ein Kolportageroman mit Hintergründen› ergänzt und weist auf eine ironische Haltung gegenüber einer Genreeinteilung hin, wie sie die Kritik vorzunehmen beliebt, und zeugt vom wachen Bewusstsein der Autorin, gutgemachte Unterhaltungsliteratur zu produzieren. Während der Roman von den Kritikern im deutschen Sprachraum ablehnend rezensiert wurde, stieß er gleichzeitig auf eine wachsende und enthusiastische Leserschaft. Der knappe Stil, in welchem ‹Menschen im Hotel› verfasst ist, geht auf die Anforderungen der Zeit ein. Ein Stoff wird eingebracht, welcher aus dem wirklichen Leben gegriffen erscheint und mit Sachwissen angereichert ist. Perspektivenwechsel, schnelle Szenenfolgen und die Gleichzeitigkeit verschiedener Handlungsstränge lassen zudem an eine Erzählweise denken, die sich an der Schnittechnik des Films orientiert und sich zur Verfilmung im Besonderen anbietet. Die Errungenschaften der Zwanzigerjahre formen eine beschwingte Folie für diese Hotelgeschichte. In der Beschreibung der Bar, die als Phänomen einer fortschreitenden und viel diskutierten Amerikanisierung zur Darstellung gelangt, und des Fünfuhr-Tees, der durch aktuelle Jazzmusik aufgemischt wird, fließt ein metropolitanes Leben ins noble Haus. Berauschend schnelle Autofahrten, ein Flug über die Stadt, sportliche Großanlässe und die Verlockungen des Berliner Nachtlebens werden des Weiteren als Schlüsselmomente des Großstadtlebens vorgeführt, das sich im Grand Hotel gleichsam kondensiert.
Die Annonce der ‹Berliner Illustrierten Zeitung›, die für Baums ‹Menschen im Hotel› warb, setzte ganz auf die geheimen Wünsche der Kleinbürger: «In ihrem neuen Werk bringt Vicki Baum den Wunschtraum zur Erfüllung, den die meisten Menschen mit sich herumtragen: Die gewohnte dürftige Existenz aufzugeben, sich selbst gewissermaßen zu entfliehen und das Leben eines reichen, höhergestellten Menschen zu leben.» (Zitiert nach King 1988, 108). Gemeint sind die einfachen traumsüchtigen Kleinverdiener, die sich gerne in ein sorgloses Leben entführen lassen und denen in der Gestalt des armen Hilfsbuchhalters Kringelein, der die letzten Wochen seines Lebens genießen will, eine liebenswerte Identifikationsfigur angeboten wird, zu der sich noch die etwas leichtsinnige, aber herzliche Figur der jungen Stenotypistin Flämmchen gesellt.

Räumlich erfasst, umläuft die Drehtüre die zum Kreis gerundete Schwelle. Die Schwelle ist keine Linie, die man *über*schreitet, sondern im Lauf der Türblätter ist sie zum Zwischenraum geweitet, der *durch*laufen wird. Die Drehtüre ermöglicht weder ein Öffnen noch ein Schließen, die Trennung von innen und außen ist nicht eindeutig. Die Blätter der Drehtür fassen unentwegt in die Weite des Draußen und Drinnen und bedeuten das Dazwischen. Sie kennen keinen bestimmbaren Ausgangspunkt, sondern nur den Augenblick, als eines der Türblätter schließend den Rahmen durchwandert, den Durchzug abdichtend, um sich erneut den Zutretenden zu eröffnen und weiterzuschwingen. In der Drehtür wird die Schwelle gleichzeitig angedeutet und aufgehoben. Die äußere, unbestimmt gewordene Grenze verschiebt sich entsprechend in den Innenraum und spannt hier ein kompliziertes und besonders verfängliches, weil unsichtbares System der Grenzziehungen auf. So ermöglicht die Drehtür zwar den Zugang ins Grand Hotel *als Haus*; dieses zu betreten, heißt jedoch nicht, dass man auch in der *Institution* Grand Hotel aufgenommen wird. Der Zugang zum Grand Hotel als Gesellschaftsraum ist nach wie vor über die «Vollziehung gewisser Gesten»[2] reglementiert und erst durch den Rückhalt an sozialer Stellung, die auch durch eine gefüllte Geldbörse kompensiert werden kann, gesichert.

> «Wie ein Stein durchs Fenster klirrt sie [Christine Hoflehner; C.S.] in die Hotelhalle hinein, hinter ihr kreiselt, mächtig angeschwungen, die rückgeworfene Drehtür, den kleinen Boy, der sie halten soll, schlägt sie lustig mit dem Handschuh auf die Schulter, ein Ruck reißt die Kappe vom Haar, der zweite den Sweater vom Leib, alles drückt, alles engt ihr die stürmische Bewegung.»[3]

---

2   Foucault 1990, 44.
3   (Zweig 1996, 105–106). Stefan Zweigs Roman aus dem Nachlass, ‹Rausch der Verwandlung› spiegelt die triste Nachkriegswelt – der Roman spielt um 1926 – einer jungen Angestellten, deren Familie in den Kriegsjahren ihr Vermögen und Lebensglück verloren hat. Der Roman ist auf dem unversöhnbaren Widerspruch zweier Welten angelegt: jener der armseligen und provinziellen Existenz der kleinen Postangestellten Christine Hoflehner, die ihre kranke Mutter in einem engen und stickigen Dachstüblein mit magerem Einkommen zu versorgen hat, und der mondänen und sorglosen Hotelwelt in den Schweizer Bergen, der Christine dank der großzügigen Geste reicher Verwandter für kurze Zeit angehört. Als die junge Frau, abrupt aus ihrem glücklichen Ferientraum gerissen, in die kleine Provinzstadt zurückkehrt, ist die Mutter gestorben und Christine steht losgelöst von jeglicher emotionalen Bindung ihrem trüben Alltag gegenüber, der sie zu ersticken

Christine Hoflehner, Protagonistin aus ‹Rausch der Verwandlung›, durchbricht, hier als Akt der Zertrümmerung geschildert, die äußere Hülle des Grand Hotels. In Christines ostentativem Schwung verbirgt sich eine Ungehörigkeit, ein Zuviel an Unvermitteltheit. Ihr ungehemmtes Eintreten lässt die Gelassenheit jener vermissen, die ihr Luxus gewohntes Dasein in Lässigkeit kleiden. Christine Hoflehner ist in doppeltem Sinn Stein des Anstoßes, sie zeigt, wie brüchig die Ordnung des Grand Hotels geworden ist und verkörpert als arme Verwandte gleichzeitig das bisher sorgsam ausgesparte Fremde, das nun gewaltsam einbricht. Die Drehtür ist in ihrer willfährigen Bewegung Komplizin der Einschleicherin. Die bedrohte Grand-Hotel-Gesellschaft jedoch schlägt zurück. Christine wird, nachdem ihr mangelnder ökonomischer Hintergrund entdeckt worden ist, durch eine Wand eisiger Ablehnung aus dem Hotel vertrieben, wodurch die verletzte Grenze in kollektiver Anstrengung auf leibliche Kosten der Außenseiterin wieder mit den Hotelmauern in Deckung gebracht wird. Die Drehtür aber schwingt weiter.

Schicksalsrad

«Sonderbar ist es mit den Gästen im großen Hotel. Keiner verläßt die Drehtür so, wie er hereinkam. Der Bürger und Mustermann Preysing wird als ein Verhafteter und Zerbrochener von zwei Herren abgeführt. Vier Männer tra-

---

droht. Das Wissen um die Leichtigkeit und Helligkeit des Lebens, wie sie es im Grand Hotel kennengelernt hat, lässt sie ihren Alltag als unerträgliche Last empfinden.
Stefan Zweig arbeitete 1931 an diesem ersten Teil des Romans, der so genannten ‹Postfräuleingeschichte›. In Briefen beschrieb er die Schwierigkeit des Buchs, die ihn am Weiterarbeiten hinderten: «Es ist da in der Mitte ein großer breiter Graben» (Undatierter Brief an Friderike; zitiert nach Beck 1996, 313). Wesentliches bezieht der erste Teil aus Zweigs Erinnerungen an seine Engadinreise von 1918. Der zweite Teil des Romans, der von 1934 an entstand, nachdem Zweig nach London ins Exil übersiedelt war, erzählt vom schmerzlichen Bewusstsein – die Augen sind Christine während der Tage im Grand Hotel aufgegangen – durch den Krieg um das eigene Lebensglück betrogen worden zu sein, und vom Versuch, sich trotz wachsender Hoffnungslosigkeit eine Zukunft abzutrotzen. Neben Christine tritt die Figur des Kriegsheimkehrers Ferdinand. Weshalb Zweig den Roman zu Lebzeiten nicht zum Druck freigegeben hat, ist unklar. So erscheint er erstmals 1982 unter dem vom Herausgeber gewählten Titel ‹Rausch der Verwandlung›, der sich auf eine Textstelle beruft.

gen Gaigern still und heimlich über die Lieferantentreppe davon, diesen strahlenden Gaigern, der die ganze Halle lächeln machte, wenn er nur durchging mit seinem blauen Mantel, seinen gesteppten Handschuhen, seinem wachen Blick und dem Duft von Lavendel und parfümierten englischen Zigaretten. Kringelein aber, als sein und Flämmchens Verhör beendet ist und er die Erlaubnis hat, abzureisen – Kringelein verläßt die Hotelhalle an vielen Bücklingen und Trinkgeldhänden vorbei als ein König des Lebens. Wahrscheinlich, daß seine Herrlichkeit nicht länger dauern wird als eine Woche, nicht länger als bis zum nächsten, zerreißenden Schmerzanfall.»[4]

Die Literatur überspitzt und überhöht die Drehtüre zu einem eigentlichen Schicksalsrad, das die Eintretenden seinem Gesetz und Rhythmus unterwirft. Der Einsatz, der verlangt wird, ist nicht mit Geld zu begleichen, sondern wählt die mitdrehende Person selbst zum Pfand. In diesem imaginären Grand Hotel, wo die obdachlos gewordenen ehemaligen Stützen der Gesellschaft logieren, sich aber auch die kleinen Leute einquartiert haben, ist an einen erholsamen Aufenthalt, der erfrischt in den Alltag entlässt, nicht mehr zu denken. Zeit und Grand Hotel überlagern sich in ihrer Haltlosigkeit und reißen jeden mit, der sich ihnen ausliefert.

«In ‹Der letzt Mann› wird diese Drehtür zu einer Obsession. Den Film eröffnet eine großartige Kamerafahrt, die zeigt, wie die Gäste durch die nie stillstehende Tür strömen, eine Einstellung, die bis zum Schluß erschöpfend wiederholt wird und ein Mittelding zwischen Karussell und Roulettard darstellt.»[5]

Insbesondere auch der zeitgenössische Film löst die Drehtür aus dem räumlichen Gefüge heraus und steigert sie über die Isolation zum Prinzip der Bewegung an sich. Die suggestive Kraft liegt in einer Bildkette, die notwendig provoziert wird: Drehtür – Karussell – Roulettard. Die Drehtüre als Schicksalsrad zu literarisieren und sie zum verdichteten Bedeutungsträger einer haltlos gewordenen Hotelexistenz zu machen, spielt mit der Überkreuzung zweier Orte. Orte, die historisch konkret wie literarisch konstruiert einander zugesellt werden und sich im besonderen Fall sogar bedingen. Die literarische Verknüpfung von haltlosem Leben im Grand Hotel und der Verfal-

---

4 Baum 1960, 310.
5 Siegfried Kracauer zum Film ‹Der letzte Mann› (1924) von Wilhelm Murnau und Carl Meyer. (Kracauer 1984, 112).

lenheit ans Glücksspiel verdankt sich der baulichen Vorgabe, wonach viele der frühen Grand Hotels in Kombination mit einem Spielkasino, oft in der Benennung als Kursaal[6] ineinsgesetzt, erstellt wurden. Dostojewskij hat aus dieser Konstellation in seinem ‹Spieler› von 1866 einen Topos entworfen. Die Überlagerung von Spiel und dem Gefühl, sich außerhalb der Regeln des gewöhnlichen Lebens zu bewegen, findet im deutschen Städtchen Roulettenburg in Kasino und Hotel, zwei ausgesuchten Orten des Übergangs, ihre Plazierungen. Das fiktive Roulettenburg fasst in seinem anspielungsreichen Namen Kurort und Spiel in einem Wort zusammen. Zugleich sind mit ironischer Geste die Fixpunkte einer künstlichen Hotellandschaft bezeichnet, innerhalb derselben das literarische Personal gefangen ist. Die Gäste bewegen sich zwischen Aussichtsberg, Park mit Springbrunnen, Wäldchen und idyllischem Bauernhof, wo sie ihre überteuerte Milch trinken können.

Das Außerhalbstehen bezüglich des angestammten Milieus, die Loslösung aus der hergebrachten Ordnung und die Gleichheit am Roulettetisch – jeder ist gleichermaßen Glück und Zufall verfallen – lassen für Michail Bachtin Dostojewskijs Figuren als «Karnevalskollektiv»[7] hervortreten. Als das Karnevalistische in der Literatur bezeichnet Bachtin das Ineinander von Geburt und Tod, Erhöhung und Lästerung, Lachen angesichts der Tragödie und Trauer im Leichtfertigen, womit keine thematische Festlegung, sondern eine strukturelle Verwandtschaft gemeint ist. So erscheint der General, der zu Hause ein verpfändetes Gut und einen Haufen Schulden zurückgelassen hat, im Hotel als reicher Herr mit Pferden und Kut-

---

6 Die fantastisch riesige und moderne Hotelanlage des Brüsseler Grafen Camille de Renesse in Maloja, 1884 fertig gestellt, wurde unter dem Namen Hôtel-Kursaal de la Maloje ausgeführt und sollte mit einem Spielkasino locken. Der Begriff des *Kursaals* vermochte zu dieser Zeit offensichtlich die Verknüpfung von Spielsaal und Hotel anklingen zu lassen. Allerdings verbot die Schweizer Bundesverfassung von 1874 Eröffnung und Betrieb von Spielbanken in der Schweiz, bereits laufende Betriebe wurden verpflichtet, bis Ende des Jahres 1877 ihre Tore zu schließen. Das Gesuch um eine Ausnahmebewilligung für den Betrieb eines Spielkasinos auf dem Maloja wurde abgelehnt, die Begründung dafür lieferten moralische Bedenken. Man wollte aus der alpinen Idylle kein Monte Carlo machen, Synonym für einen Spielort mit einer höchst zweifelhaften Gesellschaft von Hochstaplern und Halbweltdamen. Später änderte das Hotel den Namen zu Maloja Palace.
7 Bachtin 1985, 75.

sche, bewohnt im vornehmsten und teuersten Haus des Kurorts vier herrschaftliche Zimmer und hofft auf die Heirat mit einer leichtlebigen Französin. Der Schein wird von allen Beteiligten so lange gewahrt, wie die Hoffnung besteht, die Oberfläche mit dem Geld der reichen Erbtante zu unterfüttern. Als die Totgeglaubte jedoch leibhaftig und lebenslustig in Roulettenburg eintrifft, fallen nach der einzigartigen Überhöhung des Karnevalistischen innerhalb der Spielszene die Masken, nämlich als die Tante ihr ganzes Vermögen verliert.

> «Die Atmosphäre des Spiels wird von scharfen und raschen Schicksalswenden, von plötzlichen Aufschwüngen und Abstürzen, von Erhöhung und Erniedrigung bestimmt. Der Einsatz gleicht der Krise. Der Mensch hat das Empfinden, auf der Schwelle zu stehen. Die Spielzeit ist eine besondere Zeit: eine Minute kann Jahre bedeuten.»[8]

Wie sehr das Hotel als Metonymie für die Hoffnung auf ein unerwartetes Glück[9] beansprucht wird, zeigt das folgende Zitat: «Sie [die tot geglaubte, stattdessen unerwartet eingetroffene Großtante; C.S.] wird uns noch alle und *das ganze Hotel* überleben!»[10] Im ‹Spieler› ist das Grand Hotel Ort der Haltlosen, die nichts zu verlieren haben. So ist auch der junge Aleksej Iwanowitsch, Erzähler und Hauptfigur

---

8 Bachtin 1985, 76.
9 Hotel und Spielkasino als Schicksalsorte, die ein Leben wie im Zeitraffer wandeln, verknüpft auch Stefan Zweig in ‹Vierundzwanzig Stunden aus dem Leben einer Frau›. An einem Tag wird ein Leben durchlebt, der junge Protagonist wird über dem Verlust am Roulettetisch in Monte Carlo zum Greis und im Gewinn zum hoffnungsvollen Kind. «Das Gesicht, das eben noch knabenhaft erregte, welkte, wurde fahl und alt, die Augen stumpf und ausgebrannt, und alles dies innerhalb einer einzigen Sekunde, im Hinsturz der Kugel auf eine fehlgemeinte Zahl.» (Zweig 1983 (1927), 36). Auch hier gilt ein «Leben als Einsatz» (Zweig 1983, 39). Das Leben im Grand Hotel aber gewährt der Protagonistin Bewegungsfreiheit und ungebundenes Handeln. Schließlich wird die Verschränkung beider haltloser Orte über die Vereinigung der Hauptfiguren in einem schäbigen Hotel erzählt. Eine weitere Spielart, diesmal humoristisch gewendet, ist bei Graham Greene in ‹Heirate nie in Monte Carlo› zu finden: «Ich hegte die verzweifelte Hoffnung, daß unser ganzer Kummer, wenn ich Cary nur von hier fort auf See bringen könnte, in diesem Luxushotel und in der Salle Privée zurückbleiben würde. Hätte ich nur unser ganzes Unglück auf eine Zahl setzen und verlieren können!» (Greene 1995 (1955), 109).
10 Dostojewskij 1994, 63. Hervorhebung C.S.

des Romans, als Hauslehrer zum «Gefolge»[11] des Generals gehörig, wie alle anderen Protagonisten diesem Ort verfallen: «(...) ich wußte bestimmt und hatte längst beschlossen, daß ich Roulettenburg nicht so verlassen würde, daß sich hier unbedingt etwas für mein Schicksal Entscheidendes und Abschließendes ereignen würde.»[12] Der Topos, im Grand Hotel das Glück herausfordern zu können und diesem Ort gleichsam die Hoffnung auf das Entscheidende zu überantworten, legt Joseph Roth seinem Protagonisten Gabriel Dan in den Mund: «Im Hotel Savoy konnte ich mit einem Hemd anlangen und es verlassen als der Gebieter von zwanzig Koffern – und immer noch der Gabriel Dan sein.»[13] Das Wagnis des Spiels schließt sich eng mit dem Grand Hotel als losem Schauplatz für Hochstapelei und gewagte Spekulationen.

Vicki Baum fokussiert diese Konstellation von passiver Glückserwartung, Spiel und Grand-Hotel-Existenz immer wieder im Bild der Drehtür. Auf sprachlicher Ebene aktiviert sie eine Reihe kreiselnder Bewegungen, in Kringeleins Kopf etwa jagen sich die Ereignisse «einem kleinen, drehenden Propeller»[14] gleich. Entsprechend ist Kringelein der selbsttätigen Bewegung des Schicksalsrads ausgeliefert.

«(...) in der Drehtür, die aus dem kleinen Eingangsfoyer in die Halle führte, traf er auf einen komischen Herrn – es war Kringelein, der sich dort festgeklemmt hatte, weil er in der verkehrten Richtung drehte. Geigern gab der Tür einen ungeduldigen Tritt und beförderte das gläserne Karussell samt Inhalt vorwärts. ‹So rum' geht's!› sagte er zu Kringelein.»[15]

Wer in diesem Spiel, des Absturzes nicht eingedenk, zu viel wagt, dem droht die Hintertüre, die einen unrühmlichen letzten Abgang offenhält. Sie ist räumlich wie symbolisch als Entgegensetzung zur Drehtür angelegt. Nachdem das Glück verspielt ist, entläßt sie jene, die sich in diesem schwindligen Gesellschaftsspiel zu weit vorgewagt haben, in den schäbigen Untergang. Durch diese Tür werden die so-

---

11 Dostojewskij 1994, 5. (Bereits innerhalb der Erzählung in Anführungszeichen gesetzt).
12 Dostojewskij 1994, 15.
13 Roth 1989, 8.
14 Baum 1960, 236.
15 Baum 1960, 39.

zial Gefallenen abgeführt oder aber die Toten weggetragen, heimlich und ungesehen, da dem Grand Hotel daran liegt, die glatte Oberfläche der Unbeschwertheit ungetrübt zu erhalten. Die dramatische Verdrängung des toten Körpers, dessen sich das Grand Hotel rückseitigerweise entledigt, zeichnet durch eine immanente Bedrohung insgeheim die Ruine des noblen Baus als vollkommene Ausprägung der Interdependenz zwischen Raum und literarischem Personal vor.

Übergangslose Vereinnahmung

> «Dennoch riet Bescheidenheit mir, statt einer der beiden gläsernen Drehtüren, durch welche die Reisenden eintraten, lieber den seitlichen offenen Zugang zu benutzen, dessen die Gepäckschlepper sich bedienten.»[16]

Felix Krulls Ankunft im Grand Hotel Saint James and Albany, als er von den Gepäckträgern vom Seiteneingang auf die zentrale Drehtür verwiesen wird, erinnert daran, dass das Grand Hotel für jene, die mit dürftigem Gepäck anlangen und dem Rollenspiel nicht gewachsen sind, banale Diensttüren offenhält. Die Drehtür ist den Gästen vorbehalten oder jenen, die mit den Selbstbildern der Gesellschaft beliebig spielen können und dem Glück geschickt nachhelfen. Die Diensthabenden setzen sich dem Schicksalsrad des Grand Hotels nicht aus, sondern werden von dieser komplexen Maschinerie gleichsam übergangslos vereinnahmt. Kafkas Protagonist Karl Rossmann, ‹Der Verschollene›[17], betritt das Hotel occidental erst als Gast über

---

16 ‹Krull›, 133. Vgl. ‹Intermezzo›.
17 Kafkas Roman ‹Der Verschollene› in das imaginäre Grand Hotel, das wie bereits ausgeführt in den Zwanzigerjahren angesiedelt ist, einzufügen, verlangt nach einer Begründung, die Sinnfälligkeit jedoch nicht beweisen, sondern nur konstruieren kann. Die Rezeption der Kafkaschen Romane fand posthum während der Zwanzigerjahre statt. Dabei erschien ‹Der Verschollene›, Kafkas erster Roman, der Fragment geblieben ist, von Max Brod unter dem Titel ‹Amerika› herausgegeben, nach ‹Der Process› (1925) und ‹Das Schloss› (1926), 1927 als letzter. Ursprünglich plante Brod die Romane in der Reihenfolge ihrer Entstehung herauszugeben, doch weigerte sich der Kurt Wolff Verlag, die Rechte an ‹Der Heizer›, dem ersten Kapitel des Romans, bereits 1913 als abgeschlossene Erzählung erschienen, abzugeben.
Einen großen Teil des Romanmanuskripts von ‹Der Verschollene› schrieb Kafka von Ende September 1912 bis Januar 1913 in Folge. Bereits in einem Brief vom 11. November 1912 an Felice Bauer nannte Kafka die Titel der ersten sechs Kapi-

eine Schankstube. Als er später, von der Oberköchin aufgefordert, das Hotel zum zweiten Mal betritt, findet bezeichnenderweise kein Übergang stand. Anstelle der Schwelle steht die Kapitelüberschrift ‹Im Hotel occidental›.

An dieser Überschrift sind zwei Aspekte bemerkenswert, das ‹Im›[18] und die adjektivische Verwendung von ‹occidental›. Beide sind

---

tel und gab an, die ersten fünf ganz, das sechste fast fertig geschrieben zu haben. (Zur genauen Datierung vgl. Schillemeit 1983, 53–89). In einem Brief an Max Brod vom 13. November hielt Kafka fest, dass er das sechste Kapitel tags zuvor «mit Gewalt, und deshalb roh und schlecht» (Kafka 1975, 111) beendet habe. Nach einer anderthalbjährigen Unterbrechung war Kafka ein zusammenhängendes Arbeiten am Roman erst wieder ab August 1914 möglich, als die Fragmente ‹Ausreise Bruneldas› und das von Max Brod ‹Naturtheater von Oklahoma› betitelte Stück entstanden. In einer Tagebucheintragung vom 30. September 1915 führt Kafka Karl Rossmann und Josef K. aus ‹Der Process›, an denen er während des zweiten Halbjahrs 1914 eine Zeitlang nebeneinander gearbeitet hatte, zusammen: «Rossmann und K., der Schuldlose und der Schuldige, schließlich beide unterschiedslos strafweise umgebracht, der Schuldlose mit leichterer Hand, mehr zur Seite geschoben als niedergeschlagen.» (Zitiert nach Schillemeit 1983, 82).
Im historischen Kontext fällt die Entstehungszeit des Romanfragments in eine Zeit der Auflösung und des Umbruchs, die der sozialen Verfasstheit nach dem Ersten Weltkrieg näher steht, als dem schweifenden Ästhetizismus der Jahrhundertwende. Wie wissend Kafka das Gewicht der Zeit in seiner Dichtung mitträgt, zeigt ein Brief an seinen Verleger Kurt Wolff vom 11. Oktober 1916. Kafka reagiert auf eine Äußerung Wolffs, wonach dieser die Erzählung ‹In der Strafkolonie›, im Oktober 1914 entstanden, als ‹peinlich› (Vgl. Emrich 1985, 25.) bezeichnet: «Zur Erklärung dieser letzten Erzählung füge ich nur hinzu, daß nicht nur sie peinlich ist, daß vielmehr unsere allgemeine und meine besondere Zeit gleichfalls sehr peinlich war und ist und meine besondere sogar noch länger peinlich als die allgemeine.» (Kafka 1975, 150). Auch Deleuze / Guattari halten den Festschreibungen des weltabgewandten, einsamen und traurigen Autors, den lachenden und eminent politischen Kafka entgegen. (Vgl. Deleuze / Guattari 1976, 58). Die ‹Krise des Ornaments›, die Mark M. Anderson in den Jahren zwischen 1907–1910 innerhalb der Europäischen Malerei, Architektur, Musik und Literatur diagnostiziert, interpretiert er für die intellektuelle Biographie Kafkas als Schnittstelle zwischen einem Ästhetizismus des Fin de siècle und dem Durchbruch hin zu einem modernen Idiom und nimmt damit eine pointierte zeitliche Verortung des Kafka'schen Werks vor. (Vgl. Anderson 2002). Kafka im imaginären Grand Hotel unterzubringen, reflektiert entsprechend auf diese Momente der Auflösung, für die Kafka besonders hellhörig war und die seinen Roman im Prozess des Verschollen-gehens durchziehen. So erkennt die Rezeption der Zwanzigerjahre Kafkas Roman denn auch nicht als etwas Vergangenes, sondern als Zeugnis wacher und bedrohlicher Realität.

18 Während bei der Kapitelliste auf dem Vorsatzblatt des ‹zweiten Romanheftes› das ‹Im› fehlt, wird auch dort an der Kleinschreibung von ‹occidental› festgehalten.

im Brief an Felice Bauer verbürgt. Nach der Aufzählung der ersten sechs Titel schreibt Kafka an die Freundin: «Ich habe diese Titel genannt als ob man sich etwas dabei vorstellen könnte, das geht natürlich nicht, aber ich will die Titel solange bei Ihnen aufheben, bis es möglich sein wird.»[19] Es scheint, als wolle Kafka die Titel einem postalischen Geheimnis überantworten. Das ‹man› ist der unbestimmte Empfänger[20], der neben Autor und Adressatin tritt. Dem Brief wird über die konkrete Empfängerin hinaus eine Dimension des Bewahrens zugesprochen, das Schriftstück als medialer Träger geht in seiner Bedeutung über die Botschaft hinaus. Im Bewahren liegt auch die Hoffnung auf ein zukünftiges Sich-vorstellen-können, das «möglich sein wird». Dass es zum Zeitpunkt des Briefs Kafka nicht möglich erschien, hängt vielleicht damit zusammen, dass die ersten sechs Kapitel zwar fast fertig geschrieben waren, er die Schwierigkeiten, daran weiter zu arbeiten, jedoch absah.

Dies aber sind Spekulationen, lieber will ich am Satz festhalten: Kafka spricht ein zur Lesbarkeit-Kommen[21] an, das versucht sein soll und doch immer prekär bleibt, weil keine Gegenwart das Erkennen für sich in Anspruch nehmen, sondern immer nur auf das Jetzt ihres gegenwärtigen Diskurses beziehen kann. Es scheint deshalb wichtig, jedes Wort auf seine bildliche Kraft hin zu befragen. ‹Im Hotel› lässt daran denken, dass das Hotel eine geschlossene Einheit darstellt, die keinen leichten Ausgang ermöglicht. Das Kapitel beginnt denn auch mit «Im Hotel wurde Karl gleich in eine Art Bureau geführt»[22]. Steht Karl am Ende des vorhergehenden Kapitels an der Böschung vor

---

Folgend möchte ich die Begründung für die Entscheidung der Titelgabe ‹Im Hotel occidental› in der historisch kritischen Textausgabe, die ich als stichhaltig betrachte, zitieren: «Da das zweite Zeugnis [Brief an Felice vom 11. November 1912; C.S.], wie oben gezeigt, das spätere ist, überdies auch in der Formulierung stärker den Charakter des Definitiven, ja sogar einen gewissen Grad von ‹Autorisierung› aufweist, wurde für den Textband dieser Ausgabe die hier vorliegende Fassung der Titel vorgezogen.» (Schillemeit 1983, 87).

19 Zitiert nach Schillemeit 1983, 54–55.
20 Vgl. auch Jacques Derridas ‹Postkarte›, bei der es um die Adressierung, nicht aber um die Bestimmung eines Adressaten geht. (Siehe Weigel 1995, 2).
21 Vgl. hierzu Walter Benjamins geschichtstheoretisches Modell der Lesbarkeit, «jenen «historischen Index», der nicht nur sagt, dass die Bilder «einer bestimmten Zeit angehören, sondern vor allem, daß sie erst in einer bestimmten Zeit zur Lesbarkeit kommen».» (Benjamin, (G.S., Bd.V., 577), zitiert nach Weigel 1995, 1).
22 Kafka 1996, 133.

dem Hotel und ruft seinen Kameraden in der Hoffnung, die Fotografie der Eltern doch noch zu erlangen, zu: «Ich bin noch immer da», findet er sich übergangslos dort, nämlich *im* Hotel. Die Lücke des Eintritts ist desto bedeutungsvoller, wenn man sich vor Augen führt, mit welcher Genauigkeit Kafka Übertritte schildert. So muss gerade das Aussparen der Schwelle als Raum konstituierendes Element bedacht werden.

Die Kleinschreibung ‹occidental› verweist auf eine ephemere Zuschreibung, die vom Hier und Jetzt eines Wahrnehmenden abhängt: Westlich ist das Hotel für jenen, der aus dem Osten kommt. Das Hotel besetzt keinen Ort, sondern eine Richtung und schließt eine Bewegung ohne Ankunft mit ein. Im Westen anzukommen ist erst möglich, wenn eine künstliche Grenze, eine Mauer gebaut ist, sonst bleibt die Himmelsrichtung ziellos. Das Adjektiv charakterisiert das Hotel als Durchgangsort, aber es gibt ihm keinen Namen. Der Eigenname ist dem Haus verweigert, es ist ein Ort ohne Identität. Auch dort, wo ein Name existiert, wie Ramses, die Stadt in deren Einzugsgebiet das Hotel liegt, überwuchert die mythische Verortung jede Zugehörigkeit zu einer referenziellen Landschaft. Ramses ist der Name des größten Bauherrn Ägyptens, darin klingt eine Historisierung und Überhöhung an, kein Versuch, Wirkliches zu benennen.

Das Grand Hotel als eine einzige Schwelle zu betrachten, die an keinen gefestigten Ort überführt, sondern absolute Vereinnahmung bedeutet, heißt auch, dass dieser Ort nicht eigentlich verlassen werden kann, sondern man sich bestenfalls entzieht, jedoch nicht ohne Identität einzubüßen und weiter verschollen zu gehen. Als Türhüter[23] Raum zu kontrollieren wird vom Oberportier als Machtposition konstruiert und ins Aberwitzige der «türlosen Ausgänge» verlängert: «Im übrigen bin ich in gewissem Sinne als Oberportier über alle gesetzt, denn mir unterstehn doch alle Tore des Hotels, also dieses Haupttor, die drei Mittel- und die zehn Nebentore, von den unzähligen Türchen und türlosen Ausgängen gar nicht zu reden.»[24] Er ist es, der Einlass gewährt und, wie in Karls Fall, das Verlassen des Hauses verweigert. Aus der Umklammerung des Oberportiers, der sich an seiner Jacke zu schaffen macht, löst sich Karl, indem er aus den Ärmeln fährt. Als Karl das Freie erreicht und mit Robinson in einem

---

23 Zum Türhütermotiv bei Kafka vgl. Nicolai 1981, 187f.
24 Kafka 1996, 203.

Taxi davonfährt, bleibt er jedoch weiterhin über den Mangel an Uniformierung mit dem Hotel verbunden. In Hemdsärmeln fällt Karl sofort als verdächtiges Individuum auf, während er bisher in seiner Hoteluniform gerade als Mensch unsichtbar geblieben war. Mit dem Rock sind Karl auch seine Ausweispapiere abhanden gekommen und er kann sich nur noch über das Abwesende legitimieren. Auf die Frage des Polizisten, ob er «irgend einen Verdienst» habe, antwortet Karl: «Ich war Liftjunge».[25]

Pars pro toto

> «Eben ist ein Auto vorgefahren, die livrierten Boys stürzen heraus, nehmen Koffer und Tasche einer etwas orientalisch aussehenden Dame ab, die Drehtür schwenkt und schluckt sie auf. Christine kann nicht weiter, wie ein Trichter zieht sie diese Türe an, unwiderstehlich verlangt sie, wenigstens eine Minute die ersehnte Welt zu sehen.»[26]

Die Drehtür, sowohl als Zeichen – sie schreibt sich als Kreuz innerhalb eines Kreises in den Grundriss des Grand Hotels ein – wie als Phänomen, verknüpft Raum, Bewegung, Schicksal und Vereinnahmung im Dazwischen. Hatte die Drehtür in den frühen Hotelromanen noch keine besondere Erwähnung gefunden und entsprechend keine Rolle gespielt, steht sie im imaginären Grand Hotel als Pars pro toto für den ganzen Bau. Sie ist Drehscheibe zwischen innen und außen, über ihre Achse spannt sie voneinander getrennte und doch in enger Abhängigkeit zueinander stehende Raumsegmente auf und zeichnet damit auf beengtem Raum eine topographische Ordnung nach. Gleichzeitig ist sie verdichteter Bedeutungsträger, Symbol[27] für

---

25 Kafka 1996, 215.
26 (Zweig 1996, 194). Christine Hoflehner ist nach dem strahlenden Hotelaufenthalt im Engadin längst wieder ihrem Postassistentinnenalltag verfallen. Auf einem Ausflug nach Wien versucht sie das Glück von Glanz und Unbeschwertheit nochmals zu zwingen.
27 Bündeln Literatur und Film, die sich mit dem Grand Hotel beschäftigen, in der Drehtür «Karussell und Roulettard» (vgl. Kracauer), etabliert sich die Drehtür gerade über die symbolische Verdichtung zu einem eigentlichen Topos, der sich zunehmend über das erzählte Grand Hotel hinwegsetzt und doch gleichsam in der Funktionsweise des Zitats diesen Bedeutungshintergrund voraussetzt. Die Konjunktur eines Symbols, das in seiner Verdichtung auch die Verkürzung gutheißt und damit krisenresistente Gemeingültigkeit beansprucht, lässt sich anhand

Ereignishaftigkeit und soziale Mobilität. Kompositorisch[28] steht die Drehtüre für das Episodische. Sie durchdringt als Anstifterin und Vollenderin der Grand-Hotel-Maschinerie eine nicht zu stillende Empfänglichkeit nach permanentem Ein-, Durch- und Auslass des literarischen Personals, das im Moment des sich In-ihr-Befindens dem räumlichen Dazwischen, Topos des Übergangs schlechthin, ausgeliefert wird.

«Was in einem großen Hotel erlebt wird, das sind keine runden, vollen, abgeschlossenen Schicksale. Es sind nur Bruchstücke, Fetzen, Teile; hinter den Türen wohnen Menschen, gleichgültige oder merkwürdige, Menschen im Aufstieg, Menschen im Niedergang; Glückseligkeiten und Katastrophen wohnen Wand an Wand. Die Drehtür dreht sich, und was zwischen Ankunft und Abreise erlebt wird, das ist nichts Ganzes.»[29]

---

zweier Beispiele aufzeigen: In Lisbet Dills ‹Die Drehtür›, Berlin 1935, ist die Drehtür vom Hotel gelöst und nur noch Stellvertreter von Spekulation und Merkmal eines Schicksalswandels. Die Tür führt in ein bürgerliches, etwas abseits gelegenes Eckhaus, das äußerlich völlig belanglos erscheint, über die Drehtür aber, gewissermaßen funktionsloses Fragment einer mondänen Welt, diesen Ort als ereignisreich und symbolisch beladen hervorhebt. Das Emblematische der Drehtür ist in den Memoiren des Hoteliers Carl König ‹Welt durch die Drehtür. Ein Hotelier erzählt› (König, o.J. [1948]) im Titel aufgegriffen, wie auch die Gestaltung des Titelblatts – eine Weltkugel dreht sich durch eine gläserne Hoteltür – auf bildliche Verdoppelung setzt.

28 Dass sich über das Symbol der Drehtür eine thematische Verknüpfung bis zum Roman des Niederländers A.F.Th. van der Heijden ‹Die Drehtür› ziehen lässt, zeigt die suggestive Kraft dieses Topos: «Zu Beginn des Abends war ich ihm, geradewegs vom Flughafen Schiphol kommend, in der Drehtür des «Américain» begegnet. Wo Außen- und Innenwelt in kreisenden Spiegeln unaufhörlich ihr Innerstes nach außen kehren, bewegten wir uns, einträchtig entgegen dem Uhrzeigersinn, in entgegengesetzter Richtung. Er war auf dem Weg nach draußen, ich nach drinnen.
Mein Spiegelbild drehte sich weg – und da war er. Durch das Glas unserer Tretmühle, die einen Moment lang zu stocken schien, erkannte ich ihn sofort.» (Van der Heijden 1997, 11). In der zu Beginn des Romans entworfenen Szene einer unverhofften und schicksalsweisenden Begegnung, in der Bewegung der Drehtür für einen Augenblick festgehalten, blitzt inhaltlich auf, was sich im weiteren als Kompositionsprinzip durch den Roman zieht, den Mechanismus im Detail verfolgend: Die Drehtür bringt jeweils einen kleinen, ständig wechselnden Sektor Luft mit der großen ungeteilten Menge außerhalb und innerhalb des Gebäudes in Berührung. Im Austausch des Teils mit dem Ganzen konstituieren sich neue Raumgefüge, die sich in der Bewegung wieder auflösen und doch über den Dreh- und Angelpunkt des Kreiselns miteinander verbunden sind. Auf diese Weise gerät die chronologische Erzählweise ins Rotieren.
29 Baum 1960, 304.

Die Drehtür als räumliche Nahtstelle des Innen und Außen wie auch als zeitliche Klammer, die Ankunft und Abreise miteinander verknüpft, soll hier als Auftakt eines Rundgangs durch das imaginäre Grand Hotel stehen. Die Besichtigung lässt anklingen, was den Leser in den folgenden Kapiteln, die der Dramaturgie der Gastlichkeit folgen, erwartet. Der Weg durch das imaginäre Grand Hotel führt entlang eines Textkorpus' von zentralen Titeln, aber diese sind nur Kern eines verzweigten Ganzen. Denn wie ein gastliches Haus Korridore beherbergt, die sich verästeln, Hintertreppen, die Unerwartetes miteinander verknüpfen, so sind es auch hier die Exkurse zum Detektivroman wie Seitenblicke auf die Theaterbühne, die die Raumfülle erst zu erzeugen vermögen.

Über die Drehtüre schwingt man in die *Halle* hinein. Was am Eingang zum Grand Hotel über die durchlässig gewordene Raumgrenze nicht aufgehalten werden kann, ist hier einem schweifenden Verdacht ausgesetzt. Das Fremde und Illegale lauert hinter dem Scheinen abgeschliffener Konventionen. Wie Siegfried Kracauer in seiner Analyse der Hotelhalle zeigt, ist dieser Raum herausragender Schauplatz des Geheimen. Hier treffen Verbrecher und Hochstaplerinnen auf die Professionals der Enträtselung. Jene, die wie Christine Hoflehner aus Zweigs ‹Rausch der Verwandlung› ihre Rolle allzu unbeschwert tragen, machen sich verdächtig. Die Theatralität des öffentlichen Lebens wird unterwandert, indem die Gesten der Unbekannten nicht als Zeichen spielerischer Selbstinszenierung, sondern als Schatten gedeutet werden, die ein Verborgenes ins Licht der Öffentlichkeit wirft.

Im Rhythmus der unermüdlich kreiselnden Drehtür dringt Populäres ins Grand Hotel ein, das wie der Jazz die bürgerliche Standesordnung unterwandert und die Mauern der Exklusivität erschüttert. In den *Gesellschaftsräumen* drehen sich die Menschen unter den glänzenden Lüstern beim Klang der Musik um ihre eigene Achse und schaffen in der tänzerischen Bewegung einen Raum, der im Stillstand wieder zerfällt. Hier lebt die Gesellschaft ganz in einer Atmosphäre der Leichtigkeit und des Vergnügens. Schnitzlers ‹Fräulein Else›[30], die

---

30 Arthur Schnitzlers Novelle ‹Fräulein Else› erschien erstmals im Oktober 1924 in der Zeitschrift ‹Neue Rundschau› und im gleichen Jahr in Buchform im Verlag Paul Zsolnay in Wien. Lässt sich die Handlungszeit der Erzählung ‹Fräulein Else› auch durch verschiedene Details wie Guldenwährung und Adelstitel auf die Jahrhundertwende (Vgl. Schmidt-Dengler 1985, 176) festlegen, so scheinen die Zwanzi-

völlig ungeschützt der Hotelgesellschaft ausgesetzt ist, schwankt in ihrem inneren Erleben zwischen Übereinstimmung und Diskrepanz zu dieser Atmosphäre, die sie zugleich als berückend wie unterdrückend empfindet.

Die Drehtür eröffnet mit ihrem Schaufeln, Rotieren und Kreiseln ein mechanistisches Wortfeld und lässt sich als vitaler Motor erfassen, welcher die gesamte Hotelmaschine wie ein Propeller antreibt. Sie ist das erste und entscheidende Rad innerhalb des umfassenden Ineinandergreifens der verschiedenen Bereiche des Grand Hotels. In ihrem glatten Fortlaufen ist sie zusammen mit dem *Lift* zu einem Statussymbol avanciert und verweist durch die Perfektion der Bewegung auf den zu erwartenden reibungslosen Verlauf des gastlichen Aufenthalts.

Jene aber, die etwa den Lift bedienen, wie Karl Rossmann aus Kakfas ‹Der Verschollene›, laufen Gefahr, sich dieser Maschine mitsamt ihrem unsichtbaren Mechanismus auszuliefern und mit ihrem anonymen Rhythmus zu verschmelzen. Neben dem Lift ist die *Treppe* das entscheidende Verbindungselement der Vertikalen. Franz Werfels Erzählung ‹Die Hoteltreppe›[31] erstreckt sich über die Dauer, welche die Protagonistin benötigt, um die fünf Stockwerke, die sich zwischen Halle und Zimmer türmen, hochzusteigen. Dabei ist das Treppensteigen ein Versuch leiblicher Orientierungsleistung, die der Lift – in blindem Getragensein – verunmöglicht.

Die Schwellenerfahrung, welche die Drehtür verunklärt und zugleich ausweitet, wird im *Gastzimmer* virulent. Das Gastzimmer, das fremd und doch intim ist, weil es den Gast in seiner Leiblichkeit umfängt, rückt dem Ich-Erzähler aus Prousts ‹Im Schatten junger Mädchenblüte›[32] in all seiner Dinglichkeit so nahe, dass ihm kein

---

gerjahre doch in der Schilderung wachsender Fragmentierung und Haltlosigkeit aufzuleuchten. Die verschlingende Schnelligkeit, mit der die Werte zerfallen, und die ungesicherte Konstruktion, welche die Fassade der Wohlanständigkeit zu befestigen sucht, verweisen auf die Befindlichkeit einer Gesellschaft, welcher der Boden des Altbekannten entzogen worden ist und die keinen gesicherten Grund kennt, auf dem sie ihre Zukunft aufzuschlagen vermöchte.

31 Franz Werfels Erzählung ‹Die Hoteltreppe› erscheint erstmals 1927 innerhalb einer Textsammlung mit dem Titel ‹Geheimnis eines Menschen›.

32 ‹A l'ombre des jeunes filles en fleurs› erschien als zweiter Teil der ‹Recherche› 1919. Gehen Teile des Romans auf die Zeit vor dem Ersten Weltkrieg zurück, hatte Proust bis zur Drucklegung 1918 nochmals erheblich daran gearbeitet. (Vgl. Keller 1995, 770ff.)

Bewegungsraum mehr eingestanden wird. Fenster und Türen des Gastzimmers sind die Schwellen dieses Leibraums, welche die Liminalität der Innewohnenden räumlich verdoppeln. So steht der Hilfsbuchhalter Kringelein in Baums ‹Menschen im Hotel› im Raum der Doppeltüren zwischen sozialem und realem Tod.

Umspannt die Drehtür mit dem Hinterausgang als ihrem maximalen Gegenüber das Grand Hotel in der Horizontalen, sind es in der Vertikalen *Keller* und *Dachgeschoss*, die das Haus zusammenhalten und gleichzeitig die dazwischenliegenden Geschosse umsorgen. Hier sind die Räume der Dienenden für die Gäste unsichtbar untergebracht. Maria Leitners ‹Hotel Amerika›[33] wendet sich in der Hochburg des Kapitalismus diesen vergessenen Räumen harter Arbeit zu und zeichnet den Querschnitt einer ausbeuterischen sozialen Hierarchie. Ganz unten ist meist die Küche eingelassen, die mit ihren ausgesuchten Speisen die Gäste mehr verführt als nährt, während die Köche und Küchenhilfen zwischen den zischenden Töpfen schwitzen. In luftiger Höhe unter der Dachschräge liegt das Personal in kurzem und unruhigem Schlaf, in beständiger Angst, den Dienst zu versäumen. Hier ist das Grand Hotel als Allegorie auf die Ungerechtigkeit der Zeit entworfen.

Am Ende des Romans ‹Menschen im Hotel› steht nur noch das Kreiseln der Drehtüre im Blick, die «schwingt, schwingt, schwingt ...»[34]. Droht das Grand Hotel in der Ruhelosigkeit der Zwanzigerjahre zu verpuffen, ist das Ende doch erst über den Stillstand der Bewegung erreicht, der zwangsläufig ruinös ist. Die allegorische Kraft des Grand Hotels geht in Flammen auf, angeschwärzt ist es nichts weiter als ein altes Haus aus einer überkommenen Zeit, das die aktuellen gesellschaftlichen Entwicklungen nicht mehr zu bündeln vermag. Wie Meinrad Inglin in ‹Grand Hotel Excelsior›[35] und Joseph Roth in

---

33 Maria Leitner war 1921/22 Mitarbeiterin des Verlags der Kommunistischen Jugendinternationale in Berlin. Von 1923–26 arbeitete sie in den USA als Fabrikarbeiterin, Kellnerin und Dienstmädchen. Danach schrieb sie in Berlin als Journalistin und war Mitglied des Bundes proletarisch-revolutionärer Schriftsteller. 1933 emigrierte Leitner erst nach Paris, weitere Stationen waren Wien und Antwerpen. Ihr erster Roman ‹Hotel Amerika› erschien 1930 und wurde später in der DDR bis in die Siebzigerjahre in verschiedenen Auflagen publiziert.
34 Baum 1960, 314.
35 Seit Ende 1924 trug sich Meinrad Inglin mit der Idee, das Leben der Zeit anhand eines luxuriösen Hotelbetriebs zu beschreiben. Zur Behandlung dieses Stoffes standen ihm eine Fülle persönlicher Erfahrungen zur Verfügung. Seine intime

‹Hotel Savoy›[36] beschreiben, können die klingenden Namen der Grand Hotels keine Formeln des Kollektivs mehr sein, sondern nur noch als Stellvertreter des Vergangenen figurieren.

Vertrautheit mit der Sphäre der noblen Hotelwelt war einerseits auf Kindheitserinnerungen an das großväterliche Hotel am Vierwaldstättersee zurückzuführen, andererseits kamen später eigene Erlebnisse als Hotelkellner in erstklassigen Häusern in Luzern und Caux hinzu. An Ostern 1927 schließlich lag das bereinigte Manuskript des ‹Grand Hotel Excelsior› vor. 1928 erschien das Buch. Das Grand Hotel ist in Meinrad Inglins Roman ‹Grand Hotel Excelsior› als Mikrokosmos geschildert, der alle sozialen Schichten in einem Haus zusammenfasst. Inglin beschäftigt sich mit allen Bewohnern des Hauses gleichermaßen, er zeichnet ein figur- und facettenreiches Grand Hotel: Das Personal vom unbeholfenen Volontär bis zum göttlichen Küchenchef tritt auf und die Gäste finden mit ihren unzähligen Spielarten der Selbstdarstellung eine angemessene Bühne. Das Grand Hotel, in einer ländlich beschaulichen Umgebung angesiedelt, erscheint gleichzeitig als Chiffre für eine ungehemmt einbrechende Zivilisation, die sich die Natur gefügig macht und auf eine ständige Zunahme an Luxus und Größe hinzielt. Der Gesellschaftsort Grand Hotel wird innerhalb des Romans als Antithese zur bäurischen Naturverbundenheit gezeichnet, ein Widerstreit der durch das unterschiedliche Brüderpaar, Peter und Eugen Sigwart, exemplarisch ausgetragen wird.

36 Joseph Roth, der das Hotel, wie ein «Vaterland» liebte (Vgl. Roth 1977, Bd. 3, 566) und der während eines Großteils seines Lebens in Hotelzimmern logierte, schildert in seinen Feuilletons über die Hotelwelt (Vgl. insbesondere Roth 1977, Bd. 3, 566–593) liebevoll das Leben im Hotel. Roth kannte sowohl die kleinen Pensionen wie auch die mondänen Grand Hotels. Sein Roman ‹Hotel Savoy› erschien von Februar bis März 1924 im Feuilletonteil der ‹Frankfurter Zeitung›. Im selben Jahr kam er auch in Buchform auf den Markt. Die Handlung des Romans setzt sich mit der Zeit kurz nach dem ersten Weltkrieg auseinander.

3. Halle – Gemeinplatz

Am Anfang stehen Konvention, Bejahung und Wiederholung der frühen Hotelerzählungen, die nicht müde werden, das Grand Hotel als reizvolles Objekt in der Landschaft zu schildern. Insbesondere die prunkvolle Fassade stilisiert das Grand Hotel zum außergewöhnlichen Ereignis. Über die Vielzahl der sich wiederholenden Belege wandelt sich aber gerade das Außergewöhnliche zum Stereotyp. Die Nachkriegsliteratur kann schon selbstverständlich auf das Grand Hotel als bestehendes Bild zurückgreifen, so dass die Schilderung des Milieus nicht mehr auf eine explizite Wiedergabe und geographische Verortung des Hauses angewiesen ist, sondern bereits über wenige Anhaltspunkte in seiner gesellschaftlichen Funktion erkannt wird. Das Interesse hat sich vom Grand Hotel als Objekt hin zum Grand Hotel als Matrix sozialer Konstellationen verschoben. Im Vordergrund stehen die Plazierungen im Innerhalb, die eine symbolische Haus-Ordnung aufspannen.

Das Grand Hotel ist im doppelten Sinn der *überkommene*[1] Raum des Kollektivs, womit neben dem allgemein Bekannten immer auch ein Vergangenes bezeichnet ist: Die Zwanzigerjahre treten sowohl ein Erbe bezüglich des konkret gebauten Hauses an wie auch in Hinblick auf das erzählte Grand Hotel. Das zur Sprache gebrachte Grand Hotel ist aus Topoi zusammengesetzt, die einfach aktiviert werden können und sich «zwanglos und ohne Umstände»[2] einstellen, sie gelten, unabhängig davon, ob sie wahr[3] sind. Eine weitere Erscheinungsform des Iterativen, die ich beim Wort nehmen will, ist im *Gemeinplatz*[4] angelegt, der die konventionelle gesellschaftliche Rede

---

1 Im Französischen sind im Begriff der *idées reçues*, meist synonym zu Gemeinplatz verwendet, die Bedeutungen ‹vererbt, überkommen und übernommen› enthalten.
2 Black 1996, 71.
3 Vgl. Black 1996, 71.
4 Als Lehnübersetzung des Aristotelischen ‹Koivòs Topos› führte Cicero den ‹locus communis› in den rhetorischen und philosophischen Wortschatz ein zur Bezeichnung eines Satzes, der unter vielen Gesichtspunkten betrachtet doch immer

als sozialen Diskurs an den Raum bindet. Die Nachkriegsliteratur konfrontiert nun den Gemeinplatz mit dem historischen Umschlag. Das Grand Hotel ist immer noch Gesellschaftsort, aber die Gesellschaft ist eine andere geworden. In den Salons sitzen die Kriegsgewinnler, Filmstars, Halbweltgrößen und mit schnellem Geld herausgeputzte Kleinbürger. Der Gemeinplatz kann nicht mehr unhinterfragt wiedergegeben werden. Die Formelhaftigkeit wird explizit gemacht und auf ihre Konsequenzen hin reflektiert.

Erschüttern viele Autoren den Gemeinplatz über die Figurenkonstellation – besondere Aufmerksamkeit kommt hierbei liminalen Figuren wie Braut und Außenseiter zu – bindet Proust, der im Wissen der Kriegszeit über das Grand Hotel der Jahrhundertwende schreibt, die Auseinandersetzung mit dem Überkommenen in die Schreibweise ein. Der Werbetext des Hotelprospekts, der die Formeln des müßigen Lebens festschreibt, ist die geronnene Form kollektiven Wünschens. Der Gemeinplatz erscheint als Zitat, er ist nicht mehr primär Sagbares, das heißt, er ist nicht mehr Rede einer bestimmten Figur, die als Gesellschaftsglied charakterisiert werden soll, sondern Verweis auf die Mentalitätsgeschichte[5]. Die zeitliche Rückwendung des Erzählgestus ist dem Zitieren, als dem Aufgreifen des bereits Gesagten, inhärent.

«Ich staunte, daß es Leute gab, die so verschieden von mir waren, daß mir der Hoteldirektor diesen Spaziergang in der Stadt als eine Zerstreuung hatte anraten können, und auch solche, für die dieser Ort der Qualen – wie jeder neue Wohnort es ist – sich als ‹ein entzückender Aufenthalt› präsentieren

---

seine Gültigkeit behält. Erste Übersetzung ins Deutsche durch Wieland um 1770. (Vgl. Trübners Deutsches Wörterbuch, Berlin 1939, Stichwort: Gemeinplatz). Quintilian setzt in ‹Institutio Oratoria› Gemeinplätze nicht mit Stereotypen gleich, sondern definiert sie als «Orte, an denen Argumente und Erläuterungen *gelagert* werden, und von welchen man diese immer wieder beziehen kann.» (Zitiert nach Dainotto 2000, 22. Hervorhebung C.S.). Die Schwierigkeit inhaltlicher Abgrenzung der verschiedenen Begriffe des Iterativen ist bei Leinen 1990, 1–11, im Umfeld der entsprechenden theoretischen Ansätze diskutiert. Im folgenden möchte ich mich auf ‹Topos› und ‹Gemeinplatz› konzentrieren, weil sie über das Sprachliche hinaus räumliche Aspekte mitmeinen und das Verhalten der Menschen in ihrem sozialen Kontext und somit immer auch schon ihr Verhältnis zum Raum umfassen.

5 Rückwendungen, wie sie von Thomas Mann bereits über die inflationäre Reihung der Gemeinplätze im ‹Felix Krull› und damit in der Nivellierung der einzelnen Aussage bekannt sind.

konnte, wie nämlich der Hotelprospekt verriet, der zwar übertreiben mochte, aber doch jedenfalls sich an eine Klientel wandte, deren Geschmack er entsprach. Allerdings rühmte er, um Leute ins Grand-Hôtel zu locken, nicht nur die ‹auserlesene Küche› und den ‹fabelhaften Blick auf die Kasinogärten›, sondern wies auch auf die ‹verpflichtenden Gebote Ihrer Majestät der Mode› hin, ‹die man nicht ungestraft verletzen kann, ohne als ein Banaus zu gelten, ein Urteil, dem kein wohlerzogener Mensch sich doch wohl aussetzen möchte›.»[6]

Mit dem Zitieren des Zitats wiederholt Proust die geronnenen Denk- und Sprachmuster und macht sie als Verweigerung des Anderen erzählerisch nutzbar. Als vorgefasste Meinung entziehen sie sich erfolgreich dem Situativen. Über das Zitat ist eine formale Distanz zum überkommenen Sprechen und gleichzeitig ein inhaltlicher Zugriff darauf möglich. Auch die Anglizismen, die das Hotelleben kommentieren, fungieren als Zitate[7]. Über Wörter wie *home*,[8] *lift*,[9] *rocking-chair*[10] klingt die Atmosphäre der vornehmen Hotelgesellschaft der Jahrhundertwende an. Sie sind die Knotenpunkte eines mondänen Jargons, der das Fremde im weltläufigen Ausdruck domestiziert. Wenn hier von Domestizierung die Rede ist, soll jedoch

---

6   Proust 1995, 341.
7   «Fremdwörter sind Zitate.» (Adorno 1998, 645).
8   Im Französischen seit Beginn des 19. Jahrhunderts nachgewiesen, seit Mitte des 19. Jahrhunderts in zahlreichen literarischen Texten belegt. (Vgl. Robert: Dictionnaire des anglicismes, Paris 1980, Eintrag: home).
9   ‹Lift› im Französischen erstmals um 1900 erwähnt und zwar bereits parallel zu ‹ascenseur›. Dazu Robert: Dictionnaire des anglicismes, Paris 1980, Eintrag: lift. Besonders folgender Hinweis: «En français, *lift*, (…) a été à la mode au début du siècle, puis a vieilli.» Das Außergewöhnliche des Fremdworts liegt aber nicht nur im Aspekt des Neuen, sondern auch in seiner Kraft, als Zeichen der Distinktion zu fungieren. Es gelassen und wissend auszusprechen ist Privileg jener, die davon Gebrauch machen – die vornehme Hotelgesellschaft tritt im technikbegeisterten Grand Hotel als erste innerhalb Europas mit dieser Innovation in Berührung. Der jüdische Intellektuelle Bloch, dessen Familie sich in einem bescheidenen Sommerhaus einquartiert hat, spricht das Wort falsch aus und St. Loup errötet bereits bei dem Gedanken, dass sein Bekannter dies einst bemerken und sich bloßgestellt fühlen könnte. Denn hinter der falschen Aussprache verbirgt sich nicht nur ein Nichtkennen der Phonologie, sondern die Diskrepanz des Wissens vom Ding und dem selbstverständlichen Umgang damit.
10 Das Wort ist erstmals 1851 im Französischen belegt, anfänglich wird es allein in amerikanischen Reisebeschreibungen verwendet, weil der Gegenstand selbst nur zurückhaltend Eingang in Frankreich gefunden hat. (Vgl. Robert: Dictionnaire des anglicismes, Paris 1980, Eintrag: rocking-chair.)

nicht die «Harmlosigkeit der Fremdwörter» behauptet werden, ihre «Sprengkraft»[11] liegt eben darin, dass Vergangenes – das Wort wird jeweils mit der Erfindung[12] eingeführt – beim «Eigennamen»[13] gerufen wird. Vielmehr liegt es im Gebrauch der Hotelgesellschaft, die alles Fremde zur verfügbaren Exotik wandelt, dass das Fremdwort nur Koketterie mit einer Ferne ist, die auf der Zunge zergeht. Für die Leserin wird dieser Prozess der Einverleibung gleichsam sichtbar gemacht: Über den Kursivdruck erscheinen die fremden Wörter als Fremdkörper innerhalb des Texts, während sie syntaktisch eingebunden sind und inhaltlich in der Verknüpfung etwa von *home* mit der falschen Marmortreppe als vordergründige gesellschaftliche Konstrukte aufgedeckt werden.

Kracauer beim Wort genommen

Die folgende Analyse der Hotelhalle als verbergendem Gemeinplatz geht von Siegfried Kracauers Betrachtungen zur Halle aus, die er für seine Studie ‹Der Detektiv-Roman. Ein philosophischer Traktat› zwischen 1922 und 1925 erarbeitet hatte, jedoch erstmals 1963 in ‹Ornament der Masse› publizierte. Dabei ist entscheidend, dass Kracauer die Halle als zentralen Schauplatz innerhalb der Literatur der Zwanzigerjahre aufgreift und sie gleichzeitig als einen Ort beschreibt, der über die abgegriffenen Konventionen, die ihn regulieren, als verbergender figuriert.

‹Der Detektiv-Roman. Ein philosophischer Traktat› ist eine der ersten Arbeiten, in denen sich Siegfried Kracauer mit populärer Kulturproduktion auseinander setzt. Indem er den Detektivroman wie auch in späteren Aufsätzen die modernen Formen von Reise und Tanz «als ästhetische bzw. kulturelle Epiphänomene eines grundlegenden Rationalisierungs- und Entsubstantialisierungsprozesses begreift, desavouiert er eine bildungsbürgerlich-moralisierende Kritik an diesen Erscheinungen als Donquichotterie.»[14] Im Detektivroman,

---

11 Adorno 1998, 640.
12 Dabei kann es sich wie beim ‹lift› und dem ‹rocking-chair› um konkrete Dinge oder wie bei ‹home› um die bürgerliche Konstruktion familiärer Gemütlichkeit und Intimität handeln.
13 Adorno 1998, 641.
14 Band 1999, 50.

«den meisten Gebildeten nur als außerliterarisches Machwerk bekannt»[15], an der Peripherie bürgerlicher Kultur angesiedelt, sucht Kracauer erstmals nach Spuren gesellschaftlicher Realität, wenn auch das vordergründig polare Argumentieren Halle und Gotteshaus[16] zu Sinnbildern verfestigt, bevor sie als Phänomene gesehen und betrachtet, sinnlich geworden sind. Aus dieser Herangehensweise spricht Kracauers philosophisches Interesse, das ihn den Kriminalroman in erster Linie als Allegorie und nicht in seiner soziokulturellen Bedingtheit lesen lässt. Die ‹Hotelhalle› ist entsprechend aus Merkmalen konstruiert und nicht in ihrer Oberfläche erkannt, mit Ausnahme vielleicht jener Stelle, bei der Kracauer das Genre verlassend aus dem ‹Tod in Venedig› zitiert[17] und damit Atmosphärisches in seine Analyse aufnimmt, den soziologischen Gehalt verdrängend.

Die Vielschichtigkeit der Kracauerschen Hallenkonstruktion darf jedoch nicht verkannt werden. Dank der Vermittlung des Ästhetischen – Kracauer traut dem Detektivroman zu, «aus den blind umgetriebenen Elementen einer zerfallenen Welt ein Ganzes»[18] zu bilden – gelingt es gerade durch Überzeichnung und Verkürzung Rück-

---

15 Kracauer 1979, 9. (Zur klareren Unterscheidung von weiteren Texten Kracauers zitiere ich diese Ausgabe innerhalb dieses Kapitels als ‹Detektiv-Roman› zusammen mit der entsprechenden Seitenzahl).

16 Vgl. hierzu Matilde Seraos Inszenierung der Kirche durch die Besuche der Dienenden und der Hotelgäste im Kapitel ‹Der kollektive Raum›. Sie schildert dort, dass sich die mondäne Gesellschaft in der Kirche gleich verhält wie in der Hotelhalle.

17 Dieses Zitat – «In dem Raum herrschte die feierliche Stille, die zum Ehrgeiz der großen Hotels gehört. Die bedienenden Kellner gingen auf leisen Sohlen umher. Ein Klappern des Teegerätes, ein halbgeflüstertes Wort war alles, was man vernahm.» (Kracauer 1977, 166) – ist auch unter dem Aspekt eines freien Handhabens literarischer Genres interessant. Man könnte Kracauer vorwerfen, in seiner literarischen Auswahl wenig konsequent und nur belegend zu verfahren. Dass Kracauer Manns ‹Tod in Venedig› neben Sven Elvestads ‹Der Tod kehrt im Hotel ein› setzt und damit, ohne eine Wertung vorzunehmen, in beiden von einer fortgeschrittenen Typisierung des Hotels ausgeht und eine Gleichzeitigkeit herstellt, ist jedoch auch als fruchtbare Provokation gegenüber einer konservativen, immer schon wertend trennenden Literaturkritik zu lesen. Namentlich werden im Text ‹Die Hotelhalle›, wie sie Kracauer in ‹Das Ornament der Masse› einfügt, nur diese beiden Autoren genannt.

18 Kracauer 1977, 159. (Im Folgenden wird der Essay ‹Die Hotelhalle› nach der Fassung in ‹Das Ornament der Masse› zitiert. Zur Unterscheidung von weiteren Texten Kracauers wird ‹Hotelhalle› und die entsprechende Seitenzahl gesetzt).

schlüsse auf das Gegebene, die «entwirklichte Gesellschaft»[19] zu ziehen. Kapitalismus und Wissenschaft sind Synonyme für die Kräfte, die religiösen Glauben[20] und Gemeinschaft zersetzen und die Vermassung vorantreiben. Entsprechend bildet der Detektivroman die «Idee der durchrationalisierten zivilisierten Gesellschaft»[21] kraft seiner Bündelung radikal aus und behauptet über nationale Eigentümlichkeiten hinaus im festen Gebrauch von Stereotypen Allgemeingültigkeit. Die Hotelhalle mit ihrem standardisierten Luxus[22] bietet den Ort, der diesen internationalen Geltungsbereich räumlich abbildet und bestätigt[23]. Darüber hinaus entwirft Kracauer eine strukturelle Ähnlichkeit zwischen Krimi und Grand Hotel, da er in der Halle den Handlungsraum erkennt, der die Produktionsmuster des Genres im Changieren und Vergeheimnissen von Schein und Sein verdoppelt. Die Entgegensetzung von Öffentlichkeit und Intimität, die dem Grand Hotel eignet, überlagert der Kriminalroman mit dem Begriffpaar Verbergen und Aufdecken. Kracauers Deutung und die Behauptung, dass die Halle in der Literatur gehäuft als Schauplatz geheimer Machenschaften auftrete, bleiben jedoch insoweit abstrakt, als er die literarischen Texte, auf die er sich zu stützen vorgibt, kaum benennt – auch hier ersetzt der Gemeinplatz die Textarbeit. In einigen Passagen aber wird die Hotelhalle als lebendiger Reflexionsort greifbar und die Konstruktion[24] zielt, wenn auch gegen die ausge-

---

19 ‹Hotelhalle›, 159.
20 Dass Kracauers Umgang mit Religiosität widersprüchlich ist, zeigt seine Skepsis gegenüber den religiösen Erneuerungsbewegungen der Nachkriegszeit, wie er sie in Briefen an Leo Löwenthal zu Beginn der Zwanzigerjahre zum Ausdruck bringt. (Vgl. Band 1999, 23–24).
21 ‹Detektiv-Roman›, 9.
22 Vergleiche hierzu: «Die Halle, Vestibül nannte man sie hier, war mit Teppichen, Lehnstühlen, Spiegeln und Kübelpalmen so vornehm und unpersönlich eingerichtet wie die Hallen aller großen Fremdenhäuser.» (Inglin 1988, 22).
23 Ernest Mandel führt in seiner Sozialgeschichte des Kriminalromans aus, dass die Klassiker, damit meint er die Werke der Zwanzigerjahre, das bürgerliche Milieu und hier insbesondere den Salon zum Schauplatz ihrer stark standardisierten und konventionellen Handlungsverläufe machen. Diese Konzentration aufs Interieur verdankt sich dem Bemühen, eine Einheit von Zeit, Ort und Handlung herzustellen und dem Leser wie beim Kreuzworträtsel die Anleitung zur Lösung des Falls übersichtlich an die Hand zu geben. (Vgl. Mandel 1987, 34ff.).
24 Zu einem differenzierten Konstruktionsbegriff, wie ihn Kracauer in späteren Jahren entwickelt hat, vergleiche Kapitel ‹Konstruktionen›.

sprochene Intention des Autors[25], auf den Raum als Spiegel sozialer Wirklichkeit[26]. Dass Kracauer gesellschaftliche Tendenzen gleichsam vergrößert und verschärft im Kriminalroman als entzifferbar erkennt, zeigt, welchen ausgezeichneten Stellenwert er der Literatur in der Analyse gesellschaftlicher Phänomene einräumt.

Im Weiteren möchte ich bei meiner Lektüre der ‹Hotelhalle› nicht vordergründig Kracauers Argumentation des Mangels und der Entwirklichung[27], sondern der Kraft der entworfenen Bilder folgen. In seiner Sprache geht Kracauer weiter als in seiner Argumentation. Bindet er die entworfene Metaphorik an eine Dechiffrierung des allpräsenten Zersetzungsprozesses zurück – der Kracauer These und Voraussetzung des Schreibens ist –, erweist sich seine Sprache einer geschlossenen Deutung, wie er sie selbst zu unternehmen versucht, als widerspenstig, die Bilder verselbständigen sich. So wird in den nachfolgenden Betrachtungen versucht, Kracauers Sprechen gleichsam aufzuhalten, seine Übersetzungskunst[28] aus der ultimativen Verpflichtung des nachgewiesenen Zerrbildes herauszulösen und seinen Analogien Platz einzuräumen.

Kracauers Traktat ist vom Gegenüber zwischen Sinnerfüllung und Sinnentleerung[29] geprägt, Phänomene, die in Gotteshaus und Hotel-

---

25 Kracauer spricht in seinem Zugriff auf das Genre des Detektivromans 1924 von der Bemühung, ein «allegorisches Gemälde der Negativität» auszuführen. (Die Formulierung entstammt einem Brief an Leo Löwenthal vom 2. November 1924, zitiert nach Band 1999, 32).

26 Dem Traktat kommt in Kracauers intellektueller Biographie Übergangscharakter zu. Implizit ist hier vorweggenommen, was später deutlich gemacht und ausgeführt wird. Unterstützung findet diese Deutung letztlich durch Kracauer selbst, der ‹Die Hotelhalle› in den Essayband ‹Ornament der Masse› unter dem Zwischentitel ‹Konstruktionen› aufnimmt und über diese Geste dem Text mit Blick auf sein gesamtes Werk Gültigkeit zuspricht.

27 Hier theologisch gefärbt als Verlust einer sinnerfüllten Wirklichkeit.

28 «Seine Deutung [des Detektivromans; C.S.] sei Beispiel einer Übersetzungskunst, der recht eigentlich nachzuweisen obliegt, daß das Eine, Gleiche, das die in der Beziehung stehenden Menschen unmittelbar leben und ansprechen, auch in den Regionen vollendeter Entwirklichung noch, wie verschroben immer, zurückgeworfen wird.» (‹Detektiv-Roman›, 12–13).

29 Kracauer interpretiert dabei das im Detektivroman Dargestellte als Mangel. Ist es bei dieser frühen Schrift ein Mangel dessen, was sein sollte und deshalb negativ konnotiert, so ist doch schon die Faszination am Oberflächenphänomen lesbar, das in der Hotelhalle einen ihrer ausgezeichneten Schauplätze findet. Damit zeichnet Kracauer vor, was er später deutlich machen wird, dass der Zerfall nicht

halle eine bildliche Dimension zugesprochen erhalten. Diesen Schauplätzen schreibt Kracauer die schmerzhaften Erfahrungen einer Nachkriegsgesellschaft ein, die sich den Anforderungen einer ökonomisch und sozial veränderten Wirklichkeit stellen muss, während sie gleichzeitig unter der umgreifenden Bindungslosigkeit, einer Atomisierung des einzelnen und am Mangel an Lebenssinn leidet. Um den Verlust an übereingekommener Gemeinschaft aufzufangen, tröstet sich die Menschheit mit Ersatzhandlungen an Ersatzorten, dabei tritt das Kollektiv jedoch allein quantitativ als Masse und nicht mehr qualitativ als Ganzheit auf. So konstruiert Kracauer die Hotelhalle als Leerform des Gotteshauses. Aber auch die Kirche[30] vermag den Alltag der Menschen nicht mehr zu umspannen, sondern tritt als ein Ort unter anderen auf – bei Kracauer deshalb auch durchgängig als Gotteshaus[31] und damit als Singuläres und Isoliertes, aber auch Konkretes benannt –, der über die Art des Innewohnens geprägt und in seiner Wirkung beschränkt ist[32]. Denn dem Raum als Hülle «verbleibt eine nur mehr dekorative Bedeutung, wenn die Menschen aus der Beziehung getreten sind, die ihn gründet»[33].

---

    einfach als ein *Gegen*, sondern als ein nicht aufhaltbarer *Prozess hin* zu deuten ist. (Vgl. Kracauer: ‹Das Ornament der Masse›, 50ff.).

30 Der Begriff der Kirche steht bei Kracauer für eine gesellschaftlich umfassende Religiosität: «Der Zersetzungsprozeß, in dem sich die abendländische Menschheit befindet, seit von dem allumspannenden Gebäude der Kirche Stück für Stück abgebröckelt ist, neigt sich, wenn nicht alle Anzeichen trügen, seinem Ende zu, denn es bleibt nichts. mehr übrig, was noch zersetzt werden kann.» (Kracauer zu Lukacs' Romantheorie in: Kracauer 1992, 82).

31 Es scheint, dass Kracauer den Begriff der Kirche, der einen Doppelsinn, nämlich «gleichmäßig den Sinn des Gebäudes und der ideellen Vereinigung» (Simmel: ‹Über räumliche Projektionen socialer Formen›, GA Bd. 7, 1995, 201) umfasst, unter den gegebenen Bedingungen nicht als statthaft und einlösbar erachtet.

32 Das Gotteshaus verweist in diesem Traktat nicht auf eine rückwärts gerichtete Utopie, sondern muss sich in der gelebten Gegenwart über die Gemeinschaft immer wieder neu konstituieren. Als Kracauer den Text 1963 aus dem zu seinen Lebzeiten unveröffentlicht gebliebenen philosophischen Traktat über den ‹Detektiv-Roman› herauslöste, ihn um eine Einleitung – er ergänzte den Essay durch Passagen aus dem Kapitel ‹Sphären› – erweiterte und in die Aufsatzsammlung ‹Ornament der Masse› integrierte, nahm er kleine, aber viel sagende Veränderungen vor. Ist die Halle 1925 noch als «Gegenbild» (‹Detektiv-Roman›, 38) des Gotteshauses definiert, obwohl die Abhängigkeit vom Wie des Bewohnens bereits ausformuliert und damit ein Umschlagen schon mitgedacht ist, spricht Kracauer in der überarbeiteten Fassung von 1963 von «Kehrbild» (‹Hotelhalle›, 159) und schließt die Kippbewegung explizit mit ein.

33 ‹Hotelhalle›, 159.

Dabei wäre es zu kurz gegriffen, zu behaupten, dass Gotteshaus und Hotelhalle einander als unvereinbare Welten entgegenstehen. Erst die *entstellte Ähnlichkeit* zwischen den genannten Räumen lässt die Vielschichtigkeit ihres Verhältnisses, von Kracauer als «verzerrt gespiegelt»[34] charakterisiert, erkennen. Ist die Hotelhalle im Vergleich zum Gotteshaus als ein säkularisierter Versammlungsort der Gesellschaft zu beschreiben, so ist die Halle dennoch von Entgegensetzungen gekennzeichnet, die das Sakrale in Form unumstößlicher den Raum betreffender Wertungen hervorheben und einer Homogenisierung entgegenwirken. Ein komplexes Verhältnis zwischen Offenheit und Geschlossenheit ist sowohl dem Kirchenraum wie auch der Hotelhalle eigen. Beide Orte laden zunächst durch freien Zutritt ein, während sie im Innerhalb von den Anwesenden eine strenge Einhaltung des Rituals und die Berücksichtigung der symbolisch besetzten Raumgrenzen verlangen.

> «Hier und dort stellt man sich *zu Gaste* ein. Gilt aber das Gotteshaus dem Dienste dessen, zu dem man sich in ihm begibt, so dient die Hotelhalle allen, die sich in ihr zu niemandem begeben. Sie ist der Schauplatz derer, die den stetig Gesuchten nicht suchen noch finden, und darum gleichsam im Raume an sich zu Gaste sind, im Raume, der sie umfängt und diesem Umfangen allein zugeeignet ist.»[35]

Die Hotelgäste als gastgeberlos Versammelte zu betrachten, streicht die Bedeutung der Halle hervor, in der alleine sie nun gleichsam zu Gast sind. Innerhalb dieses Denkbilds wird der Raum zum Gastgeber, zum einflussreichen Umgebenden seiner Gäste, sucht doch die nach wie vor aufgeladene Bedeutsamkeit des Raums die Gästeschar insgesamt heim. Diese, der personifizierten Halle zugesprochene Qualität bleibt aber nur solange erhalten, wie die Präsenz der Gäste sie gewährleistet[36]. Denn das Gleichgewicht zwischen Raum und literarischem Personal ist prekär. Mit zunehmender Abwesenheit der Besucher und der damit verbundenen Atmosphäre des Gesellschaftlichen verliert der Raum sein Eigenstes. Die entleerte Halle des

---

34 ‹Hotelhalle›, 163.
35 ‹Hotelhalle›, 160. Hervorhebung im Original.
36 Zur wechselseitigen Bedingtheit von Mensch und Raum äußert sich Simmel folgendermaßen: «(...) immer fassen wir den Raum, den eine gesellschaftliche Gruppe in irgend einem Sinne erfüllt, als eine Einheit auf, die die Einheit jener Gruppe ebenso ausdrückt und trägt, wie sie von ihr getragen wird.» (Simmel 1992, 694).

Grand Hotels entfremdet sich und kippt in ihr Gegenbild, das im Gegensatz zur Halle über die konkrete Anwesenheit der Gläubigen hinaus seine Bestimmung wachhält[37]: «Die Halle war noch unbelebt und still wie ein Kirchenraum, (...)»[38].

«Statt auf das Gottesverhältnis gründet sich in der Hotelhalle die Gleichheit auf das Verhältnis zum Nichts. Die Ablösung läßt hier, im Raume der Beziehungslosigkeit, das zweckhafte Tun nicht unter sich, sondern klammert es ein um einer Freiheit willen, die nur sich selber meinen kann und darum in Entspannung und Indifferenz versackt.»[39]

Die Halle bietet den formalen Rahmen der Beziehungslosigkeit. Mit der Hotelhalle ist ein kollektiver Ort geschaffen, der zur Versammlung bestimmt ist, ohne dass er sich auf einen sinnstiftenden Grund des Beisammenseins stützen könnte. Das Weshalb wird von Kracauer als «Nichts» bezeichnet, das sich den Raum aneignet, jede gedankliche Möblierung ausräumend. Den in der Halle Anwesenden wird der gemeinsame, sinnstiftende Grund entzogen – das eigentliche Gottesverhältnis –, während sie in Gestalt gutgestellter Sinnentleerter über den Ersatz einer geldutermauerten Gesellschaftlichkeit vergnüglich weiterprassen. Das «Nichts» ist ein Etwas, das für sich selbst genommen keinen Wert besitzt. Das «Nichts» beschreibt hier die gesellschaftliche Festlegung auf Muße[40] und demonstrativen Konsum[41], die als Selbstzweck des gastlichen Daseins das Leben im Grand Hotel bestimmen. Was damit aufwändig bezweckt wird, ist das Anreichern sozialen Prestiges. Während der Detektivroman das «Nichts» als Deckmantel illegaler Aktivitäten inszeniert und die Verbrecher ihr Wissen um die Mechanismen ausnutzen, beschreibt die Hotelliteratur der Zwanzigerjahre gerade dieses aufgeladene «Nichts»

---

37 Die Ausführungen von Maximilian Rapsilber im Hotelprospekt des Hotel Adlon von 1924/25 nehmen diesen Gedanken auf: «Cathedrals and rooms in royal places may lift themselves high toward heaven as symbols of divine or royal conceptions, but in the hotel man is the central thought, man is the measure.» (‹Hotelprospekt Hotel Adlon 1924/25›, 73).
38 Inglin 1988, 70.
39 ‹Hotelhalle›, 163–164.
40 Das Warten als Selbstzweck kommt in Kracauers Analysen sowohl dem Arbeitsnachweis (Vgl. Kracauer 1987) als auch der Hotelhalle zu, doch während in der Halle der Müßiggang gleichsam als gesellschaftlicher Adelstitel vorgeführt wird, müssen die Arbeitslosen auf diese Legitimation schmerzlich verzichten.
41 Vgl. Veblen 1997, 95.

als drohende Gefährdung für den Außenseiter, der den eigentlichen Grund der scheinbaren Gleichheit nicht zu durchschauen vermag und sich gutgläubig im Kreis einer sich letztlich beargwöhnenden und mit scharfzüngigen Urteilen bedenkenden Gästeschar aufgehoben fühlt.

Wenn Kracauer im oben genannten Zitat des weiteren von Entspannung spricht, ist das Gegenteil des auf ein Höheres hingespannten Menschen angesprochen. Ohne Sinn, der den ganzen Menschen angeht, löst sich der Körper vom Geistigen wie eine Ware ab. Diese Form der Entspannung fordert innerhalb der Welt des Grand Hotels ihren kosmetischen Tribut. Der eigene Körper steht als einzig wirksames Aushängeschild dieser Entspannung im Vordergrund und wird zum Statussymbol der gesellschaftlichen Zugehörigkeit herausgeputzt.

«So ernst und sorgfältig behandelten um diese Zeit fast alle Gäste ihr Äußeres und unterwarfen sich damit jener unerläßlichen Forderung der höheren Gesellschaft, von deren Erfüllung oder Nichterfüllung mehr abhängt als von der inneren Erscheinung des Menschen. Mit der gesellschaftlichen Sicherheit, welche Gewöhnung und äußere Vollendung den Angehörigen dieser Kreise verleihen, fingen sie jetzt alle den Tag an.»[42]

Die rigorosen Auflagen des ungezwungenen Beisammens sind einschneidend. Das Eintauchen in die Indifferenz des Gesellschaftlichen verlangt nach einer ritualisierten Körperpflege und nach strengem Befolgen der Kleidernorm. Dabei ist festzuhalten, wie unerbittlich durchschlagend die Forderungen des guten Tons und der feinen Manieren im Innerhalb des Grand Hotels eingehalten werden müssen, obschon diese auf keinen Zweck außerhalb des Grand Hotels gerichtet sind, sondern allein die Exklusivität dieser Welt bestätigen.

Der Raum der Hotelhalle wird von Kracauer denn auch den «niederen Regionen»[43], der physisch konkreten nämlich, zugeteilt. Er sieht zwar in der Hotelhalle durchaus die Verkörperung des Wunsches nach einer Loslösung von der Beschwernis des täglichen Lebens. Im Gegensatz zum Gotteshaus wird aber keine geistige Erhebung über den Alltag angestrengt, sondern vielmehr ein sich jeglicher

---

42 Inglin 1988, 60.
43 ‹Hotelhalle›, 157.

Verpflichtung entziehendes, körperliches Heraustreten aus diesem. Die Gebundenheit, die sich keiner Andacht, keinem Hinterfragen stellt, steigert sich zu verschwenderischer Zügellosigkeit, da ihr der Zweck abhanden gekommen ist. Der literarischen Bearbeitung scheint gerade dieses verantwortungslose Heraustreten aus den Festlegungen des Alltags im Innerhalb der Hotelhalle zu erlauben, das erzählerisch geleitete Schicksal in die spannungsgeladene «Lücke»[44] des nicht zweckgerichteten Raums schlüpfen zu lassen, der durch das «Nichts» an Verführungspotenzial und Glaubwürdigkeit gewinnt.

In diesem Zusammenhang wendet Kracauer die «Formel Zweckmäßigkeit ohne Zweck»[45] auf die Halle des Grand Hotels an und spricht ihr eine Nützlichkeit, eine Benützbarkeit und in diesem Falle auch Bewohnbarkeit zu, die zwar keinen höheren Zweck anstrebt, deren Zweckbestimmung jedoch gerade kraft dieses Mangels unmittelbar in ihr selbst zu liegen hat. Das Schöne dieses Orts scheint sich im Zusammenspiel mit der auftretenden Gästeschar selbst genug zu sein. Die profane Schönheit mag zwar als belanglos und langweilig umschrieben werden, sie birgt jedoch zugleich etwas immanent Bedrohliches, nämlich unabgefederte Sinnlichkeit, die durch keine höhere Absicht gemildert wird. Der sinnliche Genuss bleibt somit stark im körperlichen Akt verankert, unberührt von einem Schönheitsbegriff, der über die Sittlichkeit des Erhabenen einen Körper und Geist vereinenden und somit auch neutralisierenden Zweck anstrebt. Die Vordergründigkeit verlangt, dass der Hotelgast seine Gefühle verbirgt.

Theatralität

« (...) ihre [der Unbekannten; C.S.] monologische Phantasie heftet den Masken Bezeichnungen an, die das Gegenüber als Spielzeug nutzen, und der flüchtige Blickwechsel, der die Möglichkeit des Austauschs schafft, wird nur zugestanden, weil das Trugbild der Möglichkeit die Wirklichkeit der Distanz bestätigt.»[46]

---

44 (‹Hotelhalle›, 161). Vgl. hierzu Kapitel ‹Gesellschaftsräume – Atmosphären›, hier wird die Halle zum Ballsaal ausgeräumt und atmosphärisch aufgeladen.
45 (‹Hotelhalle›, 162). Anspielung auf Kants Definition des Schönen: das Zweckmäßige empfinden, ohne «die Vorstellung eines Zweckes mit ihr zu verbinden». (‹Hotelhalle›, 161).
46 ‹Hotelhalle›, 168.

Die Art und Weise des ersten Auftritts in der Halle ist ausschlaggebend für die Aufnahme im Grand Hotel. Das verführerische Angebot, in diesen exquisiten Kreis von Gästen als vergangenheitsloser und zukunftsfreier Mensch einzutreten, erlaubt den Ankommenden, sich gegenwärtig zu präsentieren. Die Einschätzung des Portiers bestimmt die Qualität des zu beziehenden Zimmers und somit das Maß an Diskretion, welches dem ankommenden Gast in privaten Belangen zuteil wird, während die anwesenden Gäste mit einer Mischung aus aufmerksam interessierter und beiläufig abschätziger Taxierung über die Leuchtkraft und Wichtigkeit der dem neu Dazustoßenden zugedachten Rolle entscheiden.

Die Halle selbst ist den Auftretenden das Parkett, das die Welt bedeutet. Wie eine Theaterinszenierung, die aus dem Realitätskontinuum ausbricht, um dem erwählten Stoff der Handlung eine eigene Zeitlichkeit und Örtlichkeit zuzueignen, so erscheint auch das Leben des Grand Hotels als Zäsur im Lauf der Dinge, bereit nach seinen eigenen Spielregeln und vor allem auf der eigenen Bühne – der Halle – ein Stück Lebensgeschichte zu inszenieren. Die das Grand Hotel begleitende Bühnenmetaphorik – mit dem beliebten Maskenball der Hotelgeschichten vor 1914 eng verwandt[47] – hat sich denn auch hart-

---

[47] Die Interdependenz zwischen gebautem Grand Hotel und den Menschen, die es bewohnen, war im 19. Jahrhundert bis hin zum Ersten Weltkrieg im Maskenball versinnbilicht. Das Haus lieferte die märchenhafte Kulisse, während Rollenverteilung und zugewiesener Text das Stück erst hervorbrachten. Der Maskenball umfasste die beschränkte Dauer eines zugestandenen Andersseins. Es war die sozial abgesprochene Zeit des Außerordentlichen innerhalb der gesellschaftlichen Ordnung. Während eines Abends, der Zeitpunkt der Verwandlung war bekannt, waren die Teilnehmerinnen und Teilnehmer des Fests dazu aufgerufen, sich zu verkleiden und ihre Rolle zu spielen. Hierbei ging es nicht darum, hinter der Maske unerkannt zu bleiben, sondern die Differenz zwischen offensichtlicher Verkleidung und der gewöhnlich präsentierten physischen Erscheinung auszukosten. Die Frage ‹Wer bin ich?› verschwindet im Grand Hotel immer schon hinter der Wendung ‹Was stelle ich dar›. Der Maskenball war denn auch ein Anlass, der in keinem Grand Hotel der Jahrhundertwende fehlen durfte und gewissermaßen als verdoppelte Selbstdarstellung figurierte. Denn die persönliche Erscheinung, ihrem angestammten sozialen Umfeld enthoben, präsentierte sich im Grand Hotel bereits als äußerlich und jede Verfremdung war nur eine weitere willkommene Spielart der Veräußerung. Nicht zuletzt aus dieser Doppelgesichtigkeit heraus wurde als Maske getragen, was so stark typisiert war, dass der Maskierte davon ausgehen konnte, als Abbild erkannt zu werden.
In diesem Kontext wirkte die Verkleidung eines jungen Lords, der sich an einem Ball im St. Moritzer Hotel Kulm als sein eigener Vater ausgab und gemeinsam

näckig in die Wahrnehmung und Versprachlichung desselben eingeschrieben. Dabei scheint sich die Theatralität der Sprache und des Nachdenkens über das Grand Hotel zur Eigentlichkeit des Diskurses verschliffen zu haben. Keine Erzählung, die sich ein Grand Hotel erdichtet, ohne auch über das Theater zu schreiben, ohne die Theaterwelt mit jener des Grand Hotels sprachlich zu verweben. Der allpräsente Topos – das Grand Hotel ein Theater – weist mannigfache Spielarten auf[48] und besetzt insbesondere die Halle als Ort theatralischer Kondensation. So wird die Halle als der eigentliche Motor des Grand Hotels, als das Herzstück des öffentlichen Lebens, beschrieben.

---

mit diesem dem Fest beiwohnte, als subversiv. Das Alter als Maske vorzuhalten und damit nicht das sichtbar Andere, sondern die potenzielle Unsicherheit jeder äußerlichen Erscheinung zu betonen – die Identität selbst wird in Frage gestellt –, setzte sich über die soziale Norm hinweg und entlarvte das Grand Hotel bereits als mutwillig verbergend. Elizabeth Main, die ‹ideale Touristin›, die in ihrer Autobiographie von 1928 diese Episode aus dem Hotelleben der Jahrhundertwende beschreibt und mit einer Fotografie belegt, hat in diesem Bild eine eigentliche Kippbewegung eingefangen. Dabei fühlt man sich an Prousts grandiose Beschreibung eines Maskenballs in ‹Die wiedergefundene Zeit› erinnert, als der Ich-Erzähler all den Menschen, die in seinem Leben eine wichtige Rolle gespielt haben, nach Jahrzehnten wieder begegnet und das Alter als virtuos heimtückische Maske beschreibt. (Proust 2002, 337ff.).

48 Wie im Ersten Teil bezüglich seiner panoramatischen Ausrichtung diskutiert, ist das Grand Hotel selbst Mittelpunkt der Illusionskunst und Teil der Inszenierung. Die äußere Erscheinung des Grand Hotels bemüht sich um Unverwechselbarkeit und Einmaligkeit. Das Gebäude selbst erscheint dabei von außen her gesehen als geputzter Schausteller und ist gleichzeitig ein geschickt angelegter Zuschauerraum, wenn der Blick aus Fenstern und von Balkonen schweifend auf die umliegende Landschaft gerichtet wird. Angesprochen sind im Weiteren die mannigfaltigen Weisen des Gesellschaftsspiels, das im Innern des Grand Hotels ausgetragen wird. Dieses erstreckt sich von den großen Wünschen der kleinen Leute, die hier ‹einmal Krösus spielen› wollen, bis hin zu den Hochstaplern, die spielen, was sie in den Augen der anderen scheinen sollen. Auch die innere Einteilung des Grand Hotels in eine sichtbare und eine unsichtbare Welt drängt das Wort der Kulisse hervor. Die Kulisse bezeichnet die Grenze dessen, was dem Auge des Betrachters offenbart werden soll. Hinter den Kulissen eröffnen sich dagegen Räume, die für die Davorsitzenden unsichtbar bleiben. Dabei trägt die Präzision, mit welcher die Fäden im Hintergrund gezogen werden, zur vordergründigen Illusion ungetrübter Muße bei. Inglin greift die Kulissenwelt auf: «Sie gingen in den Speisesaal zurück und gelangten durch eine Flügeltür in eine völlig andere Umgebung, hinter die Kulissen gleichsam, auf die Kehrseite des schönen Lebens, in die «Office».» (Inglin 1988, 28).

«Inzwischen war in den Anlagen und öffentlichen Räumen das Hotels nach all dem Treiben der späten Nachmittagsstunden plötzlich Ruhe eingetreten, eine seltsame, feierlich anmutende Ruhe, die Ruhe des Theaters, bevor der Vorhang wieder auseinanderrauscht.»[49]

Die Theatralität entfaltet sich im minutiösen Changieren zwischen Zeigen und Verstecken, sie nährt sich aus der Spannung zwischen dem Inszenierten und dem Weggelassenen, das sich im Vorher, Nachher und Dahinter des andeutungsvoll Offenbarten ereignet. Sie braucht den sich öffnenden und schließenden Vorhang als hilfreiches Ausdrucksmittel. Verstärkt wird dieses Moment der theatralischen Spannungsgeladenheit durch das bedeutsame, das Grand Hotel insgesamt strukturierende Dahinter, welches sich jenseits der verschwiegenen Doppeltüren abspielt und zu den verwegensten Spekulationen Anlass gibt. Erst aus dem bedeutsamen Gegengewicht des äußerst Privaten, welches sich auf den Hinterbühnen des Grand Hotels unter Ausschluss der Allgemeinheit ereignet, schöpft das demonstrativ Öffentliche der Halle seine theatralische Brisanz. Die Hotelhalle ist die repräsentative Bühne, die alles, was im Grand Hotel der Fall zu sein scheint, zu einem phantastischen Drama bündelt und vor den empfänglichen Augen aller zur Schau stellt. Da erscheint es nur konsequent, dass Peter Altenberg in ‹Semmering 1912› aus seinen ausschweifenden Hotelerfahrungen schöpfend, die Einführung eines Hotelregisseurs[50] vorschlägt und sich selbst als idealen Kandidaten augenzwinkernd in Vorstellung bringt.

In der Hotelhalle ist der Bühnenraum nicht vom Zuschauerraum geschieden. Die Inszenierung ereignet sich im beweglichen Blickpunkt des einzelnen, der sich je nach Umstand als Zuschauer oder Schauspieler versteht. In Maria Leitners ‹Hotel Amerika› kommt das Hinübergleiten zwischen den Rollen besonders zum Ausdruck:

«Genau wie Herr Fish, so sitzen auf der Estrade, versunken in ihre Sessel, gut gekleidete Damen und Herren und blicken in die Halle hinunter, als wären sie im Theater und säßen in ihrer Loge. Nur sind sie hier nicht nur Pub-

---

49 Inglin 1988, 77.
50 «Ich schlage vor: Hotelregisseure. Natürlich meine ich da vor allem mich. Wie in einem bestgeleiteten Theater soll nunmehr in einem erstklassigen, bestgeleiteten Sommerhotel oder Wintersporthotel ein Regisseur sein, unabhängig vom Besitzer, Direktor, und ebenso aber vom Publikum.» (Altenberg 1913, 73).

likum, sondern auch Akteure. Ihre Beschaulichkeit dauert immer nur eine kurze Weile. Sie warten – genau wie Herr Fish – auf eine bestimmte Minute, auf das Erscheinen eines Partners, auf ein Stichwort, um aktiv auf der Bühne zu erscheinen und ihre Rolle herzusagen.»[51]

So wird aus einem äußerst individuellen Wahrnehmungszusammenhang heraus eine zwischenraumlose Theatralität konstruiert, wobei das Spielen in Zuschauen umschlägt und umgekehrt. Der Raum zwischen Beobachtendem und Beobachtetem ist übergangslos gleitend, da jeder Gast, der sich der Öffentlichkeit der Halle aussetzt, zum Schauspieler innerhalb des theatralischen Blicks des Nächsten werden kann, wie er selbst seinen Mitgästen[52] eine Rolle zuzuweisen bereit ist. Dieses Spiel nährt sich aus dem unersättlichen Verlangen, den zur Disposition stehenden Figuren eine zugleich gesellschaftsfähige und eskapadenreiche Lebensgeschichte anzudichten. Dabei scheint die anonyme Nähe, welche die Hotelhalle charakterisiert und welche ein Schauen ermöglicht, ohne auf eine wortgeleitete Bekanntschaft zurückgreifen zu müssen, besonders geeignet, verwegene Spekulationen und schändliche Gerüchte erst in Gedanken zu entwerfen, um sie dann womöglich in verschärfter Ausprägung und mit leicht zugespitzter Pointe hinter vorgehaltener Hand weiterzureichen. Durch das wachsende Verlangen nach Enträtselung jedoch büßt die Theatralität als Ausdruck expressiven Handelns ihre Vitalität ein. Im Moment, als hinter dem Schein ein Verborgenes aufgedeckt werden soll, wird Theatralität nicht mehr in ihrer Vordergründigkeit akzeptiert, sondern als ein Tun-als-ob beargwöhnt. Die Halle schlägt von der Bühne zum Tatort um. Entsprechend konstatiert Ernst Bloch in seinem Aufsatz ‹Philosophische Ansicht des Detektivromans›[53] seit Beginn

---

51 Leitner 1950, 70–71.
52 Das Vergnügen der Rollenzuweisung parodiert Kurt Tucholsky in seinem Essay ‹In der Hotelhalle›. Geschildert werden die effekthaschenden Spekulationen, die ein Nervenarzt über Herkunft und Lebensweise der umsitzenden Gäste anstellt und die sich durchwegs als amüsante Fehlinterpretationen herausstellen: «Sehen Sie», sagte er, «es ist nichts als Übung. Da kommen und gehen sie – Männer, Frauen, Deutsche und Ausländer, Gäste, Besucher ... und niemand kennt sie. Ich kenne sie. Ein Blick – hübsch, wenn man sich ein bisschen mit Psychologie abgegeben hat. Ich blättere in den Leuten wie in aufgeschlagenen Büchern.» «Was lesen Sie?» fragte ich ihn. «Ganz interessante Kapitelchen.» Er blickt mit zugekniffenen Augen umher. «Keine Rätsel hier – ich kenne sie alle. Fragen Sie mich bitte.» (Zitiert nach Gruber 1994, 114).
53 Vgl. Bloch 1985.

des 20. Jahrhunderts eine wachsende Entfremdung, die einem Misstrauen der Menschen untereinander geschuldet ist, wonach jedem alles zugetraut wird. Die Detektivromane bestärken den Verdacht, stellt sich doch meist die scheinbar unschuldigste Person als Mörder heraus. Nach der Methode des naturwissenschaftlich-induktiv vorgehenden Sherlock Holmes ist jedes Kleidungsstück als Indiz zu verstehen, woraus das geübte Auge eine ganze Lebensgeschichte erschließen kann. Alles Sichtbare bezeichnet damit ein Verborgenes und Heimliches.

Exkurs ins Illegale

> «Diese [die Konventionen; C.S.] sind so abgeschliffen, daß das durch sie geborgene Tun zugleich ein verbergendes ist – ein Tun, das dem legalen Leben genau so zum Schutze gereicht wie dem illegalen, weil es als Leerform einer jeden möglichen Gesellschaft sich nicht auf eine bestimmte Sache richtet, sondern in seiner Belanglosigkeit sich selber genügt.»[54]

Es gilt, das Phänomen des Scheinhaften von einer expressiven Oberflächenäußerung hin zu jener Abgeschliffenheit der Konventionen zu verfolgen, die Kracauer stichhaltig für das Verbergende verantwortlich macht. Ist «für sich genommen» «die Konvention das stärkste Ausdrucksmittel im öffentlichen Leben»[55], solange sie aktiv gelebt wird, löst sie sich als Leerform immer mehr von der Gesellschaft ab, der Einzelne füllt sie nicht mehr aus, sondern nutzt sie als Schutzschild, um nicht als einziges Indiz seines unzulänglichen Selbst aufgeschlüsselt zu werden. Die Hotelhalle, als verbergender Gemeinplatz par excellence, ist ausgezeichneter Ort eines Exkurses ins Illegale und Verbrecherische, wie er von Kracauer angeregt in der Folge aufgrund einiger exemplarischer Werke, die den strengen Zeitrahmen der Zwanzigerjahre[56] sprengen, unternommen werden soll.

---

54 ‹Hotelhalle›, 170.
55 Sennett 1999, 58.
56 Die Vorliebe der Zwanzigerjahre für diesen Schauplatz ist jedoch belegt. Alfons Arns nennt eine Reihe von Filmen, die das Milieu des Grand Hotels zum Schauplatz einer Detektivgeschichte machen. So beispielsweise ‹Hotel Stadt Lemberg/ Hotel Imperial› (USA/Deutschland, 1926, Regie: Mauritz Stiller), ‹Grand Hotel ...!› (Deutschland, 1927, Regie: Johannes Guter), ‹Hotelgeheimnisse› (Deutsch-

In Arnold Bennetts[57] ‹The Grand Babylon Hotel›[58], 1902 erschienen, ist eine Atmosphäre nobler Zurückhaltung und Exklusivität prägend, die Neugier in Diskretion versinken lässt. Als Gegenthese gewissermaßen führt Bennett zwei amerikanische Protagonisten ein, welche die europäischen Konventionen missachten und entsprechend hinterfragen. Die Doppeldeutigkeit der Strukturen und Rollen innerhalb des Grand Hotels ist allerdings ein offenes Geheimnis, das der Besitzer und Direktor des Hotels, Félix Babylon zusammenfasst: «Do you not perceive that the roof which habitually shelters all the force, all the authority of the world, must necessarily also shelter nameless and numberless plotters, schemers, evil-doers, and workers of mischief?»[59] Der Grund für diese Vieldeutigkeit mag oberflächlich betrachtet in der Internationalität des Orts, dem Zusammenkommen Unbekannter zugestanden sein, doch entscheidend ist die Weise, wie der Gesellschaftsort bewohnt wird. Das Grand Hotel verdankt seinen Erfolg der Standardisierung des Luxus, der Formelhaftigkeit seiner Organisation, dem Wissen, dass die Spielregeln gleich und unumstößlich sind, egal wo auf dieser Welt man abgestiegen ist.

Bennett konstruiert seine Hotelgesellschaft aus stereotypen Charakteren, wie sie im ersten Teil dieses Buchs als Masken des Engadiner Themenabends vorgestellt worden sind: Der Hotelier, der allein

---

land, 1929, Regie: Friedrich Feher) und ‹Das grüne Monokel› (Deutschland, 1929, Regie: Rudolf Meinert). (Vgl. Arns 1996, 34).
57 Arnold Bennett wurde am 27. Mai 1867 in Buslem, Staffordshire, als Sohn einer Handwerkerfamilie geboren. Der Vater unterhielt ehrgeizige Pläne und schickte den Sohn in gute Schulen. Als Schulabgänger half Bennett seinem Vater erst im Geschäft, später arbeitete er in London als Angestellter, bevor er 1894 eine Karriere als Journalist begann. Seine ersten Romane erschienen um 1900. Bennett war pragmatisch genug einzusehen, dass mit ernsthafter Literatur wenig Geld zu verdienen war und sah das Schreiben von Gespenstergeschichten und Detektivromanen als Broterwerb und stilistisches Training für seine ambitionierte schriftstellerische Tätigkeit. Viele seiner Romane und Stücke waren kommerzielle Erfolge, er schrieb für namhafte Zeitungen und Magazine und galt als angesehene Größe des englischen Gesellschaftslebens. Daneben unternahm er Reisen und lebte während einiger Jahre in Paris, Tribut gegenüber seiner Liebe und Bewunderung für die französische Sprache und Literatur. Sein größter Kritikererfolg war der Roman ‹The Old Wives' Tale›, der 1908 erschien. 1931 starb Bennett in London an Typhus.
58 Bennett begann den Roman 1900, 1901 erschien er als Serie und wurde 1902 von Chatto & Windus in Buchform aufgelegt. Im gleichen Jahr erschien auch ‹Anna oft the Five Towns›, Bennetts erster Kritikererfolg.
59 Bennett 1947, 22.

auf die formale Perfektion bedacht ist, der Tatmensch des amerikanischen Millionärs und die willensstarke, mutige und unabhängige junge Amerikanerin, der verarmte deutsche Prinz mit der Last seines Titels, der ruhmtolle genialische Chef de cuisine und der verschlagene Chefkellner, der das Hotel nach seinem Gutdünken regiert. In dieser Konfiguration unverbundener «Seelenpartikel»[60], aus denen der Autor seine Figuren zusammensetzt, sind es die schwerreichen Amerikaner, Vater und Tochter, die aus Lust am Abenteuer das Rätsel rund um das Grand Hotel lösen. Die Racksols sind finanziell so gut gestellt, dass Gerechtigkeit und Liebe, hier in jedem Sinn käuflich und manipulierbar, auf ihrer Seite stehen. Sie können es sich leisten, mit den Konventionen zu brechen und hinter die Kulissen zu blicken. Dabei erfüllen die Amerikaner[61], wie von Kracauer als Bedingung des Typs Detektiv vorgezeichnet, eine gesellschaftliche Unabhängigkeit, indem sie gewissermaßen über den sozialen Hierarchien angesiedelt sind und ihr unorthodoxer Umgang untereinander größte Freiheit garantiert. Das Absurde und Unwahrscheinliche der Geschichte, die kein wirkungsvolles Element des Genres Detektivroman auslässt, ist von Bennett durchaus absichtsvoll eingesetzt, um eine humoristische Note zu erzielen. Zum Happy End ist nicht Ordnung und Übersicht hergestellt, sondern das Grand Hotel wird wieder in seine angestammte Rolle, Schein und Scheinhaftigkeit für Geld zur Verfügung zu stellen, entlassen. So lässt der Autor am Ende des Racksolschen Urlaubs – die Amerikaner hatten während dieser Zeit das Hotel zum Spaß gekauft – den Hotelier und Inhaber Félix Babylon aus seinem wohlverdienten Ruhestand nach London zurückkehren und das Hotel zurückerwerben.

Bei Bennett ist es der «getarnte Mensch»[62], der das Verbergende des Detektivromans ausmacht; exemplarisch dargestellt im Kellner Jules, der eigentlich Tom Jackson heißt, aber wie jeder gute Kellner einen französischen Namen trägt, und also bereits als pflichtschuldi-

---

60 ‹Detektiv-Roman›, 25.
61 «Als Personifikation der ratio spürt der Detektiv weder den Verbrecher auf, weil dieser illegal gehandelt hätte, noch identifiziert er sich mit den Trägern des Legalitätsprinzips. Vielmehr, er entwirrt das Rätsel lediglich um des Prozesses der Enträtselung willen, und nur dies: daß das Legale und Illegale als Residuen noch vorhanden sind, führt ihn zumeist auf die Seite der Polizei.» (‹Detektiv-Roman›, 86).
62 Bloch 1985, 250.

ger Angestellter einen Identitätswechsel vorzunehmen und sein Sein den genormten Erwartungen anzupassen hat[63]. Agatha Christie hingegen stellt in ‹Bertrams Hotel› die «unechte Umwelt»[64] in den Mittelpunkt. Bloch zieht in seinem Essay ‹Philosophische Ansicht des Detektivromans› eine interessante Parallele zu Benjamins ‹Einbahnstraße›, wo dieser die bürgerliche Wohnung als Schauplatz des Detektivischen darstellt: «Vom Möbelstil der zweiten Hälfte des neunzehnten Jahrhunderts gibt die einzig zulängliche Darstellung und Analysis zugleich eine gewisse Art von Kriminalromanen, in deren dynamischem Zentrum der Schrecken der Wohnung steht. (…) ‹Auf diesem Sofa kann die Tante nur ermordet werden.› Die seelenlose Üppigkeit des Mobiliars wird wahrhafter Komfort erst vor dem Leichnam.»[65] Die ironische Betrachtung dieser Mausoleen als Tatorte ist bei Christie zum Schlüsselmoment verdichtet.

Die Zeit ist an ‹Betrams Hotel› scheinbar spurlos vorbeigegangen: «1955 sah es genauso aus wie 1939 – würdevoll, unaufdringlich und unauffällig teuer.»[66] Die Zentralheizung[67] ist zwar vorhanden, fällt aber nicht ins Auge, der Fernsehraum – Tribut an die neue Zeit – liegt an einem abseitigen Korridor, und zur Teezeit sitzen ältere Damen und Herren genüsslich in der Halle vor einem Kohlenfeuer und lassen sich Kümmelkuchen schmecken. Ein Gast, der sich darüber wundert, wie viele ältere Leute aus gutem, aber längst verarmtem Haus sich dieses Hotel leisten können, wird vom Direktor über die Frage der Atmosphäre aufgeklärt und folgert: «Alle diese Leute – dekadente Aristokraten, verarmte Mitglieder der alten Großgrundbesitzerfamilien – liefern sozusagen nur das Bühnenbild, ja?»[68]

---

63 «Wirklichkeit gewinnt das Individuum erst, wenn es den Typus darstellt und die bestätigten Wahrheiten verkörpert; als bloßes Individuum, das sich selber Name und Licht sein möchte, ist es ein Nichts.» (‹Detektiv-Roman›, 31).
64 Bloch 1985, 250.
65 Benjamin 1955, 13–14.
66 Christie 1996, 5.
67 Der Hoteldirektor erläutert: «Das Hotel muss antiquiert *wirken*, aber gleichzeitig den modernen Komfort besitzen, der uns heutzutage als selbstverständlich erscheint. Unsere alten Leutchen – wenn Sie mir diese Bezeichnung verzeihen wollen – müssen das Gefühl haben, dass sich seit der Jahrhundertwende nichts geändert hat, und unsere Gäste aus Übersee müssen spüren, dass ihnen eine stilechte Umgebung und zugleich alle zivilisatorischen Errungenschaften geboten werden, die sie zu Hause gewohnt sind und ohne die sie nicht leben können!» (Christie 1996, 13).
68 Christie 1996, 12.

Das Bühnenbild soll angeblich die Klischees der gut zahlenden Amerikaner bestätigen, die ihre Vorstellung vom guten alten England eingelöst finden wollen. Eine Erklärung – ihrerseits Gemeinplatz –, die dem Grand Hotel in seiner bedingungslosen Erfüllung der Publikumswünsche durchaus entspricht. Doch das Kulissenhafte geht hier noch einen Schritt weiter. Denn letztlich sind auch die Amerikaner mit ihren so typischen Gepäckbergen Teil der Inszenierung. In ihren riesigen Schrankkoffern und unzähligen Hutschachteln wird die Diebesbeute schnell und unter aller Augen weggeschafft. Miss Marple wird gerade durch die Perfektion des Unveränderten aufmerksam, die alle Spuren der Zeit verwischt und damit bemüht und unecht wirkt.

> «So bestätigt es sich wieder einmal, daß ein großes Hotel eine Welt für sich ist, und diese Welt ist wie die übrige große Welt. Hier treiben sich die Gäste in ihrem leichten, sorglosen Sommerdasein herum und ahnen nicht, daß sich mitten unter ihnen seltsame Geheimnisse bewegen. Bisher haben wir eine Ahnung von der Mystik des Naturforschers bekommen, vielleicht gibt es noch mehr Seltsames.»[69]

Den einzigen Detektivroman, den Kracauer in seinem Essay ‹Die Hotelhalle›[70] explizit nennt, ist Sven Elvestads[71] ‹Der Tod kehrt im Hotel ein›, 1923 in deutscher Übersetzung erschienen. Kracauer zitiert die oben stehende Passage und kommentiert: «Seltsame Geheimnisse: das Wort ist ironisch-doppelsinnig. Einmal meint es ganz allgemein die Bemäntelung des gelebten Daseins überhaupt; zum anderen wird mit ihm das verzerrte obere Geheimnis gemeint, das sich in den die Sicherheit bedrohenden illegalen Handlungen auswirken mag.»[72] In diesem Sinn zielt die Spannung des Romans nicht darauf,

---

69 Elvestad 1923, 53. Gleiches Zitat bei Kracauer: ‹Hotelhalle›, 169.
70 Es ist von der Fassung die Rede, die Kracauer 1963 in ‹Das Ornament der Masse› integriert hat.
71 Sven Elvestad gehörte auch zum Lesestoff Walter Benjamins. Benjamin siedelt den Ort der Krimilektüre im Transitären, während der Zugfahrt, an. Der Leib des Reisenden hat im Vorüberfliegen der Landschaft keinen Ort, sondern ist der Ort der Lektüre. «Zwischen den frisch zertrennten Blättern der Kriminalromane sucht er die müßigen, gewissermaßen jungfräulichen Beklemmungen, die ihm über die archaischen der Reise hinweghelfen könnten. Er mag auf diesem Wege bis zum Frivolen gehen und sich Sven Elvestad mit seinem Freund Asbjörn Krag, Fank Heller und Herrn Collins zu Reisegefährten machen.» (Benjamin 1994, 81.)
72 ‹Hotelhalle›, 169.

die Verdächtigen zu bezeichnen, sie sind sehr schnell einmal bekannt, sondern hinter ihre Masken zu blicken. Im Grand Hotel, das einen einzigen Maskenball vorstellt, gilt die Frage, ob hinter der Maske ein Geheimnis oder nur gesellschaftliche Leere lauert. Damit ist ein Prozess der Entzifferung in Gang gesetzt, die der Detektiv als ausgezeichneter Übersetzer der «lebendigen Chiffresprache»[73] leistet, indem er die losen Gesprächspartikel in einen kausalen Zusammenhang einfügt. Die Enträtselung ist gewissermaßen als Schaustück der Ratio vorgeführt, im «Geschwätz» des Hotelgastes, als Konversation traditionell auf den sozialen Akt und nicht auf den Inhalt zielend, erkennt der Detektiv wieder jene Bedeutung, welche die Konvention ansonsten abgeschliffen hat.

In ‹Der Tod kehrt im Hotel ein› hat sich das Geheimnis in die Architektur selbst eingeschrieben. Der Kern des Grand Hotels ist ein ehemaliger Jagdpavillon der Rokokozeit, dessen geheime Verbindungen über unsichtbare Tapetentüren zum Prinzip seiner Galanteriearchitektur gehören. Unterdessen ist dieses Geheimnis in den Komplex des Hotels eingemauert, eingelassen und mit dem Verschwinden jenes Menschen, der um diese baulichen Besonderheiten weiß, gleichsam vergessen gegangen. Die Unterschwelligkeit des Begehrens, die nächtliche Interaktion von einem Zimmer zum andern, ist in dieser Architektur des Verborgenen abgebildet und ins Verbrecherische überhöht. Als der Urheber dieser architektonischen Eingriffe nach Jahren maskiert wieder im Hotel auftritt, wird die Unruhe, die während der ganzen Zeit latent vorhanden war, offenkundig. Der Fall wird jedoch nicht aufgeklärt, sondern wieder in die Latenz zurückgeführt, um den ästhetischen Zustand des Scheinhaften, der dem Grand Hotel für sein Fortbestehen so unersetzlich ist, weiterhin zu garantieren. «Da aber griff die Vorsehung ein und warf das Spiel über den Haufen. Jetzt kommt es darauf an, daß das Schicksal uns so viel Spielraum läßt, daß wir die Handlungsweise verdecken können, die verdeckt bleiben muß, um die Zukunft Unschuldiger[74] zu retten.»[75] Das Verbergende geht entsprechend über einen konkreten architektonischen Sachverhalt hinaus und greift auf das ganze Phänomen Grand Hotel über, das einen Gemeinplatz im Sinn eines Orts darstellt, wo das Verbergende immer schon lagert.

---

73 Elvestad 1923, 227.
74 Die Unschuldigen sind das Hotelierpaar.
75 Elvestad 1923, 268.

Bei Proust scheint das Detektivische als poetologisches Verfahren auf, das hinter allem Offensichtlichen ein Verborgenes erfasst. Doch wie Paul de Man anmerkt, erzählt die ‹Recherche› nicht allein vom «Fliehen der Bedeutung», sondern ihre eigene Bedeutung ist «unaufhörlich auf der Flucht»[76]. Das Detektivische ist entsprechend kein Auflösen des Rätsels, sondern Spurensicherung.

> «Vielleicht aber fand sich inzwischen in der im Dunkel verharrenden sich stauenden Menge [vor dem elektrisch erleuchteten Speisesaal des Grand Hotel Balbec, der von außen gesehen an ein riesiges «Aquarium» erinnert; C.S.] irgendein Schriftsteller, ein Liebhaber menschlicher Ichthyologie, der, wenn er zusah, wie die Kinnbacken von alten weiblichen Ungetümen sich über einem Brocken der verschluckten Nahrung schlossen, sich ein Vergnügen daraus machte, die nach Rassen, nach angeborenen und erworbenen Eigenschaften zu klassifizieren, welche letzteren auch erklären, warum eine alte serbische Dame, deren Kinnlade auf einen großen Seefisch hinweist, infolge der Tatsache, daß sie seit ihrer früheren Jugend sich in dem Süßwasserreservoir des Faubourg-Saint-Germain aufgehalten hat, ihren Salat wie eine La Rochefoucauld verspeist.»[77]

Der Schriftsteller als naturwissenschaftlich-induktiv vorgehender Indizienleser, dem ein «detektivischer Einschlag»[78] nicht abzusprechen ist, positioniert sich innerhalb dieses Denkbilds an entscheidender Stelle. Er steht gleichsam außerhalb des Geschehens, indem die Glaswand zusichert, selbst leiblich unberührt zu bleiben, während umgekehrt der fremde Leib, im Behälter der Beobachtung gefangen, in jedem Detail seiner Physiognomie einer Deutung[79] ausgesetzt ist. Die Methode wissenschaftlicher Klassifizierung, in der Formel «menschlicher Ichthyologie» als Paradox zitiert, nimmt eine Zuweisung einzelner Exemplare zu ihren Gattungen vor, die so bestechend wie fragwürdig ist.

---

76 De Man 1988, 112.
77 Proust 1995, 365-366.
78 Benjamin: ‹Zum Bilde Prousts› 1977, 318.
79 Die Aufmerksamkeit fürs unscheinbare Detail, die, wie Carlo Ginzburg herausgearbeitet hat, zu bemerkenswerten methodischen Überschneidungen zwischen dem Kunstkritiker Morelli, dem Psychoanalytiker Sigmund Freud und dem Detektiv Sherlock Holmes führt, scheint Prousts Schriftstellerfigur, Amateur auf allen Gebieten, gleichsam zu verkörpern. Bezeichnenderweise nennt Ginzburg Prousts ‹Recherche› (Ginzburg 1998, 274–296.) «ein Beispiel für die strenge Anwendung» des «konjekturalen Paradigmas» (287).

Das außen Stehen wird in einer ersten Ausführung des Aquariumbildes, als sich der Schriftsteller noch nicht unter die Dorfleute vor den Scheiben des Grand Hotels gemischt hat, sowohl als sozialer Ausschluss entworfen, wie auch als latente Drohung für jene beschrieben, die nur solange in ihrem künstlichen Zuhause schwimmen, wie die Neugierigen ihren Hunger verdrängen. Im Blick des Schriftstellers bleibt diese unsichere soziale Konstellation virulent, im Vordergrund steht jedoch als Reflexion auf die eigene Schreibweise die Beziehung zwischen Beschriebenem und Beschreibendem. Die Physiognomie im Detail studieren, um erst die Kopie vom Original unterscheiden zu können und dann zu bestimmen, in welchem Maß der Perfektion, erworbene Fähigkeiten sich in den Leib eingeschrieben haben, heißt die Körpersprache mit einer Präzision zu lesen, die entwaffnet und als enthüllendes Vorgreifen verstanden werden kann. Die Gesellschaft wird vom Autor nicht überführt, das ist dem Lauf der Geschichte überantwortet, er aber legt mit dem Eifer und der Systematik des Naturwissenschaftlers eine aberwitzige Indiziensammlung an, die der Entzifferung harrt. «Doch vieles von der Größe dieses Werkes wird unerschlossen oder unentdeckt verbleiben, bis diese Klasse [die Großbourgeoisie, C.S.] ihre schärfsten Züge im Endkampf zu erkennen gegeben hat»[80], folgert Benjamin.

Täter, Hochstapler und Außenseiter

Im imaginären Grand Hotel sind drei Figuren, *Täter, Hochstapler* und *Außenseiter*, zu unterscheiden, die dem Gemeinplatz Hotelhalle als Verbergende beziehungsweise Ungeborgene begegnen.

> «Wie die Tat, so ist auch der Täter nichts anderes als die Negierung des Legalen: ein Störenfried der Gesellschaft in engerem Sinn, ohne einbegriffen zu sein in die Gesellschaft als Totalität.»[81]

Der Täter unterläuft das gesellschaftlich Anerkannte, der Hochstapler überhöht es. Der Hochstapler[82], die Hochstaplerin, verbergen

---
80 Benjamin: ‹Zum Bilde Prousts› 1977, 319.
81 ‹Detektiv-Roman›, 78.
82 Hochstaplergeschichten haben zu Beginn des Jahrhunderts Konjunktur, wie dies bereits die Vorläufer und Referenzen des Thomas Mannschen ‹Felix Krull› ge-

kein Verbrechen hinter der Maske der Konvention, ihr Verstoß ist die zu perfekte Imitation der Regeln, die – über die Unterscheidung von Legalem und Illegalem hinaus – die soziale Zugehörigkeit sichert und damit anders als das isolierbare Verbrechen die Gesellschaft als Totalität empfindlich, weil im Kern ihrer Struktur trifft. Der Hochstapler unterläuft die Sicherheit, dass Geld und Adel zu höheren Stellungen berechtigen. Gleichzeitig entlarvt er die gönnerhafte Geste, mit der jene, die haben und sind, dem Kleinbürger suggerieren, er könne im Mehr-Scheinen seiner armseligen Existenz[83] entfliehen, auf diese Weise jedoch nur sicherstellen, dass dieser die Herrschaftsverhältnisse desto bedingungsloser akzeptiert. Während es dem Hochstapler gelingt, das zu sein, was er sich wünscht und in dieser Ausgewogenheit zwischen Wünschen und Sein mit Gelassenheit auf sein Umfeld reagiert, holt der Kleinbürger, der auf Verdienst, Schicksal und Gerechtigkeit setzt, seinen Wunsch niemals ein, weil es immer von außen suggeriertes Wünschen bleiben wird.

Täter und Hochstapler ist gemeinsam, dass sie die abgegriffenen Konventionen als Grundlage ihres Daseins benutzen. Hierin liegt denn auch die Schwierigkeit, eine Hochstaplerin von jener Dame zu unterscheiden, die ihrerseits auf einen effektvollen Auftritt bedacht ist, diesen durch ein entsprechend finanzielles Polster jedoch zu legitimieren vermag. Der Auftritt der Hochstaplerin nährt die Lust des Grand Hotels nach gewagtem Spiel, indem ihm die Täuschende durch ihre glanzvolle und selbstbewusste Darbietung gibt, was es haben will, und es so mit seinen eigenen Waffen schlägt, zu Ungunsten des Grand Hotels. Denn finanzielle Schlagkraft wird zwar vorausgesetzt, aber nicht zur Sprache gebracht, da sie erst in verschwiegener Selbstverständlichkeit dem exklusiven Ort gerecht wird. Wenn Baron Gaigern in ‹Menschen im Hotel› mit weltläufiger Saloppheit die Halle betritt, wird sein Erscheinen mit erwachender Aufmerksamkeit erfasst und die «Klub- und Korbstühle in seinem Fahrwasser

---

zeigt haben. Aber auch die Zwanzigerjahre und mit ihnen Dada idealisieren den Hochstapler. Siehe auch des Brevier von Walter Serner (Serner 1964).

83 Die Problematik des Kleinbürgers und Angestellten entlarvt Kracauer scharfsinnig in seiner Sozialstudie ‹Die Angestellten› (Kracauer 1971). Vgl. auch Bloch 1998, 395: «Mehr scheinen als sein, das ist alles, was ihm [dem strebsamen jungen Mann; C.S.] derart gestattet wird, im kleinbürgerlichen Drang, als besserer Herr zu gelten.»

beleb(t)en sich»[84]. Gleichzeitig haftet dem großen Auftritt jedoch etwas allzu Gewolltes an, das dem Portier eine abschätzige Bemerkung entlockt: «Wer reist denn heutzutage mit so einem Aufwand – wenn's nicht ein Hochstapler ist?»[85]

> «Als die Comtesse de Carigliano aus dem Wagen stieg, die Treppe hinaufschritt und in die Halle trat, war niemand da, der nicht den Blick auf sie richtete und sich nicht für oder gegen sie entschied. Sie trat so ein, als nähme sie das ganze Haus in Besitz, und es blieb jedem Beurteiler überlassen, diese auffallende Haltung für echt oder falsch anzusehen; war sie falsch, dann wurde sie jedenfalls vollendet gespielt.»[86]

Auch die Comtesse de Carigliano nutzt in Inglins ‹Grand Hotel Excelsior› bei ihrem ersten Erscheinen den weiten Spielraum, den die abgeschliffenen Konventionen schaffen, und begibt sich an die äußerste, noch akzeptierte Grenze der Angemessenheit. In dieser Rückhaltlosigkeit kostet sie den süßen Triumph ihrer Rolle aus, die in ihrer schamlosen Übertreibung mit der Künstlichkeit der Atmosphäre kokettiert, innerhalb derselben ein Zuviel gerade auch als Beweis von Authentizität interpretiert wird.

> «Rudimente von Individuen entgleiten ins Nirwana der Entspannung, Gesichter verlieren sich hinter der Zeitung, und die künstliche Dauerbeleuchtung erhellt lauter Mannequins. Ein Kommen und Gehen der Unbekannten, die durch den Verlust ihres Kennworts zur Leerform werden und als plane Gespenster ungreifbar vorüberziehen.»[87]

Die Hochstaplerin ist sich des Doppellebens bewusst, das innerhalb des Grand Hotels vorherrscht. Dieses Wissen macht sie sich zunutze, indem sie es versteht, sich im effektvollsten Augenblick vom Grand Hotel abzusetzen und den Geprellten das Spiel, das mit ihnen getrieben wurde, durch ihre anhaltende und deshalb beunruhigende Abwesenheit aufzudecken. Die naive junge Frau in Zweigs ‹Rausch der Verwandlung›, die, ihrem angestammten, beengten Milieu entrissen, sich plötzlich einer schillernden und leichtlebigen Gesellschaft gegenüber sieht, läuft indes Gefahr, sich mit der ihr angetragenen Rolle

---

[84] Baum 1960, 9.
[85] Baum 1960, 10.
[86] Inglin 1988, 175.
[87] ‹Detektiv-Roman›, 47.

unbedacht zu identifizieren. Diese Identifikation geht sogar so weit, dass die Protagonistin gerade die Rolle der Vergnügten und Selbstgefälligen als verdrängte und nun wiedergewonnene Eigentlichkeit erfährt und dabei das absehbare Ende dieser Darbietung aus den Augen verliert, die Unabänderlichkeit des Abgangs vergisst und sich schutzlos – keine Maske, kein Kostüm, schützt vor dem leiblichen Übergriff – dem unheilvollen Verlauf der Geschehnisse ausliefert.

> «In einem Namen wirkt geheimnisvolle Kraft der Verwandlung; wie ein Ring um den Finger, scheint er vorerst nur zufällig und unverpflichtend gelegt, aber ehe das Bewusstsein seiner magischen Kraft gewahr wird, wächst er nach innen unter die Haut und verbindet sich schicksalhaft der geistigen Existenz eines Menschen. Christine hört auf den neuen Namen von Boolen in den ersten Tagen mit heimlichem Übermut (ach, ihr erkennt mich nicht! Wenn ihr wüßtet!). Sie trägt ihn leichtfertig wie man eine Maske auf einer Redoute trägt. Aber bald vergisst sie den unbeabsichtigten Betrug, betrügt sich selbst und wird, die sie nun scheinen soll.»[88]

Christine wird, nachdem sie von der männlichen Gästeschar als ein interessantes Objekt der Begierde erkannt worden ist, von ihrer auf sie aufmerksam gewordenen Umgebung eiligst auf den Namen ihrer wohlhabenden Verwandten festgelegt. Sie wird ungefragt als diejenige anerkannt, als welche sie von den neuen Bekannten gesehen werden möchte, die ihre frische Schönheit und unverbrauchte Lebendigkeit mit einem adligen ‹Von› zu sichern suchen.

Christine, die anfänglich fürchtet, in den entliehenen Kleidern als Falschspielerin entlarvt zu werden, erntet über die anerkennenden Männerblicke uneingeschränkten Applaus für ihr vollendetes Rollenspiel. Der unfreiwillig auferlegte Name verleiht zusätzliche Bestätigung. Christine nimmt in ihrer Unschuld nur die Bestätigung wahr, nicht aber die damit einhergehende Festlegung, die in ihr nicht das ausgezeichnete Subjekt erkennt, sondern vor allem eine, gesellschaftlich gesehen, gute Partie, bei welcher ihre strahlende Schönheit gerne in Rechnung genommen wird. Dieses gründliche Missverstehen der gesellschaftlichen Gepflogenheiten trägt in hohem Maß zum Selbstbetrug bei, dessen unheilvolle Konsequenzen Christine unvorbereitet und in ihrer ganzen Tragweite treffen. Die junge Frau, welche die Hotelhalle als einzigartig und originär auffasst und die Redeweisen

---

88 Zweig 1996, 103–104.

einer mondänen Gesellschaft wie unverbrauchte und geheimnisvolle Worte ausspricht, verkennt den Gemeinplatz in doppeltem Sinn. Sie verkennt seine Bindung ans Überkommene und seine Plazierung innerhalb einer klar regulierten sozialen Topographie.

4. Gesellschaftsräume – Atmosphären

Musik und Tanz

Im Blick auf die baulichen Anforderungen an den zu jedem größeren Grand Hotel gehörenden Ballsaal, wie sie der vierte Band des Handbuchs der Architektur von 1885 postuliert, wird die Funktionstüchtigkeit über die Orientierungsmöglichkeit der Tanzenden konzipiert: «Die Kreisform ist deshalb nicht zu wählen, weil dieselbe dem Auge keinerlei Anhaltspunkte gewährt, so daß die Tanzenden verwirrt werden und oft nicht rasch genug ihre Plätze aufzufinden vermögen.»[1] Die Materialität tritt dabei ganz hinter das Verhältnis von Innewohnenden zum Raum zurück. In Grand Hotels, die keinen eigens dafür gedachten Tanzsaal besitzen, räumen die Kellner abends die Tische im Speisesaal oder der Halle zur Seite. Hier wird, gerade in Räumen, die architektonisch für eine andere Funktion konzipiert sind, der allabendliche Konstituierungsprozess des *Ballsaals* im Freiräumen und anschließenden Besetzen über Musik und Tänzer deutlich. Somit formt erst die Musik «die Struktur des Räumlichen, in der die Tanzbewegung geschehen kann»[2]. Den Raum von Musik und Tanz als ephemere Konstituierungsleistung zu verstehen, heißt ihn über das Atmosphärische zu erzählen.

«Die Atmosphären sind so konzipiert weder als etwas Objektives, nämlich Eigenschaften, die die Dinge haben, und doch sind sie etwas Dinghaftes, zum Ding Gehöriges, insofern nämlich die Dinge durch ihre Eigenschaften – als Ekstasen gedacht – die Sphäre ihrer Anwesenheit artikulieren. Noch sind die Atmosphären etwas Subjektives, etwa Bestimmungen eines Seelenzustands. Und doch sind sie subjekthaft, gehören zu Subjekten, insofern sie in

---

1 Handbuch der Architektur Teil 4, Bd. 4, 1885, 130. Zitiert nach Braun / Gugerli 1993, 311.
2 E. Straus: ‹Formen des Räumlichen. Ihre Bedeutung für die Motorik und die Wahrnehmung›, in: ‹Psychologie der menschlichen Welt. Gesammelte Schriften. Berlin 1960›; zitiert nach Bollnow 1963, 248.

leiblicher Anwesenheit durch Menschen gespürt werden und dieses Spüren zugleich ein leibliches Sich-Befinden der Subjekte im Raum ist.»[3]

Die Interdependenz zwischen Mensch und Raum ist im Atmosphärischen gekennzeichnet, das sowohl über Materialität hinausgeht und doch den Dingen zukommt als auch das wahrnehmende Subjekt voraussetzt und doch erst im Wechselspiel entsteht. Hinzu kommt, dass der Ballsaal seine Bestimmung kaum markieren, geschweige denn außerhalb des sich ereignenden Tanzes einlösen kann. Die Tanz*fläche* wird erst über die Tanzbewegung *räumlich*. Der leere Ballsaal ist nichts mehr als ein mäßig großer Saal mit glattem Fußboden. Aber gerade seine Unbestimmtheit ist Garant für die Wandlungsfähigkeit und Voraussetzung für die ephemere Inszenierung. Die Funktion des Raums erscheint hier paradox gewendet darin zu bestehen, keine spezifische Funktion zu besitzen, vielmehr Schauplatz für das Atmosphärische zu sein. Der *verlassene* Ballsaal ist entsprechend seines Eigensten beraubt und verweist besonders sprechend auf das Abwesende, die Bewegung der Tänzer zu den Klängen einer Kapelle im Schmelz künstlicher Beleuchtung. Er wird zum Topos von Verlust und Einsamkeit und besitzt als Spiegelbild des Melancholikers literarische Tradition. So sagt Leonce in Büchners ‹Leonce und Lena›: «Mein Kopf ist ein leerer Tanzsaal, (...).»[4]

Der Entwurf des literarischen Raums ist keinesfalls an die Beschreibung raumbildender Elemente wie Wände und Decke gebunden, sondern kann als gestimmter über Musik und die Bewegung der Tänzer konstruiert werden.

> «Hier traf die Jazzmusik des Tea-rooms mit dem Geigenschmachten des Wintergartens zusammen, dazwischen rieselte dünn der illuminierte Springbrunnen in ein unechtes venezianisches Becken, dazwischen klirrten Gläser auf Tischen, knisterten Korbstühle, und als dünnstes Geräusch schmolz das zarte Sausen, mit dem Frauen in Pelzen und Seidenkleidern sich bewegen, in den Zusammenklang.»[5]

In ‹Menschen im Hotel› wird die Halle als zentraler Gesellschaftsraum in einer ersten allgemeinen Beschreibung, die ein auktorialer

---

3 Böhme 1995, 33f.
4 Büchner 1992, 103.
5 Baum 1960, 6.

Erzähler vornimmt, als ereignisbeladener Knotenpunkt verschiedenster Geräusche geschildert. Der Raum ist in der Verschmelzung der Jazzmusik aus dem Tearoom und dem Geigenschmachten des Wintergartens als dazwischenliegend erschrieben. Die Klangführung des Ohrs gleicht dem Zoom einer Kamera, der vom allgemeinen Überblick, hier der Kakophonie, ausgehend immer mehr auf das Besondere zielt. Die Durchmischung verschiedenster Stilrichtungen der Musik verweist auf diesen Ort als einen, der der Unverbindlichkeit des allgemeinen Wohlgefallens in einem Miteinander der Geschmäcker nachkommt. Dass sich das Grand Hotel musikalischen Neuerungen nicht verschließen darf, gehorcht der Forderung, wonach Stagnation innerhalb der Maschinerie der Bedürfnisbefriedigung auch Niedergang bedeuten würde.

Raum greifen

Dass Trübners Deutsches Wörterbuch zum Stichwort ‹Raum› die Szene eines Tanzes wählt, muss interessieren: «Auf der Diele ward getanzt, das heißt, wer zwei Fuß Raum erobert hatte, drehte sich darauf immer rund um.»[6] Raum wird erst über die Bewegung gewonnen, man nimmt ihn tanzend ein. Im Augenblick des Innehaltens ist er auch schon wieder verloren. Anders als einen bestimmten Platz, den ich für mich beanspruche und der auch als mein gelten kann, wenn ich physisch nicht anwesend bin, ist das Raumergreifen an die leibliche Bewegung gebunden, an das Hier und Jetzt des tanzenden Körpers. Der Spielraum einer grenzenlosen Bewegung steht der Plazierung als begrenztes Raumstück entgegen.

> «Der Tanz ist bewegtes, vollkommenes Einssein von Rumpf und Gliedmaßen, spielerische Üppigkeit der Dynamik und schöne Zwecklosigkeit der einzelnen Bewegungen, für die es weder Ausgangspunkt noch Ende, weder Start noch Ziel gibt – ein Bewegungsganzes, das sich ebenso wenig in Teile und Stücke auseinanderlegen läßt, wie sein Raum als Reihe von Wegpunkten und Menge von Stellen aufgefaßt werden kann. Dass ihm jede feste Richtungsbestimmtheit fehlt, zeigt sich hier besonders deutlich: *drehend* bewegen wir uns *fort*, im *Rückwärts*gehen schreiten wir *voran*, *voran*schreitend keh-

---

6 Droste-Hülshoff ‹Die Judenbuche›; zitiert nach Trübners Deutsches Wörterbuch, 1954 Bd. 5, 322, Stichwort ‹Raum›.

ren wir *zurück* – dies alles erscheint im orientierten Raum «unmöglich»; hier aber nimmt die Bewegung den Raum fortwährend mit, spannt ihn sozusagen in jeder Phase neu auf.»[7]

Der Gesellschaftstanz zelebriert die zweckfreie Bewegung, die keine Richtung stärker auszeichnet als eine andere. Der Tänzer schreitet nicht *durch* den Raum, sondern bewegt sich *im* Raum[8]. Die Bewegung selbst aber erfüllt sich rauschhaft in der reinen Gegenwart, während die Musik erklingt. Sie führt keine zielgerichtete Veränderung herbei, sie schwillt an und verebbt, birgt deshalb immer auch ein Moment der Orientierungslosigkeit, des sich Vergessens im Raum der Ekstase. Das *Eintauchen* ins Atmosphärische des Tanzsaals ist nicht metaphorisches Sprechen, sondern leibliches Betroffensein. Christine Hoflehner, Protagonistin aus ‹Rausch der Verwandlung›, fühlt sich, als sie nach ihrem ersten glücklichen Abend im Grand Hotel den Ballsaal verlässt, «wie aus einem Bad gestiegen» «erneuert und erfrischt»[9]. So ist das Tanzen als affektives Betroffensein des Leibes aus dem imaginären Grand Hotel nicht wegzudenken, dabei wird die Sexualisierung, die ein häuslich intimes Beisammensein Unbekannter provoziert, in den Zwanzigerjahren virulent. Die Deutung der Literarisierung aber lässt sich erst als Replik auf die Sozialgeschichte erfassen und muss in diesem Zusammen von Aktion und Reaktion diskutiert werden.

Die Erotisierung und, mit ständischem Bewusstsein gesprochen, die Trivialisierung des Tanzes setzte mit der Einführung des Walzers ein. In den Anstandsbüchern und Tanzratgebern des 19. Jahrhunderts ist die Warnung vor dem wilden und gefährlichen Walzer ein Topos[10]. Gefährlich erschien das Walzertanzen nicht zuletzt deshalb, weil es den Bezug zur Umgebung aufgibt und als vollendet gilt, wenn die Bewegungen der Partner miteinander verschmelzen. Überschaubarkeit und die damit einhergehende soziale Kontrolle, die das Tanzen bisher gewährleistet hatte, waren im Kreisen um die eigene Mitte aufgehoben. Wie tief diese Veränderungen griffen, wird deutlich, wenn man den Walzer mit dem Menuett, Prototyp des höfi-

---

7 Ströker 1977, 41–42. Hervorhebungen im Original.
8 Vgl. auch Bollnow 1963, 252.
9 Zweig 1996, 82.
10 Vgl. Linke 1996, 96.

schen Tanzes[11], vergleicht. Das Menuett war ganz dem Architektonischen verpflichtet, die choreographische Anordnung der Paare folgte der Symmetrie und war auf den thronenden Souverän[12] hin ausgerichtet. Jede individuelle Bewegung erschien als ein unerlaubtes Abweichen vom kollektiven Ornament.

Über das Zuweisen gesellschaftlicher Funktionen wurde das scheinbar haltlose Walzertanzen wieder gefestigt. Das elegante Beherrschen der Tanzschritte konnte nach wie vor als Zeichen der Standeszugehörigkeit gedeutet werden. Tanzen im Grand Hotel blieb um die Jahrhundertwende dem Zeremoniell verpflichtet. Die Ballkarten der jungen Damen ordneten und kontrollierten den Verlauf des Abends und schrieben eine distanzierte Annäherung fest. Jeder Tanz wurde als Erwartbares festgehalten, während die Dame taktisch und mit gesellschaftlicher Weitsicht die Kavaliere dem passenden Boston, Walzer oder Two step[13] zuordnete.

> «‹Oh, Miss Brownlowe, will you dance the cotillon with me this evening? I'am afraid I've put off asking you till rather late, but I didn't realise that you at the Kulm fix yourselves up so long beforehand, as I'am told is the case,› he said. Miss Brownlowe, with all her good nature, did not lack dignity when necessary. She replied with as cold an intonation as she could introduce into her voice, ‹Thank you, but I am already engaged.› ‹Dear me, I'm very sorry. What dances will you give me? May I have the second waltz and the two-step after supper?›»[14]

---

11 Der Hof als Bastion einer geometrisch und hierarchisch ausgerichteten Bewegungskultur wurde von bürgerlichen Schauplätzen, die ein verändertes Körpergefühl inszenierten, im Lauf des 19. Jahrhunderts abgelöst. Während in Wien im Winter 1814/15, als der Kongress Walzer tanzte, auch der Adel mittat, blieb der Walzer von den Berliner Hofbällen bis zum Ende des 19. Jahrhunderts ausgeschlossen und selbst auf dem Opernball wurde erst gewalzt, wenn sich die gekrönten Häupter zurückgezogen hatten. (Vgl. Linke 1996, 96 und Braun / Gugerli 1993, 209f.).

12 «Die Dominanz des Königs ist schon aus der Sitzordnung im Ballsaal ersichtlich, aber auch die Paartänze des zweiten Teils des Balles sind klar auf den König hin orientiert: Die Tänzer folgen während ihres Tanzes einer Achse, die auf den König zugeht. Aus monarchischer Perspektive erscheint so das Parkett wie der Garten in Versailles. Er liegt dem König zu Füßen und ist achsensymmetrisch auf seinen Blick ausgerichtet. Des Königs Sitz ist der zentrale Thron, von welchem aus man das ganze Geschehen nicht nur überblicken und damit kontrollieren, sondern auch verstehen und voraussehen kann.» (Braun / Gugerli 1993, 149–150).

13 Vgl. Ballkarte um 1900. (Archiv des Palace Hotel St. Moritz).

14 Main 1907, 95.

Diese Planung lief einer Selbstvergessenheit im Wirbel des Augenblicks entgegen, der sich etwa das Elisi in Gotthelfs ‹Uli der Knecht›, gesellschaftlicher Konventionen unkundig, während der Badereise auf dem Gurnigel hingegeben hatte: «Nach Tische geht das Tanzen an, und Elisi fliegt dahin wie im Himmel. Nun will der Baumwollenhändler auch hinein. Er beginnt sich zärtlich zu machen; er drückt die Hände, ds Elisi drückt wieder. Er macht seine Augen liebetrunken, ds Elisis werden zärtlich; er drückt Elisi an sich, Elisi hilft nach. O wenn er doch sein Lebtag nicht weiter von ihm wäre, sagt er.»[15] Fällt das Regulationssystem, wird die Sexualisierung, die dem Walzer in der Körpernähe der Partner und ihrer alleinigen Bezogenheit auf sich selbst zukommt, virulent. Der Körper stellt keine Gefühle mehr dar, sondern gibt sich ihnen hin, ist Austragungsort der Konflikte zwischen sozialer Rolle und Sinnlichkeit.

> «Als sei ein anderer Leib ihr plötzlich geworden unter dem andern Kleid, als hätte sie dies hinschmiegende Bewegen gelernt und geübt in einem vergessenen Traum, so vollendet mühelos folgt sie dem fremden Willen. (...): wie, wenn solche harte männische Hände fester ihre Gelenke packten, wenn dieser Fremde mit dem hochmütigen und hart gehämmerten Gesicht sie plötzlich anfaßte und an sich risse, könnte man sich da wehren? Würde man nicht völlig hinstürzen und nachgeben wie jetzt bloß dem Tanz? Ohne daß sie es ahnt, strömt etwas von der Sinnlichkeit solchen halbbewußten Gedankens in ihre immer lockerer nachgebenden Glieder.»[16]

In den Nachkriegsjahren lockerten sich die Konventionen, auch unbekannte Kavaliere baten die Dame ihrer Wahl ohne weiteres Zeremoniell zum Tanz. Ein Paar, das mehrere Stücke miteinander tanzte, forderte zwar den Klatsch, nicht aber die gesellschaftliche Ächtung der Gästeschar heraus. Das Raumgreifen des Tanzes machte vor dem Grand Hotel nicht halt. Die gediegene Geschlossen- und Geborgenheit des Grand Hotels begann sich gleichzeitig an verschiedenen Fronten aufzulösen[17]. Ein augenfälliges Phänomen dieser Auflösung

---

15 Gotthelf (1841) 1921, 270.
16 Zweig 1996, 78–79.
17 Die Filme der Zwanziger- und frühen Dreißigerjahre trugen mit der Figur der jungen, schönen und mittellosen Dame, welche die Hotelhalle in der treuen Hoffnung auf eine gute Partie belagerte, dazu bei, dass das Grand Hotel nun auch den kleinen Leuten als Traumstoff angeboten wurde und erlaubten sich damit einen pikanten Zugriff auf den Ort ehemals unantastbarer Noblesse.

war der Fünfuhr-Tee oder Tée dansant[18], der eine unkontrollierbare Flut einfacher, vergnügungssüchtiger Menschen in die Gesellschaftsräume der Grand Hotels schwemmte[19]. Die Kulturkritik sah im Gesellschaftstanz ein Medium der Alltagsflucht, des Vergessens, der Betäubung – Surrogat.

> «Auch was tanzt, will anders werden und dahin abreisen. Das Fahrzeug sind wir selbst, verbunden mit dem Partner oder der Gruppe. Der Leib bewegt sich in einem Takt, der leicht betäubt und zugleich in ein Maß bringt. Werben und Fliehen vor allem, eine Bewegung, die allemal auch die sexuelle anklingen lässt, das macht einen Grundzug des gesellschaftlichen Tanzes aus, und je verrohter[20] dieser ist, desto deutlicher.»[21]

Die Sehnsucht, an einem anderen Ort als dem alltäglichen zu sein und jemand anderen darzustellen, wird über das Tanzen[22] im Grand Hotel noch gesteigert, weil die mondäne Kulisse bereits einen materialisierten Wunschraum vorstellt. Hier tanzen die jungen Sekretärinnen in billigen, aber flotten Kleidern, «Requisiten einer karrierebeflissenen Eleganz»[23], während professionelle Eintänzer[24], vom Hotel selbst en-

---

18 «Um diese Zeit, zwanzig Minuten nach fünf Uhr, ist der gelbe Pavillon Tag für Tag vollgestopft mit Menschen.» (Baum 1960, 215).
19 In der Zeitschrift ‹Elegante Welt›, Jahrgang 1927, wirbt das Adlon für das Tanzvergnügen: «Hotel Adlon, Täglich 5 Uhr Tanz-Tee / jeden Donnerstag Großer Gala-Abend / jeden Sonnabend Hausball / jeden Sonntag Gesellschafts-Abend / Marek Weber [Orchesterleiter; C.S.].» (Zitiert nach Schär 1991, 50).
20 Aus dieser pejorativen Wertung spricht Blochs Abneigung gegen die von Amerika übernommenen Jazztänze, in deren ausgelassener Bewegung er nur die Verrenkung und das Widernatürliche sieht. Implizit ist sein Urteil jedoch auch rassistisch besetzt, da der Jazz als Bewegung der Schwarzen rezipiert wird und die «Verrohung» somit auch den Rückfall in einen minderen Grad der Zivilisiertheit mitmeint.
21 Bloch 1998, 456.
22 Diese Aussagen sind allein auf den Gesellschaftstanz beschränkt, die Tanzkultur, wie die verschiedenen Formen der Gymnastik, Ausdruckstanz etc. können hier nicht einfach als parallele Entwicklung mitgedacht werden. Eine Kulturkritik, wie sie der Ausdruckstanz ästhetisch aufbereitet, drückt sich in den Gesellschaftstänzen implizit aus. Die gestaltete Bewegung steht damit einem beiläufigen Reagieren auf eine veränderte Lebenswelt entgegen.
23 Baum 1960, 217.
24 ‹Herr Ober, bitte einen Tänzer› betitelte der spätere Hollywood-Regisseur Billy Wilder die Reportage über seine Erfahrung als Gigolo. (Zitiert nach Haustedt 1999, 65). Im Schlager ‹Schöner Gigolo, armer Gigolo› aus den Zwanzigerjahren, der Text stammt von Julius Bammer, die Musik von Leonello Casucci, wurde das

gagiert, die Lust an der gekonnten Bewegung verkörpern und dem neuen Selbstverständnis der Dame, die nun durchaus auch alleine im Tanzsaal erscheinen kann, Rechnung tragen. Der soziale Status wird im Rausch dieser Stunden vernachlässigt. Stellvertretend für diese naive Lebendigkeit einer Bewegung außer Kontrolle wird das viel beschriebene Phänomen des Jazz[25] genannt. Diese Musik, die in der eleganten Hotelwelt der Zwanzigerjahre ihren Einzug hält, steigert den Tanz durch ihren fremden und hastigen Rhythmus zur Selbstvergessenheit und wird als entfesselte Begehrlichkeit beschrieben, deren Ausdruck sich aus unverhohlen erotischen Elementen speist. Vor diesem Hintergrund erscheint der Jazz in der Hotelliteratur als Chiffre für das Einbrechen einer neuen, lauten und ungehemmten Zeit in den ehrwürdigen Palast des Grand Hotels, dessen Ambiente sonst durch eine vornehme Zurückhaltung geprägt wird. Die zeitgenössische Kulturkritik stellt eine Abhängigkeit zwischen dem dispersen Raum des zeitgenössischen Tanzes und dem grundlegend veränderten Lebensraum der Nachkriegsjahre her:

«Als der Jazz[26] noch jung war, in den Inflationsjahren und später, antwortete er den Bedürfnissen einer Menschheit, die zu vergessen suchte. In der Tat bedeutete er damals Gegenwart und nichts außer ihr. Eine Gegenwart[27], die

---

Schicksal der einstigen Offiziere aufgegriffen, die stellenlos geworden, ihre gesellschaftlichen Umgangsformen zum Broterwerb nutzten und als Eintänzer arbeiteten. Der Refrain lautet: «Schöner Gigolo, armer Gigolo, / denke nicht mehr an die Zeiten, / wo du als Husar, goldverschnürt sogar, / konntest durch die Strassen reiten! / Uniform passée, Liebchen sagt: Adieu! / Wenn das Herz dir auch bricht, / zeig ein lachendes Gesicht, / man zahlt und du musst tanzen.» (Zitiert nach Schär 1991, 66).

25 Yvan Goll beschreibt 1926 in seinem Artikel ‹Die Neger erobern Europa› den Jazz als den neuen Rhythmus Europas: «Die Neger sind da. Ganz Europa tanzt bereits nach ihrem Banjo. Es kann nicht anders. Manche sagen, das sind die Rhythmen aus Sodom und Gomorrha ... Warum sollten es nicht die aus dem Paradies sein? Hier sind ein Untergang und ein Anfang verquickt.» (Zitiert nach Kaes 1983, 257).

26 Kracauer spricht hier mit dem Jazz sowohl Musik wie auch Tanz an. Dabei konstatiert er eine Domestizierung beider Phänomene gegen Ende der Zwanzigerjahre.

27 «Was diese Ausrichtung auf Amerika den autoritätsüberdrüssigen Europäern bringt, ist eine ganze Reihe emanzipatorischer, individualisierter Tänze. Im Winter 1920/21 macht der Shimmy, ein dem Foxtrott verwandter Gesellschaftstanz, mit seinen Schüttelbewegungen Furore. Als müßten sie die peinigende Erinnerung an Krieg und Vernichtung abschütteln, tanzen sich die Europäer, angetrie-

dem Krieg den Rücken zugekehrt hatte und zunächst nur sich selber bestätigen wollte.»[28]

Die fragmentierte Bewegung des Jazz ist in der kulturkritischen Perspektive Kracauers Chiffre für den historischen Bruch, für die grundlegend veränderte politische, ökonomische und soziokulturelle Situation. Die Geschichte kann nicht länger als Kontinuum verstanden werden, es reiht sich Gegenwart an Gegenwart. Kracauer weist dieser Bewegung um der Bewegung willen, die reine selbstvergessene Gegenwart darstellt, den Wert einer positiv destruktiven Leistung zu, die den Zerfall des überlebten bürgerlichen Ideals vorantreibt. Somit behauptet das Grand Hotel als Schauplatz des Jazz Gültigkeit und Gegenwärtigkeit innerhalb der Nachkriegsgesellschaft und untergräbt gleichzeitig über Monotonisierung und Nivellierung, wie sie Stefan Zweig 1925 in einem Artikel für den ‹Berliner Börsen-Courier› beklagt und deren auffälligste Symptome für ihn Tanz und Mode[29] darstellen, die eigene exklusive Gastlichkeit.

---

ben von synkopierten, jazzartigen Ragtimerhythmen in ihr Vergessen hinein.» (Braun / Gugerli 1993, 346).
28 Kracauer (1931) 1990, 390.
29 Dazu schreibt Stefan Zweig: «Das Sinnfälligste: Der Tanz. Vor zwei, drei Jahrzehnten noch war er an die einzelnen Nationen gebunden und an die persönliche Neigung des Individuums. Man tanzte in Wien Walzer, in Ungarn den Csardas, in Spanien den Bolero nach unzähligen, verschiedenen Rhythmen und Melodien, in denen sich der Genius eines Künstlers ebenso wie der Geist einer Nation sichtbarlich formten. Heute tanzen Millionen Menschen von Kapstadt bis Stockholm, von Buenos Aires bis Kalkutta denselben Tanz, nach denselben fünf oder sechs kurzatmigen, unpersönlichen Melodien. Sie beginnen um die gleiche Stunde: so wie die Muezzim im orientalischen Land Zehntausende um die gleiche Stunde des Sonnenuntergangs zu einem einzigen Gebet, so wie dort zwanzig Worte, so rufen jetzt zwanzig Takte um fünf Uhr nachmittag die ganze abendländische Menschheit zu dem gleichen Ritus. Niemals außer in gewissen Formeln und Formen der Kirche, haben zweihundert Millionen Menschen eine solche Gleichzeitigkeit und Gleichförmigkeit des Ausdrucks gefunden, als die weiße Rasse Amerikas, Europas und aller Kolonien in dem modernen Tanz.» (Zitiert nach Kaes 1983, 268–269).

Jazz: Einbruch des Fremden

René Schickele[30] macht in seinem 1929 erschienen Roman ‹Symphonie für Jazz›[31] den Jazz nicht allein zum Inhalt des Buchs[32], sondern setzt ihn zugleich als strukturelles Moment ein. Die Jazzmusik wird gleichsam im Rhythmus der Syntax und der lautmalerischen Sprachverwendung hörbar. Inhalt und Form verweben sich in vielen Momenten zu einer Partitur der Gegenwart, die Atmosphäre über den Klang der Dinge erzählt und dem Ephemeren Rechnung trägt. Für die Hauptfigur John van Maray ist der Jazz Parodie musikalischer Gegenwartslust, letztlich aber auch Rhythmus seines eigenen aus-

---

30 René Schickele, 1883 im Elsass geboren, war französischer Bürger und deutschsprachiger Schriftsteller. Schon als Gymnasiast publizierte er erste Gedichte, später studierte er Literaturgeschichte in Strassburg, München, Paris und Berlin. Während des Ersten Weltkriegs ging er mit der Zeitschrift ‹Die weißen Blätter› in die Schweiz, deren Redaktion sowie sein Stück ‹Hans im Schnakenloch› machten ihn zu einem wichtigen Vertreter des deutschen Expressionismus. Er war ein engagierter Verfechter Europas, Vermittler zwischen Frankreich und Deutschland und überzeugter Pazifist. Neben seiner schriftstellerischen Arbeit war Schickele rege publizistisch tätig. Im Herbst 1932 verließ Schickele sein Haus in Badenweiler im Schwarzwald und ging nach Südfrankreich ins Exil. Als französischer Staatsbürger war Schickele nicht Emigrant im engen Sinn, aber ein aus seiner selbst gewählten Heimat Vertriebener und geächteter Dichter deutscher Sprache. 1933 wurde Schickele aus der Preußischen Akademie der Künste ausgeschlossen und seine Bücher wurden verboten. Er starb 1940 in Südfrankreich.
31 Der Roman erschien von Januar 1929 an zuerst als Fortsetzungsgeschichte in der von Ullstein herausgegebenen Zeitschrift ‹Dame›, im Sommer des gleichen Jahrs als Buch im S. Fischer Verlag, Berlin. Dem Roman war nicht der erhoffte Erfolg beschieden. Gerade Schickele selbst hatte große Erwartungen in das Buch gesetzt und sprach von seinem Lieblingsbuch: «Am meisten liebe ich meinen Roman Symphonie für Jazz – vermutlich weil er mein persönlichstes Buch ist und seine Niederschrift mir nur Freude bereitet hat.» (Zitiert nach Schumacher 1993, 155). Im Kontext des Gesamtwerks wird der Roman als eingeschoben beurteilt, als eine kurze Lockerung. Adrien Finck spricht in seiner Biographie und Werkanalyse von «Scherzo». (Vg. Finck 1999, 163). Das Buch hatte Schickele in drei Monaten zwischen der anstrengenden Arbeit an seiner Romantrilogie ‹Das Erbe am Rhein› geschrieben. Die Rezensenten, zeitgenössische wie nachgeborene, erkennen in ‹Symphonie für Jazz› den idealen Ausdruck der Goldenen Zwanzigerjahre: Ein aktuelles Buch, dem Unterhaltungsbedürfnis und schnellen Lebenspuls geschuldet.
32 Jean-Jacques Schumacher, meines Wissens der einzige, der sich in einem eigenen Aufsatz mit ‹Symphonie für Jazz› beschäftigt hat, stellt den autobiographischen Ansatz in den Vordergrund und versucht den Roman im Gesamtwerk zu verorten, die Textlektüre rückt dabei in den Hintergrund.

schweifenden Lebens, das er in einer Symphonie einfangen will. Der Roman erzählt die Liebesgeschichte[33] John van Marays und seiner Ehefrau Johanna, die sich gehen und lieben lassen, um wieder zueinander zu finden. Die tragische Geschichte von Johns unehelicher Tochter Angelika, die ins Grand Hotel nach Sils Maria in seine Obhut geschickt wird, ohne dass er sie erkennt, ist als geschlossene Episode in die Geschichte gefügt, und provoziert im weiteren Verlauf der Erzählung einen seltsamen Wendepunkt.

Im Grand Hotel in Sils Maria schließlich trifft der Jazz auf die Gesellschaftsräume. Hier wird die Absage an den Jazz als Hinwendung zu den wahren Werten des Lebens instrumentalisiert: «Weggeblasen die künstliche Schwüle [an diesem Abend erzählt man sich im Grand Hotel andächtig Geschichten; C.S.], worin sonst die Jazzband die Gefühle durcheinandergeratener Klassen und die Instinkte schüttelte, bis nichts übrigblieb als eine gallertige Masse!»[34] In einem Moment zwischenmenschlicher Anteilnahme wird der Jazz als Phänomen der Leere und Selbstentfremdung verworfen. Als John van Maray gegen Ende des Romans nachts sein Saxophon im See versenkt, an Strick und eisernem Gewicht befestigt, erscheint dies als symbolischer Akt erwachter Sehnsucht nach Tiefe. Eine Sehnsucht, die mit dem Eigenen verknüpft ist und mit der Ablehnung des Jazz als fremdem Kulturgut einhergeht. Hier provoziert Schickele seltsam genug einen inhaltlichen Bruch und desavouiert sein eigenes formales Prinzip, indem er den Jazz, den er in das Sprachmaterial eingeschrieben hat, als einer oberflächlichen Ästhetik zugehörend über seinen Protagonisten verwirft. So entwirft Schickele einen Konflikt zwischen dem Jazz als Ausdruck der Unrast, des schnellen Lebensrhythmus' wie des gelebten Begehrens und dem Wunsch, Ruhe zu finden, wahre Gefühle zu zeigen sowie Individualität festzuhalten.

Im imaginären Grand Hotel tritt der Jazz als Verstärker dessen auf, was bisher nur anklang. Die soziale Hierarchie wird durch das Massenphänomen nivelliert und zugleich durch das Interesse am *Unkultivierten* unterwandert. Die betonte Körperlichkeit des Tanzes führt zu einer starken Sexualisierung, die auf sprachlicher Ebene

---

33 Wie Ludwig Marcuse (1894–1971) in seinen Memoiren ‹Mein 20. Jahrhundert›, 1960 erschienen, schreibt: «Er [René Schickele; C.S.] schrieb Liebesgedichte, bisweilen ein paar hundert Romanseiten lang.» (Zitiert nach Bentmann 1974, 195).
34 Schickele 1929, 331.

als das Andere, das Wilde, durch Ausdrücke wie «Satansmusik», Rückkehr zu «dunkleren Wurzeln», «barbarisches Gemisch» und «Verhexen» herausgestellt und entsprechend stigmatisiert wird.

> «Mitten in einem glänzenden Kreise von Gästen gibt sich ein bunter, loser Knäuel von Paaren inbrünstig den sonderbarsten Bewegungen hin, jenen Tanzbewegungen, die, des zarten Hehls vergangener Zeiten müde, das uralte Werbespiel der Geschlechter in eine beängstigend primitive Art abwandeln. Die fein beschuhten Füsse, die ehemals alle Last und Erdgebundenheit zu verleugnen trachteten, die den unbeschwertesten Klängen in Wirbeln freudig gehorchten, schleichen jetzt am Boden hin oder schütteln sich und verweilen gespannt wie lüsterne Tiere, die Leiber und Glieder, die mit schöner Beherrschung sich scherzhaft flohen und suchten, drängen sich hungernd zusammen.»[35]

Der Autor fällt hier aus der Rolle, die Figurenperspektive weicht jener eingeschobenen des Kulturkritikers[36]. Der Jazz drängt sich als Signatur seiner Zeit in den Text, wird vom Autor jedoch nicht für eine szenische Charakterisierung fruchtbar gemacht, sondern als Zeichen des Verfalls bürgerlicher Ordnung gleichsam herbeizitiert. Als Musik der afroamerikanischen Bevölkerung, die das Stigma der absoluten Unterschicht trägt und den Bezug zur natürlichen Wildheit verkörpert, mit welcher der schwarze Kontinent in Wunsch und Vorurteil belegt wird, ist der Jazz allein um seiner Herkunft willen mehrfach diskreditiert. Der Jazz steht für das Fremde im Sinn des Unbekannten und des Unterdrückten und bedroht das Grand Hotel in doppeltem Ansturm.

Der Jazz ist innerhalb des Grand Hotels über die kollektive Festschreibung des damit verknüpften Primitiven und Ungeschliffenen

---

35 (Inglin 1988, 80). Inglin scheint hier einen Schiebetanz wie den Onestep, der aus einfachem Vorwärts- und Rückwärtsgehen besteht, Geschmeidigkeit und Körperkontakt verlangt, im Blick zu haben. In frühen Varianten, die während der Zwanzigerjahre getanzt wurden, gehörten zum Onestep auch Becken- und Schulterbewegungen. (Vgl. Schär 1991, 82ff.).

36 Die bürgerliche Kritik an unbürgerlichem Vergnügen, wie es der Jazz vertritt, ist einem hierarchischen Denken der Bewegung verpflichtet. Rhythmus und Gestus spiegeln traditionell die ständische Ordnung. So bildet die berühmte Tanzszene in Mozarts ‹Don Giovanni› soziokulturelle Bezüge ab: «Das höfische Paar, Don Ottavio und Donna Anna, tanzt Menuett, der standesübergreifenden Verbindung von Don Giovanni und Zerlina entspricht der Kontertanz, und Leporello schließlich versucht Masetto in einen ‹Deutschen› zu ziehen.» (Vgl. Linke 1996, 95).

als Formel der Regression kulturellen Fortschritts festgeschrieben. Der Leib, bisher durch das Korsett in Form gehalten und durch Konventionen reguliert, drängt sich als Schauplatz beargwöhnter Natürlichkeit hervor. Die Kritik am Rausch einer als «brutal» und «primitiv» diskreditierten Jazzmusik, ist in der strikten Trennung zwischen horchend bewegtem[37] Ohr und unbeweglichem Körper befangen, wie sie dem Hörer klassischer Musik auferlegt ist, während der Jazz notwendig und deshalb immer schon unstatthaft den ganzen Leib ergreift. Das Ohr geht hier keine Verbindung zum Geist, sondern eine unmittelbare zum Blut ein: «Abgestumpft vom Lärm der Großstadt, lauschen die müden Ohren vergnügt dem nackten Begehren, dem kindlichen Singen, dem dumpfen Pochen des Blutes, diesem barbarischen Gemisch, mit dem die Musik zu ihrer dunkleren Wurzel zurückkehrt.»[38] Hören heißt hier schon Sexualisierung. Das Ergreifen des Leibs durch die Musik ist auch bei Stefan Zweig formuliert – ein Ergreifen, das wie ein handfestes Zugreifen versprachlicht ist und zu einer willenlosen Ergriffenheit der Tänzer führt:

«Aber statt seiner führt die Musik, diese scharf synkopierte, reißerische, diese schmissige und wirbelige und doch fabelhaft präzis taktierte Satansmusik. Wie ein Hieb jappt jeder rhythmische Tschinellenschlag bis in die Kniekehlen, aber herrlich, wie weich dann wieder der Geigenstrich die Gelenke lockert, wie man sich durchgerüttelt, gewalkt, geknetet und geknechtet fühlt vom grellen Griff des hart vorstoßenden Takts.»[39]

Bei Vicki Baum wird die leibliche Abhängigkeit vom atmosphärischen Raum zur Verfallenheit gesteigert: «(...) und wer in den Umkreis dieser Musik geriet, der verfiel dem zuckenden Rhythmus des Saales, als wenn er verhext wäre»[40]. Die zeitgenössische Sprachverwendung streicht die Kontaminationsgefahr[41] besonders hervor, und mit der Analogie zu Krankheit und Epidemie wird sowohl das körperliche

---

37 Hier im Sinne von affiziert verwendet.
38 Inglin 1988, 80–81.
39 Zweig 1996, 75.
40 Baum 1960, 216.
41 F.G. Koebner: ‹Jazz und Shimmy. Brevier der neuen Tänze›, Berlin 1921: «War der Foxtrott eine Krankheit, so ist Jazz und Shimmy eine Epidemie, die weder Kinder noch Greise schont, die selbst vor ehrwürdigen Matronen nicht Halt macht.» (Zitiert nach Schär 1991, 92).

Ergriffensein als auch die Schwächung des Körpers betont und einer pejorativen Wertung unterstellt.

Erzählerisch wird der Jazz als Kollision zwischen tradierter Gesellschaftlichkeit des Grand Hotels und kulturellem Umbruch der Nachkriegszeit funktionalisiert und zum Phänomen des Widersprüchlichen an sich kondensiert, welches das Grand Hotel heimsucht. Das Atmosphärische setzt für die Zeit, wenn die Jazzband spielt und die Menschen ganz in die reine Gegenwart der Musik eintauchen, bürgerliche Ordnung und Konventionen außer Kraft. Über diese Setzung und erzählerische Intention hinaus provoziert der Jazz bei den meisten Autoren jedoch implizit eine wertende Haltung, die nicht frei von Chauvinismus erscheint. Der Formel des Dekadenten ist eine politische Haltung immanent. Diese reicht von Vorbehalten gegenüber einer Amerikanisierung, unter die das Afro-amerikanische subsumiert wird, bis hin zu nationalen und nationalistischen[42] Tendenzen. Ästhetische Vorbehalte dagegen betreffen das Bild des Körpers, wobei das ausgelassene Tanzen die Kategorien des Schönen, gefasst in Leichtigkeit, Anmut, schwingenden Linien und scheinbar müheloser Körperbeherrschung, wie sie Paul Valéry[43] zum Ende der Zwanzigerjahre nochmals berückend entwirft, unterläuft. Die Tänze zur Jazzmusik, wie Shimmy[44] und Charleston, zerlegen den Raum gleichsam in Abhängigkeit der fragmentierten Bewegungen[45]. Durch

---

42 Die wachsende Absage an die afro-amerikanischen Tänze in Deutschland Ende der Zwanzigerjahre ging einher mit einer völkisch-nationalen Diskreditierung dessen, was als fremd galt.

43 Vgl. Valéry 1991, 7–38.

44 Mit dem Shimmy gelangt auch die Jazzmusik mit ihrer neuen Instrumentierung – im Mittelpunkt steht das Schlagzeug als neue Rhythmusmaschine – zu Beginn der Zwanzigerjahre nach Deutschland. (Vgl. Schär 1991, 92). Heinz Pollack kommentiert in seiner Publikation ‹Die Revolution des Gesellschaftstanzes› von 1922 die Bedeutung der Schlaginstrumente: «Die Wahl der Mittel zum Taktschlagen sind grotesk: Trommeln, Klingeln, Trompeten, Schreckschußpistolen, Posaunen, Blechbüchsen, Pauken, Holzklötze, Gitarren, Kinderquarren, kurz, jeder Gegenstand, der beim Draufschlagen oder sonstiger Bearbeitung ein recht durchdringendes Geräusch erklingen läßt, ist ein willkommenes Instrument der Yazz-Band.» (Zitiert nach Klein 1992, 170–171).

45 Hierzu ein Zitat aus der Zeitschrift ‹Die Bühne› von 1926, Nr. 98: «So wenig sie [Tänzerin und Tänzer; C.S.] einander mögen, so wenig halten sie offenbar vom Dasein, denn sie suchen sich krampfhaft und mit den größten Anstrengungen ihrer Körper zu entledigen. Zuerst möchten sie Arme und Beine wegwerfen, aber es will nicht gelingen. Gleich darauf geht dieser Hass gegen das Leben auf den Körper selbst über, den sie schütteln, als wäre er eine reife Frucht und als erwar-

Schütteln des Beckens und der Schultern, durch Fußstöße und Kniewippen, wobei Oberkörper und Beine von eigener Rhythmik getrieben sind, wird Raum erstritten und gleichzeitig verworfen.

Die Vorbehalte gegenüber einer solchen Zerstückelung des Körpers haben sich nicht nur ins imaginäre Grand Hotel eingeschrieben, sondern provozierten auch konkrete Bestrebungen, sich das Fremde wieder gefügig zu machen. Die Kulturblätter und Tanzlehrer strebten bald nach der Einführung eines neuen Modetanzes afrikanischen Ursprungs[46] danach, diesen zu glätten und zu domestizieren. Sie zielten damit auf die Aneignung des Fremden, die immer auch dessen Anpassung an das Eigene darstellt. Implizit stärkte das schnell einsetzende Regelsystem aber auch die Kontrolle über die soziale Ordnung. Ein Tanz, dessen Ausführung allein dem Rhythmusgefühl und der Improvisationsgabe der Tänzer überlassen ist, der durch die losgelöste Paarstellung die Unabhängigkeit der Geschlechter vorstellt und in der exzentrischen Bewegung zu rasendem Rhythmus Rauschhaftigkeit provoziert, birgt die Gefahr der Subversion. Aufschlussreich sind deshalb die vorgenommenen Veränderungen[47], die auf eine Standardisierung zielen: Der individuelle Platztanz wird in einen Paartanz[48] ohne räumliche Trennung verwandelt, die Schüttelbewegungen werden drastisch reduziert, die Schritte müssen entsprechend erlernt, die Ausgelassenheit beherrscht werden[49].

In diesem Sinn ist der Konflikt im Grand Hotel nicht nur zwischen Einbruch der Außenwelt und bedrohter Exklusivität aufgespannt, sondern im Widerstreit zwischen der Freiheit des bewegten

---

teten sie jeden Augenblick, dass sie vom Ast falle (...). Das also wäre der reine Charleston.» (Zitiert nach Schär 1991, 95).
46 Die schwarze Tänzerin Josefine Baker verkörperte für das Berliner Publikum der Zwanzigerjahre den Charleston schlechthin.
47 Nachzuvollziehen anhand von zeitgenössischen Lehrbüchern und Schriften zum Tanz.
48 Damit wird nicht zuletzt der Ansatz einer Emanzipation wieder zurückgenommen: Denn die Frau hatte sich im Platztanz konkret aus der Führung des Mannes gelöst und die *Vorschrift*, sowohl jene des Regelwerks als auch ein *Vorschreiben* von Bedeutung, das den weiblichen Körper auf das Schöne und Feenhafte behaftet, abgeschüttelt.
49 (Vgl. auch Schär 1991, 71–156). In ‹Allgemeine Deutsche Tanzlehrer-Zeitung› von 1926 ist dazu bemerkt: «Überhaupt macht sich eine Bewegung geltend, die alle Tänze, deren Ausübung grotesk wirkende Leibesverrenkungen verlangt, aus den Unterhaltungslokalen verbannt.» (Zitiert nach Schär 1991, 94).

Körpers und dem Versuch, das über den Jazz Lautgewordene im Verstummen der Musik wieder zu glätten und zurückzunehmen. Hier tritt hinter dem Jazz als Gesellschaftsphänomen das Subjekt als Austragungsort von Freiheit und Verbot hervor. Entsprechend rückt Franz Werfel in seiner Erzählung ‹Die Hoteltreppe› die Reaktion einer jungen Frau ins Zentrum, die im Blick auf den im Treppenauge inszenierten Tanzsaal die Leere ihres eigenen Lebensraums erkennt.

> «In der Tiefe des strahlenden Schachtes aber brach die Jazzband los. Das Jammern der Saxophone, das gepreßte Keuchen des Blechs, das Teppichklopfen des Schlagwerks versammelte sich hier oben zu seinem eigenen Echo wie eine schaurige Menagerie. Um den schwankenden Lüster aber schwirrte das tückische Flüstern unsichtbarer Insekten. Und unten begann das betäubende Phlegma des Tanzes.
> Francine erzitterte. Unter den äffisch kletternden Klängen glaubte sie jetzt den faden Boston zu entdecken, der nichts anders war als die Melodie der großen Öde, die sie beherrschte, die alles beherrschte.»[50]

Der Jazz besetzt hier eine räumliche Lücke und verweist darauf, dass er nicht einfach Aufbruch in eine neue Zeit bedeutet, sondern kurzfristig eingeräumt[51] wird, fest umgeben von gesellschaftlicher Konvention. Das Versprechen eines emanzipierten, eines anderen Lebens klingt an, ohne wirkliche Option auf einen Neubeginn und bezeichnet letztlich nur die Öde, die bisher durch die Festlegung auf ein klares Rollenmuster verborgen geblieben ist.

Verstummt

Wird der weibliche Körper im modernen Gesellschaftstanz auch aus der Pflicht des Schwebenden[52], Entrückten entlassen, und zeigt der Jazz den enthemmten Körper, der eine autonom zu bestimmende Sexualität verspricht, so muss dieser doch im Moment, als die Musik verstummt, erneut die Konvention vollendeter Form tragen. Die Skala erlaubter Bewegung wird zwar erweitert, die Heftigkeit atmosphärischen Umschlags, die dem Leib zugemutet wird, wirkt jedoch

---

50 Werfel 1927, 218–219.
51 Bevor sie die Treppe ins fünfte Stockwerk hochsteigt, sieht sie, dass man «schon die Tische für die Abendmusik und den Tanz rückt(e)». (Werfel 1927, 203).
52 Vgl. Valéry 1991.

insbesondere an einem ausgezeichneten Gesellschaftsort wie dem Grand Hotel bedrohlich. Zudem wird der weibliche Körper, der sich selbst zum Ausdruck bringen will, von einer männlichen Interpretation überlagert, die ihn zu raumgreifender Poesie stilisiert und damit eine Sprache konstruiert, welche ein reales Verstummen des Subjekts forciert. In Schnitzlers Erzählung ‹Fräulein Else› wird diese Konstellation gleichsam auf die Spitze getrieben. Else kann sich aufgrund ihrer Sozialisierung kein anderes Medium des Ausdrucks als ihren Körper vorstellen, wie auch der männliche Blick nur ihren Körper wahrnimmt, um ihn zum passiven Objekt von Interpretation und Spekulation zu machen. Elses Gegenüber ist deshalb nicht eine konkrete, adressierbare und herausgehobene Person, sondern nur die Personifizierung des Anderen, das Teil des Atmosphärischen ist, auf das sie antwortet. Diese Interaktion mit ihrer Umgebung spannt sich zwischen Diskrepanz[53] und Übereinstimmung zum leiblichen Empfinden auf. So sehr Else ihre Umgebung zu manipulieren glaubt, wirkt diese manipulierend.

Die verdoppelte Erzählhaltung, mit welcher Schnitzler die Intimität der Gedanken und die Öffentlichkeit des Gesprächs in ‹Fräulein Else› nachzeichnet, artikuliert sich in einem inneren Monolog – die Sprache ist gleichsam inkorporiert –, der sich zur Wiedergabe geführter Dialoge hin öffnet. Der expressive Charakter des Leibs drängt das Signifikat des Sprechens in den Hintergrund. Die verbalen Äußerungen, mit denen Else konfrontiert ist, beschränken sich auf die Wiedergabe sprachlicher Klischees, wie sie auch ihre eigenen Worte nur innerhalb eines stereotypen Repertoirs wählt[54]. Else hört auf den Klang der Stimme, beobachtet Mimik und Gestik. Der Inhalt

---

53 Gernot Böhme versucht in seinen ‹Vorlesungen über Ästhetik als allgemeine Wahrnehmungslehre› die Stimmung des Raums von jener des Subjekts abzusetzen, indem er die denkbaren Bezüglichkeiten beinahe überspitzt als *Ingression* und *Diskrepanz* voneinander absetzt. Mit Ingression ist die Übereinstimmung zwischen der Stimmung des Subjekts und jener seiner Umgebung angesprochen, mit Diskrepanz deren Gegensätzlichkeit. (Vgl. Böhme 2001, 45–50).

54 Ein Beispiel dafür ist die Wendung: «Die Luft ist wie Champagner» (Schnitzler 1996, 12). Eine Floskel, die Else im Grand Hotel verschiedentlich schon gehört hat und die sie im Gespräch mit Dorsday, wenn auch als Zitat hervorgehoben, selbst anwendet. Ein amüsantes Detail ist dabei, dass Dorsday die Wendung erst für das Engadin gelten lassen will, wo sie sich ja tatsächlich, wie im Roman ‹Mr. Fips in St. Moritz› vielfach wiederholt, längst von der Originalität zum Originellen und schließlich zur Platitüde gewandelt hat.

des Sprechens tritt ganz hinter die Form zurück. Wie bei den Gegenständen, bei denen nicht rot oder gelb, sondern heiter oder traurig, hart oder weich, sanft oder streng die zugeschriebenen sinnlichen Gehalte darstellen, die leiblich verstanden, bevor «sie gegenständlich erkannt»[55] werden, ist es bei Else das Nonverbale, auf das ihr Körper wissend reagiert, bevor sie sich des Gehalts der Worte versichert.

Das Grand Hotel als Ort erhöhter Aufmerksamkeit räumt keinen Augenblick der Unschuld ein. Else überschaut jedes einzelne Lächeln, das sie veräußert. Das Wissen der Zeit, wonach «all unsere Gesten und Bewegungen» «eine einzige große Chiffreschrift»[56] sind, hat sich Else längst einverleibt. Sie weiß diese Schrift nicht nur zu «deuten», sondern setzt sie auch sehr bewusst ein, um die Deutung ihrer Umwelt nach ihren Wünschen und Nöten zu manipulieren. Wenn jede Geste, jede Bewegung auf ihren Ausdruck hin geprüft wird, besteht die Möglichkeit, Ungewolltes zu verraten und sich einem deutenden Übergriff des Gegenübers ungeschützt auszusetzen. Der Druck der Selbstüberwachung und gleichzeitig das Gebot, natürlich zu wirken, spiegeln die moralischen Vorstellungen der Zeit: Indem der Psychologe Richard Müller-Freienfels zu Beginn der Zwanzigerjahre den trainierten Frauenkörper propagierte und die neuen physischen Ausdrucksmöglichkeiten lobte, die nun beherrscht und deshalb bewusst eingesetzt werden konnten, musste er gleichzeitig die Gefahr der Affektiertheit, die dem Gewollten anhaftet, bannen. So entwickelte er die paradoxe Formel: Natürlich ist nur, wer ist, was er äußerlich scheinen will[57].

Else ist diesem Dilemma manipulierter Natürlichkeit sowohl in Bezug auf ihre gesellschaftliche Stellung als auch ihre Sexualität betreffend ausgesetzt. Die Neunzehnjährige, die zusammen mit Tante und Cousin im Grand Hotel in den Bergen weilt, befindet sich im Ungewissen über ihre Position an diesem Ort verdichteter Gesellschaftlichkeit. Für sie stellt das Grand Hotel in vielfacher Weise einen Übergangsort dar, der sich mit der Übergangsphase ihrer Entwicklung zwischen Adoleszenz und Frausein, im Titel mit der Benennung als

---

55 Ströker 1977, 26.
56 Vgl. hierzu das ausführliche Zitat: «All unsere Gesten und Bewegungen sind eine einzige große Chiffreschrift, in der sich unser Inneres untrüglich ausspricht, nur dass die wenigsten Menschen diese Schrift zu deuten wissen.» (Müller-Freienfels 1920, 120).
57 Vgl. Müller-Freienfels 1920.

‹Fräulein› explizit gemacht, überlagert. Als verarmte, von der reichen Tante gütigerweise eingeladene Verwandte spielt Else im Grand Hotel die Rolle der jungen Frau aus gutem Haus. Eine Rolle, die ihr vertraut ist, zwingt doch die liederliche Art des väterlichen Umgangs mit Geld die Familie seit geraumer Zeit dazu, ein Leben im Wohlstand nur noch zu spielen und dies unter der ständigen Androhung, dass bereits ein kleiner Fehltritt einen öffentlichen Skandal auslösen könnte. So vermag Else über den prekären Status der befangenen Tochter nicht hinauszukommen. Alternativen, im Sinne einer familienfernen Selbständigkeit, die sie aus dieser kräftezehrenden, immer absurdere Höhen der Täuschung erschwindelnden Spirale der Simulation befreien könnten, stehen ihr nicht offen. Denn Erziehung und Ausbildung sind trotz zunehmender Verschärfung der familiären Situation, die eine standesgemäße Verehelichung immer abwegiger erscheinen lässt, auf die planmäßige Einlösung festgelegter Attribute einer Ehefrau aus höheren Kreisen angelegt. Zu dieser latenten Verunsicherung durch die schwierige finanzielle Situation der Familie tritt jene ihre Sexualität betreffend hinzu. Elses ungestüme und ausschweifende Phantasien durchbrechen die Rolle der jungfräulichen Tochter in Träumen und Wünschen. Eine Verehelichung spielt sie in Gedanken als gesellschaftliche Versicherung für sich durch, doch sie lehnt gleichzeitig die damit verbundene Behaftung auf Treue und Mütterlichkeit ab.

Die Freiheit zu sein, was sie äußerlich scheinen soll, besitzt Else nicht. Sie setzt die leibliche Täuschung als ihr anerkanntermaßen wirksamstes Medium ein und kontrolliert die dramatische Wirkung, indem sie sich in «Schauspielerin» und «Kommentatorin»[58] spaltet. Sie ist die unbarmherzige, da wissende Beobachterin ihrer selbst. Dass Elses einzige veräußerbare Sprache ihr Körper ist[59], macht sie dem Atmosphärischen gegenüber besonders empfänglich, in dessen Überschätzung aber – die Stimmung des Musiksalons erweist sich als keinesfalls tragfähig –, fällt ihr Aufbegehren im Raum auf ihren Leib zurück.

---

58 Vgl. Bronfen 1996, 405.
59 Im Besonderen formuliert dies Else an folgender Stelle ihres inneren Monologs: «So werde ich durch die Halle gehen, und kein Mensch wird ahnen, daß unter dem Mantel nichts ist, als *ich, ich selber.*» (Schnitzler 1996, 59. Hervorhebungen C.S.).

Else weiß die gesellschaftliche Atmosphäre des Grand Hotels so weit einzuschätzen, dass sie sich wie der abschließende Pinselstrich, der den entscheidenden Lichtreflex vorstellt, in den Raum komponiert. Durch Dorsdays Angebot jedoch auf die Verkäuflichkeit ihres Körpers festgelegt[60], wächst die atmosphärische Distanz zwischen leiblichem Empfinden und äußerem Milieu, dass jeder Eintritt als Diskrepanz[61] erfahren wird und der Versuch, sich auf die Atmosphäre einzulassen, eine Spaltung zwischen Darstellung und Empfinden provoziert. Die Auseinandersetzung Elses mit dem Atmosphärischen wird im Verlauf der Erzählung gleichsam gesteigert und divergiert zwischen Vereinnahmung und Selbstbehauptung.

Else wählt die strahlende Öffentlichkeit der Halle mit ihren Zeitschriften und Fauteuils zu notwendigen Requisiten für eine Inszenierung der Leichtigkeit und Zufälligkeit – bedrängt allein durch die Armut, die durch den zarten Riss im Strumpf bricht –, die ihr passend erscheint, um den delikaten Auftrag der Geldbeschaffung zu erfüllen. Die Halle als Darbietungsort gepflegter und berechnend tief dekolletierter Äußerlichkeit soll die Wirkung ihrer Rolle der Verfüh-

---

60 Das Angebot Dorsdays legt Else unvermittelt und mit überwältigender Eindeutigkeit auf eine Stellung hin fest - auf die Verkäuflichkeit ihres Körpers. So stellt Dorsdays Ansinnen einen vehementen Einbruch in Elses Welt der Träume und Wünsche dar. Die von ihm artikulierte Vorstellung eines Verkaufs, der, wie er sagt, nicht ärmer macht (Vgl. Schnitzler 1996, 35), bezeichnet unverblümt den Objektcharakter, dem er Else unterstellt. Mit diesen Worten zeichnet Dorsday auf Elses Kosten schon die radikale Entgegensetzung zwischen empfindendem Bewusstsein und schönem Körper vor, eine verheerende Abgrenzung, die sich später in der Ohnmacht (Vgl. Bronfen 1996, 411) der nackten Else vervollkommnen wird und die sie in Gedanken an ihren «schönen nackten Mädchenleichnam» (Schnitzler 1996, 49), den Dorsday beschauen soll, zum Letzten hin steigert. Schon während der Unterredung mit Dorsday ist es Else nicht mehr möglich, sich zu bewegen – «ich bin zerbrochen» (Schnitzler 1996, 34) – ihre hörbare Rede stockt. Else durchschaut mit grausamer Klarsicht die männliche Spekulation, sowohl die reagierende des lüsternen Kunsthändlers Dorsday als auch die anzettelnde des Vaters, mittels derer ihr Körper zum käuflichen Gut degradiert werden soll. Im Weiteren erkennt sie, dass die Reduktion auf eine Ware einen irreversiblen Vorgang darstellt, dessen Unausweichlichkeit schon ein nächstes Mal erahnen lässt, wie dies Dorsday seinerseits bei ihrer Unterredung signalisiert (Vgl. Schnitzler 1996, 34).
61 Was Böhme als Diskrepanz benennt, bezeichnet Schmitz, wenn die Umgebung durch Menschen geprägt ist, als ‹sozialen Gefühlskontrast›. (Vgl. Schmitz 1998).

rerin[62] steigern. Else sucht den Blick Dorsdays, der sie bislang geärgert und manchmal amüsiert hat und welcher nun die zugesicherte Distanz einbüßt aus dem Wissen heraus, dass sich ihr Anliegen im Grund allein auf das Verlangen dieses Blicks stützt. Die Halle fördert dieses blickgeleitete Begehren, indem sie ein ausführliches Betrachten ohne die Notwendigkeit der Kommunikation ermöglicht. In diesem Augenblick der Unsicherheit wird Else von ihrem Cousin, dem einzigen engeren Vertrauten im Grand Hotel, als rätselhafte Fremde angesprochen: «Du bist geheimnisvoll, dämonisch, verführerisch»[63]. Damit bestätigt der Cousin Elses Schaustellung. Auf diese Weise aber erfährt ihre unentschiedene Persönlichkeit im Moment der bedrohten Selbstverortung schlechterdings eine Reduktion auf ihre Körperlichkeit. Elses Strategie, Dorsday mit ihrer Bitte in der Rolle der Verführerin entgegenzutreten, stützt die Verdinglichung ihrer Person durch eine perfekte Materialisierung der männlichen Phantasie in hohem Maß, so dass sie als einsamer und hilfsbedürftiger Mensch völlig hinter dieser Stilisierung verschwindet. Indem sich Else die Atmosphäre der Halle zunutze macht, verschmilzt sie oberflächlich erfolgreich und zugleich beklemmend mit ihr.

Dieser blickgeleiteten Atmosphäre des Scheins, die gesellschaftlich akzeptiert Begehren zur Schau stellt, das durch Distanz hinlänglich kontrolliert erscheint, steht eine Atmosphäre des Geruchs entgegen, die Else gleichsam als Penetration beschreibt.

> «Ich kann doch nicht zu Herrn Dorsday ins Zimmer kommen. Er hat sicher lauter elegante Flakons auf dem Waschtisch, und das Zimmer riecht nach französischem Parfüm. Nein, nicht um die Welt zu ihm. Lieber im Freien. Da geht er mich nichts an.»[64]

Hier entwirft Else eine Atmosphäre ungehöriger Intimität. Der Geruch des Fremden würde die Grenzen des Ausgehandelten durch-

---

62 In der Wahl ihres Abendkleids kalkuliert Else bereits den Blick Dorsdays, sie ist sich der Wirkung ihrer äußeren Erscheinung bewusst und weiß um die Wichtigkeit ihres Aussehens in Bezug auf die Geldbeschaffung: «Heut' wär vielleicht das Schwarze richtiger. Zu dekolletiert? Toilette de circonstance heißt es in den französischen Romanen. Jedenfalls muss ich berückend aussehen, wenn ich mit Dorsday rede. Nach dem Dinner, nonchalant. Seine Augen werden sich in meinen Ausschnitt bohren.» (Schnitzler 1996, 19).
63 Schnitzler 1996, 26.
64 Schnitzler 1996, 46–47.

dringen, indem er sich der Nase aufdrängt und den Leib ergreift. Else imaginiert Dorsdays Zimmer also nicht wegen seiner Plazierung innerhalb des Grand Hotels als kompromittierend – sie ist sich der geheimen Vertraulichkeiten, die sich nachts zwischen Hotelkorridor und Gastzimmern abspielen, durchaus bewusst und wägt sie gelassen –, vielmehr misst sie dem allgegenwärtigen Geruch eine bedrohliche Vereinnahmung zu. Der Geruch könnte die Oberfläche, den zugedachten Bildcharakter ihres Leibes durchdringen. Else wäre dann grenzenlos dem Anderen ausgesetzt.

Elses Ringen um Selbstbestimmung ist in der entscheidenden Szene von klanglicher Atmosphäre getragen. Der Klang schöner Klaviermusik überschlägt die Diskrepanz zwischen der Öffentlichkeit der Gesellschaftsräume und der Intimität des Gastzimmers und konstituiert einen eigenen Raum der Leichtigkeit und Verführung. Er dringt über die Schwelle und sucht Else heim, als sie sich der Festschreibung ihres Körpers als verkäufliches Objekt zu entziehen sucht. Else nimmt die Musik erstmals bewusst wahr, als sie sich im Zimmer von ihrem Spiegelbild verabschiedet. Sie bewegt sich, als ob sie sich außerhalb des materiellen Raums befinden würde. Was ihr begegnet, empfindet sie als etwas Fernes, das sie nicht eigentlich wahrnimmt und sie auch nicht belangt. Die Frage «Wo bin ich?»[65], deutet darauf hin, dass dieses Hier sich nicht eindeutig bestimmen lässt. Ist Else dort, wo sie spricht oder dort, wo ihre Gedanken und Ängste sind?[66]

Else irrt nur mit einem langen Mantel bekleidet durch die Halle und sucht Dorsday, während die Musik[67] ihr inneres Sprechen beschäftigt. Vom Klavierspiel angezogen schaut sie in den angrenzenden Musiksalon und erblickt den Gesuchten, wie er einer fremden Dame gelassen beim Musizieren zuhört. Mit Hingabe gibt die Dame Karneval, ein Stück von Schumann, das die nun folgende Enthüllungsszene begleiten wird und dessen Melodie die Motive der Maskierung und Demaskierung anklingen lässt.

Die Musik dringt auch in den Text ein. Ausschnitte aus der Partitur durchbrechen den Fluss der Schrift und bezeichnen Gegenwart. Das fremde Schriftbild markiert auf der visuellen Ebene den Einbruch des Anderen, den Else, inhaltlich gesehen, durch die Zur-

---

65 Schnitzler 1996, 60.
66 Vgl. Waldenfels 1999, 25.
67 Vgl. Schnitzler 1996, 62/63.

schaustellung ihres nackten Körpers am öffentlichen Ort provoziert. Die Partitur schiebt sich in den Text, als Else an der Schwelle zum Musiksalon steht und Dorsday erkannt hat. Der zweite Einschub der Notenschrift erfolgt, bevor Else die Tür aufmacht und das Zimmer betritt. Die Schwellen sind über die Musik gleichzeitig markiert und zurückgenommen, als ob der Einbruch eines Einmaligen und Unhintergehbaren im Atmosphärischen aufgeschoben werden sollte. Kurz bevor Else den Mantel fallen lässt, bemerkt sie, «die Dame spielt weiter». Nachdem sie nackt dasteht: «die Dame spielt nicht mehr»[68], stattdessen hört sie ihr eigenes Lachen, wie etwas Fernes, Abgelöstes. Als Else in einer Ohnmacht zu Boden fällt, weiß sie: «alles ist vorbei». Die Musik, die äußerlich verstummt ist und nach der sich Else sehnt, tritt mitten im Wort Mu–sik als Partitur wieder ins Schriftbild ein. Die Partitur hat innerhalb der Erzählung keine klangliche Realität mehr, sie bezeichnet nichts anderes als Elses Körper. Else scheint gleichsam mit dem Karnevalsmotiv zu verschmelzen.

Durch ihren Auftritt in den Gesellschaftsräumen verpflichtet Else den Kunsthändler Dorsday auf seine Verantwortung für ihren psychischen Tod[69], indem sie ihm die Auswirkungen seines Antrags im hellsten Licht der Öffentlichkeit vor Augen bringt und ihm dadurch die Unbelangbarkeit ihrer eigenen Persönlichkeit vorführt. Den unbeteiligten Zuschauern jedoch, die nichts von ihrer Vereinbarung wissen, soll ihr Auftritt als schamlose, lustbetonte Selbstdarstellung[70]

---

68 Schnitzler 1996, 65.
69 Noch in ihrem Schlafzimmer vor dem Auftritt im Musiksalon hält Else fest: «Denn die frühere Else ist schon gestorben. Ja, ganz bestimmt bin ich tot. Da braucht man kein Veronal dazu.» (Schnitzler 1996, 57.) Später, schon in der Halle: «Mein Herz ist tot.» (Schnitzler 1996, 61).
70 Während der Vorbereitung auf ihren großen Auftritt in den Gesellschaftsräumen legt sich Else ihre Rolle zurecht: «Soll ich mir die Haare lösen? Nein. Da säh' ich aus wie eine Verrückte. Aber sie sollt mich nicht für verrückt halten. Nur für schamlos sollt ihr mich halten. Für eine Kanaille.» (Schnitzler 1996, 56).
Von der Berliner Tänzerin Anita Berber wird folgende Anekdote erzählt: «Die Berber rauschte also in diesen pompösen Speisesaal, wo ein illustrer Kreis dinierte, das heißt, sie rauschte eben nicht. Sie trug einen kostbaren Nerzmantel bis zum Hals geschlossen und Goldschuhe mit sehr hohen Hacken, aber keine Strümpfe, was damals ungewöhnlich war. Sie setzte sich mit ihren Begleitern an einen Tisch. Ihre Haare leuchteten in höllischem Rot über ihrem grüngeschminkten Nixengesicht. ‹Oberkellner› rief sie, ‹bitte drei Flaschen Champagner, Veuve Cliquot.› Und dann geschah es. Sie nestelte an ihrem Hals – und dann fiel der Pelz. Ein allgemeiner leiser Aufschrei – da saß sie und war splitterfasernackt. Die

erscheinen. Durch die Zeugenschaft der zufällig Umstehenden glaubt Else, sich von der Bürde der Käuflichkeit zu befreien und erlässt diese auch sich selbst gegenüber durch die Anwesenheit eines Filous[71], der ihr als Projektionsfläche der eigenen Phantasien dient. Der Ort der Einlösung ihrer Abmachung mit Dorsday ringt um die Unterscheidung zwischen Intimität und Öffentlichkeit, Involviertsein und Unberührtheit, und damit um eine Abgrenzung zwischen dem Sichverkaufen und Sich-verschenken. Im Augenblick der öffentlichen Preisgabe ihres nackten Körpers relativiert sich der Besitzanspruch und das Beherrschtsein durch einen einzelnen. So erlangt Else vermeintlicherweise die Bestimmung über ihren eigenen Körper zurück, die sie jedoch im nämlichen Moment ihrer Ohnmacht wieder verliert. Else, die ihren Mantel aufschlägt und ostentativ fallen lässt, bricht unter hysterischem Gelächter zusammen. Wehend sinkt der Mantel über der Nackten herab, sie zudeckend. Äußerlich verstummt Else in einer Ohnmacht, während im Innern ein Monolog weiterspricht und dabei die tödliche Spaltung ins Unermessliche der Worte steigert.

Elses Vorstellung der Selbstbestimmung ist schon vor diesem Auftritt auf das Engste mit dem Tod verknüpft. In dieser die Öffentlichkeit suchenden Handlungsweise offenbart sich eine ungestüme Sehnsucht nach dem tragischen Tod, soll doch der erlittene psychische Tod der Vereinsamten durch einen gesellschaftlichen gerächt werden, der seinerseits erst ihren körperlichen Tod erzwingen wird als mörderischer Aufschrei der Verzweiflung. Eine Verzweiflung, die

---

Gäste saßen wie erstarrt an ihren Tischen, nur die alte Fürstin Clothilde, eine humorvolle Frau, sagte sehr laut zu ihrem Gemahl: Täusche ich mich, Eberhard, ist diese Dame nackt oder habe ich Halluzinationen?› ‹Du täuschst Dich nicht, Clothilde, sie ist nackt›, sagte er und klemmte schmunzelnd sein Monokel ein. Die Direktion stürzte nicht herbei, die Polizei wurde nicht geholt, es geschah gar nichts Besonderes. Es kam nur der Oberkellner: Ganz zart legte er der nackten Dame den Pelz um, und ebenso behutsam rückte er ihren Sessel zurück, damit sie aufstehen konnte ...» (Lothar Fischer: ‹Anita Berber, 1918–1928 in Berlin›, Berlin 1984, 87. Zitiert nach Haustedt 1999, 27).

71 Der Filou gehört als mondäner Lebemann zum unentbehrlichen Inventar des Grand Hotels. In Werfels ‹Hoteltreppe› tritt er als tadellose Gliederpuppe im Smoking auf. In Zweigs ‹Rausch der Verwandlung› wird dieser Typ durch den kantigen, deutschen Ingenieur verkörpert. Der Filou ist in den Hotelgeschichten eine eigenschaftslose Modefigur, welche die Oberflächlichkeit der erotischen Spielereien exemplarisch vorführt.

der Gesellschaft[72] gegenüber zu erkennen gibt, wie wenig Lebensraum, Zuneigung und Respekt ihr zugestanden worden ist.

Doch ihre Darbietung scheint entschieden zu weit gegangen zu sein. Bevor die Anwesenden durch die veränderte Situation selbst betroffen sind und ihrer Erschütterung Ausdruck verleihen könnten, wird Elses nackter Körper als Zeichen geistiger Verwirrung gelesen. Die Tante erklärt Elses leibliche Anklage gegen Gesellschaft und Familie zu einem ganz Anderen, von der Norm Abweichenden und schreibt das Ungemach als pathologisch ab. Den richtigen Platz für die sozial Gefallene erwähnt die Tante mit dem Verweis auf die Anstalt, die diese bedrohliche, da völlig haltlose Existenz[73] an einem geschlossenen Ort sicherstellen soll, wo die gesellschaftlich Tote abgesondert ihren physischen Tod erdauern kann. Eiligst wird Else mit der Bahre[74], als eine gesellschaftlich Gefallene in ihr Zimmer weggebracht. Dort greift sie nach dem bereitgehaltenen Glas mit der tödlichen Dosis Veronal und trinkt es unbemerkt aus.

Indem Else das, was sich im Grand Hotel ansonsten im Verborgenen der Gastzimmer abspielt, in der Öffentlichkeit durch ihren nackten Körper verdichtet, setzt sie sich über die räumlich gebundenen Konventionen hinweg und verletzt damit die scheinheilige Ordnung des Grand Hotels. Else macht manifest, was atmosphärisch

---

72 Else klagt Familie und Gesellschaft als gleichgültige Mörder an. (Vgl. Schnitzler 1996, 72).

73 Es ist sinnfällig, wie sehr diese Szene und die Empörung der Tante, mit der sie auf die bedrohliche Schwellenexistenz ihrer Nichte reagiert, an Rituale erinnert: «Initianden gelten dementsprechend während der Umwandlungsphase zunächst strukturell als tot, müssen bewegungslos daliegen, werden wie Leichname behandelt usw. Dann erwachen sie gleichsam zu einem Zwischendasein im Totenreich, leben in Gemeinschaft mit maskierten Gestalten, die Tote oder Geister personifizieren. Als Zwischenwesen, die weder das eine, noch das andere, sondern «betwixt and between» allen Klassifizierungen sind, gelten Neophyten als sakral und unrein und müssen deshalb von kulturell definierten und geordneten Bereichen ferngehalten werden. Man isoliert sie daher entweder an einem geheimen, sakralen Ort oder verbirgt sie hinter Masken, unter Kostümen und Körperbemalung.» (Schomburg-Scherff 1999, 246).

74 Else nimmt die Bahre mit geschlossenen Augen wahr: «Das ist die Bahre, auf der sie die Verunglückten tragen. Auf der ist auch der Doktor Zigmondi gelegen, der vom Cimone abgestürzt ist. Und jetzt werde ich auf der Bahre liegen. Ich bin auch abgestürzt.» (Schnitzler 1996, 68) Auch in ‹Der Tod in Venedig› findet die Bahre in Zusammenhang mit der schwarzen Gondel und dem Sarg Erwähnung und tritt in den Reigen der Todesgefährte ein. (Vgl. Mann 1993, 27).

aufgeladen spürbar ist: eine frei schweifende sexuelle Stimulanz, welche die Gäste, fremd genug, um sie im Geheimen zu vertiefen, eingebunden genug, um die Konvention der Öffentlichkeit zu wahren, affektiv betrifft. Die Diskrepanz zwischen der inneren Leere und der beschwingten und sorglosen Stimmung, die ihr in den Gesellschaftsräumen des Grand Hotels entgegenschlägt und doch wiederum nur die Leere der Anwesenden verdeckt, möchte sie veräußern. Selbst jedoch gerade von dieser Atmosphäre getragen, bricht sie zusammen, als sie einen Umschlag ins Bezeichenbare provoziert.

Schon im Karnevalsmotiv klingt an, dass Elses Selbstdarstellung innerhalb eines kulturellen Repertoires stattfindet, bei welchem das Entblößen leiblich wie metaphorisch im Karnevalistischen eingestanden wird, dadurch aber auch gesellschaftlich geregelt und relativiert ist. Else vermag die bürgerliche Moral, die ihre Erziehung und Umgebung bestimmt, trotz ihrer Entlarvung als Doppelmoral nicht zu durchbrechen. Die Irritation, die sie durch ihr nacktes öffentliches Auftreten auslöst und welche die gesellschaftliche Verunsicherung, die das Grand Hotel ergriffen hat, betrifft, wird über ihren toten weiblichen Körper wieder gesichert. Gerade weil der tote Körper die Grenze zwischen Zugehörigkeit und Fremdsein verortet, kann er als Zeichen einer Nichthintergehbarkeit der gesellschaftlichen Konventionen gelesen werden.

5. Lift und Treppe – Desorientierung

Sowohl für die vordergründige Wahrnehmung als auch für die abwägende Einschätzung des Grand Hotels ist die Ausdehnung in der Vertikalen maßgebend. So eignen den Elementen wie Aufzug und Treppe, die das imposant Vertikale kurzschließen, Schlüsselrollen im Schauspiel des gesellschaftlichen Austauschs. Zusammen mit den weit verzweigten Korridoren erschließen sie den Gästen das Hotelleben aufs Bequemste und Eleganteste[1]. Mit der Verknüpfung von oben und unten kommt eine weitere, das Grand Hotel prägende Entgegensetzung zum Ausdruck. Je größer die erlebbaren Unterschiede auseinanderzulaufen scheinen, desto unnachgiebiger und widerstandsfähiger bündelt das Grand Hotel die Gegensätze. In ihrer Funktion des Übergangs von einem Raum zum anderen, etagenweise aufsteigend, unterstreichen Lift[2] und Treppe ihr transitorisches We-

---

1 Gerade die Treppe bietet im Übertritt zur Halle meist eine ausladende Plattform für den eindrucksvollen Auftritt der Gäste, die aus der Beletage kommend in die Gesellschaftsräume hinabschreiten.

2 Der Lift avancierte seit Ende des 19. Jahrhunderts in der einschlägigen Hotelwelt Europas zu einem Prestigeobjekt. Erst die Erfindung des Aufzugs ermöglichte ein Planen in der ausgeprägten Vertikalen. Der erste funktionierende Aufzug stammte von Elisha Graves Otis und wurde 1853 in der Ausstellung im Crystal Palace von New York gezeigt. In einem Gebäude eingebaut, ist der Lift 1857 für ein New Yorker Warenhaus nachgewiesen. 1859 fuhr ein Lift unter dem Namen ‹Vertical Screw Railway› im alten New Yorker Fifth Avenue Hotel. Der erste europäische Aufzug scheint erst für die Weltausstellung von 1867 in Paris gebaut worden zu sein. (Vgl. Giedion (1941) 1992, 155–156). 1874 schreibt Guyer in seinem Hotelbauratgeber bereits mit einer gewissen Selbstverständlichkeit über den Lift. Skepsis äußert er nicht in Bezug auf die Erfindung an sich, sondern angesichts ihrer technischen Reife: «Die Aufzüge (Lifts, Elevatoren) zur Beförderung sowohl des Gepäcks als der Personen werden in grössern Hotels vielfach angewendet und wurden zuerst in Amerika benützt, weil dort die bedeutende Höhe der Hotels (bis zu 7 Stockwerken) eine bequeme Verbindung der oberen Etagen mit dem Erdgeschoss forderten, sollte nicht der ganze Werth einer solchen Hochbaute im Betrieb verloren gehen. Trotz bedeutender Fortschritte lassen diese Einrichtungen noch viel zu wünschen übrig, indem dieselben entweder zu wenig sicher, zu kostspielig oder zu langsam arbeiten; unstreitig die empfehlens-

sen und können als ein räumliches Dazwischen aufgefaßt werden, das die Öffentlichkeit der Gesellschaftsräume mit der Intimität der Gastzimmer verbindet.

Im imaginären Grand Hotel verdoppeln Treppe und Aufzug den Übergang, den sie zugleich leisten und symbolisieren. Dieser Übergang, dem der Protagonist ausgesetzt ist, verlangt nach einer komplexen Orientierungsleistung. Die vertikale Bewegung im Raum vermag stärker und nachhaltiger als die horizontale die Qualität der Wahrnehmung zu beeinflussen. Von einem erhöhten Standpunkt aus sieht der Protagonist nicht etwas anderes, sondern dasselbe, was er zuvor aus der Nähe betrachtet hat, erscheint nun ganz anders. Die Perspektive und mit ihr die Orientierung müssen in Abhängigkeit zur Stellung des Protagonisten im Raum immer wieder neu entworfen werden. Bedeutet das Treppensteigen eine Vervielfältigung der Blickpunkte unter Wahrung des raumleiblichen Kontinuums – die Perspektive fächert sich wie auf dem berühmten Bild Marcel Duchamps ‹Nu descendant un Escalier n°2› von 1912 auf –, verunklärt der Lift den vertikalen Zusammenhang. Dieser ist ungewiss, weil die Beförderten ihn nicht leiblich erleben können.

Treppenweg

Der Treppenweg in Franz Werfels ‹Die Hoteltreppe› nimmt den ganzen Raum der Erzählung ein, dehnt sich bis an die Ränder aus. Inhalt und Struktur durchwirken sich hin zur Chiffre des Übergangs. Treppe und Treppenabsatz[3] zählt Bachtin zu den Schwellenorten und stellt in seiner Analyse des Karnevalistischen bei Dostojewskij eine interessante Verbindung von Raum und Zeit her, indem er die Zeit mit dem Krisenort verschwistert und sie ihrerseits als krisenhaft erlebte aus dem Kontinuum herauslöst: «Auf der Schwelle und auf dem Platz ist nur die Krisenzeit möglich, in der ein Augenblick mehreren Jahren mehreren Jahrzehnten und sogar ‹einer Billion

---

werthesten sind die hydraulischen Lifts, indem dieselben die grösste Sicherheit und Leichtigkeit in der Behandlung bieten.» (Guyer 1874, 104).

3   Die Treppe als Schwellenort und Raum der *Ver-rückung* ist in Andrej Andrejews Bühnenbild für den Film ‹Raskolnikow› von 1923 nach der Regie Robert Wienes, der auf Dostojewskis ‹Schuld und Sühne› beruht, kongenial umgesetzt. (Vgl. Albrecht 1989, 48–50).

Jahren› (so im *Traum eines lächerlichen Menschen*) gleichen kann.»[4] Werfels Protagonistin Francine durchwandert auf ihrem Treppenweg in den wenigen Minuten erzählter Gegenwart Vergangenheit und Zukunft[5].

Der begrenzte Handlungsraum der Treppe bringt die prekäre Stellung des Dazwischenseins zum Ausdruck, welche die junge Protagonistin Francine im Grand Hotel einnimmt. Ihr liminaler Zustand als Braut wird in doppeltem Sinn in einem Übergangsraum verortet, dem weit gefassten des Grand Hotels und dem spezifischen des Treppenhauses. Der Aufenthalt im Grand Hotel im Allgemeinen und das Treppensteigen im Besonderen, das ihr «weit und beschwerlich»[6] vorkommt «wie eine einsame Bergbesteigung[7]», erscheinen als Lücke zwischen der strengen Obhut der Eltern und dem vorgezeichneten Lebensentwurf an der Seite eines biederen Gatten. Das Grand Hotel eröffnet Francine erstmals ein mehrtägiges Alleinsein in der so genannten Gesellschaft und räumt ihr ein ungewohntes Maß an Selbstbestimmung ein. Dieser unbehütete Aufenthalt wird ihr vom gestrengen Vater nur widerwillig und erst nach dem mütterlichen Verweis auf ihre *gesicherte* und damit fraglos festgelegte Zukunft zugestanden. Während ihre nächste Umgebung entsprechend von einer soliden Verankerung Francines innerhalb der gesellschaftlichen Ordnung ausgeht und keiner greifbaren Gefährdung für die werdende Ehefrau mehr gewahr ist, erfährt Francine selbst ihre Stellung als schwankend.

> «Vielleicht ist es dieser Verwunderung und dem Wunsche nach deutlicheren Gefühlen zuzuschreiben, dass Francine die Rückkunft des Fahrstuhles nicht abwartete, sondern sich der breiten, rot und dickbelegten Treppe zuwandte, die den riesigen Schacht des Prunkhotels in sanft ansteigenden Rechtecken hoheitsvoll umzirkte.»[8]

---

4 Bachtin 1985, 74.
5 Francine zieht die Treppe als Ort einer empfundenen Zeit dem Lift vor, der die Zeit zum Maß technischer Leistungsfähigkeit macht – in wie vielen Sekunden können die oberen Etagen erreicht werden.
6 Werfel 1927, 204.
7 Der Aufstieg im Sinn des Abschreitens eines Lebenswegs, oft mit dem Erklimmen eines Bergs auf der Suche nach dem Lebenssinn verbunden, ist ein Topos, der in Petrarcas Schilderung eines Fußmarsches auf den Mont Ventoux 1336 einen viel diskutierten Vorläufer am Kreuzungspunkt zwischen Allegorie und Landschaftsschilderung findet.
8 Werfel 1927, 201–202.

Es fällt auf, dass Francine «deutlichere Gefühle» über die körperliche Bewegung sucht und im Schreiten Leiblichkeit konstituiert werden soll im Sinn eines Körper und Geist umfassenden Sich-zur-Welt-stellens. Die Auswirkungen einer Liebesnacht, die Francine in den letzten Tagen intensiv beschäftigt hatten, haben ihre Drohung weitgehend verloren. Alles scheint «beim Alten»[9] zu bleiben, nur will sich darüber keine Freude einstellen. Das Auferlegen einer körperlichen Anstrengung, wie sie das Treppensteigen[10] mit sich bringt, und das damit verbundene Bemühen, sich mit dem Raum auseinanderzusetzen, um der Erinnerungen an die Verführungsszene habhaft zu werden[11] und sie letztlich mit bereinigtem Gewissen zu tilgen, erscheinen als Versuche, nicht vorhandene, aber für nötig befundene Gefühle zu provozieren. Denn noch scheint Francine zu glauben, die Gefühlsleere sei auf die Verwirrung ihrer Gedanken zurückzuführen.

Die Halle des Grand Hotels, Schauplatz der erinnerten Verführungsszene über den dort allabendlich eingeräumten Tanz, wird nun von Francine als Mittelpunkt der Treppenanlage umkreist. Das eindringliche Betreten und Durchwandern des Treppenraums bemisst zugleich ein gedankenversunkenes Durchlaufen ihres eigenen Kopfraums. Der gewaltige Kronleuchter, hoch über Francine schwebend, bezeichnet das Ende des Treppenwegs und ist dadurch hoffnungsvoller Ausdruck der Erlösung von allen Wirrnissen.

---

9 Werfel 1927, 203.
10 Die Hoteltreppe als Garant einer räumlichen Kontinuität erweist sich als heimtückisch. Sie führt die Öffentlichkeit der Halle eng mit der Intimität des Gastzimmers. Für Francine verbinden sich somit zwei Räume, denen die Ereignisse des Begehrens eingeschrieben sind und die in diesem Sinn nicht existieren dürften. Die Halle ist der Ort des Tanzes und der Annäherung, hier hat Francine sich auf den Verführer Guido im wörtlichen Sinn eingelassen, während ihr Zimmer den Schauplatz des Beischlafes darstellt.
11 Simmel beschreibt die Bedeutung des Raums als Schauplatz der Erinnerung: «Für die Erinnerung entfaltet der Ort, weil er das sinnlich Anschaulichere ist, gewöhnlich eine stärkere assoziative Kraft als die Zeit; so dass, insbesondere wo es sich um einmalige und gefühlsstarke Wechselbeziehung handelte, für die Erinnerung gerade er sich mit dieser unlöslich zu verbinden pflegt und so, da dies gegenseitig geschieht, der Ort noch weiterhin der Drehpunkt bleibt, um den herum das Erinnern die Individuen in nun ideell gewordene Korrelation einspinnt.» (Simmel 1992, 710/711).

«Francine stand am Fuße der Treppe. Sie sah, daß man in der Halle schon die Tische für die Abendmusik und den Tanz rückte. Es war höchste Zeit zur Flucht. Sie hob den Kopf und maß den Abstand, der sie von ihrem Zimmer im letzten Stockwerk trennte. Der kathedralenhohe Raum wuchs schwindelnd über ihr. Und in der Höhe des Abgrunds hing der gewaltige Kronenlüster mit seinen mattblitzenden, leisklirrenden Prismen und schien in einem geheimnisvollen Luftzug zu schwanken.»[12]

Francine flieht vor einer orientierungslosen Bewegung, wie sie der Tanz in der Halle provoziert, in eine gerichtete, absichtsvolle. Das Treppensteigen erfährt in Francines Gedankenwelt eine unumwunden religiöse Besetzung durch die Analogie, die sie zwischen dem Erklimmen der weich belegten Stufen der Hoteltreppe und jenen steinernen einer hohen Kirche[13] herstellt, welche die Mutter einst in ehrfürchtiger Buße auf bloßen Knien emporgerutscht war. Durch diesen etwas befremdlichen Vergleich signalisiert Francine ihren Willen, das Grand Hotel mit allen Mitteln aus der Atmosphäre der Leichtlebigkeit zu reißen und dieselbe mit der harten Ernsthaftigkeit ihrer eigenen Erziehung zu belasten. Dabei ist sie bereit, den schwer wiegenden Körper als eigentlichen Austragungsort des psychischen Konflikts einzusetzen. Denn zwischen den traditionellen Werten ihres Elternhauses und der lustbetonten Hingabe an die Freizügigkeit des Grand Hotels klafft ein innerer Zwiespalt.

Der jüngsten, unrühmlichen Vergangenheit soll eine letzte Referenz gewährt werden, «ehe sie Guido für ewig in den Abgrund warf, ehe alles für immer ungeschehen blieb»[14]. Doch die Auslöschung dieser Erlebnisse bedeutet auch die Auslöschung eines Versuchs, sich auf ein eigenes Begehren einzulassen und erwirkt einen emotionalen Mangel, der auf eine tödliche Starre vorausweist. Selbst der Blick eines fremden Manns, der ihr auf der Treppe entgegenschreitet, wird von Francine allein unter dem Aspekt eines aufgezwungenen Gleichschritts und der damit verbundenen Gedankenleere als angenehm

---

12 Werfel 1927, 203–204.
13 Auch hier ist, wie schon bei Kracauer, die Kirche als Kehrbild der Halle angelegt: «Die Zeiten haben sich verändert und den Glauben geschwächt. Sie, Francine, würde nicht die hundert Stufen zu einer hohen Kirche hinanknien, aber immerhin den bequemen Fahrstuhl verschmähen und die teppichrote Treppe dieses Prunkhotels – in ihrem besten Abendkleid allerdings, mit bloßen Schultern und Armen – bußfertig emporwandern.» (Werfel 1927, 204).
14 Werfel 1927, 205.

empfunden. «Wie ein Pferd ging sie gleichmäßig im Gespann des Männerblicks, der sie kräftig von hinten zügelte.»[15] Diese Lust am uneingeschränkten Beherrschtwerden, welche durch die Pferdeallegorie ins Bild gerückt wird, verdeutlicht ein Begehren nach dem Gefesselten, das ein Begehren nach dem Tod miteinschließt. Auch die bevorstehende Heirat mit einem ungeliebten Emporkömmling, das Behaften auf die Rollen der Mutter und liebenden Ehefrau sind Formeln des Beherrschtseins.

Das Hinaufsteigen als Akt der Entfesselung verkehrt sich in ein Bild einer immer engeren und festgefügteren Ordnung, die jede Phantasie, jeden Traum verdrängt und schließlich ganz tilgt: «In ihrer Zukunft klaffte kein Riß mehr»[16]. In Francines Zukunft erscheint alles vorbereitet, wie für sie zurecht-«gezimmert»[17]. Die Rede von der risslosen Zukunft ist eigenartig verkehrt. Durch die angesprochene Abgeschlossenheit evoziert sie das Bild eines Vergangenen anstelle des Zukünftigen. Zukunft und Vergangenheit werden eins, wodurch in zunehmendem Maß der Lebensraum der Gegenwart zum Verschwinden gebracht wird.

Das Abschreiten der Treppe beschreibt im Umzirkeln der Halle ein ständiges Umkreisen des Abgrunds. Je radikaler die Erinnerung an Guido, die diesem Hallenraum eingeschrieben ist, zugeschüttet wird, desto schneller und taumelnder findet die Umkreisung statt. Nachdem Francine für die kurze Dauer eines Treppenlaufs das Gefühl der Dankbarkeit gegenüber den brieflichen Liebesbezeugungen ihrer Nächsten beschwingt hat, fällt sie nun «mit ihrer ganzen Last» «in die Wirklichkeit zurück»[18]. Als sie den obersten Absatz, ihr eigentliches Ziel, erreicht, konkretisiert sich Francines Gefühlsleere in einer klarsichtigen inneren Rede[19]. Der Blick in den leeren Raum wird zum Einblick in «eine große Öde»[20], die Öde der eigenen Lebenslage, die durch keine Schwierigkeiten und Leidenschaften eine Dramatisierung und Belebung mehr erfährt. Francines Rede durchbricht den Selbstbetrug und bringt erstmals ein inneres Berührtsein

---

15 Werfel 1927, 211.
16 Werfel 1927, 214.
17 Werfel 1927, 209.
18 Werfel 1927, 216.
19 Werfel 1927, 218.
20 Werfel 1927, 218.

zum Ausdruck, das sie jedoch als Gefühl der Einsamkeit und Sinnlosigkeit bedrückt.

> «Hingegen hing der ungeheure Lüster in ihrer Augenhöhe, das mattblitzende, leisklirrende Märchengeschöpf, das Francinens Blick seit dem ersten Tage mit kindhaften Phantasien angezogen hatte. Er schwankte wirklich in einem leichten, zauberhaften Ausschlagswinkel oder beschrieb, wenn man schärfer hinsah, einen kleinen, kaum merklichen Flugkreis. Francine trat an das Geländer des Treppenabsatzes, denn sie fühlte plötzlich das Bedürfnis, diesem strahlenden Riesenvogel, der mit ausgebreiteten Schwingen über dem Abgrund schwebte, näher zu sein.»[21]

Am Anfang und Ende des Treppenwegs steht der Kronleuchter im Blickfeld. Er bezeichnet den vertikalen Abschluss des Raums, der von Francine jedoch als «Höhe des Abgrunds»[22] wahrgenommen wird. Dieser Widerspruch innerhalb der räumlichen Kennzeichnung des Wahrgenommenen verweist auf eine Irritation des realen Raums, der sich zu einem halluzinatorischen zu fügen scheint. Innerhalb dieses Raums besetzt der Lüster den Ort des Geheimnisvollen und Glänzenden in einer zugestandenen kindlichen Phantasie, die vor einem erotischen Begehren steht. Der über dem Abgrund schwebende Kronleuchter verkörpert den verlockenden Zustand, keiner räumlichen und gesellschaftlichen Festschreibung mehr unterworfen zu sein, weder den harrenden Rollen der liebenden Mutter und hingebungsvollen Ehefrau noch einer ernüchternden Teilnahme an seelenlosen Gesellschaftsspielen. Der drohenden psychischen Erstarrung innerhalb einer lückenlos vorgezeichneten Zukunft weicht Francine durch den leiblichen Sturz in den Illusionsraum.

Aufsturz der vertikalen Ordnung

Die Ineinssetzung von Hotel- und Kopfraum findet in der Umschlaggestaltung der Erstauflage von Joseph Roths ‹Hotel Savoy›, 1924 in Berlin erschienen, eine expressive Umsetzung. Georg Salters entwirft das Bild einer fragmentierten Nachkriegswelt aus architektonischen Versatzstücken, die nicht zu einer übersichtlichen Fassade,

---

21 Werfel 1927, 216–217.
22 Werfel 1927, 203.

sondern vexierbildhaft zu einer Fratze zusammengefügt sind: Zwischen bleckenden Zahnstummeln öffnet sich der Eingang, das Auge scheint eine heimtückisch falsch laufende Uhr, welche die Mittellosen um ihre Lebenszeit betrügt, die Augenbrauen sind Treppenstufen, die weder nach oben noch nach unten führen, dagegen haltlose Strichmännchen in die Tiefe einer Stirnfalte laufen lassen. Zwei Jahrmarktsplakate stecken wie der Schirm einer Mütze auf dem Kopf und künden Titel und Autor an – Autoritäten in Schräglage. In diesem erschreckten wie erschreckenden Gesicht ist die haltlose Traumwelt als äußerste Bedrängnis der Wirklichkeit eingezeichnet. Dieses Bildverständnis ist Robert Wienes expressionistischem Film ‹Das Cabinet des Doktor Caligari›, für den Hermann Warm, Walter Reimann[23] und Walter Röhrig die Ausstattung besorgten, verpflichtet. Für diese aus den Fugen geratene Ordnung wird in Frankreich selbst der bildlich besetzte Begriff des Caligarisme[24] geprägt. Ausgehend von expressionistischen Ansätzen sind die subjektiven und symbolischen Aspekte der Gegenstände und Ereignisse betont, die Welt erscheint als subjektiv wahrgenommene und wird zusammen mit dem haltlosen Auftreten der Protagonisten verrückt. Salters Umschlaggestaltung ist bereits zur Interpretation umgeschlagene Bildlichkeit. Sie fordert auf, das Verhältnis zwischen räumlicher Affektion und subjektiver Projektion auszuloten.

‹Hotel Savoy› ist aus der Perspektive des Ich-Erzählers Gabriel Dan geschildert, der nach dreijähriger Kriegsgefangenschaft aus Sibirien zurückkehrt und nach fünf Jahren erstmals wieder an den Toren

---

23 Die Ausführungen Walter Reimanns zu ‹Filmbauten und Raumkunst›, 1926 im ‹Großen Bilderbuch des Films› veröffentlicht, reflektieren die Interdependenz von Mensch und Raum und deren außerordentliche Bedeutung für den Stummfilm: «Das Wort [auf der Sprechbühne; C.S.] ersetzt die Dekoration, und die Modulation des Wortes zaubert die Stimmung hervor. Im Film, der schweigenden Bildkunst, ist es genau umgekehrt; hier muß die Dekoration, das Requisit, das Kostüm, die Maske, kurz die sichtbare Dinghaftigkeit das Wort ersetzen! Der Film ist eine Zeichensprache, die gesehen werden muß. (...) Also soll die Ausstattung nicht nur den Zustand, gewissermaßen die Orts- und Zeitangabe bedeuten – sie hat nicht nur die trockene Rolle des Baedekers zu spielen –, sondern soll alle jene Feinheiten der Form und der Stimmung bringen, die dem Milieu erst die vermittelnde Wärme, die persönliche Sprache geben, mit der es das Spiel der Darsteller zu umhüllen und melodisch zu vermitteln hat.» (Zitiert nach Albrecht 1989, 45–46).
24 Vgl. Gruber 1996, 78.

Europas steht. Dans erste Auseinandersetzung mit dem Hotel wird mit der Liftfahrt in die Höhe und dem Treppenweg in die Tiefe über zwei völlig unterschiedliche Modi der Raumerschließung erzählt, welche die Vertikale des Hauses entsprechend unterschiedlich konstituieren.

> «Ein Lift nimmt mich auf, Spiegel zieren seine Wände, der Liftboy, ein älterer Mann, läßt das Drahtseil durch seine Fäuste gleiten, der Kasten hebt sich, ich schwebe – und es kommt mir vor, als würde ich so noch eine geraume Weile in die Höhe fliegen. Ich genieße das Schweben, berechne, wieviel Stufen ich mühsam erklimmen müßte, wenn ich nicht in diesem Prachtlift säße, und werfe Bitterkeit, Armut, Wanderung, Heimatlosigkeit, Hunger, Vergangenheit des Bettlers hinunter –, tief, woher es mich, den Emporschwebenden, nimmermehr erreichen kann.»[25]

Es scheint das Hochgefühl des Luxus' selbst zu sein, welches der emporgleitende Aufzug Gabriel Dan gönnt und ihn dazu veranlasst, alle Bitterkeit hinunterzuwerfen, erneut «ein altes Leben»[26] abstreifend. Die Bewegung nimmt Dan nur in nach oben gerichteter Hinsicht wahr, als Richtung des schwerelosen Entschwebens, dachwärts, welches er in kindlicher Begeisterung, der räumlichen Hierarchie des Grand Hotels nicht eingedenk, mit einem glücklichen Aufstieg assoziiert. Das metaphorische Sprechen von Oben und Unten lässt ihn den konkreten Raum vergessen. Dieses Hinauf befördert Gabriel Dan in die sechste Etage, wo er eines der preiswertesten Zimmer des Grand Hotels belegt. In seinen verklärenden Augen erscheint ihm die zu beziehende Unterkunft, die all seine Wünsche auf einmal zu befriedigen scheint, als Idyll.

> «Langsam steige ich die Treppe hinunter, aus unteren Stockwerken klingen Stimmen, hier oben ist alles still, alle Türen sind geschlossen, man geht wie durch ein altes Kloster, an den Zellen betender Mönche vorbei. Das fünfte Stockwerk sieht genauso wie das sechste aus, man kann sich leicht irren; dort oben und hier hängt eine Normaluhr gegenüber der Treppe, nur gehen die beiden Uhren nicht regelmäßig. Die im sechsten Stockwerk zeigt sieben Uhr und zehn Minuten, hier ist es sieben Uhr, und im vierten Stock sind es zehn Minuten weniger.
> Über den Quadersteinen des dritten Stockwerks liegen dunkelrote, grüngesäumte Teppiche, man hört seinen Schritt nicht mehr. Die Zimmernummern

---

25 Roth 1989, 8.
26 Vgl. Roth 1989, 7.

sind nicht an die Türen gemalt, sondern auf ovalen Porzellantäfelchen angebracht. Ein Mädchen kommt mit einem Staubwedel und einem Papierkorb, hier scheint man mehr auf Sauberkeit zu achten. Hier wohnen die Reichen, und Kaleguropulos, der Schlaue, läßt absichtlich die Uhren zurückgehn, weil die Reichen Zeit haben.»[27]

Das Erschreiten der Stufen ermöglicht Gabriel Dan eine räumliche Aneignung des Grand Hotels und eine wachsende Vertrautheit mit dessen vertikaler Organisation, die, wie ihm aufgeht, zusammen mit der zeitlichen eine Allianz zugunsten der reichen Gäste eingeht, denen Raum und Zeit in einem verschwenderischen Maß zuerkannt werden. Auf der siebten Etage jedoch, so wird Dan wenig später erstaunt feststellen, fehlen die Normaluhren ganz. Das Maß der Uhr scheint hier oben sein Zeitliches bereits gesegnet zu haben. Die Verfügungsmacht über die Zeit wird den Bewohnern des siebten Stockwerks geraubt. Ihnen gehört nur noch die Lebenslänglichkeit der Gefangenen und die Ewigkeit der Toten – als Tote aber müssen sie das Hotel sogleich verlassen[28].

«Wie die Welt war dieses Hotel Savoy, mächtigen Glanz strahlte es nach außen, Pracht sprühte aus sieben Stockwerken, aber Armut wohnte drin in Gottesnähe, was oben stand, lag unten, begraben in luftigen Gräbern, und die Gräber schichteten sich auf den behaglichen Zimmern der Satten, die unten saßen, in Ruhe und Wohligkeit, unbeschwert von den leichtgezimmerten Särgen.
Ich gehöre zu den hoch Begrabenen. Wohne ich nicht im sechsten Stockwerk? Treibt mich das Schicksal nicht ins siebente? Gibt es sieben Stockwerke nur? Nicht acht, nicht zehn, nicht zwanzig? Wie hoch kann man noch fallen? In den Himmel, in endliche Seligkeit?»[29]

Für Gabriel Dan wird das Grand Hotel, das ihm erst als Ort eines glücklichen Aufstiegs erschienen war, immer mehr zu einem Abbild der Welt in all ihrer Unzulänglichkeit, wie er sie während der Kriegsjahre und seiner langen Wanderschaft erfahren hat – eine Welt, die nicht hintergehbar ist, weil sie kein Außerhalb zuläßt und ihre eigene Gesetzlichkeit etabliert. So stürzen Oben und Unten in der

---

27 Roth 1989, 10.
28 Der Clown Santschin wird nach seinem Tod unverzüglich aus dem Grand Hotel geschafft und im Varieté aufgebahrt. Dort liegt er hinter der Bühne, an einem Ort, den die Auftretenden ständig passieren müssen.
29 Roth 1989, 26.

Fallrichtung zusammen. Die hoch oben angesiedelten Etagen entpuppen sich als Niederungen der sozial Benachteiligten. Nachdem er die Gepflogenheiten des Grand Hotels kennen gelernt hat, empfindet Dan das erste leichte Schweben im Lift als Fallen, das nach der endlosen Höhe keine Grenzen mehr kennt. In dieser paradoxen Verkehrung des Abgrunds fällt ihm das Gewicht der vermeintlich abgeworfenen Sorgen erneut zu. Er erkennt, wie präzise das Grand Hotel in der Vertikalen die unumstößliche soziale Ordnung widerspiegelt und wie befestigt die Grenze zwischen Besitzenden und Darbenden ist. Das metaphorische Sprechen vom Aufstieg, welches einen höher geschätzten Platz innerhalb der sozialen Ordnung in Aussicht stellt, wird durch die gebaute Realität des Grand Hotels, das bis zum Dachstock hin letztlich seine ganze Pracht einbüßt und die reichsten Bewohner der Strasse, die ärmsten dem Himmel am nächsten unterbringt, desavouiert[30].

Lift

Das eigentliche Geheimnis des Grand Hotels birgt sich in der lauernden Allpräsenz des Liftboys Ignatz und der Unsichtbarkeit des Hotelbesitzers Kaleguropulos – eklatante Gegenpositionen, die am Ende des Romans zu einer einzigen Figur verschmelzen. In der Vereinigung der Extreme verkörpert Ignatz zugleich Knabe und Greis[31], Liftboy und Hotelbesitzer. Seine Person verbindet sowohl im erfahrbaren Rahmen des Zeithorizonts Anfang und Ende einer Lebensspanne als auch innerhalb des räumlichen Gefüges die beiden Stellungen, die bezüglich der hotelinternen Hierarchie am weitesten auseinander liegen. Damit vereinigt seine Figur Entgegensetzungen, wie sie das Grand Hotel allgemein unterhält. So erscheint Ignatz in den Augen Gabriel Dans «wie ein lebendiges Gesetz dieses Hauses,

---

30 Erst in der Folge der architektonischen Moderne mit ihrer Forderung nach Licht und Luft sowie durch die wachsende Verbreitung des Lifts, der nun auch in Wohnhäusern Verwendung fand, wandelten sich die oberen Etagen schließlich zur bevorzugten Wohnlage in heutiger Zeit.
31 «Es war ein fünfzigjähriger livrierter Mensch, ein alter Liftknabe; ich ärgerte mich, daß in diesem Hotel nicht kleine, rotwangige Knirpse den Fahrstuhl bedienten.» (Roth 1989, 13).

Tod und Liftknabe»[32]. Diese Attribute lassen die Ordnung des Grand Hotels nicht unberührt, und es drängt sich die Frage auf, welche Verbindungen das Gesetz des Hauses, Tod und Lift untereinander eingehen.

Der Liftschacht, in welchem der Aufzug mühelos auf- und abgleitet, durchdringt den Bau in vertikaler Ausrichtung und umschreibt einen oftmals unsichtbaren, jedoch äußerst zentralen Leerraum, eine Leerstelle[33], welche die einzelnen Geschosse auf kürzestem Weg verbindet und in spannungsgeladene Beziehung zueinander setzt. Die Herrschaft über den Aufzug, der sowohl die Mühelosigkeit des Aufstiegs als auch die Leichtigkeit des Abstiegs dosiert, gibt ein Instrument in die Hand, das alle Schichten des Grand Hotels gleitend miteinander verbindet. So ist der Aufzug eine latente Bedrohung für das gefestigte, räumliche Bewusstsein, eine beständig entschwebende Irritation der vertikalen Ordnung[34]. Die sorglose Leichtigkeit, mit welcher der Aufzug das Oben dem Unten ausliefert und umgekehrt, täuscht über die Mühe der Überschreitung sozialer Abgrenzungen

---

32 Roth 1989, 40.
33 In Vicki Baums ‹Hier stand ein Hotel›, 1943 in den USA geschrieben, räumt der Antifaschist Martin auf seiner Flucht vor der Gestapo den Kommissar Helm aus dem Weg, indem er ihn in den Liftschacht des Angestelltenfahrstuhls, der gerade außer Betrieb ist, wirft. Dieser tote Körper im das ganze Grand Hotel durchdringenden Schacht steht symbolisch für den unsichtbaren, aber zentralen Widerstand gegen das Naziregime. (Vgl. Baum 1947, 207). Das Buch wird im ‹Epilog› ausführlicher diskutiert.
34 In Prousts ‹Grand Hotel Balbec› überkreuzen sich die Unsicherheit des jugendlichen Helden, die im einschnürenden Gefühl leiblicher Ausgesetztheit kulminiert, mit der passiven Erhebung während der Liftfahrt. Der Ich-Erzähler, der noch nie einen ‹lift› gesehen hat, beschwört mit dem fremden Wort das außergewöhnliche Ding, das Kraft seiner vertikalen Mobilität befragt wird. Die Erfindung hält im Fremdwort das Heroische der ersten Stunde wach, Lift und Liftboy, Mensch und Maschine verschmelzen bei Proust zu einem Begriff. (Le Robert: Dictionnaire des Anglicismes, les mots anglais et américains en français; Josette Rey-Debove et Gilberte Gagnon (Hrsg.), Paris 1980. Erste Nennung des Worts ‹lift› in Bedeutung von Fahrstuhl (ascenseur) 1904, in der Bedeutung des Liftboys ist als Belegstelle Proust ‹A l'ombre des jeunes filles en fleurs› angeführt. Milieu des 19. Jahrhunderts zugeteilt. Modewort zu Beginn des 20. Jahrhunderts. Englisches Wort, auf Amerikanisch elevator.) Die mit dem Lift assoziierte Himmelfahrt – ascension – ist von der Maschine – ascenseur – noch nicht eingeholt und relativiert. So erscheint es bezeichnend, dass der Liftboy des Hotels Balbec in ‹Die wiedergefundenen Zeit› bei den Fliegern «wieder angenommen» werden möchte (Proust 2002, 80), was als sinnfällige Anspielung auf seinen angestammten schwebenden Beruf erscheint.

hinweg. Das lebendige Gesetz des Hauses mag nun gerade in dieser verführerischen Täuschung begründet liegen, denn im Grand Hotel erscheint alles erreichbar, und trotzdem ist den Unbefugten der Zugang zum naheliegenden Glück der unteren Stockwerke streng untersagt. Unheimliches kommt dem Aufzug durch das beständige Auf und Ab im Dazwischen der einzelnen Schichten zu und überträgt sich auf die Gestalt des Liftführers Ignatz, der alle Etagen erreichen kann, ohne sich dabei fortbewegen zu müssen.

Die Ausdehnung des Liftschachts in Tiefe und Höhe können in der Aufzugskabine nur erahnt werden, dabei nährt das Wissen um die Leere, die sich über und unter der Kabine öffnet, ein Gefühl des Schwebens, dem jedoch auch die Drohung des Absturzes[35] eignet. So ließe sich die unheimliche Verquickung des Liftboys Ignatz mit dem Tod als schierer Ausdruck des den Abgrund mit dem Himmel kurzschließenden Schachts lesen, in welchem der von ihm chauffierte Fahrstuhl unermüdlich gleitet. Die Vereinigung des ganz unten Liegenden mit dem himmelnahen Oben durchmisst die Totalität des Grand Hotels und bewegt sich im Dazwischen platzhaltend als Symbol einer Welt, welche die Ankunft absichtsvoll mit dem Tod verknüpft. Die sich Ignatz und seinem Gefährt anvertrauenden Gäste geben den räumlichen Überblick auf, der die Treppe gewährt hätte, zugunsten eines unkontrollierbaren Schwebezustands. So wird Ignatz den armseligen, aber gutgläubig hoffnungsvollen Gästen zum Führer ihrer verlorenen Seelen hin zu den hochgelegenen Gräbern in den himmelnahen Etagen des Grand Hotels. Hier, am äußersten Rand seines Einflussbereichs, der dem Tod am nächsten ist, bricht am Ende des Romans bedeutsamer Weise auch das Feuer aus[36] und frisst sich von den hohen Etagen nach unten, seinerseits gleichsam die Hierarchie der Vertikalen beachtend.

Der Heimat entgegen

Das Transitorische, das dem Grand Hotel eignet und im Innern des Hauses über den Lift gleichermaßen verkörpert wie verdoppelt wird,

---

35 Der Absturz eines Fahrstuhls ist einer der dramaturgischen Höhepunkte in Arthur Haileys Roman ‹Hotel› (1965) 1976, 325ff.
36 Vgl. Roth 1989, 99.

wirft die Frage auf, welche Bedeutung dem Hotel auf dem Weg des Heimkehrers Gabriel Dan zukommt. Geographisch nimmt das Hotel Savoy, das am Übergang zwischen Osten und Westen «an den Toren Europas» angesiedelt ist, keinen konkreten Ort ein. Vielmehr besetzt es einen zivilisatorischen Raum: das Abbild der westlichen Gesellschaft wird innerhalb einer grauen Arbeiterstadt des Ostens im Bau des Grand Hotels vorgestellt. Das Hotel beherbergt die wirtschaftliche Elite der Stadt, die sich zu geschäftlichen Besprechungen trifft, und leichtsinnige junge Herren, die sich ein ungestörtes Liebesnest leisten können. Die heimatlosen Zirkusleute und Varietédamen sowie die verarmten Bürger und selbstbewussten Kriegsheimkehrer finden in den himmelnahen Geschossen des Hotels Unterkunft. Das Grand Hotel wird zum Abbild einer Nachkriegsgesellschaft, für die Orientierungs- und Heimatlosigkeit vordergründig wird.

Das ‹Hotel Savoy› erinnert daran, dass Heimat mehr ist als ein Ort auf der Landkarte. So erscheint es als bedeutsam, dass sich Gabriel Dan mit der Heimkehr und der Bedeutung[37], die sie für den einzelnen einzulösen vermag, im Grand Hotel beschäftigt, einem anonymen Ort des Durchgangs in vermeintlich heimatloser Fremde angesiedelt. In gleichem Maß, wie sich das Bild des anfänglich so vertrauten Grand Hotels im Laufe der Zeit mit Rissen überzieht, wird Dan auch das Verständnis einer Heimat problematisch. Das Versprechen, im Hotel Savoy der Heimat ein gutes Stück näher gekommen zu sein, welches das Grand Hotel anfänglich noch einzulösen vermag, verflüchtigt sich zusehends, bis das Provisorische des eigenen Aufenthalts zur einzig glaubhaften Zusicherung wird, an der festzuhalten der letzte Rest Gewissheit bedeutet.

«‹Sie sind ja fremd hier?› fragte Bloomfield und sah uns beide an, Zwonimir und mich.
Es war die erste Frage, die Bloomfield getan hatte, seitdem er angekommen war.

---

37 Dan macht beispielsweise die Bekanntschaft Henry Bloomfields, den die Sehnsucht nach der Heimat in diese kleine ostjüdische Stadt des Hotel Savoy verschlagen hat. Bloomfield ist nicht, wie allgemein vermutet wird, wegen der Geschäfte gekommen, sondern um an das Grab seines Vaters zurückzukehren. Bloomfield versteht die Heimat als einen Ort, wo die Toten liegen. So erfährt Dan letztlich von den Friedhofsbettlern den wahren Grund des Blommfieldschen Aufenthalts: «Es war eine Heimkehr». (Roth 1989, 85).

‹Wir sind Heimkehrer›, sage ich ‹und halten uns nur zum Spaß hier auf. Wir wollen weiterfahren, mein Freund Zwonimir und ich.›»[38]

Gabriel Dan versucht, das Selbstverständnis des Heimkehrers zu ergründen, das er von jenem des Fremden unterscheidet. Denn während der Heimkehrer ein beständig Wandernder ist, der dem Niemandsland des Kriegs entstammt und sein Ziel als Ort seiner längst entrückten Herkunft erkennt, richtet der Fremde sein wahres Interesse auf einen ihm unbekannten Ort, an welchem er seinen Geschäften und Leidenschaften nachzugehen gedenkt oder auf ein lebenswerteres Dasein hofft, fern vom Ort seiner Herkunft, dem er insgeheim entflohen ist. Der Heimkehrer dagegen ist in seiner andauernden Rückkehr gefangen, ihm steht das scheinbar Bekannte vor Augen, das er heimzusuchen trachtet. Der Heimkehrer bewegt sich in einem Dazwischen, das keinen eindeutig bestimmbaren Ausgangs- und Endpunkt kennt. Es dehnt sich zwischen dem Niemandsland des Kriegs und dem Nichtmehrland der Heimat. Die Bewegung des Heimkehrers ist eine willenlose, den Fügungen der Ereignisse ausgelieferte und trotz Ziel vor Augen ohne Ankunft, denn im Aufschub liegt gerade die Bestimmung des Heimkehrers, würde er doch im Augenblick des Ankommens den Status dessen, der auf dem Weg ist, verlieren und letztlich Gefahr laufen, zum Fremden in der eigenen Heimat[39] zu werden und damit jegliche Hoffnung auf ein zumindest denkbares Heim einbüßen. So wird der Heimkehrer von einer Verunsicherung im Hinblick auf seinen weiteren Lebensweg erfasst, wobei sich seiner zugleich die wachsende Unruhe von Seiten des Grand Hotels bemächtigt, dessen Selbstverständnis durch den Krieg zerrüttet wurde. Grand Hotel und Heimkehrer scheinen sich in diesen unsicheren Zeiten zu rufen und sind sich letztlich gegenseitig verfallen.

---

38 Roth 1989, 73–74.
39 Dazu Roth 1989, 93: «Es führt einer einen Hund mit, er trägt das Tier auf dem Arm, und seine Eßschale klappert an seine Hüfte bei jedem Schritt. Ich weiß, daß er den Hund nach Hause bringen wird, seine Heimat liegt im Süden, in Agram oder in Sarajevo, den Hund bringt er treu bis zu seiner Hütte. Seine Frau schläft mit einem andern, den Totgeglaubten erkennen seine Kinder nicht mehr – er ist ein anderer geworden, und der Hund nur kennt ihn, ein Hund, ein Heimatloser.»

So erscheint die Heimat[40] je länger desto weniger als ein konkreter Ort des künftigen Aufenthalts, entbehrt sie doch sowohl einer Verankerung im geographischen Raum wie auch im mentalen Raum einer Beziehung[41] oder eines Zuhauses[42] und geht vielmehr im imaginären Raum der Sehnsucht auf. Diese verheißungsvolle Entrückung kommt auch im geliebten Losungswort Zwonimirs – ‹Amerika›[43] – zum Ausdruck, welches dieser als Ausruf allgemeiner Begeisterung, zur Kennzeichnung jeglichen Wohlgefallens einsetzt und das auf einen weit entlegenen Ort einer unerreichbaren und deshalb denkbaren Heimat verweist. Nach dem Brand des Hotel Savoy und dem blutig niedergeschlagenen Aufstand der Heimkehrer, sagt einer von ihnen, der nun endlich weiter wandert: «Wenn ich zu meinem Onkel nach New York komme –» Der Ich-Erzähler aber denkt ‹Amerika›. Mit diesem Wort, das Gabriel Dan nur noch als entzauberter Hauch seines toten Freunds Zwonimir auf den Lippen liegt, endet der Roman.

---

40 Hier findet gleichsam eine Verkehrung der Motive statt, wie sie im Heimatroman der letzten Jahrhundertwende zu finden sind. Karl Rossbacher stellt um 1900 eine Häufung der Heimat als titelgebendem Schlagwort (Rossbach 1975, 138) fest, das letztlich zum Programm wird. Finden im traditionellen Heimatroman die Heimkehrer, die meist mit einem Gefühl der Entwurzelung aus der Stadt kommen, im Dorf das Vertraute unverändert wieder, wirkt die Kriegserfahrung bei Roth verzehrend.
41 Dazu Roth 1989, 45: «Ich habe keine Eile. Keine Mutter, kein Weib, kein Kind. Niemand erwartet mich. Niemand sehnt sich nach mir.»
42 Vgl. Bohnen 1988, 58.
43 Allerdings ist ‹Amerika› als Chiffre am Horizont der Zwanzigerjahre doppeldeutig. Die konservativ orientierte Kritik sieht darin ein Synonym für Quantität, Geschwindigkeit, Erfolgsdenken, Unterordnung des Menschlichen gegenüber einer absolut gesetzten Rentabilität. Adolf Halfeld setzt in seinen kritischen Betrachtungen Amerika als Kurzformel mit der «Dreieinheit von Gott, Money Making und bürgerlichen Erfolgstugenden» gleich. (Adolf Halfeld: ‹Amerika und der Amerikanismus. Kritische Betrachtungen eines Deutschen und Europäers›, Jena 1927. Zitiert nach Kaes 1983) Kracauer benutzt Amerika synonym zu einem unaufhaltsamen Zerfallsprozess, der nicht hintergeh- oder ausweichbar ist, sondern erst in seiner negativen Vollendung zu einem Neuen hinführen kann. In einem Aufsatz schreibt er, dass «Amerika erst verschwinde, wenn es ganz sich entdeckt». In diesem Horizont zeitgenössischer Begrifflichkeit erscheint Amerika, positiv oder negativ besetzt, als Kehrbild Europas und bezeichnet das schillernd Andere.

«Amerika: das ist hier trotz vieler mit überzeugender Sorgfalt verzeichneter Einzelzüge die Fremde schlechthin[44]. Sie ist überall zu finden, unsere ganze bekannte und gewohnte Welt ist eine einzige Fremde. Karl, (...), müßte nicht nach Amerika reisen, um sich in seinem Amerika zu befinden; er ist schon ausgewandert, wenn er ein Hotelzimmer bezieht oder ins Telephon spricht. Aber wo in, wo außer aller Welt ist er zu Hause?»[45]

In der Chiffre ‹Amerika› überkreuzen sich Sehnsucht[46] und Fremderfahrung. Das Grand Hotel in ‹Amerika› oder treffender Kafkas ‹Hotel occidental› in ‹Der Verschollene›[47] überführt diesen Kreuzungspunkt

---

44 Auch Oskar Baum spricht in seiner Rezension ‹Das Märchen Amerika› vom 15. Februar 1929 in ‹Die Wahrheit› erschienen von Kafkas «Ausdeutung des *Begriffs* Amerika» und betont damit die Ortlosigkeit. (Zitiert nach Born 1983, 204. Hervorhebung C.S.).

45 Rezension Siegfried Kracauers zu ‹Amerika› in der ‹Frankfurter Zeitung› vom 23. Dezember 1927 (1. Morgenblatt); zitiert nach Born 1983, 191.

46 Amerika als vage Hoffnung auf eine neue Heimat wird von Kafka bereits in der Ankunftsszene Karl Rossmanns in New York zerstört. Der Protagonist hat das schwankende Schiff noch kaum verlassen. Keinen festen Boden unter den Füßen, sieht er die Freiheitsstatue nicht als Fackelträgerin, sondern als Frau mit Schwert. Der Mythos von Freiheit und die säkularisierten Paradieshoffnungen, die sich in der Freiheitsstatue übermächtig verkörpern, sind über die Waffe konterkariert. Der Mythos erscheint als Bedrohung.

47 Kafkas ‹Der Verschollene› wurde bei Erscheinen 1927 aufmerksam rezensiert. Kracauer sah in Kafkas Romanen eine Vorwegnahme und Bestätigung der Zeitumstände und berief sich auf Kafka, um seinen Thesen, die sich auf die sozialen Verhältnisse der Zwanzigerjahre bezogen, Nachdruck zu verleihen: «Wird sonst nach der Wirklichkeit gedichtet, so geht hier die Dichtung der Wirklichkeit voran. In den Werken Franz Kafkas ist der verworrene menschliche Großbetrieb, dessen Entsetzlichkeit an die für Kinder hergerichteten Pappmodelle vertrackter Raubritterburgen erinnert, ist die Unerreichbarkeit der höchsten Instanz ein für allemal dargestellt. Die Klage des verarmten Kleinbürgers, die bis in die Sprache hinein Kafka entlehnt scheint, betrifft zweifelsohne einen extremen Fall, deutet aber doch haarscharf auf den typischen Ort hin, den der mittlere Vorgesetzte, also in der Regel der Abteilungsleiter, im modernen Großunternehmen einnimmt. Seine Stellung, der eines militärischen Chargierten von geringeren Graden vergleichbar, ist darum so wichtig, weil die Beziehungen zwischen den Sphären des Betriebs durch die Rationalisierung noch abstrakter geworden sind, als sie es vordem schon waren.» (Kracauer 1971, 36). Damit bettet Kracauer Kafka eng in den Wirklichkeitshorizont der Zwanzigerjahre ein und behauptet Zeitzeugenschaft. Gleichzeitig erkennt er in Kafka einen dem Gesellschaftlichen innig zugewandten, politischen Autor. Die Fragmentierung des Alltags im Sinn eines nicht überschaubaren und entsprechend eigentätig anmutenden Systems, wie sie für viele, insbesondere für das Heer der Angestellten nach dem Ersten Weltkrieg spürbar wird, provoziert eine Desorientierung, die Kafka schon früh in Sprachbildern festgehalten hat. Die Überschaubarkeit und greifbar logische Verknüp-

ins Haus. Die schwebende Eigenschaft des Lifts, die den Sinnzusammenhang verwirrt und den Mechanismus der vertikalen Ordnung verbirgt, durchfährt die Texte als Prinzip des Nicht-Ankommens und der Gefahr, sich selbst verlustig zu gehen. Die Heimsuche verkehrt sich für beide Protagonisten, für Gabriel Dan und den verschollenen Karl Roßmann, zur Heimsuchung. Beständig sichtbar werden sie doch nicht als eines Heims Bedürftige wahrgenommen, sondern selbst aus einer ephemeren Zugehörigkeit verdrängt. Der Platz im Hotel ist bedingt und gefährdet, jeder fürchtet den seinigen zu verlieren und ist zugleich vom System gefangen. Karl findet im Hotel nur einen Platz, weil er den eines andern einnimmt. Therese, die junge Sekretärin im Hotel occidental, fürchtet verdrängt zu werden, wie der Liftjunge Giacomo, der im Stehen schläft, tatsächlich verdrängt wird und damit das Prinzip einer schlaflosen Mobilität bestätigt.

Amerika als transitärer Ort, ein Nirgendwo, wie es Siegfried Kracauer im obigen Zitat entwirft, verknüpft das Hotel Savoy mit dem Hotel occidental. Die Frage nach der Fremde ist mit jener nach dem Zuhausesein verknüpft. Heimat wird auch hier bei Kracauers Lesart als Erwartungshorizont und nicht als Ort verstanden. So formuliert er: «Karl wäre in einer Welt zu Hause, in der es gerecht[48] zugin-

---

fung des Geschehens wird aufgegeben. Die Figuren agieren hinter einer zunehmenden Autonomie der Dinge.
Neben dieser interessanten Aktualisierung des Stoffs darf jedoch nicht außer Acht gelassen werden, dass jede Zeit und jede Strömung Kafka für ihre eigenen Zwecke reklamierte und ihn zum Visionär und Künder stilisierte – eine Bewegung, die Max Brod früh geschürt hatte. Entsprechend zeigte sich schon der Interpretationshorizont der ersten Rezensenten und Leser als offen und divergent: Manfred Sturmann betonte 1928 in seiner ‹Amerika›-Rezension, dass in Kafkas Werken «das jüdische Schicksal in letzter Prägnanz» (Manfred Sturmann ‹Die jüdische Sendung Franz Kafkas› In: ‹Selbstwehr›, Prag 10. Februar 1928; zitiert nach Born 1983, 193–199) dargestellt sei. Bertold Brecht will ihn «als den einzig echten bolschewistischen Schriftsteller gelten lassen». (Die Äußerung entstammt einem Gespräch mit Walter Benjamin von 1931 in Le Lavandou. Zitiert nach Beicken 1985, 185). Dies sind Aspekte einer Aktualisierung, wie sie jede Zeit nicht (allein) als ein Verfälschendes und Ausschließendes, sondern im Sinne einer Gewichtung dessen, was beschäftigt, vornimmt. Die Konvention des Verstehens und die Last der Zeitgeschichte prägen die Deutung. (Die umfangreiche und weit verzweigte Rezeptionsgeschichte hat Beicken 1974 zusammengefasst und zum Forschungsbericht gebündelt.)

48 Auch Carl Seelig in seiner Rezension vom 18. April 1928 in der ‹Neuen Zürcher Zeitung› sieht Karl als den unbeirrbar Gerechten. (Vgl. Born 1983, 199–204).

ge.»⁴⁹ Heimkehren – Verschollen-gehen⁵⁰ stehen sich als Bewegungsräume scheinbar diametral gegenüber. Während der Heimkehrende leiblich bei sich ist und das leibliche Zustreben auf ein Dort von seinem Hiersein aus definiert, obschon auch er keinen gesicherten Ort besitzt, sondern nur das leibliche Hier als eines, das auf dem Weg ist, begreifen kann, ist der Verschollene jener, der aus der Perspektive der anderen nicht hörbar⁵¹ ist, von dem keine Nachricht mehr eingeht. Der Verschollene bleibt im Anklang – auch dem fehlenden – mit denen Daheim verbunden. Der Verschollene ist zwar noch irgendwo vorhanden, aber er ist als Abwesender in Bezug auf den gefestigten Ort der andern definiert. Der soziale Tod ist ihm widerfahren, während der physische Tod nicht beglaubigt, trotzdem aber möglich ist⁵². Den Protagonisten als verschollen zu bezeichnen, setzt ein Gegenüber ein, das Karl nicht wahrnehmen kann oder will. Aufschlussreich ist deshalb die Szene, als Karl die Fotografie der Eltern betrachtet und ihren Blick zu erhaschen sucht. Der Blick des Vaters will ihn

---

49 Kracauers Lesart betont den sozialpolitischen Appell, den er in Kafkas Roman zu erkennen wähnt. Er sieht darin das Bekenntnis zu einer «Weltsicht», wonach erst der Durchbruch der Heizer die Gesellschaft zum Guten wandeln kann. Entsprechend beklagt er auch, dass «die sozialen Motive und Proteste» zu wenig ausgearbeitet seien. Gerade diese Einwände verweisen jedoch darauf, wie sehr Kracauers Lektüre durch seine Weltsicht gefiltert ist. (Vgl. Rezension Siegfried Kracauers zu ‹Amerika› in der ‹Frankfurter Zeitung› vom 23. Dezember 1927 (1. Morgenblatt); zitiert nach Born 1983, 190–193).

50 Anderson verweist auf eine für die Titelgebung des Kafkaschen Romans bedeutende Textstelle in Arthur Holitschers ‹Amerika: Heute und morgen›, ein Text, der erstmals 1911 bis 1912 in der ‹Neuen Rundschau› erschien und den Kafka beim Schreiben seines Romans konsultiert hatte: «Oben auf Sonnendeck (...) steht das kleine braune Haus [das Telegraphenhäuschen des Schiffs; C.S.], das die Verbindung herstellt zwischen uns Verschollenen und der sicheren Welt» (Holitscher 1913, zitiert nach Anderson 2002, 104). Zu ‹verschallen› hält das Wörterbuch fest: «Das Eintreten dieses Zustandes drückt Löns auf eine sonst ungewöhnliche Weise durch *verschollen gehen* (wie verloren gehen) aus: «der seiner Stelle entsetzt wurde und verschollen ging».» (Vgl. Trübners Deutsches Wörterbuch, Berlin 1956, Eintrag: verschallen, 544.)

51 Verschollen ist Partizip Prät. von verschallen, keinen Ton mehr hören. Im 19. Jahrhundert wird verschallen auch auf «Personen übertragen, von denen seit längerer Zeit keine Kunde vorliegt». (Vgl. Trübners Deutsches Wörterbuch, Berlin 1956, Eintrag: verschallen, 544.) «Seit längerer Zeit mit unbekanntem Verbleib abwesend, für tot gehalten; unauffindbar; für verloren gehalten». (Duden. Das große Wörterbuch der deutschen Sprache, 1999, Eintrag: verschollen).

52 So wäre auch Hans Castorp als Verschollener anzuführen, der dem Erzähler am Ende des Romans verloren geht.

nicht treffen, Karl scheint dies als absichtsvollen Blickentzug[53] und damit als Zeichen zu deuten, dass dieser Vater keine Nachricht von seinem Sohn bekommen will und dessen Verschollen-gehen[54] nicht nur hinnimmt, sondern provoziert. Die Verknüpfung von Blickentzug und Verschollen-gehen zieht sich als roter Faden durch Karls Geschichte.

Vater wie Onkel vertreiben Karl aus ihrem Blick. Über den Blick der andern wird Karl nicht zugestanden, ein Selbstverständnis auszubilden, sich selbst zu konstituieren. Er wird immer schon verworfen, bevor er sich bewähren kann und seine Leistung im anerkennenden Blick gespiegelt sieht. Im Mangel des wahrnehmenden Blicks der andern scheint sich der Verschollene selbst abhanden zu kommen. So findet sich Karl im Grand Hotel ein, nachdem er sich mit seinen Kameraden überworfen hat. Wie er auf Nachfragen der Oberköchin bestätigt, ist er «frei»[55]. Diese Freiheit besteht jedoch nicht im gewollten Lösen von etwas, sondern im erzwungenen Abbruch jeder sozialen Bindung, die über den Verlust der elterlichen Fotografie ihre traurige Bestätigung findet[56].

> «Kafka's novel is a narrative in motion in which the protagonist Karl is an exceptionally mobile character moving not only horizontally through an imaginary American space but also vertically up and down the social ladder.»[57]

---

53 Bezeichnenderweise hat Karl die Fotografie, auf welcher ihn Vater und Mutter scharf anblicken, nicht auf die Reise mitbekommen. (Vgl. Kafka 1996, 106).

54 Weitere Stationen auf dem Weg des Verschollen-gehens ist der Verlust des Passes, als Karl nach dem Handgemenge mit dem Oberportier seine Jacke abstreift und flieht. Später wird er sich unter dem Namen Negro – Stigma der schwarzen Minderheit – im Naturtheater von Oklahoma anmelden und damit selbst Identität bestreiten.

55 Julia Kristeva bestimmt die ‹einsame Freiheit›: «Frei von Bindungen zu den Seinen, fühlt sich der Fremde ‹vollkommen frei›. In ihrer Absolutheit trägt diese Freiheit freilich den Namen Einsamkeit.» (Kristeva 1990, 21).

56 Eine weitere Konstellation von Verlust ereignet sich, als Karl auf seinem Fußmarsch nach Butterford sich nochmals umwendet: Karl erkennt Meer und Hafen, aber das Schiff als Verbindung in die Heimat entgeht dem Auge und «war nicht mehr zu finden» (Kafka 1996, 113). Es scheint bezeichnend, dass der Erzähler «finden» und nicht wie zu erwarten wäre, «sehen» einsetzt. Damit geht das Nicht-mehr über die natürliche Beschränkung der Sehfähigkeit hinaus und reiht sich ins semantische Feld des Verlierens ein.

57 Fuchs 1999, 51.

Karls Auf und Ab innerhalb der sozialen Hierarchie wird im Bild des Lifts verdichtet: «Sie kommen mit allen Gästen zusammen, man sieht Sie immer, man gibt Ihnen kleine Aufträge, kurz, Sie haben jeden Tag die Möglichkeit, zu etwas Besserem zu gelangen.»[58] Hier ist die soziale Mobilität mit der realen des Lifts verknüpft und gleichzeitig an die Sichtbarkeit gebunden. Denn erst die sichtbare Leistung[59] findet Beachtung und kann entsprechend belohnt werden. Allerdings liegt zwischen der Sichtbarkeit und der Aufmerksamkeit, die man dem Liftjungen zollen müsste, um ihn als Individuum hervortreten zu lassen, eine entscheidende Nuance. Gerade im Hotel erscheint die Differenz zwischen Sichtbarsein und Wahrgenommenwerden eklatant. Es ist der Schauplatz, wo Karl unter allen Augen weiter verschollen geht.

Raum ohne Gewähr

Von außen ist das gastliche Haus, «das in nächster Nähe an der Landstraße mit der Aufschrift «Hotel occidental»[60]» leuchtet, ein Gebäude mit fünf Stockwerken, das die Straße in ihrer Breite[61] erhellt. Die Größe des Gebäudes tritt damit in enge Verbindung zur Straße, die Karls Tagesmarsch geprägt hat. Nicht über das repräsentative Moment einer Fassade wird das Hotel vorgestellt; im Licht der Straße zählen Geschwindigkeit und die unüberschaubare Masse der Fahrzeuge, die als eigentätige Maschinen beschrieben werden, ihre Fahrer bleiben unsichtbar. Mit den Autos, die «mit erblassenden Lichtern die Lichtzone des Hotels»[62] kreuzen, überlagern sich die Vertikale des erleuchteten Hotels und die Horizontale der unaufhaltsam befahrenen Straße. Das Hotel erscheint als in die Höhe gekippte Verkehrsachse, analog vertritt der Lift das Prinzip der Mobilität. Die

---

58 Kafka 1996, 135.
59 Alte Werte, wie die Schulbildung als Gymnasiast, erscheinen in der neuen Welt eher als Hindernis, denn als Auszeichnung. Karls europäische Erziehung besitzt innerhalb dieser mobilen Gesellschaft keinen Wert.
60 Kafka 1996, 119.
61 Die Landstraße kann immerhin fünf Reihen Fuhrwerke nebeneinander aufnehmen und ist noch zum Hotel hin durch ein eigenes Trottoir verbreitert (Vgl. Kafka 1996, 110 / 206).
62 Kafka 1996, 125.

Ruhelosigkeit der Straße überträgt sich auf das Haus, die ununterbrochen laufenden Kellner erinnern an den Rhythmus der Autos, bei welchem der allgemeine Fluss keine individuelle Bewegung erlaubt. Die Strasse als transitärer Raum wird in die Höhe gehoben, als Liftboy verdingt sich Karl einem haltlosen Verkehr.

Die Bewegung bestimmt aber nicht nur den Rhythmus des Hauses, sondern ergreift die räumliche Ordnung, die aus keiner festen Sicht mehr verbürgt ist. Die Beschreibung des Hotels occidental ist von Diskontinuität gezeichnet. Erscheint Karl das Hotel von außen besehen übersichtlich und in seinen fünf Stockwerken beschreibbar, wächst es sich einmal betreten zu gigantischen Maßen aus. Es beherbergt 5000 Gäste, und 40 Liftjungen bedienen die Aufzüge; diese Zahlen bringt zumindest der Oberkellner[63] vor, und der Oberportier spielt sich als Wächter unzähliger Türen auf. Die Angaben sind jedoch nicht verbürgt, sie könnten die Haltung der Subalternen spiegeln, welche die Größe ihrer Verantwortung in Abwesenheit einer höheren Instanz ins Übermäßige steigern. Zugleich wird über die Stockwerke eine Hierarchie behauptet und doch wieder zurückgenommen: «Sehr willkommen war es Karl, daß der Aufzug den er zu besorgen hatte, nur für die obersten Stockwerke bestimmt war, weshalb er es nicht mit den anspruchsvollsten reichen Leuten zu tun haben würde.»[64] Doch gerade während Karls Abwesenheit habe ein ungeheuer wichtiger Gast, wie der Oberkellner feststellt und der Oberportier mit bedeutsamer Mimik bestätigt, seinen Lift benutzen wollen. Auch bleibt zweideutig, ob dieses Haus als vornehm oder gemein einzuschätzen ist. Während die Oberköchin mit Verweis auf den Schmutz im Schankraum sagt, dass hier auch der Geringste einen Platz fände, fürchtet Karl seine Weggenossen könnten die vornehmen Gäste entsetzen. Es stellt sich entsprechend die Frage, aus welcher Perspektive erzählt wird und worin die räumliche Irritation begründet liegt.

Teile der Kafka-Forschung sind noch immer dem Topos der ‹Einsinnigkeit›[65], terminologisch von Friedrich Beißner 1951 entwickelt

---

63 Kafka 1996, 174.
64 Kafka 1996, 145.
65 «Kafka erzählt, was anscheinend bisher nicht bemerkt worden ist, stets einsinnig, nicht nur in der Ich-Form, sondern auch in der dritten Person. Alles, was in dem Roman ‹Der Verschollene› (...) erzählt wird, ist von Karl Rossmann gesehen und empfunden; nichts wird ohne ihn oder gegen ihn, nichts in seiner Abwesenheit

und definiert, verpflichtet. Die Behauptung einer durchgängigen auf ein Bewusstsein zurückführbaren Perspektive, wie sie Beißner im Sinn eines philologischen Plädoyers gegen die Textferne philosophierender und theologisierender Deutungen herausgearbeitet[66] und damit Kafkas erzählerische Kraft hervorgehoben hat, muss in der Detailanalyse relativiert werden. Gerade weil die Erzählperspektive so weitgehend durchgehalten ist und der Erzähler dem Erzählten nicht vorauseilt und ihm kaum einmal «Raum neben oder über»[67] der Hauptfigur gewährt wird, erscheinen die Lücken[68] vielsagend[69].

---

erzählt, nur seine Gedanken, ganz ausschließlich Karls Gedanken und keines andern, weiß der Erzähler mitzuteilen. Und ebenso im ‹Prozess› und im ‹Schloss›». (Beißner (1951) 1983, 37). Eine ausführliche Sichtung der Literatur zu diesem Thema siehe Andermatt 1987, 194 ff.

66 Beißner 1983, 19–54.
67 Beißner 1983, 42.
68 Die Lücke steht hier Beißners Bemühen entgegen, «ein lückenlos strukturiertes Kunstgebilde der Sprache» in Kafkas Werken erkennen zu wollen, indem er den Bezug zwischen traumhafter Wirklichkeit im Werk und ihr Verhältnis zur Realität übergeht.
69 Michael Andermatt (vgl. Andermatt 1987, 169–236) hat aufgrund einer detaillierten Analyse des Kapitels ein ‹Landhaus bei New York› Verschiebungen in der Erzählperspektive herausgearbeitet. Ich möchte eine Passage reflektierend aufgreifen, weil sie auch für die Wahrnehmung des Hotel occidental wichtige Anhaltspunkte gibt. Die Ausführungen beziehen sich auf die folgende Textstelle: «Das Automobil stand vor einem Landhaus, das, nach der Art von Landhäusern reicher Leute in der Umgebung Newyorks, umfangreicher und höher war, als es sonst für ein Landhaus nötig ist, das bloß einer Familie dienen soll. Da nur der untere Teil des Hauses beleuchtet war, konnte *man* gar nicht bemessen, wie weit es in die Höhe reichte.» (Kafka 1996, 62. Hervorhebung C.S.). Die erste Beschreibung des Landhauses nimmt eine über dem Schauplatz stehende Erzählerfigur vor, die das spezifische Haus in den allgemeinen Kontext New Yorker Bautradition setzt. Hier rückt der Erzähler aus dem Wissenshorizont und dem Wahrnehmungsfeld des Protagonisten ab. Im Weiteren stellt Andermatt die Frage nach der im Satz verwendeten ‹man-Perspektive›, die keine einfache Zuordnung gestattet. Wer verbirgt sich hinter ‹man›, der Protagonist, der Erzähler oder ein Drittes? Steht ‹Man› innerhalb oder außerhalb des Szenischen oder steht es für jeden, der in der gleichen Situation wie der Protagonist wahrnehmen würde? Später wird Karl beim ersten Zusammentreffen mit Fräulein Klara trotz der Dunkelheit bemüht sein, die einzelnen Sinneseindrücke zusammenzuführen. Der Erzählerkommentar aber scheint diesen Versuch in Frage zu stellen, indem er auf die Schlaftrunkenheit Karls, der «im Gehen allmählich aufwachte», verweist. «Auffallend ist dabei, dass die herkömmliche Verteilung der Rollen zwischen Erzähler als ordnender Instanz und Romanfigur als subjektiv-irrender Instanz vertauscht scheint.» (Andermatt 1987, 192). Was Karl zu bündeln und als etwas Eindeutiges zu fassen sucht, wird vom Erzähler als der Schlaftrunkenheit geschuldet

In der Horizontalen findet im Hotel occidental ein Kurzschluss von unterschiedlichen Räumen statt. Eine «zweifache Tapetentüre»[70] verbindet den Schankraum mit den Vorratskammern, in denen die Speisen lagern. Karl hält die Mauern in den Kammern für sehr dick, weil sie die Gewölbe kühl halten und keine Geräusche von drüben hereindringen lassen. Die Beschreibung der Tapetentür, die aus der Sicht des Erzählers erfolgt, eröffnet die Vorstellung einer schwellenlosen Verbindung, die unauffällig, weil ohne sichtbaren Rahmen in die Tapete eingelassen ist, während Karl von dicken Mauern spricht und damit ein ganz anderes Assoziationsfeld eröffnet, nämlich jenes eines schwer lastenden Gemäuers, das nur aus Stein gedacht werden kann. Die Perspektive des Erzählers und die figurale scheinen hier auseinanderzudriften, als wären die Räume nicht miteinander verbunden, sondern gehörten jeder für sich einer völlig geschiedenen Sphäre an. «Das Thema der Blöcke (oder Teilbauten, Bruchstücke, Klötze, Segmente usw.) ist bei Kafka konstant und verbindet sich anscheinend durchweg mit einer unüberwindlichen Diskontinuität.»[71] Die Diskontinuität ist architektonisch im Block gefasst, dessen Lagerungsverhältnis ungewiss ist. Erscheint in ‹Der Verschollene› die Logik des Nebeneinanders einzelner Segmente, die zwar atmosphärisch weit voneinander entfernt, konstruktiv aber verbunden sind, prekär, wird sie im ‹Process›, wo sich zwei «diametral entgegengesetzte Punkte» «seltsamerweise als eng benachbart»[72] erweisen und jedes Dahinter der Türen ungefestigt ist, räumlich durchkreuzt.

Kafkas poetisches Verfahren der Raumkonstitution richtet sich gegen eingespielte Formen der Wahrnehmung. Das heißt aber nicht nur, dass die Bewusstseinssituation des Protagonisten ohne die objektive Korrektur eines wissenden Erzählers wiedergegeben und damit eine kategoriale Trennung von Innen- und Außenwelt entfällt, sondern dass der Raum aus keiner Sicht verbürgt, vielmehr in jeder

---

    dargestellt und damit als Ordnungsleistung angezweifelt. Der Perspektivenwechsel wirkt verwirrend, weil sich die Sichten ineinander schieben, ohne dass eine als wirklich glaubwürdig und dadurch verbindlich erscheinen könnte. Ein kohärentes Vorstellungsbild wird dekonstruiert, semantisch festgelegtes Zeichenmaterial wird erneut der Reflexion ausgesetzt. (Vgl. Andermatt 1987, 181).
70 Kafka 1996, 122.
71 Deleuze / Guattari 1976, 100.
72 Deleuze / Guattari 1976, 101–102.

Hinsicht relativ ist. Der Überblick[73] ist Karl verwehrt, er ist dabei jedoch beständig darum bemüht, disperse Einzelheiten zu Gewissheiten zu verknüpfen, die sich schon in der nächsten Wendung der Erzählung als unhaltbar erweisen. Seine kurzfristigen Versuche, Ordnung zu leisten, enden in Unordnung. Und so hält die Oberköchin, die an einen einzigen und gültigen Blickpunkt glaubt, fest: «Gerechte Dinge haben auch ein besonderes Aussehen und das hat, ich muß es gestehen, Deine Sache nicht.»[74]

Ist bei Kafka jede scheinbar gesicherte Wahrnehmung mit ihrer Widerrede konfrontiert, findet im ‹Hotel Savoy› eine fortschreitende Desillusionierung des Blicks statt. Dabei lässt der Protagonist Gabriel Dan den Bau des Hauses in seiner konstruktiven Verlässlichkeit und materiellen Selbstverständlichkeit nicht unhinterfragt.

> «Alle Menschen schienen hier von Geheimnissen umgeben. Träumte ich das? Den Dunst der Waschküche? Was wohnte hinter der, hinter jener Tür? Wer hatte dieses Hotel erbaut? Wer war Kaleguropulos, der Wirt?»[75]

Dan verlangt Aufklärung über Grund und Gründung, Herkunft und Legitimation des Grand Hotels, er will wissen, was Türen und Wände verbergen. Solange das Geheimnis um die Besitzverhältnisse des Grand Hotels aufrecht erhalten werden können, entzieht sich der gastgeberlose Ort einer Beurteilbarkeit, verwischt er die sozialen Voraussetzungen seiner räumlichen Hierarchie. Die Regeln des Hauses bleiben anonym, gleichsam unantastbar, weil gegen keine Instanz einzuklagen. Schließlich wird der alte Liftknabe Ignatz als Besitzer Kaleguropulos entlarvt und der Lift in seinem ankunftslosen Durchgleiten der Vertikalen als Verkörperung des Gesetzes des Hauses erkannt: als Gesetz sozialer Mobilität und Orientierungslosigkeit.

Karl dagegen ist dem Lift in jeder Hinsicht ausgeliefert. Glaubt er ihn zu Beginn als Instrument der Karriereförderung, wie es die Oberköchin in Aussicht stellt, handhaben zu können, wird Karl über die Uniform in den Zyklus der austauschbaren Arbeitskraft gestellt.

---

73 Auch der Blick vom Balkon seines New Yorker Zimmers, der ihm in seiner Heimat alles im Zusammenhang vor Augen geführt hätte, verspricht, wie der Onkel anführt, keinen Überblick, sondern ein Gefühl der Verlorenheit. (Vgl. Kafka 1996, 46).
74 Kafka 1996, 192.
75 Roth 1989, 22.

Er ist in der anonymen Kette der Arbeitenden körperlich mit dem Schweiß seiner Vorgänger verknüpft. Seine persönliche Freiheit wird ihm in der Uniform, die kaum Raum zum Atmen lässt, genommen.

> «Enttäuscht war Karl vor allem dadurch, daß ein Liftjunge mit der Maschinerie des Aufzugs nur insoferne etwas zu tun hatte, als er ihn durch einen einfachen Druck auf den Knopf in Bewegung setzte, während für Reparaturen am Triebwerk derartig ausschließlich die Maschinisten des Hotels verwendet wurden, daß z.B. Giacomo trotz halbjährigen Dienstes beim Lift weder das Triebwerk im Keller, noch die Maschinerie im Innern des Aufzugs mit eigenen Augen gesehen hatte, trotzdem ihn dies, wie er ausdrücklich sagte, sehr gefreut hätte.»[76]

Die Funktionsweise des Lifts ist nicht zu durchschauen und lässt sich entsprechend auch nicht festschreiben. Der Lift ist bei Kafka nicht Metapher, sondern die räumliche Unruhe selbst. Das poetologische Verfahren der Widerrede[77] ist gleichermaßen Schreibbewegung wie Figurenzeichnung. Kafka schafft in diesem Sinn keine Gegensätze, sondern ein Widerreden, das jedes Wort ungewiss erscheinen lässt. Das Grand Hotel ist hier nicht Sinnbild einer westlichen Gesellschaft, sondern verzerrtes Bild des Nichtidentischen, Ort des Umschlags, an dem Sichtbarkeit gerade das Wirkliche zum Verschwinden bringt.

---

76 Kafka 1996, 145.
77 Vgl. Beicken 1985, 181ff.

6. Gastzimmer – Leibraum

«In diesem Zimmer gibt es ja glücklicherweise gar nichts, nicht ein einziges Stück, auf das sich das Auge mit Schmerz heften könnte! Keine alte Zuckerdose, kein Schreibtisch des Onkels, kein Porträt des Großvaters mütterlicherseits, kein Waschbecken mit zinnoberroten Blümchen und einem Sprung dazwischen, kein Dielenbrett, das heimatlich knarrt und das man plötzlich zu lieben beginnt, nur weil man verreist, keinen Rostbratenduft aus der Küche und keinen Parademörser aus Messing auf dem Kleiderschrank des Vorzimmers! - Nichts! (...) Dieses Zimmer macht sich und dir und mir und keinem Menschen Illusionen. Wenn ich es verlasse und noch einen Blick darauf werfe, ist es nicht mehr mein Zimmer.»[1]

Im Grand Hotel lassen sich keine persönlich anmutenden, intimen Räume finden, die ausschließlich vom individuellen Geschmack der zwischenzeitig in ihnen wohnenden Gäste bestimmt würden. Selbst die Gastzimmer, die einen Rückzug aus der Öffentlichkeit ermöglichen, sind an die Unverbindlichkeit einer allgemeinen Wohlanständigkeit gebunden, die sich nicht dem einzelnen, sondern vielmehr der gesellschaftlichen Übereinkunft verpflichtet fühlt. Sie bieten allen Gästen das Gleiche – angenehmen, intakten[2] Luxus. Berücksichtigt man die von Michel Butor formulierte poetologische Maxime, «dass literarische Innenraumdarstellungen insofern konstitutive Bedeutung für ein Romanganzes haben, als sie zur Charakterisierung ihrer Bewohner beitragen»[3], dann ergeben sich für die Gastzimmer des Grand Hotels interessante Implikationen, sind doch die Hotelräume bereits in ihrer gebauten Realität darauf angewiesen, dass sich die Klientel mit dem dargebotenen Ausbaustandard und der luxuriösen Ausstrahlung der Oberflächen zu identifizieren gewillt ist.

---

1 Roth 1977, Bd. 3, 593.
2 Verweist ein beschädigter Gegenstand in einer persönlichen Umgebung auf eine Vorgeschichte und ist Materialisierung einer unmittelbaren Beziehung zwischen Gebrauchtem und Brauchendem, steht das Schadhafte im Hotel allein für Abnutzung und Verschleiß und hat in einem Haus, das etwas auf sich hält, nichts zu suchen.
3 Michel Butor zitiert nach Becker 1990, 27.

Die literarische Beschreibung des Innenraums kann sich nun bereits auf diese gegenseitige Bespiegelung von architektonischer Gestaltung und Gästegeschmack stützen und innerhalb ihrer Darstellung eine pointierte Charakterisierung der angesiedelten Gesellschaft vornehmen. Der Innenraum des Grand Hotels erscheint somit als passende Hülle einer bestimmten Gesellschaftsschicht und kennzeichnet den einzelnen insofern, als er ein Mitglied derselben ist oder als ein solches von seiner Umwelt wahrgenommen werden möchte.

Über die Festlegung als Gesellschaftsglied hinaus vermag die literarische Innenraumdarstellung des Grand Hotels nur insoweit eine individuellere Charakterisierung vorzunehmen, als nicht die Möblierung im Sinn des gediegenen Einrichtungsguts Aufschluss über die Bewohner gibt, sondern vielmehr die Art und Weise, wie die Gäste das Zimmer besetzen – ob sie sich dem Ungewohnten leiblich aussetzen oder sich entziehen. Indem das Gastzimmer mit kofferweise mitgebrachten persönlichen Accessoires belegt wird, verändert sich die Atmosphäre des bezogenen Raums nachhaltig. Es verleiht diesem für beschränkte Zeit etwas Unverwechselbares, in Abhängigkeit vom Willen des Gastes, im Grand Hotel daheim zu sein. Durch die Weise der Inbesitznahme, in der Verteilung persönlicher Dinge auf den Raum, tritt eine ephemere Irritation des Allgemeinen auf. Dieses überstürzte Heimisch-machen stellt letztlich aber auch eine Verweigerung dem Ungewohnten gegenüber dar, während die internationale Standardisierung des Grand Hotels einer Begegnung mit dem Fremden selbst längst entgegengearbeitet hat.

Der Ich-Erzähler in Prousts ‹Im Schatten junger Mädchenblüte› entwirft aufgrund seiner Beobachtung der Hotelgäste verschiedene Strategien der Raumaneignung, die gleichsam Stufen einer Verweigerung gegenüber dem Fremden darstellen. Eine Haltung, die in der «Exterritorialität»[4] kulminiert und hierin die Stellung des gesamten Grand Hotels parodiert, das als geschlossene gesellschaftliche Einheit die Umgebung ignoriert. Eine «alte reiche und vornehme Dame», die mit ihrem «ganzen Hauspersonal auf Reisen» geht, imitiert ihr Zuhause. Sie erschafft ihr Zimmer als Zuflucht ins Bekannte:

> «(...) und sich – worin mehr Schüchternheit als Hochmut lag – schnellstens auf ihr Zimmer begab, in dem ihre eigenen Vorhänge, die die sonst am Fen-

---

4 Proust 1995, 363.

ster befindlichen ersetzten, ihre Wandschirme und Photographien zwischen sie und die Außenwelt, an die sie sich sonst hätte anpassen müssen, eine so wirksame Scheidewand ihrer Gewohnheiten errichteten, daß sie sich gleichsam in ihrem Heim befand, dessen Schoß sie nicht verlassen und das eigentlich statt ihrer sich auf Reisen begeben hatte.»[5]

Zimmer ohne Aussicht

Die Zuweisung des Gastzimmers ist immer auch Ausdruck einer Taxierung, die wie bei Proust im Grand Hotel Balbec Richter der Unterwelt in der Uniform der Empfangschefs vornehmen. In diesem Rückgriff auf die Mythologie verweist der Erzähler auf eine nach wie vor wirksame Sakralisierung des Raums, die das Hotelpersonal über eine strenge Regulierung der Zugänglichkeit aufrecht zu erhalten sucht. Die Türhüter sind zugleich Hüter räumlicher Hierarchie, die sich in die Vertikale einzeichnet. Die gesellschaftliche Hochschätzung besetzt die Topographie des Grand Hotels. Es ist deshalb bezeichnend, in welchem Stockwerk das zugewiesene Zimmer liegt. Gibt es den Blick in die Landschaft frei oder liegt es auf der Rückseite im Dunstkreis der Küche, verfügt es über ein eigenes Bad oder muss ein Waschtisch genügen? Die Lage des Zimmers gibt ein überprüfbares Urteil darüber ab, mit welcher Nachdrücklichkeit es dem Gast gelungen ist, den hochtrabenden Anforderungen des Grand Hotels an Aussehen und Auftreten genüge zu tun. Proust zeigt, wie empfänglich die Hoteldiener auf «demonstrativen Konsum»[6] reagieren, nicht zuletzt auch deshalb, weil sie andere Kriterien als jene des Parvenüs selbst nicht kennen. Der Direktor des Hotel Balbec versucht entsprechend anhand «äußere(r) Anzeichen», «wie zum Beispiel daß jemand nicht den Hut abnahm, wenn er die Halle betrat, Knickerbocker trug, einen auf Taille gearbeiteten Paletot anhatte, eine Zigarre mit einer gold und purpurnen Bauchbinde einem Etui aus gepreßtem Maroquinleder entnahm»[7], die «höhere», seinem Etablissement angemessene und bevorzugte Gesellschaftsklasse zu eruieren.

---

5 Proust 1995, 362.
6 Veblen 1997, 95.
7 Proust 1995, 339.

Der Hilfsbuchhalter Kringelein aus Vicki Baums Roman ‹Menschen im Hotel›, der zwar zahlungsfähig ist und dies auch nachweisen kann, missachtet die Zeremonie des Eintretens in diese geschlossene Welt der Schönen und Reichen, indem er das Prestige des Hauses auf eine gefüllte Geldbörse reduziert. Dadurch unterwandert er das Spiel zwischen Sein und Schein, das Lebendigkeit und Glanz des Hauses fördert. Kringelein, der sich bis anhin nichts in seinem Leben gegönnt hat, kennt den Luxus des Vorspielens nicht, der den Menschen erst den Zugang zur guten Gesellschaft eröffnet. So wird er aufgrund seines buchhälterischen Gebarens eingeschätzt und folgerichtig in einem der rückseitigen Zimmer der oberen Stockwerke einquartiert.

Auch ein luxuriöses Hotel besitzt schlechte Zimmer, die zwischen Aufzug und sanitären Einrichtungen eingeklemmt sind. Den kleinen Leuten, denen es zwar gelingt, sich ins Grand Hotel einzuschleichen, dabei jedoch in ihrer Unbeholfenheit nicht unerkannt bleiben, werden die tristen Teile des Hotels aufgeschlossen. So wird Kringelein ein Zimmer zugewiesen, das in seiner Dürftigkeit sein Fredersdorfer Zuhause[8] beschwört und ihn auch an diesem Ort des Luxus auf seine Kleinbürgerlichkeit hin festlegt. Kringelein aber lässt sich nicht so leicht abspeisen. Die Aussichtslosigkeit seiner gesundheitlichen Verfassung macht ihn um das Recht auf einige genussreiche Tage kämpfen. Die Vorstellung des einfachen Manns, wie ein Zimmer in einem Grand Hotel auszusehen hat, vollzieht sich über eine Umkehrung all dessen, was ihm aus seinem Provinzleben bekannt ist. Die Sehnsucht nach einem fremden, aber köstlichen Dasein kommt dem ungezügelten Wunsch gleich, mit allen Dingen zu brechen, denen eine kleinbürgerliche Erinnerung anhaftet, was ihn nach Bildern verlangen lässt, die einen endlich aus dem Gesichtskreis der pflichthaschenden Bismarckschen Erscheinung entlassen. Er wünscht sich Möbel aus erlesenem Holz und kostbare Einrichtungsgegenstände, die ihm den Traum eines besseren Lebens greifbar vor Augen führen. Kringelein, der sich im Grand Hotel nichts anderes erhofft als Schönheit und Komfort, wehrt sich «hartnäckig wie ein Amokläufer»[9]. Schließlich bekommt er ein Zimmer, das den klischierten Luxus bestätigt: «Hier gab es Mahagonimöbel, Ankleidespiegel, Sei-

---

8 Vgl. Baum 1960, 18.
9 Baum 1960, 19.

denstühle und geschnitzten Schreibtisch, Spitzengardinen, Stilleben mit toten Fasanen an der Wand, eine seidene Daunendecke im Bett (...).»[10]

Meinrad Inglins Protagonistinnen, Frau Müller und ihre beiden Töchter, leisten sich ausnahmsweise einen Aufenthalt im ‹Grand Hotel Excelsior›. Bei ihrer Ankunft werden die Damen mit kurzen, aber viel sagenden Blicken sowie verschmitztem Lächeln begutachtet und kurzerhand mit einem rückwärtigen Zimmer im obersten Stockwerk abgetan. Doch das Bedürfnis der Damen nach Zugehörigkeit ist bereits darüber befriedigt, dass sie in diesem Haus wohnen. Es fehlt ihnen an Sensibilität und Erfahrung, um sich mit der internen Wertung, welche die Zuweisung dieses Zimmers zum Ausdruck bringt, auseinander zu setzen. Frau Müller und ihre Töchter, die sich diesen Ausflug in die höhere Gesellschaft vom Mund und insbesondere vom bescheidenen Verdienst des Ehemannes und Vaters abgespart haben, sind im Grand Hotel nicht mehr als geduldete Zaungäste. Das Haus steht ihnen zwar offen, nicht aber der erhoffte Zutritt zur sozialen Oberschicht, die sich nochmals durch besondere Gepflogenheiten und Gebräuche abzusondern pflegt. Physische Nähe und soziale Ferne überkreuzen sich verhängnisvoll in einem Grand Hotel, wo sich die Schwelle zwischen inklusiv und exklusiv unsichtbar ins Innere verschoben hat.

> «Morany selbst hatte noch einen peinlichen Auftritt zu bestehen. Frau Müller war in sein Zimmer gekommen und betrug sich da in einer Weise, die gegen jede Sitte und allen Anstand der guten Gesellschaft verstieß. Die tüchtige Frau glaubte jetzt, da der schöne Traum so erbärmlich schloß, in ihrer geraden Art freilich auf jede Rücksicht verzichten zu dürfen, und deshalb hatte sie den Herrn auch ohne Umstände da gesucht, wo er zu finden war. Sie befand sich in einer Aufregung ohnegleichen und sprach ihre Ansichten ununterbrochen mit erstaunlicher Offenheit aus.»[11]

Die Frauen, insbesondere die ehrgeizige Mutter, hegen die Hoffnung auf einen sozialen Aufstieg vermittels einer lohnenswerten Heirat, wie sie die Phantasie, vielleicht durch Magazine und Filme genährt und bestärkt, ausmalt. Sie glauben, sich durch eine Flucht nach oben ihren kleinbürgerlichen Verhältnissen auf einen Schlag entledigen zu

---

10 Baum 1960, 19–20.
11 Inglin 1988, 165.

können. Als sich der viel versprechende mondäne Kavalier der jüngeren Tochter jeder Verpflichtung entzieht, ist die Mutter bitter enttäuscht. Sie bringt ihre Gefühle handfest zum Ausdruck und missachtet, indem sie den Herrn auf seinem Zimmer aufsucht und die Heiligkeit der Privatsphäre durchbricht, die Konvention räumlicher Grenzen aufs Gröbste. Durch diesen Übertritt vergeht sich Frau Müller gegen «allen Anstand der guten Gesellschaft» und belangt den distinguierten Herrn mit dem biederen Verständnis und den bodenständigen Moralvorstellungen ihres kleinbürgerlichen Milieus. Gründlich ist ihr Verkennen des Gesellschaftsorts Grand Hotel, der dem oberflächlichen Flirt, im Sinne eines vergnüglichen Zeitvertreibs, als bevorzugter Ort dient und damit spielerisch eine Lockerung sozialer Grenzen ausreizt und sie gerade deshalb desto fragloser bestätigt.

Der räumliche Verstoß zeigt nachdrücklich die Geschiedenheit der Welten auf, denen Frau Müller und der elegante Morany angehören. In Anbetracht der unvermittelt erzwungenen, räumlichen Distanzlosigkeit verstärkt sich der soziale Abstand, den zu verringern sich Frau Müller gerade erhofft hatte. Die Übertretung im konkreten Raum bedeutet den unwiederbringlichen Ausschluss aus der Ordnung der Schönen und Reichen, die zuvor noch penetrierbar erschien. Inglin parodiert mit diesem ins Leere laufenden Auftritt den Kleinbürgertraum vom sozialen Aufstieg mittels einer märchenhaften Hochzeit und entlässt Frau Müller mit Spott aus ihrer Illusion.

Raumnahme

Eine Charakterisierung der Protagonisten findet in der Hotelliteratur der Zwischenkriegszeit über eine extrem subjektive Erzählperspektive statt. Die Welt wird erzählt, wie sie dem Protagonisten erscheint. Sie ist ungewiss, ungeheuer und im Versuch, Dinge zusammenzubringen von Sinnlichkeit geleitet. Gerade die Begegnung zwischen dem Ich und dem Raum ist in der Aneignung des Gastzimmers, wo der Raum einziges und unausweichliches Gegenüber darstellt, stark. Es ist der fremde Raum an einem andern Ort, dessen Aneignung Proust im Wissen um das Leid der Gewöhnung beschreibt. Bei Proust ist die Sinnlichkeit über den Erzählgestus des Erinnerns gesteigert, denn diese Erinnerung ist ihrerseits «schmerzlich wie überschwänglich abhängig von den Sinnen»[12], wie Julia Kristeva betont.

Auf den ersten Seiten von Prousts ‹A la recherche› schildert der Erzähler seine Schwierigkeit, sich beim Aufwachen in einem neuen Raum zurechtzufinden[13]. Es gibt diesen Augenblick des unzentrierten Daseins im Dazwischen von Traum und Wachen, wenn mit der Raumlosigkeit eine Körperlosigkeit einhergeht. Proust spricht vom bloßen «Gefühl des Daseins»[14], ein Gefühl vor dem Bewusstsein seiner selbst. Dieses zu schaffen ist der Erinnerung vorbehalten, die denjenigen, der ich sagt, aber nicht weiß, wer das Ich ist, aus dem Nichts zieht. Bezeichnenderweise setzt die Erinnerung nicht einfach auf einer geistigen Ebene ein, sondern sie *zieht*. Dieses Verb verweist sowohl auf die Anstrengung als auch auf die Leiblichkeit[15] des Akts. Arme und Beine müssen erst als dem Ich zugehörig ergriffen werden. Aber noch bevor das Bewusstsein einsetzt, spielt der Lagesinn als das Gedächtnis des Körpers mögliche räumliche Dispositionen durch, bis die geistige Erinnerung den Wirbel vergangener Räume mit der Identifizierung dieses einen bestimmten Zimmers zum Stillstand und damit zum Bewusstsein bringt.

«Noch zu steif, um sich zu rühren, suchte mein Körper je nach Art seiner Ermüdung sich die Lage seiner Glieder bewußt zu machen, um daraus die Richtung der Wand, die Stellung der Möbel abzuleiten und die Behausung, in der er sich befand, zu rekonstruieren und zu benennen. Sein Gedächtnis, das Gedächtnis seiner Seiten, seiner Knie und Schultern bot ihm nacheinander eine Reihe von Zimmern, in denen er schon geschlafen hatte, an, während rings um ihn die unsichtbaren Wände im Dunkel kreisten und ihren Platz je nach der Form des vorgestellten Raumes wechselten.»[16]

---

12 Kristeva 1993, 3.
13 Diese berühmte Szene ist im Notizbuch 3 vom Sommer 1909 in sechs unterschiedlichen Versionen aufgezeichnet. (Vgl. Kristeva 1993, 9).
14 Im Auszug: « (...) und wenn ich mitten in der Nacht erwachte, wußte ich nicht, wo ich mich befand, ja im ersten Augenblick nicht einmal, wer ich war: ich hatte nur in primitivster Form das bloße Seinsgefühl, das ein Tier im Innern verspüren mag: ich war hilfloser ausgesetzt als ein Höhlenmensch; dann aber kam mir die Erinnerung – noch nicht an den Ort, an dem ich mich befand, aber an einige andere Stätten, die ich bewohnt hatte und an denen ich hätte sein können – gleichsam von oben her zu Hilfe, um mich aus dem Nichts zu *ziehen*, aus dem ich mir selbst nicht hätte heraushelfen können (...).» (Proust 1981, 12. Hervorhebung C.S.).
15 Etymologisch ist ziehen mit zeugen verwandt. Vgl. Trübner.
16 Proust 1981, 12–13.

Diese Szene setzt den Modus des Erinnerns ins Bild und zeigt, dass der Moment des Erwachens als «exemplarischer Fall des Erinnerns»[17], ein leibliches, noch nicht bewusstes Wissen vom Vergangenen kennt. Über den Schlaf findet bei jedem neuerlichen Erwachen ein leibliches Ergreifen des Raums statt, dem ein Zustand der Raumlosigkeit vorausgeht. Innerhalb dieses Akts tritt die konstitutive Leistung, die den Leib im Raum und den Raum über den Leib in gegenseitiger Abhängigkeit schafft, immer wieder neu hervor. «Die verbreitete Anschauung von der selbstverständlichen und für den Aufbau einer Erfahrungswelt grundlegenden Identität des Ichs kehrt sich gradezu um. (…) Erst durch die Lokalisierung an einer bestimmten Stelle im Raum kann auch das Ich diejenige Festigkeit gewinnen, sich selbst als etwas Identisches festzuhalten.»[18] Das Ich erschafft sich bei jedem Aufwachen wieder neu, das heißt aber auch, dass es an einem andern Tag in einem andern Raum nicht dasselbe Ich sein kann.

Was sich im Erwachen in einem Augenblick abspielt, schildert Proust bei seiner Ankunft im Grand Hotel Balbec als schmerzhaften Prozess leiblicher Gewöhnung, die dem Geistigen nicht allein zeitlich vorangeht, sondern es zugleich zurückdrängt und überdeckt. Die Glaswand[19], die konkrete, die das Lesezimmer von der Halle trennt oder die imaginierte, die für das leibliche Empfinden jedoch genauso konkret und nichts weniger als metaphorisch ist, tritt dabei immer wieder als durchsichtige aber scharfe Trennung zwischen dem Vorgestellten, dem Glück einer erträumten Zugehörigkeit und dem Realen, der Last leiblichen Ausgesetztseins, ein. Das Sichtbare ist so lange dem Geistigen zugesellt, wie die Glaswand den Leib vor einem affektiven Übergriff schützt und ihn allein zum Ausgang des Blickpunkts nimmt.

---

17 (Benjamin: ‹Passagen›, Bd. V.2, 1057; vgl. Weigel 1997, 32). Vgl. aber auch das folgende Zitat von Denis Diderot: «Ohne Gedächtnis würde das empfindliche Wesen bei jeder Empfindung aus dem Schlaf in den wachen Zustand und aus dem wachen Zustand in den Schlaf übergehen: Es hätte kaum Zeit, sich klarzumachen, daß es existiert. Bei jeder Empfindung würde es nur eine momentane Überraschung erleben; Es würde aus dem Nichts auftauchen und in das Nichts zurücksinken.» (Zitiert nach Daidalos 1995, 17).
18 (Bollnow 1963, 182). Bollnows Analyse des Erwachens bezieht sich ebenfalls auf Proust wie auch auf Graf K. v. Dürckheims ‹Untersuchungen zum gelebten Raum›, München 1932.
19 Vgl. Proust 1995, 340.

«Unsere Aufmerksamkeit füllt ein Zimmer mit Gegenständen an, doch unsere Gewohnheit läßt sie wieder verschwinden und schafft uns selber darin Platz. Platz aber gab es für mich in meinem Zimmer in Balbec (das meines nur dem Namen nach war) nicht; es war voll von Dingen, die mich nicht kannten und mich so mißtrauisch anstarrten, wie ich es mit ihnen tat, und, ohne von meinem Dasein irgendwie Kenntnis zu nehmen, mir zu verstehen gaben, daß ich den Lauf des ihren störe.»[20]

Der Ich-Erzähler in Prousts ‹Recherche› spricht angesichts des ihm feindlich entgegentretenden Gastzimmers von Gewöhnung, die er in ihrer doppelten Aufgabe als Tod bringend und neues Leben entfachend charakterisiert[21]. Denn die Gewöhnung an ein fremdes Zimmer lässt das Alte, Bekannte in den Hintergrund treten und geht mit Verlust von Anhänglichkeit einher. In einer nicht mehr gefühlten Neigung stirbt ein Teil des Ichs ab, um einem neuen Platz zu machen. Im Bild von Leben und Tod spricht Proust eine Raumnahme an, die das Ich nicht unberührt lässt. Den Prozess der Gewöhnung als tödlich wie lebensstiftend zu begreifen, beschreibt das Bewohnen des Grand Hotels als leibliches Wagnis.

Raum konstituiert sich bei Proust über die Anordnung der Dinge und Menschen, wobei die Dinge ihr Recht einfordern und sich aktiv gebärden. In Abhängigkeit der ihnen vom wahrnehmenden Subjekt zugewiesenen Aufmerksamkeit machen sie ein Eigenleben geltend, sie treten dem Wahrnehmenden in seiner affektiven Betroffenheit unendlich nahe, sind bedrohliches Gegenüber, «welche erregend, aufdringlich, bedrückend, nicht ‹Raum› lassen für eigenes Verhalten und Entfalten»[22]. Die Dinge erscheinen so Ehrfurcht gebietend, dass an einen Gebrauch nicht gedacht werden kann, das hieße sie aus ihrer heroischen Dominanz heraus verfügbar zu machen. Auch hier wird die Sichtbarkeit einer leiblichen Anwesenheit entgegengestellt und das Bild der Glasscheibe gleichsam wieder aufgenommen, indem der Ich-Erzähler sein Zimmer für die «Besichtigung durch Touristen unter Führung eines Cook-Angestellten»[23] als geeignet erkennt, während sein müder Körper darin keine Ruhe finden kann.

---

20 Proust 1995, 344.
21 Vgl. Proust 1995, 352.
22 Ströker 1977, 34.
23 Proust 1995, 344–345.

«Unaufhörlich hob ich meine Blicke – für die die Gegenstände in meinem Pariser Zimmer keine ärgere Störung bedeuteten als meine eigenen Augäpfel, denn sie waren nichts anderes mehr als Anhängsel meiner Organe, ein erweitertes Ich – zu der erhöhten Decke dieses zuoberst im Hotel gelegenen Belvederes, das meine Großmutter für mich ausgewählt hatte; und bis in jene Sphäre hinein, die intimer ist als die des Sehens und Hörens, bis in jene Region, in der wir die Art der Düfte unterscheiden, beinahe in mein innerstes Wesen, zu meinen letzten Rückzugspositionen drang der Geruch von Vetiver mit seinem Angriff, den ich nicht ohne Mühe mit dem unnützen, unaufhörlichen Gegenschlag eines alarmierten Schnüffelns erwiderte. Ohne Welt, ohne Zimmer, ohne Leib, der nicht von den mich umgebenden Feinden bedroht und bis ins innerste Gebein von Fieber heimgesucht gewesen wäre, war ich ganz allein und wäre am liebsten gestorben. Da trat meine Großmutter ein; und der Ausweitung meines beengten Herzens boten sich auf einmal unermeßlich Räume dar.»[24]

Hier kontrastiert die Gewohnheit, die Leib und Raum zu einem organisch verwachsenen Leibraum zusammenführt, bei welchem Zugehörigkeiten nicht mehr unterschieden werden, mit einem bedrohlichen Besetzen des widerstrebenden Leibs. Aber auch der fremde Raum verändert sich mit jedem Augenaufschlag. Die Gewöhnung macht den Raum leer und farblos, während das Umgebende diesen Prozess immer wieder durchbricht und wendet: Im Atmosphärischen bedeutet alles Hinzutretende, hier die geliebte Großmutter, nicht einfach eine weitere Person im Raum, sondern eine Veränderung des Ganzen, da alle Beziehungen neu geordnet, alle Zwischenräume neu definiert werden. Bereits über ein in Aussicht gestelltes Klopfen an die Zimmerwand, rückt die Großmutter trotz ihrer Abwesenheit ganz nahe. Die Atmosphäre greift über die Begrenzung des materiellen Raums hinaus und schließt das Wissen um Nähe und Nachbarschaft mit ein.

Rausch des Klischees

Das Begehren nach einem sorgenfreien Leben, nach Jugend, Glanz und Unbeschwertheit, wie auch das Begehren, begehrt zu werden, ist in Stefan Zweigs Roman aus dem Nachlass ‹Rausch der Verwandlung› mit der Suche nach Raum gekoppelt, der mit diesen Wünschen

---

24 Proust 1995, 345.

korreliert. Die Abhängigkeit des Menschen von seinen Lebensumständen ist im Raum, gerade jenem des Hotels und im besonderen des Gastzimmers, herausgestellt. Das Grand Hotel ist ephemere Verheißung eines besseren Lebens und über den plötzlichen Entzug auch als Wunde eines ungerechten Schicksals und als Mangel erfahrbar. Das Schöne und das Hässliche, das Gute und das Böse, die Freiheit und die Unterdrückung sind als überschwänglich betonte Gegensätze in den Raum eingeschrieben.

Das aufwändig ausgestattete, sonnendurchflutete Hotelzimmer, das Christine während einiger Urlaubstage beherbergt, wird als krasser Gegensatz zur düsteren Dachkammer – symbolischer Ort größter Armut und sozialen Abstiegs – entworfen, die sie zu Hause mit ihrer kranken Mutter bewohnt. Gerade in dieser ungehemmten Aschenbrödelanalogie, die im ersten Teil des Buchs strapaziert wird, bedient Zweig die Phantasie der Groschenromanleser. Aus dem Zusammenprall dieses Gemeinplatzes mit der sozialen Realität bezieht der Roman seinen moralischen Impetus. Hier offenbart sich letztlich aber auch ein Bruch zum zweiten, realistisch angelegten Teil des Romans, der die Konstruktion der Versatzstücke zu einem zeitkritischen Ganzen als Konstruiertheit entlarvt[25].

Die Ineinssetzung von Leib und Raum ist bei Zweig in hohem Maß psychologisierend, wobei die Körpermetaphorik gleichsam jede weitere Charakterisierung ersetzt. Die Figuren antworten ohne Entstellung, ohne Verschiebung auf ihr Milieu. Die bildlichen Überblendungen von Leib und Raum erscheinen dabei wie in einem codierten System als Zeichen fixiert und besitzen unzweideutigen, symbolischen Status. Die Nuancen der Beschreibung liegen also nicht in den Bildern, sondern im Spiel zwischen Nähe und Distanz von Erzählperspektive und Protagonistin. Ist die Stimme des Erzählers zu Beginn distanziert überblickend, rückt sie an die Figur heran, je stärker diese als leibliche und damit bewusst wahrnehmende in Erscheinung tritt.

Christine wird zu Beginn des Romans nicht als erlebendes Subjekt eingeführt. Sie ist nicht Wahrnehmende – das würde lebendige Körperlichkeit voraussetzen –, sondern Ding unter Dingen. Der Text setzt mit einer ausführlichen Orts- und Raumbeschreibung ein. In al-

---

25 Ein Bruch, der dem Autor durchaus bewusst war. Möglicherweise eine der Ursachen, die dazu geführt haben, dass Zweig selbst auf eine Publikation verzichtete.

len Einzelheiten wird das Bild eines Dorfpostamts in der österreichischen Provinz beschworen, dessen eintönige Unerbittlichkeit durch eine karge und abgezählte Bürokratie festgelegt ist. Jeder Gegenstand in diesem Raum ist inventarisiert. Selbst «der Jemand»[26], der dieses Amt bestellt und seine unermüdliche Arbeit durch wachsende Routine «immer abgelöster vom wachen Leib»[27] ausführt, gleicht sich durch die fortschreitende Mechanisierung seiner Bewegungsabläufe einem jener abgezählten Gegenstände des Ortes selbst an. Eine erstickend enge Räumlichkeit wird entworfen, die in ihrer Belanglosigkeit überräumlich und zeitlos in der schieren Unabänderlichkeit des darin auszuführenden Dienstes ist. In dieser sowohl räumlichen wie auch zeitlichen Gleichförmigkeit erwartet die Dienst habende Person «derselbe andauernde Tod»[28]. Die minutiöse Raumbeschreibung ist nicht als semantische Vertauschung zwischen Raum und Person im Sinne einer metonymischen Übertragung, sondern als Versachlichung der Protagonistin angelegt, die in ihrer uniformierten Tätigkeit selbst zum Ding unter Dingen wird. Erst die überraschende Ankunft eines Telegramms, welches an die Postassistentin selbst gerichtet ist, spricht sie mit Namen an und lässt sie seit langem wieder einmal als adressierbar und somit als Ich vor sich selbst in Erscheinung treten.

Mit dem Eintritt in das ihr zugewiesene Zimmer des Engadiner Grand Hotels findet ein Heranrücken der Erzählperspektive an die Protagonistin statt: die Leiblichkeit rückt ins Zentrum. Die Dimension des Reichtums dieser Zimmerausstattung versucht Christine in Relation zum Wert ihrer gewohnten ärmlichen Umgebung zu setzen. Die Pracht lässt sich jedoch im Maßstab ihres Erfahrungshorizonts nicht aufwiegen. Um sich der Märchenhaftigkeit zu versichern, sind Berührungen notwendig. Die Szene ist als ein Erwachen der Sinne geschildert, wie bereits die Beschreibung des Zimmers selbst in ihrer Metaphorik den Bildern des Lebendigen verpflichtet ist: «Die polierten Flanken der Möbel funkeln wie Kristall, auf Messing und Glas spielen freundliche Funken in flirrenden Reflexen, selbst der Teppich mit seinen eingestickten Blumen atmet saftig und echt wie lebendiges

---

26 Zweig 1996, 7.
27 Zweig 1996, 10.
28 Zweig 1996, 9.

Moos.»[29] Erst über das zärtliche Anfassen – die Daunendecke etwa liegt «leicht und weich auf der Hand»[30] – erreichen die Dinge eine glaubhafte Präsenz. Während des Alleinseins, frei von der Furcht vor geringschätzigen Blicken, findet die Aneignung des Raums über eine ungehinderte und selbstvergessene Berührung statt. Erst als völlig unverhofft von der spiegelbeschlagenen Innentür des Wandschranks ihr Spiegelbild an sie herangeworfen wird, nimmt sie sich als im Raum Innewohnende wahr. Das Auseinanderklaffen der Leiblichkeit – Tast- und Geruchsinn erscheinen vom Gesichtssinn abgelöst – rückt gerade in der Zerstückelung des Körperbilds dasselbe in den Mittelpunkt.

Leitmotivisch kehrt während Christines Aufenthalt im Grand Hotel die Frage wieder: «Wer bin ich denn eigentlich»[31]? Diese Frage wird getragen durch das Erwachen von Sinnlichkeit, durch die Lust, sich selbst wichtig zu nehmen und alles uneingeschränkt zu genießen. Auf erzählerischer Ebene äußert sich Christines Erforschen ihres eigenen Begehrens in einer Verrückung. Die Erzählstimme wird inkorporiert, sie spricht erstmals in einem inneren Monolog. Die diesem Erzählgestus inhärenten Ich-Bekenntnisse verdeutlichen in Bezug auf die Figur ein starkes Bedürfnis, Umgebung und Ereignisse in Abhängigkeit des eigenen Lustempfindens zu stellen. Diese artikulierte Gedankenwelt bricht bezeichnenderweise im Innen- und Intimraum des eigenen Gastzimmers auf und offenbart sich als wortreiche Vorwegnahme einer ungeduldig anstehenden Körperlichkeit, welche die Protagonistin in der darauf folgenden Szene ausleben wird. Die Sprunghaftigkeit und Dringlichkeit der Assoziationen verdeutlichen die Lust am vorbehaltlosen Erleben des Augenblicks. In der aufgebrochenen Syntax, in welche sich ihre Gedanken kleiden, tritt eine Atemlosigkeit der Gefühle auf[32], die sich später in den innigen Umarmungen ihres eleganten Freundes noch steigern wird.

Auf dem Zenit ihres Glücks, an dieser äußersten verzehrenden Grenze angekommen, erwartet Christine nur noch die Zertrümmerung der eben erst eröffneten Welt und damit auch des darin lebensvoll aufgehobenen Ichs. Im Augenblick, als sie bereit ist, sich auf ihr

---

29 Zweig 1996, 49.
30 Zweig 1996, 50.
31 Zweig 1996, 80.
32 Vgl. Zweig 1996, 121–124.

Begehren einzulassen und ihre Sexualität im Liebesakt auszukosten, wird ihr der Raum entzogen. Es ist ein unverhofft abruptes Ende, das keine Möglichkeit offen läßt, einen bergenden Rückzug anzutreten, sondern in den leiblichen Absturz drängt. Nachdem der Mangel an Herkunft und Geld, der Christines Schönheit und Fröhlichkeit anhaftet, offenliegt, schlägt die betrogene Gesellschaft, die in Gedanken bereits mit ihrem Tauschwert spekulierte[33], zurück. Sie lässt Christine und ihre Verwandten an einer gläsernen Wand unerbittlicher Ablehnung abgleiten. Christine jedoch, zu naiv, um die widrigen Anzeichen entziffern zu können, nimmt die Wendung der Dinge nur über die unverhoffte Aufforderung zur Abreise wahr, die ihr die Tante übermittelt.

«Mit aller Anstrengung versucht sie zu denken. Aber das Gehirn zwischen ihren Schläfen bleibt betäubt. Dort steht etwas blaß und starr und antwortet nicht. Und die gleiche Starre steht um sie, gläserner Sarg und grausamer noch als ein schwarzer feuchter Sarg, weil höhnisch hell erleuchtet, mit Luxus blendend, mit Bequemlichkeit höhnend und still, grauenhaft still, während in ihr die Frage um Antwort schreit: «Was habe ich getan? Warum jagen sie mich hinaus?» Unerträglich ist dieses Gegeneinander, dieser dumpfe Druck von innen, als liege das ganze riesige Haus mit seinen vierhundert Menschen, seinen Steinen und Traversen und dem riesigen Dach ihr auf der Brust, und dabei dieses kalt-giftige, weiße Licht, das Bett mit geblümten Daunen zu Schlaf einladend, die Möbel zu heiterer Rast, die Spiegel zu beglückendem Blick; ihr ist, als müsse sie erfrieren, wenn sie hier sitzen bleiben müsse auf dem schmerzenden Sessel, oder plötzlich die Scheiben zerschlagen in sinnloser Wut, oder so schreien, so heulen, so weinen, dass die Schlafenden aufwachen. Nur weg! Nur heraus! Nur ... sie weiß nicht was. Aber nur weg, weg, um nicht zu ersticken in dieser gräßlichen, luftleeren Lautlosigkeit.»[34]

Es gibt keine verstandesmäßige Reaktion auf dieses unverhoffte Ereignis, sondern nur eine körperliche. Die Körpermetaphorik ist im Polaren gefangen. Erstarrung, Kälte und Fühllosigkeit kontrastieren mit der Entdeckung der Sinnlichkeit, die der Körper über den Raum erfahren hat. Die Interdependenz Leib-Raum im Sinne eines Ausfüllens, Interagierens, Beziehens steht dem Bedrängen, Erdrücken, Er-

---

33 Eine feudale Gutsbesitzerfamilie mit einem heiratsfähigen Sohn und schwerer Hypothekenlast (Zweig 1996, 136–137) wie auch schneidige junge Männer, die zum Karrierestart noch eine Absicherung brauchen, haben bereits mit der vermeintlichen amerikanischen Erbin gerechnet.
34 Zweig 1996, 160/161.

sticken gegenüber. Luxus und Helligkeit erscheinen Christine als goldener Sarg ihres Van-Boolen-Ichs, ihrer glücklichen Hotelidentität, die sich von ihr ablöst und einen gesellschaftlichen Tod stirbt. Das Zimmer wird in dieser bedrückenden Phantasie immer enger und schließt sich um Christine, die glaubt, ersticken zu müssen.

Die Lockungen der sie umgebenden Dinge sind noch immer da und dies erscheint ihr grausamer als das Erwachen aus einem Traum, das alles Schöne mit sich nimmt. Spurlos geht ihre Anwesenheit an diesem Raum vorbei, der sich durch nichts mehr an sie erinnert. Wie der Spiegel, der nur im Augenblick der Präsenz das Bild zurückzuwerfen vermag, so ist auch dieses Zimmer mit all seinen glatten und glänzenden Oberflächen allein der Aktualität des Gespiegelten verpflichtet, dem jeweiligen Gast auf Zeit.

Spiegel

Michel Foucault beschäftigt sich in seinem Text ‹Andere Räume› an zentraler Stelle mit dem Spiegel als Medium zwischen Utopie und Heterotopie. Die Spiegelerfahrung wird als notwendig räumlich diskutiert, dabei steht nicht der Wahrnehmende mit seiner Illusion des geordneten Körpers[35] im Brennpunkt, sondern die leibliche Präsenz im Raum. Erkenntnistheoretisch ist die Konstitution des Raums über den wahrnehmenden Blick, innerhalb desselben Leib und Raum in notwendiger Abhängigkeit voneinander erscheinen, als grundlegende Szene vorgeführt. «Im Spiegel sehe ich mich da, wo ich nicht bin: in einem unwirklichen Raum, der sich virtuell hinter der Oberfläche auftut (...).»[36]

Erst über ihr eigenes Spiegelbild nimmt sich Zweigs Protagonistin Christine als dem Raum innewohnend wahr, wobei sich der Eindruck des Raums von einem begehrenswerten Gegenüber zu einem sie vollständig Umgebenden wandelt.

> «Denn völlig ahnungslos hatte sie [Christine; C.S.] den mächtigen Wandschrank aufgetan – da fährt von der angelehnten Innentür wie ein rotzüngiger Teufel von der Spielschachtel ein lebensgroßes Bild aus einem hier uner-

---

35 Vgl. Lacan 1973.
36 Foucault 1990, 39.

warteten Wandspiegel, und in dem Glas – sie erschrickt – sie selbst, grausam wirklich, das einzig Ungehörige in diesem ganz auf vornehm abgestimmten Raum.»[37]

Der sprechende Spiegel, dem Christine ihre kritische Selbsteinschätzung wie einem vernunftbegabten Wesen zuweist, entlarvt sie als «Einschleicherin»[38] und erfasst sie damit als Person *im Raum*. «Was der Spiegel zeigt, ist auch *da*. Das Spiegelbild ist Zeugnis für die Aktualität des Gespiegelten, denn anders als das Bild zeigt der Spiegel das Bespiegelte nicht stellvertretend, sondern selbst.»[39]

Nicht die Fremdartigkeit dieses prachtvollen Zimmers ist das Verstörende, sondern vielmehr die Geringschätzung, die Christine ihrer eigenen Erscheinung gegenüber in dieser Umgebung – sich in unbarmherzige Betrachterin und unzulängliche Akteurin spaltend – hegt. Das eigene Spiegelbild erscheint ihr als Fremdkörper innerhalb des glanzvollen Luxus. So drängt sie die Flucht vor dem eigenen Spiegelbild, das heißt vor der Verortung des Leibs im Raum, aus dem Zimmer hinaus auf den Balkon. Die sich unter ihr eröffnende Tiefe erscheint ihr als eine mögliche Erlösung aus dieser bedrängenden Situation des Nicht-dazu-gehörens. Sie imaginiert die Zerstörung des Körpers, den sie später durch unauffälliges Verhalten im Speisesaal zum Verschwinden bringen möchte, als wolle sie buchstäblich aus dem Raum fallen.

Durch die Spiegelerfahrungen im Zimmer gewarnt, vermeidet Christine bei der flinken Friseurin, wo die Tante die junge Frau ablädt, um sie aufbügeln[40] zu lassen, sorgsam den Blick in den Spiegel. Christine fügt sich widerstandslos in das Verschönerungsprozedere, das man ihr angedeihen lässt. Mit geschlossenen Augen sucht sie das Traumhafte des Umsorgtwerdens, das ihr so lange nicht mehr widerfahren ist, zu verlängern. Bereits der bewusst gerichtete Blick ist für Christine mit einer Willensäußerung verbunden, mit einem aktiven Eingreifen in das Geschehen, das sie vermeiden will, um die träumerische Leichtigkeit nicht zu durchbrechen. Angst schleicht sich ein, der unbestechliche Blick in den Spiegel vermöchte einen Sturz aus der Wohligkeit des Traums zu provozieren. Der konkrete Sturz vom

---

37 Zweig 1996, 50.
38 Zweig 1996, 51.
39 Konersmann 1991, 107.
40 Vgl. Zweig 1996, 61.

Balkon[41] ihres Gastzimmers, der Christine noch vor wenigen Stunden als erlösender Ausweg aus der unhaltbaren Widersprüchlichkeit zwischen ihrer Anwesenheit und den Erfordernissen des Orts erschienen ist, tritt aus einer erniedrigenden Wirklichkeit heraus und verschiebt sich für die junge Frau immer mehr zu einer mentalen Sturzgefahr[42], die im Augenaufschlag begriffen liegt. Leib und Raum empfindet sie als unvereinbar, obwohl diese doch gerade über den Blick in den Spiegel als voneinander abhängig und aufeinander bezogen wahrgenommen werden müssten.

Nach den ausgedehnten kosmetischen Verschönerungen zieht sich Christine in ihrem Zimmer für das Abendessen um. Sie streift ein leichtes Kleid über, das ihr die Tante überlassen hat. Noch zögert Christine, sich im Schein des elektrischen Lichts zu beschauen, denn sie befürchtet, dass der Zauber ihrer neuen Hülle einer lichthellen Durchdringung nicht standhalten wird. Erst als Christine fertig angekleidet ist[43], wagt sie den Blick in den Spiegel, der ihr die Gesamtheit der Veränderungen während eines Tages zurückwirft.

> «Und jetzt – das Herz klopft Angst – den ersten Blick in den Spiegel. (…) Noch wagt die ängstlich Neugierige sich selber nicht gleich in den Radius des Spiegels, nur von der Seite schielt sie in das sprechende Glas, das im schiefen Winkel nur den Streif Landschaft hinter dem Balkon und ein Stück Zimmer zeigt. Zu der eigentlichen Probe fehlt noch der letzte Mut. Wird sie nicht noch lächerlicher aussehen als vordem in dem abgeborgten Kleid, wird nicht jeder, wird nicht sie selbst den geborgten Betrug erkennen? So schiebt sie nur ganz langsam von der Seite heran an die Spiegelfläche, als ob man den unerbittlichen Richter durch Bescheidenheit überlisten und betören könnte. Schon steht sie ganz nah vor dem strengen Glas, aber noch immer mit gesenkten Blicken, noch scheut sie den letzten entscheidenden Blick.»[44]

---

41 Als Christine nach diesem ersten Abend im Grand Hotel ihr Zimmer betritt, erscheint ihr der Raum zu eng, und sie reißt die Balkontüre weit auf. Ihr erfüllter Körper vermag nun das Zimmer auszufüllen, das ihr am Morgen desselben Tages noch so ungehörig groß und uneinnehmbar erschienen ist.

42 «(…) nur wie Traumgeschehen, verworren und nicht ganz wahr erlebt sie das Sonderbare [die kosmetischen Aktionen im Frisiersalon; C.S.] und mit einer kleinen Angst, plötzlich aus diesem Traum zu stürzen.» (Zweig 1996, 63).

43 Das Kleid bringt den Körper gewissermaßen erst hervor. Als Christine später in Wien noch einmal den Hotelglanz erleben will, glaubt sie, dass ihr das Kleid fehle: «Sie hat nicht das Kleid, den Talisman, der diese Tür öffnet.» (Zweig 1996, 195). Mit diesem Kleid ist auch der sich selbstbewusst bewegende und begehrte Körper verschwunden.

44 Zweig 1996, 67–68.

Hier findet eine veränderte Spiegelerfahrung statt, nicht mehr der Leib und dessen Verortung im Raum, sondern der herausgehobene Körper als Einheit steht im Blick. Ein phantastisches Spiel entrückter Selbstentdeckung beginnt. Die Selbstwahrnehmung der Verschüchterten wird mit dem Auftritt der schönen Prinzessin[45] konfrontiert. Christine sieht sich mit dem Blick des erstaunten Kindes[46], das das schöne Bild im Spiegel nicht sogleich auf sich selbst zu beziehen vermag, sondern als etwas Außenstehendes und Fremdes betrachtet. Noch öffnet sich zwischen ihr und dem verführerischen Auftritt im Spiegel eine Spalte des Zweifels. Noch fürchtet sie, das prachtvolle Gegenüber könnte zerfließen. Stattdessen gebärdet sich das Spiegelbild immer ausgelassener und zeigt ein selbstgefälliges und sicheres Lächeln. Als Christine mit dem Mund den Spiegel berührt, scheint sie über die Zärtlichkeit des Kusses, der dem Spiegelbild gilt, ihr schönes Selbst vollends anzunehmen und tilgt mit dieser Berührung die Spaltung in Selbstsein und Bild. Über die Aufnahme des Bilds ist die Verwandlung abgeschlossen, Wunsch und Wirklichkeit scheinen in dieser narzisstischen Geste zu verschmelzen. Christine sieht ihren bisher zerstückelten Körper als Einheit und verdrängt gleichzeitig das Wissen um die zeitliche Begrenztheit. Denn dieses neue Ich ist an die Gegenwart des Raums gebunden und muss sich in Abhängigkeit zu diesem immer wieder neu erschaffen. Die Bedingtheit von Leib und Raum wird in diesem Augenblick der Übereinstimmung freudig missachtet.

Doppeltüren und Fenster

> «Der Schwelleneffekt dieser beiden Punkte im Raum [Schnittstellen zweier gestimmter Räume wie Türen und Fenster; C.S.] wie auch ihre atmosphärische Potentialität werden im Roman gern zur Pointierung, insbesondere extremer psychischer Lagen der epischen Personen eingesetzt.»[47]

---

45 Die Figur der Prinzessin steht für eine dem höfischen Leben entliehene Gestalt, die im Namen Hof-lehner verborgen zu liegen scheint.
46 Das Spiegelstadium nach Lacan erscheint hier mit jubelnder Mimik und spielerischem Wohlgefallen reproduziert: das Kind, das sich noch in einem Zustand der Ohnmacht und der unkoordinierten Motorik befindet, antizipiert imaginär das Ergreifen und die Beherrschung der Einheit seines Körpers.
47 Hoffmann 1978, 56.

Das imaginäre Grand Hotel nutzt die konkrete Grenz- beziehungsweise Schwellenüberschreitung, um deren metaphorischen Gehalt im Sprechen über Übergangsriten zu aktivieren und auf die symbolische Dimension eines Wandels zu verweisen. Hat die Drehtür beim Eintritt ins Grand Hotel die Schwelle umrundet und sie in dieser Richtungslosigkeit gleichsam verwischt und scheinbar aufgehoben, wird erst im Gastzimmer virulent, dass Schwellen nicht nach Belieben in der einen und anderen Richtung überschreitbar sind[48]. Hier, wo das Subjekt sich selbst überlassen ist, das öffentliche Rollenspiel unterbrochen und reflektiert wird, brechen die Krisenmomente umso heftiger hervor. In dieser Einsamkeit aber gibt es keine Rituale, die einen Umgang mit der Krise darstellbar machen und dadurch erleichtern könnten. Das Subjekt fällt in seiner Unsicherheit ganz auf sich selbst und den Raum als einziges Gegenüber zurück. In diesem Leibraum verdoppeln die Schwellen des Gastzimmers die Grenzerfahrungen der Innewohnenden.

Die buchstäblichen wie metaphorischen Orte des Liminalen sind die Türschwellen und ihre Ausdehnung zum Zwischenraum über die hoteltypischen Doppeltüren, aber auch die Fenster als Verbindung zum Außenraum sind mehr als einfache Grenzen. Die Außenwelt drängt verlockend oder beängstigend herein und weitet Glas und Fensterrahmen zum Raum des Übergangs.

> «Dann schließen sich die Türen im Hotel, Doppeltüren fallen hinter jedem Menschen ins Schloß und lassen ihn allein mit sich und seinen Geheimnissen.»[49]

Doppeltüren sichern die Intimität des Gastzimmers. Baugeschichtlich sind sie aus einem Zweckdenken heraus entstanden, sie bieten Schutz vor unwillkommenen Geräuschen und Auftritten, eröffnen sie doch einen Bereich des Halbprivaten, der den Bediensteten eine unauffällige Ausübung ihrer Tätigkeit ermöglicht[50]. Die Doppeltüren

---

48 Vgl. Waldenfels 1987, 29.
49 Baum 1960, 55.
50 Vgl. dazu Guyers Ratschläge zum Hotelwesen: «In Hotels, wo die Zimmer durch eine zweite Leder-, Glas- und Holzthüre von den Corridors abgeschlossen sind, werden die zu reinigenden Gegenstände in den Zwischenraum der beiden Thüren gestellt. In einzelnen Hotels ist die äussere Corridorthüre von Holz mit einer Vorrichtung, welche dem betreffenden Etageportier gestattet, mit einem Separatschlüssel den vorgeschobenen Nachtriegel der äussern Thür zu heben, die Effek-

stützen die dienstbare Unsichtbarkeit, auf dass das gastliche Wohlbefinden nicht durch das Ansichtigwerden einer tätigen Person[51] gestört wird. Die Doppeltüren versinnbildlichen die Trennung zwischen jenem, was der einzelne versucht ist, seiner sozialen Umwelt vorzuenthalten, und all dem, was für sie bestimmt ist und deshalb deutlich gezeigt werden möchte. Der Rückzug auf das Zimmer gewährt einen Augenblick der Atempause, während welcher das Changieren zwischen Zeigen und Verhüllen für kurze Zeit stillgelegt wird, muss doch im Grand Hotel ständig mit dem Blick eines Gegenübers gerechnet werden, der zu einer Taxierung anhebt.

«Es ist viel Schlaflosigkeit hinter verschlossenen Doppeltüren im schlafenden Hotel.»[52]

Die Doppeltüre wird in ‹Menschen im Hotel› als Trennung zwischen Schein und Sein im Hotel inszeniert. Das schlafende Hotel ist nicht mehr Metonymie für den wirklichen Schlaf der Hotelbewohner, sondern steht nur noch platzhaltend für den Eindruck des Schlafs, dessen Scheinhaftigkeit sich jedoch durch einen Blick hinter die Doppeltüren offenlegen lässt. Und genau aus dieser Ungehörigkeit des Blicks hinter die Kulissen, der von den Gästen sorgsam vermieden und von vermeintlich unbestechlichen Doppeltüren abgeschirmt wird, bezieht die Hotelgeschichte ihre Verlockung und Brisanz des Unausgesprochenen in doppelter Weise des Bruchs. Einerseits dringt der Blick des Erzählers in die abgeschirmte Hotelwelt ein, andererseits durchdringt er die gemauerte Distanz, die sich der einzelne als Schutz vor den Nächsten aufgebaut hat und die sich im Gastzimmer symbolisch verräumlicht. Somit werden zwei Räume aufgestoßen, der Gesellschaftsraum des Grand Hotels und der Intimraum der Gäste.

«Und dann, wohin, wem entgegen öffnen sich die Türen? Öffnen sie sich für die Welt der Menschen oder für die Welt der Einsamkeit?»[53]

---

ten herauszunehmen und nachher wieder unter sicherm Verschluss hineinzustellen.» (Guyer 1874, 84).
51 Roth beschreibt diesen dienstfertigen Zwischenraum folgendermaßen: «Zwischen den zwei Türen, die in den Korridor führen, ist der Raum so groß, dass der Kellner einen kleinen Tisch mit den bestellten Speisen stehen lassen kann, für den Fall, dass sein Eintritt ins Zimmer stören sollte.» (Roth 1991, 26).
52 Baum 1960, 87.
53 Bachelard 1994, 222.

Die Doppeltüre vermag die latente Ungewissheit, die Bachelard in Bezug auf die Türe insgesamt anspricht, zu sichern, indem sie in ihrer doppelten Anwesenheit eine klare Ausrichtung aufzunehmen vermag. Der innere Flügel öffnet sich ins Zimmer hinein, der äußere auf den Korridor hinaus. Der Zwischenraum zwischen den beiden Türflügeln wird vom Hilfsbuchhalter Kringelein aus ‹Menschen im Hotel› bespielt, der in das Zimmer des Direktor Preysing, seines Chefs, eingetreten ist, um sämtliche widrigen Erlebnisse, die ihm während der vergangenen siebenundzwanzig Jahre im Dienst der Preysingschen Fabrik widerfahren sind, mit ihrem vermeintlichen Urheber zu konfrontieren. Der aufgrund der Vorwürfe zornig gewordene Preysing weist Kringelein nach der Anhörung seiner Anschuldigungen die Tür und spricht gleichzeitig die Entlassung aus.

> «Kringelein, der seinen Hut aufgehoben hatte, blieb bei diesen Worten mit papierweißem Gesicht zwischen den Doppeltüren stehen, die innere war geöffnet, die äußere noch geschlossen, und während er seinen zitternden und schweißbedeckten Rücken gegen das weiß lackierte Holz lehnte, begann er zu lachen, mit weit offenem Mund in Preysings tobsüchtiges Gesicht hinein zu lachen.»[54]

Kringelein, im Dazwischen des Weder-nochs aufgehoben, artikuliert die Unversehrbarkeit seines Zustands. Seine ihm unlängst angekündigte tödliche Krankheit entwertet die Androhung der Entlassung und macht die auf soziale Brandmarkung abzielende Wirkung derselben zunichte. Im Bewusstsein seines unmittelbar bevorstehenden Ablebens fasst Kringelein seinen Ausschluss aus der sozialen Ordnung wie eine köstliche Pointe auf. Die Fesslung ans Leben im Sinne der Verpflichtung auf Arbeit ist sinnlos geworden.

Der Ort zwischen den Türen scheint somit Kringeleins Zustand der Immunität zu bestätigen. Kringelein hat seinen angestammten Platz innerhalb der sozialen Ordnung bereits aufgegeben, nun sucht er im Vakuum zwischen sozialem und realem Tod das Exzessive, das wirkliche Leben. Dabei hilft ihm das Grand Hotel als anonymer Gesellschaftsort diesem fatalistischen Dazwischen einen Ort einzuräumen; es eröffnet ihm eine Parallelwelt zu seinem bisherigen Dasein. Auch hier ist über die konkrete Schwelle hinaus, als welche der Zwischenraum gelesen werden kann, das Grand Hotel als Schwellenort

---

54 Baum 1960, 267.

inszeniert mit seiner Inversion des angestammten Verhaltens. Aus dieser intermediären Stellung heraus motiviert sich auch das Glück, das Kringelein in dieser Hotelwelt zugestanden wird und das sich auf die Erstmaligkeit, welche die Letztmaligkeit[55] bereits einschließt, berufen[56] kann. Das Glück bezieht Billigung und Glaubwürdigkeit durch den drohenden Tod, der ihm keine weitreichenden Konsequenzen einräumt.

Ein ebenso bedeutsames Element des Übergangs stellt das Fenster dar, das im Gegensatz zur inneren Begrenzung der Doppeltür, die das Zimmer gegenüber der Gesellschaft schützt, eine Öffnung und somit einen Ausblick auf die Umgebung gewährt. Insofern steht das Fenster als äußere Begrenzung zwischen Diesseitigem und Jenseitigem des Grand Hotels und trennt die Intimität des Binnenraums von der ungesicherten und fremden Weite der Außenwelt. Das Zurückgeworfensein des Einzelnen auf sich selbst verdichtet sich im Gastzimmer. Ist sonst die ganze Wohnung, das Haus Ort der Geborgenheit, das man mit Vertrauten teilt und es möglich macht, dem Außen als Gemeinschaft entgegenzutreten, ist das Alleinsein im Gastzimmer des imaginären Grand Hotels durch nichts gemildert. Vor dem Fenster liegt die Fremde, hinter den Doppeltüren lauert die Gesellschaft.

Die Bedeutung des Fensters hängt nicht zuletzt davon ab, wohin sich die Türen für die entsprechenden Gäste öffnen. Den jungen Frauen ist es nicht freigestellt, nach eigenem Gutdünken das Hotel zu verlassen. Das Fenster ist der einzige frei verfügbare, damit aber auch gefahrvolle Zugang zur Außenwelt und impliziert die Drohung, den Halt zu verlieren und ins Freie zu stürzen. In Schnitzlers Erzählung ‹Fräulein Else› wird das Fenster durch seine wiederholte Er-

---

55 Vicki Baum konstruiert mit Kringelein einen trotzigen Angestellten, der den ihm zugewiesenen Ort verlässt und damit einen späten aber folgenreichen Widerstand leistet. Er wagt es, den Glanz einer großbürgerlichen Welt für sich einzuklagen und das Märchenschloss zu stürmen. Dagegen Kracauer in ‹Die Angestellten› (1929) 1971, 93: «Der gespendete Glanz soll zwar die Angestelltenmassen an die Gesellschaft fesseln, sie jedoch nur gerade so weit erheben, daß sie desto sicherer an dem ihnen zugewiesenen Ort ausharren.»

56 Diese glückliche Erstmaligkeit drückt Baron Gaigern im beratenden Gespräch mit Kringelein bei der nächtlichen Spielszene folgendermaßen aus: «Jetzt setzen Sie irgendwohin», sagte Gaigern. «Es hat keinen Zweck, dass ich es Ihnen erkläre. Setzen Sie, wie und was Sie wollen. Wer zum erstenmal spielt, gewinnt meistens.» (Baum 1960, 234).

wähnung in dramaturgisch wichtigen Passagen als beachtenswertes Strukturierungsmoment des Texts hervorgehoben.

Auf dem Fensterbrett sitzend öffnet Else den schicksalhaften Expressbrief ihrer Eltern. Noch bevor Else mit der Lektüre beginnt, ist sie sich der Gefahr des Hinausfallens, die ihr Fensterplatz birgt, gewahr und ermahnt sich selbst zur Vorsicht. Gleichzeitig imaginiert sie die Schlagzeilen und Gerüchte, die auf einen solchen Fenstersturz folgen würden. In diesen Gedanken ergötzt sich Else an gesellschaftlichen Klischees von «unglücklicher Liebe»[57] und ungewollter Schwangerschaft, die den plötzlichen und gewaltsamen Tod einer jungen Frau begleiten. Keines dieser Motive würde jedoch auf sie zutreffen. Diese unsichere Lage am Fenster deutet bereits zu Anfang der Erzählung auf Elses ungefestigte Stellung innerhalb der Gesellschaft hin, welcher der Absturz drohend vor Augen steht. Gleichzeitig wird Elses Blick aus dem Fenster durch ihre Stimmung gefärbt. Nimmt sie vor der Lektüre des elterlichen Briefs das Hochgebirge noch in herbstlicher Schönheit als ein leuchtendes «Alpenglühen»[58] war, erscheint ihr die Natur nach dem Durchlesen des Schreibens als traurig. Sie erkennt, dass es sich dabei nicht um eine romantische Spiegelung ihrer Innerlichkeit im Außenraum handelt: «Nein, nicht die Gegend, aber das Leben ist traurig»[59].

Später wird die Blickrichtung gewendet. Nach Elses Gespräch mit Dorsday, das die beiden vor dem Grand Hotel führen und in dessen Verlauf dieser die Tilgung der väterlichen Schulden mit einer ungehörigen Bedingung verknüpft, blickt Else zu ihrem Fenster im dritten Stockwerk empor. Sie erkennt durch das offene Zimmerfenster etwas Glänzendes. Eine sehnsüchtige Beobachtung, die wie ein entfernter Hoffnungsschimmer aufleuchtet, der von ihr selbst aber sogleich wieder verworfen wird, rührt doch der Glanz nur vom ordinären Messingbeschlag[60] des Schranks her. Es ist die Sehnsucht nach einer glücklichen Bedingtheit zwischen Subjekt und Raum, der Elses Blick nachhängt. Durch die Umkehrung der Blickrichtung scheint eine Versehrung angedeutet, die den konkreten Absturz, den

---

57 Schnitzler 1996, 14.
58 Schnitzler 1996, 13.
59 Schnitzler 1996, 19.
60 Vgl. Schnitzler 1996, 36.

sie sich kurz zuvor ausgemalt hat, auf den empfindsamen Innenraum der Psyche verschiebt. Else stellt fest: «Ich bin halbtot.»[61]

Das Fenster ist sowohl Teil des Drinnen, das einen Blick ins Draußen gewährt, als auch Durchsicht für den draußen Stehenden, der sich das Innen beschauen will. Dabei streut sich der Blick von einem klar umgrenzten Raum ausgehend ins Freie des offenen Horizonts oder bündelt sich fokussierend, um etwas vom Innern zu erhaschen. Der Blick von außen erscheint jedoch als neugieriger, nicht ganz zugehöriger, da er die schützende Hülle, die das Innere vom Äußeren bewahrt, zu durchdringen sucht. Wenn bei anbrechender Dunkelheit das helle Tageslicht aus den es widerspiegelnden Gläsern weicht und sich die künstliche Beleuchtung des Grand Hotels freizügig über die gastlichen Räume ergießt, werden die großen Glasfronten des Grand Hotels zu Schaufenstern des feinen Lebens.

Nach der Unterredung mit Dorsday verweilt Else noch längere Zeit im Freien. Sie hofft, durch einen Spaziergang Ruhe zum Nachdenken zu finden. Der außenstehende Blick Elses entfernt sich weiter vom Grand Hotel. Aus dieser wachsenden Distanz sind keine Einblicke mehr möglich. Die Fenster sind nur noch Lichtscheiben, die den hehren Glanz des Grand Hotels nach außen tragen. In ihrer beeindruckenden Größe verbindet sich die Silhouette des Grand Hotels mit den umliegenden Bergen zu einem unheimlichen und mächtig aufragenden Gebilde, dem sich Else wie einer Naturgewalt ausgeliefert fühlt.

In Elses Außenstehen verkehren sich die Orte des Fremden und Vertrauten. Die hereinbrechende Dunkelheit ist Else als ein bergendes Element willkommen, während sie das künstliche Strahlen des Grand Hotels als Bedrohung erfährt. Else scheint wie gelähmt von der beschämenden Unterredung mit Dorsday. Je länger desto mehr verfällt sie dem gesellschaftsfernen Außerhalb und gibt sich Todesphantasien hin, als wäre sie ihrem sehnsuchtsvollen Blick folgend tatsächlich aus dem Fenster ihres Zimmers auf den Vorplatz gestürzt. So kehrt Else nur zögerlich in den lauten Kreis der Gesellschaft zurück, von dem sie sich als zugehöriger Gast bereits verabschiedet hat. Lange umkreist sie das Hotel, ohne es zu betreten, und beobachtet das innere Treiben durch die großen Scheiben der Halle.

---

61 Schnitzler 1996, 36.

«Zum wievielten Mal lauf' ich jetzt eigentlich um das Hotel herum? Also was jetzt? Da steh' ich vor dem Tor. In der Halle ist noch niemand. Natürlich - sie sitzen ja noch alle beim Diner. Seltsam sieht die Halle aus so ganz ohne Menschen. Auf dem Sessel dort liegt ein Hut, ein Touristenhut, ganz fesch. Hübscher Gemsbart. Dort im Fauteuil sitzt ein alter Herr. Hat wahrscheinlich keinen Appetit mehr. Liest Zeitung. Dem geht's gut. Er hat keine Sorgen. Er liest ruhig Zeitung, und ich muss mir den Kopf zerbrechen, wie ich dem Papa dreissigtausend Gulden verschaffen soll.»[62]

Aus Elses Blick spricht die Erfahrung einer Einsamen, welche eine undurchdringbare Glasscheibe vom Leben der Gesellschaft trennt. Denn das Persönliche, die Last intimer Sorgen, widerstreben dem gesellschaftlichen Auftritt. Im Grand Hotel wird das Individuum zugunsten der dargestellten Figur entlassen. Anders als Prousts Dichter, der vor den Scheiben des Speisesaals stehend die gläserne Distanz als Möglichkeit schriftstellerischer Produktion nutzt, kommt für Else, deren Körper «Medium ihres Textes»[63] ist, ein unsichtbares Verharren im Dunkeln einem tödlichen Verstummen gleich.

---

62 Schnitzler 1996, 50.
63 Bronfen 1996, 414.

7. Dachboden und Keller – Allegorie

«Die Schlafräume der Arbeiter, Diener und Kellner sind unten im Keller neben dem Heizraum oder oben am Dachboden neben den Wäschereien.»[1]

Dachboden und Keller sind die ausgeschlossenen und unsichtbaren Räume der Arbeit und des Schlafs der Angestellten. Sie sind aber auch die Klammer des Hauses, die alles, was dazwischen liegt, umgreifend hervorbringt. Von diesen peripheren Räumen aus konstituiert sich der Raum des Grand Hotels als anderer, als Raum der Arbeit, der Sprachlosigkeit und Absenz alles Individuellen. Prunken auf dem Hotelprospekt des Berliner Adlons die Gesellschaftsräume, Gastzimmer und Bäder mit einladender Leere, die Oberflächen und Luxus unverstellt zur Geltung bringt, sind die abgebildeten Räume der Arbeit, die Wäscherei, der Bügelraum, die Küche von arbeitenden Frauen und Männern bevölkert[2]; sie verkörpern und garantieren die Funktionstüchtigkeit des Hauses.

«Er [Peter Sigwart; C.S.] verläßt die kühle, trockene Luft, den nebelbegrenzten Raum da oben, er steigt langsam durch die Stockwerke hinab, und je weiter er kommt, desto lauter, heller, prächtiger wird es um ihn. Man hat die Lichter angezündet, obwohl der Abend noch weit ist, in der warm strahlenden Halle gibt sich die erlesene Gesellschaft in pflichtloser Muße dem sanften Anreiz warmer Getränke, kitzelnder Musik und fremder Tänze hin, ein weltberühmtes Paar tritt auf, und so wird die Ungunst der Witterung im gesteigerten Genuß überwunden. (...) Er wendet sich ab, er geht. Er steigt in seiner Ratlosigkeit noch weiter hinab; angewidert von dieser glänzenden Oberfläche, kommt er langsam und fast willenlos in die hinteren und unteren Räume. Es wird kahl, feucht und trüb um ihn, er sieht schmutzige Gestalten rennen und arbeiten, ein wüster Lärm schlägt ihm entgegen (...).»[3]

---

1 Hans Kafka: Die Stadt und die Welt. Gang durch ein großes Hotel, aus: ‹Berliner Tageblatt›, 1.5.1928; zitiert nach Gruber 1994, 44.
2 Vgl. ‹Hotelprospekt Adlon› 1924/25.
3 Inglin 1988, 199–200.

Die vertikale Topographie des Grand Hotels stapelt die sozialen Einflusssphären übereinander in den ihnen jeweils gemäßen Stockwerken und zeichnet dadurch das schlüssige Bild einer Gesellschaft, die in einer überblickbaren architektonischen Einheit[4] vorgestellt wird. Die Architekturzeichnung leistet mit dem Schnitt[5] eine systematische Darstellung der vertikalen Schichtung und visualisiert, was sonst nur über die Bewegung erschlossen wird. Die Gliederung des Grand Hotels orientiert sich am Adelsschloss, dessen Wirtschafts- und Lagerräume im Keller Eingang finden, während die kleinen und dunklen Schlafräume der Bediensteten unter das Dach verbannt sind. Diese gefolgsame Umklammerung[6] des Dienstes rahmt die vornehmen Bereiche der Herrschaft. In der Vertikalen erhält die Besetzung des konkreten Raums somit immer auch eine erweiterte symbolische Bedeutung. In der horizontalen Darstellung hingegen sind die einzelnen Lebensgeschichten und Schicksale verankert. Hier wird der Raum aus der Abstraktion eines Bedeutungsträgers sozialer Hierarchien zurück in die Perspektive des Belebten überführt. Dadurch, dass sich in der Horizontalen fügt, was in der Vertikalen geschieden wird, sind jene Knotenpunkte herausgehoben, wo sich die Erzählmodi ereignisreich überkreuzen.

Auf leibliche Kosten der Angestellten

«Er [der Volontär Ungricht; C.S.] sah zwei Welten vor sich, die schöne, freundliche, freie Welt der Gäste und die trübe, kalte, feindselige der Ange-

---

4 Eine klar hierarchische Ordnung der Vertikalen, wie sie dem Grand Hotel exemplarisch zukommt, war auch in größeren Stadthäusern des 19. und zu Beginn des 20. Jahrhunderts zu beobachten, wo verschiedene Familien und unterschiedliche soziale Schichten in einem Gebäude zusammenlebten. Dabei nahm das Ansehen des Wohnraums ausgehend von seiner prunkvollsten Ausprägung in der Beletage nach oben hin kontinuierlich ab, bis hin zu den Chambres de bonne unter den Pariser Mansardendächern. Auch ein solches Stadthaus der Gründerzeit galt als Darstellungsform für eine Welt im Kleinen.
5 «Schnitt, in der Baukunst ein meist senkrechter Durchschnitt durch einen Baukörper oder einen Bauteil. Man unterscheidet den Längsschnitt in der Ebene der Längsachse und den quer dazu verlaufenden Querschnitt.» (Koepf 1985, 336).
6 So verbindet die Armut das Oben und Unten im ‹Hotel Savoy›, wo die Mädchen, die in den obersten Stockwerken hausen und ihre ganze Habe verpfändet haben, selbst zum nackten Pfand werden. Sie müssen sich in der tief gelegenen Hotelbar zur Schau stellen und verfügbar halten.

stellten, er begann diese zu verachten, er fühlte sich nicht für sie geschaffen und sehnte sich mit aller Kraft nach der anderen, schöneren Welt.»[7]

Das Grand Hotel teilt sich in zwei Welten, die bediente Welt der Gäste, gedämpft, mondän und jeder Anstrengung in Muße enthoben, und die dienende der Angestellten, laut, hektisch und in ihrer beständigen Unruhe Schlaf raubend. Während die Angestellten stumm und gleichsam unsichtbar, ganz in ihrer Funktion aufgehend und in der Uniform verschwindend in den Gesellschaftsräumen präsent sind und diese Welt sehnsuchtsvoll betrachten, bleibt den Gästen alles, was hinter den Kulissen stattfindet, verborgen. Mit der Unsichtbarkeit ihrer leiblichen Bedürfnisse, des Schlafs, des Essens, der kleinen Vergnügen, ist die Individualität der Angestellten im Ganzen in Frage gestellt.

Die Beziehung des Angestellten zum Raum gilt es aus einer doppelten Perspektive zu betrachten, aus jener des Gastes und aus jener des Betroffenen selbst. Zuerst wende ich mich dem Blick des Ich-Erzählers Marcel zu, der als Gast im Grand Hotel Balbec weilt und sich wortreich der dortigen Bediensteten erinnert. Die erste Begegnung mit einem Hotelangestellten, dem Direktor, ist von der Identifikation des Dienenden mit ‹seinem› Haus geprägt: «Offenbar völlig vergessend, daß er selbst weniger als fünfhundert Francs im Monat bezog, verachtete er aufs tiefste alle Personen, für die fünfhundert Francs – oder wie er sagte, ‹fünfundzwanzig Louis› – immerhin ‹ein Betrag› sind, und die er daraufhin der Klasse der Paria zuordnete, für die das Grand-Hôtel nicht geschaffen war.»[8] Die Interessen des Hauses, getragen durch eine ökonomisch bedingte Hierarchie, sind so weit verinnerlicht, dass es kein Misstrauen gegenüber dem System, sondern nur gegenüber jenen gibt, die sein peinliches Einhalten gefährden.

«Neben den Wagen vor dem Portalvorbau, unter dem ich wartete, stand eingepflanzt wie ein Bäumchen von seltener Art ein junger Chasseur, der nicht weniger durch die besondere Harmonie seines schimmernden Haars als durch die pflanzenhafte Zartheit seiner Epidermis in die Augen fiel. Drinnen, in der Halle, die dem Narthex oder der Katechumenenkirche romanischer Basiliken entsprach und die von den nicht im Hotel wohnenden Personen betre-

---

7   Inglin 1988, 69.
8   Proust 1995, 339.

ten werden durfte, arbeiteten die Kameraden des den ‹Außendienst› versehenden Grooms nicht viel mehr als er, führten aber wenigstens dann und wann ein paar Bewegungen aus. Wahrscheinlich mußten sie am Morgen beim Reinigen helfen. Am Nachmittag jedoch spielten sie einfach die Rolle von Choristen, die, auch wenn sie nichts zu tun haben, zur Verstärkung der Komparserie auf der Bühne bleiben.»[9]

«Die Passion für das Vegetabilische»[10] verbindet sich in dieser Textstelle mit einem akribischen Studium des Dienstpersonals[11]. Das organische Bild des Gepflanztseins betont die Ursprünglichkeit und Nachhaltigkeit des sozialen Fundorts, dem der Chasseur entwächst und mit dem er auch notwendig verwachsen ist. Gleichzeitig ist mit der zur Schau gestellten Untätigkeit des Dienstpersonals implizit aber auch die vornehme Grand-Hotel-Kundschaft parodiert – jene «vollendeten Professionals der Konsumtion»[12], wie sie Benjamin so treffend charakterisiert –, die gerade in diesem demonstrativen Nichtstun eine Garantie des Luxus gewahrt. Und sogar «die Muße des Dieners gehört ihm nicht selbst»[13]. Denn während der unbewegliche Angestellte für den Gast den ästhetischen Genuss am Komfort erhöht, bedeutet dies für den Stillstehenden eine anstrengende Aufgabe.

Ein weiteres Bild für die Charakterisierung der Angestellten findet Proust im «Fries von Figuren wie aus einem Kasperletheater, die aus der Pandorabüchse des Grand-Hôtels hervorgequollen waren»[14]. Hier sind zwei unterschiedliche Assoziationsfelder aufgespannt: Im

---

9 Proust 1995, 401.
10 Benjamin 1977, 317.
11 Zitat der Fürstin Clermont-Tonnerre in Benjamins Essay über Proust: «Und zum Schluß können wir nicht verschweigen: Proust berauschte sich am Studium des Dienstpersonals. War es, weil hier ein Element, dem er sonst nirgend begegnete, seinen Spürsinn reizte, oder neidete er es ihnen, daß sie die intimen Details von den Dingen, die sein Interesse erregten, besser beobachten konnten? Wie dem nun sein – das Dienstpersonal in seinen verschiedenen Figuren und Typen war seine Leidenschaft.» Beim Zitat innerhalb eines zitierten Essays geht es, wie Benjamin es ausdrückt, nicht allein um das Fundstück, sondern darum, Ort und Stelle des Findens in der Niederschrift zu bewahren. (Vgl. Weigel 1997, 30).
12 Benjamin 1977, 319.
13 Veblen 1997, 72.
14 Proust 1995, 343.

Fries ist das Ornamentale zitiert[15], das die Figuren schablonenhaft zu Funktionen des Raums macht. Dieser Raum aber, als Pandorabüchse bezeichnet, verbreitet Ungemach, Übel und Krankheiten und droht Übergriffe an. Einerseits also ist das Stereotype, das Statische und mit dem Bau Verbundene angesprochen, andererseits drängt das Unheimliche und körperlich Bedrohliche hervor. Alle diese Beschreibungen des Personals zeichnen im Verschlingen und Verwachsen eine leibliche Passivität, in der unhinterfragten Dienstbarkeit eine geistige Abhängigkeit und im Ornamentalen sowohl die choreographische Festlegung jeder Gebärde als auch eine räumliche Gebundenheit an. Die ähnlich angelegte Kontamination zwischen Liftboy und Gefährt, eine weitere Figuration der Überlagerung von Personal und Raum, wurde bereits erwähnt.

> «Sahen die Leute draußen diese Gewalttätigkeit des Oberportiers nicht? Oder wenn sie sie sahen, wie faßten sie sie denn auf, daß keiner sich darüber aufhielt, daß niemand wenigstens an die Scheibe klopfte, um dem Oberportier zu zeigen, daß er beobachtet werde und nicht nach seinem Gutdünken mit Karl verfahren dürfe.»[16]

Kafkas Protagonist Karl Rossmann hinterfragt die Perspektive der Gäste. Doch selbst nach seinen Erfahrungen als Liftboy hat Karl nicht verstanden, dass das Personal als Verlängerung des Hauses figuriert und der Einzelne nicht als Individuum wahrgenommen wird. Die Sichtbarkeit hebt die strikte Trennung zwischen Dienenden und Gästen nicht auf: Alles, was Letztere nicht betrifft, wird mental oder real hinter die Kulissen verbannt und in diesem Sinn nicht (für) *wahr*-genommen. Den Angestellten wird kein Raum zugestanden, dagegen hat jeder auf seinem Platz zu sein, was vordergründig, da als selbstverständlich genommen, mit Achtlosigkeit quittiert, hintergründig indes durch eine weitgehende Überwachung sichergestellt wird. Wahrgenommen und damit als Subjekt bestätigt zu werden, kontrastiert mit einer beständigen Sichtbarkeit, die den Einzelnen verschwinden lässt. Es gibt im Hotel für die Angestellten keine Mög-

---

15 «Fries, in der Baukunst allgemein jeder glatte schmale Streifen zur Abgrenzung oder Teilung von Flächen, im besonderen der waagerechte glatte oder ornamentierte Streifen (Ornamentfries) am oberen Rand einer Wandfläche.» (Koepf 1985, Stichwort: Fries).
16 Kafka 1996, 201.

lichkeit des Rückzugs, der Intimität. Die herrschaftserhaltende Transparenz durchdringt jeden Winkel. Im Hotel occidental beherbergt der Schlafsaal der Liftjungen vierzig Betten und selbst flüchtig bergende Dunkelheit wird den Schläfern nicht gegönnt. Die Jungen arbeiten in Schichten, denn auch das Hotel ruht nicht. Die Erholungsbedürftigen sind beständig dem Licht und Lärm derer ausgesetzt, die sich gerade vergnügen wollen. Selbst das zugewiesene und damit zumindest für kurze Zeit zum eigenen erklärten Bett wie auch die persönliche Kleidung sind Teil der grenzenlosen Verfügbarkeit.

Wird diese systematische Aberkennung von Lebensraum, die einem leiblichen Verschwinden des Personals gleichkommt, bei Kafka kritisch befragt, tendieren gerade jene Erzählungen, die sich explizit mit dem Schicksal der Angestellten beschäftigen, zu affirmativen Festlegungen und mehren dadurch die Bilder einer Verdinglichung. Ohnmacht und Widerstand der Arbeitenden erhalten über die Konstruktion des Grand Hotels als Allegorie zwar eine Stimme, aber keinen Leib zugesprochen. Die dieser Allegorie[17] immanente Disjunktion von Bild und Bedeutung, die Bilder im Zeitpunkt ihrer Entschlüsselung auslöschend, bringt auch den Versuch einer Leiblichkeit zum Erstarren. So lässt sich folgende These formulieren: Je unnachgiebiger das Grand Hotel als Querschnitt einer dekadenten und sozial ungerechten Gesellschaft entworfen wird, desto mehr erscheint das Personal als pure Funktion seiner Ausbeutung.

In diesem Zusammenhang interessiert Siegfried Kracauers Rezension von Maria Leitners Roman ‹Hotel Amerika› in der ‹Frankfurter Zeitung› vom 18. Dezember 1930. Dabei verrät Kracauer viel Sympathie für den Blickwinkel der Autorin, die für einmal nicht den Leser-

---

17 Die Figur der Allegorie soll hier nicht eng gefasst werden. Eine Definition wie die folgende erscheint durchaus fruchtbar: «Allegorie ist der Name für eine Struktur des Verweisens, in der Text und Bild, Materialität und Bedeutung, Zeichenhaftigkeit und Geschichtlichkeit in eine gemeinsame Konfiguration gebracht werden.» (Horn / Weinberg 1998, 7). Es geht um den spezifischen Entwurf Leitners, der sich einer «größtmöglichen Durchsichtigkeit» (Hegel 1994, 511) bedient, um die Bedeutung hinter ihrer Beschreibung durchscheinen zu lassen. In diesem Zusammenhang interessiert auch, wie Hegel Subjektivität innerhalb der Allegorie fasst: «Diese Subjektivität aber ist weder ihrem Inhalte noch ihrer äußeren Gestalt nach wahrhaft an ihr selbst ein Subjekt oder Individuum, sondern bleibt die Abstraktion einer allgemeinen Vorstellung, welche nur die *leere Form* der Subjektivität erhält und gleichsam nur ein grammatisches Subjekt zu nennen ist.» (Hegel 1994, 511–512. Hervorhebung im Original).

traum vom bunten Hotelleben befriedigt, sondern die Kehrseite, den grauen Alltag des Personals zeigt. Kracauers Wohlwollen liegt in seiner Neugier für diese verborgene Welt. Er schätzt an Leitners Buch die Reportage, während er den Roman als akzeptablen Vorwand, um Beobachtungen miteinander zu verknüpfen, anerkennt. Einen entscheidenden Vorwurf formuliert er dennoch: «So gefüllt die Figuren in der Tiefe sind, das Herrschaftsleben ist ein Plakat. Im Interesse ihrer Wirkung sollten sich die revolutionären Schriftsteller um genauere Einblicke in die Gesellschaftsschichten bemühen, die sie aufheben wollen.»[18] Diese Kritik ist in doppeltem Sinn aufschlussreich: Die Innovation des gewendeten Blickwinkels zu loben, heißt, in den Passagen, in denen die Lebensbedingungen der Arbeitenden geschildert werden, eine Schreibweise zu dulden, die dort, wo die Form bekannt ist – in der Beletage verkehrt man selbst –, unerträglich erscheint. Implizit wird so im Hochgefühl der guten Sache eine Verdinglichung der Arbeitenden hingenommen. Denn die Angestellten sind letztlich nicht weniger holzschnittartig geschildert als die Gäste. Die Erzählperspektive hat sich zwar gewendet, rückt dafür aber desto weniger vom Grand Hotel als (verwerflichem) Sinnbild seiner Zeit ab. So sind es gerade «schematisch gezeichnete Typen-Snobs»[19] und formelhaft gesetzte Angestellte, die den Gemeinplatz ‹das Hotel ist wie das Leben› noch einmal beleben, dessen Verallgemeinerung als Gesellschaftsallegorie mittragen und so den Appellcharakter des Buchs unterstreichen.

Sozialer Querschnitt

Es ist auffällig, dass sozialistisch geprägte Schreibende wie Maria Leitner und Ernst Toller das Grand Hotel als Allegorie zu einem Zeitpunkt stark machen, als eine eher bürgerlich orientierte Literaturszene eine kohärente Struktur des Verweisens aufgibt, da angesichts überbordender und widersprüchlicher Erfahrungen die Darstellung des Kollektivs innerhalb eines Hauses zu kurz zu greifen scheint[20]. Das amerikanische Grand Hotel Leitners verkörpert Kapi-

---

18 Kracauer, ‹Frankfurter Zeitung›, 18. Dezember 1930.
19 Kracauer, ‹Frankfurter Zeitung›, 18. Dezember 1930.
20 Diese These wird im Kapitel ‹Heimsuchung› argumentativ gestützt.

talismus pur, hier sitzt kein alter und verarmter Adel in den Hallen, nur gemachte Leute bevölkern das Haus und lassen dessen soziale Hierarchie umso plastischer und damit angreifbarer erscheinen. Um die Klassenkritik deutlich zu machen, sind die Figuren, Angestellte wie Gäste, reine Funktionsträger. Ihre Charakterisierung ist so unbestimmt wie suggestiv. Die Schematismen folgen rezeptionsästhetischen Überlegungen: Das Buch ist Lehrstück und Handlungsanleitung zugleich.

Leitner schreibt den Gemeinplatz unter gewendeten Vorzeichen weiter. Am Anfang ihres Hotelromans steht der Traum der jungen Shirley O'Brien von einem besseren Leben in Reichtum und Muße. Geweckt wird sie von der grob gearbeiteten Hand ihrer Mutter, die als Scheuerfrau im Hotel tätig ist. Die Unterkunft des Personals liegt im Dachgeschoss des hohen New Yorker Hotelgebäudes, der Blick geht auf die umliegenden Wolkenkratzer. Fünf Frauen teilen sich den engen Verhau. Das Bett ist schlecht, die Wäsche geflickt, das Zimmer schmutzig, es gibt nichts Privates zu hüten. Stattdessen tragen die Bediensteten beschädigte, zerrissene, verblühte Gegenstände aus den glänzenden Räumen des Grand Hotels in ihrer armseligen Unterkunft zusammen.

> «Alle [die Dachzimmer der Angestellten; C.S.] sind zwar mit den gleichen Betten vollgestopft, in allen stehen die gleichen Blechschränke, doch auf den Kommoden und auf den Betten häuft sich der weggeworfene Tand aus den glänzenden Räumen des Wolkenkratzerhotels. Man sieht großartige, aber schon völlig verwelkte Blumenarrangements, Pfauenfedern, die irgendeiner Modedame als Schreibfeder dienten, zerbrochene Kristallvasen, zerrissene Abendkleider in großartiger Aufmachung, ebenso zerrissene Brokatschuhe mit Strassabsätzen, fantastische Sofakissen mit großen Brandflecken, zerdrückte, zerbrochene Bonbonnieren. Dieses farbige Gerümpel sticht komisch ab von den ärmlichen Habseligkeiten des Personals, den billigen Kleidern, den Heiligenbildern und den alten Postkarten.»[21]

In diesen Dachzimmern sind die Überreste ephemerer Glücksversprechen versammelt. Die angehäuften Dinge haben ein schnelles Verfallsdatum, ihr Glanz ist im Augenblick des Konsums verglüht. Mit ihnen ist keine Erinnerung, sondern unersättliche Gegenwart verknüpft. Zerschlissen von fremdem Vergnügen führen sie denen

---

21 Leitner 1950, 12–13.

hier oben ihr ungelebtes Leben vor Augen. Jedes einzelne dieser Stücke, die zerbrochene Bonbonniere oder der durchtanzte Schuh, ist Sinnbild der Leere, Fetisch der Warenwelt. Sie geben in ihrer Hinfälligkeit preis, dass sie keinem Zweck, sondern immer nur der Lockung gedient haben.

Zu diesem luftigen Raum unerfüllter Träume gesellen sich der Speisesaal der Angestellten, die Küche und die Wäscherei, die auf lichtlosem Grund unter der Erde liegen. «Eingezwängt zwischen Wolkenkratzern, nahe dem Keller, liegt er [der Speisesaal des weiblichen Personals unterster Stufe; C.S.] wie in einem endlos tiefen Schacht und bleibt immer dunkel und luftlos. Man müsste sich platt auf den Boden legen, um ein Stückchen Himmel zu erspähen. Es riecht hier immer unangenehm nach ranzigem Fett und Spülwasser.»[22] Aber selbst die Unterwelt kennt noch Abstufungen und etabliert eine groteske Hierarchie der Diskriminierung. Die Angestellten speisen getrennt nach Stellung, Geschlecht und Hautfarbe, dunkelhäutige Mitarbeiter aber gehören ausschließlich der untersten Angestelltenschicht an. Je weiter unten die Bediensteten auf der sozialen Stufenleiter stehen, desto tiefer hocken sie buchstäblich in der Erde. Lärm, Gestank, minderwertige Lebensmittel, Schmutz und Eile beherrschen den Ort, der als Beleidigung aller Sinne geschildert ist. Das Leben der Angestellten ist in diese Räume verbannt, hier treten hinter den anonymen Bedienstetennummern die Menschen hervor.

Die junge Shirley erträumt ihren Aufstieg, indem sie hofft, als Gast ins Hotel zurückzukommen und sich von der Peripherie ins Zentrum und von ihrer täglichen Fron hin zu mondänem Müßiggang zu bewegen. In ihrer Imitation großbürgerlichen Lebens, das sie für eine Nacht im billigen Flitterkleid erprobt hat, bestätigt sie die Gültigkeit bestehender Hierarchie.

«Und in dem Fahrstuhl, der in die Wäscherei fährt, der langsam hinabsinkt in die Tiefe, zu den erstickenden Dämpfen, denkt sie: es ist heute zum letztenmal, zum letztenmal hinab, – morgen schon wird sie steigen ...»[23]

Die metaphorische Kraft des Oben als symbolischem Ort des Aufstiegs wird von der dürftigen Schlafkammer der Angestellten, die un-

---

22 Leitner 1950, 16.
23 Leitner 1950, 18.

ter dem Dach des Hotels liegt, widerlegt. In Maria Leitners ‹Hotel Amerika› ist dieses Durchbrechen des Metaphorischen Methode, weil sie die Verlogenheit einer kollektiven Traumvorstellung – jenes American Dream[24] vom Aufstieg des ausgezeichneten Einzelnen, der es auf Kosten der anderen schaffen kann – offenlegt. Sie führt deshalb Szenen ein, welche die übertragene Bedeutung des erfolgreichen Oben ins Groteske verkehren. So etwa im unaufhaltsamen Aufstieg der Waschfrauen im Lift. Der ältliche Liftführer eilt der außer Kontrolle geratenen Kabine «in tödlichem Schreck»[25] über zwanzig Stockwerke nach, bemüht ins Geschehen einzugreifen. Obwohl alles vergebens ist und er auf jedem Stockwerk das Nachsehen hat, bezwingt er auch die letzten Stufen auf allen Vieren kriechend und bricht oben angekommen zusammen. Der Aufstieg ist hier nur eigentätiges Wirken der Maschine, der die Menschen bewusstlos nacheilen und im Zwang, mit ihr Schritt zu halten, auf der Strecke bleiben.

«Das Hotel steht jetzt vor ihnen wie eine riesenhafte, ungeheuere, hellerleuchtete Schachtel, in die unzählige Menschen, unzählige Schicksale gepfercht sind, Menschen aus allen Klassen und aus allen Teilen der Welt, Reiche und Arme, Glückliche und Elende. Hier ist alles angehäuft, Hölle und Himmel, Trauer und Glück, Krankheit und Übermut.»[26]

Im Blick von außen auf das Grand Hotel wird dessen Sinnbildlichkeit nochmals explizit. Aus dieser Sicht erscheint das Hotel überblick- und lesbar, wobei die Figurenperspektive gleichsam mit jener des Lesers verschmilzt. Zwei junge Angestellte betrachten den Riesenbau und behaupten ihren Machtanspruch, nämlich dass «wir viel mächtiger und viel reicher werden können als der mächtigste, reichste Millionär»[27]. Das Grand Hotel wird als Allegorie, als Behältnis eines sozialen Querschnitts gerettet, weil sich darin der Wunsch nach Umbruch konkretisiert. Von außen betrachtet, dient die symbolische Konfiguration sozialer Hierarchien einem Appell zum Handeln. Ein

---

24 Dass Leitners Bemühung um eine gerechte Perspektive auf Anklang stieß, zeigen die verschiedenen Auflagen ihres Buchs, die seit 1950 in der ehemaligen DDR erschienen.
25 Leitner 1950, 41.
26 Leitner 1950, 251.
27 Leitner 1950, 228.

Haus kann man einreißen, während die Umstrukturierung einer Gesellschaft abstrakt und unabsehbar erscheint.

Der mediale Raum

Das imaginäre Grand Hotel der späten Zwanzigerjahre puppenstubenhaft als Abbild sozialer Hierarchien zu entwerfen, heißt eine greifbare räumliche Einheit zu behaupten, obschon diese durch die zunehmende gesellschaftliche Komplexität längst fragwürdig geworden ist, um sie dann umso radikaler als ungerechte Ordnung zu verwerfen. In dieser Umkehrung der Perspektive bleibt die Hotelwelt der Angestellten letztlich vexierbildhaft an die gleiche Bildfläche wie ihr Gegenpart, die Welt der Gäste, gebunden. Es stellt sich deshalb die Frage, ob sich nicht weitere Strategien, das Zeitgeschehen für ein breites Publikum fassbar zu machen, herausarbeiten lassen.

In Erwin Piscators Inszenierung des Stücks ‹Hoppla wir leben!›[28] von Ernst Toller sind die Darstellungsmöglichkeiten, den sozialen Querschnitt zu visualisieren, zugleich ausgereizt und verworfen, was im Folgenden Anlass gibt, aus dem Text herauszutreten und einen Schritt auf die Bühne zu wagen. Ein Wagnis, das angesichts der umfassenden Theatralität des Grand Hotels durchaus gerechtfertigt erscheint. Letztlich bleibt aber auch die Bühne zu ‹Hoppla wir leben!›, wenn auch historisch konkretes Ereignis, imaginär, ist sie heute doch nur mehr als Text sicht- und entzifferbar. Das detaillierte, über parallel verlaufende Spalten eine Topographie der Gleichzeitigkeit anlegende Regiebuch[29] und die überlieferten Bühnenansichten sind die Grundlagen der folgenden Überlegungen. Gleichzeitig ist die literarische Konstruktion des Raums, wie sie Tollers Stück vorgibt, bereits auf ihre Bühnenwirksamkeit hin angelegt. Die Regieanweisungen, die aus dem Text hinausweisen, lassen sich als explizite Forderungen an den dreidimensionalen Raum lesen.

«Toller hatte im Stück durch die Wahl und Gruppierung der Schauplätze bereits den sozialen Querschnitt angedeutet. Es musste also eine Bühnenform geschaffen werden, die diesen Gedanken präzisierte und sichtbar machte: ein

---

28 Erwin Piscator bringt ‹Hoppla wir leben!› am 3. September 1927 in seiner eigenen, im Theater am Nollendorfplatz eingerichteten Bühne zur Uraufführung.
29 Originale im Piscator-Archiv zu Berlin.

Etagenbau mit vielen verschiedenen Spielplätzen über- und nebeneinander, der die gesellschaftliche Ordnung versinnbildlichen sollte.»³⁰

Antwortet Piscator auf Tollers Vorgabe vordergründig, indem er in seiner Bühnenversion den sozialen Querschnitt gleichsam eins zu eins abbildet, scheint über die Verortung hinaus auch die Unwohnlichkeit der Zeit mitgemeint. In seinem ‹Politischen Theater› konfrontiert Erwin Piscator den Schnitt als symbolische Darstellungsform mit einer leiblich realen Erfahrung und erzeugt damit eine veränderte Lesart:

> «Als ich mich in Marburg wiederfand, waren in meinem Zimmer die Bibliothek, die Schulhefte, die Möbel noch an ihrem Platz, nur mit dem Unterschied, dass der Boden der bürgerlichen Sicherheit darunter weggesunken war. – Die Gegenstände hingen in der Luft, wie die Zimmer jener Häuser, denen eine Granate die äußere Wand weggerissen hatte.»³¹

Der Schnitt steht hier also nicht allein symbolisch für eine soziale Topographie, sondern auch metaphorisch für eine Sichtbarkeit, die Geborgenheit entzieht und den Gegenständen ihren atmosphärischen Wert nimmt, da ihre Verortung beständig auf den Mangel einer schützenden Ummantelung bezogen bleibt. Der Schnitt zeigt aufgerissenen und damit verwundeten, aber auch von jeder Bewohnbarkeit abstrahierten Raum.

In diese entfremdete Welt von 1927 wird die Figur des Karl Thomas entlassen. Er war Jahre zuvor als politischer Aktivist des Spartakusaufstands kurz vor seiner Hinrichtung begnadigt und über diese plötzliche Wende im Warten auf den realen Tod dem Wahnsinn verfallen. Acht Jahre hat er im Irrenhaus verbracht. Die Zeit aber ist unterdessen schneller gelaufen als früher während Jahrhunderten³².

Erwin Piscator begegnet dem Stück, dessen sprachliche Schwächen und wankelmütige Zeichnung des Nicht-Helden Thomas³³ er

---

30 Piscator (1929) 1986, 141.
31 Piscator 1986, 27.
32 Eva Berg, die einstige Geliebte, sagt zu Karl Thomas: «Ich merke, wenn ich mit dir spreche, die letzten acht Jahre, in denen du ‹begraben› warst, haben uns stärker verwandelt als sonst ein Jahrhundert.» (Toller 1996, 45).
33 Vgl. hierzu: «Aber wie immer bei Toller ging das Dokumentarische mit dem Dichterisch-Lyrischen durcheinander. (…) Toller belastete eine solche Figur [die des Karl Thomas; C.S.] durch seine eigenen Gefühle, die unruhig schwanken wie

dem Sozialromantiker Toller[34] anlastet, mit einer weit fortgeschrittenen Fragmentierung und bildlichen Verstärkung der Ungereimtheiten und erhebt das Inflationäre zum Inszenierungsprinzip. Um zu erkennen, wie absichtsvoll dieser Ansatz ist, muss darauf hingewiesen werden, dass Piscators Regiearbeit von einer tiefen Skepsis gegenüber der politischen Sprengkraft einer geschlossenen dramatischen Form geprägt ist. Piscator formuliert folglich eine Symbolkritik[35], die fortgeschrieben auch eine Kritik der allegorischen Reduktion darstellt. Hinter dem Symbol erkennt Piscator einen Rationalisierungsprozess, der Bedeutung festlegt und diese von der lebendigen Gegenwart mit ihren Widersprüchen abzieht. Als alternative theatrale Form bezeichnet Piscator die Revue[36] mit ihrer Offenheit des lose Verknüpften. Sie wirkt direkter, weil die kleine Pointe schnell und gezielt artikuliert, wo sonst ein Ganzes tragen muss. Die Revue kann immer wieder auf die Gegenwart zurückgreifen und diese befragen. Die Zufälligkeit des Individuellen scheint dabei dennoch überwunden, weil die Vielzahl und Heterogenität der Bilder als real und so als zwangsläufig empfunden wird.

---

bei jedem Künstler, und besonders bei einem, der so viel durchgemacht und erlitten hat wie Toller; das ist nur zu natürlich.» (Piscator 1986, 138–139).

34 Klaus Schwind sieht bereits in der Druckfassung eine gewichtige Einflussnahme Piscators gegeben: «Der stilistische Vergleich der Druckfassung von ‹Hoppla, wir leben!› mit den vorhergehenden – zugegebenermaßen relativ weit zurückliegenden – Dramen Tollers sowie die sprachliche Heterogenität der Figurenreden bis in einzelne Repliken hinein zeigt m.E., wie eminent der Anteil Piscators und seines ‹Kollektiv› bereits an den Formulierungen der Druckfassung gewesen sein muß!» (Schwind 1995, 67, Fußnote 11).

35 «Symbol ist verdichtete Wirklichkeit, ein eindeutiges Zeichen für eine dahinterstehende Vielfalt oder Größe, das Kennzeichen einer Kultur, die es sich leisten kann, Material stenographisch zu verkürzen und sich über die Begriffe klar ist, sie also nur noch anzudeuten braucht: typisch für Anfänge und Endphasen von Epochen. Aber Symbole sind keine Warenzeichen. Das Symbol darf nicht zu einem Klischee der Wirklichkeit werden. In dem Moment, da ein Symbol messbar wird an den Kräften, die es ausweist, zeigt sich fast immer seine Unzulänglichkeit. Das Symbol zeugt für Vergangenes oder Zukünftiges, beides ist unkontrollierbar. Es ist niemals ein Ersatz für die Wirklichkeit, die noch in ihren banalsten Formen die Wirkung von Symbolen hat. Geschichtliche Höhepunkte sind selbst in ihrem ganzen konkreten Umfang Symbole. Es ist ein Fehler, von solchen Stoffen das Stoffliche abzuziehen, wodurch nicht eine Steigerung, sondern eine Entkörperlichung erreicht wird.» (Piscator 1986, 70–71).

36 Vgl. Piscator 1986, 57.

Entsprechend verwendet Piscator den Querschnitt nur als Gerüst. Die fahrbare Bühnenkonstruktion bietet in ihren einzelnen Raumsegmenten wie auch als Ganzes Flächen für Projektionen von vorne und hinten[37]. «Die einzelnen Wände schließen ab und sind auch wieder transparent»[38], das heißt, Hier und Dort wie auch Tiefe und Oberfläche sind nicht mehr kategorial geschieden, sondern medial überlagert. Es wirkt wie ein Spiel, angelegt zwischen zweidimensionalen, unbewegten Projektionsbildern sowie Filmbildern, die bewegte, räumliche Illusionen erzeugen, und dem realem Raum, der sich bei Lichtveränderung hinter der durchsichtigen Gaze in die Tiefe erstreckt.

In der Überblendung von Grand Hotel und Irrenhaus im vierten Akt[39], als unklar erscheint, was real und was imaginiert ist, ist gemäß Tollers Regieanweisungen eine Kippbewegung angelegt. Das Bild verdoppelt Karl Thomas' Unsicherheit – «Oder gibt es heute zwischen Irrenhaus und Welt keine Grenze? Ja, ja ... wirklich ... Die gleichen Menschen, die hier als Irre bewacht werden, galoppieren draußen als Normale und dürfen die andern zertrampeln»[40]. Allerdings ist diese Kippbewegung so eindeutig symbolisch besetzt, dass sie nicht über die binäre Struktur hinausweist. Piscators Inszenierung geht sehr viel weiter. Der Regisseur speist das Grand Hotel in die Bilderflut und Akustik[41] des Großstädtischen ein. Das Mediale in Form des Radiosenders[42] besetzt den Dachboden, das Haus selbst wird zur Medienfassade. Kein Brand legt das Grand Hotel in Asche, es wird nicht eigentlich zerstört, vielmehr findet eine Dekonstruk-

---

37 Für die Bühne zeichnen der Bühnenbildner Traugott Müller und der Bühnenmeister Julius Richter verantwortlich. (Vgl. Schwind 1995, 70.)
38 Ernst Heilborn, ‹Frankfurter Zeitung›, 6. September 1927, zitiert nach Schwind 1995, 70.
39 Wandel vom Grand Hotel zum Irrenhaus im vierten Akt, vierte Szene. Bühnenanweisung: «Die Fassade verwandelt sich in die Fassade des Irrenhauses». (Toller (1927) 1996, 100.) Überblendung Irrenhaus und Grand Hotel: «Hinter dem Projektionsbild leuchtet das Separé im Hotel auf.» (Toller (1927) 1996, 102.) Und dort, wo vorher die Projektion eines Vestibüls die Mitte des Hauses besetzte, ist jetzt das Sprechzimmer des Nervenarzts eingerichtet.
40 Toller (1927) 1996, 105.
41 Zu hören sind eine Jazzkapelle, Geräusche der nächtlichen Stadt, der Rhythmus eilender Schritte auf den Treppen, Charlestontänzer, Lautsprecher. Die Musik, die die meisten Zuschauer als hämmernde Geräuschkulisse wahrnahmen, stammte von Edmund Meisel.
42 In Berlin erklangen im Herbst 1923 die ersten Rundfunksendungen, die erst nur aus Musikübertragungen bestanden.

tion über eine gesteigerte Entmaterialisierung statt. Die Tiefe des Hauses als Lebensraum verwandeln Leinwände und als Projektionsflächen eingesetzte Schleier in die Fläche des Bildlichen. In der letzten Szene im Gefängnis wird die Fassade – die Klopfzeichen zwischen den Gefängniszellen sind als bewegte Leuchtschrift visualisiert – explizit zum Informationsträger. Das Grand Hotel steht nicht länger als Sinnbild seiner Zeit ein, sondern ist im konkreten wie übertragenen Sinn zur Projektionsfläche des Dispersen geworden.

Die expressionistische Sprache Tollers wirkt auf der Bühne nur noch als Klammer des Visuellen oder wie ein zeitgenössischer Kritiker anmerkt: «Das Wort bindet wie die Textplakate des Films die optischen Assoziationen»[43]. Die schnelle Überblendung relativiert die Bedeutung des einzelnen Bilds und integriert es in eine visuelle Flut[44]. Die zeitgenössische Kritik, positive wie negative, hob denn vor allem den optischen Eindruck hervor und erkannte darin, je nach Couleur und Temperament des Kritikers, eine wegweisende oder zumindest bemerkenswerte ästhetische Neuerung, hinter der die politische Botschaft jedoch fast gänzlich verschwinde.

Als Haltepunkt politischer Botschaft ist Walter Mehrings Chanson ‹Hopla, wir leben›, das nochmals die allegorische Kraft des Grand Hotels beschwört, inmitten der Bilderflut positioniert. Das ‹Couplet›, zu Anfang des dritten Akts von der Chansonette Kate Kühl vorgetragen, besingt die Hotelgesellschaft vor und nach dem Krieg als unverändert und gleichgültig gegenüber dem Leid der Vielen, auf deren Kosten sie lebt. Die Sattheit der Kriegsgewinnler, die Luxussorgen der Reichen werden lapidar und satirisch mit einem ‹Hopla, wir, die Unterdrückten, Hungernden, Entrechteten leben› konfrontiert. Während die «Crème der Gesellschaft» mit dem eigenen Wohlergehen beschäftigt ist, sitzen die «Proletarier»[45] im Keller, der zugleich Schützengraben und Gruft ist. Die Gesellschaft im Haus vorgestellt, lässt die Metaphorik des proletarischen Widerstands – «Wenn den Bau wir demolieren »[46] – nochmals fassbar erscheinen.

---

43 Bernhard Diebold in ‹Die Scene›, Feb. 1928; zitiert nach Schwind 1995, 75.
44 Der Kritiker Bernhard Diebold merkt dazu an: «Der Film hat den ‹Raum› des Schicksals geweitet. Die Welt wird allgemein.» (Zitiert nach Schwind 1995, 80).
45 Mehring in Toller 1996, 114.
46 Mehring in Toller 1996, 115.

Das Festgefügte aber ist in Piscators Inszenierung allein Privileg dieses Dazwischens, des eingeschobenen Chansons. Das verweist gewissermaßen nochmals auf den Abstand zwischen Erwartetem und Gezeigtem: Die Bilder nicht als Illustration des Texts zu verstehen – weder der Bedeutung verschrieben noch dem Zufall verfallen –, könnte zu einer neuen Einschätzung des Verhältnisses von Ästhetik und politischem Anspruch in dieser Inszenierung führen. Gegen die Abgeschlossenheit räumlicher Darstellung, wie sie der soziale Querschnitt und der Guckkasten der bürgerlichen Bühne vorstellen, setzt Piscator das Medium Film, das den konkreten Raum verflacht und den dargestellten zu einer Wechselwirkung zwischen dem Kollektiven und dem Individuellen hin öffnet. Der dramatische Effekt, das Hinarbeiten also auf einen Höhepunkt, weicht der optischen Reihung. Das Gleiche in vielfältiger Weise dargestellt, erscheint dabei nicht logisch, aber unausweichlich. Das Grand Hotel wird – ganz gemäß Hans Kafkas Aperçu: «(...) inmitten des lokalen Alltagslebens ein eingesprengtes Miniaturstück jener großen exterritorialen kosmopolitischen Welt, die, wenn man genau zusieht, eigentlich nur eine Fiktion ist und in Wirklichkeit gar nicht existiert. Es existiert nur das Modell en miniature: das Hotel.»[47] – als Modell seiner selbst entlarvt. Weder die kosmopolitische noch eine andere Welt sind darin verkörpert. Für Piscator ist es allein als Projektionsfläche von Bedeutung.

Damit löst Piscator ein, was Sloterdijk schon für Tollers Stück reklamiert hat. Bezeichnenderweise jedoch, indem Sloterdijk in seiner Textanalyse, dem Regisseur gleichsam nacheifernd, das Sprachmaterial nur als Stichwortgeber nutzt: «Es zeigt dem Zuschauer, dass, wer auf ein intelligentes Verhältnis zu seiner Zeit Wert legt, nie wieder wird zurückkehren können in die Einfachheit der Beziehungen zwischen einem naiven Ich und einer klar gegliederten monoperspektivischen Welt.»[48]

---

47 Hans Kafka (1928), zitiert nach Gruber 1994, 41–42. Das Zitat schlägt einen Bogen zurück zum Kapitel ‹Grand Hotel ohne Ort›, denn es fährt hier fort, wo Hans Kafka zuvor unterbrochen worden ist.
48 Sloterdijk 1983, 893.

8. Heimsuchung

«Im Hotel schien das Weltchaos sich noch einmal zu einem schillernden Kosmos zusammenzusetzen; wie eine letzte organische Form stemmte es sich der Mischung und der Beliebigkeit der Ereignisse entgegen. Das erhob das Hotel zu einer zentralen ästhetischen Idee der Moderne; wie von selbst kommt es den revuehaften, polythematischen, simultanen Erfahrungsformen der Großstadt entgegen – und hat doch, als Einheitsfaktor, seinen Mythos, den *genius loci*, und seine innere Ordnung.»[1]

Das imaginäre Grand Hotel ist vom Versuch gelenkt, noch einmal innerhalb einer fassbaren Hülle die Zeit zu bündeln und Menschen über die Gemeinsamkeit ihres Aufenthalts als Kollektiv zu beschreiben. Gleichzeitig zerrüttet das Wissen um die Hinfälligkeit dieser Ordnung die Fundamente. Die Charaktere der Gäste und des Personals sind so dispers, die Hierarchien haben sich so weit verflacht, dass eine kleine Erschütterung genügt, das Haus auseinanderbrechen zu lassen. Es wird immer schwieriger Balance zu halten, zwischen einer Öffnung gegenüber den veränderten Zeichen der Zeit, einer Haltung also des notwendig *Inklusiven,* und einer bewahrenden *exklusiven* Geschlossenheit. Gerade jene Neureichen, die von einem leicht gewordenen Eindringen in den Gesellschaftstempel profitieren, verlangen besonders eifersüchtig danach, alles Unangemessene rigoros auszuschließen, um nicht an die eigene Herkunft aus kleinen Verhältnissen erinnert zu werden. Innerhalb dieser latenten Unruhe wird ein Bruch mit den Grenzen inszeniert, um gleichzeitig auf leibliche Kosten der Grenzgänger die Ordnung wieder herzustellen. Gerade diese bestätigende und explizite Wiedergründung soll die weiteren Gäste beruhigen. Denn die durch den Verstoß des Außenseiters sichtbar gewordene Unordnung ist nicht nur auf eine ephemere Irritation zurückzuführen, sondern lässt eine unausgesprochene Verwirrung laut werden, die das gesamte Grand Hotel ergriffen hat. Das Ritual der Grenzziehung verbirgt, dass sichere Grenzen nicht mehr existieren.

---

1 Sloterdijk 1983, 898.

Autoren wie Joseph Roth rufen das Grand Hotel gerade in dieser Brüchigkeit nochmals als Chiffre einer dem Untergang geweihten Epoche auf.

> «Alles wofür Hotels bis zu diesem Zeitpunkt Inbegriff waren – für eine räumlich klar geschiedene Wohnhöhe nach Herkunft, Einkommen und Prestige; für eine übersichtliche, auf den ersten Blick erfaßbare Hierarchie des Personals, vom Direktor bis zum Chefportier, von den Servierkellnern bis hin zu den Liftboys und Zimmermädchen; für ein Gefühl der Sicherheit und Stabilität schließlich, das durch Uniformen und Raumgliederung in Szene gesetzt wurde – alles dies wird während der Nachkriegswirren und Inflationszeit von Autoren und Regisseuren in Bewegung versetzt, um eine Vorstellung der neuen sozialen Mobilität aufgrund des Zusammenbruchs der tradierten Ordnung zu geben.»[2]

Es wird ein Grand Hotel erzählt, das sich mehr denn je aus Verkehrungen zusammensetzt, nicht ohne dabei von seinem innigsten Wunsch zu sprechen, die ehemaligen Haltepunkte seiner Existenz mit großer theatralischer Geste nochmals zu beschwören. Doch das Mittel der Verkehrung markiert das Ende eines Prozesses. Es bleibt letztlich, wenn auch unter veränderten Vorzeichen, zu sehr an die einstige Ordnung gebunden, um den Erscheinungen des Dispersen gerecht zu werden.

Spuk

Mit der Figur Peter Sigwarts spukt in Inglins ‹Grand Hotel Excelsior› der personifizierte Widerspruch. Familien- und Hotelgeschichte überkreuzen sich, so dass Peter zum eigentlichen Geist des Hauses wird. Peter Sigwart, der im Hotel keine Funktion inne hat und sich weigert, Verantwortung zu tragen, nimmt sich das Recht heraus, das Grand Hotel jederzeit und uneingeschränkt zu betreten. Er zeigt sich in den Gesellschaftsräumen, knüpft Gespräche mit den Gästen an, spottet ihrer aber auch, indem er einem einfachen Bauern die Gästeschar wie Zootiere vorführt. Den Vornehmen ihrerseits will er

---

2 Gruber 1996, 78.

in der Gestalt des Bauern[3] ihre verkannte aber unleugbare Abstammung vergegenwärtigen. Peter verfügt über das Hinterleben des Hauses und durchquert es von den Dachkammern bis zu den «Untergründen der genießenden Welt»[4]. Im Keller trägt er aus einer Kanne mit Brenngeist, Holzwolle und einer Kerze einen Herd der Entzündbarkeit zusammen, um sich eine potenzielle Macht über dieses Haus zu sichern.

Durch sein unverhofftes Betreten und Verlassen der unterschiedlichsten Sphären des Grand Hotels, ohne dass seine jeweilige Anwesenheit einen Grund oder eine Bestimmung hätte, hintergeht Peter die maßgebenden Grenzziehungen. Peter ist weder Gast noch Gastgeber, weder Dienender noch Bedienter. Vielmehr verkörpert er die Unruhe des Zwischenraums, der sich innerhalb der einzelnen Konstellationen bedrohlich eröffnet. Peter erscheint als Grenzgänger und rechnet sich keiner Gemeinschaft zu. Umgekehrt wird er weder von den Gästen akzeptiert, in deren Augen er sich zu ungebunden, unwirsch und vor allem zu unkonventionell aufführt, noch von den kleinen Umstürzlern angenommen, denen er allzu vernünftig und satt erscheint und als Bruder des Patrons notwendig verdächtig ist.

Peter ist überall, verfügt über alles und ist gleichzeitig völlig ungefestigt, da er sich jeglicher Rollenzuweisung entzieht. Er sucht die Nähe zur noblen Gesellschaft nur, um sich desto klarer und bestimmter von ihr abzugrenzen. Eingebunden und gefangen in diesem Spannungsverhältnis benutzt Peter das Grand Hotel als größtmögliche Entgegensetzung zu allem, was ihm im Leben erstrebenswert und wichtig erscheint. Das Grand Hotel verkörpert in seinen Augen das gebaute Böse. Es ist das düstere Gegenbild zu seiner Utopie, die für eine bedingungslose Rückkehr in die mütterliche Urwelt der Natur steht. Sein Denken nährt sich insbesondere aus der Negation. Dabei ist er weder willens noch fähig, selbständig schöpfende Setzungen zu unternehmen. In seinen grüblerischen Gedankengängen droht sich alles sogleich wieder aufzulösen und zu zersetzen. Peter ist der einsame und unermüdliche Beobachter aller Gegebenheiten,

---

3 «Ein Bauer geht durch den Speisesaal des zivilisierten Reichtums, ein Mensch in ungebügelten Zwilchhosen, im Hirthemd, mit Heuspuren auf der Kapuze, ohne Kragen und Binde, mit rohen Holzböden an den bloßen Füßen, mit ungepflegtem Haar und Gesicht, umweht von den Gerüchen des Stalls und der Erde, und niemand ist da, der es zu fassen vermag.» (Inglin 1988, 152).
4 Inglin 1988, 205.

der sich darin gefällt, mit dem Schicksal zu spielen, ohne sich als Handelnder hervorzutun. Erst durch die Enthaltsamkeit gegenüber jeglicher Tätigkeit und Verantwortung bewahrt er sich die Stellung dessen, der immer wieder zu irritieren weiß. Er irritiert und verärgert auch seinen Bruder, den Hotelier Eugen Sigwart, der bezeichnenderweise das Unheimliche dieser Haltung erfasst.

> «Dieser fürchterliche Schlendrian, dieser Wechsel zwischen Eleganz und Schäbigkeit, die Art, wie er verschwinden und auftauchen kann, seine Arbeitsscheu, seine Spioniersucht, seine Gewohnheit, ohne jeden Grund die Gäste zu belästigen, das mit dem Totenschädel, das wahrhaft irrsinnige Lächeln, mit dem er damals in das Wasser hinab sah und nachher so dastand, dann dieser Skandal mit dem Bauern ... das hat doch alles etwas Unheimliches an sich ...»[5]

Das Unheimliche liegt bei Peter in seiner scheinbaren Losgelöstheit von jeglicher Gesellschaftsordnung, in seiner Art, nach dem Sinn des Lebens zu fragen, an Natur und Tod zu gemahnen. Er wirft Gedanken auf, die in der Welt des Grand Hotels, das allein den glücklichen Augenblick genießen will, keinen Platz haben. Seine Anwesenheit, nur aus familiärer Pflicht von seinem Bruder Eugen geduldet, erinnert an das elterliche Kurhaus aus dem letzten Jahrhundert, das in seiner einfachen Präsenz nicht mehr in Erscheinung treten darf. Peter verkörpert somit nach außen hin eine tiefgründige Verunsicherung, die dem Grand Hotel von seinem innersten Kern her zukommt, dem hölzernen Nukleus des einstigen, bescheidenen Kurhotels.

> «Hier liegt ein Mann und stirbt. Er heißt Peter Sigwart und besitzt das große Kurhaus am See, aber es ist gleichgültig wie er heißt und was er besitzt, er fällt verwelkt aus seinem Kreise heraus, und sogleich wird die Lücke sich schließen.»[6]

Über die Sterbeszene, mit welcher ‹Grand Hotel Excelsior› beginnt, wird das alte Kurhaus als das Haus eines Toten eingeführt. Denn der Gründer des Gasthauses – Peters und Eugens Vater – hatte trotz der Vorbehalte seines Sohns Eugen darauf beharrt, am Ort seines Wirkens zu sterben. Das neue Grand Hotel gründet auf der Lücke, die dieser Tote hinterläßt. Obwohl nun sein Sohn Eugen endlich freie

---

5 Inglin 1988, 154–155.
6 Inglin 1988, 5.

Hand hat, zumindest die Pläne für eine großzügige Hotelerweiterung umzusetzen, bleiben die hochfahrenden Erneuerungswünsche an das ehemalige Kurhaus gebunden und sind dadurch baulichen Einschränkungen unterworfen.

Dem ‹Grand Hotel Excelsior› liegt damit die gewichtige Entgegensetzung zwischen dem neuen umhüllenden Prunk eines veräußerten Drangs nach Repräsentation und einem heimlichen Kern zugrunde, der, alt vertraut und verborgen zugleich[7], nicht Grand Hotel, sondern immer noch einfaches Kurhaus ist. So haftet dem Haus durch die nicht auszutreibende Mahnung in seinem Innern etwas allzu Großes und unverschämt Überbordendes an. Das mondäne Leben wird vom alten, bescheidenen Herzstück gleichsam relativiert. Umso mehr freut sich Eugen, durch den Hotelbrand von diesem «Bastard von einem Grand Hotel»[8] befreit zu werden. Mit erhitzter Zuversicht schaut er dem Feuer zu. Seine Neubaupläne werden greifbarer, je rettungsloser das Grand Hotel zu Asche zerfällt.

Brand

«Was kann ich Ihnen noch bieten? Ein Feuer vielleicht, zu Ehren des Paradieses und seiner Erfinder? Ich weiss, selbst wenn ich den bombastischen Hotelpalast in hellste Flammen aufgehen lasse: es wird immer ein schäbiges Opfer sein. Ein kleiner Kulissenbrand, mehr nicht.»[9]

Am Ende der Romane ‹Hotel Savoy› und ‹Grand Hotel Excelsior›, deren Titel so paradigmatisch auf das Hotel als Protagonisten verweisen, lodert der Brand. Bereits das Leben des Grand Hotels, welches eine eigene Ordnung der ununterbrochenen Reizüberflutung gründet, «versprüht überwach, sinnlos, ohne Zusammenhang wie ein

---

7 Hierzu: «Wir werden überhaupt daran gemahnt, daß dies Wort heimlich nicht eindeutig ist, sondern zwei Vorstellungskreisen zugehört, die, ohne gegensätzlich zu sein, einander doch recht fremd sind, dem des Vertrauten, Behaglichen und dem des Versteckten, Verborgengehaltenen.» (Freud (1919)1989, 248). Weiter: «Also heimlich ist ein Wort, das seine Bedeutung nach einer Ambivalenz hin entwickelt, bis es endlich mit seinem Gegensatz unheimlich zusammenfällt.» (Freud (1919) 1989, 250).
8 Inglin 1988, 243.
9 Bener / Schmid 1983, 289.

schönes Feuerwerk»[10]. Jetzt ist das Haus selbst ergriffen. In dieser fortlaufenden Entäußerung, die weder ein Maß noch ein Einhalten kennt, ist das haltlose Versprühen in einem alles verzehrenden Feuer als folgerichtiger Höhepunkt bereits angelegt. So kulminiert die Künstlichkeit, die sich nur um den ephemeren Effekt bekümmert, im Brand und lässt nichts Schätzbares zurück.

> «Im ganzen Hause erlosch das elektrische Licht; es hatte bis zu diesem Augenblick den nahen Umkreis, die Stockwerke und die Inschrift auf dem Dache hell erleuchtet und zum vordringenden Brandfeuer in einem sonderbaren Gegensatz gestanden; jetzt erlosch es und man erkannte die Nacht, die im geordneten künstlichen Lichte nichts gegolten hatte und nun im zügellosen, unstet leuchtenden Feuer wieder galt, nicht mit dem ruhenden Schwarz, aber mit funkendurchsprühten, schwankenden Dunkelheiten, geröteten Dämmerungen und tanzenden Schatten.»[11]

Das Feuer wird bezeichnenderweise erst im Augenblick, als das künstliche Licht ausfällt und nur noch das Flackern der Flammen den Brandplatz unruhig erleuchtet, in seiner unwiderruflichen Naturgewalt erkannt. Gleichzeitig mit dem Verlust des elektrischen Lichts, welches vormals das Haus in seinen ausgelassenen Stunden weit in die Nacht erglänzen ließ und Garant gewesen ist für die Unabhängigkeit des hoteleigenen Rhythmus', erlischt die Künstlichkeit. Das Grand Hotel wird der unheimlichen Dunkelheit wieder gefügig gemacht. Nun erst hat sich das Schicksal des Hauses besiegelt.

Die Beschreibung des eigentlichen Brands wird durch eine Untergangsallegorie eingeleitet. Das «morsche Gefüge welkender menschlicher Ordnung»[12] lässt einen weiten Horizont von Umbruch und Zerstörung anklingen. Der Brand des Grand Hotel Excelsior besitzt bezeichnenderweise keinen identifizierbaren Urheber. Es wird eine Schicksalhaftigkeit beschworen, die das Grand Hotel heimsucht, ohne einer menschlichen Gehilfen- oder Komplizenschaft zu bedürfen. So klingt die bedrohliche Kraft, die dem von ihr befallenen Grand Hotel gleichsam innewohnt, schon Tage vor dem großen Brand an, da «von den Winkeln her gleichsam ein Dunkel wuchs, das undurchsichtig, eigenmächtig und lähmend alles bedrohte»[13]. Dieses Übel

---

10 Inglin 1988, 81.
11 Inglin 1988, 272.
12 Inglin 1988, 257.
13 Inglin 1988, 232.

braut sich weiter zusammen und erprobt sich in verschiedenen Spielarten, als ob es auf allen zur Verfügung stehenden Bühnen das Gelingen der Zerstörung vorbereiten müsste. Schon an einem der Abende vor dem großen Feuer fallen bei heftigem Gewitter die Lichter aus und der junge Volontär, der einen Vorhang aufflackern sieht, glaubt das ganze Haus brenne.

Es bleibt vorerst unklar, welche Notwendigkeit, welche symbolische Kraft dieser Feuersbrunst zugeschrieben werden kann, ob sich die Vernichtung des Grand Hotels in den großen Bogen aus Werden und Vergehen einfügen lässt oder ob es sich bei diesem Bauwerk vielmehr um ein «willkürliches Menschenwerk»[14] handelt, das sozusagen unberührt von den umfassenden, Mensch und Natur erschütternden Bewegungen dem Untergang geweiht ist. Ist vielleicht nur der alte Kern des ‹Grand Hotel Excelsior›, der an das überkommene Kurhaus erinnert, «morsch» geworden? Handelt es sich bei diesem außerordentlichen Gesellschaftsort um etwas über die Zeit Gewachsenes, dessen Zerstörung, von «dämonischen unteren Mächten»[15] herbeigeführt, eine symbolische Dimension zukommt oder verpufft das Grand Hotel vielmehr hoch lodernd als grandioses Feuerwerk einer gelangweilten Zivilisation, sinnlos, ohne Spuren zu hinterlassen? Ausgehend von diesem Spannungsverhältnis wird über den Brand die Bedeutung, die dem untergehenden Grand Hotel als Sinnbild seiner Zeit zukommt, zur Disposition gestellt.

Die Schilderung der Geschehnisse im Bannkreis des Brands springt mit steigender Dramatik und Plastizität von Figur zu Figur. Das Feuer bricht bei Inglin im Keller aus, dem vitalen Untergrund des Hauses. Hier ist der Umschlagplatz zwischen dem Nahrung spendenden Bauernhof, der den familiären Ursprungsort bezeichnet, und dem auf diese Versorgung und Verwurzelung im Angestammten angewiesenen Grand Hotel. In Küche und Keller, erfüllt von Bewegung und Tätigkeit, Lärm und Schweiß[16], Dämpfen und Gerüchen, kontrastiert die Hitze der Arbeit mit dem wohl temperierten Ambiente der Gäste. Der Chefkoch agiert «in der Abenddämmerung aller Kulturen, wenn die Sinne der gesättigten Menschen immer neuer

---

14 Inglin 1988, 257.
15 Inglin 1988, 257.
16 Vgl. Inglin 1988, 66.

und stärkerer Reize bedürfen»[17]. Er ist unumstrittener Herrscher der wollüstig Dekadenten. Die Leiblichkeit der Gäste wird bereits in der Suche nach Überfeinerung als latent überschwänglich beschrieben, während der Feuersbrunst schließlich durchbricht die Lüsternheit die Hülle der Konvention. Dabei ist der Keller als Brandherd auch Ort des Enthemmten, das sich grausam und grotesk entäußert.

Der fresslustige Herr Pietersen, der schon morgens im Bett sein Mittagsmahl in Gedanken zusammenstellt, überschreitet die Grenzen zur verborgenen Arbeitswelt, um die Feinheiten seines Mahls zu besprechen[18]. Der Exzessive läuft Gefahr, innerhalb dieser Katastrophe, die das ganze Haus heimsucht, unterzugehen. So wird für Pietersen, der sich trotz des drohenden Feuers auf die Suche nach seinem Leibgericht «suprêmes de bécasse au porto»[19] macht, die Küche zu einem lodernden Labyrinth, in dessen flackernder Undurchdringlichkeit sich ihm kein Ausgang mehr eröffnet. Mit dem ersehnten portogetränkten Vogelfleisch in Händen stürzt er schließlich in den brennenden Keller. «Umsonst versucht er aufzustehen, er bleibt liegen, und wie er brüllend und keuchend daliegt, dem Ersticken nahe, beginnt er noch das seltene Fleisch zu fressen, er würgt es in sich hinein und schluckt und brüllt ...»[20] Der Erzähler wechselt in dieser dramatischen Szene aus dem Imperfekt zur Gegenwart. Der fressende Leib im Untergehen begriffen, ist einer der Höhepunkte der Inglinschen Groteske.

> «In diesen Menschen schien die innere Ordnung zu verfallen, die Gesittung zu versagen, und ein Ungeordnetes, Gesetzloses heraufzusteigen, das in seiner wilden Lust dem lohenden Elemente verwandt war. (...) Sie stürzten zu den Lagern, zerbrachen den Flaschen die Hälse und schluckten den Wein mit zurückgelegten Köpfen gurgelnd hinab, um nach wenigen gierigen Zügen den Rest zu verschleudern und besudelt die wunden Lippen an den Scherbenrand neu erbrochener Flaschen zu legen. Der Bratenkoch zerrte das Wiesel aus den Röcken des Mädchens, dann begannen in der ungewissen, von herumliegenden Feuerbränden durchzuckten Dämmerung Kaiser und Schlegel streitend der armen Verirrten die Kleider in Fetzen vom Leibe zu reißen (...).»[21]

---

17 Inglin 1988, 63.
18 Inglin 1988, 65.
19 Inglin 1988, 261.
20 Inglin 1988, 262–263.
21 Inglin 1988, 265.

Die Groteske vervielfacht auch hier den einen Leib zu einem ungeheuren Begehren der vielen. Der Aufbruch der Ordnung lockt den unterdrückten Trieb. «Die Grenzen zwischen Leib und Welt und zwischen Leib und Leib»[22] verlaufen, wie dies Bachtin für die groteske Kunst bestimmt, nicht länger eindeutig trennend. Herausquellende Augen[23] wollen die Grenze des Leibs überschreiten, der aufgerissene Mund mit blutenden Lippen ist physisches Korrelat eines «klaffenden, verschlingenden Abgrunds»[24]. In Inglins Körper-Drama ist alles inszeniert, was den geglätteten und geschlossenen Körper sprengt: Schweiß und Blut, gewalttätige Begattung, Verschlingen und drohendes Vergehen. Die Halbtoten und Ohnmächtigen werden aus dem Kellerloch gezogen und vor Rauch und Flammen gerettet. Sie stehen da als Sünder, trotzdem vertreten sie kein feindliches Prinzip, sondern relativieren als karnevaleske Figuren die symbolische Ordnung in dem Augenblick, als die räumliche zerfällt.

Bachtin sieht «architektonisch gesprochen: Türme und Kellergewölbe» als «Relief des grotesken Leibes»; auf Inglins Kellerschilderung übertragen, bedeutet dies eine Doppelung des Grotesken oder vielmehr die Gestaltung eines Leibraums mit seiner Entgrenzung zwischen Leiblichem und Räumlichem. Aus dem Untergrund greift das Feuer mit «breiten Flammenzungen» und «heimlich wühlenden Armen»[25] nach den höheren Räumen. Auch das Feuer steht hier im Bannkreis leiblicher Metaphorik, deren Sexualisierung desto vordergründiger ist, je mehr die sengende Hitze Löcher in die räumliche Ordnung brennt. Das Feuer überschreitet die Grenze zwischen dienenden und bedienten Räumen, zwischen Schweiß treibender Arbeit und wohl temperierter Contenance. Noch einmal werden die Entgegensetzungen beschworen, bevor sie in Hitze und Lärm des Untergrunds aufgehen:

«(...) die Rauchschlangen, die von unten her rötlich beflackert über teppichbelegte Treppen hinaufkrochen, das Klirren, Krachen und Knistern aus Räumen, die vordem nur Musik, Gongschläge und Menschengeplauder widerhallt hatten, das Funkengestöber und Flammenzüngeln vor den Fenstern mit dem schönen Ausblick, und das unberechenbare Gemisch von Brandrö-

---

22 Bachtin 1985, 15.
23 Vgl. Bachtin 1985, 16.
24 Bachtin 1985, 16.
25 Inglin 1988, 266.

ten, Dunkelheiten, grellen Scheinen, schwebenden Dämmerungen im ehemals ruhig und hell Beleuchteten.»[26]

Der Kontrast aber zwischen exzessiver Körperlichkeit, wie er dem Untergrund eingeschrieben ist, und einer distanzierten Haltung der Gäste hält an. Beinahe alle verlassen den Schauplatz allein mit dem prickelnden Gefühl, einem einmaligen Spektakel beigewohnt zu haben. Ihnen ist scheinbar nichts mehr als ein paar Koffer und einige Kleidungsstücke, die in der nächsten Saison ohnehin nicht mehr tragbar gewesen wären, abhanden gekommen. So betrachtet und bejubelt eine unbekümmerte englische Gruppe von Gästen aus sicherer Distanz den Brand wie eine gelungene theatralische Darbietung. Die Herren riskieren beinahe schon tollkühn ihr Leben, um den Damen eine Sitzgelegenheit zu verschaffen, damit Bequemlichkeit und Vorsorge auch unter diesen ungünstigen Umständen nicht zu leiden haben und dem kurzweiligen Spektakel angemessen aufgewartet werden kann.

«‹Wonderful!› rief Henry und sein Freund bestätigte mit einem ähnlichen Ausruf die Pracht des Schauspiels.»[27]

Jegliche Identifikation mit dem Grand Hotel wird im Augenblick seines endgültigen Versprühens aufgegeben. Peters Vorstellung, die bürgerliche Gesellschaft aus den Angeln zu heben und durch das Feuer einen gereinigten Neuanfang im Sinn einer naturverbundenen und gerechten Welt zu erreichen, erweisen sich als Illusion. Der ernüchternde Morgen, der auf die lodernde Brandnacht folgt, zeigt bloß die rauchende Ruine eines Erstklasshotels.

Auch der Brand des Hotel Savoy erscheint nicht als großartiges Ereignis, das einen furiosen Umsturz der Ordnung herbeizuführen vermag. «Verborgene Gluten»[28], die innerhalb der Brandruine noch weiter schwelen, werden vom niedergehenden Regen getilgt. Im nämlichen Moment seiner Auslöschung verliert das Grand Hotel seinen umfassenden Sinnbildcharakter, der ihm von Seiten des Ich-Erzählers Gabriel Dan zuteil worden ist. Zurück bleibt eine betretene Trostlosigkeit. Gefühle wie Trauer oder Betroffenheit bleiben aus. Die Lö-

---

26 Inglin 1988, 275.
27 Inglin 1988, 271.
28 Roth 1989, 100.

sung des Geheimnisses um Kaleguropulos, das Dan während seines ganzen Aufenthalts beschäftigt hat, wird beiläufig erwähnt, als ob sich die Frage nach dem wahren Grund der Verhältnisse in den verzehrenden Flammen wie von selbst erledigt hätte. So wird das scheinhafte Wesen des Grand Hotels durch den Brand gebrochen[29] und damit auch dessen Geheimnis, das mit der räumlichen Präsenz unlöslich verbunden ist. Das Rätsel um die Besitzverhältnisse des Hotel Savoy löst sich gleichsam in den Flammen auf. Im entscheidenden Moment wird seine Relevanz negiert, um die unausweichliche Banalität einer entzauberten Welt desto greifbarer darzustellen.

Verlust des Kollektivs

Meinrad Inglins Buch ‹Grand Hotel Excelsior› schließt den Kreis hin zu den Anfängen des gastlichen Hauses und führt in dieser Bewegung zugleich ein Ende des literarischen Grand Hotels als Bedeutung stiftende Verortung des Kollektivs vor Augen. ‹Grand Hotel Excelsior› greift zurück auf die Gründung des Hotels innerhalb der alpinen Topographie, setzt mit dem Tod des Hotelpioniers an und verweist so auf die Genealogie der Fremdenindustrie. Es schildert die Entwicklung vom einfachen Gasthaus zum Grand Hotel bis hin zur Tabula rasa zivilisatorischer Haltlosigkeit. Das Buch bündelt die Entgegensetzungen des gastlichen Hauses sowohl im Innern als auch in Bezug nach außen. Inglin formuliert die Dichotomie Natur versus höchster Künstlichkeit, heimisches Bauerntum versus internationale Gesellschaft, setzt Sehnsucht nach dem Ursprung gegen uneingeschränkten Fortschrittsglauben. Er zeigt die Sphären des Hauses, jene der Angestellten und die der Gäste und dazwischen, der eine aufgerieben, der andere geschäftstüchtig vermittelnd, die Brüder Sigwart.

---

29 Nur folgerichtig erscheint in diesem Zusammenhang, dass der Liftmann Ignatz und der Nummernträumer Hirsch Fisch als einzige im brennenden Grand Hotel ihr Leben lassen. Zwei Figuren also, die mit der hoteleigenen Thematik des Aufbeziehungsweise Abstiegs eng verknüpft sind. In der Erscheinung des Lotterienummern-Träumers verkörpert Hirsch Fisch das schnelle Glück, das dem Grand Hotel als Verheißung innewohnt. Durch den schicksalhaften Tod, der ihn in den Flammen des niederbrennenden Grand Hotels ereilt, hat die unzertrennliche Glücksgemeinschaft Bestand, die das Grand Hotel auch in seiner schwersten Stunde symbiotisch mit dem Träumer verbindet. Damit scheint aber auch das Grand Hotel als Traumraum dem Untergang geweiht.

Das Haus ist ein Mikrokosmos, doch der Versuch, eine Parabel der Zwanzigerjahre zu schreiben, wie sich das Inglin vorgenommen hatte und es im Buch als Überlagerung des Besonderen durch das Allgemeine anklingt, scheitert an der Detailfülle, welche die formale Hülle zu sprengen droht. Die Spannung des Romans liegt im Bestreben, der Zeit den Spiegel vorzuhalten und zugleich in der Widerspenstigkeit des Materials, das sich Vereinfachungen und Abstraktionen entzieht. Der Autor scheint dieses Konflikts eingedenk, es ist kein auktorialer Erzähler, der das Grand Hotel als Allegorie entwirft, sondern die zwiespältige Figur Peter Sigwarts, der das Unvereinbare schlechthin personifiziert.

Der Grübler Peter Sigwart beschäftigt sich mit der Frage nach dem Sinnbildcharakter des Grand Hotels in verschiedenen Zwiegesprächen[30]: «Ich habe mich daran gewöhnt», begann er [Peter Sigwart im Gespräch mit seinem Cousin Josef; C.S.], «das Grand Hotel nicht als eine begrenzte Erscheinung, als ein bestimmtes Merkmal der Zeit anzusehen, wie etwa die Fabrik, sondern als ihr sichtbares Gleichnis, ja als ihr unbewußtes Wunschbild, als das Ziel, mit dem der abendländische Fortschritt notgedrungen enden muß.»[31] Der Text jedoch verzerrt und wendet diese Auffassung. Gerade bei der Beschreibung der Brandszene zeigt sich Inglin als vom Detail besessener Autor. Seine Figuren sind zu plastisch, zu eigenwillig und vielgestaltig, um als abstrakte Formeln einer übergeordneten Aussage zu fungieren. Die einzelnen Reaktionen der Menschen sind zu grell, die Gesichter im flackernden Schein des Feuers zu fratzenhaft, der dramatische Moment ist zu ungestüm, um sich in einem Gleichnis zu runden. Das In-Beziehung-Setzen von Handlungen, Personen und Schauplätzen innerhalb einer groß angelegten Allegorisierung zerfällt in eine Vielzahl einzelner Konflikte mit banalem, mit menschlichem Format.

Die Konsequenz ist die Sprengung einer kohärenten Erzählerhaltung, die auch im ‹Hotel Savoy› mit Blick auf die Desillusionierung und die damit verbundenen Unsicherheiten des Ich-Erzählers Gabriel Dan zu beobachten ist. Innerhalb dieser beiden Romane wird eine Vielzahl von Schicksalen ausgebreitet, dabei bleiben einige nur Skizze, nur Andeutung ohne Weiterführung, die eine letzte Planung

---

30 (Vgl. dazu Inglin 1988, 46/82). Hier als innere Beschäftigung mit den verschiedenen Standpunkten formuliert.
31 Inglin 1988, 103.

sichtbar machen würde. Das Bedeutungsgeflecht reißt immer wieder auf. Bestimmend scheinen gerade Widersprüchlichkeit und Inkonsistenz[32] der Figuren und Begebenheiten zu sein, die sich gleichsam gegen eine Abrundung sträuben. Dieser poetologische Widerstand wird auf inhaltlicher Ebene reflektiert. So bemerkt Gabriel Dan, dass er seinen Wunsch, Schriftsteller zu werden, aufgegeben habe: «Früher wollte ich Schriftsteller werden, aber ich ging in den Krieg, und ich glaube, daß es keinen Zweck hat zu schreiben. – Ich bin ein einsamer Mensch, und ich kann nicht für alle schreiben.»[33]

«In diesem Kreise, in dieser Gesellschaft war Jean Jouanique daheim, er gehörte selber dazu und besaß alle ihre Eigenschaften. Er war ihr Schriftsteller, ihr «Dichter». Er widerhallte geistreich und gepflegt die Reize und Gefahren dieses Lebens, seinen Leichtsinn und seine förmliche Strenge, seine verhehlten Leidenschaften und schleichenden Nöte, seine zu zauberhaften Stimmungen verflüchtigten Lust- und Trauerspiele, seine heimlichen Sümpfe, seine heiteren Höhen, seine immer bedrohten Grenzen. Hier erfuhr er das Leben, hier sah er die Welt, und er besaß kein Ohr für das, was unten brauste, außen war, darüber stand und was das Schicksal wollte.»[34]

Inglin, der als Autor seinem Anspruch eine gültige Parabel zu schreiben, nicht gerecht werden kann, verdoppelt dieses Scheitern inhaltlich über die Figur des Schriftstellers. Inglin führt vor, dass der Ansatz, ein vitales Kollektiv im Grand Hotel zu verorten, mit der Hinfälligkeit des konkreten Baus seine Kraft verliert. Er setzt den Schriftsteller ein, der im Hotelbrand sein Manuskript verliert und damit nicht nur das materielle Korrelat eines schöpferischen Akts einbüßt, sondern den Ort an sich, der die Gesellschaft innerhalb einer überschaubaren Einheit erst beschreibbar gemacht hat.

«Unfähig aber, sich in ein Schicksal zu fügen, das mit der Welt, die es zugrunde gehen ließ, auch das Werk vernichtete, das zu dieser Welt gehörte, irrte er [Jean Jouanique, der Dichter der gehobenen Gesellschaft, der in den Flammen seine jüngste Dichtung verliert; C.S.] wahrhaft gottverlassen herum.»[35]

---

32 Vgl. Wunberg 1990, 450.
33 Roth 1989, 19.
34 Inglin 1988, 229.
35 Inglin 1988, 274.

Innerhalb des Romans wird die Bedingtheit von erzähltem und gebautem Haus hervorgehoben, indem beide im Feuer aufgehend zusammenfallen. Die Literatur, die den Hotelbrand inszeniert, überhöht inhaltlich in der Konstellation von Schriftsteller und bedrohtem Werk die eigene Beschäftigung mit diesem divergierenden Gesellschaftsort, der in seinen ruhelosen Entgegensetzungen zu zerfallen droht und sich der Verschriftlichung entzieht.

In diesem Zusammenhang interessiert, dass Meinrad Inglin sein ‹Grand Hotel Excelsior› aus der Sicht des Alters nur noch als Zeitdokument gelten ließ und ihm keinen künstlerischen Wert beimaß[36]. Er versuchte den Text zu überarbeiten, wobei die notierten Verbesserungsvorschläge darauf abzielten, die Spitzen zu schleifen und Deftigkeiten zu glätten. Inglin wollte den Roman einer verfeinerten Diskretion und größeren Ausgewogenheit unterstellen. Eugen Sigwart beispielsweise soll «weniger starr (...) weniger herausfordernd» gestaltet werden, die «Schädelscene ist zu absichtlich» und «Frau Müller und ihre Töchter müssen gedämpfter sein», «Pietersen mit Suprême de bécasse übersteigert». Peter Sigwart aber soll einen Beruf erhalten und die Gäste im allgemeinen müssen abgeschwächter auftreten, «gute und glückliche Gäste einführen»[37]. Diese Änderungsvorschläge und Anmerkungen Inglins sind deshalb bemerkenswert, weil sie darauf hinzielen, das ‹Grand Hotel Excelsior› gerade als *Zeitdokument* zu tilgen. Das unvermittelt Maßlose und Überbordende der Sprache verweist auf eine zutiefst aussagekräftige Befindlichkeit des Grand Hotels in der Literatur zu Ende der Zwanzigerjahre: Der Raum des Kollektivs ist nur noch über das extrem Disperse zu erschreiben und endet ruinös.

Wiederkunft

Dem Außenseiter, den jungen Frauen in einer entscheidenden Übergangsphase und den Einsamen wird der Raum zum einzigen Gegenüber, der seine Intensität durch keine Gewöhnung einbüßt: Der

---

36 In seinem Testament bezeichnete Meinrad Inglin das ‹Grand Hotel Excelsior› zusammen mit ‹Wendel von Euw› als nicht mehr zu seinem Werk gehörig. (Vgl. von Matt 1976, 143).

37 Diese Zitate, die Änderungsabsichten Inglins betreffend, stammen alle aus von Matt 1976, 143.

Mensch ist dem Raum gegenüber einseitig verfallen. Dabei vermag der Raum etwas Eigentätiges zu entfalten, wird zur unkontrollierbaren handelnden Größe, die das literarische Personal heimsucht und durch ihre verführerische Atmosphäre vereinnahmt. Es lässt sich eine Dramaturgie der Abhängigkeit nachzeichnen, die vom leichtfertigen Augenblick des Eintritts durch die Drehtür über ein Sich-tragen-lassen im Atmosphärischen bis hin zur Unfähigkeit reicht, sich dieser Stimmung handelnd zu entziehen. So sehnt sich Werfels Protagonistin Francine nach einem Menschen, der den atmosphärischen Bann des Raums zu brechen vermöchte, dem sie zu erliegen droht.

> «Warum trat kein Gast aus seiner Tür? Warum ging kein Mensch vorbei? Warum erbarmte sich in den weiten Gängen des Hotels auch nicht ein Schritt mit menschlichem Hall?»[38]

Das Verfallenseins eskaliert im körperlichen Untergang oder der psychischen Verrückung der Halt- und Hilflosen.

> «Ich erinnere mich an ein Wort des toten Santschin. Der hatte mir gesagt - es war ein Tag vor seinem Tod –, dass alle, die hier wohnten, dem Hotel Savoy verfallen waren. Niemand entging dem Hotel Savoy.»[39]

Das imaginäre Grand Hotel wird als eigentätiger Mechanismus beschrieben, der die gesellschaftlichen Außenseiter ins Unglück reißt, um die eigene Souveränität in der Heimsuchung zu bestätigen. Es erscheint als Maschinerie, die sich immerfort Menschen einverleibt, um andere wieder auszuspucken, allein um das eigene Fortbestehen bemüht. Die Drastik dieses Verfahrens kommt dem Aufbäumen vor dem Niedergang gleich. Das Verfallensein der Gäste ans Haus verdeckt den Verfall des Grand Hotels, das sich schon als Ruine abzeichnet. Das Grand Hotel widersetzt sich einer banalen Auflösung in den Flammen und einer verharmlosend nostalgischen Erinnerung angesichts seiner malerischen Ruine, indem es als Spukhaus wiederkehrt.

Am Ende des Romans ‹Grand Hotel Excelsior› imaginiert Eugen Sigwart ein «zweckmäßiges Riesenhaus» nach amerikanischem Zuschnitt «mit *selbsttätigen* Aufzügen, prachtvollen Gesellschaftsräu-

---

38 Werfel 1927, 219.
39 Roth 1989, 58.

men und Hunderten von Zimmern, mit kaltem und warmem Wasser, privaten Telephonanschlüssen und drahtlosen Wellenempfängern, mit Bädern, Spielplätzen und berühmten Tanzkapellen, mit allen Möglichkeiten moderner Genüsse und den ausgeklügelten Mitteln der letzten Bequemlichkeit». Das Unheimliche[40] erscheint Eugen Sigwart in seinem Zukunftstraum bezeichen- und ausschließbar. So grenzt er aus seiner Phantasie den Geist, den spukenden Bruder, als schweifende Verkörperung der Geschichte und ihrer Widersprüche aus: «kein unruhiger Geist aber wird den Frieden stören, das Spiel verderben dürfen, kein Peter mehr wird hier Gastrecht haben, es sei denn als Narr.»[41]

Im Hotel Overlook in Stephen Kings ‹The Shining› von 1977 sitzt Eugen Sigwarts Traumbild über den Abhängen von Colorado. Doch der Geist der Geschichte hat sich selbst in diesem Palast inszenierter Gegenwart eingenistet. Er kehrt in der Formel des ‹haunted house›[42] wieder. Der «selbsttätige Aufzug», Signum rastloser Moderne und Symbol räumlicher Verunsicherung, verselbständigt sich im buchstäblichen Sinn und durchfährt das nächtliche Haus mit mechanischem Schrecken. Schon lange verwies der Lift auf den Grad der Kontamination zwischen Mensch, Maschine und zugehörigem Raum, hier ist er dessen Verkörperung schlechthin. Die Interdependenz von Mensch und Raum ist im Spukhaus auf die Spitze getrieben. Das Unheimliche im räumlichen Zusammenhang ist ein atmosphärischer Wert, eine Ausdrucksqualität des gestimmten Raums und umhaft erfahrbar. Das Unheimliche des Hauses greift auf die Innewohnenden

---

40 «(…), das Unheimliche sei jene Art des Schreckhaften, welche auf das Altbekannte, Längstvertraute zurückgeht.» (Freud ‹Das Unheimliche› (1919) 1989, 244).
41 Inglin 1988, 298–299. Hervorhebung C.S.
42 «Instead, the formula opts for a flatly prosaic depiction of the supernatural in which the house itself is sentient and malign, independent of any ghosts which may be present (and very frequently none are). Into this setting, comes a family – real or symbolic – which is skeptical of the house's dire reputation. Subjected to gradually escalating supernatural assaults, they are simultaneously forced to confront the fault lines in familiar relationships. While some of the central characters always survive to fight another day, the formula sanctions two endings for the house. In the first, it is destroyed; in the second, it survives to await fresh victims.» (Bailey 1999, 6). Freud vermerkt zur Begrifflichkeit des ‹haunted house›: «Wir haben ja gehört, daß manche moderne Sprachen unseren Ausdruck: ein unheimliches Haus gar nicht anders wiedergeben können als durch die Umschreibung: ein Haus, in dem es spukt.» (Freud (1919) 1989, 264).

über, zieht sich bis in den Kern der Heimlichkeit, die engste Familienkonstellation, hinein. Der Vater, der Schriftsteller Jack Torrance, ist nicht mehr «Herr im eigenen Haus», stattdessen in zunehmenden Maß abhängig von der physischen Präsenz des Grand Hotels. Das Haus zwingt den Charakter seiner Bewohner in Einklang[43] zum eigenen. Der Einfluss des rein Stofflichen auf den Geist[44], auf das Geistige wie das Geisterhafte, verstärkt sich.

Bedeutend erscheint Kings Verschiebung des ‹haunted house›-Motivs, in dessen Mittelpunkt üblicherweise der Familiensitz steht, hin zum Gesellschaftsort, dem Grand Hotel. In seinen Dimensionen, ausgelegt für den Gebrauch vieler, ist die Leere des Grand Hotels als lastender Mangel des Kollektivs allpräsent. Im Maßstabsfremden ist der einzelne unbehaust. Hier überlagern sich Wirklichkeit und Phantasiegeschehen hin zu einem Raum, der nur noch in seiner Stimmung wahrgenommen werden kann und gleichzeitig den Handlungsraum des Einzelnen beschränkt, weil das Subjekt keine Orientierungshilfen mehr findet. Die Gesellschaft hat das Grand Hotel verlassen; folgerichtig wird das Grand Hotel in einer Art Substitutionsprozess zum Akteur der Handlung, indem es jegliche Aktion des innewohnenden Subjekts unterwandert. Sprachlich wird die Aktivität des Grand Hotels entsprechend durch eine anthropomorphisierende Metaphorik und den gehäuften Gebrauch aktiv gesetzter Verben hervorgehoben.

«Die Erklärung für den Primat des Raums liegt darin, dass das Unheimliche nicht das Nacheinander verschiedener Möglichkeiten in der Zeit, sondern ihr nicht aufhebbares *Nebeneinander* darstellt. Dieses Nebeneinander muss in der Erlebnissituation des Unheimlichen sichtbar, hörbar oder fühlbar ge-

---

43 Den «völligen Einklang zwischen dem Charakter des Besittums und dem offenkundigen Charakter seiner Bewohner» vergegenwärtigt sich bereits der Ich-Erzähler in E. A. Poes Spukgeschichte ‹Der Untergang des Hauses Usher› (Poe 1992, 94) und prägt damit einen entscheidenden Aspekt der ‹haunted house›-Formel.
44 Im Gespräch mit dem Ich-Erzähler macht Roderick Usher einen Einfluss geltend, «den einige Eigentümlichkeiten in der bloßen Gestalt und Materie seines Familiensitzes durch lange stillschweigende Duldung, wie er sagte, über seinen Geist erlangt hätten – einem Einfluß, den das rein *Stoffliche* der grauen Mauern und Türmchen und des düsteren Weihers, in den sie alle hinabschauten, nunmehr auf den *geistigen* Kern seines Daseins ausübte». (Poe 1992, 101. Hervorhebungen im Original).

macht werden, und zwar durch die *Unübersichtlichkeit* der räumlichen Verhältnisse und dessen, was sie verbergen, während zugleich die *Hermetik* des Raums dafür sorgt, dass die Ambivalenz der Situation nicht durch eine Ortsveränderung aufgehoben werden kann.»[45]

In der Horrorgeschichte ist der Schauplatz schicksalhaft. Das leere, unentrinnbare Hotel Overlook, während der Wintermonate ist das Haus eingeschneit und von der Umwelt abgeschnitten, changiert zwischen der Last der Einsamkeit und der Überfülle der Geschichte(n). In dieser Situation tritt der Schriftsteller auf, als Autor bisher erfolglos, verdingt er sich als Hauswart und tritt damit buchstäblich in den Dienst des Hauses. Jack Torrance findet im Keller eine Mappe mit Zeitungsartikeln. Während ihn die Frage beschäftigt, wessen Mappe er gefunden hat und er gleichsam nach Autorschaft sucht, zielt der Inhalt bestehend aus Zeitungsartikeln auf Öffentlichkeit und er beschließt, daraus eine brisante Geschichte zu machen. Doch der Raum lässt keine Erzählung zu, vielmehr verleibt er sich die Schrift ein. Der Schriftsteller wird am Aufschreiben eines kollektiven Gedächtnisses gehindert und wird stattdessen mit seiner eigenen Geschichte konfrontiert. Dabei beginnt sich die zweigeteilte Wirklichkeit, Realraum und imaginärer Raum des Schriftstellers, unheilsam zu verstricken. Die daraus folgende Isolation des Protagonisten hat mit der Unfähigkeit zur Interaktion zu tun. Das Spukhaus entsteht aus der unüberbrückbaren Distanz zwischen den figuralen Raumentwürfen. Jack Torrance übt Gewalt aus, indem er die Raumsicht seiner Angehörigen, des fünfjährigen Danny und seiner Frau Wendy als unhaltbar verwirft und damit auch deren physische Präsenz, welche die Wahrnehmung erst verortet, zunehmend als unstatthaft empfindet. Danny begegnet schließlich der vielgesichtigen verzerrten Maske, die sein Vater geworden ist: «Du bist *es*, nicht mein Daddy. Du bist das Hotel.»[46] Dem mörderischen Willen des Hauses verfallen, das die Vitalität seiner Bewohner aussaugt, um sein eigenes Fortbestehen zu sichern, stirbt der Autor als bündelnde Instanz der Geschichte und ist selbst nur noch Stimme unter Stimmen.

Das Grand Hotel behauptet noch immer pure Gegenwart, jedoch ist es leer und hermetisch die Gegenwart der Widergänger. Übersteigerte Gesellschaftsträume spuken durchs Haus, übermächtig und

---

45 Hoffmann 1978, 162–163. Hervorhebungen im Original.
46 King 2001, 597. Hervorhebung im Original.

grausam suchen sie die Wünsche der Verbliebenen heim. Am Ende des Romans ‹The Shining› explodiert der Heizkessel des Overlook. Das mechanische Herz des Spukhauses hat sich allzu sehr überhitzt. Zurück bleibt eine rauchende Ruine. Wie die Formel des «haunted house» nahelegt, gibt es zwei mögliche Ausgänge der Geschichte: die völlige Zerstörung oder aber *es* überlebt und wartet auf neue Opfer. Aus der Präsidentensuite des Overlook jedenfalls löst sich eine «riesige schwarze Erscheinung»[47] – der Schauer möglicher Verfolgung bleibt.

---

47 King 2001, 610.

Epilog

Grand Hotel Memoria

Brand des Grand Hotel St. Moritz, 29.6.1944
Fotografie: Hans Steiner, St. Moritz
(Abbildungsnachweis: Dokumentationsbibliothek St. Moritz)

Epilog

Grand Hotel Memoria

Die *Handlung* ist zu Ende, das Sprechen über das Vergangene aber geht weiter. Das Folgende ist im räumlichen wie im zeitlichen Sinn ein Nachwort. Durch den Brand ist das Grand Hotel als vitaler Gesellschaftsort verloren. Als «zentrale *ästhetische* Idee der Moderne»[1] aber, während der Zwanzigerjahre als Gasthaus der Zivilisation und ihrer Werte nochmals beschworen, behält das Grand Hotel für die ideologisch motivierte Kritik um 1933 symbolische Funktion. Schließlich nutzt sich jedoch auch diese zur bloßen Formel ab. Nach dem Zweiten Weltkrieg war in ganz Europa ein Demokratisierungsbestreben in Gang, das nichts mehr mit der Institution Grand Hotel zu tun haben wollte. Denn diese musste in ihrem Bemühen nach einer von Konventionen getragenen und klar hierarchisch organisierten Gemeinschaft notwendig anachronistisch erscheinen.

Entsprechend galt das Grand Hotel aus sozialkritischer Sicht als fragwürdig und ruinös, wie auch das konkrete Haus, von der Gesellschaft verlassen und den Besitzern zur untragbaren Last geworden, vielerorts zur Ruine verfiel. Die Ruine widerspiegelt den physischen Niedergang, den Abbruch gelebten Alltags. Das kollektive Wünschen aber, welches das Grand Hotel erst hervorgebracht hat, überdauert. Das Wünschen richtet sich gleichsam in eine zukünftige Vergangenheit. Dieses Paradox entschlüsselt sich in einer Form des Erinnerns, die dessen gedenkt, was die heutige Vorstellung vom einstigen Grand-Hotel-Glanz am besten befriedigt.

Die andere Weise nostalgischer Auseinandersetzung mit dem Grand Hotel geschieht im Beschreiben und Archivieren des historischen Erbes. Die geschätzten materiellen Zeugen einer vergangenen Zeit, das sorgfältig restaurierte mechanische Klavier, das Porzellan in der Vitrine etwa, lassen das Grand Hotel gleichsam mumifiziert er-

---

1 Sloterdijk 1983, Bd. 2, 898.

scheinen – erstarrt im Überkommenen. Obschon es bedeutende kritische Modi des Erinnerns gibt, scheint die nostalgische Sicht gerade heute besonders aktuell.

1. Grand Hotel Abgrund

1933 gilt als Chiffre eines Einbruchs, der politisch motiviert eine erschreckende Umwertung der zivilisatorischen Werte in Deutschland mit sich brachte. Es ist ein Zeitpunkt, dessen Auswirkungen auch das Grand Hotel grundlegend in Mitleidenschaft zogen. Denn wie kaum ein anderer Ort verkörpert das Grand Hotel das Kosmopolitische und steht einer Eingrenzung auf das Nationale diametral entgegen: Insofern, als das Grand Hotel als internationale Gesellschaftsinsel figuriert, ist es immer schon exterritorial[1]. Dieses Haus zu okkupieren, besitzt entsprechend großen Symbolwert. So haben die Nationalsozialisten gerade die Grand Hotels deutscher Großstädte, insbesondere jene Berlins, zu Parteizentralen[2] umfunktioniert und damit den weltoffenen Ort mit nationalem Gestus besetzt. Hotelbesitzer wurden enteignet[3] oder als Platzhalter geduldet. Über eine Umbenennung von Hotel zum Fremdenheim[4] wird der widerspenstige Ort wieder in die binäre Ordnung von Nationalem und Fremdem eingegliedert. Er ist *namentlich* nicht mehr Treffpunkt Unbekannter, die der Glaube an die Errungenschaften einer gemeinsamen Zivilisation verbindet, sondern Ort unbehauster Fremder.

Anton Kuh beschreibt in seinem Artikel ‹Fremdenverkehr›[5] das Paradox des Fremden: Als Feind geächtet und als minderwertig dis-

---

1 Deshalb ist das Grand Hotel auch bevorzugter Ort politischer Verhandlungen, weil es gleichsam neutralen Boden darstellt. (Siehe hierzu etwa Jasper 1994).
2 Vgl. hierzu Demski 1991.
3 Vgl. Carl Königs Biographie eines Hoteliers. (König [1948]).
4 Dies erweist die Lektüre des Telefonbuchs unter nationalsozialistischer Herrschaft, wie sie Karl Schlögel während seines Vortrags vom 25. Oktober 2002 im Rahmen der Tagung ‹Andere Räume der Moderne – Topographien› in Berlin vorgestellt hat.
5 Erstmals publiziert in ‹Die Neue Weltbühne›. Wochenschrift für Politik, Kunst und Wirtschaft, Nr. 25, 1936. Hier zitiert nach Kuh 1981, 346–348. Bemerkenswert gerade die Abweichung zum 1934 im Prager Tagblatt publizierten Artikel ‹Über den Fremdenverkehr› (Kuh 1994, 166–168), wo nicht die Unterscheidung Feind–Fremder im Blickpunkt steht, sondern der Wandel vom bedeutungslosen Ortsansässigen zum gehätschelten Fremden beschrieben ist.

kreditiert, wandelt er sich während der Saison zum geschätzten Garanten des Fremdenverkehrs. In der Ferienzeit ist der Fremde ökonomisch besehen Geldbringer, bürgerlich aufgeschlossen betrachtet Kulturlieferant.

«Oder warum [werden spätere Generationen fragen; C.S.] habt ihr nicht umgekehrt euren Staatschefs das Dezernat des Reiseverkehrs übertragen, damit sie an der Quelle studieren, um wieviel wertvoller ein lebendiger Fremder als zehn totgeschossene Feinde sind? Warum habt ihr dem Nachbar, wenn er in karierten Hosen und Flanelljacke erschien, die Tore weit geöffnet und, wenn er wieder zu Hause war, seine Ausrottung erwogen? O hättet ihr Hotel- statt Haus-Politik getrieben, das Grand-Hotel Europa bestände heute noch!»[6]

1933, kein Ort mehr

Das Grand Hotel wird von der politischen Rechten wie auch von der Linken dazu herangezogen, die Position der bürgerlichen Intellektuellen zu kritisieren. Einmal handelt es sich um Georg Lukács Aufsatz ‹Grand Hotel Abgrund›, 1933 als sozialistisches Manifest geschrieben, aber erst aus dem Nachlass publiziert. Die Wendung ‹Grand Hotel Abgrund› selbst jedoch, von Lukács sowohl auf die Philosophie Schopenhauers[7] als auch auf Adornos[8] Stellung in der Zeit nach 1945 gemünzt, machte Karriere. Als Sympathisant der nationalsozialistischen Regierung und gewissermaßen als politischer Antipode ist es Benn, der einen Brief Klaus Manns aus dem Exil im Frühjahr 1933 öffentlich beantwortet und darin die Emigranten in den Hotels der Riviera diskreditiert. Das Hotel ist für Benn Aufenthaltsort derer, die sich aus der Verantwortung gestohlen und sich von der Zugehö-

---

6 Kuh 1981, 347–348.
7 «So erhebt sich das – formell architektonisch geistvoll und übersichtlich aufgebaute – System Schopenhauers wie ein schönes, mit allem Komfort ausgestattetes modernes Hotel am Rande des Abgrundes, des Nichts, der Sinnlosigkeit. Und der tägliche Anblick des Abgrundes, zwischen behaglich genossenen Mahlzeiten oder Kunstproduktionen, kann die Freude an diesem raffinierten Komfort nur erhöhen.» (Lukács 1962, 219).
8 Lukács in seinem Vorwort von 1963 zur Neuausgabe von ‹Die Theorie des Romans›: «Ein beträchtlicher Teil der führenden deutschen Intelligenz, darunter auch Adorno, hat das ‹Grand Hotel Abgrund› bezogen (...)». (Lukács 1963, 17). Vgl. auch van Reijen 1990.

rigkeit zum ‹Volk› verabschiedet haben, um sich im warmen Süden mit sich selbst zu beschäftigen.

Lukács und Benn gemeinsam ist die Kritik an der Selbstverortung des bürgerlichen Intellektuellen. Insbesondere Benn wiederholt in ‹Antwort an die literarischen Emigranten› eine Argumentation, die bereits aus den Feuilletons des Ersten Weltkriegs bekannt ist: Die reine Anwesenheit im Grand Hotel ist ein Verdachtsmoment, da mit der physischen Deplaziertheit eine moralische einhergeht. Auch Lukács' Argumentation ist durchaus nicht allein abstrakt gemeint, sondern zielt im entscheidenden Punkt auf Leiblichkeit. Das Grand Hotel steht dabei für eine bequeme und materiell sorgenfreie Lebensart, die dazu verführt, Kritik zu äußern, jedoch ohne als Handelnder Konsequenzen daraus zu ziehen. So wird das Grand Hotel, politisch in doppeltem Sinn belastet, zum Platzhalter einer Zivilisation ohne Zukunft.

Bei der Machtergreifung der Nationalsozialisten stellte sich Gottfried Benn in ihren Dienst und verblieb Mitglied der Akademie der Künste. Mitte 1934 dann wandte er sich enttäuscht von den Herrschenden ab, wie sich diese ihrerseits dem Intellektuellen gegenüber immer reservierter zeigten, was im März 1938 in ein Schreibverbot[9] mündete. Benns pauschale Verurteilung aber all jener, die Deutschland früh schon verlassen hatten, blieb ausgesprochen. 1933 veröffentlichte Benn einen schmalen Band mit dem Titel ‹Der neue Staat und die Intellektuellen›, darin enthalten sind die beiden Rundfunkreden[10] vom Frühling 1933. Die eine gibt dem Band den Titel, die andere ist die ‹Antwort an die literarischen Emigranten›. Dem Schreiben an Klaus Mann hatte Benn nur von einigen handschriftlichen Zeilen begleitet die gedruckte Rede[11] beigelegt. Bereits die Geste der Veröffentlichung einer Antwort auf einen privaten Brief, den ihm Klaus Mann am 9. Mai 1933 aus der Emigration geschickt hatte,

---

9 Vgl. Rübe 1993, 358.
10 Benn hielt die Rede ‹Der neue Staat und die Intellektuellen› am 24. April 1933 im Berliner Funk, am 25. April wurde sie in der ‹Berliner Börsenzeitung› abgedruckt.
11 Veröffentlicht in ‹Deutsche Allgemeine Zeitung. Reichs-Ausgabe›, Berlin. Nr. 240–241 vom 25. Mai 1933. Die Rundfunkrede wurde tags zuvor gesendet.

zeigt, wie sehr Benn seine Position im nationalsozialistischen Deutschland als Machtinstrument nutzte[12].

Benn wertet in seiner ‹Antwort an die literarischen Emigranten› das Hotel als den Ort der gewollt Heimatlosen, der Undankbaren, der Individualisten, die den Willen des Volks nicht akzeptieren können. Gleichzeitig zeigt er im zweiten Aufsatz, dass die Intellektuellen eine geistige Stellung besetzen, welcher der neue Staat keinen Ort mehr gewähren will. Der banale Schluss, im Brustton dessen gesprochen, der sich an die Seite einer rechtmäßig gewählten Regierung stellt, lautet: Wer die Meinung des Volks nicht teilt, hat seinen Platz verspielt. Nach Benns Einschätzung ist der nationalsozialistische Staat «gegen sie [die Intellektuellen; C.S.] entstanden.»[13] Damit ist eine geistige Exterritorialität angesprochen, die innerhalb der von einer «nationalen Idee»[14] besetzten nationalen Grenzen nicht mehr geduldet wird. Das heißt aber auch, dass dieser Staat bereits als ein ausschließender konzipiert ist. Die heimatferne Existenz der Intellektuellen wird einkalkuliert, das Hotelexil bewusst provoziert.

Klaus Mann schreibt an Benn aus dem Hotel als dem Ort des Exils: «Heute sitzen Ihre jungen Bewunderer, die ich kenne, in den kleinen Hotels von Paris, Zürich und Prag – und Sie, der ihr Abgott gewesen ist, spielen weiter den Akademiker DIESES Staates.»[15] Benn dagegen betont, indem er die «Badeorte»[16] als Aufenthaltsort der Exilanten mehrfach erwähnt und die «kleinen Hotels» unterschlägt, den Aspekt von Vergnügen und Freizeit. Über den rhetorischen Gestus ruft er

---

12 1950 veröffentlichte Benn in seinem Beitrag zu ‹Klaus Mann zum Gedächtnis› den Brief, den er von Klaus Mann 1933 erhalten hatte. Er leitet ihn unter anderem mit den Worten ein: «Diesen Brief hatte ich seit fünfzehn Jahren nicht wieder gelesen, und als ich ihn heute wieder vornahm, war ich vollkommen verblüfft. Dieser Siebenundzwanzigjährige hatte die Situation richtiger beurteilt, die Entwicklung der Dinge genau vorausgesehen, er war klardenkender als ich, meine Antwort war demgegenüber romantisch, überschwenglich, pathetisch, aber ich muß ihr zugute halten, sie enthielt Probleme, Fragen, innere Schwierigkeiten, die auch heute noch für uns alle akut sind und auf die ich zu sprechen kommen werde.» (Benn 1950, 16).
13 Benn 1989, 12.
14 Benn 1989, 15.
15 Klaus Mann in seinem Brief vom 9. Mai 1933 an Gottfried Benn aus dem südfranzösischen Exil. (Zitiert nach Benn 1989, Bd. IV, Anmerkungen, 511. Hervorhebung im Original).
16 Klaus Mann hatte an das Ende des Briefs mit der Bitte um Antwort seine Adresse gesetzt: Hotel de la Tour, Sanary s.m.

Orte wach, die noch immer mit Sorglosigkeit, Leichtlebigkeit und einem gewollten Außerhalbstehen konnotiert sind und den Zwang verhüllen, mit dem sie in dieser politischen Lage aufgesucht werden. Die Argumentation gegen die literarischen Emigranten stützt sich auf den Vorwurf, ohne Not weggelaufen zu sein[17] und sich aus der Verantwortung gestohlen zu haben. Dabei spielt Benn das Exklusive, das sich gewollt selbst verschließt und dem Grand Hotel immer schon eignet, gegen den von außen diktierten Ausschluss aus. In einem zweiten Schritt wird dem Nicht-Anwesenden die Gültigkeit, seine Stimme zu erheben, aberkannt. Wer aus dem Hotel der Riviera spricht, darf sich kein Urteil erlauben. Implizit klingt mit: Wer sich dem persönlichen Vergnügen widmet, handelt egoistisch. Hinzu kommt die kulturelle und gedankliche Ferne zwischen allem Deutschen und jenem, was «dort an Ihrem *lateinischen* Meer»[18] gedacht und geschrieben wird. Benn kostet die Distanz zwischen Hier und Dort aus. Er spricht «innerhalb», und dieses Innerhalb bezieht seine Legitimation aus dem «mythischen Kollektiv»[19] und steht deshalb *vor* jedem historisch motivierten Einwand. Zudem spricht er *in* Deutschland und deshalb für Heimat und Scholle: «Und da ich auf dem Land und bei den Herden groß wurde, weiß ich auch noch, was Heimat ist»[20]. Andere, die «Amateure der Zivilisation» wüssten es nicht mehr.

Klaus Mann schildert die Gegenseite. In seinem Buch ‹Der Vulkan. Roman unter Emigranten› beschreibt er die Ängste derer, für die der Begriff Heimat jede Selbstverständlichkeit eingebüßt hat. Er entwirft das Grand Hotel als Ort des Übergangs, der für kurze Zeit die Hoffnung des transitorischen Charakters von Flucht und Emigration wach hält[21], bevor die dauernde Vertreibung akzeptiert wer-

---

17 Nach der Bücherverbrennung und im Wissen um das Schicksal jüdischer Freunde wie beargwöhnter Schriftstellerkollegen – Heinrich Mann etwa ist zu nennen – mutet diese Unterstellung besonders unverständlich und deshalb ungeheuerlich an. (Vgl. Rübe 1993, 319).
18 Benn 1989, 27.
19 Benn 1989, 12.
20 Benn 1989, 30.
21 Vgl. hierzu auch die folgende Textstelle: «Während der ersten zehn Tage seines Amsterdamer Aufenthaltes hatte er [der jüdische Professor für Germanistik Abel; C.S.] in einem großen Hotel am Bahnhof gewohnt. Die Nähe der ‹Centraal Station› war ihm tröstlich; sie bedeutete ihm ein Symbol für das Unverbindliche, Vorläufige seines Zustandes. Auf die Dauer konnte er sich einen solchen Lebensstil

den muss. Dabei bildet, wie schon bei Roth und Kafka, nicht der Alltag das Gegenüber des Hotels, sondern die entfremdete Heimat. Der Heimatverlust aber wird gleichzeitig zum Stigma.

> «Man [die schweizer Bekannten; C.S.] war erfreut, ihre Stimme [Marie-Luise von Kammers Stimme; C.S.] zu hören; da sie als Adresse zunächst das luxuriöse Seehotel nennen konnte, nahm man an, sie befinde sich auf der Durchreise. Man lud sie zum Tee oder zum Abendessen ein. (...) Indessen erfror das Lächeln auf den Mienen der wohlhabenden Gastgeber, als Frau von Kammer gestand, daß sie diesmal nicht auf einer Vergnügungs- oder Erholungsreise sei, sondern sich hier niederzulassen gedenke.»[22]

Schließlich sind es die kleinen Hotels, die Benn[23] zu zitieren vergisst, die den neuen Alltag der Emigranten prägen. Das Hotel wandelt sich zum schäbigen Aufschub, zum andauernden Dazwischen, zum Schauplatz der Sehnsucht und des Selbstmords. Denn mehr als diese engen Zimmer, die nach anderen Menschen riechen, bleibt nicht und auch sie sind prekär. Zumindest erfordern sie einen Pass, eine vorzuweisende Identität. Viele Emigranten aber haben ihre Staatszugehörigkeit verloren, sind sans patrie.

Am Abgrund

> «Er [der Faschismus; C.S.] versucht mit allen Mitteln des demagogischen Berauschens der Menge, den Eintritt eines neuen Zeitalters, das mit dem alten «liberalen Bürgertum» nichts zu tun hat, zu suggerieren. Solange die Faschisten glauben, daß diese Suggestion hält, wird die zersetzte Intelligenz verjagt oder unterdrückt, das Hotel ‹Abgrund› niedergerissen. Aber die gesellschaftliche Notwendigkeit seines Bestehens läßt sich nicht aus der Welt schaffen.

---

nicht leisten. Das Hotel war teuer: fünf Gulden am Tag, nur für Zimmer und erstes Frühstück – man kam sich ja wie ein Hochstapler vor.» (Klaus Mann 1988, 121).

22 Klaus Mann 1988, 76–77.

23 Im ‹Vulkan› gibt es auch verschiedene Verweise auf Benn, der nie namentlich erwähnt und doch eindeutig charakterisiert wird. So veröffentlicht einer der Protagonisten, der junge talentierte und den Drogen verfallene Dichter Martin Korella, nichts, «außer eine kritische Studie über den ‹verruchten Lieblingsdichter›, den deutschen Lyriker, Arzt und Denker, der, in einer Mischung aus irrationaler Berauschtheit, Hysterie und Opportunismus, ein Mitläufer des Nazi-Regimes geworden war.» (Klaus Mann 1988, 226–227, vgl. auch 248).

Schon sind in der Emigration, materiell freilich weniger prächtig eingerichtete, Filialen und Dependencen des alten Hotels entstanden.»[24]

Während Benn seine Position im neuen Staat verteidigt, indem er die Exilanten diskreditiert und sich einer Hier-Dort-Rhetorik bedient, reflektiert Georg Lukács das Phänomen des ‹Grand Hotel Abgrund› und dessen Abhängigkeit vom Staat. Er glaubt, dass das Regime nur vorübergehend ohne sein Grand Hotel auskommen könne. Doch bereits in dieser Reflexion wird das Haus nicht nur geschlossen, sondern *niedergerissen*, womit eine Zertrümmerung anklingt, die sich nicht mehr rückgängig machen ließe. Am Abgrund aber treffen sich Benn und Lukács, hier überkreuzen sich die Argumente: «(...) stiegen die geistigen Heroen, die Wappentiere der Republik, einmal aus ihren Landhäusern hernieder zu einem Vortrag, gewährten sie Einblicke in *gepflegte Abgründe* und schlossen: was wollt ihr denn, seid doch ruhig, wir haben ja die völkerverklärende Demokratie.»[25] Als Lösung vom Abgrund verlangen beide, Benn wie auch Lukács, den vitalen Sprung. Einmal richtet sich diese körperliche Geste zum Volk hin, einmal zum Proletariat.

Lukács hält fest, dass die Meinung der Intellektuellen, durchaus laut und vernehmlich geäußert, kritisch und revolutionär sein kann. Bedingt durch die physische Passivität der Denkenden, die es sich im Komfort des Hergebrachten allzu bequem machen, verlieren solche Äußerungen jedoch an Tragweite, da sie allein auf ideologische[26] und nicht auf materielle Veränderung zielen. Hieraus entwickelt Lukács die Konstellation einer leiblich begründeten Grand-Hotel-Allegorie, wobei das Grand Hotel sehr konkret für Müßiggang steht, das heißt für denkerische und kulturelle Betätigung, die keine produktive Leistungen darstellt, nach den Konventionen der mondänen Welt auch keine darstellen darf. Der bürgerliche Intellektuelle sitzt im Grand Hotel und schaut von hier auf das Chaos der Geschichte und treibt die Innerlichkeit auf die Spitze. Dabei fallen geistige Innerlichkeit und räumliches Drinnen metaphorisch zusammen.

«Der Totentanz der Weltanschauungen, der sich alltäglich und allabendlich in diesem Hotel abspielt, wird für seine Einwohner zu einer angenehmen

---

24 Lukács 1984, 195.
25 Benn 1989, 19. Hervorhebung C.S.
26 Vgl. Lukács 1984, 180.

und aufregenden Jazz-Band, bei der sie Erholung nach ihrer anstrengenden Tageskur finden.»[27]

Hier wird das Phänomen Jazz mit dem Niedergang[28] einer sinnstiftenden und vitalen Gemeinschaft gleichgesetzt, eine Verknüpfung, die bereits Kracauer vorgenommen hatte. Musik und Tanz verweisen auf ein physisches Aufbäumen, ohne über die augenblickliche Bewegung hinaus Ansätze für eine gerechtere Zukunft anzubieten. Die Zerstückelung, wie sie der Jazz mit seinen Synkopen laut werden lässt, wird als Genuss jener beschrieben, welche die alte Ordnung hassen, aber auf deren Kosten leben. Lukács betont, dass einem erstklassigen Grand Hotel nichts fremd, nichts unmöglich ist. Jede geistige Haltung findet ihren Platz, die rauschhafte wie die asketische. Gastzimmer, Versammlungsräume, Bar, sie alle sind zur Stelle und komplettieren den geistigen Komfort, der den leiblichen und ökonomischen umfasst. Das Grand Hotel[29] verkörpert als Übergangsstation das Andere nicht im Sinn eines radikalen Gegenübers, sondern als gesellschaftlich Integriertes, welches das Außergewöhnliche letztlich zur Bestätigung der Regeln akzeptiert.

Im Weiteren verknüpft Lukács in seiner Argumentation die Metaphorik des Denkgebäudes mit der Repräsentationskraft des Grand Hotels. Das zweite Metaphernfeld gruppiert sich um den Abgrund, der verschiedene Fallhöhen impliziert: die intellektuelle Höhe ge-

---

27 Lukács 1984, 189.
28 Als weiteres Emblem der «ideologischen Zersetzungsbewegung» (Lukács 1984, 180) zitiert Lukács zu Beginn des Essays Stefan Georges Gedicht ‹Die Maske›.
29 Bereits in Tollers Stück ‹Hoppla wir leben!› ist in einer Szene die Verortung der bürgerlichen Intellektuellen im Grand Hotel und damit die Distanz zu allem, was ein konkret leibliches Engagement verlangen würde, dargestellt. Hier bleibt das Grand Hotel jedoch ein in binäres System symbolischer Zuschreibungen gebunden. Der Kellner Karl Thomas wird ins Klubzimmer zur «Gruppe der geistigen Kopfarbeiter» gerufen, um über seinen Sexualinstinkt Auskunft zu geben und die gesetzten Meinungen zu bestätigen. Der gesellschaftlichen Hierarchie stülpen die Kopfarbeiter eine cartesianisch motivierte Werteskala über: Die sozialen Niederungen sind gleichzeitig die Tiefen des animalisch Triebhaften, des Körpers, der von keiner geistigen Schaltzentrale gelenkt wird. Karl Thomas reagiert darauf ungehalten: «Ah, erst Genosse Kellner und jetzt den Herrn markieren. Ihr ... Ihr wollt das Proletariat erlösen? Hier im Grand Hotel, was? Wo wart ihr, als es losging? Wo werdet ihr sein? Wieder im Grand Hotel! Eunuchen!» (Toller (1927) 1996, 80). In Piscators Inszenierung ist diese Szene bezeichnenderweise gestrichen.

genüber dem Niveau der Massen, das Geistige gegenüber der Tat, die immer banaler, weil konkret und ausschließend ist, die Ideologie gegenüber der Ökonomie[30] oder die soziale Klasse der Bourgeoisie, die sich in der kapitalistischen Hierarchie über das Proletariat erhebt. Der Abgrund besetzt aber auch das Ende eines Wegs, den äußersten Punkt der Einbahnstraße. Wer hier verortet ist, weiß um die gesellschaftlichen Nöte und darf sich seiner Verantwortung nicht entziehen. So eröffnet der Abgrund nach Lukács eine «doppelte Perspektive»[31]: Einerseits die «Selbstaufhebung der eigenen intellektuellen Existenz, der Sturz in den Abgrund der Verzweiflung»[32], andererseits die Rettung durch den «salto vitale ins Lager des revolutionären Proletariats»[33]. Der «salto vitale» verlangt gleichsam einen artistisch tollkühnen Akt, der gerade das Leibliche hervorstellt und im Wort beständig den Gedanken an sein geläufigeres Gegenüber, den ‹salto mortale›, wachhält. Lukács betont, dass der tägliche zwischen Mahlzeiten oder Kunstproduktionen genossene Anblick des Abgrunds die Freude am raffinierten Komfort nur erhöhe und so stark an diesen Ort binde, dass kein einfacher Schritt davon wegführe. Er verlangt deshalb den Sprung[34] als einmalige und irreversible Bewegung[35]. Wie der Sprung tödlich enden kann, so kann er offensichtlich auch lebensstiftend sein. Das leibliche Risiko bleibt. Entsprechend konstruiert Lukács sowohl das Grand Hotel *als* Abgrund wie auch das Grand Hotel *am* Abgrund. Im gewissen Sinn nimmt er dabei eine Verdoppelung vor. Über den Abgrund macht er explizit, was durch Lagerung, gesellschaftliche Bedingtheit und soziale Implikationen im

---

30 Vgl. Lukács 1984, 188.
31 Lukács 1984, 188.
32 Lukács 1984, 188.
33 Lukács 1984, 188.
34 Waldenfels deutet den Sprung im Zusammenhang mit Schwellenerfahrungen: «Von einem Sprung über eine Kluft hinweg sprechen wir insoweit, als es keine tragende Ordnung gibt, die beide Bereiche umschließt und übergreift, und insofern, als kein identisches Etwas und kein identischer Jemand zu finden ist, das und der hinüber- und herüberwandert nach identitäts- und kontinuitätsverbürgenden Regeln.» (Waldenfels 1987, 29–30).
35 Auffällig ist auch, dass Lukács mit dem Salto eine Bewegung herausstellt, die wohl eher als ornamental denn als zielgerichtet gelten kann. Meist landet der Springer beim Salto nicht weit von der Stelle entfernt, von der er sich abgestoßen hat.

Grand Hotel bereits eingeschrieben ist: Das ‹Grand Hotel Abgrund› ist als mise en abîme lesbar.

«Und mit dem unvermeidlich Offenbarwerden der Schmälerung und Zersetzung seiner sozialen Basis wird auch der herrschende Faschismus gezwungen sein – mit anderer Fassade und anderer Inneneinrichtung –, ein neues Hotel «Abgrund» zu errichten oder wenigstens seine Errichtung nicht mehr zu verhindern.»[36]

1933 glaubte Lukács noch, dass der Faschismus am Ende nicht ohne sein ‹Grand Hotel Abgrund› auskommen könne. Dabei hat er vielleicht nicht zuletzt an Intellektuelle wie Benn gedacht, die sich der Staat als Kritiker leisten könnte. Der Intellektuelle, dessen scharfe und durchaus ernst gemeinte Kritik nach dem Prinzip des ‹Grand Hotel Abgrund› vom System gerade soweit unterbunden und soweit geduldet würde, wie sie letztlich in der einschließenden Geste wirkungslos erschiene, wäre dann wieder im Innerhalb dieses Staates angesiedelt. Die Opposition wäre wieder einverleibt.

Benn selbst aber gehörte 1933 zu den Zerstörern des ‹Grand Hotel Abgrund›: «Gedankenfreiheit, Pressefreiheit, Lehrfreiheit in einem Sechzigmillionenvolk, von dem jeder einzelne den Staat für seine Unbeschädigtheit sittlich und rechtlich verantwortlich macht, – ist da der Staat nicht aus Rechtsbewußtsein verpflichtet, diese Freiheit aufs Speziellste zu überwachen?»[37] Wirklich ging das nationalsozialistische Regime mit Vertreibung, Einschüchterung, Schreibverbot, Bedrohung und zynischer Missachtung des Lebens so weit, dass an diesem Abgrund kein dem Geistigen komfortabel hergerichtetes Grand Hotel mehr Platz fand. Dort standen nur die Kasernen.

Später, während der Kriegsjahre, angesichts einer alles umfassenden Zerstörung und einer Lebenswelt, die zu einem einzigen Abgrund geworden ist, gedenkt Benn des Grand Hotels. So entwirft er 1941[38] in seinem für die gehütete Schublade verfassten Aufsatz ‹Kunst und Drittes Reich› das Grand Hotel als zivilisatorisches Versprechen, das er enthusiastisch als Beispiel einer intakten Öffentlichkeit schildert.

---

36 Lukács 1984, 195.
37 Benn 1989: ‹Der neue Staat und die Intellektuellen›, 18.
38 Die ersten Notizen lassen sich auf die zweite Jahreshälfte von 1938 datieren. (Vgl. Benn 1989, Bd. IV, Anmerkungen S. 664ff.).

«Der Kapitalismus kann sich eine Öffentlichkeit leisten, er zwingt nicht wertvolle Bestandteile des Volkes zur Emigration, sein Lebensraum erschöpfte sich nicht in Folter und Vernichtung. Wenn Zola den Speisesaal im Grand-Hotel in Rom betrat und eine puritanische Engländerin aufspringt unter Verwünschungen, daß das Haus ihr zumute, mit dem Autor der ‹Nana› in einem Raum zu lunchen, nimmt die Öffentlichkeit, ihre Aufmerksamkeit, ihre Wärme, ihr den Flair der Zeit mit erschaffendes Fluidum den Vorfall auf (…).»[39]

Das Grand Hotel scheint hier als Sehnsuchtsort[40] nach dem Vergangenen auf, bezeugt aber in der Eindringlichkeit der Schilderung auch den Willen, ein kulturelles Gut zu bewahren und angesichts der Katastrophe gedanklich an eine Zeit zivilisatorischer Werte anzuknüpfen. Der Aufsatz kann vollumfänglich erst 1949 im Essayband ‹Ausdruckswelt›[41] erscheinen. Im Vorwort schreibt Benn, dass es sich bei den Essays und Aphorismen um «Gedankengänge aus Dienstäumen und aus Dienststunden: Oberkommando, Wehrkreiskommando, Lazaretten, Kasernen»[42] handle. Es sind Gedanken aus Orten, die als eine maximale Entgegensetzung zum Grand Hotel verstanden werden können und eine nationale Topographie des Gehorsams aufspannen, die in ihrem zwischenraumlosen Verhältnis von überwachendem Staat und Einzelnem jede Form von Öffentlichkeit unterdrückt. In dieser Konstellation erscheinen das Grand Hotel und die ausführlichen Passagen zum Dekor des Pariser ‹Ritz› – Benns Beschreibung stützt sich stark auf die biographischen Anekdoten der Louise Ritz –, so kompensierend wie hoffnungsvoll: «Ihr Wert [jener der Bennschen Gedankengänge; C.S.] könnte darin bestehen, die durch Nationalsozialismus und Krieg mißbildete Jugend an Probleme heranzuführen, die einmal Europa erfüllten und die meiner Generation geläufig waren, also ihr Wert könnte darin bestehen, dieser Jugend eine Art Anschlußhilfe zu bieten.»[43]

Ausschnitte des dreiteiligen Essays wurden bereits 1946 in ‹Die Zeit› unter dem von der Redaktion bestimmten Titel ‹Kunst der

---

39 Benn 1949, 15–16.
40 Benn selbst äußert im Vorwort zu ‹Ausdruckswelt›: «Vieles ist daher überholt, abgelagert und vermutlich rührend.» (Benn 1949, 6).
41 Das Buch erschien im Limes-Verlag in Wiesbaden.
42 Benn 1949, 5.
43 Benn 1949, 5.

Völker in Europa›⁴⁴ gedruckt, wobei man sowohl die Passagen, die dem Grand Hotel und seinem Übervater Cäsar Ritz gewidmet sind, als auch den politisch sehr pointierten dritten Teil weggelassen hatte. Die Publikation in ‹Merkur. Deutsche Zeitschrift für europäisches Denken› von 1949 strich die enthusiastischen Schilderungen luxuriöser und überfeinerter Grand-Hotel-Kultur ebenfalls. Nostalgie hatte unter dem von der Redaktion gesetzten Titel ‹Kunst und Prosperity› keinen Platz⁴⁵. Diese Auswahl und die vorgenommenen Auslassungen sind deshalb bezeichnend, weil sie auf eine Haltung verweisen, der das Grand Hotel als Leitbild einer idealen Öffentlichkeit suspekt erscheinen musste und welche die Schilderungen eines exzessiven Luxus wohl für wenig opportun hielt.

Benn, dem die Publikation des ganzen Aufsatzes ein großes Anliegen war, versuchte noch einmal über alle Abgründe hinweg das Grand Hotel zu erschreiben. Aus den Zeilen spricht Sehnsucht nach der Wertschätzung des Geistigen, nach der Sonderstellung des Intellektuellen, der die Bourgeoisie reizt, um sich in ihren Salons feiern zu lassen. Das Grand Hotel ist noch einmal Hof des freien Schriftstellers. Benns Pathos und sein Enthusiasmus für diesen Ort gelebter Öffentlichkeit tragen aber weiter. Er durchbricht die Nostalgie und beschwört das Grand Hotel als Sinnbild einer internationalen Gesellschaft, die über eine bindende Vergangenheit auch eine Zukunft haben könnte.

Berlin Hotel

Während Benn mittels des Grand Hotels den Ort des Intellektuellen in der Gesellschaft reflektiert, zeichnet Vicki Baum von Amerika aus das Hotel nochmals als aussagestarken Schauplatz des Kollektivs, wenn auch eines fragwürdigen Kollektivs. Vicki Baum erzählt in ihrem Buch ‹Berlin Hotel›, das sie im Frühsommer 1943 in den USA schrieb und das im selben Jahr im englischen Original erschien, die Ereignisse im kriegsgezeichneten Berlin. Der Titel verdeutlicht, dass

---

44 Die ‹ZEIT› veröffentlicht den Artikel am 2. Mai 1946 zu Benns sechzigstem Geburtstag. Es ist die erste Veröffentlichung nach dem Krieg. (Vgl. Brode 1978, 213).
45 Vgl. Benn 1989, Bd. IV, Anmerkungen S. 668.

das Hotel repräsentativ gesetzt ist; auch klingt an, dass es nicht mehr internationale Drehscheibe, sondern nur noch Spiegel nationaler beziehungsweise lokaler Gegebenheiten sein kann. Indem Baum verschiedene Schicksale an diesem Ort bündelt und kollidieren lässt, versucht sie über historische Fakten und einzelne Nachrichten hinaus Mentalitäten aufzudecken. Der Roman schreibt die Geschichte von ‹Menschen im Hotel›[46] unter verändertem Blickpunkt fort. Dabei verwendete die Autorin Informationen, die ihr von deutschen Freunden zugespielt wurden. Das Buch bezieht seine Legitimation aus dem historischen Zeitpunkt seiner Entstehung und vermag, gerade weil es sich auf die Erfolgsgeschichte von ‹Menschen im Hotel› bezieht, als populäres, aber politisch engagiertes Korrektiv des kollektiven Gedächtnisses einzustehen.

Vicki Baum entwirft bereits in ‹Menschen im Hotel› einen Erzählraum, der plakativ den herrschenden Konsens reproduziert, und stellt diesen über die Sicht der Figuren in Frage. Das Grand Hotel bietet ein räumliches Kontinuum, bei dem sich die verschiedenen Perspektiven überschneiden, überlagern und widersprechen. Der auktoriale Erzähler erstellt einen Katalog räumlicher Elemente, die erst über den Blick der Figuren eine Individualisierung erfahren. Baum schafft damit erzähltechnisch die Möglichkeit, das Hotel innerhalb des Kriegsgeschehens nochmals neu zu erzählen, ohne die angestammte Schreibweise aufzugeben. In ‹Menschen im Hotel› heißt es: «Zwischen seinen langen Lackstiefeln sah er den Teppich, der die Halle bedeckte, der alle Treppen, Gänge, Korridore des Grandhotel bedeckte; sein Rankenmuster mit den grüngelben Ananas zwischen bräunlichen Blättern auf himbeerrotem Grund war ihm ein Überdruss.»[47] In ‹Berlin Hotel› durchzieht derselbe Teppich das Hotel und schafft einen gemeinsamen Grund: «Der himbeerfarbene Teppich mit seinem Ananasmuster war abgetreten und wies große Löcher auf (...)»[48] Gerade die sachliche Beschreibung, die Wiederholung banaler Details, macht die Veränderungen sichtbar. Der Teppich ruft das Grand Hotel aus ‹Menschen im Hotel› auf[49], und der

---

46 Vicki Baums Bestseller ‹Menschen im Hotel› erschien 1929.
47 Baum 1960, 11.
48 Baum 1947, 11.
49 Die Fragen der Zeit, so führt Vicki Baum in ihrem Vorwort zur deutschen Ausgabe von 1946 an, hätten sie zu diesem Buch bewogen: «Wie sieht es jetzt in Deutschland aus? Was denken, fühlen, fürchten und hoffen die Deutschen nun,

Verlust all dessen, was dieses vergangene Luxushotel so attraktiv gemacht hat, ist durch die löchrig gewordene Oberfläche ins Bild gesetzt.

Der schnelle Rhythmus des Großstadtlebens, der in ‹Menschen im Hotel› über eine geraffte Erzählweise und eine kurze Handlungszeit ins Grand Hotel eingezogen war, ist in ‹Berlin Hotel› hin zu Atemlosigkeit und ständiger Bedrohung gesteigert. Die Handlung umfasst wenig mehr als vierundzwanzig Stunden, während derer jede Figur riskiert, alles zu verlieren. Die schon bekannte Schnitttechnik, die Baum bei ihrem frühen Buch als Spannungselement einsetzte, besitzt in ‹Berlin Hotel› mimetischen Charakter. Fokuswechsel ereignen sich zwischen, aber auch innerhalb der einzelnen Szenen. Keiner Figur wird genügend Raum gewährt, keine Szene erscheint abgerundet. Die Ereignisse überschlagen sich in einer besinnungslosen Zeit, während über der Stadt die Bomben fallen. Der eingeschobene Kommentar einer auktorialen Instanz bündelt das Fragmentarische und interpretiert. Hier tritt das Bemühen der Autorin hervor, dem Anspruch der Zeit und wohl auch dem Anspruch eines amerikanischen Publikums gerecht zu werden, das wissen will, wer die ‹Deutschen› sind und was sie denken. Uniformengläubigkeit, bedingungsloser Gehorsam, Untertanentum, Antisemitismus und Selbstmitleid sind die Leitmotive, die dieses ‹Berlin Hotel› zu einem kläglichen nationalen Schauplatz degradieren.

> «Unter den Nationalsozialisten war das Hotel immer mehr von seiner ursprünglichen Bestimmung abgerückt und nach und nach zu einem halboffiziellen Quartier der Regierung geworden; ein vornehm ausgestattetes Inselchen, sozusagen, abgetrennt von der Misere des übrigen Deutschlands. (…) Dieses vornehme, alte, erstklassige Hotel wurde von den Nazis als ein Schaufenster benutzt, in dem sie ihr neues Deutschland zur Schau stellten; es war ein wichtiges Requisit ihrer Propaganda.»[50]

Das Hotel «in präsentablem Zustand zu halten»[51], geschieht durch Überlagerung von Fassade und Außenansicht. Die Fremden, die hier noch sitzen, sind die bestochenen Garanten bröckelnder Geschäfts-

---

da schon die ganze Welt die Schrift an der Wand lesen kann? Mit einem Wort: Was geht in diesem Moment in meinem ‹Grand Hotel› vor?» (Baum 1947, 5).
50 Baum 1947, 11–12.
51 Baum 1947, 11.

beziehungen oder wie der englische Dichter, der sich zu Radioansprachen hat zwingen lassen, Gefangene einer Propagandamaschinerie. Die feine Lebensart aber ist zersetzt, die Rosen, die noch zu haben sind, sind bereits welk, der Lift ist außer Betrieb. Der Zerfall ist allgegenwärtig, der konkret wie symbolisch an diesem ‹Berlin Hotel› nagt.

> «Die Menschen in diesem Hotel – diese neue, glitzernde Aristokratie von Hitlers Gnaden – waren alle wohlgenährt, gut gekleidet und wußten sich zu benehmen. Aber außerhalb dieser Mauern war Berlin erfüllt mit verzweifelten, müden, ausgelaugten Menschen; Menschen mit grauen Gesichtern, mit schlechten Zähnen und mit Gehirnen, die durch Sorgen und Ängste und Haß vergiftet waren. Außerhalb dieser Insel von berechneten Lügen und zweckvollem Schein gab es nichts als Elend, wohin man auch blickte. Elend im ganzen Land, in ganz Europa.»[52]

Das Ungefähre und halb Ausgesprochene, das sonst dem Grand Hotel eignet, ist nur noch als Lüge bestimmbar. Unter Bedrohung und Lärm fallender Bomben fällt die Selbstbeherrschung. Angst und Wut verletzen die Konventionen, die leibliche Bedrohung lässt das Verborgene laut werden. Damit fällt der innere Zusammenbruch des Gesellschaftsorts Grand Hotel mit dem äußeren zusammen. Von Bomben zu einem großen Teil zerstört, ist die Exklusivität aufgehoben, der Niedergang schließt alles mit ein.

Forderte ‹Berlin Hotel› 1943 eine schwierige Gegenwart ein, so bezeichnet der Titel der deutschen Erstausgabe von 1946, ‹Hier stand ein Hotel›, Vergangenes. Im neu hinzugekommenen Vorwort beschreibt Vicki Baum ihr Buch als historisches Zeugnis, das als Medium eines anderen Erinnerns gelten soll.

---

52 Baum 1947, 39.

2. Grand Hotel als Schauplatz des Gedächtnisses

Als Folge der Diffamierung internationaler zivilisatorischer Werte, eines grausamen Kriegs, systematischer Ermordung und Vertreibung, der Erfahrung des Exils und der Heimatlosigkeit, kann das Grand Hotel in der Literatur nach 1945 nur noch Ort der Erinnerung[1] sein[2]. Die Texte, die ich im Folgenden diskutieren möchte, sind von verschiedenen Modi des Erinnerns geprägt.

Das ‹Hotel Memoria›[3], so der Titel einer Kurzgeschichte von Hermann Lenz, rekonstruiert über das Transitorische des Hotels traumhaft die Spuren einer Liebesgeschichte. Diese Spuren sind nicht an den konkreten Ort oder eine bestimmte Materialität gebunden, sondern in die Konstellation des Raums eingeschrieben. Bei Lenz scheint das Hotel als topographische Strukturierung des Gedächtnisses einzustehen. Alain Robbe-Grillet fragt in seinem Cinéroman ‹Letztes Jahr in Marienbad›[4] nach den formalen Strategien des Erinnerns. Die dargestellten Muster der Vergesellschaftung erscheinen auf der gleichen Ebene wie die allpräsenten Stuckornamente. Dabei geht es um Wiederholungen, welche die Oberfläche ergreifen und ein

---

1 Die Unterscheidung von ‹Ort der Erinnerung› und ‹Erinnerungsort› folgt Sigrid Weigels Analyse der Begriffe. (Weigel 2001, 16ff.).

2 Diese Bewegung in der Literatur schlägt sich auch im Film nieder. Nach 1945 fungiert das Film-Hotel kaum noch als gesellschaftlicher Mikrokosmos, sondern verschiebt sich mehr und mehr zum Ort historischer Vergewisserung, individueller Erinnerung und psychisch-existentieller Konfrontation. Es ist Schauplatz von Leidenschaften, Angst und Horror. (Arns 1996, 38). Nur wenige Nachkriegsbücher vermögen es, die gesellschaftliche Relevanz des Grand Hotels nochmals zu besetzen. Ein herausragendes Beispiel dafür ist Albert Cohens ‹Belle du Seigneur› von 1968: Das Gastzimmer des Grand Hotels wird erst als Liebesort inszeniert, wandelt sich später jedoch zum Gefängnis, da bereits den Gesellschaftsräumen die soziale Ausgrenzung des jüdischen Botschafters eingeschrieben ist. (Vgl. Cohen 1987).

3 Hermann Lenz schrieb die Erzählung ‹Hotel Memoria› 1952. Über Privatdruck hinaus erschien der Text erstmals 1990.

4 Die folgenden Ausführungen beziehen sich allein auf den genannten Cinéroman von 1961, ohne die Verfilmung von Alain Resnais aus dem selben Jahr zu berücksichtigen.

vages Gefühl des Schon-einmal hervorrufen, ohne dass man sie auf eine Bedeutung zurückführen könnte. Dante Andrea Franzetti verwebt in ‹Engel im Hotel Excelsior›[5] den Ort des Familiengedächtnisses mit dem Gesellschaftsplatz. Der Roman ist als rituelle Begehung des verlassenen Hauses angelegt, aus dem das Leben ausgezogen ist und das nun Erinnerungen freisetzt.

Erinnerung als Hotel

Das schwüle Wetter, «weißlackierte Stühle und Tische auf orangefarbenem Kies»[6] und Musik verdichten sich in ‹Hotel Memoria› zu einer Atmosphäre, die Erinnerungen weckt. Jede Wahrnehmung scheint durch die Erinnerung an das Erlebte, an den Krieg, vorstrukturiert. Die Geräusche haben ihre Unschuld verloren: Die Taubenflügel klatschen und knattern[7] wie Schüsse. Die Taube als Friedenssymbol ist von Assoziationen der jüngsten Vergangenheit überlagert. Hermann Lenz bezeichnet über Fühlen, Sehen und Hören eine Ergriffenheit, die Vergangenes leiblich erfahrbar erscheinen läßt. Der geistige Vorstellungsraum ist gleichsam als begehbarer Ort in die städtische Topographie eingefügt: Im Keller der Schlossruine ist das Hotel Memoria untergebracht. Dieser Ort erscheint überwirklich in seiner atmosphärischen Dichte, unwirklich[8] als Ort ungelebter[9] Vergangenheit.

> «Aber was bedeuteten Worte wie «vor» und «zurück», denn sobald ich mich umwandte, lag das Hotel Memoria genau so vor mir, wie es jetzt hinter mir lag, und es mochte drum gleichgültig sein, was ich unternahm.»[10]

---

5 Der Roman erschien erstmals 1990.
6 Lenz 1990, 7.
7 Vgl. Lenz 1990, 9.
8 Das Un- und Überwirkliche in Lenz' Schreiben bezieht sich auf Thomas Manns Ausführungen seiner Lenz-Lektüre in einem Brief an Hans Reisiger: «Das ist ein originelles, träumerisch-kühnes und merkwürdiges Talent, ganz selbständig neben Kafka, an den die Geschichten in ihrer genauen, wohlartikulierten Un- und Überwirklichkeit noch am meisten erinnern.» (Zitiert nach Hoffmann 1988, 13).
9 Kann man im Hotel Memoria das Ungelebte nachholen? «Wahrscheinlich nicht», weiß der Ich-Erzähler, bevor er das Haus betritt. (Vgl. Lenz 1990, 10).
10 Lenz 1990, 9.

Im Herauslösen und In-Frage-stellen von «vor» und «zurück» umfassen die Wörter sowohl eine räumliche als auch zeitliche Dimension. «Vor» und «zurück» sind keine festen Größen, sondern Relationen. Räumlich gefasst sind sie vom Standort des Wahrnehmenden abhängig. Sie wandeln sich mit einer Umdrehung und bleiben für den Wahrnehmenden so unerreichbar wie mehrdeutig. Die Zeitachse, mit ihrer Vorstellung von Fortschreiten und Hinter-sich-lassen, messbare Einheiten suggerierend, wird hier als Maß für Erinnerung abgelehnt. Die Erinnerung wird über die Chiffre des Hotel Memoria als etwas gefasst, das den Protagonisten räumlich umgibt. Der Hotelname ist im Verlauf der Erzählung einmal in Anführungszeichen gesetzt, dann wieder nicht, als ob der Autor darauf verweisen möchte, dass die Erinnerung als beständig räumlich umgebende konzipiert ist, aber nur in bestimmten Konstellationen bewusst und bezeichenbar wird. Dabei dient das Hotel nicht als konkreter Ort der Erinnerung, wo sich Begegnungen ereignet haben, sondern die Erinnerung ist *als* Hotel entworfen.

Die Adresse einer einstigen Geliebten auf dem vergilbten Zettel ist noch lesbar, während der ihr korrespondierende Ort im Stadtgefüge nicht mehr existiert. In der Topographie dieser Stadt sind die Plazierungen hinfällig geworden. Wenn der konkrete Ort wichtiger Schauplatz des Gedächtnisses ist, stellt sich die Frage, wo die Erinnerung in einer zerstörten Umgebung verankert sein kann. Anders als im katastrophischen Gründungsmythos der Mnemotechnik[11] bietet der Raum keine Möglichkeit, die Toten zu identifizieren, weil er selbst in der umfassenden Zerstörung kaum noch rekonstruierbar ist. In diese doppelte Lücke tritt das Hotel Memoria und mit ihm Erinnerung *und* Fiktion. Das Hotel ist Inbegriff einer symbolisch besetzten Topographie und seit 1933 Zuflucht der Heimatlosen. Wer aber in den Sümpfen Grigorowos[12] gestorben ist, lungert vor dem Hotel Memoria, als ob selbst das Hotel diese im Krieg Verschollenen nur über den Ausschluss verorten könne.

Was bedeutet es, dass das Hotel Memoria in den Kellerräumen der Schlossruine untergebracht ist? Symbolisiert die Ruine das Ende des gelebten Alltags, wo findet Alltag dann noch statt? Das Schloss

---

11 Dem Sänger Simonides, der das Haus vor dem Einsturz verlassen hatte, gelang es, die Identität der Toten aufgrund der Tischordnung zu rekonstruieren.
12 Vgl. Lenz 1990, 10.

ist politischer wie kultureller Merkpunkt einer vergangenen Zeit. In der zerstörten Stadt ist diese Ruine eine der wenigen, die bezeichenbar ist, während der Keller sowohl Ort des Überlebens, als auch Grab[13] sein kann. In jedem Fall überschneiden sich hier kollektives und individuelles Gedächtnis: «Aus dem Hotel Memoria kamen plötzlich viele Leute heraus, als habe dort eine Versammlung stattgefunden; die Menschen sahen aus, als seien sie von etwas Starkem, vielleicht sogar Erschütterndem berührt worden und kämen aus einem Kino oder aus der Kirche.»[14]

In der Vorstellung, dass man das Hotel betreten muss, um sich erinnern zu können, schwingt mit, dass die Erinnerung den Leib beansprucht, gar von diesem abhängt. Mit dem Gang in den Schlosskeller ist aber auch die Fahrt in die Unterwelt bezeichnet, in welcher der Liftjunge, der hier ein Mädchen ist – eine zu früh Gestorbene? –, als Führerin der Unterwelt auftaucht. In der Anspielung an die Überfahrt in den Hades ist diese Gefahr mythisch gespiegelt. Ist das Hotel auch Versuch, Dinge zu verorten, so sind anders als in der Mnemotechnik die Erinnerungen zwar räumlich verknüpft, gehorchen aber keiner binären Verweisstruktur. Die Erinnerung als Hotel zu beschreiben, heißt, dass sie ephemer ist, nur beschränktes Wohnrecht einräumt, nicht festgelegt sein kann. Es ist das beunruhigende Durchfahren eines Raums ohne Gewähr, der keine überschaubare Ordnung ermöglicht und keinen Schlüssel zur Entzifferung an die Hand gibt. Dabei ist bezeichnend, dass der Lift, das ausgezeichnete Gefährt räumlicher Verunsicherung, den Protagonisten im Hotel Memoria bewegt.

Erinnerung ist bei Lenz eng mit dem Traumhaften verknüpft, da die Beschäftigung mit dem Vergangenen nicht allein darauf zielt, was war, sondern darauf, was hätte sein können. Die entstellten Bilder der Sehnsucht führen in diesem Hotel Memoria gleichsam zur eigenen Fremde. Am transitorischen Ort ist alles im Übergang, Sehnsuchtsbilder und Erinnerungsbilder verschmelzen. Alles nimmt dieselbe ungewisse Vergangenheit ein.

Das ‹Hotel Memoria› ist bei Lenz aber auch Erinnerung an das eigene Schreiben. In der Erzählung ‹Jugendtage›, 1937 verfasst, gibt

---

13 Siehe Walter Mehrings Chanson ‹Hopla wir leben› innerhalb des gleichnamigen Stücks von Toller. (Toller 1996, 112ff.).
14 Lenz 1990, 13.

es das Hotel einer ersten Bekanntschaft mit einer Lion am Bodensee, es gibt auch dort wie in ‹Hotel Memoria› die Ziehharmonika, das Gedicht auf den Herbst, Anziehung auf Distanz, den Dritten. Dies sind Teile, die sich nun neu fügen, dabei ist jedoch nicht der inhaltliche Rückbezug wichtig, sondern die Nachhaltigkeit ihrer Präsenz. Gerade die Wiederholung dieser Erzählmomente verweist auf eine Verschiebung, die nichts gleich, nichts unangetastet lässt, vieles aber bleibt – entstellt – ähnlich. Die Erinnerung der Lenzschen Schreibweise könnte man eine Verweisstruktur des Transitorischen nennen. Die Schrift versucht, Vergessen aufzuhalten, ohne den Anspruch, Vergangenes rekonstruieren zu wollen.

Gedächtnis der Form

«Wieder – gehe ich, wieder diese Flure entlang, durch diese Säle, durch diese Galerien, in diesem Bauwerk – aus einer anderen Zeit, diesem gigantischen Hotel, luxuriös, barock – unheilverkündend, wo endlosen Fluren Flure folgen, – lautlose, leere, überladen mit düsterem, kaltem Zierat, mit Getäfel, mit Stuck, mit den geschnitzten Füllungen der Türen, mit Marmor, erblindeten Spiegeln, verblichenen Gemälden, Säulen, erdrückenden Tapeten, – geschnitzte Rahmen der Türen, Reihen von Türen, von Galerien, – Fluchten von Fluren, die wieder in leere Salons führen, in Salons, überladen mit dem Zierat einer anderen Zeit, in schweigende Säle ...»[15]

Die Stimme, die das Sprechen des Texts vielmehr als eine Geschichte in Alain Robbe-Grillets Ciné-roman ‹Letztes Jahr in Marienbad› eröffnet, erklingt ohne sichtbare leibliche Präsenz aus dem Off. Dieses Sprechen wie die gesamte Szene sind im Sinn einer Seh- und Höranweisung kommentiert. Die Anweisung steht stellvertretend für das Auge der Kamera und die Tonspur, beziehungsweise für die Wahrnehmung der Leserin und bedient sich dabei eines filmischen Vokabulars. Die Leserin ist aufgefordert, ihre synthetische Leistung, die darin besteht, Versatzstücke zu Bildern zu fügen oder einer Stimme auch ohne entsprechende Schilderung einen Körper zu verleihen, zu hinterfragen. Die einzelnen Wahrnehmungsspuren sollen nebeneinander wachgehalten werden.

---

15 Robbe-Grillet 1961, 18.

Die Stimme setzt mit «wieder» ein, stoppt in einem Gedankenstrich, fährt fort in einem «gehe ich», um dann das «wieder», fremd an diesem Satzort, zu wiederholen. Die Stimme ohne Leib muss man sich zusätzlich technisch verfremdet vorstellen. Das «Wieder» soll in den Tonspuren zweier Bänder, die nicht synchron ablaufen[16], verschwimmen, um erst im Verlauf des Monologs zu einer verständlichen Stimme zu verschmelzen. Anfänglich ist das Nichtverstehen der akustischen Irritation verdankt, später verlieren die Worte über ihre unermüdliche Wiederholung an Bedeutung. Sie wirken abgegriffen und fremd. Der Rhythmus der Sätze überlagert den Inhalt. Die Irritation des Verstehens geht mit einer systematisch angelegten Irritation der Wahrnehmung einher. Das Sichtbare korreliert nicht mit dem Hörbaren. Geräusche werden geschildert, ohne auf ihre Quelle einzugehen oder eine solche überhaupt plausibel erscheinen zu lassen. Perspektiven sind teilweise personal angelegt, manche jedoch stehen kontextfremd ohne identifizierbaren und zuschreibbaren Blickpunkt[17]. Nah und fern, hörbar und unhörbar sind nicht von einem einheitlichen Wahrnehmungsort aus konzipiert.

Welchen Raum nimmt diese Stimme ein, die in einem «Bauwerk – aus einer anderen Zeit» spricht? In diesem Sprechen, das als innerer Monolog zu charakterisieren ist, beschreibt der Protagonist, was er sieht, ohne das Gesehene explizit auf seine Gefühle zurückzubinden. Die Beziehung des Protagonisten zum Raum schwingt in der Wortwahl mit, die das Grand Hotel als fremdes Gegenüber charakterisiert. Die Dinge erscheinen wie bei Proust in der ersten Begegnung des jugendlichen Marcel mit der fremden Umgebung Balbecs extrem präsent. Während für Marcel die Dinge über die Gewohnheit jedoch gleichsam unsichtbar und über den alltäglichen Gebrauch verfügbar werden, verbleiben sie in ‹Marienbad› vordergründig und abweisend. Die Aufzählung des Sichtbaren ist von vielen Adjektiven geprägt, als ob das allpräsente Ornament ein sprachliches Korrelat verlangen würde. Es wird kein Lebensraum beschrieben, die Oberfläche der Dinge drängt überall in den Vordergrund. Die ornamentalen Struk-

---

16 Vgl. Robbe-Grillet 1961 (deutsche Fassung), 18.
17 Darauf verweist etwa die folgende Klammerbemerkung: «(Perspektiven, die normalerweise für Spaziergänger nicht möglich sind).» (Robbe-Grillet 1961, 54).

turen erscheinen unabhängig von den architektonischen Elementen[18] wie Wände, Decken, Türrahmen. Der funktionale Zusammenhang ist ganz vom Ornament überwuchert.

Die Medien der Repräsentation sind allgegenwärtig. «Ce soir, unique représentation de ...»[19] Die Theateraffiche verkündet täglich die Einzigartigkeit des Darzubietenden. Sie steht für die Illusion des Einmaligen. Das Theater präsentiert ein Reservoir an verfügbaren Gesten, fächert die Konstellationen einer Paarbeziehung auf und zeigt dabei nur die Stilisierung eines ganz und gar formalisierten Grand-Hotel-Daseins. In der zitierten Eröffnungsszene mündet die Stimme des Protagonisten in den arrangierten Theaterdialog, scheint ihrerseits nur eine *Wieder*holung des Erprobten. Wiederholungen sind auch auf einer bildlichen Ebene ubiquitär. Es gibt kein Original, alles ist schon Abbild des Abbilds und fügt sich in die Kette der Ähnlichkeiten ein. Dabei ist das kausale Verhältnis von Ereignis und Abbild aufgehoben. Es existieren Fotografien der Protagonisten, die sie in vorangegangenen Szenen zeigen, wie in solchen, die sich (scheinbar) noch gar nicht ereignet haben. Auch das Grand Hotel selbst ist vervielfacht. Die symmetrisch statische Ansicht des Hotels ist in einem Stich gefasst, der die Präzision der Linienführung durch die Technik seiner Produktion betont. Hier wie überall treten das gestochen scharfe Bild, die klaren Umrisse und nicht die Tiefe räumlicher Verankerung hervor.

Robbe-Grillet eröffnet ein Spiel mit dem Repertoire, was bereits im Titel anklingt, der auf ein immer schon Vergangenes verweist und gleichzeitig ein letztes Mal anklingen lässt: *letztes Jahr* in Marien-

---

18 Venturis Analyse der Ornamente in der Amalienburg, wie sie in Alain Resnais Verfilmung von ‹Letztes Jahr in Marienbad› tatsächlich zu sehen sind, untersucht das Verhältnis zwischen Dekoration und Gegenstand: «Die vergoldeten Rocailleformen in der Amalienburg der Residenz Nymphenburg haben als Flächenreliefs ein analoges [das heißt hier: unabhängiges; C.S.] Verhältnis zum Raum. Wände und Möbel, Einbauten und Kerzenhalter sind von den Stuckmotiven wie übersprengelt. Sie werden von Spiegeln und eingelassenen Kristallen reflektiert, überhöht durch den überreichen Einfall von Licht, andererseits verunklärt durch die unerwarteten, immer überraschenden Kurven in Grund- und Aufriß. Der Raum wird dadurch zerlegt in ein amorphes, glitzerndes Konglomerat von Formen.» (Venturi / Scott Brown / Izenour 1979, 137).

19 Robbe-Grillet 1993, (französisches Original) 67.

bad[20]. Die Stereotypen des Gesellschaftslebens sind als Zitate und Wiederholungen von Zitaten präsent: die flüchtige Bekanntschaft Unbekannter, eine Gesellschaft, die sich in immer gleichen Geschichten und Redensarten ihrer selbst versichert. Die Erzählmuster wiederholen sich in der einleitenden Frage: «Kennen Sie die Geschichte nicht?»[21]

Inhaltlich könnte man die Geschichte des Galans, der in einer schönen Frau seine letztjährige Hotelbekanntschaft erkennen will, zentral setzen. In Hinblick auf die traditionelle Hotelerzählung wäre dann zu sagen, dass dieser Galan die Spielregeln des Hotels missachtet, denn der erinnerte Flirt verpflichtet auf eine Rolle, während das Grand Hotel in seiner Anonymität gerade die freie Wahl der Rolle in Aussicht stellt. Doch bei dieser Deutung müsste man voraussetzen, dass sich etwas Einmaliges ereignet hätte. Das Moment des Adressierbaren, als zwei Personen sich und niemand anderen meinen, war jedoch gestern, ohne Garantie, dass es im Gestern wirklich stattgefunden hat. Alles scheint ins freie Spiel der Signifikanten verschoben, ohne dass ein Signifikat eine Abhängigkeit und Kausalität einbringen könnte.

> «... diese Hände, geschaffen, sich ineinander zu legen, diese Augen, die, geschaffen, Sie zu sehen, sich von Ihnen abwenden müssen – hin zu diesen Mauern, überladen mit dem Zierat einer anderen Zeit, mit schwarzem Getäfel, Vergoldungen, geschwungenen Spiegeln, alten Gemälden, – Guirlanden aus Stuck mit barocken Verschnörkelungen, – vorgetäuschte Kapitele, falsche Türen, falsche Säulen, trügerische Perspektiven, falsche Ausgänge.»[22]

Das Ornament einer vergangenen Zeit zieht den Blick vom lebendigen Gegenüber ab. Finger und Augen sind vermittelnd beschrieben, die Möglichkeit ist bezeichnet, ohne dass sich der Blick *ereignet*. Die Augen sehen nicht, sondern sind dafür gemacht zu sehen. Es ist diese Spanne zwischen Disposition und Ereignis, die Robbe-Grillet so weit dehnt, dass jede Zuschreibung von Bedeutung prekär wird.

Die Frage des Erinnerns ist in ‹Letztes Jahr in Marienbad› zentral. Aber wie sich die Zimmer nur ähneln und nicht identisch sind, einmal erscheint das Gastzimmer schlicht, einmal opulent, in einer Szene

---

20 Auch der Titel des französischen Originals ‹L'année dernière à Marienbad› ist in diesem Sinn doppeldeutig. (Vgl. Robbe-Grillet 1993).
21 Robbe-Grillet 1961, 32.
22 Robbe-Grillet 1961, 29.

geordnet, dann plötzlich ohne äußeren Anlass in Unordnung, gibt es verschiedene Erinnerungsanordnungen, aber keine Gewissheit. Strategien der Symbolisierung werden provoziert und wieder zurückgenommen, sie können keine durchgehende Gültigkeit behaupten. Gerade diese Latenz provoziert die Frage: Wie ist ein Rückgriff auf die Vergangenheit möglich oder anders gesagt, wie kann man 1961 eine Grand-Hotel-Geschichte erzählen? Kann man hergebrachte Schreibweisen hinter sich lassen und gleichzeitig auf Vergangenes reflektieren?

Die Figuren und Handlungen werden fragmentarisch und lückenhaft dargestellt, eine kausale Verknüpfung zwischen Emotion und daraus erfolgender Handlung ist nicht greifbar, ein mimetisches Erzählen ist zugunsten klar festgelegter, aber kapriziöser Handlungsarabesken und symbolischer Überhöhungen, die Bedeutung zitieren und nicht auf eine Einheit hin interpretiert werden können, verschoben. Leserin und Zuschauerin versuchen aus der Diskontinuität, Muster einer Motivation herzustellen, wie man im Wolkenbild Figuren und Gesichter zu erkennen sucht, die verschwimmen, solange man noch am alten Bild festhält und sich verfestigen, sobald man ein nächstes gefunden hat. Das Verbindende ist das Moment der Auflösung, das auch eines der Verfestigung sein kann. Einzelnes bleibt hängen und erfährt in der Erinnerung eine neue Reihung.

Robbe-Grillet führt das kulturelle Reservoir an Klischeevorstellungen zum Grand Hotel vor und entleert über eine rein serielle Kombinatorik die Versatzstücke jeglicher Erzählfunktion. In seiner formalen Erstarrung ist das Grand Hotel kein Ort mehr, wo Schicksale erschrieben werden können. Der Raum ist mit Bildern, Gesten und Szenen gesättigt, die einander ähneln. Er ist mit Stimmen angefüllt, die man glaubt, schon einmal vernommen zu haben. Gespräche laufen ins Leere und tauchen aus der Leere wieder auf. Hinter dem Gemeinplatz gibt es kein Verbergendes mehr wie für Kracauer in der Hotelhalle, der Gemeinplatz ist allein Figur formaler Erinnerung. Auch ein Außen, das eine Befreiung von diesem Innenraum in Aussicht stelle könnte, gibt es nicht. Beinahe alles spielt sich in einem geschlossenen Binnenraum ab, mit Fenstern ohne Ausblick[23]. Jenes Außen, das nur ausnahmsweise durch das Fensterkreuz sichtbar wird

---

23 «Dans toutes ces images de l'hôtel, il n'y a jamais de fenêtres; ou, en tout cas, on ne voit jamais le paysage extérieur, ni même les vitres.» (Robbe-Grillet 1993, 56).

und damit wieder gerahmt erscheint, ist ein Park ohne Pflanzen, in strengster Geometrie angelegt, dessen ‹scharfe Linien starre Zwischenräume›[24] hervortreten lassen – «Flächen ohne Geheimnis»[25].

> «Auf den ersten Blick schien es unmöglich, sich dort [im Hotelpark; C.S.] zu verlieren ... auf den ersten Blick ... in den geradlinigen Alleen, zwischen den Statuen mit ihren erstarrten Gesten, den Platten aus Granit, wo Sie jetzt schon im Begriff waren, sich für immer zu verlieren, in der lautlosen Nacht allein mit mir.»[26]

Die Romanfiguren fliehen am Ende nicht an einen anderen, lebendigen und besseren Ort, sondern scheinen in der Reihung der Signifikanten zu verschwinden. Das dekonstruktivistische Verfahren Robbe-Grillets in ‹Letztes Jahr in Marienbad› könnte man als Konzeption einer formalen Erinnerung ans Grand Hotel beschreiben.

Erinnerung im Hotel

Dante Andrea Franzetti weitet in seinem Roman ‹Die Versammlung der Engel im Hotel Excelsior› die Spanne einer Nacht zum Raum der Erinnerung. Franzetti lässt seinen Protagonisten durch das Grand Hotel seiner Kindheit wandern, das als gastliches Haus keine Zukunft mehr vor sich hat, sondern einem Büromaschinenhersteller als Tagungsort dienen soll.

> «Für die Erinnerung entfaltet der Ort, weil er das sinnlich Anschaulichere ist, gewöhnlich eine stärkere assoziative Kraft als die Zeit; so dass, insbesondere wo es sich um einmalige und gefühlsstarke Wechselbeziehungen handelte, für die Erinnerung gerade er sich mit dieser unlöslich zu verbinden pflegt und so, da dies gegenseitig geschieht, der Ort noch weiterhin der Drehpunkt bleibt, um den herum das Erinnern die Individuen in nun ideell gewordene Wechselbeziehungen einspinnt.»[27]

Der Raum, in seiner Fähigkeit, Erlebnisqualitäten zu konkretisieren und als Speicher vergangenen Geschehens einzustehen, ist der Schutz-

---

24 Robbe-Grillet 1961, 136.
25 Robbe-Grillet 1961, 136.
26 Robbe-Grillet 1961, 136.
27 Simmel, GA, Bd. 7, 1995, 150.

ort der Erinnerung. Über weite Strecken entwirft Franzetti das Grand Hotel als subjektiven Erinnerungsraum, der in unscheinbaren Details Bilder der Intimität beschwört und ihnen damit Werte unterlegt, die keine objektive Grundlage besitzen. Die Übergänge des Erinnerns sind als Momente irritierter Wahrnehmung inszeniert: die «Augen» des Kronleuchters[28], die den eigenen Blick zurückwerfen und vervielfachen, das wie für den Beginn einer Theaterveranstaltung aufflammende Licht[29], ein Knistern, das einen atmosphärischen Wandel einleitet.

Schafft Franzetti dort, wo der Ich-Erzähler das Grand Hotel als Topographie der Kindheit durchwandert, atmosphärische Dichte, gehen die Szenen, welche die Glanzzeiten des Grand-Hotel-Lebens beschwören, nicht über die mehr oder weniger geschickt eingefügte Anekdote[30] hinaus. Die mondänen Geschichten von Tennismatches und Champagnerrausch berühmter Gäste bedienen die kollektive Verklärung. Dieses mechanische Erzählen scheint – unfreiwillig – über den Lift parodiert: Der im Lift in die Höhe getragene Ich-Erzähler durchfährt in jedem Stockwerk eine Geschichte. Die konkrete Maschine ersetzt poetologisch das Konzept des ‹Deus ex machina›, ihre Bewegung motiviert die nächste überraschende Wendung.

Ob es sich um die Vergangenheit des Ich-Erzählers oder jene des Hotels handelt, die Erinnerung ist in beiden Erzählsituationen als systematisch provozierbar dargestellt. Nun, da dieser Ort nicht mehr atem- und pausenloser Durchgangsraum für Passanten und Schicksale ist, werden der Erinnerung und der damit einhergehenden Nostalgie Zeit zur Besinnung und Kontemplation im Sinne einer Spurensuche und -sicherung eingeräumt. Aus allen Ecken kriechen im verlassenen Haus die Phantasmen. Sie erheben sich aus der verschnörkelten Schrift alter Postkarten und aus den Beulen dickbauchiger Pfannen, denen noch der imaginäre Duft exquisiter Gerichte anhaftet. Die Gegenstände funktionieren dabei wie Requisiten, die das nächste

---

28 Franzetti 1994, 60.
29 Franzetti 1994, 64.
30 Etwa wenn ein berühmtes Tennismatch von 1927 vorgestellt wird: «Vielleicht war jetzt, vor meinen Augen, das legendäre Spiel im Gang, während dem die Lenglen zwei Rackets am Boden zertrümmert hatte. (...) Nun erkannte ich die Gesichter: Douglas Fairbanks, den kleinen Finger am Schnauz, saß neben Charlie Chaplin, der traurig zur Decke statt auf den Platz blickte, neben ihm Lauren Bacall, eine Zigarette im roten Mundwinkel.» (Franzetti 1994, 37–38).

Stichwort liefern. Gegen Ende der Erzählung heißt es denn auch: «Bald würde ich meinen Rundgang beendet haben und konnte zu den alten Gewohnheiten zurückkehren»[31]. Der Ich-Erzähler fühlt sich dabei «zufrieden wie nach einer langen, beschwerlichen Reise»[32]. In dieser Form verfügbarer Vergangenheit erscheint das Grand Hotel als archivierter und dokumentierter Gedächtnisort. Franzetti nennt denn auch im Abspann seine historisch-anekdotische Quelle. Das Grand Hotel bei Franzetti ist zum «Museum»[33] geworden. Hier verblasst der imaginäre Raum.

Dante Andrea Franzetti verfolgt neben dieser sehr systematisch angelegten noch eine weitere, als Binnenerzählung eingefügte Konzeption von Gedächtnis, die ich genealogisch nennen möchte. Dabei ist die Familiengeschichte des Ich-Erzählers, die auch die Jugenderinnerungen des Vaters umfasst, mit dem Leben Cäsar Ritz'[34], Übervater aller Grand Hotels, und der Generationenfolge der Hoteliers dieses einen spezifischen Hauses verknüpft. Eingebunden in diese Spanne von Gründung, Blüte und Niedergang des Grand Hotels erscheint das Nachdenken darüber, wie dieser Ort erinnert werden und welchen Platz er im kollektiven Gedächtnis einnehmen kann, schwierig und vieldeutig. Es ist die folgende Szene, die diese Frage, in die Vergangenheit versetzt, wachruft:

«Als die Kutsche wieder anfuhr, stellte sich Cäsar Ritz alle Hotels mit einem fehlenden Teil vor, als hätte man eine Ecke abgetragen oder eine Bresche in sie geschlagen: das Savoy, das Grand Hotel in Rom, den Frankfurter Hof, das Domhotel, das Hotel du Louvre, sogar sein zukünftiges Hotel Ritz an der Place Vendôme. Sie alle, ohne Ausnahme, wie das Kolosseum.»[35]

Diesen Gedanken könnte man als Ruinenbewunderung interpretieren, insofern, als großartige zivilisatorische Leistungen großartige

---

31 Franzetti 1994, 142.
32 Franzetti 1994, 142.
33 «Ich hatte siebzehn Stunden im Excelsior verbracht, siebzehn Stunden, in denen ich in den Räumen herumgegangen war, wie in einem Museum.» (Franzetti 1994, 149).
34 «Daß ich ihm wiederbegegnen würde, war unvermeidlich: Es gab kein Luxushotel in der Art des Excelsior, in dem nicht Botschaften von ihm verstreut waren. In den meisten Häusern, denen Ritz Pate gestanden hatte, hingen wohl Fotografien von ihm, wie jene im Atrium, auf der er steif, die treue Marie Louise im Hintergrund, auf einem Stein sitzt.» (Franzetti 1994, 135).
35 Franzetti 1994, 137.

Ruinen hervorbringen. Er drückt aber auch die Phantasie des Niedergangs aus, wonach ein Bauwerk mit der Vollendung seinen Zenit auch schon überschritten hat. Im Hinblick auf den gesamten Roman könnte man von einer Verdoppelung der Ruinenbetrachtung sprechen: Der Ich-Erzähler besichtigt das Excelsior wie Cäsar Ritz einst das Kolosseum. Sie besuchen die Hüllen eines fremd gewordenen, eines vergangenen Kollektivs. «Sie alle, ohne Ausnahme, wie das Kolosseum». Der Vergleich ist so verkürzt wie vieldeutig. Sind die Grand Hotels leere, aber eindrucksvolle Kulissen, die vom Betrachter mit Phantasmen einer besseren Zeit gefüllt werden? Oder können sie wie das Kolosseum als Kristallisationspunkt einer Epoche figurieren?

Materialisierter Erinnerungsort

Die Sehnsucht nach Geschichte und Geschichten führt während der Achtzigerjahre des 20. Jahrhunderts zu wachsendem Bewusstsein gegenüber dem kulturellen Wert der historischen Hotelbauten; dies nicht zuletzt in den Alpen, wo die großen Hotels lange als Verschandelung der Landschaft gebrandmarkt worden waren. – Hier sei an die Kartengrüße erinnert, die das frühe Massenmedium Postkarte so umfassend in seiner Abgegriffenheit zitiert haben, bis das revolutionäre Moment der Gründung, das dahinter steht, wieder aufgeblitzt ist[36].

Der Wunsch nach repräsentativer Gesellschaftlichkeit führt heute jedoch nicht zu einem Aufleben – hier in einem konkret leiblichen Sinn verstanden –, sondern zu einem Vermitteln der Grand-Hotel-Kultur. Gesellschaft und Geselligkeit werden zitiert. Vergangenes lesbar zu machen, wird im traditionsbewussten Grand Hotel wörtlich genommen, indem dem Gast die Geschichten des Hauses aufs Kopfkissen gelegt werden. Der schriftliche Nachtrag greift, im Übergang zwischen Wachen und Traum plaziert, um den Mangel an Erlebtem wettzumachen, in den Fundus des Imaginären. Die Schwelle einer ephemeren Anwesenheit – das Bett bemisst zumindest die Dauer

---

36 Besonders hingewiesen sei hier nochmals auf Beuys Überschreibung einer Postkarte mit elektrischen Drähten im Vordergrund und dem Maloja Palace im Hintergrund: «La rivoluzione siamo Noi!».

einer Nacht – wird um den geträumten Raum erweitert. Die Muße als größtes Privileg einer vergangenen Epoche ist heute keinem mehr gegeben. Der Erlebnischarakter[37] des Orts muss schnell und kompakt erfahrbar sein. Der Gesellschaftsraum ist deshalb auf narrative Vermittlung angewiesen.

> «Aber dennoch bleibt eine gewisse Verwirrung und Trauer angesichts immenser Formen, die für uns die ursprüngliche signifikante Kraft verloren haben und uns (bezogen auf die schmächtigen Signifikate, die wir hier einführen) wie enorme Botschaften vorkommen, zu komplex im Verhältnis zu der Information, die sie uns übermitteln.»[38]

Umberto Eco beschreibt die Ohnmacht gegenüber den monumentalen Zeugen einer vergangenen Zeit. Er bezieht sich auf die zum Jenseitigen gerichteten Pyramiden und Tempel, deren Glaubenskraft und -fülle dem heutigen Betrachter als Stein gewordener Aberwitz begegnen. Aber auch die Grand Hotels wirken als Leerform monströs und traurig. Die signifikante Kraft ist im Austausch mit dem Leben bestimmt; wo dieser alltägliche Umgang wegbricht, bleibt das Ganze unverständlich. Eine konservierende Haltung versucht, das Ruinöse des Grand Hotels aufzuhalten, wodurch der Verlust jener Gesellschaft, die in den Gesellschaftszimmern ihre vitalen Bedürfnisse verräumlicht fand, nur desto deutlicher wird. So sind Schreibzimmer und Hotelbibliothek in ihrer Funktion zwar noch zu erkennen, verwaist aber wandeln sie sich zu musealen Räumen, die im Vorführen dessen, was einmal gewesen ist, Trauer wecken. Gleichzeitig fasziniert die Mumifizierung des Grand Hotels, weil sie als Ersatz mangelnder Erinnerung figurieren kann und den Betrachter am kollektiven Gedächtnis teilhaben lässt.

> «Man ‹besucht› Kirchen und Schlösser, die man nicht mehr bewohnt. Lebensplätze oder Festorte werden zu bloßen ‹Sehenswürdigkeiten›, wenn sie sich vom Alltag ablösen. Dieser Wandel manifestiert sich in feinen Unterschieden. Der Besucher eines Schlosses unterscheidet sich dadurch vom Bewohner, dass er den Louis-XV-Sessel nur betrachten, sich aber nicht auf ihn setzen darf. Der Umgang mit den Dingen degeneriert zu einem kulturellen

---

37 In den Modeworten Erlebnis-Gastronomie und Erlebnis-Hotellerie, die für Vermarktung und Design herhalten, ist dieser Anspruch explizit gemacht.
38 Eco 1991, 320.

Voyeurismus, wenn die ästhetischen Vorbehalte und Warntafeln überhand nehmen.»[39]

Im historischen Grand Hotel gibt es keine Warntafeln. Die Listen berühmter Gäste, die nostalgischen Fünf-Uhr-Tee-Konzerte und das Stakkato des liebevoll wiederhergestellten elektrischen Klaviers Welte Mignon[40] markieren ästhetisch jedoch Distanz. Wenn man in den tiefen Sesseln der Halle lehnt, ist der Augenblick von einem Filmgefühl überblendet. Geschichten und Klänge einer anderen Zeit legen sich wie eine Folie über die Dinge und die Erlebende verschwindet hinter der Beobachterin. Das wiedergewonnene Interesse am historischen Grand Hotel lebt aber wohl gerade von der Spannung des Ungleichzeitigen: im Keller ist die arrangierte Ramschkammer zu besichtigen, hier bilden historisches Sport- und Küchengerät neben vergilbten Bildern des Familienalbums ein Tableau leerer Formen, während vor den Fenstern die Großraumkabinen der Seilbahn zu sehen sind.

Die Geschwindigkeit des Reisens, heute ankommen und morgen weiterziehen, verhindert das Einleben und Aussetzen an einem Ort. Die Erfahrung des Dazwischen kommt nicht mehr dem Aufenthalt an einem Schauplatz außerhalb des Alltäglichen und der damit verbundenen Irritation des Gewohnten zu. Der Alltag selbst ist eine Kette gesichtsloser Zwischenräume, wie sie die anonymen Wartehallen internationaler Flughäfen[41] darstellen. Geschichte verfüg- und konsumierbar zu machen, ist deshalb ein Anliegen unserer Zeit. Das Grand Hotel muss auf den ersten Blick als Abziehbild seiner selbst erkennbar sein. In diesem Zusammenhang erscheint die Rekonstruktion des Grand Hotels, für die der Wiederaufbau des Hotel Adlon in Berlin paradigmatisch steht, besonders interessant. Die Rekonstruktion fand beim Adlon in einer doppelten Form statt, einmal über den konkreten materiellen Aufbau und einmal über die Narration. Eine Kritik am historisierend wieder aufgebauten Adlon darf sich entsprechend nicht auf die architektonische Form beschränken, sondern

---

39 Waldenfels 1999, 210–211.
40 Hier wird auf jenes Exemplar im Hotel Waldhaus in Sils Maria angespielt. Letztlich ist interessant, dass sich die beiden völlig unterschiedlichen Strategien, mit alten Grand Hotels umzugehen – nämlich jene, die das Überkommene zum Event stilisiert, und die bewahrende, die liebevoll am Alten festhält –, in der Notwendigkeit, Öffentlichkeit durch Narration zu ersetzen, überschneiden.
41 Vgl. Augé 2000.

muss berücksichtigen, welchen Erinnerungs- und Sehnsuchtsraum das einstige Haus eingenommen hat und wie dieser heute tradiert wird.

> «(...) Erinnerungsorte können ebenso materieller wie immaterieller Natur sein, zu ihnen gehören etwa reale wie mythische Gestalten und Ereignisse, Gebäude und Denkmäler, Institutionen, Begriffe, Bücher und Kunstwerke – im heutigen Sprachgebrauch ließe sich von «Ikonen» sprechen. Erinnerungsorte sind sie nicht dank ihrer materiellen Gegenständlichkeit, sondern wegen ihrer symbolischen Funktion. Es handelt sich um langlebige, Generationen überdauernde Kristallisationspunkte kollektiver Erinnerung und Identität, die in gesellschaftliche, kulturelle und politische Üblichkeiten eingebunden sind und die sich in dem Maße verändern, indem sich die Weise ihrer Wahrnehmung, Aneignung, Anwendung und Übertragung verändert.»[42]

Diese Definition des Erinnerungsorts hat sich von einer konkreten Verortung gelöst und erscheint hier insofern interessant, als sie den Übergang von Konkretisierung und Symbolisierung erfassen kann. Denn das Grand Hotel als Kristallisationspunkt kollektiven Wünschens trägt über das materielle Haus hinaus und kann sich letztlich über eine starke symbolische Dimension wieder zu einem konkreten Ort in der städtischen Topographie verdichten. So gesehen umfasst der Erinnerungsort den semantischen Raum, der zwischen dem historischen Ereignis und seiner heutigen Erinnerung liegt und in den sich die Geschichte seiner Deutung eingeschrieben hat.

Das Hotel Adlon muss sowohl als konkreter und spezifischer Er-innerungsort, eingebunden in die Geschichte der Stadt und der Nation, als auch als verdichteter Ort kollektiven Wünschens gelesen werden. In einem Artikel in der ‹Vossischen Zeitung› vom 27. Oktober 1907, den Dr. E. Carlotta zeichnet, ist das Haus als Zeichen nationalen Aufschwungs[43] gewertet:

> «Adlon's Verdienst in der Schöpfung des Monumentalbaues, der gestern der großen Welt erschlossen wurde, ist weit höher, als alle Schönredner es bisher eingeschätzt; er beruht in der glänzenden Durchführung einer nationalen Idee, in der Gewinnung des Siegespreises für eine deutsche Hotelschöpfung, die – allen Walldorf-astoriamilliardären Amerikanern, allen Hotel Quartie-

---

42 François / Schulze 2000/2001. Bd. 1, 17ff.
43 Relativ spät erst wurden in Berlin die ersten Grand Hotels gebaut, die sonst in städtischem Kontext oft auch in Zusammenhang mit den Weltausstellungen entstanden. Hier bestand ein gewisses Nachholbedürfnis.

ren der Schweiz, allen Ritz Aktiengesellschaften Englands zum Trotz – für den Gewinn eines deutschen Gastgebers in der deutschen Reichshauptstadt und der um ihn gescharten deutschen Kräfte des Baufachs, Kunstgewerben und Kunsthandwerkes dem Triumph errungen hat, der Welt Unübertroffenes und Niedagewesenens dargeboten zu haben, so daß Deutschlands Glanz und Schimmer als weiße Feder sich vor keinen fremden Schwan mehr zu legen braucht.»[44]

Bereits über die Verdrängung dessen, was vorher da war, nahm das ehemalige Hotel Adlon einen besonderen Platz in der Geschichte Berlins ein. Das Palais Redern, Schinkels repräsentatives Stadthaus im Stil der Neorenaissance, galt als maßgebend für die Gestaltung des Pariser Platzes und war um 1900 denkmalgeschützt. Kaiser Wilhelm II. hob den Schutz per Dekret auf und machte damit eine Umnutzung möglich. Adlon kaufte das Grundstück 1905 und bereits am 23. Oktober 1907 wurde das neu gebaute Hotel feierlich eröffnet, nicht ohne dass es der Kaiser selbst in Augenschein genommen hätte. Das kaiserliche Engagement für diesen Hotelbau wird von den Interpreten gleichermaßen als Machtgeste wie als Kennzeichen von Weltoffenheit beurteilt. Es ist jedoch interessant, dass der Kaiser die standesgemäße Beherbergung aus dem höfischen Kontext in den Kreislauf der Ökonomie entlässt, wobei die Rolle des Gastgebers profanisiert wird.

> «Ganz Berlin flutet durch den Windfang. Man eröffnet das Hotel, das einen Schinkelschen Bau einen frostigen und akademischen Bau, das Patrizierheim einer ersten Familie, von der Stelle gefegt hat. Der Besitzer bringt ein Kaiserhoch aus, Militär spielt auf, ein prachtvolles Büffet winkt uns. Das ist die loyale Demokratisierung der Demokratie. Einst wohnte an dieser Stelle ein altes Geschlecht in alten Formen, jetzt hat es der Weltbürger erobert, die Technik läßt ihre Wunder um ihn erblühen, Sie drücken, und es leuchtet rot und weiß und rotweiß – doch ich werde pathetisch.»[45]

Die Statussymbole von Bildung, Gelehrsamkeit und gepflegter Unterhaltung, wie sie das ehemalige Palais Redern ausgesuchten Gästen bot, werden übernommen und den Bedürfnissen der Vielen angepasst: Der Antikensalon verwandelt sich zu einer Ansammlung aller

---

44 Zitiert nach Demps / Paeschke 1997, 34.
45 Oskar Bie: ‹Hotel›, in: ‹Die neue Rundschau›, XIX. Jg. Berlin 1908; zitiert nach Gruber 1994, 106.

‹aristokratischen Stile› der Vergangenheit in verschiedenen Themenzimmern aufbereitet[46], der Tanzsaal wird zum Ballsaal für mehrere hundert Gäste, die Gemäldegalerie zerstreut sich in der Dekoration der Zimmer, dabei ist das passende Sujet wichtiger als die Qualität der Bilder.

«Als vor zwei Jahren die Nachricht bekannt wurde, daß das Palais Redern am Pariser Platz einem neuen Hotelbau Platz machen sollte, konnten sich unsere Aestheten ob solcher Barbarei nicht genug entrüsten. Heute werden sie anderer Meinung sein. Denn angesichts des alten Kastens, dessen architektonische Schönheiten nur besonders feinorganisierte Kunstkenner zu würdigen vermochten, ist ein Gebäude entstanden, dessen von seinem Kunstsinn durchwehte Ausstattung selbst auf jeden Laien einwirken und ihn den höheren Zielen eines durchbildeten Geschmacks zuführen muß: das Hotel Adlon.»[47]

Die Übersetzung des Elitären in massentauglichen Geschmack ist aus der Geschichte des Grand Hotels nicht wegzudenken. Die formale Popularisierung und Trivialisierung[48] wird jedoch über die Geschichte der Innewohnenden geadelt. Hedda Adlon hat es in ihren Erinnerungen verstanden, Anekdoten und Mythen geschickt zu verknüpfen und die Aura des Einmaligen herzustellen. Die Narration leistet einen wichtigen Beitrag dazu, dass der Wunschraum und nicht die skeptische Beurteilung architektonischer Qualität überdauert[49].

Das Buch von Laurenz Demps und Carl-Ludwig Paeschke, 1997 zur Eröffnung des neuen Adlon erschienen, spiegelt in seiner Mi-

---

46 Der Hotelprospekt von 1924/25 verspricht: «Drawing room in Louis XV. style», «Ladies-drawing room in Louis XVI. style», «Reading and writing room in Regent style», «Beethoven-Music room in Queen Anne style», «Mirror room fitted in Empire Style». Dass sich Aristokratie auch mit Kunst verbindet ist in den folgenden Namen gespiegelt: Goethe-Garten, Hotel-Restaurant: Raffael-Halle und Raffael-Gallerie, dem Beethoven- und Mozart-Saal.
47 ‹Berliner Morgenpost› Rubrik ‹Berliner Neuigkeiten› vom 24. Oktober 1907, zitiert nach Auer 1997, 102.
48 Die ‹Deutsche Bauzeitung›, Berlin, den 11. Dezember 1907 berichtet: «Die künstlerische Oekonomie der Material- und der Formenwerte ist doch an verschiedenen Stellen zu vermissen; (…).»
49 Im Weiteren besetzte der Bau aber auch einen wichtigen Teil der Kriegs- und Nachkriegsgeschichte. Als eines der wenigen Gebäude im Zentrum Berlins und insbesondere des Pariser Platzes blieb das Adlon während der Bombenangriffe fast unbeschädigt und brannte aus ungeklärten Gründen erst nach dem Einmarsch der Alliierten in Berlin nieder. Im Seitenflügel wurde der Hotelbetrieb jedoch auch nach der Trennung Berlins weitergeführt.

schung von Reklamebroschüre, ernsthaft auftretender Geschichtsschreibung und den eingestreuten Anekdoten von Zeitzeugen die traditionelle Selbstgefälligkeit der Grand-Hotel-Überlieferung. In der Aufhebung des eigenen Urteils in Aussagen wie ‹über Geschmack nicht streiten zu können›[50] oder ‹Erfolg scheint recht zu geben›[51], beschreiben die Autoren implizit den Publikumsgeschmack als nicht hintergehbare Norm des Grand Hotels. Der alte, gegen J.C. Heer vorgebrachte Verdacht, ein von den Hoteliers bestelltes Reklamewerk[52] vorzulegen, scheint hier wieder virulent. Der Vorwurf richtet sich dabei nicht darauf, dass solche Bücher geschrieben und über Werbebudgets finanziert werden, sondern auf den Mangel, die Tradition der Hotelgeschichtsschreibung und damit die eigene Position zu reflektieren. Auch das Buch von Peter Auer[53] und die Dissertation von Claudia Jansen-Fleig[54], beide 1997 erschienen, reproduzieren eine Mischung von Sachkundigkeit, Spekulation und Ungefährem. Die ernsthafte und kontextfremde Paraphrasierung der Anekdote, wie bei Jansen-Fleig, die sich auf Hedda Adlon beruft, wirkt im Gestus historischer Wahrheit unfreiwillig komisch, während der eng gefasste Blick auf das Architektonische und die Inneneinrichtung letztlich gerade der Werbestrategie des Grand Hotels, aus lauter Versatzstücken ein Einmaliges zu konstruieren, huldigt. Alle drei Publikationen zielen darauf, kollektive Wunschbilder zu bündeln und gleichsam zu polieren. Denn die Wunschbilder haben sich über die Zeit gerettet und werden heute besonders dankbar aufgegriffen, um über die Banalität des Realen hinwegzutäuschen.

Die neuere Architekturkritik scheint an der Verweigerung festzuhalten, die Bauaufgabe des luxuriösen Hotels ernst zu nehmen. Die Architekturkritik, paradigmatisch in der Reihe der ‹Chronik der baulichen Ereignisse 1996 bis 2001›[55] vertreten, entzieht sich der Stellungnahme zum Adlon-Neubau und setzt an die *Stelle* einer kriti-

---

50 Vgl. Demps / Paeschke 1997, 132.
51 (Vgl. Demps / Paeschke 1997, 131). Zu rapportieren, dass die Architekten die «unzeitgemäß hohen Räume des Vorbildes nicht übernahmen» (130), ist eine der vielen Euphemismen, die den ökonomischen Druck, der dahinter steht, naiv kaschieren oder gar einfältig übersehen.
52 Vgl. Kapitel zu J.C. Heer.
53 Vgl. Auer 1997.
54 Vgl. Jansen-Fleig 1997.
55 Düttmann / Zwoch 1998, 54–59.

schen Analyse eine Fotoserie und Zitate aus Vicki Baums ‹Menschen im Hotel›. Das fällt umso mehr auf, weil alle anderen Projekte mit Planmaterial und ausführlichen Texten vorgestellt sind. Natürlich kann das, wie wohl intendiert, als ironische Geste gegenüber einer Architektur, die ihrerseits nur Collage ist, verstanden werden. Aber das genügt nicht. Indem die Architektur des Baus nicht zur Sprache gebracht wird, schließt sich dieser Beitrag letztlich der Verweigerung der klassischen Moderne an, die das Grand Hotel bereits in den Zwanzigerjahren zum Nichtthema deklarierte. Man überlässt das Feld den Bildern und nostalgischen Zitaten.

Das Grand Hotel Adlon ist ein wieder materialisierter Erinnerungsort, der sich der Ökonomie des Symbolischen verdankt und im Wiederherstellen der Bilder mit dem mitgelieferten Ruf spekuliert. Formal geht es um das Erkennbare. Wichtige Teile werden zitiert: das hohe Kupferdach, das bossierte Sockelgeschoss, die Rundbogen im Erdgeschoss. Ein summarisches Bild des Bekannten wird erzeugt, ohne sich mit Details aufzuhalten. Proportion, Feinheit der Ornamentierung und Stockwerkhöhen folgen den Gesetzen der Kosteneinsparung und Gewinnmaximierung. Die Rekonstruktion bewegt sich entlang der prekären Linie, die von der Frage ‹Wieviel Ähnlichkeit braucht es um Ähnlichkeit zu erzeugen?› markiert wird.

Hatte sich die architektonische Moderne über das Grand Hotel und den damit so stark konnotierten Publikumsgeschmack hinweggesetzt, ist die historistische Rekonstruktion[56] insofern fragwürdig, als sie die Moderne als Potenzial der Differenzierung ausblendet, während die ökonomischen Zwänge aktuellen Bauens nur allzu präsent sind. Die Zahl der Stockwerke wurde erhöht und die Raumhöhe als Privileg, das in den Kategorien des Luxus' noch keine Sterne gefunden hat, entsprechend verringert. Beim Adlon ist nicht das einzelne Versatzstück, sondern der ganze Bau Zitat. Der Stilpluralismus ist hier nicht Geste postmoderner Sprachfindung und Reaktion auf

---

56 Die Gestaltungsvorgabe der Neunzigerjahre für Berlins Mitte hat sich einer ‹kritischen Rekonstruktion› verschrieben und behauptet damit, sich von einer ‹naiven Rekonstruktion› abzusetzen, die allein Hergebrachtes imitiert, ohne auf die heutige Zeit zu reflektieren und historisch bedingte Verschiebungen der Wahrnehmung zugunsten einer nostalgischen Sicht festlegt. Ein kritisches Vorgehen dagegen würde man sich als Prozess der Auswahl, Veränderung und Akzentuierung vorstellen. Wo die ‹kritische Rekonstruktion› allerdings nicht über die Fassade hinausgeht, wird sie Mühe haben, mehr als Hülle zu sein.

das unmögliche Ganze, sondern platte Wiederholung eines Baus, der bereits 1907 eklektisch erbaut worden war. Die Rekonstruktion bleibt darin befangen, eine Ganzheit wieder herstellen zu wollen und scheitert dabei gerade an der «geschichtlich-sozialen Dimension»[57], weil hier nur Hüllen und keine belebten Räume geschaffen werden. Die Rekonstruktion konzentriert sich immer auf die Hülle, weil sie Vergangenes auf das Abbildbare reduziert. Die Brüchigkeit der Rekonstruktion fällt denn auch besonders im Innern ins Auge, wo die tief gehängten Decken mit ihren eingelassen Downlights die Banalität räumlicher Ordnung beleuchten.

Es stellt sich die Frage, wie stark die Sehnsucht nach Geschichte vermag, das Sichtbare hinter dem Zauber der Vergangenheit zurücktreten zu lassen oder inwiefern gerade diese Banalität der Rekonstruktion wieder Surrogat für ein aktuelles Lebensgefühl sein kann. Der Versuch, sich das Potenzial wie den Nimbus des Grand Hotels als Ort des bürgerlichen Intellektuellen, der Öffentlichkeit für seine Provokationen sucht, wieder anzueignen, scheint durchaus aktuell. Die Reinszenierung des Grand Hotels findet über eine sich stilisierende Generation deutschsprachiger Schreibender[58] statt: «Dort nun, im ‹Adlon›, wollten wir uns drei Tage lang zu Gesprächen einschließen, um dann am Sonntag abend ein Sittenbild unserer Generation modelliert zu haben; soweit der Plan.»[59] Bessing, der die Gespräche mit seinen Freunden (angeblich) transkribiert hat, fasst die Reproduktion der Markenkultur, Champagner, Pillen, Luxushotels, VIP-Lounges, Maßanzüge und Blasiertheiten unter dem Titel der «Wohlstandsverwahrlosung», der sich als roter Faden durch das Buch ‹Tristesse royale› zieht, zusammen. «Klingt hohl. Seht ihr: Genau wie das ‹Adlon› ist die Welt, in der wir leben. Außen fein herausgeputzt, mit Goldrand, aufgehyped – dahinter hohl.»[60]

---

57 Hier wird auf die «Wiederentdeckung der geschichtlich-sozialen Dimension der Architektur sowie der kulturellen Tradition als eines Reservoirs semantischer Potentiale» (Welsch 1991, 108), wie sie die Postmoderne unternommen hat, verwiesen.
58 Dieses Wort vertritt die Bezeichnung des Schriftstellers, ein geistiges und formales Privileg, das hier nicht leichtfertig verteilt werden sollte.
59 Bessing 2001, 11.
60 Bessing 2001, 60–61.

3. Las Vegas – einverleibte Geschichte

In der Wüste

«Las Vegas ist die Apotheose der Wüstenstadt.»[1]

Der eigentliche Hoteltraum des späten 20. Jahrhunderts liegt in der Wüste, ist in Las Vegas auf Sand gebaut. Hier öffnet sich die Spanne zwischen der Gründung des Grand Hotels im 19. Jahrhundert an den Merkpunkten einer ausgezeichneten Landschaft, die zur *Inszenierung* einlädt, und jeglicher Absenz von Differenzialität, die nach der *Erfindung* eines Orts verlangt. Beiden Orten, der Wüste wie den Alpen, ist jedoch die Unwirtlichkeit gemein, der Raum des Vergnügens und der Erholung muss der Landschaft erst abgetrotzt werden und bezieht seine Faszination nicht zuletzt aus diesem Kontrast. Als Gegensphären zur Alltagswelt berühren sich Alpen und Wüste erneut; einmal stützt sich das Andere auf den Topos des Unberührten, Natürlichen, das andere Mal auf die sinnliche Erfahrbarkeit des Imaginären in der sprichwörtlichen Fata Morgana.

In der Tageshitze eröffnet sich über Las Vegas die flimmernde Endlosigkeit des Horizonts, der nie zu erreichen und gerade deshalb bedrohend und lebensfeindlich wirkt. Der endlose Raum scheint dabei mit seinem Extrem zusammenzufallen und zum beengten Raum zu werden. Der Strip der Fünfziger- und Sechzigerjahre, erster Höhepunkt des Mythos Las Vegas, konzentrierte sich deshalb auf die Nacht und inszenierte sie als Orientierungsmuster von Lichtspuren. Der Zeichencharakter ist von der konkreten Topographie völlig losgelöst, weil jede Stelle gleich ist und erst über die Leuchtreklame ausgezeichnet wird, ihr Hier und Jetzt mit Neonfarben in den Himmel schreibt und damit ein eigenes Bezugssystem von Bewegungslinien und Nachbarschaften schafft. Waren die frühen Zeichen Versprechen für das in unscheinbaren Bauvolumen Verborgene, bilden heute künstliche Vulkane und gigantische Wasserspiele die Vorhut

---

1 Venturi / Scott Brown / Izenour 1979, 25.

einer expressiven Architektur, während die weit ausgreifenden Überdachungen der Vorfahrten die Lockung des Innenraums nach außen ziehen.

Die Wüste als Inbegriff des Ungestalteten ist nicht tabula rasa im Sinn einer Absage an die Geschichte, wie sie die Klassische Moderne für die Architektur propagiert hat, sondern Projektionsfläche für Geschichten. Es ist deshalb bezeichnend, dass die Postmoderne gerade von der Casino- und Hotelstadt Las Vegas und damit dem eigentlichen Antiort der Moderne fasziniert war. Die Wüstenstadt Las Vegas, von der Venturi, Scott Brown und Izenour den kommunikativen Aspekt der Architektur wieder lesen und schätzen gelernt haben[2], braucht die Erzählung, um sich eine Identität zu geben. «Die Wüste als leere Fläche für Beschriftungen»[3], wie sie Schmitz-Emans als poetologisches Gleichnis ausweist und auf die Grundlosigkeit verweist, mit der der Schreibende angesichts des leeren Blatts konfrontiert ist, scheint hier auch als Klammer zwischen Poetik und Architektur auf, da beide den Grund mittels Zeichen erst erschaffen müssen. Als Kehrseite der Leere steht die Aussicht auf unendliche Erneuerung des Texts. Dass Las Vegas, Synonym des künstlich geschaffenen Gesellschaftsorts, in der Wüste steht, könnte dahin gehend gedeutet werden, dass sich das Abenteuer Gesellschaft in der Inszenierung von Ferien- und Freizeitkultur nicht länger mit dem Naturerlebnis bemänteln will, sondern gerade das Niemandsland vorbehaltlos und ausschweifend als Traumraum inszeniert. Der Strip als

---

2 Las Vegas hat sich, seit Venturi, Scott Brown und Izenour davon gelernt und die Postmoderne gelehrt haben, gewandelt. Die einstigen Schuppen, die in Block- oder Parzellenraster eingebunden waren und über riesige, vom Schuppen oft losgelöste Leuchtreklamen auf sich aufmerksam machten, haben sich selbst zu dreidimensionalen Zeichen und damit, um dem Venturi-Jargon zu folgen, zu eigentlichen ‹Enten› hin konkretisiert, bei denen die Architektur selbst das loszuschlagende Produkt abbildet.
Zur Definition einer architektonischen ‹Ente›: «Da, wo die architektonischen Dimensionen von Raum, Konstruktion und Nutzung durch eine alles zudeckende symbolische Gestalt in ihrer Eigenständigkeit aufgelöst und bis zur Unkenntlichkeit verändert werden. Diese Art eines zur Skulptur werdenden Hauses werden wir ‹Ente› nennen – (...).» Zur Definition des ‹dekorierten Schuppens›: «Da, wo Raum und Struktur direkt in den Dienst der Nutzung gestellt und Verzierungen ganz unabhängig davon nur noch äußerlich angefügt werden. In diesem Fall sprechen wir von einem ‹dekorierten Schuppen›.» (Venturi / Scott Brown / Izenour 1979, 104–105).
3 Schmitz-Emans 2000, 137.

Hauptverkehrsachse des Vergnügens, in kurzer Zeit entstanden, stellt einen der ersten Layer einer selbstreferenziellen Struktur vor. Das ökonomisch sinnvolle Nebeneinander wiegelt sich gegenseitig zu einer immer perfekteren Erfüllungsmaschinerie kollektiver Wünsche hoch, was hier in den letzten Jahre einige der größten Hotels der Welt hat entstehen lassen.

Der Name Las Vegas fixiert die Fata Morgana auf der Landkarte und wandelt sie so vom Traumbild des Individuums zu jenem des Kollektivs. Als Nicht-Ort kann Las Vegas die Gleichzeitigkeit aller Stile und das Nebeneinander aller Landmarks vorstellen. Die Postkartenmotive müssen nicht mehr mit einem Sternchen ausgezeichnet werden, sondern sind als Kollektion aufrufbar. Die «Techniken der Extraktion, Reduktion und Rekombination»[4], die nach Michael Sorkin Fernsehen wie Disneyland strukturieren, sind auch für das Prinzip Las Vegas grundlegend.

Die Raummaschine

«Das künstlich beleuchtete, durch Klimaanlagen gekühlte Innere ist das Pendant zur gleißenden Hitze der unfruchtbaren, nur mit dem Auto zugänglichen Wüste draußen.»[5]

Die Verknüpfung von Wüste und Innenwelt liegt im absoluten Gegenüber, dem höchst inszenierten Kontrast. Las Vegas' Entwicklung und insbesondere die seiner Hotels kann als Geschichte der Einverleibung beschrieben werden. Die frühe, thematisch orientierte Hotelarchitektur machte Anleihen bei der Western-Stadt, wie sie die Landschaft suggeriert und die erste Besiedelung rund um die Eisenbahnstation[6] vorgab. Eine lose Verknüpfung von innen und außen war gegeben. Zu Ende des 20. Jahrhunderts nun zitiert das Bellagio Hotel den mediterranen Charme eines Touristenorts am Comersee, stülpt die frühe Grand-Hotel-Atmosphäre samt dazu gehöriger Landschaft nach innen und ignoriert den Außenraum. Die Hotel- und Ca-

---

4 Sorkin 1992, 101.
5 Venturi / Scott Brown / Izenour 1979, 59.
6 Die offizielle Gründung von Las Vegas datiert auf 1905, wobei die Bahnhofsstation als wichtigstes Gebäude die Siedlung dominierte und den Standort der Hauptstraße, der Fremont Street, festlegte. (Vgl. Hess 1993, 16).

sinokomplexe, die kurz vor der Jahrtausendwende entstanden sind, beerben sowohl das Grand Hotel wie das Panorama.

> «Das Interesse am Panorama ist, die wahre Stadt zu sehen – die Stadt im Hause. Was im fensterlosen Hause steht, ist das Wahre.»[7]

Panorama[8] und Grand Hotel machen die Bewegung überflüssig, sie sind so konzipiert, dass das Verborgene und Unklare in der sinnfälligen Komposition aufgelöst und ästhetisiert erscheint. Hatte das alpine Grand Hotel gleichsam als realistisch eingerichtete Plattform des Panoramas gedient und damit die Umgebung notwendig in das Arrangement eingeschlossen, konstruieren die jüngsten Grand Hotels von Las Vegas eine vollkommene Landschaft[9] im Haus, die wahrer sein soll als die Realität. Es ist die perfekte Welt im Haus: «Diese in hohem Maße kontrollierte, völlig synthetische Vision [wie sie in Disneyland für die Besucher umgesetzt wird, aber auch für den neuen Hoteltypus in Las Vegas gilt; C.S.] liefert uns eine vereinfachte, bereinigte Erfahrung, die zum Ersatz für die eher regellose Komplexität unserer Städte wird.»[10] Der reale Raum bringt Gerüche oder Geräusche, wie auch Unverhofftes, Irritierendes und Gefahrvolles mit sich. Das Hotel Venezia dagegen zeigt ein sauberes Venedig[11],

---

7 Benjamin 1982, [Q2a,7] 661.
8 Das Panorama bezog einen Teil seiner Faszination aus der Allsicht und der damit verbundenen Verfügbarkeit des Dargestellten. Der Wunsch der Kontrolle zeigte sich besonders darin, dass anfänglich die Rundgemälde oft die Städte wiedergaben, in denen sie gezeigt wurden. Allerdings lag dieser Wunsch nur in den wirklichen Großstädten wie Paris und London vor, während in Berlin um die Mitte des 19. Jahrhunderts die Stadt im Haus wenig Besucher anzog, die reale Stadt erschien noch als ausreichend übersichtlich. Es war das Fremde und Kolossale, das der Kontrolle bedurfte. Wie Comment aber richtig bemerkt, darf der Aspekt der Kontrolle nicht überbetont werden, weil das Panorama durchaus auch Ort war, in dessen Schein der Besucher ganz eintauchen und die Orientierung verlieren konnte. (Vgl. Comment 2000, 138).
9 Bereits der Grundriss ist wie eine Landschaft angelegt. Er erscheint wuchernd, ohne formale Strenge, das Casino ist in diesem Gewirr die Piazza. Entsprechend ist der Grundriss nur als Sequenz und nicht als geschlossene Figur lesbar. Auch der eintretende Gast kann den Raum nicht überblicken, sondern nur erleben.
10 Sorkin 1992, 101.
11 Der amerikanische Architekt Jon Jerde äußert sich zur Konzeption einer erfolgreich realisierten Shopping-Mall: «Der Grundgedanke war die Schaffung eines einzigartigen gigantischen Konsumtempels in Anlehnung an die Saville Row in London, die Rive gauche in Paris oder die Stadt Venedig. Ein Ort, wo der Kon-

ohne den Geruch des Vermoderten, ohne Hochwasser, Tauben und das ölige abgestandene Schwarz kleiner Seitenkanäle[12]. Wie beim althergebrachten Panorama ist das Themenhotel Reiseersatz. Reisen ist von allen atmosphärischen Werten abstrahiert, die Menschen, die eine Kultur leben, sind verschwunden. Nun winken im Hotel Paris Las Vegas Statisten im gestreiften Leibchen und mit in die Stirn gezogenem Béret, einen Korb duftender Croissants am Arm, oder sie spielen in einer gepflasterten Gasse malerisch drapiert auf dem Akkordeon ‹La vie en rose›.[13] Kultur wird vordeklamiert, ist kleinster gemeinsamer Nenner der Verdinglichung. Geräusche, Licht und Atmosphäre sind künstlich erzeugt und damit kontrollierbar. Auch die Tageszeiten gehorchen einem künstlichen Rhythmus des beschleunigten Vergnügens. Die Tradition ist hier nicht über die Erzählung kolportiert, sondern physisch gerafft, leiblich erlebbar, ohne deshalb sozial eingebunden zu sein.

Eines der ersten Hotels, das als abgeschlossene Gesellschaftsinsel geplant wurde, ist Ceasars Palace, das 1966 eröffnete. Der Bau brach mit dem Typus der straßenorientierten Motel-Tradition, die direkte Anbindung an die Straße mit frontal angelegten Parkplätzen wich dem Architekturobjekt und seiner Inszenierung. Michael J. Dear spricht in diesem Zusammenhang von der Verwandlung der zur Straße hin orientierten Hotels in «self-contained islands»[14]. Die Intimisierung des Vergnügens, wie sie traditionell zum Grand Hotel gehört, ist hier auf die Spitze getrieben: «It [hier bezogen auf das Luxor-Hotel, 1993 fertiggestellt; C.S.] is designed instead to bring people by car to this particular hotel where they will find everything they can possibly want in a visit to Las Vegas, including gambling, accommodation, good service, parking, a variety of restaurants and

---

sument sich gewissermaßen nach Europa versetzt fühlen sollte, ohne das Land zu verlassen.» (Jerde 1992, 69).
12 Dazu der Hotelbesitzer des ‹Venetian› Sheldon Adelson: «Wir bauen nicht etwa ein falsches Venedig. Wir stellen Charme, Historie und Architektur des wirklichen Venedig wieder her.» (Zitiert nach einem Artikel-Manuskript von Jörg-Uwe Albig, Berlin).
13 Man fühlt sich beinahe an Daudets Tartarin erinnert, der von seinem Landsmann Bompard erfährt, dass die ganze Schweiz ein einziger Kursaal mit einem Volk von Komparsen sei. (Vgl. hierzu das Kapitel ‹Ein einziges Panorama-Kasino›).
14 Dear 2000, 203.

casual food vendors, and an indoor theme park suitable for all ages.»[15]

Hat sich bisher die Schlaflosigkeit der Stadt im beständigen Um-, Weiter- und Neubauen in die physische Präsenz eingeschrieben, verweisen die jüngsten Eingriffe erstmals auf eine Historisierung früher Schichten der Stadtentwicklung. Die Überdachung der Fremont Street von 1995 durch die Architekturfirma Jerde Partnership schafft nicht nur eine Flaniermeile mit Sonnenschutz, sondern setzt ein Stück der eigenen Geschichte, hier die bereits pittoresk anmutende geschlossene Randbebauung von Casinos und Hotels der ersten Stunde[16], unter die Präsentierglocke. Wie eine riesige Vitrine verändert die Überdachung den Wahrnehmungsraum, indem sie Teile der Stadt als sehens- und gleichzeitig schützenswert auszeichnet. Die große Geste – das Dach ist 427 Meter lang, 30 Meter hoch und mit über zwei Millionen Lichtquellen besetzt – verdankt sich akutem Innovationsdruck, da die offene Straße gegenüber den Innenwelten der Hotelkomplexe an Attraktivität verlor und der wirtschaftliche Niedergang drastisch war. Entscheidend dabei sind Zeitpunkt und Akt der Musealisierung, gehen sie doch mit der Einrichtung verschiedener Hotelmuseen[17] einher und erinnern damit an die kollektive Selbstinszenierung, wie sie beinahe hundert Jahre zuvor schon St. Moritz erlebt hatte.

«Vergangenheit und Zukunft verschmelzen unzusammenhängend mit der Gegenwart; die Grenzen zwischen Wirklichkeit und Fälschung, nah und fern verwischen sich – Geschichte, Natur und Technik werden unterschiedslos von der phantasmagorischen Maschinerie der Mall verarbeitet.»[18]

15　Dear 2000, 204.
16　An der Fremont Street ist das Vergnügen dicht genug zusammengeballt, um perspektivisch darstellbar zu sein, wie ein Touristen-Prospekt von Las Vegas aus den Sechzigerjahren ins Bild setzt. (Vgl. Abbildung bei Venturi / Scott Brown / Inzenour 1979, 84). Venturi / Scott Brown / Inzenour schreiben dazu: «Bezeichnenderweise ist Fremont Street wesentlich photogener als der Strip. Eine einzige Postkarte kann das ‹Golden Horseshoe›, das ‹Mint Hotel›, das ‹Golden Nugget› und das ‹Lucky Casino› zeigen.» (Ebenda, 49).
17　Das Guggenheim Las Vegas, von Rem Koolhaas gestaltet, ist dem Venetian eingegliedert, das Bellagio wartet mit einer Bellagio Gallery of fine arts auf.
18　Crawford 1992, 73.

Las Vegas verleibt sich aber nicht nur die eigene Geschichte ein, sondern beerbt über den Nachbau ganzer Monumente, Skylines und Straßenzüge das Phänomen Stadt. Die Postkartenmotive europäischer Touristenmetropolen wie auch die idealisierte Silhouette New Yorks sind hier nachgebaut und verkehren sich zum Eigentlichen, weil originär bewahrten, während die reale Stadt Veränderungen und Verletzungen ausgesetzt ist. Im New York New York, das 1997 eröffnete, ist die Stadt ein Haus, indem sich die Fassade in verschiedene typische Turmtypologien gliedert. Im Paris Las Vegas, 1999 erstellt, sind die Fassaden des Louvre, der Garnier-Oper und des Hôtel de Ville in den Komplex integriert, sie figurieren als touristische Zeichen, die nur noch ihre Funktion als Fotomotiv zu erfüllen haben. Die Wahl des richtigen Ausschnitts, das Aufsetzen des weich zeichnenden Filters werden dem Fotografen abgenommen, jeder Teil ist bereits auf Effekt hin inszeniert, in das Licht eines zarten Abendhimmels getaucht oder in ekstatischem Neon erglänzend.

«Las Vegas war aber zugleich auch bereits der Prototyp des Stadtmutanten: eine strikt monofunktionale Veranstaltung, die entmischte Dienstleistungsstadt, und deshalb – d.h. aufgrund der damit gegebenen Widerstandslosigkeit gegenüber den Wünschen der Klienten – radikal doppelt: Behälter von Verkaufsakten und legitimierende Zeichenbildung – Verkaufsstadt und Wunschstadt.»[19]

Las Vegas als vitale Entwicklung des Grand Hotels zu erfassen, beruft sich nicht auf den Bautyp, sondern auf die Logik dieses konzentrierten Gesellschaftsorts: die Inszenierung des Anderen, den panoramatischen Charakter, die Privatisierung des Vergnügens und die Standardisierung des Luxus in einem außerhalb des Alltags angesiedelten Raum. Venturi, Scott Brown und Izenour stellen einen interessanten Vergleich zwischen Las Vegas und anderen Vergnügungszentren der Welt her und erwähnen dabei bemerkenswerter Weise Marienbad und Disneyland. Als gleich bleibende Momente, die diese Vergnügungs-Architektur prägen, nennen sie: «strahlende Helligkeit, ein Oasen-Erlebnis inmitten einer lebensfeindlichen Umgebung, ein forcierter Symbolismus und schließlich auch die gezielte Bereitstellung sozialer Rollen, Systeme des Verhaltens für die Besucher.»[20]

---

19 Hoffmann-Axthelm 1992, 114.
20 Venturi / Scott Brown / Izenour 1979, 86.

Das Kollektiv hat das Rollenspiel verlernt, die Sehnsucht nach Öffentlichkeit aber ist geblieben. Die lebendige Interdependenz zwischen Gesellschaft und Grand Hotel ist nicht künstlich herstellbar. In den Hotelträumen von Las Vegas trägt der Raum alle Last der Öffentlichkeit und wirkt deshalb notwendig überzeichnet. Diese Hotels demonstrieren, welche gestalterische Anstrengung nötig ist, Gesellschaft zu ersetzen.

Bibliographie

Primärtexte

Adlon, Hedda, 1996: Hotel Adlon. Das Berliner Hotel, in dem die große Welt zu Gast war. (1963) München.
Altenberg, Peter, 1913: Semmering 1912. Berlin.
Aubrey Le Blond, Elizabeth Alice Frances (alias Main), 1907: The story of an alpine winter. London.
Bang, Herman, 1921: Franz Pander. In: ders.: Exzentrische Novellen. Berlin. S. 44–64.
Baum, Vicki, 1960: Menschen im Hotel. (1929) Zürich.
Baum, Vicki, 1947: Hier stand ein Hotel. (1943) Amsterdam.
Bennett, Arnold, 1947: The Grand Babylon Hotel. (1902) London, Paris.
Bessing, Joachim, 2001: Tristesse Royale. Das popkulturelle Quintett mit Joachim Bessing, Christian Kracht, Eckhart Nickel, Alexander von Schönburg und Benjamin von Stuckrad-Barre. München.
Bolt, Niklaus 1915: Peterli im Lift. Erzählung für die Jugend. (1907) Zürich.
Büchner, Georg, 1992: Leonce und Lena. In: ders.: Dichtungen. SW, Bd. 1. Frankfurt/M. S. 93–129.
Calzini, Raffaele, o.J.: Segantini. Roman der Berge. o.O.
Christie, Agatha, 1996: Betrams Hotel. (1963) Bern, München.
Cohen, Albert, 1987: Die Schöne des Herrn. (1968) Stuttgart.
Daudet, Alphonse, 1969: Tartarin von Tarascon. Tartarin in den Alpen. (1885) Leipzig.
Demski, Eva, 1991: Hotel Hölle, guten Tag. München, Wien.
Dickens, Charles, 1961: Klein Dorrit. (1855/1857) München.
Dill, Lisbet, 1935: Die Drehtür. Berlin.
Dillmann, Alexander, 1912: Die verwunschene Alm und andere Sachen. Fahrten durch Berg und Tal. München.
Dillmann, Alexander: Wolkenkuckucksheim im Kriege. Zeitungsfeuilleton undatiert, verfasst zwischen 1915–1919. Kulturarchiv Oberengadin, Samedan.

Dostojewskij, Fjodor M., 1994: Der Spieler. Aus den Aufzeichnungen eines jungen Mannes. (1866) München.
Ebertowski, Jürgen, 1997: Unter den Linden Nummer Eins. Der Roman des Hotel Adlon. Berlin.
Edgecombe, W., 1925: More mixed grill. A further collection of topical verses on winter and other sports. Samedan.
Edschmid, Kasimir, 1932: Davos. Die Sonnenstadt im Hochgebirge. Zürich.
Elvestad, Sven, 1923: Der Tod kehrt im Hotel ein. München.
Fabichler, Franz X., 1912: Die Damen wünschen? Lustspiel aus St. Moritz. Linz a. d. Donau.
Fischer, Marie Louise, 1995: Liebe im Grand-Hotel. Bergisch Gladbach.
Flaubert, Gustave, 2002: Madame Bovary. Frankfurt/M., Leipzig.
Frank, Leonhard, 1918: Der Mensch ist gut. Zürich.
Franzetti, Dante Andrea, 1994: Die Versammlung der Engel im Hotel Excelsior. Zürich, Frauenfeld.
Goethe, Johann Wolfgang, 1980: Wilhelm Meisters Lehrjahre. Frankfurt/M.
Gotthelf, Jeremias, 1921: Wie Uli der Knecht glücklich wird. Eine Gabe für Dienstboten und Meisterleute. (1841) Erlenbach-Zürich.
Greene, Graham, 1995: Heirate nie in Monte Carlo. (1955) Wien.
Hailey, Arthur, 1976: Hotel. Frankfurt/M.
von Haller, Albrecht, 1998: Die Alpen und andere Gedichte. Stuttgart.
Heer, Jakob Christoph, 1898: Streifzüge im Engadin. Frauenfeld.
Heer, Jakob Christoph, 1906: Führer durch das Engadin. Samedan.
Heer, Jakob Christoph, 1975: Der König der Bernina. (1900) Wetzikon.
van der Heijden, A.F.Th., 1997: Die Drehtür. (1979) Frankfurt/M.
Hemingway, Ernest, 1991: 49 Depeschen. Reportagen 1920–1956. Hamburg.
Hesse, Hermann, 1977: Kurgast. Aufzeichnungen von einer Badener Kur. Frankfurt/M.
Hesse, Hermann, 1990: Beschreibung einer Landschaft. Schweizer Miniaturen. Frankfurt/M.
Hessel, Franz, 1982: Heimliches Berlin. (1927) Frankfurt/M.
Hildesheimer, Wolfgang, 1953: Paradies der falschen Vögel. München, Wien, Basel.
Höcker, Paul Oskar, 1910: Die Sonne von St. Moritz. Berlin.

Höcker, Paul Oskar, 1929: Wintersport. (wahrscheinlich erstmals unter dem Titel ‹Wintersport im Engadin› in Velhagen & Klasings Monatsheften, XVII Jahrgang, Heft 4, Dezember 1903, erschienen) Bielefeld, Leipzig.
Hoffmann, Camill, 1987: Europäische Wanderbilder. St. Moritz-Bad. (1895) Zürich.
von Horvath, Ödön, 1985: Zur schönen Aussicht. In: ders.: Zur schönen Aussicht. Gesammelte Werke 1. Frankfurt/M. S. 133–207.
Hoster, Hermann, 1938: Genesung in Graubünden. Roman eines Kurortes. Berlin.
Hotelprospekt Hotel Adlon, 1924/25: Guide to Berlin. Berlin.
Inglin, Meinrad, 1988: Grand Hotel Excelsior. (1928) Zürich.
Kafka, Franz, 1996: Der Verschollene. (1927) Frankfurt/M.
Kästner, Erich, 2002: Drei Männer im Schnee. (1934) München.
King, Stephen, 2001: Shining. (1977) Bergisch Gladbach.
König, Carl, o.J. [ca. 1948]: Welt durch die Drehtür. Ein Hotelier erzählt. Trossingen.
Kraus, Karl, 1989: Fahrt ins Fextal. In: ders.: Gedichte. Schriften Band 9. Frankfurt/M.
Leitner, Maria, 1950: Hotel Amerika. (1930) Berlin.
Lenz, Hermann, 1983: Jugendtage. (1937 geschrieben). In: Merkur. Deutsche Zeitschrift für europäisches Denken. Heft 2, 37. Jahrgang. Stuttgart. S. 174–184.
Lenz, Hermann, 1990: Hotel Memoria. (1952 geschrieben) In: ders.: Hotel Memoria. Erzählungen. Frankfurt/M. S. 7–18.
Lippert, Peter, 1929: Aus dem Engadin. Briefe zum Frohmachen. München.
Loy, Rosetta, 1999: Schokolade bei Hanselmann. (1995) München.
Main, Elizabeth (siehe Aubrey le Blond) 1907: The story of an alpine winter. London.
Mann, Klaus, 1988: Der Vulkan. Roman unter Emigranten. (1939) Reinbek bei Hamburg.
Mann, Thomas, 1993: Der Tod in Venedig (1912). Frankfurt/M.
Mann, Thomas, 1993: Betrachtungen eines Unpolitischen. (1918) Frankfurt/M.
Mann, Thomas, 1993: Der Zauberberg. (1924) Frankfurt/M.
Mann, Thomas, 1996: Bekenntnisse des Hochstaplers Felix Krull. (1954) Frankfurt/M.

Manolescu, Georges, 1905: Gescheitert. Aus dem Seelenleben eines Verbrechers. Berlin.
Neustadt, Arthur, 1917: Mr. Fips in St. Moritz. Eine Satire des Engadiner Gesellschaftslebens. Zürich.
Philippi, Felix, 1916: Hotel Gigantic. Berlin.
Poe, Edgar Allan, 1992: Der Untergang des Hauses Usher. Frankfurt/M., Leipzig.
Proust, Marcel, 1981: Auf der Suche nach der verlorenen Zeit. In Swanns Welt. Frankfurt/M.
Proust, Marcel, 1995: Auf der Suche nach der verlorenen Zeit. Im Schatten junger Mädchenblüte. Frankfurt/M.
Proust, Marcel, 2002: Auf der Suche nach der verlorenen Zeit. Die wiedergefundene Zeit. Frankfurt/M.
Robbe-Grillet, Alain, 1961: Letztes Jahr in Marienbad. München.
Robbe-Grillet, Alain, 1993: L'année dernière à Marienbad. (1961) Paris.
Roth, Hermann, 1956: Johannes Badrutt. Hörbild. o.O.
Roth, Joseph, 1977: Werke. Ausgabe in vier Bänden. Bd. 3. Zürich.
Roth, Joseph, 1989: Hotel Savoy. (1924) Köln.
Roth, Joseph, 1991: Hotelwelt. In: ders.: Das journalistische Werk 1929–1939. Köln. S. 4–31.
Rousseau, Jean-Jacques, 1988: Julie oder Die neue Héloïse. Briefe zweier Liebenden aus einer kleinen Stadt am Fuße der Alpen. (1761) München.
Schickele, René, 1929: Symphonie für Jazz. Berlin.
Schiller, Friedrich, 1979: Wilhelm Tell. (1804) Stuttgart.
Schmid, Hans, 1924: Bündnerfahrten. Engadin und südliche Täler. Frauenfeld.
Schnitzler, Arthur, 1961: Doktor Gräsler, Badearzt. In: ders.: Gesammelte Werke. Die erzählenden Schriften 2. Frankfurt/M. S. 113–205.
Schnitzler, Arthur, 1996: Fräulein Else. (1924) In: ders.: Die Frau des Richters. Erzählungen. Frankfurt/M. S. 9–75.
Schwarzenbach, James, 1965: Der Regimentsarzt. Roman aus dem Engadin. Zürich.
Schwarzenbach, James, 1967: Belle Epoque. Roman nach der Jahrhundertwende. Zürich.
von Sell, Sophie Charlotte, 1935: Weggenossen. (1911) Stuttgart.
Serao, Matilde, 1908: Evviva la vita! Roma.

Serao, Matilde, 1910: Es lebe das Leben! Berlin.
Serner, Walter, 1964: Handbrevier für Hochstapler. Berlin.
Souvolle, de Henry, 1906: Visions d'Engadine. Paris.
Thompson, Kay, 2000: Eloise. Ein Buch für frühreife Erwachsene über ein kleines Mädchen im New Yorker Plaza. (1955) Berlin.
Toller, Ernst, 1996: Hoppla wir leben! Stuttgart.
Tracy, Louis, 1911: The Silent Barrier. (1908) New York.
Twain, Mark, 1967: Zu Fuß durch Europa. (1880) Göttingen.
Voss, Richard, 1909: Alpentragödie. Roman aus dem Engadin. Berlin.
Weidenmüller, Anna, 1898: Piz Zupô. Eine Geschichte aus dem Touristenleben der vornehmen Welt im obern Engadin. Hamburg.
Werfel, Franz, 1927: Die Hoteltreppe. In: ders.: Geheimnis eines Menschen. Novellen. Berlin, Wien, Leipzig. S. 199–219.
Whitechurch, Victor L., 1909: The canon in residence. London.
Zweig, Stefan, 1983: Vierundzwanzig Stunden aus dem Leben einer Frau. Frankfurt/M.
Zweig, Stefan, 1983: Bei den Sorglosen. In: ders.: Die schlaflose Welt. Aufsätze und Vorträge aus den Jahren 1909-1941. Gesammelte Werke in Einzelbänden. Frankfurt/M. S. 104–111.
Zweig, Stefan, 1992: Die Welt von Gestern. Erinnerungen eines Europäers. (1944) Frankfurt/M.
Zweig, Stefan, 1996: Rausch der Verwandlung. Roman aus dem Nachlass. Frankfurt/M.

Weiterführende Literatur

Abels, Norbert, 1990: Franz Werfel. Reinbek bei Hamburg.
Adorno, Theodor W., 1977: Aus Sils Maria. In: ders.: Kulturkritik und Gesellschaft I. Prismen. Ohne Leitbild. Frankfurt/M. S. 326–327.
Adorno, Theodor W., 1997: Minima Moralia. Reflexionen aus dem beschädigten Leben. Frankfurt/M.
Adorno, Theodor W., 1998: Noten zur Literatur. Frankfurt/M.
Albrecht, Donald, 1989: Architektur im Film. Die Moderne als große Illusion. Basel, Boston, Berlin.
Albrecht, Donald, 2002: New Hotels for global nomads. London.

Allerkamp, Andrea, 1988: Stationen der Reise durch die Ich-Landschaften – Zwischen Arthur Rimbaud und Ingeborg Bachmann. In: Amsterdamer Beiträge zur neueren Germanistik. Bd. 24. Amsterdam. S. 159–180.
Andermatt, Michael, 1987: Haus und Zimmer im Roman. Die Genese des erzählten Raums bei E. Marlitt, Th. Fontane und F. Kafka. Bern.
Anderson, Mark M., 2002: Kafka's clothes. Ornament and Aestheticism in the Habsburg Fin de Siècle. Oxford.
Anker, Daniel (Hg.), 1999: Piz Bernina. König der Ostalpen. Zürich.
von Ankum, Katharina (Hg.), 1998: Apropos Vicki Baum. Frankfurt/M.
Antonietti, Thomas, 2000: Bauern, Bergführer, Hoteliers. Fremdenverkehr und Bauernkultur Zermatt und Aletsch 1850–1950. Baden.
Archithese, 1988: Hotels. Zeitschrift und Schriftenreihe für Architektur, 2 / 88. Niederteufen.
Arnold, Heinz Ludwig (Hg.), 1999: Hermann Lenz. Text + Kritik. Zeitschrift für Literatur. Heft 141. München.
Arns, Alfons, 1996: Hotel als Film. In: Daidalos Nr. 62. Übernachten. Zeitschrift für Architektur Kunst Kultur. Berlin. S. 32–41.
Asiaban, Christine, 1999: Thematisierung weiblicher Realität in Werken italienischer Autorinnen des ausgehenden 19. Jahrhunderts. Bonn.
Aubrey Le Blond, Elizabeth Alice Frances (alias Main), 1928: Day in, day out. London.
Auer, Peter, 1997: Adlon. Berlin.
Augé, Marc, 2000: Non-places. Introduction to an anthropology of supermodernity. London, New York.
Ausstellungskatalog Bündner Kunstmuseum Chur, 1983: Graubünden im Plakat. Eine kleine Geschichte der Tourismuswerbung von 1890 bis heute. Chur.
Ausstellungskatalog Bündner Kunstmuseum Chur, 1992: Du grosses stilles Leuchten. Chur.
Bachelard, Gaston, 1994: Poetik des Raumes. Frankfurt/M.
Bachtin, Michail, 1985: Literatur und Karneval. Zur Romantheorie und Lachkultur. (1940 bzw. 1929) München.
Bahr, Erhard, 1991: Thomas Mann ‹Der Tod in Venedig›. Erläuterungen und Dokumente. Stuttgart.

Bailey, Dale, 1999: American Nightmares: The Haunted House Formula in American Popular Fiction. Bowling Green State University.
Ballu, Yves, 1987: Die Alpen auf Plakaten. Bern.
Band, Henri, 1999: Mittelschichten und Massenkultur. Siegfried Kracauers publizistische Auseinandersetzung mit der populären Kultur und der Kultur der Mittelschichten in der Weimarer Republik. Berlin.
Banti, Anna, 1965: Matilde Serao. Torino.
Barthes, Roland, 1964: Mythen des Alltags. Frankfurt/M.
Barthes, Roland, 1985: Die Sprache der Mode. Frankfurt/M.
Bättig, Joseph, 1999: Meinrad Inglin, Josef Vital Kopp. Tradition und Aufbruch im Spannungsfeld zweier Wegbereiter der literarischen Frühmoderne in der Zentralschweiz. Baar.
Baum, Vicki, 1987: Es war alles ganz anders. Erinnerungen. (1962) Köln.
Bausinger, Herman / Klaus Beyrer / Gottfried Korff (Hg.), 1991: Reisekultur. München.
Beck, Knut, 1996: Nachbemerkungen des Herausgebers. In: Stefan Zweig: Rausch der Verwandlung. Roman aus dem Nachlaß. Frankfurt/M. S. 313–329.
Becker, Claudia, 1990: Zimmer – Kopf – Welten. Motivgeschichte des Intérieurs im 19. und 20. Jahrhundert. München.
Becker, Sabina, 1995: Neue Sachlichkeit im Roman. In: Sabina Becker / Christoph Weiss (Hg.): Neue Sachlichkeit im Roman der Weimarer Republik. Stuttgart, Weimar. S. 7–26.
Becker, Sabina / Christoph Weiss (Hg.), 1995: Neue Sachlichkeit im Roman der Weimarer Republik. Stuttgart, Weimar.
Behl, Silke / Eva Gerberding, 1998: Drehtür in die große Welt. Die 50 schönsten Grandhotels in Europa. Köln.
Beicken, Peter U., 1974: Franz Kafka – Eine kritische Einführung in die Forschung. Frankfurt/M.
Beicken, Peter U., 1985: Kafka heute. Aspekte seiner Aktualität. In: Wilhelm Emrich / Bernd Goldmann (Hg.): Franz Kafka Symposium 1983. Mainz. S. 159–199.
Beißner, 1983: Der Erzähler Franz Kafka. (1951) In: ders.: Der Erzähler Franz Kafka und andere Vorträge. Frankfurt/M. S. 19–54.
Bener, Christian / Daniel Schmid, 1983: Die Erfindung vom Paradies. Glattbrugg.

Benjamin, Walter, 1955: Einbahnstraße. (1928) Frankfurt/M.
Benjamin, Walter, 1972: Ein Außenseiter macht sich bemerkbar. S. Kracauer, ‹Die Angestellten›. In: ders.: Gesammelte Schriften, Bd. 3. Frankfurt/M. S. 219–228.
Benjamin, Walter, 1977: Das Kunstwerk im Zeitalter seiner technischen Reproduzierbarkeit. Frankfurt/M.
Benjamin, Walter, 1977: Der Sürrealismus. In: ders.: Gesammelte Schriften II.1. Frankfurt/M. S. 295–310.
Benjamin, Walter, 1977: Zum Bilde Prousts. In: ders.: Gesammelte Schriften II.1. Frankfurt/M. S. 310–324.
Benjamin, Walter, 1977: Was ist das epische Theater? Eine Studie zu Brecht. In: ders.: Gesammelte Schriften II.2. Frankfurt/M. S. 519–539.
Benjamin, Walter, 1982: Das Passagen-Werk. Gesammelte Schriften V.1. Frankfurt/M.
Benjamin, Walter, 1982: Das Passagen-Werk. Gesammelte Schriften V.2. Frankfurt/M.
Benjamin, Walter, 1994: Neapel. In: ders.: Denkbilder. Frankfurt/M. S. 7–16.
Benjamin, Walter, 1994: Kriminalromane, auf Reisen. In: ders.: Denkbilder. Frankfurt/M. S. 81–83.
Benjamin, Walter, 1994: Berliner Kindheit um neunzehnhundert. Frankfurt/M.
Benn, Gottfried, 1949: Ausdruckswelt. Essays und Aphorismen. Wiesbaden.
Benn, Gottfried, 1950: Klaus Mann zum Gedächtnis. In: Klaus Mann zum Gedächtnis. Amsterdam. S. 16–19.
Benn, Gottfried, 1989: Der neue Staat und die Intellektuellen. (1933) In: ders.: Sämtliche Werke, Band IV, Prosa 2. Stuttgart. S. 12–20.
Benn, Gottfried, 1989: Antwort an die literarischen Emigranten. (1933) In: ders.: Sämtliche Werke, Band IV, Prosa 2. Stuttgart. S. 24–32.
Benn, Gottfried, 1989: Kunst und Drittes Reich. (1941) In: ders.: Sämtliche Werke, Band IV, Prosa 2. Stuttgart. S. 266–287.
Benson, Edward Frederic, 1913: Winter sports in Switzerland. London.
Bentmann, Friedrich, 1974: René Schickele. Leben und Werk in Dokumenten. Nürnberg.
Berry, Peter Robert, o.J.: Schriften aus dem Nachlass. Kulturarchiv Oberengadin, Samedan.

Berry, Peter Robert, 1898: Über die Zukunft des Kurortes St. Moritz. I. Teil. (Als Manuskript gedruckt). St. Moritz.
Berry, Peter Robert, 1902: Über die Zukunft des Kurortes St. Moritz. II. Teil. (Als Manuskript gedruckt). Paris.
Berwing, Margit / Konrad Köstlin (Hg.), 1984: Reise-Fieber. Regensburg.
Binder, Hartmut, 1976: Kafka in neuer Sicht. Mimik, Gestik und Personengefüge als Darstellungsformen des Autobiographischen, Stuttgart. S. 163–193.
Black, Max, 1996: Die Metapher. (1954) In: Anselm Haverkamp (Hg.): Theorie der Metapher. Darmstadt. S. 55–79.
Bloch, Ernst, 1963: Verfremdung I. Frankfurt/M. S. 81–90.
Bloch, Ernst, 1985: Philosophische Ansicht des Detektivromans. In: ders.: Literarische Aufsätze. GA Bd. 9. Frankfurt/M. S. 242–263.
Bloch, Ernst, 1985: Alpen ohne Photographie. (1930) In: ders.: Literarische Aufsätze. GA Bd. 9. Frankfurt/M. S. 488–498.
Bloch, Ernst, 1985: Maloja-Chiavenna-Drift. (1934) In: ders.: Literarische Aufsätze. GA Bd. 9. Frankfurt/M. S. 498–503.
Bloch, Ernst, 1998: Wunschbilder im Spiegel. In: ders.: Das Prinzip Hoffnung Kapitel 1–32. GA Bd. 5. Frankfurt/M. S. 395–519.
Blüher, Karl Alfred (Hg.) 1992: Robbe-Grillet zwischen Moderne und Postmoderne. Tübingen.
Böckli, Peter, 1998: Bis zum Tod der Gräfin. Das Drama um den Hotelpalast des Grafen de Renesse in Maloja. Zürich.
Böhme, Gernot, 1995: Atmosphäre. Frankfurt/M.
Böhme, Gernot, 2001: Aisthetik. Vorlesungen über Ästhetik als allgemeine Wahrnehmungslehre. München.
Bohnen, Klaus, 1988: Flucht in die ‹Heimat›. Zu den Erzählungen Joseph Roths. In: Bernd M. Kraske (Hg.): Joseph Roth. Werk und Wirkung. Bonn. S. 53–70.
Bollnow, Otto Friedrich, 1963: Mensch und Raum. Stuttgart.
Bolz, Norbert (Hg.), 1996: Ruinen des Denkens – Denken in Ruinen. Frankfurt/M.
Borchardt, Claire, 1998: Windows' 97. Fensterblicke, Stadtviertel. In: Martina Düttmann / Felix Zwoch (Hg.): Bauwelt Berlin Annual. Chronik der baulichen Ereignisse 1996 bis 2001: 1997. Basel, Berlin, Boston. S. 66–71.
Born, Jürgen (Hg.). 1979: Franz Kafka. Kritik und Rezeption zu seinen Lebzeiten 1912–1924. Frankfurt/M.

Born, Jürgen (Hg.), 1983: Franz Kafka. Kritik und Rezeption 1924–1938. Frankfurt/M.
Bourdieu, Pierre, 1987: Die feinen Unterschiede. Kritik der gesellschaftlichen Urteilskraft. Frankfurt/M.
Brandstetter, Gabriele, 1995: Tanz-Avantgarde und Bäder-Kultur. Grenzüberschreitungen zwischen Freizeitwelt und Bewegungsbühne. In: Erika Fischer-Lichte (Hg.): TheaterAvantgarde: Wahrnehmung – Körper – Sprache. Tübingen, Basel.
Braun, Rudolf / David Gugerli, 1993: Macht des Tanzes – Tanz der Mächtigen. Hoffeste und Herrschaftszeremoniell 1550–1914. München.
Brode, Hanspeter, 1978: Benn Chronik. Daten zu Leben und Werk. München, Wien.
Bronfen, Elisabeth, 1986: Der literarische Raum. Eine Untersuchung am Beispiel von Dorothy M. Richardsons Romanzyklus Pilgrimage. Tübingen.
Bronfen, Elisabeth, 1996: Nur über ihre Leiche. Tod, Weiblichkeit und Ästhetik. München.
Bronsen, David, 1974: Joseph Roth. Eine Biographie. Köln.
Broomfield, Olga R., 1984: Arnold Bennett. Boston.
Brüggemann, Heinz, 1989: Das andere Fenster. Einblicke in Häuser und Menschen. Zur Literaturgeschichte einer urbanen Wahrnehmungsform. Frankfurt/M.
Brynhildsvoll, Knut, 1993: Der literarische Raum. Konzeptionen und Entwürfe. Frankfurt/M.
Bühlbäcker, Hermann, 1999: Konstruktive Zerstörungen. Ruinendarstellungen in der Literatur zwischen 1774 und 1832. Bielefeld.
Bundschuh, Jörg, 1980: Als dauere die Gegenwart eine Ewigkeit. Notizen zu Leben und Werk von Siegfried Kracauer. In: Text + Kritik: Siegfried Kracauer. Heft 68. München. S. 4–11.
Butor, Michel, 1975: Probleme des Romans. München. S. 79–91.
Camartin, Iso, 1991: Von Sils-Maria aus betrachtet. Ausblicke vom Dach Europas. Frankfurt/M.
Camenisch, Carl, 1904: Die Rhätische Bahn mit besonderer Berücksichtigung der Albula-Route. Zürich.
Camenisch, Carl, 1910: Im Banne der Alpen. Goethe, Scheffel, C.F. Meyer in Graubünden. Chur.
Cassirer, Ernst, 1964: Philosophie der symbolischen Formen. Dritter Teil. Phänomenologie der Erkenntnis. Darmstadt. S. 165–188.

Cassirer, Ernst, 1985: Mythischer, ästhetischer und theoretischer Raum. (1931) In: ders.: Symbol, Technik, Sprache. Aufsätze aus den Jahren 1927–1933. Hamburg. S. 93–119.
Caviezel, Michael, 1896: Engadin in Wort und Bild. Samedan.
Cereghini, Mario, 1950: Costruire in montagna. Milano.
Certeau, Michel de, 1988: Kunst des Handelns. Berlin.
Comment, Bernard, 2000: Das Panorama. Die Geschichte einer vergessenen Kunst. Berlin.
Cook, Theodore Andrea, 1894: Notes on Tobogganing at St. Moritz. London.
Corbusier, eigentlich Charles-Edouard Jeanneret, 1982: Ausblick auf eine Architektur. (1922) Braunschweig.
Crawford, Margaret, 1992: Warenwelten. In: Arch+: Das Amerikanische Zeitalter. Headquarters, Shopping Malls, Theme Parks. Zeitschrift für Architektur und Städtebau. Nr. 114/115. Aachen, Berlin, Dezember 1992. S. 73–80.
Daidalos, Nr. 58, 1995: Memoria. Zeitschrift für Architektur Kunst Kultur. Berlin.
Daidalos, Nr. 62, 1996: Übernachten. Zeitschrift für Architektur Kunst Kultur. Berlin.
Daidalos, Nr. 67, 1998: Positionen im Raum. Zeitschrift für Architektur Kunst Kultur. Berlin.
Dainotto, Roberto Maria, 2000: Die Rhetorik des Regionalismus. Architektonischer Ort und der Geist des Gemeinplatzes. In: Vittorio Magnago Lampugnani (Hg.): Die Architektur, die Tradition und der Ort. Regionalismen in der europäischen Stadt. Stuttgart, München. S. 15–30.
Dear, Michael J., 2000: A Tale of Two Cities, 2. Las Vegas. In: ders.: The Postmodern Urban Condition. University of Southern California, Malden, Massachusetts. S. 199–207.
Deiters, Franz-Josef, 1999: Drama im Augenblick seines Sturzes. Zur Allegorisierung des Dramas in der Moderne. Versuche zu einer Konstitutionstheorie. Berlin.
Deleuze, Gilles / Félix Guattari, 1976: Kafka. Für eine kleine Literatur. Frankfurt/M.
Denby, Elaine, 1998: Grand Hotels. Reality & Illusion. An Architectural and Social History. London.
Demps, Laurenz / Carl-Ludwig Paeschke, 1997: Das Hotel Adlon. Berlin.

Derrida, Jacques, 1990: Die différance. In: Postmoderne und Dekonstruktion. Texte französischer Philosophen der Gegenwart. Stuttgart. S. 76–113.

Die Betrachtungen der schweizerischen Vereinigung für Heimatschutz, 1907.

Dierks, Manfred, 1972: Studien zu Mythos und Psychologie bei Thomas Mann. Bern. S. 13–59.

Diethelm, John, 1920: Handbuch des Schweizerischen Hotelbaus. Zürich.

Dokumentationsbibliothek St. Moritz: Biographien von Persönlichkeiten rund um das Oberengadin in Form von gesammelten Notizen und Zeitungsartikeln; Fotografien etc.

Doppler, Alfred, 1985: Der Wandel der Darstellungsperspektive in den Dichtungen Arthur Schnitzlers. Mann und Frau als sozialpsychologisches Problem. In: Jahrbuch für Internationale Germanistik. Reihe A, Bd. 13. Bern. S. 41–59.

Dosch, Leza, 2001: Kunst und Landschaft in Graubünden. Bilder und Bauten seit 1780. Zürich.

Dosch, Luzi, 1984: Die Bauten der Rhätischen Bahn. Geschichte einer Architektur von 1889 bis 1949. Chur.

Dotzler, Bernhard J., 1991: Der Hochstapler. Thomas Mann und die Simulakren der Literatur. München.

Düttman, Martina / Felix Zwoch (Hg.), 1998: Bauwelt Berlin Annual. Chronik der baulichen Ereignisse 1996 bis 2001: 1997. Basel, Berlin, Boston.

Eckmann, Carmen, 1993: Bedeutung der menschlichen Faktoren für die fremdenverkehrsörtliche Entwicklung, dargestellt am Beispiel von St. Moritz. Diplomarbeit. St. Gallen.

Eco, Umberto, 1991: Einführung in die Semiotik. München.

Egloff, Gerd, 1974: Detektivroman und englisches Bürgertum. Konstruktionsschema und Gesellschaftsbild bei Agatha Christie. Düsseldorf.

Elsaghe, Yahya A., 2000: Die imaginäre Nation. Thomas Mann und das ‹Deutsche›. München.

Emrich, Wilhelm, 1985: Franz Kafkas Diagnose des 20. Jahrhunderts. In: Wilhelm Emrich / Bernd Goldmann (Hg.): Franz Kafka Symposium 1983. Mainz. S. 11–35.

Emrich, Wilhelm / Bernd Goldmann (Hg.), 1985: Franz Kafka Symposium 1983. Mainz.

Enzensberger, Hans Magnus, 1962: Eine Theorie des Tourismus. (1958) In: ders.: Einzelheiten I. Bewusstseins-Industrie. Frankfurt/M. S. 179–205.
Erb, Wilhelm, 1900: Winterkuren im Hochgebirge. Sammlung Klinischer Vorträge, Nr. 271. Leipzig.
Falck, Lennart, 1992: Sprachliche ‹Klischees› und Rezeption. Empirische Untersuchungen zum Trivialitätsbegriff. Bern.
Fechner, Renate, 1986: Natur als Landschaft. Zur Entstehung der ästhetischen Landschaft. Frankfurt/M.
Fecht, Tom / Dietmar Kamper (Hg.), 1998: Umzug ins Offene. Vier Versuche über den Raum. Köln.
Festi, Roberto / Carlo Martinelli, 1996: L'immaginario della montagna nella grafica d'epoca. Torino.
Fetzer, Günther, 1980: Wertungsprobleme in der Trivialliteraturforschung. München.
Finck, Adrien, 1999: René Schickele. Strasbourg.
Finn, Michael R., 1999: Proust, the body and literary form. Cambridge.
Fischer, Jens Malte, 1978: Fin de siècle. Kommentar zu einer Epoche. München.
Fischer-Lichte, Erika, 1995: TheaterAvantgarde: Wahrnehmung – Körper – Sprache. Tübingen, Basel.
Flaig, Walther, 1962: Bernina – Festsaal der Alpen. München.
Flower, Raymond, 1982: The Palace. A Profile of St. Moritz. London.
Flückiger-Seiler, Roland, 2001: HotelTräume zwischen Gletschern und Palmen. Schweizer Tourismus und Hotelbau 1830–1920. Baden.
Foucault, Michel, 1973: Wahnsinn und Gesellschaft. Frankfurt/M.
Foucault, Michel, 1990: Andere Räume. In: Aisthesis. Wahrnehmung heute oder Perspektiven einer anderen Ästhetik. Leipzig. S. 34–46.
Foucault, Michel, 2001: Die Ordnung des Diskurses. (1970) Frankfurt/M.
François, Etienne / Hagen Schulze, 2000/2001: Deutsche Erinnerungsorte. Bd. 1. München.
Freud, Sigmund, 1989: Das Unheimliche. (1919) In: ders.: Psychologische Schriften. Studienausgabe Bd. IV. Frankfurt/M. S. 241–274.
Freud, Sigmund, 1997: Jenseits des Lustprinzips. In: ders.: Psychologie des Unbewussten. Studienausgabe Bd. III. Frankfurt/M. S. 213–272.

Freud, Sigmund, 1997: Das Ich und das Es. In: ders.: Psychologie des Unbewussten. Studienausgabe Bd. III. Frankfurt/M. S. 273–330.

Frizen, Werner, 1992: Der ‹Drei-Zeilen-Plan› Thomas Manns. Zur Vorgeschichte von ‹Der Tod in Venedig›. In: Eckhard Heftrich / Hans Wysling (Hg.): Thomas Mann Jahrbuch. Bd. 5. Frankfurt/M. S. 125–141.

Fuchs, Anne, 1999: A space of anxiety : dislocation and abjection in modern German-Jewish literature. Amsterdam.

Furrer, Edwin (Hg.), 1910: Winter in der Schweiz. Wintersport und Winterkuren. Zürich.

Gaulis, Louis / René Creux, 1976: Schweizer Pioniere der Hotellerie. Paudex.

Gennep, Arnold van, 1999: Übergangsriten. (1909) Frankfurt/M.

Gerlach, Reinhard, 1994: Der Trivialroman in Frankreich. Frankfurt/M.

Gesing, Fritz, 1990: Symbolisierung. Voraussetzungen und Strategien. Ein Versuch am Beispiel von Thomas Manns ‹Der Tod in Venedig›. In: Freiburger Literaturpsychologische Gespräche. Bd. 9: Die Psychoanalyse der literarischen Form(en). Würzburg.

Ghirelli, Antonio, 1995: Donna Matilde. Una biografia. Venezia.

Gibson, Harry, 1894: Tobogganing on crooked runs. London.

Giedion, Siegfried, 1992: Raum, Zeit, Architektur. (1941) Zürich, München, London.

Giese, Fritz, 1925: Girlkultur. München.

Gilbert, Pamela K., 1997: Disease, desire and the body in victorian women's popular novels. Cambridge.

Ginzburg, Carlo, 1998: Indizien. Morelli, Freud und Sherlock Holmes. (1979) In: Jochen Vogt (Hg.): Der Kriminalroman. Poetik. Theorie. Geschichte. München. S. 274–296.

Goebel, Gerhard, 1971: Poeta Faber. Erdichtete Architektur in der italienischen, spanischen und französischen Literatur der Renaissance und des Barock. Heidelberg.

Goffman, Erving, 1997: Wir alle spielen Theater. Die Selbstdarstellung im Alltag. München.

Graafen, Birgit, 1992: Konservatives Denken und modernes Erzählbewußtsein im Werk von Hermann Lenz. Frankfurt/M.

Grasskamp, Walter, 1981: Trivialität und Geschichtlichkeit. Das Motiv der Passantin. Aachen.

Gretter, Susanne (Hg.), 1998: Das Engadin. Glühend in allen Farben. Porträt einer Landschaft. Frankfurt/M., Leipzig.
Gruber, Eckhard (Hg.), 1994: Fünfuhr-Tee im Adlon. Berlin.
Gruber, Eckhard, 1996: Hotel-Literatur-Digest. In: Daidalos Nr. 62. Übernachten. Zeitschrift für Architektur Kunst Kultur. Berlin. S. 74–81.
Gruber, Eckhard, 2000: Das Hotel Adlon. Berlin.
Gumpert, Gregor, 1994: Die Rede vom Tanz. Körperästhetik in der Literatur der Jahrhundertwende. München.
Guyer, Eduard, 1874: Das Hotelwesen der Gegenwart. Zürich.
Haenel, Thomas, 1995: Psychologe aus Leidenschaft, Stefan Zweig. Düsseldorf. S. 291–304.
Halbwachs, Maurice, 1966: Das Gedächtnis und seine sozialen Bedingungen. Berlin, Neuwied.
Hamburger, Käthe, 1968: Die Logik der Dichtung. Stuttgart.
Hangartner, Felix R. (Hg.), 1992: Meinrad Inglin. Die Briefwechsel mit Traugott Vogel und Emil Staiger. Zürich.
Härle, Gerhard, 1992: Simulation der Wahrheit. Körpersprache und sexuelle Identität im Zauberberg und Felix Krull. In: Forum. Homosexualität und Literatur. Siegen 14 / 1992. S. 23–46.
Häußermann, Hartmut / Detlev Ipsen / Thomas Krämer-Badoni / Dieter Läpple / Marianne Rodenstein / Walter Siebel, 1992: Stadt und Raum. Soziologische Analysen. Pfaffenweiler.
Haustedt, Birgit, 1999: Die wilden Jahre in Berlin. Eine Klatsch- und Kulturgeschichte der Frauen. Dortmund.
Haverkamp, Anselm (Hg.), 1996: Theorie der Metapher. Darmstadt.
Hecken, Thomas, 1997: Der Reiz des Trivialen. Idealistische Ästhetik, Trivialliteraturforschung, Geschmackssoziologie und die Aufnahme populärer Kultur. In: ders.: Der Reiz des Trivialen. Künstler, Intellektuelle und die Popkultur. Opladen. S. 13–48.
Hegel, Georg Wilhelm Friedrich, 1994: Vorlesungen über die Ästhetik I, Werke 13. Frankfurt/M.
Heidegger, Martin, 1954: Bauen Wohnen Denken. In: ders.: Vorträge und Aufsätze. Teil II. Pfullingen. S. 19–36.
Helbling, Hanno, 1993: Vorwort zu Thomas Mann: Betrachtungen eines Unpolitischen. Frankfurt/M. S. I-XVIII.
Hess, Alan, 1993: Viva Las Vegas. After-Hours Architecture. Vancouver, San Francisco.

Hillebrand, Bruno, 1971: Mensch und Raum im Roman. Studien zu Keller, Stifter, Fontane. München.
Hobsbawm, Eric, 2000: Introduction: Inventing Traditions. In: Eric Hobsbawm / Terence Ranger (Hg.): The Invention of Tradition. Cambridge.
Höcker, Paul Oskar, 1940: Gottgesandte Wechselwinde. Lebenserinnerungen eines Fünfundsiebzigjährigen. Bielefeld.
Hoffmann, Camill, 1910: St. Moritz und das Engadin. In: Edwin Furrer (Hg.): Winter in der Schweiz. Wintersport und Winterkuren. Zürich.
Hoffmann, Dieter, 1988: Abgesang aus sanfter Trauer. In: Rainer Moritz (Hg.): Einladung Hermann Lenz zu lesen. Frankfurt/M. S. 12ff.
Hoffmann, Gerhard, 1978: Raum, Situation, erzählte Wirklichkeit. Poetologische und historische Studien zum englischen und amerikanischen Roman. Stuttgart.
Hoffmann-Axthelm, Dieter, 1992: Der Weg zu einer neuen Stadt. In: Arch+: Das Amerikanische Zeitalter. Headquarters, Shopping Malls, Theme Parks. Zeitschrift für Architektur und Städtebau. Nr. 114/115. Aachen, Berlin, Dezember 1992. S. 114–116.
Horn, Eva / Manfred Weinberg (Hg.), 1998: Allegorie: Konfigurationen von Text, Bild und Lektüre. Opladen.
Irons, Glenwood (Hg.), 1992: Gender, language and myth. Essays on popular narrative. Toronto.
Jäger, Dietrich, 1998: Erzählte Räume. Studien zur Phänomenologie der epischen Geschehensumwelt. Würzburg. S. 1–19.
Jansen-Fleig, Claudia, 1997: Das Hotel Adlon. Weimar.
Jasper, Willi, 1994: Hotel Lutetia. Ein deutsches Exil in Paris. München.
Jerde, Jon, 1992: Instant City. In: Arch+: Das Amerikanische Zeitalter. Headquarters, Shopping Malls, Theme Parks. Zeitschrift für Architektur und Städtebau. Nr. 114/115. Aachen, Berlin, Dezember 1992. S. 69.
Jeuland-Meynaud, Maryse, 1986: Immagini, linguaggio e modelli del corpo nell'opera narrativa di Matilde Serao. Roma.
Juergens, Thorstein, 1977: Gesellschaftskritische Aspekte in Joseph Roths Romanen. Leiden.
Kaes, Anton (Hg.), 1983: Weimarer Republik. Manifeste und Dokumente zur deutschen Literatur 1918–1933. Stuttgart.

Kafka, Franz, 1975: Briefe 1902–1924, Frankfurt/M.
Kaiser, Dolf, 1988: Fast ein Volk von Zuckerbäckern? Bündner Konditoren, Cafetiers und Hoteliers in europäischen Landen bis zum Ersten Weltkrieg. Zürich.
Kämpfen, Werner, 1991: Cäsar Ritz. Ein Leben für den Gast. Brig.
Kant, Immanuel, 1996: Kritik der Urteilskraft. Werkausgabe Bd. X. Frankfurt/M.
Karamsin, Nikolaj Michailowitsch, 1966: Briefe eines reisenden Russen. (1799–1802) München.
Karpenstein-Eßbach, Christa, 1995: Diskursanalysen und Dekonstruktion. In: Sigrid Weigel (Hg.): Flaschenpost und Postkarte. Korrespondenzen zwischen Kritischer Theorie und Poststrukturalismus. Köln, Weimar, Wien. S. 127–138.
Kasper, Hartmut, 1999: Randfiguren im Gedächtnistheater. Hermann Lenz und die Tradition der Gedächtniskunst. In: Heinz Ludwig Arnold (Hg.): Text + Kritik. Zeitschrift für Literatur. Heft 141. München.
Keller, Luzius, 1995: Nachwort des Herausgebers. In: Marcel Proust: Auf der Suche nach der verlorenen Zeit. Im Schatten junger Mädchenblüte. Frankfurt/M. S. 763–772.
Keller, Luzius, 1998: Proust im Engadin. Frankfurt/M., Leipzig.
Kessler, Daniel, 1997: Hotels und Dörfer. Oberengadiner Hotellerie und Bevölkerung in der Zwischenkriegszeit. Chur.
Kesten, Hermann, 1959: René Schickele. In: René Schickele. Werke in drei Bänden. Erster Band, Hermann Kesten (Hg.) Köln, Berlin. S. 7–18.
Kienberger, Rolf und Urs, 1983: Streiflichter aus der Waldhausgeschichte 1908–1983. Samedan.
Killy, Walther (Hg.), 1992: Literatur Lexikon. Autoren und Werke deutscher Sprache. Bd. 12. München.
King, Lynda J., 1988: Best-Sellers by design. Vicki Baum and the House of Ullstein. Detroit.
Kisch, Egon Erwin, 1983: Der rasende Reporter. Köln.
Klein, Albert / Heinz Hecker, 1977: Trivialliteratur. 1977.
Klein, Gabriele, 1992: FrauenKörperTanz. Eine Zivilisationsgeschichte des Tanzes. Weinheim, Berlin.
Knirsch, Jürgen, 1992: Hotels planen und gestalten. Leinfelden-Echterdingen.

Kobs, Jürgen, 1970: Kafka. Untersuchungen zu Bewusstsein und Sprache seiner Gestalten. Bad Homburg.
Koebner, Thomas, 1983: Die deutsche und österreichische Literatur. In: Klaus von See (Hg.): Neues Handbuch der Literaturwissenschaft. Bd. 20. Wiesbaden. S. 289–334.
Koepf, Hans, 1985: Bildwörterbuch der Architektur. Stuttgart.
Konersmann, Ralf, 1991: Lebendige Spiegel. Die Metapher des Subjekts. Frankfurt/M.
Koopmann, Helmut, 1984: Narziss im Exil, zu Thomas Mann ‹Felix Krull›. In: Hans-Henrik Krummacher (Hg.): Zeit der Moderne. Zur deutschen Literatur von der Jahrhundertwende bis zur Gegenwart. (Bernhard Zeller zum 65. Geburtstag). Stuttgart. S. 401–422.
Koopmann, Helmut, 1995 (Hg.): Thomas-Mann-Handbuch. Stuttgart.
Kos, Wolfgang, 1987: Die Zeit kommt durch die Schwingtüre. Hotelbauten und Unterhaltungsarchitektur. In: Bauwelt 78. Berlin. S. 1792ff.
Kracauer, Siegfried, 1971: Die Angestellten. (1929) Frankfurt/M.
Kracauer, Siegfried, 1977: Das Ornament der Masse. Essays. (1963) Frankfurt/M.
Kracauer, Siegfried, 1977: Die Hotelhalle. In: ders.: Das Ornament der Masse. Essays. (1963) Frankfurt/M. S. 157–170.
Kracauer, Siegfried, 1979: Der Detektiv-Roman. Ein philosophischer Traktat. (1925) Frankfurt/M.
Kracauer, Siegfried, 1984: Von Caligari zu Hitler. Eine psychologische Geschichte des deutschen Films. Frankfurt/M. S. 49–138.
Kracauer, Siegfried, 1987: Straßen in Berlin und anderswo. (1964) Berlin.
Kracauer, Siegfried, 1987: Über Arbeitsnachweise. In: ders.: Straßen in Berlin und anderswo. Berlin. S. 52–59.
Kracauer, Siegfried, 1990: Aufsätze 1927–1931. Inka Mülder-Bach (Hg.), Band 5.2. Frankfurt/M.
Kracauer, Siegfried, 1990: Zu den Schriften Walter Benjamins. In: ders.: Aufsätze 1927–1931. Inka Mülder-Bach (Hg.), Band 5.2. Frankfurt/M. S. 119–124.
Kracauer, Siegfried, 1992: Der verbotene Blick. Beobachtungen, Analysen, Kritiken. Leipzig.
Kristeva, Julia, 1990: Fremde sind wir uns selbst. Frankfurt/M.
Kristeva, Julia, 1993: Proust and the sense of time. London.

Kübler, Christof, 1997: Wider den hermetischen Zauber. Rationalistische Erneuerung alpiner Architektur um 1930. Rudolf Gabarel und Davos. Chur.

Kuh, Anton, 1981: Luftlinien. Feuilletons, Essays und Publizistik. Ruth Greuner (Hg.). Wien.

Kuh, Anton 1983: Zeitgeist im Literatur-Café. Feuilletons, Essays und Publizistik. Neue Sammlung. Ulrike Lehner (Hg.). Wien.

Kuh, Anton, 1994: Sekundentriumph und Katzenjammer. Traugott Krischke (Hg.). Wien.

Kulturkommission des Verkehrsvereins Oberengadin (Hg.), 1985: Das Oberengadin in der Malerei. 18. Jahrhundert bis zur Gegenwart. St. Moritz.

Künzli, Lis, 1996: Hotels. Ein literarischer Führer. Frankfurt/M.

Kurth, Anna / Jürg Amann (Hg.), 1996: Engadin. Ein Lesebuch. Zürich, Hamburg.

Lacan, Jacques, 1973: Das Seminar über E.A. Poes ‹Der entwendete Brief›. In: ders.: Schriften I. Olten. S. 7–60.

Lacan, Jacques, 1973: Das Spiegelstadium als Bildner der Ichfunktion wie sie uns in der psychoanalytischen Erfahrung erscheint. (1949) In: ders.: Schriften I. Olten. S. 61–70.

Lämmert, Eberhard, 1955: Bauformen des Erzählens. Stuttgart.

Langer, Bernd, 1984: Leb wohl, mein liebes Engadin. Chur.

Laplanche, J./ J. B. Pontalis, 1986: Das Vokabular der Psychoanalyse. Frankfurt/M.

Läpple, Dieter, 1992: Essay über den Raum. Für ein gesellschaftswissenschaftliches Raumkonzept. In: Hartmut Häußermann / Detlev Ipsen / Thomas Krämer-Badoni / Dieter Läpple / Marianne Rodenstein / Walter Siebel: Stadt und Raum. Soziologische Analysen. Pfaffenweiler. S. 157–207.

Leinen, Frank, 1990: Flaubert und der Gemeinplatz. Erscheinungsformen der Stereotypie im Werk Gustave Flauberts. Frankfurt/M.

Lenz, Hermann, 1986: Leben und Schreiben. Frankfurter Vorlesungen. Frankfurt/M.

Leventhal, Jean H., 1995: Echoes in the text. Musical citation in german narratives from Theodor Fontane to Martin Walser. New York. S. 61–107.

Lindemann, Uwe, 2000: ‹Passende Wüste für Fata Morgana gesucht›. Zur Etymologie und Begriffsgeschichte der fünf lateinischen Wörter für Wüste. In: Uwe Lindemann / Monika Schmitz-Emans

(Hg.): Was ist eine Wüste? Interdisziplinäre Annäherungen an einen interkulturellen Topos. Würzburg. S. 87–99.
Linke, Angelika, 1996: Sprachkultur und Bürgertum. Zur Mentalitätsgeschichte des 19. Jahrhunderts. Stuttgart, Weimar.
Lobsien, Eckhard, 1981: Landschaft in Texten. Zu Geschichte und Phänomenologie der literarischen Beschreibung. Stuttgart.
Loos, Adolf, 1981: Damenmode (1898) In: Adolf Opel (Hg.): Adolf Loos. Ins Leere gesprochen. 1897–1900. Wien.
Löw, Martina, 2001: Soziologie des Raums. Frankfurt/M.
Lukács, Georg, 1961: Reportage oder Gestaltung? Kritische Bemerkungen anlässlich eines Romans von Ottwalt. (1932) In: ders.: Schriften zur Literatursoziologie. Neuwied.
Lukács, Georg, 1962: Schopenhauer. (1954) In: ders.: Die Zerstörung der Vernunft. Neuwied, Berlin-Spandau. S. 172–219.
Lukács, Georg, 1963a: Rhythmus. In: ders.: Die Eigenart des Ästhetischen. Werke, Bd. 11. Neuwied, Berlin. S. 254–284.
Lukács, Georg, 1963b: Vorwort. (1962) In: ders.: Die Theorie des Romans. Ein geschichtsphilosophischer Versuch über die Formen der großen Epik. Neuwied, Berlin-Spandau. S. 5–18.
Lukács, Georg, 1984: Grand Hotel ‹Abgrund›. (1933) In: Frank Benseler (Hg.): Revolutionäres Denken – Georg Lukács. Eine Einführung in Leben und Werk. Darmstadt, Neuwied. S. 179–196.
Maase, Kaspar / Wolfgang Kaschuba (Hg.), 2001: Schund und Schönheit. Populäre Kultur um 1900. Köln.
Maierhof, Gudrun / Katinka Schröder, 1992: Sie radeln wie ein Mann, Madame. Als die Frauen das Rad eroberten. Zumikon, Dortmund.
de Man, Paul, 1988: Lesen (Proust). In: ders.: Allegorien des Lesens. Frankfurt/M. S. 91–117.
Mandel, Ernest, 1987: Ein schöner Mord. Sozialgeschichte des Kriminalromans. Frankfurt/M.
Márni, Sándor, 2001: Bekenntnisse eines Bürgers. Erinnerungen. (1934) München.
Margadant, Silvio / Marcella Maier, 1993: St. Moritz. Streiflichter auf eine aussergewöhnliche Entwicklung. St. Moritz.
von Matt, Beatrice, 1976: Meinrad Inglin. Eine Biographie. Zürich.
von Matt, Peter, 1997: Verkommene Söhne, mißratene Töchter. Familiendesaster in der Literatur. München, Wien.
Mattenklott, Gert, 1995: Das Selbst, der Raum und die Erinnerung. In: Daidalos, Nr. 58: Memoria. Zeitschrift für Architektur Kunst Kultur. Berlin. S. 78–83.

Meili, Armin, (Hg.) 1945: Bauliche Sanierung von Hotels und Kurorten. Schlußbericht, bearb. u. hrsg. i. Auftrag d. Eidgenössischen Amtes f. Verkehr. Erlenbach-Zürich.
Meißer, S. (Hg.), 1883: An die Ehrsame Gemeinde St. Mauriz, im Thal Oberengadin. Offener Brief aus dem Jahr 1797. Chur.
Merleau-Ponty, Maurice, 1966: Phänomenologie der Wahrnehmung. Berlin.
Metken, Günter, 1990: Von Montesquiou bis Beuys. Segantinis europäische Gemeinde. In: Giovanni Segantini 1858–1899. Ausstellungskatalog Kunsthaus Zürich. Zürich. S. 32–46.
Meyer, Herman, 1975: Raumgestaltung und Raumsymbolik in der Erzählkunst. In: Alexander Ritter (Hg.): Landschaft und Raum in der Erzählkunst. Darmstadt.
Meyer, Peter, 1942: Die Zeit der Nachahmung historischer Stile. In: ders.: Schweizerische Stilkunde. Von der Vorzeit bis zur Gegenwart. Zürich. S. 176–184.
Meyer, Peter, 1945: Stilgeschichte des Hotels. In: Armin Meili: Bauliche Sanierung von Hotels und Kurorten. Erlenbach-Zürich. S. 41–46.
Miller, Hillis J., 1995: Topographies. Stanford University Press California.
Möhrmann Renate, 1985: Schnitzlers Frauen und Mädchen. Zwischen Sachlichkeit und Sentiment. In: Jahrbuch für Internationale Germanisitk. Reihe A, Bd. 13. Bern. S. 93–107.
von Moos, Stanislaus, 1975: Realismus in der Architektur. Las Vegas etc. In: Archithese 13. Niederteufen. S. 1–26.
von Moos, Stanislaus, 1992: Das Sanatorium Europas. In: ders.: Industrieästhetik. Disentis. S. 133–158.
Moritz, Rainer, (Hg.), 1988: Einladung, Hermann Lenz zu lesen. Frankfurt/M.
Moritz, Rainer, 1989: Schreiben, wie man ist. Hermann Lenz: Grundlinien seines Werkes. Tübingen.
Moritz, Rainer (Hg.), 1996: Begegnung mit Hermann Lenz. Künzelsauer Symposion. Tübingen.
Moroder, Joachim / Benno Peter, 1993: Hotelarchitektur. Bauten und Projekte für den Tourismus im alpinen Raum 1920–1940. Innsbruck
Mülder, Inka, 1985: Siegfried Kracauer – Grenzgänger zwischen Theorie und Literatur. Seine frühen Schriften 1913–1933. Stuttgart.

Müller, Fred, 1972: Thomas Mann. Erzählungen. München. S. 78–97.

Müller-Freienfels, Richard, 1920: Psychologie und Ästhetik des Ganges und der Haltung. In: Fritz Giese / Hedwig Hagemann: Weibliche Körperbildung und Bewegungskunst nach dem System Mensendieck. München. S. 120–146.

Müller-Windisch, Manuela, 1995: Aufgeschnürt und außer Atem. Die Anfänge des Frauensports im viktorianischen Zeitalter. Frankfurt/M.

Museum im Bellpark Kriens, 1998: Kriens – Kairo. Emil Vogt: Luzerner Architekt um 1900. Kriens.

Nicolai, Ralf R., 1981: Kafkas Amerika-Roman ‹Der Verschollene›. Motive und Gestalten. Würzburg.

Nietzsche, Friedrich, 1977: Ecce homo. Frankfurt/M.

Nottelmann, Nicole, 2002: Strategien des Erfolgs. Narratologische Analysen exemplarischer Romane Vicki Baums. Würzburg.

de Nunzio Schilardi, Wanda, 1986: Matilde Serao. Giornalista. Bari.

Nusser, Peter, 1991: Trivialliteratur. Stuttgart.

Obrist, Robert / Silvia Semadeni / Diego Giovanoli, 1986: Construir, Bauen, Costruire, 1830–1980. Zürich, Bern.

Oettermann, Stephan, 1980: Das Panorama. Die Geschichte eines Massenmediums. Frankfurt/M.

Oppenheim, Roy, 1974: Die Entdeckung der Alpen. Frauenfeld.

Ott, Thierry, 1990: Palaces. Die schweizerische Luxushotellerie. Yens-sur-Morges.

Papon, Jakob, 1857: St. Moritz als Kurort. In: ders.: Engadin. Zeichnungen aus der Natur und dem Volksleben eines unbekannten Alpenlandes. St. Gallen. S. 137–150.

Pascale, Vittoria, 1989: Sulla prosa narrativa di Matilde Serao. Napoli.

Paul, Jean, 1963: Vorschule der Ästhetik. (1804) Werke Bd. 5. München.

Pelz, Annegret, 1993: Reisen durch die eigene Fremde. Reiseliteratur von Frauen als autogeographische Schriften. Wien.

Petzold, Dieter / Eberhard Späth (Hg.), 1994: Unterhaltung. Sozial- und literaturwissenschaftliche Beiträge zu ihren Formen und Funktionen. Erlangen.

Pevsner, Nikolaus, 1976: Hotels. In: ders.: A history of building types. Princeton. S. 169–192.

Pfeiffer, K. Ludwig, 1999: Tanz in der Literatur – Poesie des Körpers? In: ders: Das Mediale und das Imaginäre. Dimensionen kulturanthropologischer Medientheorie. Frankfurt/M. S. 499–515.

Pieper, Jan, 1987: Das Labyrinthische. Über die Idee des Verborgenen, Rätselhaften, Schwierigen in der Geschichte der Architektur. Braunschweig, Wiesbaden.

Piscator, Erwin, 1986: Zeittheater. ‹Das Politische Theater› und weitere Schriften von 1915 bis 1966. Reinbek bei Hamburg.

Pütz, Jürgen, 1983: Kafkas *Verschollener* – ein Bildungsroman? Die Sonderstellung von Kafkas Romanfragment ‹Der Verschollene› in der Tradition des Bildungsromans. Frankfurt/M.

Pütz, Peter, 1988: Der Ausbruch der Negativität. Das Ethos im Tod in Venedig. In: Eckhard Heftrich / Hans Wysling (Hg.): Thomas Mann Jahrbuch. Bd. 1. Frankfurt/M. S. 1–11.

Ragaz-Pfeiffer, F., 1918: Das Hôtelbauverbot und seine Rückwirkungen auf Handwerk, Handel und Gewerbe. Bern.

Rätisches Museum Chur, 1992: Bündner Hotellerie um 1900 in Bildern. Chur.

Raulet, Gérard, 1987: Natur und Ornament. Zur Erzeugung von Heimat. Darmstadt.

Ravy, Gilbert, 1989: L'hôtel symbolique – Remarques sur l'utilisation d'un espace romanesque chez Kafka, J. Roth et Th. Mann. In: Hommage a Richard Thieberger. Paris. S. 353–363.

Reidel-Schrewe, Ursula, 1992: Die Raumstruktur des narrativen Textes. Thomas Mann, ‹Der Zauberberg›. Würzburg.

van Reijen, Willem, 1990: Grand Hotel Abgrund: eine Photobiographie der Frankfurter Schule. Hamburg.

Rey-Debove, Josette / Gilberte Gagnon (Hg.), 1980: Robert. Dictionnaire des Anglicismes, les mots anglais et américains en français. Paris.

Richter, Wolfgang / Jürgen Zänker, 1988: Der Bürgertraum vom Adelsschloss. Aristokratische Bauformen im 19. und 20. Jahrhundert. Hamburg.

Rilke, Rainer Maria, 1957: Sämtliche Werke, Bd. 2. Wiesbaden.

Rimondi, Giorgio, 1999: La scrittura sincopata. Jazz e letteratura nel Novecento italiano. Milano.

Ritter, Roland / Bernd Knaller-Vlay (Hg.), 1998: Other Spaces: The Affair of the Heterotopia. Graz.

Robbe-Grillet, Alain, 1965: Argumente für einen neuen Roman. München.
Robbi, Jules, 1910: Quellenbuch St. Moritz. Erster Band Bibliographie. Chur.
Robbi, Jules, 1913: Der erste Winterkurgast im Ober-Engadin. Samedan.
Robertson, Hans, 1909: St. Moritz. Seine Fremdenindustrie und sein Gemeinwesen. Eine kulturhistorische und volkswirtschaftliche Studie. Samedan.
Rosenfeld, Sidney, 1965: Raumgestaltung und Raumsymbolik im Romanwerk Joseph Roths. Michigan.
Rossbacher, Karlheinz, 1975: Heimatkunstbewegung und Heimatroman. Zu einer Literatursoziologie der Jahrhundertwende. Stuttgart.
Rothe-Buddensieg, Margret, 1974: Spuk im Bürgerhaus. Der Dachboden in der deutschen Prosaliteratur als Negation der gesellschaftlichen Realität. Kronberg Taunus.
Rothemann, Sabine, 2000: Spazierengehen – Verschollengehen. Zum Problem der Wahrnehmung und der Auslegung bei Robert Walser und Franz Kafka. Marburg.
Rübe, Werner, 1993: Provoziertes Leben. Gottfried Benn. Stuttgart.
Rucki, Isabelle, 1988: Hotels in St. Moritz. Chur.
Rucki, Isabelle, 1989: Das Hotel in den Alpen. Die Geschichte der Oberengadiner Hotelarchitektur von 1860 bis 1914. Zürich.
de Saint Phalle, Nathalie, 1993: Hoteles literarios. Viaje alrededor de la Tierra. Madrid.
von Salis-Marschlins, Meta, 1897: Philosoph und Edelmensch. Ein Beitrag zur Charakterisierung Friedrich Nietzsche's. Leipzig.
Salsini, Laura A., 1999: Gendered Genres. Female Experiences and Narrative Patterns in the Works of Matilde Serao. Cranbury.
Scappaticci, Tommaso, 1995: Introduzione a Serao. Bari.
Schaeffer, Emil, (Hg.), 1929: Neue Wege im Hotelbau. Hotel Alpina und Hotel Edelweiss, Mürren. Zürich.
Schaenzler, Nicole, 1995: Klaus Mann als Erzähler: Studien zu seinen Romanen ‹Der fromme Tanz› und ‹Der Vulkan›. Paderborn.
Schäfer, A. T., 1998: Das Waldhaus. Mönchengladbach.
Schär, Christian, 1991: Der Schlager und seine Tänze im Deutschland der 20er Jahre. Sozialgeschichtliche Aspekte zum Wandel in der Musik- und Tanzkultur während der Weimarer Republik. Zürich.

Scharfschwerdt, Jürgen, 1967: Thomas Mann und der deutsche Bildungsroman. Eine Untersuchung zu den Problemen einer literarischen Tradition. Stuttgart.
Scheichelbauer, Carl / Franz Giblhauser, 1908: Gastronomisches Lexikon. Wien.
Scheidt, Gabriele, 1994: Der Kolportagebuchhandel (1869–1905). Eine systemtheoretische Rekonstruktion. Stuttgart.
Schenda, Rudolf, 1976: Die Lesestoffe der Kleinen Leute. Studien zur populären Literatur im 19. und 20. Jahrhundert. München.
Schillemeit, Jost (Hg.), 1983: Franz Kafka. Der Verschollene. Apparatband. Frankfurt/M.
Schmidt-Dengler, Wendelin, 1985: Inflation der Werte und Gefühle. Zu Arthur Schnitzlers ‹Fräulein Else›. In: Jahrbuch für Internationale Germanisitk. Reihe A, Bd. 13. Bern. S. 170–181.
Schmidt-Dengler, Wendelin, 1995: Abschied von Habsburg. In: Bernhard Weyergraf (Hg.): Literatur der Weimarer Republik 1918–1933. München. S. 483–548.
Schmitt, Michael, 1982: Palast-Hotels. Architektur und Anspruch eines Bautyps 1870–1920. Berlin.
Schmitz, Hermann, 1998: Der Leib, der Raum und die Gefühle. Stuttgart.
Schmitz-Emans, Monika, 2000: Die Wüste als poetologisches Gleichnis: Beispiele, Aspekte, Ausblicke. In: Uwe Lindemann / Monika Schmitz-Emans (Hg.): Was ist eine Wüste? Interdisziplinäre Annäherungen an einen interkulturellen Topos. Würzburg. S. 127–151.
Schoeck-Grüebler, Elisabeth, 1993: Meinrad Inglin. Seine Welt in Bildern. Schwyz.
Schomburg-Scherff, Sylvia M., 1999: Nachwort. In: Arnold van Gennep: Übergangsriten. Frankfurt/M. S. 233–253.
Schröter, Michael, 1980: Wertzerfall und Rekonstruktion. Zur Physiognomik Siegfried Kracauers. In: Heinz Ludwig Arnold (Hg.): Siegfried Kracauer. Text + Kritik. Zeitschrift für Literatur. Heft 68. München. S. 18–40.
Schumacher, Jean-Jacques, 1993: ‹Mein persönlichstes Buch...› A propos du roman *Symphonie für Jazz* de René Schickele, In: Recherches Germaniques. No 23. Strasbourg. S. 155–164.
Schwind, Klaus, 1995: Die Entgrenzung des Raum- und Zeiterlebnisses im ‹vierdimensionalen Theater›. Plurimediale Bewegungs-

rhythmen in Piscators Inszenierung von ‹Hoppla, wir leben!› (1927) In: Erika Fischer-Lichte (Hg.): TheaterAvantgarde: Wahrnehmung – Körper – Sprache. Tübingen, Basel. S. 58–88.
Sebald, W. G., 1995: Ein Kaddisch für Österreich – Über Joseph Roth. In: ders.: Unheimliche Heimat. Essays zur österreichischen Literatur. Frankfurt/M. S. 104 ff.
Sedelnik, Wladimir, 1991: Die Literatur der zwanziger Jahre. In: Klaus Pezold (Hg.): Deutschsprachige Schweizer Literatur. 20. Jahrhundert. Berlin. S. 52–74.
Segantini, Gottardo, 1933: 25 Jahre Segantini Museum. St. Moritz.
Seitz, Gabriele, 1987: Wo Europa den Himmel berührt. Die Entdeckung der Alpen. München.
Sennett, Richard, 1997: Fleisch und Stein. Der Körper und die Stadt in der westlichen Zivilisation. Baden-Baden.
Sennett, Richard, 1999: Verfall und Ende des öffentlichen Lebens. Tyrannei der Intimität. Frankfurt/M.
Simmel, Georg, 1983: Die Alpen. (1911) In: ders.: Philosophische Kultur. Über das Abenteuer, die Geschlechter und die Krise der Moderne. Gesammelte Essays. Berlin.
Simmel, Georg, 1992: Der Raum und die räumliche Ordnung der Gesellschaft. In: ders.: Soziologie. Untersuchungen über die Formen der Vergesellschaftung. Frankfurt/M. S. 687–790.
Simmel, Georg, 1993: Aufsätze und Abhandlungen 1901–1908. Gesamtausgabe Bd. 8. Frankfurt/M.
Simmel, Georg, 1993: Die Ruine. Ein ästhetischer Versuch. In: ders.: Aufsätze und Abhandlungen 1901–1908. Gesamtausgabe Bd. 8. Frankfurt/M. S. 124–130.
Simmel, Georg, 1995: Soziologie des Raumes. In: ders.: Gesamtausgabe Bd. 7. Frankfurt/M. S. 132–183.
Simmel, Georg, 1995: Über räumliche Projektionen socialer Formen. In: ders.: Gesamtausgabe Bd. 7. Frankfurt/M. S. 201–220.
Simmel, Georg, 2001: Philosophie der Landschaft. (1913) In: ders.: Gesamtausgabe Bd. 12.1. Frankfurt/M. S. 471–482.
Sloterdijk, Peter, 1983: Hoppla – leben wir? Neusachliche Zynismen und Geschichten vom schwierigen Leben. In: ders.: Kritik der zynischen Vernunft. Bd. 2. Frankfurt/M. S. 876–900.
Soldini, Fabio, 1991: Negli Svizzeri. Immagini della Svizzera e degli svizzeri nella letteratura italiana dell' Ottocento e Novecento. Venezia.

Sontheimer, Kurt, 1974: Weimar – ein deutsches Kaleidoskop. In: Wolfgang Rothe (Hg.): Die deutsche Literatur in der Weimarer Republik. Stuttgart. S. 9–18.
Sorkin, Michael, 1992: Wir seh'n uns in Disneyland. In: Arch+: Das Amerikanische Zeitalter. Headquarters, Shopping Malls, Theme Parks. Zeitschrift für Architektur und Städtebau. Nr. 114/115. Aachen, Berlin, Dezember 1992. S. 100–110.
Sprecher, Thomas, 1996: Davos im Zauberberg. Thomas Manns Roman und sein Schauplatz. München.
de Staël, Anne Germaine, 1985: Über Deutschland. (1810/1813) Frankfurt/M.
St. Moritz Engadin. Ein Führer für Kurgäste, 1906. Samedan.
Ströker, Elisabeth, 1977: Philosophische Untersuchungen zum Raum. Frankfurt/M.
Stutzer, Beat, 1992: ‹Du grosses stilles Leuchten›. Albert Steiner (1877–1965) und die Bündner Landschaftsphotographie. Katalog Bündner Kunstmuseum Chur. Chur, Zürich.
Sültemeyer, Ingeborg, 1976: Das Frühwerk Joseph Roths 1915–1926. Studien und Texte. Wien.
Sziklai, László, 1986: Die kommunistische Ästhetik von Georg Lukács. In: ders.: Georg Lukács und seine Zeit: 1930–1945. Wien, Köln, Graz. S. 169–204.
Tanner, Albert, 1995: Arbeitsame Patrioten, wohlanständige Damen. Bürgertum und Bürgerlichkeit in der Schweiz, 1830–1914. Zürich.
Teuscher, Gerhard, 1999: Perry Rhodan, Jerry Cotton und Johannes Mario Simmel. Eine Darstellung zu Theorie, Geschichte und Vertretern der Trivialliteratur. Stuttgart.
The Alpine Post / Engadin Express. Jahrgänge von 1901 bis 1914. Dokumentationsbibliothek St. Moritz.
Thiergärtner, Hans, 1936: Der Romanschriftsteller Richard Voss und sein Italienerlebnis. Frankfurt/M.
Treichler, Hans Peter, 2001: Die Löwenbraut. Familiengeschichte als Zeitspiegel 1850–1914. Zürich.
Trübners Deutsches Wörterbuch. Berlin 1939–1957.
Turner, Victor, 1967: Betwixt and Between: The Liminal Period in ‹Rites de Passage›. In: ders.: The forest of symbols. Aspects of Ndembu ritual. Ithaca, New York. S. 93–111.

Valéry, Paul, 1991: Die Seele und der Tanz. In: ders.: Eupalinos. Frankfurt/M. S. 7–38.
Veblen, Thorstein, 1997: Theorie der feinen Leute. Frankfurt/M.
Venturi, Robert / Denise Scott Brown / Steven Izenour, 1979: Lernen von Las Vegas. Zur Ikonographie und Architektursymbolik der Geschäftsstadt. Braunschweig, Wiesbaden.
Venturi, Robert, 1993: Komplexität und Widerspruch in der Architektur. Braunschweig, Wiesbaden.
Veraguth, C., 1887: Bad St. Moritz im Oberengadin. Zürich.
Verweyen, Theodor / Gunther Witting, 1979: Die Parodie in der neueren deutschen Literatur. Eine systematische Einführung. Darmstadt.
Vidal, Francesca, 1994: Kunst als Vermittlung von Welterfahrung: zur Rekonstruktion der Ästhetik von Ernst Bloch. Würzburg.
Vidler, Anthony, 1994: The architectural uncanny. Essays in the modern unhomely. London.
Vincent, Gérard, 1993: Geheimnisse der Geschichte und Geschichte des Geheimen. In: Philippe Ariés / Georges Duby (Hg.): Geschichte des privaten Lebens. 5. Band: Vom Ersten Weltkrieg zur Gegenwart. Frankfurt/M. S. 155–199.
Vogt, Jochen (Hg.), 1998: Der Kriminalroman. Poetik. Theorie. Geschichte. München.
Waldenfels, Bernhard, 1987: Schwellenerfahrungen. In: ders.: Ordnung im Zwielicht. Frankfurt/M. S. 28–31.
Waldenfels Bernhard, 1997: Topographie des Fremden. Studien zur Phänomenologie des Fremden 1. Frankfurt/M.
Waldenfels, Bernhard, 1999: Sinnesschwellen. Studien zur Phänomenologie des Fremden 3. Frankfurt/M.
Waldenfels, Bernhard, 2000: Das leibliche Selbst. Vorlesungen zur Phänomenologie des Leibes. Frankfurt/M.
Walter, Hugo G., 1999: Space and Time on the Magic Mountain. New York.
Walter, Karin, 1995: Postkarte und Fotografie. Studien zur Massenbild-Produktion. Würzburg.
Wanner, Hans, 1977: Individualität, Identität und Rolle. Das frühe Werk Heinrich Manns und Thomas Manns Erzählungen ‹Gladius Dei› und ‹Der Tod in Venedig›. München. S. 102–113 und S. 203–215.

Wanner, Kurt, 1993: Der Himmel schon südlich, die Luft aber frisch. Schriftsteller, Maler, Musiker und ihre Zeit in Graubünden 1800–1950. Chur.

Weigel, Sigrid, 1990: Topographie der Geschlechter. Kulturgeschichtliche Studien zur Literatur. Hamburg.

Weigel, Sigrid (Hg.), 1992: Leib- und Bildraum. Lektüren nach Benjamin. Köln, Weimar, Wien.

Weigel, Sigrid (Hg.), 1995: Flaschenpost und Postkarte. Korrespondenzen zwischen Kritischer Theorie und Poststrukturalismus. Köln, Weimar, Wien.

Weigel, Sigrid, 1997: Entstellte Ähnlichkeit. Walter Benjamins theoretische Schreibweise. Frankfurt/M.

Weigel, Sigrid, 2001: Der Ort als Schauplatz des Gedächtnisses. Zur Kritik der ‹Lieux de mémoire›, mit einem Ortstermin bei Goehte und Heine. In: Georg Bollenbeck / Jochen Golz / Michael Knoche / Ulrike Steierwald (Hg.): Weimar – Archäologie eines Ortes. Weimar. S. 9–22.

Weigel, Sigrid, 2002: Zum ‹topographical turn›. Kartographie, Topographie und Raumkonzepte in den Kulturwissenschaften. In: KulturPoetik. Sonderdruck der Zeitschrift für kulturgeschichtliche Literaturwissenschaft.

Weil, Marianne (Hg.), 1986: Wehrwolf und Biene Maja. Der deutsche Bücherschrank zwischen den Kriegen. Berlin.

Welsch, Wolfgang, 1991: Unsere postmoderne Moderne. Weinheim.

Wenzel, Maria, 1991: Palasthotels in Deutschland. Untersuchungen zu einer Bauaufgabe im 19. und frühen 20. Jahrhundert. Hildesheim.

Werbeprospekt zu St. Moritz-Bad, 1893. o. O.

Wigley, Mark, 1994: Architektur und Dekonstruktion: Derridas Phantom. Basel.

Wigley, Mark, 1998: Die Architektur der Atmosphäre. In: Daidalos, Nr. 68: Konstruktion von Atmosphären. Zeitschrift für Architektur Kunst Kultur. Berlin. S. 18–27.

Wild, Reiner, 1995: Beobachtet oder gedichtet? Joseph Roths Roman ‹Die Flucht ohne Ende›. In: Sabina Becker / Christoph Weiss (Hg.): Neue Sachlichkeit im Roman der Weimarer Republik. Stuttgart, Weimar. S. 27–48.

Winter, Helmut, 1988: Kultur im Hotelbau. In: Archithese: Hotels. Zeitschrift und Schriftenreihe für Architektur. 2 / 88. Niederteufen. S. 12ff.

Wisskirchen, Hans, 1995: Thomas Mann in der literarischen Kritik. In: Helmut Koopmann (Hg.): Thomas-Mann-Handbuch. Stuttgart. S. 875–924.
Wobmann, Karl / Willy Rotzler, 1981: Touristikplakate der Schweiz 1880–1940. Aarau.
Wobmann, Karl, 1982: Schweizer Hotelplakate 1875–1982. Luzern.
Wozniakowski, Jacek, 1987: Die Wildnis. Zur Deutungsgeschichte des Berges in der europäischen Neuzeit. Frankfurt/M.
Wunberg, Gotthart, 1990: Joseph Roths Roman ‹Hotel Savoy› (1924) im Kontext der Zwanziger Jahre. In: Michael Kessler / Fritz Hackert (Hg.): Joseph Roth. Interpretation, Rezeption, Kritik. Tübingen. S. 449–462.
Wyler, Theo, 2000: Als die Echos noch gepachtet wurden. Aus den Anfängen des Tourismus in der Schweiz. Zürich.
Wysling, Hans / Paul Scherrer, 1967: Quellenkritische Studien zum Werk Thomas Manns. Bern.
Wysling, Hans, 1995: Narzissmus und illusionäre Existenzform. Frankfurt/M.
Zimmermann, Hans Dieter, 1992: Die Ästhetisierung der Politik: Gottfried Benn. In: ders.: Der Wahnsinn des Jahrhunderts. Die Verantwortung der Schriftsteller in der Politik. Stuttgart, Berlin, Köln. S. 43–51.
Zschokke, Heinrich, 1978: Die klassischen Stellen der Schweiz. (1836; Nachdruck der Ausgabe von 1842) Dortmund.
Zürrer, Paul, 1955: Grundzüge des Menschenbildes Meinrad Inglins. Viernheim.

Literatur – Kultur – Geschlecht

Studien zur Literatur- und Kulturgeschichte.
Kleine Reihe

– Eine Auswahl –
Band 10 ist vergriffen

9: Inge Stephan:
Musen und Medusen.
Mythos und Geschlechterdiskurs in der Literatur des 20. Jahrhunderts.
1997. VI, 269 S. 38 Abb. Br.
€ 20,50/SFr 37,–
ISBN 3-412-13296-9

11: Elizabeth Neswald:
Medien-Theologie.
Das Werk Vilém Flussers.
1998. VI, 194 S. Br.
€ 17,90/SFr 32,50
ISBN 3-412-10097-8

12: Sibylle Peters, Janina Jentz:
Diana oder Die perfekte Tragödie.
Kulturwissenschaftliche Betrachtungen eines Trauerfalls.
1998. VI, 119 S. 9 s/w Abb. Br.
€ 15,–/SFr 27,50
ISBN 3-412-01798-1

13: Jost Hermand, Helen Fehervary:
Mit den Toten reden.
Fragen an Heiner Müller.
1999. IX, 218 S. 7 Abb.
€ 17,90/sFr 32,50
ISBN 3-412-14298-0

14: Elisabeth Bronfen, Birgit R. Erdle und Sigrid Weigel (Hg.):
Trauma.
Zwischen Psychoanalyse und kulturellem Deutungsmuster.
1999. VIII, 226 S. 12 Abb. Br.
€ 17,90/SFr 32,50
ISBN 3-412-14398-7

15: Stéphane Mosès, Sigrid Weigel (Hg.):
Gershom Scholem.
Literatur und Rhetorik.
2000. X, 201 S. Br.
€ 17,90/SFr 32,50
ISBN 3-412-04599-3

16: Claudia Benthien, Anne Fleig, Ingrid Kasten (Hg.):
Emotionalität.
Zur Geschichte der Gefühle.
2000. 238 S. 8 s/w-Abb.
Br. € 17,90/SFr 32,50
ISBN 3-412-08899-4

17: Kerstin Gernig (Hg.):
Nacktheit.
Ästhetische Inszenierungen im Kulturvergleich.
2002. 357 S. 24 s/w-Abb. Br.
€ 20,50/SFr 37,–
ISBN 3-412-17401-7

18: Claudia Benthien Inge Stephan (Hg.):
Männlichkeit als Maskerade
Kulturelle Inszenierungen vom Mittelalter bis zur Gegenwart.
2003. 340 S. 16 s/w-Abb. Br.
€ 19,90/SFr 33,60
ISBN 3-412-10003-X

19: Waltraud Naumann-Beyer:
Anatomie der Sinne im Spiegel von Philosophie, Ästhetik, Literatur
2003. XII, 378 S. Br.
€ 24,90/SFr 42,–
ISBN 3-412-09903-1

20: Inge Stephan:
Inszenierte Weiblichkeit.
Codierung der Geschlechter in der Literatur des 18. Jahrhunderts.
2004. 279 S. 12 s/w-Abb. Br.
€ 22,90/SFr 40,10
ISBN 3-412-15204-8

Ursulaplatz 1, D-50668 Köln, Telefon (0221) 913900, Fax 9139011

Literatur – Kultur – Geschlecht

Studien zur Literatur- und Kulturgeschichte.
Große Reihe

– Eine Auswahl –

27: Yahya Elsaghe:
Thomas Mann und die kleinen Unterschiede.
Zur erzählerischen Imagination des Anderen.
2004. IX, 408 S. Br.
€ 39,90/SFr 69,90
ISBN 3-412-02203-9

28: Dagmar von Hoff:
Familiengeheimnisse.
Inzest in Literatur und Film der Gegenwart.
2003. IX, 444 S. 112 s/w. Abb. auf 16 Taf. Br. € 34,90/SFr 57,70
ISBN 3-412-09803-5

29: Jürgen Barkhoff, Hartmut Böhme, Jeanne Riou (Hg.):
Netzwerke. Eine Kulturtechnik der Moderne.
2004. 357 S. 10 s/w-Abb. auf 8 Taf. Br. € 29,90/SFr 52,20
ISBN 3-412-15503-9

30: Mechthild Fend, Marianne Koos (Hg.):
Männlichkeit im Blick.
Visuelle Inszenierungen in der Kunst seit der Frühen Neuzeit.
2004. VI, 274 S. 82 s/w-Abb. auf 56 Taf. Br. € 34,90/SFr 60,40
ISBN 3-412-07204-4

31: Katharina Rennhak, Virginia Richter (Hg.):
Revolution und Emanzipation. Geschlechterordnungen in Europa um 1800.
2004. II, 304 S. 2 s/w-Abb. im Text. Br. € 29,90/SFr 52,20
ISBN 3-412-11204-6

32: Cordula Seger:
Grand Hotel.
Schauplatz der Literatur.
2005. XII, 522 S. 5 s/w-Abb. im Text. 16 s/w-Abb. auf 16 Taf. Br. Ca. € 59,90/ SFr 102,–
ISBN 3-412-13004-4

33: Andrea Geier, Ursula Kocher (Hg.):
Wider die Frau.
Zu Geschichte und Funktion misogyner Rede.
2005. Ca. 400 S. Ca. 30 s/w-Abb. auf 24 Taf. Br.
Ca. € 39,90/ SFr 69,40
ISBN 3-412-15304-4

34: Urte Helduser:
Geschlechterprogramme.
Konzepte der literarischen Moderne um 1900.
2005. Ca. 392 S. Br.
Ca. € 49,90/SFr 85,50
ISBN 3-412-17004-6

35: Waltraud Maierhofer:
Hexen – Huren – Heldenweiber. Bilder des Weiblichen in Erzähltexten über den Dreißigjährigen Krieg.
2005. Ca. 464 S. Ca. 32 s/w-Abb. auf 16 Taf. Br.
Ca. € 39,90/SFr 69,40
ISBN 3-412-10405-1

36: Gabriele Kämper:
Die männliche Nation.
Poltische Rhetorik der neuen intellektuellen Rechten.
2005. Ca. 320 S. Br.
Ca. € 34,90/SFr 60,40
ISBN 3-412-13805-3

37: Monika Szczepaniak:
Männer in Blau.
Blaubart-Bilder in der deutschsprachigen Literatur.
2005. Ca. 352 S. Ca. 50 s/w-Abb. Br. Ca. € 44,90/SFr 77,–
ISBN 3-412-15605-1

Ursulaplatz 1, D-50668 Köln, Telefon (0 2 2 1) 91 39 00, Fax 91 39 011